―― 돈이 되는 법 ――

변호사만 모르는
재개발·재건축 ❸

시공자선정 공사계약 사업시행계획인가

돈이 되는 법

변호사만 모르는
재개발·재건축 3

초판 1쇄　　2024년 5월 30일

지은이　　오승철
디자인　　최새롬
펴낸이　　주식회사 리얼굿
펴낸곳　　도서출판 리얼굿북

출판사 신고　　2023년 3월 30일
전화　　070-4715-5236　　010-9103-5056 (구입문의)
이메일　　realgood.book@gmail.com

ISBN: 979-11-982310-5-5

* 책값은 뒤표지에 있습니다.
* 잘못 만들어진 책은 구입하신 서점이나 본사에서 즉시 교환해 드립니다.

♠ 법무법인 리얼굿 웹사이트: http://realgoodlawfirm.com

돈이 되는 법
변호사만 모르는
재개발·재건축
③

시공자선정
공사계약
사업시행계획인가

오승철 지음

재개발·재건축으로 쓰러져 가는 나무들에게..

추 천 사

「돈이되는법, 변호사만 모르는 재개발·재건축」시리즈는 35년차 베테랑 변호사가 마치 엄마가 어린 아이의 손을 잡고 세상구경을 시켜주는 것처럼 재개발·재건축의 기초부터 최심층부까지 자상하게 설명하고 안내해 주는 책이다. 저자는 전문가들조차 어려워하는 재개발·재건축의 원리와 실무를 일반인들도 이해할 수 있는 쉬운 말로 친절하게 설명해 주고 있다. 수십년 동안 재개발·재건축과 부동산의 여러 분야에서 전문변호사로 왕성한 활동을 해 온 저자로서는 지식자랑·경험자랑을 할 만도 하건만, 저자는 오직 독자에게 도움이 될 내용만을 찾아 그 핵심을 짚어서 저자 특유의 명확하고 직설적 문체로 설명해 준다. 이는 수많은 가치가 있지만 이해하기 어려운 재개발·재건축의 법률지식·실무경험·세무지식·투자경험의 고급정보들을 독자들이 쉽게 체득하여 활용할 수 있게 한다. 많은 분들이 재개발 재건축을 깊이 있게 이해하여 성공적으로 추진하는데 큰 도움이 될 것으로 확신하며 이 책을 추천한다.

오 갑 수

오갑수 박사는 금융감독원 부원장, 한국블록체인협회 회장, 글로벌 금융그룹 스탠다드차타드 등 은행에서 최고위직을 역임하였다.

프롤로그

  이 책은 「돈이되는법, 변호사만 모르는 재개발·재건축」시리즈 1~5의 세 번째 책(돈.되.법 3)으로 「시공자선정, 공사계약, 사업시행계획인가」 등을 다루고 있다. 돈.되.법 1 은 「정비구역지정, 추진위원회, 창립총회, 토지등소유자 동의」, 돈.되.법 2 는 「조합설립인가, 조합원·임원·대의원, 조합총회」, 돈.되.법 4 는 「매도청구, 분양신청·분양기준, 관리처분계획인가」, 돈.되.법 5 는 「손실보상·현금청산, 준공·이전고시, 해산」을 다룬다.

  재개발·재건축은 부동산의 칠층산이다. 재개발·재건축에는 수많은 법령과 법리들이 마인처럼 숨겨져 있다. 그래서 도시정비법 조문들만 보아서는 재개발·재건축사업의 원리를 파악할 수 없다. 국토계획과 도시계획의 체계, 건축행정법, 법인과 비법인사단의 설립·운영에 관한 법리, 건설과 도급계약의 법리와 관행, 공개입찰의 법률관계, 공익사업과 수용보상의 법리, 구분소유와 집합건물의 법리, 주택건설과 분양의 법률관계, 부동산신탁 및 대리사무·자금관리의 원리와 실무, 감정평가실무, 도시개발사업과 환지·체비지·보류지에 관한 법리, 부동산세금, 정비사업등기실무, 민사소송과 행정소송의 제원리, 헌법의 재산권보장 등 모두 열거할 수 없을 정도로 많은 분야의 법령·법리 및 실무관행이 재개발·재건축을 거미줄처럼 에워싸고 있다. 또한 이 각 분야들은 그 누구도 통달했다고 쉽사리 말할 수 없는 어렵고 복잡한 분야들이다. 이 사실을 모르고 아무 생각 없이 재개발·재건축의 문을 열면 재개발·재건축은 하늘을 날아다니는 판도라의 상자가 되고 만다. "재개발·재건축은 부동산 Pokémon 의 최종진화"라는 말 속에는 이런 깊은 의미가 담겨져 있다.

하지만 걱정하지 마시라. 「돈이되는법, 변호사만 모르는 재개발·재건축」시리즈는 수십년 간 재개발·재건축과 부동산의 여러 분야에서 수많은 실무경험과 연구를 축적해온 저자가 그 어려운 재개발·재건축을 일반인들도 이해할 수 있는 쉬운 말로 명쾌하게 풀어 설명한 책이다. 이 책을 보고 있으면 암호문 같은 대법원판례가 소설처럼 읽히는 기적이 일어난다.

이 책은 재개발·재건축의 기초부터 시작하고 있지만, 재개발·재건축의 가장 복잡하고 어려운 문제까지 모든 논점을 다루고 있다. 지하층 바닥부터 칠층산까지 재개발·재건축의 모든 문제를 다루고 있는 것이다. 그래서 그냥 이책만 보고 따라가기만 하면 당신은 몇 달 안에 재개발·재건축 전문가가 될 수 있다.

"돈. 되. 법"을 선택하신 당신은 지금 이곳에서 재개발·재건축의 최고 전문가가 될 것입니다!

차 례

Smart Reading Tips

제1장
시공자 선정 ... 27

제1절 총설 ... 29
- I. 시공자 선정시기 및 선정방법 개요 ... 29
- II. 시공자 선정시기 및 선정방법의 개정연혁 ... 45
- III. 지명경쟁입찰과 수의계약 ... 48
- IV. 벌칙 ... 52
- V. 소규모주택정비사업의 시공자 선정 ... 55
- VI. 정비사업전문관리업자·설계업자·감정평가업자의 선정 ... 60

제2절 입찰의 진행 ... 69
- I. 개요 ... 69
- II. 입찰공고 ... 72
- III. 현장설명회와 입찰참여안내서 ... 74
- IV. 투찰과 개봉 ... 79
- V. 입찰진행의 주관자는 대의원회 ... 84
- VI. 입찰보증금 ... 87
- VII. 입찰의 공정성 ... 94

VIII. 입찰절차의 무효, 취소 ... 106

제3절 시공자선정 총회의 개최 및 의결 ... 110

    I. 대의원회 상정 ... 110
    II. 건설업자의 홍보 ... 112
    III. 총회 결의 ... 113

제4절 시공자 선정결의의 무효 ... 119

    I. 확인의 이익 ... 119
    II. 강행규정 (경쟁입찰의 금지사항을 위반한 시공자선정은 무효) ... 120
    III. 정관의 경쟁입찰 조항을 실질적으로 위반한 경우도 무효임 ... 123
    IV. 무효인 시공자 선정 결의의 추인 ('제1결의'의 소의 이익 문제 등) ... 127

제5절 낙찰자의 법적 지위 ... 131

    I. 개요 ... 131
    II. 낙찰에 따른 쌍방의 계약 체결의무 ... 133
    III. 본계약체결의무 불이행으로 인한 쌍방의 손해배상의무 (이행이익) ... 135
    IV. 시공자 선정의 무효/취소/철회 ... 138

제2장
공사계약 ... 147

제1절 공사도급계약의 체결 및 변경 ... 149

    I. 공사도급계약의 체결 ... 149
    II. 도급제와 지분제 ... 161
    III. 가계약과 본계약 ... 166

  IV. 정관변경의 유추적용에 의한 특별결의요건 (조합원 2/3 이상 동의) **175**
  V. 제 3 자의 확인의 이익 (계약의 효력을 다투는 소송) **181**

제 2 절   시공보증과 계약보증   **184**

  I. 개요 **184**
  II. 계약보증을 단순 보증계약으로 본 사례 **191**
  III. 계약보증금을 손해배상액 예정으로 본 사례 **192**
  IV. 계약이행보증금을 위약벌로 본 사례 **194**
  V. 위약금으로 보되 초과 실손해 배상을 청구할 수 있다고 본 사례 **195**
  VI. 손해배상예정액으로서 계약보증금의 감액 **197**

제 3 절   조합임원의 연대보증 문제   **199**

  I. 개요 **199**
  II. 보증채무의 성립 **203**
  III. 보증채무의 범위 (판례) **206**
  IV. 보증책임의 제한 (판례) **207**
  V. 퇴임임원의 해지권 (판례) **209**

제 4 절   공사대금채권의 확보   **211**

  I. 분양대금 입금계좌의 공동관리 **211**
  II. 수급인(시공자)의 '불안의 항변권' **219**
  III. 시공자의 금전대여의무와 불안의 항변 **222**
  IV. 유치권의 불가분성 문제 **227**

제 5 절   시공자의 법적지위(조합원과 제 3 자에 대한 책임)   **235**

  I. 공동시행자 지위 (부정) **235**
  II. 분양계약 당사자로서의 지위 문제 **237**
  III. 시공자의 제 3 자에 대한 책임 문제 **241**

제3장
공사계약의 해제 245

제1절 총설 247
  I. 법정해제와 약정해제, '주된 채무'와 '부수적 채무' 247
  II. 해제를 위한 이행최고 252
  III. 시공계약 해제의 절차 257
  IV. 해제의 의사표시 (형성권) 260

제2절 도급계약의 구체적 해제사유에 관한 판례 262
  I. 시공자의 공사비 증액 요구 262
  II. 착공거부 및 사업지연 관련 해제사유 266
  III. 무상특화공사 미이행으로 인한 해제사유 270
  IV. 이행거절 273
  V. 약정기간 내에 공사를 완공할 수 없음이 객관적으로 명백한 경우 277
  VI. 시공자의 금전대여의무 불이행 문제 280

제3절 도급계약 해제의 효과 289
  I. 개요 289
  II. 원상회복의 범위 290
  III. 손해배상청구권과의 관계 296
  IV. 해제통고가 부적법한 경우 301

제4절 공사계약 해제로 인한 대여금반환의무 304
  I. 대여금반환의무 - 연체이율 문제 304
  II. 시공계약이 무효로 된 경우 309
  III. 대여금반환의무와 관련된 기타 문제 313

| 제 5 절 | 민법 제 673 조에 따른 해제 | 318 |

- I. 총회결의와 해제통고 — 318
- II. 도급인의 손해배상의무 — 323
- III. 손익공제(O)와 과실상계(X) — 324

| 제 6 절 | 지체상금 | 327 |

- I. 지체상금의 시기와 종기 — 327
- II. 지체상금의 구체적 산정례 — 331
- III. 지체상금의 재량 감액 — 334
- IV. 지체상금의 면책 — 336

제 4 장
공동수급의 법률관계 — 341

| 제 1 절 | 개요 | 343 |

| 제 2 절 | 공동수급체와 발주자간 법률관계 | 347 |

- I. 개요 — 347
- II. 합유채권의 법률관계 (판례) — 350
- III. 개별 취득 약정이 있는 경우의 법률관계 (판례) — 352
- IV. 지체상금 — 357
- V. 공동도급계약의 보증 — 359

| 제 3 절 | 공동수급체 대표자가 체결한 이행보증계약의 효력 | 363 |

- I. 대표자가 체결한 보증계약의 효력이 공동수급체에 미친다고 본 사례 — 363

II.	공동수급체에 대한 효력을 부정한 사례	366

제4절 공동수급체의 내부적 법률관계 — 368

I.	출자의무와 공동경비분담의무	368
II.	출자의무와 이익분배청구권 사이의 관계	370
III.	공동수급체의 변경, 탈퇴	374

제5절 공동수급인과 하수급인 사이의 법률관계 — 379

I.	비현명주의 (상법 제 48 조)	379
II.	공동수급체 구성원의 연대책임/개별책임 문제	383

제5장
사업시행계획인가 — 387

제1절 사업시행계획 인가신청의 준비 — 389

I.	사업시행계획서 작성을 위한 사전심의	389
II.	교통영향평가 (교통영향분석·개선대책 심의)	395
III.	학교용지 확보 및 교육환경평가	397
IV.	환경영향평가	405
V.	문화유산보호 조치	419
VI.	기타	423
VII.	건축심의	426

제2절 임대주택·국민주택규모주택의 건설과 용적률 — 436

| I. | 정비사업과 용적률 | 436 |

	II.	용적률 인센티브에 따른 국민주택규모 건설의무	445
	III.	임대주택과 국민주택규모 주택의 인수	456
	IV.	공공지원민간임대주택의 건설·공급	463

제3절 사업시행계획의 작성 및 인가 471

	I.	사업시행계획서의 작성과 총회결의	471
	II.	정비사업비가 10% 이상 늘어나는 경우 (조합원 2/3 이상 찬성)	482
	III.	사업시행계획의 인가신청 및 인가	485
	IV.	관련 인·허가의 의제	493

제4절 토지등소유자가 시행하는 재개발사업의 특례 498

	I.	토지등소유자가 시행하는 재개발사업의 사업시행계획	498
	II.	자치규약의 제정	511
	III.	토지등소유자 수 산정에 관한 특례	513

제5절 사업시행계획인가의 부관 (기부채납 등) 517

	I.	수익적 행정처분과 부관	517
	II.	부관의 한계와 허용범위	521
	III.	'부관의 효력'과 '부관에 따른 사법상 법률행위의 효력'은 별개임	526

제6절 국유재산·공유재산의 사용과 사용료 530

	I.	도로점용허가 의제 및 점용료 면제	530
	II.	행정재산의 사용허가 의제 및 사용료 면제 (재개발사업 한정)	530
	III.	국유·공유재산의 처분, 임대, 무상양여	535

제7절 사업시행계획의 변경·폐지 539

| | I. | 사업시행계획의 변경절차 | 539 |

II. 사업시행계획의 폐지 ... 544
　　III. 사업시행기간 도과 문제 ... 546

제8절　사업시행계획 및 사업시행계획인가에 관한 소송 ... 549

　　I. 사업시행계획과 사업시행계획인가의 관계 ... 549
　　II. 사업시행계획의 흠을 이유로 인가처분의 효력을 다툴 수 없음 (판례) ... 552
　　III. 토지등소유자가 시행하는 재개발사업의 특례 (구 도시환경정비사업) ... 555
　　IV. 조합원 지위를 상실한 토지등소유자의 소의 이익 (원고적격) ... 557
　　V. 제소기간 ... 564
　　VI. 총회결의의 하자를 다투는 방법 (사업시행계획인가를 전후로 달라짐) ... 566
　　VII. 사업시행계획의 변경인가가 난 경우 소의 이익 문제 ... 572
　　VIII. 주요부분을 실질적으로 변경하는 내용이 아니라고 본 사례 ... 582
　　IX. 사정판결 문제 ... 585

부록 ... 589

　　I. 사업시행계획 (인가, 변경·중지, 폐지인가) 신청서
　　II. 사업시행계획인가 동의서 (토지등소유자가 시행하는 재개발사업 등)

도표목차

표 1	법령명 약칭표	21
표 2	법령조항 인용례	21
표 3	기간별 시공자 선정시기 및 선정방법 비교표 (개정연혁)	45
표 4	과징금의 부과기준 및 정비사업의 입찰참가 제한기준 [별표 5 의 2]	98
표 5	[별표 1] 전체공사 검증 수수료	159
표 6	[별표 2] 증액공사 검증 수수료	159

표 7	공동도급 유형별 구성원과 대표자의 책임과 권리 (비교표)	**345**
표 8	건축위원회 심의의결의 내용	**435**
표 9	개별법령의 건축제한을 받기 전 주거지역 용적률 상한	**437**
표 10	사업시행계획서 작성·변경의 동의요건/의결정족수 개정연혁 (비교표)	**474**
표 11	공동주택 리모델링 허가기준 [별표 4]	**480**

Smart Reading Tips

I. 【법령】【해설】【판례】3단계 구성

이 책의 내용은 크게 【법령】【해설】【판례】 3부분으로 구성되어 있다. 【해설】과 【법령】은 테두리를 두르고 배경색을 사용해 한눈에 구분할 수 있도록 했다. 【해설】은 연노랑, 【법령】은 회색을 사용했다. 【판례】는 테두리도 없고 배경색도 없다. ☞ 아래 기재례 참조

1. 【해설】'건축법에 따른 리모델링'과 '주택법에 따른 리모델링'

> 리모델링은 건축물의 노후화 억제 또는 기능 향상 등을 위한 대수선·증축·개축 등의 행위를 말하는데, '건축법상의 리모델링'과 '주택법상의 리모델링' 사이에 상당한 차이가 있다.
> 도시정비법에서 "리모델링"은 위 둘을 모두 포함하는 개념이다(도시정비법 제58조 제1항).

2. 【법령】전부개정 도시정비법 제4조(도시·주거환경정비기본계획의 수립)

> ① 특별시장·광역시장·특별자치시장·특별자치도지사 또는 시장은 관할 구역에 대하여 도시·주거환경정비기본계획(이하 "기본계획"이라 한다)을 10년 단위로 수립하여야 한다.

【법령】에 참조법령(하위법령, 조례·고시 등)을 추가할 때는 「☞」 표시와 함께 흰색 배경을 사용했고, 【해설】을 덧붙일 때는 연노랑 배경색을 사용했다. 또한 법조문 중간중간에 독자의 이해를 돕기 위해 [☞ 1만㎡. 서울시조례 §6④]와 같이 위해 필자의 도움말을 삽입한 경우가 있다. ☞ 아래 기재례 참조

3. 【법령】전부개정 도시정비법 제15조(정비계획 입안을 위한 주민의견청취 등)

> ③ 제1항 및 제2항에도 불구하고 대통령령으로 정하는 경미한 사항을 변경하는 경우에는 주민에 대한 서면통보, 주민설명회, 주민공람 및 지방의회의 의견청취 절차를 거치지 아니할 수 있다.
>
> ☞ 전부개정법 시행령 제13조 제4항
> ④ 법 제15조제3항에서 "대통령령으로 정하는 경미한 사항을 변경하는 경우"란 다음 각 호의 어느 하나에 해당하는 경우를 말한다.
>   1. 정비구역의 면적을 10퍼센트 미만의 범위에서 변경하는 경우(법 제18조에 따라 정비구역을 분할, 통합 또는 결합하는 경우를 제외한다)

4. 【시행령 별표 1】정비계획의 입안대상지역 [전부개정법 시행령 제 7 조 제 1 항 관련]

> 라. a) 셋 이상의 「건축법 시행령」 별표 1 제2호 가목에 따른 아파트 또는 같은 호 나목에 따른 연립주택이 밀집되어 있는 지역으로서 b) 법 제12조에 따른 안전진단 실시 결과 전체 주택의 3분의 2 이상이 재건축이 필요하다는 판정을 받은 지역으로서 c) 시·도조례로 정하는 면적[☞ 1만㎡. 서울시조례 §6④] 이상인 지역

☞ 라목에 따라 안전진단 결과 전체 주택의 3 분의 2 이상이 재건축이 필요하다는 판정을 받은 주택단지는 잔여건축물에 대하여 안전진단을 할 필요 없이 곧바로 정비계획을 입안할 수 있다(법 제 12 조 제 3 항 단서, 영 제 10 조 제 3 항 제 3 호).

II. 판례

판례는 "판례"라고 별도의 표시를 하지 않고, 언제나 알파벳 대문자(A, B, C, D, E)로 번호를 매기고 판례번호를 붙여 구분했다. ☞ 아래 기재례 참조

A. 도시정비법상 '하나의 주택단지'에 해당하는지 여부는 '하나의 사업계획으로 승인'을 받아 주택이 건설되거나 대지가 조성되었는지 여부에 의해 결정돼 ─대법원 2010.04.08. 선고 2009다10881 판결[소유권이전등기등]

【당사자】
【원고, 피상고인】 파동강촌주택재건축정비사업조합
【피고, 상고인】 피고 1 외 6 인

III. 법령·조례·정관 등 인용례

1. 법령명

법령명은 법제처 제정 약칭을 사용했다.

표 1 [법령명 약칭표]

기재례(약칭)	법령명
도시정비법	「도시 및 주거환경정비법」
소규모주택정비법	「빈집 및 소규모주택 정비에 관한 특례법」
도시재정비법	「도시재정비 촉진을 위한 특별법」
국토계획법	「국토의 계획 및 이용에 관한 법률」
집합건물법	「집합건물의 소유 및 관리에 관한 법률」
토지보상법	「공익사업을 위한 토지 등의 취득 및 보상에 관한 법률」

구 주촉법	「구 주택건설촉진법」
계약업무기준	「정비사업 계약업무 처리기준」 [국토교통부 고시]
시공자선정기준	「정비사업의 시공자 선정기준」 [국토교통부 고시(폐지)]
추진위원회 운영규정	「정비사업 조합설립추진위원회 운영규정」 [국토교통부고시]

2. 조항 인용례

조항 표시는 아래와 같이 두 가지 방식을 사용했다.

표 2 [법령조항 인용례]

정식 인용례	약식 인용례
도시정비법 제 35 조	법 제 35 조
도시정비법 제 81 조 제 1 항 단서 제 2 호	법 §81①단 ii
도시정비법 시행령 제 35 조	영 제 35 조 제 1 항 제 1 호 (영 §37①i)
도시정비법 시행규칙 제 5 조	규칙 제 5 조
전부개정 도시정비법 (2017. 2. 7. 전부개정되어 2018. 2. 8.부터 시행된 도시정비법)	전부개정법

3. 구법령 표시례

개정일과 시행일이 다른 구법령은 시행일을 기준으로 표기했다. ☞ 아래 기재례 참조

> ☞ 제 1 호는 도시정비법 제정 당시부터 존재했으나, 제 2 호는 <u>2016. 7. 28. 개정법</u>(2016. 1. 27. 개정 법률 제 13912 호)에서 신설되었다.

4. 조례·자치법규 표시례

기재례(약칭)	조례·자치법규명
서울시 도시정비조례	「서울특별시 도시 및 주거환경정비 조례」
서울시조례	
조례	
(서울시) 표준선거관리규정	「서울특별시 정비사업 표준선거관리규정」 [서울특별시 고시]
정비사업전문관리업자 선정기준	「공공지원 정비사업전문관리업자 선정기준」 [서울특별시 고시]
설계자 선정기준	공공지원 설계자 선정기준

5. 종합정보관리시스템

서울시는 기존에 '클린업시스템', '분담금 추정 프로그램', '정비사업 e-조합 시스템'으로 구분하여 운영하던 정비사업관리시스템을 2021. 9.부터 "종합정보관리시스템"(https://cleanup.seoul.go.kr)으로 통합하여 "서울특별시 정비사업 정보몽땅"이라 명명했다. 따라서 구 조례/자치법규에서 "e-조합시스템", "클린업시스템"은 "서울특별시 정비사업 정보몽땅"을 지칭하는 것으로 이해하면 된다.

6. 정관·자치규정 표시례

전부개정법에 따른 표준정관은 부산을 제외하고는 아직 보급되지 않았다. 그래서 표준정관은 전부개정법 시행 전 국토교통부장관이 작성·보급한 「주택재개발정비사업조합 표준정관」과 「주택재건축정비사업조합 표준정관」을 사용하였다.

기재례(약칭)	조례·자치규정명
(추진위원회) 운영규정안	「정비사업 조합설립추진위원회 운영규정」에 별표로 첨부된 '운영규정안'
(추진위원회) 운영규정	(추진위원회) 운영규정안'을 토대로 개별 추진위원회에서 작성한 운영규정
선거관리규정(안)	「서울특별시 정비사업 표준선거관리규정」에 별표로 첨부된 「정비사업조합(조합설립추진위원회) 선거관리규정(안)」
재건축 표준정관	주택재건축정비사업조합 표준정관(국토교통부)
재개발 표준정관	주택재개발정비사업조합 표준정관(국토교통부)
정관	주택재건축정비사업조합 표준정관

정관의 배경색은 무색(흰색)을 사용했다. ☞ 아래 기재례 참조

7. 【정관】재건축 표준정관 제 8 조(정관의 변경)

① 정관을 변경하고자 할 때에는 a) 조합원 5 분의 1 이상, b) 대의원 과반수 또는 c) 조합장의 발의가 있어야 한다.

IV. 기타 Tips

1. 심리불속행, 상고기각, 파기환송, 파기자판

대법원의 재판은 ① 심리불속행 기각, ② 상고기각, ③ 파기환송, ④ 파기자판 등 4가지로 구분된다. ① '심리불속행기각'은 구체적 이유 제시 없이 "이유없음이 명백하다"는 부동문자로 상고를 기각하는 것이고(대부분의 상고사건은 심리불속행 기각으로 종결되며, 선고도 하지 않고 판결문만 보내준다), ② '상고기각'은

항소심재판이 정당하다고 구체적 이유를 붙여 상고를 기각하는 것이고, ③ '파기환송'은 항소심재판이 위법하다고 구체적 이유를 붙여 파기破棄하여 원심법원으로 하여금 다시 재판하라고 되돌려 보내는 것이고, ④ '파기자판'은 대법원이 항소심재판을 파기하면서 직접 최종 재판을 하는 경우이다.

2. "중대·명백한 하자는 아니다", "무효사유는 아니다" 라는 말의 의미

판례를 보다 보면 "중대·명백한 하자는 아니다", "무효사유는 아니다" 라는 말이 종종 나온다.

행정처분의 하자(위법사유)는 '취소사유'와 '무효사유'로 구분되는데, '중대하고 명백한 하자'만이 무효사유에 해당하고, 그 밖의 하자는 단순히 취소사유에 불과하다는 것이 판례이다. 행정처분에 대한 무효확인소송은 기간 제한 없이 제기할 수 있으나, 취소소송은 제소기간의 제한이 있다. 제소기간을 지나서 제기된 취소소송은 부적법한 소송으로서 각하된다.

따라서 소송당사자가 무효사유라고 주장하여 제소기간을 지나 '무효확인소송'을 제기했는데, 법원이 "중대·명백한 하자가 아니다" 또는 "무효사유가 아니다"라고 판단하면, 그 소송은 제소 기간을 위반한 것이 되어 각하된다.

"중대·명백한 하자는 아니다", "무효사유는 아니다"는 이런 의미가 담겨 있는 말이다.

3. 행정소송의 제소기간

재개발·재건축사업과 관련해서 제기되는 소송 중 시장·군수등을 상대로 한 것은 전부 행정소송이고, 조합(사업시행자)을 상대로 한 것도 대부분 행정소송이다. 행정소송 중 특히 항고소송에 해당한다.

항고소송에는 취소소송과 무효확인소송이 있는데, 취소소송에는 제소기간의 제한이 있다. 취소소송의 제소기간은 처분이 있은 날부터 1 년, 처분이 있음을 안 날부터 90 일이다. 제소기간을 지나서 제기된 취소소송은 부적법한 소송이므로, 본안심리도 받지 못하고 각하된다. 무효확인소송은 제소기간의 제한을 받지 않고 언제든 제기할 수 있다.

(이상 행정소송법 제 3, 4, 20 조 참조.)

4. 법령 시행일 계산

〈법률 제 16383 호, 2019. 4. 23.〉 부칙 제 1 조

"이 법은 공포 후 6 개월이 경과한 날부터 시행한다. 다만, 제 19 조제 2 항, 제 35 조제 4 항 및 제 69 조의 개정규정은 공포한 날부터 시행한다."

☞ 시행일을 계산할 때도 초일불산입 원칙이 적용되므로(따라서 공포일은 기간에 산입하지 않음) 위 개정법은 2019. 10. 24. 0 시부터 시행된다. 다만, 단서조항에 의해 제 19 조 제 2 항, 제 35 조 제 4 항 및 제 69 조의 개정규정은 2019. 4. 23. 부터 시행된다.

5. '이후'와 '후'; '이전'과 '전'

(1) 개념: "이후"와 "후", "이전"과 "전"은 의미가 다르다. ① "이전"은 "기준이 되는 때를 포함하여 그보다 앞"을 말하고, "전"은 기준이 되는 때를 포함하지 않는다. ② 마찬가지로 "이후"는 "기준이 되는 때를 포함하여 그보다 뒤"를 말하고, "후"는 기준이 되는 때를 포함하지 않는다. 도시정비법령에는 경과규정이 무척 많으므로 이는 매우 중요한 의미가 있는 차이이다.

(2) 예(1): 시행일이 2021. 3. 16.인 개정법률의 부칙에서 "제85조제4항 및 제5항의 개정규정은 이 법 시행 이후 협의를 요청하는 경우부터 적용한다"고 규정되어 있으면, 이 개정규정은 2021. 3. 16.을 포함하여 그보다 뒤에 협의를 요청하는 경우부터 적용된다. 법률은 시행일 0시부터 시행된다.

(3) 예(2): 시행일이 2019. 10. 24.인 법률에서,
"이 법 시행 후" = 2019. 10. 24. 0시부터 그 이후 = 2019. 10. 24. 이후(2019. 10. 24. 포함)
"이 법 시행 전" = 2019. 10. 24. 전 = 2019. 10. 23.까지 = 2019. 10. 23. 이전 = 2019. 10. 24. 0시가 되기 전까지(2019. 10. 24. 미포함)

6. '/'는 '또는(or)'을 의미함

"조합설립행위의 하자를 이유로 (민사소송으로 그 기본행위의 취소/무효확인을 구함은 별론으로 하고) 곧바로 인가처분의 취소/무효확인을 구할 수는 없다."

"집합건물법에 따른 재건축은 사업계획승인/건축허가와 공사완료 후 사용검사/사용승인을 받는 것 외에 달리 공법적 규제를 받지 않는다."

7. 문장 밖에 있는 (참조표시)의 의미

괄호 속 참조표시가 문장 밖에 있으면, 해당 참조표시가 그 앞의 모든 문장에 관계된다는 의미이다.

[예] "조합설립동의요건과 별도로, 일부 건축물을 존치 또는 리모델링하는 내용이 포함된 사업시행계획인가를 신청하기 위해서는 해당 건축물 소유자의 동의를 받아야 한다. 해당 건축물이 집합건물인 경우에는 a) 구분소유자의 3분의 2 이상의 동의와 b) 해당 건축물 연면적의 3분의 2 이상의 구분소유자의 동의를 받아야 한다. (법 제58조 제3항.)"

8. "재건축(주택)조합"과 "재건축정비사업조합"

이 책은 독자의 이해를 돕기 위해 거의 모든 판례에 당사자표시를 포함시켰는데, 조합 명칭이 "○○재건축(주택)조합"이면 구 주택건설촉진법에 따라 설립된 주택조합(비법인사단)이고, "○○재건축정비사업조합"이면 도시정비법에 따라 설립된 조합(법인)이다. 이 사실을 알고 있으면 판례를 좀더 쉽게 이해할 수 있다. 다만, 재건축(주택)조합이라고 해서 항상 구 주촉법이 적용되는 것은 아니니 착오 없으시기 바란다.

돈.되.법

제 1 장

시공자 선정

제1절 총설
제2절 입찰의 진행
제3절 시공자선정 총회의 개최 및 의결
제4절 시공자 선정결의의 무효
제5절 낙찰자의 법적 지위

"토지등소유자가 20명 미만인 경우로서 토지등소유자가 재개발사업을 시행하는 경우에는 사업시행계획인가 후 규약에 따라 시공자를 선정한다. 규약에서 수의계약을 허용하는 경우에는 경쟁입찰 절차를 거칠 필요 없이 바로 수의계약으로 시공자를 선정할 수 있다."

I. 시공자 선정시기 및 선정방법 개요

제1절 총 설

I. 시공자 선정시기 및 선정방법 개요

A. 정비사업 계약체결의 일반원칙

1. 【해설】법 제 29 조 제 1 ~ 3 항 (정비사업 계약체결의 일반조항)

> 도시정비법 제 29 조는 제 1, 2, 3 항에서 정비사업 계약체결의 일반원칙을 규정하고, 제 4 ~ 9 항에서는 정비사업계약에서 가장 중요한 시공자 선정의 시기와 방법 등을 규정하고 있다. ① 제 1 항은 「일반경쟁 원칙」과 예외적으로 지명경쟁입찰 또는 수의계약으로 할 수 있는 경우(영 제 24 조 제 1 항)를 규정하고, ② 제 2 항은 일정 규모 이상의 계약(영 제 24 조 제 2 항)은 반드시 전자조달시스템을 이용하도록 하고, ③ 제 3 항은 국토교통부고시 「정비사업 계약업무처리기준」의 법적 근거를 규정하였다.

2. 【해설】경쟁입찰의 종류

> 경쟁입찰에는 일반경쟁입찰, 제한경쟁입찰 및 지명경쟁입찰이 있다.
>
> (1) 일반경쟁입찰: 계약체결에 필요한 자격을 갖춘 모든 업자에게 입찰참가자격을 주는 방식.
>
> (2) 제한경쟁입찰: 계약체결에 필요한 자격 외에 입찰자의 시공능력을 담보할 구체적인 요건들[예를 들어 자본금, 정비사업 실적(연면적·세대수·건수 등), 사업장 소재지 등등]을 입찰참가 자격으로 추가하되, 그 자격요건을 갖춘 자라면 누구에게나 입찰참가자격을 주는 방식.
>
> (3) 지명경쟁입찰: 입찰의 목적·규모 등에 비추어 적합하다고 인정되는 특정 다수의 입찰참가자를 지명하여 그 특정다수 업자에게만 입찰 참가자격을 주는 방식.

3. 【해설】일반경쟁입찰 원칙 및 제한경쟁입찰의 원칙적 불허

> (1) 추진위원장 또는 사업시행자(청산인을 포함한다)는 법령에서 따로 지명경쟁입찰이나 수의계약을 할 수 있다고 규정한 경우를 제외하고는 모든 계약의 체결을 일반경쟁입찰에 부쳐야 한다(법 제 29 조 제 1 항).
>
> 지명경쟁입찰과 수의계약은 영 제 24 조 제 1 항 각호가 열거하는 경우에만 허용된다 (아래 B. 참조).

(2) 전부개정법에서는 일반경쟁입찰과 지명경쟁입찰만 허용되며 제한경쟁입찰은 원칙적으로 허용되지 않는다(법 제29조 제1항; 계약업무기준 제6조 제1항 및 제26조 제1항). 다만, 주민대표회의 또는 토지등소유자전체회의가 시공자를 추천할 때에는 제한경쟁입찰로도 할 수 있다(법 제29조 제6항; 영 제24조 제4항 제1호).

4. 【해설】 국가종합전자조달시스템을 통한 전자입찰

(1) i) 추정가격 6억원을 초과하는 건설공사, ii) 2억원을 초과하는 전문공사, iii) 2억원을 초과하는 기타 공사, iv) 2억원을 초과하는 기타 계약은 국가종합전자조달시스템을 이용하여야 한다(법 제29조 제2항; 영 제24조 제2항).

정비사업의 전자입찰은 누리장터(http://nuri.g2b.go.kr)를 통해 이루어진다. "누리장터"는 국가종합전자조달시스템 조달청 "나라장터(http://www.g2b.go.kr)"를 민간에서도 이용할 수 있도록 일반 국민에게 개방한 전자입찰시스템이다.

(2) 시공자 선정을 위한 전자입찰은 다음과 같은 방법으로 한다.

① 현장설명회 개최일 7일 전까지 전자조달시스템에 입찰공고를 하여야 한다(계약업무기준 제28조 제1항).

② 전자입찰을 통한 계약대상자 선정방법: a) 최저가방식(최저가 입찰자 선정), b) 적격심사방식(입찰가격과 비가격요소를 종합적으로 심사하여 선정), c) 제안서평가방식(입찰가격과 사업참여제안서 등을 평가하여 선정) 등 3가지가 있다(기준 제19조 제2항).

③ 적격심사방식과 제안서평가방식을 따르는 경우에는 평가항목별 배점표를 작성하여 입찰공고에 공개하여야 한다(기준 제21조 제2항).

(3) 법 제29조 제2항을 위반하여 전자조달시스템을 이용하지 않고 계약을 체결하면 500만원 이하의 과태료가 부과된다(법 제140조 제2항 제1호).

5. 【해설】 예정가격과 추정가격

(1) "예정가격"은 입찰에서 낙찰자를 정하거나 수의계약에서 계약금액 결정 기준으로 삼기 위해 발주자가 정한 가격을 말하는데, 시공자 선정 입찰에서 "예정가격"은 조합이 설계도서에 따라 산출한 공사원가 범위 안에서 정하여 입찰공고에 공표한다(시공자선정 입찰참여규정 제2조 제4호).

공공지원 정비사업의 시공자선정 입찰에서 조합은 의무적으로 예정가격을 제시하여야 한다. 예정가격은 입찰가격의 최고한도이므로, 건설업자등은 예정가격 이하로만 입찰할 수 있으며, 예정가격을 초과한 입찰은 무효이다.

I. 시공자 선정시기 및 선정방법 개요

(2) "추정가격"은 예정가격이 결정되기 전에 산정된 가격을 말한다(국가계약법 시행령 제2조 제1호 및 제7조 참조).

6. 【법령】 전부개정 도시정비법 제29조(계약의 방법 및 시공자 선정 등)

① 추진위원장 또는 사업시행자(청산인을 포함한다)는 이 법 또는 다른 법령에 특별한 규정이 있는 경우를 제외하고는 계약(공사, 용역, 물품구매 및 제조 등을 포함한다. 이하 같다)을 체결하려면 일반경쟁에 부쳐야 한다.

다만, 계약규모, 재난의 발생 등 대통령령으로 정하는 경우에는 입찰 참가자를 지명(指名)하여 경쟁에 부치거나 수의계약(隨意契約)으로 할 수 있다. <신설 2017. 8. 9.>

☞ 시행령 제24조(계약의 방법 및 시공자의 선정) ① 법 제29조제1항 단서에서 "계약규모, 재난의 발생 등 대통령령으로 정하는 경우"란 다음 각 호의 구분에 따른 경우를 말한다.

1. 입찰 참가자를 지명(指名)하여 경쟁에 부치려는 경우: 다음 각 목의 어느 하나에 해당하여야 한다.

　가. 계약의 성질 또는 목적에 비추어 특수한 설비·기술·자재·물품 또는 실적이 있는 자가 아니면 계약의 목적을 달성하기 곤란한 경우로서 입찰대상자가 10인 이내인 경우

　나. 「건설산업기본법」에 따른 건설공사(전문공사를 제외한다. 이하 이 조에서 같다)로서 추정가격이 3억원 이하인 공사인 경우

　다. 「건설산업기본법」에 따른 전문공사로서 추정가격이 1억원 이하인 공사인 경우

　라. 공사관련 법령(「건설산업기본법」은 제외한다)에 따른 공사로서 추정가격이 1억원 이하인 공사인 경우

　마. 추정가격 1억원 이하의 물품 제조·구매, 용역, 그 밖의 계약인 경우

2. 수의계약을 하려는 경우: 다음 각 목의 어느 하나에 해당하여야 한다.

　가. 「건설산업기본법」에 따른 건설공사로서 추정가격이 2억원 이하인 공사인 경우

　나. 「건설산업기본법」에 따른 전문공사로서 추정가격이 1억원 이하인 공사인 경우

　다. 공사관련 법령(「건설산업기본법」은 제외한다)에 따른 공사로서 추정가격이 8천만원 이하인 공사인 경우

제 1 장 시공자 선정 / 제 1 절 총설

> 라. 추정가격 5천만원 이하인 물품의 제조·구매, 용역, 그 밖의 계약인 경우
> 마. 소송, 재난복구 등 예측하지 못한 긴급한 상황에 대응하기 위하여 경쟁에 부칠 여유가 없는 경우
> 바. 일반경쟁입찰이 입찰자가 없거나 단독 응찰의 사유로 2회 이상 유찰된 경우
>
> ② 제 1 항 본문에 따라 일반경쟁의 방법으로 계약을 체결하는 경우로서 대통령령으로 정하는 규모를 초과하는 계약은 「전자조달의 이용 및 촉진에 관한 법률」 제 2 조제 4 호의 국가종합전자조달시스템(이하 "전자조달시스템"이라 한다)을 이용하여야 한다. <신설 2017. 8. 9.>
>
> ☞ 시행령 제 24 조(계약의 방법 및 시공자의 선정) ② 법 제 29 조제 2 항에서 "대통령령으로 정하는 규모를 초과하는 계약"이란 다음 각 호의 어느 하나에 해당하는 계약을 말한다.
>
> 1. 「건설산업기본법」에 따른 건설공사로서 추정가격이 6 억원을 초과하는 공사의 계약
>
> 2. 「건설산업기본법」에 따른 전문공사로서 추정가격이 2 억원을 초과하는 공사의 계약
>
> 3. 공사관련 법령(「건설산업기본법」은 제외한다)에 따른 공사로서 추정가격이 2 억원을 초과하는 공사의 계약
>
> 4. 추정가격 2 억원을 초과하는 물품 제조·구매, 용역, 그 밖의 계약
>
> ③ 제 1 항 및 제 2 항에 따라 계약을 체결하는 경우 계약의 방법 및 절차 등에 필요한 사항은 국토교통부장관이 정하여 고시한다. <신설 2017. 8. 9.>

B. 시공자선정 절차의 원칙과 예외 (법 제 29 조 제 4 ~ 6 항)

> 시공자 선정시기 및 선정방법에 관하여 도시정비법은 제 29 조 제 4 항에서 「조합설립인가 후 조합총회에서 경쟁입찰 또는 수의계약(2 회 이상 경쟁입찰이 유찰된 경우로 한정)에 의한 선정」이라는 대원칙을 규정한 후 여러 가지 예외와 특례들을 규정하고 있다. 그 내용을 하나씩 알아본다.

1. 【해설】 원칙: 조합설립인가 후 경쟁입찰 (법 제 29 조 제 4 항)

> 조합은 조합설립인가를 받은 후 조합총회에서 경쟁입찰 또는 수의계약의 방법으로 시공자를 선정하여야 한다. 다만, 경쟁입찰은 지명경쟁입찰을 포함하며(영 제 24 조 제 1 항), 수의계약은 2 회 이상 경쟁입찰이 유찰된 경우에만 할 수 있다.

I. 시공자 선정시기 및 선정방법 개요

> 법 제29조(계약의 방법 및 시공자 선정 등) ④ 조합은 조합설립인가를 받은 후 조합총회에서 제1항에 따라 경쟁입찰 또는 수의계약(2회 이상 경쟁입찰이 유찰된 경우로 한정한다)의 방법으로 건설업자 또는 등록사업자를 시공자로 선정하여야 한다. (단서 생략) <개정 2017. 8. 9.>

2. 【해설】 예외(1) 조합원이 100명 이하인 경우: 조합총회에서 정관이 정하는 바에 따라

> 조합원이 100명 이하인 정비사업에서는 조합총회에서 정관으로 정하는 바에 따라 선정할 수 있다(법 제29조 제4항 단서; 영 제24조 제3항). 정관에서 수의계약을 허용하면 경쟁입찰을 거치지 않고 곧바로 수의계약으로 시공자를 선정할 수 있다.
>
> 법 제29조 ④ … 다만, 대통령령으로 정하는 규모 이하의 정비사업은 조합총회에서 정관으로 정하는 바에 따라 선정할 수 있다. <개정 2017. 8. 9.>
>
> 영 제24조 ③ "대통령령으로 정하는 규모 이하의 정비사업"이란 조합원이 100인 이하인 정비사업을 말한다.

3. 【해설】 예외(2) 토지등소유자 시행 재개발사업: 사업시행계획인가 후 규약에 따라

> 토지등소유자가 20명 미만인 경우로서 토지등소유자가 재개발사업을 시행하는 경우에는 사업시행계획인가 후 규약에 따라 시공자를 선정한다(법 제29조 제5항). 규약에서 수의계약을 허용하는 경우에는 경쟁입찰 절차를 거칠 필요 없이 바로 수의계약으로 시공자를 선정할 수 있다.
>
> 법 제29조(계약의 방법 및 시공자 선정 등) ⑤ 토지등소유자가 제25조 제1항 제2호에 따라 재개발사업을 시행하는 경우에는 제1항에도 불구하고 a) 사업시행계획인가를 받은 후 b) 제2조 제11호 나목에 따른 규약에 따라 건설업자 또는 등록사업자를 시공자로 선정하여야 한다. <개정 2017. 8. 9.>

4. 【해설】 예외(3) 시장·군수등 직접 시행 / 지정개발자 시행: 사업시행자 지정·고시 후

> 시장·군수등이 직접 정비사업을 시행하거나 토지주택공사등 또는 지정개발자를 사업시행자로 지정한 경우(제26조 제1항 및 제27조 제1항)에는 사업시행자 지정·고시 후 사업시행자가 법 제29조 제1항에 따른 경쟁입찰 또는 수의계약의 방법(영 제24조 제1항 참조)으로 시공자를 선정한다.
>
> 영 제24조 제1항 제2호에 따라 수의계약을 체결할 수 있으며, '2회 이상 경쟁입찰이 유찰된 경우'로 한정되지 않는다.

제1장 시공자 선정 / 제1절 총설

> 법 제29조(계약의 방법 및 시공자 선정 등) ⑥ 시장·군수등이 제26조 제1항 및 제27조 제1항에 따라 직접 정비사업을 시행하거나 토지주택공사등 또는 지정개발자를 사업시행자로 지정한 경우 사업시행자는 제26조 제2항 및 제27조 제2항에 따른 사업시행자 지정·고시 후 제1항에 따른 경쟁입찰 또는 수의계약의 방법으로 건설업자 또는 등록사업자를 시공자로 선정하여야 한다. <개정 2017. 8. 9.>

C. 주민대표회의와 토지등소유자 전체회의의 시공자 추천권(법 제29조 제7, 8항)

1. 【해설】

> (1) 시장·군수등이 직접 정비사업을 시행하거나 토지주택공사등 또는 지정개발자를 사업시행자로 지정한 경우에는 주민대표회의(법 제47조) 또는 토지등소유자전체회의(법 제48조)가 「대통령령으로 정하는 경쟁입찰」(일반경쟁입찰·제한경쟁입찰·지명경쟁입찰 중 하나를 말함. 영 제24조 제4항) 또는 수의계약(2회 이상 경쟁입찰이 유찰된 경우로 한정함)의 방법으로 시공자를 사업시행자에게 추천할 수 있다(법 제29조 제7항).
>
> 구법에서는 '대통령령으로 정하는 경쟁입찰'의 방법으로만 추천할 수 있도록 하였으나(구법 제11조 제3항 제2문 전단), 전부개정법에서는 2회 이상 경쟁입찰이 유찰된 경우에는 수의계약으로도 추천할 수 있게 하였다.
>
> (2) '대통령령으로 정하는 경쟁입찰'에는 제한경쟁입찰도 포함된다. 사업시행자가 직접 시공자를 선정할 때에는 제한경쟁입찰을 할 수 없으나(법 제29조 제6항, 제1항 및 영 제24조 제1항), 주민대표회의 또는 토지등소유자전체회의는 제한경쟁입찰로도 시공자를 추천할 수 있게 한 것이다.
>
> (3) 주민대표회의 또는 토지등소유자전체회의가 시공자를 추천하면 사업시행자는 추천된 업체를 시공자로 선정하여야 하며, 이 경우 시공자와의 계약에 관해서는 계약의 당사자가 지방자치단체 또는 공공기관임에도 「지방자치단체를 당사자로 하는 계약에 관한 법률」 제9조 또는 「공공기관의 운영에 관한 법률」 제39조를 적용하지 않는다(법 제29조 제8항).

2. 【법령】법 제29조(계약의 방법 및 시공자 선정 등)

> ⑦ 제6항에 따라 시공자를 선정하거나 제23조 제1항 제4호의 방법으로 시행하는 주거환경개선사업의 사업시행자가 시공자를 선정하는 경우 제47조에 따른 주민대표회의 또는 제48조에 따른 토지등소유자 전체회의는 대통령령으로 정하는 경쟁입찰 또는 수의계약(2회 이상 경쟁입찰이 유찰된 경우로 한정한다)의 방법으로 시공자를 추천할 수 있다. <개정 2017. 8. 9.>

I. 시공자 선정시기 및 선정방법 개요

> ☞ 영 제24조(계약의 방법 및 시공자의 선정)
>
> ④ 법 제29조 제7항에서 "대통령령으로 정하는 경쟁입찰"이란 다음 각 호의 요건을 모두 갖춘 입찰방법을 말한다.
>
>   1. 일반경쟁입찰·제한경쟁입찰 또는 지명경쟁입찰 중 하나일 것
>
>   2. 해당 지역에서 발간되는 일간신문에 1회 이상 제1호의 입찰을 위한 공고를 하고, 입찰 참가자를 대상으로 현장 설명회를 개최할 것
>
>   3. 해당 지역 주민을 대상으로 합동홍보설명회를 개최할 것
>
>   4. 토지등소유자를 대상으로 제출된 입찰서에 대한 투표를 실시하고 그 결과를 반영할 것
>
> ⑧ 제7항에 따라 주민대표회의 또는 토지등소유자 전체회의가 시공자를 추천한 경우 사업시행자는 추천받은 자를 시공자로 선정하여야 한다. 이 경우 시공자와의 계약에 관해서는 「지방자치단체를 당사자로 하는 계약에 관한 법률」 제9조 또는 「공공기관의 운영에 관한 법률」 제39조를 적용하지 아니한다. <개정 2017. 8. 9.>

D. 「서울시 공공지원 정비사업」에서의 특례

1. **【해설】 시공자 선정시기: '사업시행계획 인가 후' → '조합설립인가 후' (2023. 7. 1. 시행)**

> 서울시 공공지원 정비사업에서 시공자 선정시기는 2023. 7. 1.을 기점으로 '사업시행계획 인가 후'에서 '조합설립인가 후'로 변경되었다. 자세한 내용은 아래와 같다.
>
> **(1) 2023. 7. 1. 개정 전 조례**
>
> 법 제29조 제4항에도 불구하고 공공지원 정비사업의 시공자 선정시기는 시·도조례로 정할 수 있는바(법 제118조 제6항), 서울시 도시정비조례는 공공지원 정비사업의 시공자 선정시기를 '사업시행계획 인가 후'로 정하고 있었다(서울시 도시정비조례 제77조 제1항). 따라서 서울시에서 조합이 시행하는 정비사업에서는 사업시행인가 이후에 시공자를 선정하는 것이 원칙이었다(서울시에서 조합이 시행하는 정비사업은 원칙적으로 모두 공공지원 대상이다. 조례 제73조).
>
> 사업 초기부터 시공자의 지원이 개입하면 조합이 건설사의 계략에 휘둘리거나 조합과 시공자 사이에 유착관계가 발생할 가능성이 있으므로, 시공사로부터 조합원을 보호하기 위하여 시장·군수등이 사업 초기부터 행정적·재정적 지원을 하고 시공자 선정시기를 사업계획이 일응 확정되는 사업시행계획인가 이후로 미뤘다는 것이 서울시의 설명이었다.
>
> **(2) 2023. 7. 1. 개정조례**

> 서울시는 2023. 3. 27. 공공지원 정비사업에서도 '조합설립인가 후' 시공자를 선정할 수 있게 하는 조례개정을 단행하였고(서울특별시조례 제 8675 호 제 77 조 제 1 항) 이 개정조례는 2023. 7. 1.부터 시행되었다(부칙 제 1 조 단서). 이 개정규정은 조례 시행 당시 이미 조합설립인가를 받은 구역에 대해서도 적용한다(부칙 제 3 조).

2. 【해설】 내역입찰

> (1) 내역입찰과 총액입찰: 내역입찰이란 a) 사업시행자가 완성된 설계도서에 따라 공사원가를 산출하여 입찰공고를 하고, b) 입찰참여 건설업자는 그 설계도서를 기초로 산출한 입찰금액을 정하여 응찰하도록 하는 입찰 방식을 말한다.
>
> 반면, 공사비의 구체적 산출근거 없이 평단 단가와 입찰금액 총액만을 기재하여 입찰할 수 있는 방식을 총액입찰이라 한다.
>
> (2) 공공지원사업에서는 내역입찰이 기본: 「서울시 공공지원 시공자 선정기준」은 ① 「주택의 설계도서 작성기준」(국토교통부 고시)에 따른 실시설계도면 작성방법에 따라 작성한 설계도면을 포함한 설계도서를 작성하여 공사원가를 산출한 후 입찰공고를 내고, ② 입찰참여 건설업자는 a) 그 설계도서를 기초로 입찰금액을 정하여 응찰하도록 하고, b) 경미한 변경의 범위에서 대안설계를 제안할 수 있도록 함으로써 내역입찰을 기본으로 하고 있다(동 기준 제 4 조, 제 9 조 제 1 항).
>
> 따라서 서울시에서 공공지원을 받는 정비사업조합은 시공자선정계획안 의결을 위한 이사회를 개최하기 전에 시장이 별도로 정하여 고시한 세부기준에 따라 설계도서를 작성하고 공사원가를 산출하여 경쟁입찰을 실시하여야 한다(서울시도시정비조례 제 77 조 제 2 항; 「공공지원 시공자 선정기준」 제 4 조 제 1 항; 재건축 표준정관 제 12 조 제 1 항). 2023. 7. 1. 개정 전 조례에서는 '인가받은 사업시행계획서를 반영한 설계도서'를 작성하여 경쟁입찰을 실시하도록 했었다(구조례 제 77 조 제 2 항).
>
> ☞ 「공공지원 시공자 선정기준」은 아래 제 1 장 제 2 절 I. 참조
>
> (3) 내역입찰에서는 물량내역서와 산출내역서를 제출하여야 하고, 입찰서 제출마감일 45 일 전까지 현장설명회를 개최하여야 한다(계약업무기준 제 31 조 제 1 항). ① "물량내역서"는 공종별 목적물의 물량과 규격 등이 적힌 내역서를 말하고, ② "산출내역서"는 물량내역서에 단가를 적은 내역서를 말한다(서울시 「공공지원 시공자 선정기준」 제 2 조 제 5, 6 호).
>
> (4) 내역입찰을 하면 공사비 변동 가능성이 줄어들게 되어 보다 정확하게 사업성을 예측할 수 있을 뿐 아니라, 추후 공사비 관련 분쟁에서 조합이 대응하기가 수월하다.

I. 시공자 선정시기 및 선정방법 개요

3. 【해설】 시공자선정계획안의 결정 (「공공지원 시공자 선정기준」 제 7 조)

(1) 이사회 의결: 조합은 시공자를 선정하려는 때에는 아래 사항을 포함한 선정계획안을 작성하여 이사회의 의결을 거쳐야 한다(제 1 항).

　1. 입찰참여자격

　2. 입찰방법에 관한 사항

　3. 시공자 선정방법 및 일정에 관한 사항

　4. 합동홍보설명회 개최 및 개별 홍보 금지 등에 관한 사항

　5. 입찰기준 등 위반자에 대한 입찰 무효 또는 시공자 선정 취소에 관한 사항

　6. 기타 시공자 선정에 관하여 필요한 사항

(2) 공공지원자의 검토: 이사회가 선정계획안을 의결한 뒤에는 대의원회의 소집을 통지하기 전에 미리 공공지원자(구청장)의 검토를 받아야 한다. 공공지원자는 근무일 기준 3 일 이내에 검토결과를 회신하여야 하며, 제출한 자료가 미비한 경우에는 처리기한을 연장할 수 있다(제 1 항).

(3) 대의원회 의결: 공공지원자의 검토를 거친 후 조합은 대의원회를 소집하여 시공자 선정계획을 의결한다(제 2 항).

4. 【조례】 서울시 도시정비조례 제 77 조(시공자 등의 선정기준) [시행일: 2023. 7. 1.]

① 법 제 118 조제 6 항에 따라 조합은 조합설립인가를 받은 후 총회의 의결을 거쳐 시공자를 선정하여야 한다. <개정 2023.3.27., 2023.12.29.>

② 제 1 항에 따라 조합은 시장이 별도로 정하여 고시한 세부기준에 따라 설계도서를 작성하여 법 제 29 조 제 1 항에 따른 경쟁입찰 또는 수의계약(2 회 이상 경쟁입찰이 유찰된 경우로 한정한다. 이하 이 조에서 같다)의 방법으로 시공자를 선정하여야 한다. <개정 2023.3.27>

E. '조합-건설업자 공동시행 방식' 또는 '사업대행자 시행 방식' 공공지원 정비사업의 특례

1. 【해설】 법 제 118 조 제 7 항에 의한 특례

법 제 118 조 제 7 항은 조합이 공공지원을 받는 경우에도 ① 건설업자와 협약을 체결하고 공동으로 정비사업을 시행하는 경우 및 ② 시장·군수등이 토지주택공사등 또는 지정개발자를 사업대행자로 지정한 경우에는 조합설립인가 후에 바로 시공자를 선정할 수 있도록 하는 특례를 규정하고 있다. 그 내용은 알아 본다.

제1장 시공자 선정 / 제1절 총설

[☞ 이 특례조항은 서울시에서 공공지원을 받는 경우 시공자 선정시기를 '사업시행계획 인가 후'로 규정했던 2023. 7. 1. 개정전 조례에서 건설업자와의 공동시행을 통해 시공자 선정시기를 앞당기는 방법으로 활용되어 왔다. 그런데 2023. 7. 1. 개정조례는 공공지원을 받는 조합도 '조합설립인가 후'에 바로 시공자를 선정할 수 있도록 하였으므로, 향후 개정조례에 따른 입찰 관련 규정이 완비되고 '조합설립 후 시공자선정'이 정착하면 이 특례조항은 그 효용을 상실할 것으로 보인다.]

2. 【해설】 공공지원 정비사업에서 '사업시행인가 전'에 시공자를 선정할 수 있는 두 경우

서울시 공공지원 정비사업에서도 다음 두 가지 경우에는 조합설립인가 후에 (사업시행인가 전이라도) 시공자를 선정할 수 있다(법 제118조 제7항, 제29조 제4항).

A) 건설업자와의 공동시행 방식(법 제118조 제7항 제1호, 제25조): 조합이 조합원 과반수의 동의를 받아 건설업자와 협약을 체결하고 공동으로 정비사업을 시행하는 경우.

조합이 공동시행할 건설업자를 선정하는 절차는 시공자선정 절차와 거의 동일하며, 이렇게 선정된 공동시행 건설업자는 당연히 시공자가 되어 공사를 담당한다(법 제118조 제7항 단서). 즉, 공동시행자 선정이 곧 시공자 선정이며, 추후 시공자 선정 절차는 별도로 진행되지 않는다.

그래서 서울시「공동사업시행 건설업자 선정기준」은 공동사업시행 건설업자를 선정하는 총회도 시공자선정총회에 관한 「정비사업 계약업무처리기준」제35조를 따르도록 하고 있다. 결국 조합이 건설업자와 공동시행하기 위해서는 ① 법 제25조에 따라 미리 조합원 과반수의 동의를 받아야 할 뿐 아니라(선정기준 제10조 제1항), ② 계약업무처리기준 제35조에 따라 조합원 과반수가 직접 출석한 총회에서 출석조합원 과반수 찬성으로 공동사업시행 건설업자를 선정하여야 한다(선정기준 제21조 제1항).

B) 사업대행 방식(법 제118조 제7항 제2호): 시장·군수등이 법 제28조 제1항에 따라 토지주택공사등 또는 지정개발자를 사업대행자로 지정한 경우에도 조합설립인가 후에 바로 시공자를 선정할 수 있다. 지정개발자는 토지등소유자, 민관합동법인, 신탁업자 중에서 지정한다(법 제27조 제1항; 영 제21조).

사업대행 방식에서 시공자 선정은 「정비사업 계약업무처리기준」 및 서울시의 「공공지원 시공자 선정기준」에 따라 시공자 선정절차를 진행하여 경쟁입찰 또는 수의계약(2회 이상 경쟁입찰이 유찰된 경우로 한정)의 방법으로 조합총회에서 조합원 과반수의 동의를 받아서 한다(법 제118조 제7항 본문, 제29조 제4항).

I. 시공자 선정시기 및 선정방법 개요

> ☞ 사업대행 방식과 지정개발자에 관하여는 <u>돈.되.법</u> 1 제 3 장 제 2 절 V. VI.을 참조하세요.

3. 【해설】 공동사업시행협약 체결시 받는 제약

> **(1) 조합에 대한 보조·지원 제한:** 건설업자와 공동사업시행협약을 체결한 조합에 대하여는 공공지원에 따른 보조 및 지원이 제한된다. 이미 지급된 융자금은 협약이 체결된 날로부터 150 일 내에 상환해야 한다. (「공동사업시행 건설업자 선정기준」 제 25 조.)
>
> **(2) 도급계약으로의 변경 금지:** 조합이 건설업자와 공동사업시행협약을 체결한 후 공동사업시행협약을 공사도급계약으로 바로 변경하는 것은 금지된다 (「공동사업시행 건설업자 선정기준」 제 24 조).
>
> 조합이 공동시행을 포기하고 협약을 체결한 건설업자와 공사도급계약을 체결하여 조합 단독시행 방식으로 사업을 진행하기 위해서는 a) 먼저 공동사업시행협약을 해제 또는 취소한 후 b) 「정비사업 계약업무처리기준」 및 「서울특별시고시 공공지원 시공자 선정기준」 에 따라 <u>시공자 선정절차를 새로 진행</u>하여 해당 건설업자를 시공자로 선정한 후 공사도급계약을 체결하여야 한다.

4. 【법령】 전부개정 도시정비법 제 118 조 제 7 항

> ⑥ 공공지원의 시행을 위한 방법과 절차, 기준 및 제 126 조에 따른 도시·주거환경정비기금의 지원, 시공자 선정 시기 등에 필요한 사항은 시·도조례로 정한다.
>
> ⑦ 제 6 항에도 불구하고 다음 각 호의 어느 하나에 해당하는 경우에는 토지등소유자 (제 35 조에 따라 조합을 설립한 경우에는 조합원을 말한다)의 과반수 동의를 받아 제 29 조 제 4 항에 따라 시공자를 선정할 수 있다. 다만, 제 1 호의 경우에는 해당 건설업자를 시공자로 본다. <개정 2017. 8. 9.>
>
> 　1. 조합이 제 25 조에 따라 건설업자와 공동으로 정비사업을 시행하는 경우로서 조합과 건설업자 사이에 협약을 체결하는 경우
>
> 　2. 제 28 조 제 1 항 및 제 2 항에 따라 사업대행자가 정비사업을 시행하는 경우
>
> ⑧ 제 7 항 제 1 호의 협약사항에 관한 구체적인 내용은 시·도조례로 정할 수 있다.

5. 【해설】 건설업자와 공동시행 시 시공자 선정시기(건축심의 통과 이후)

> (1) 조합이 건설업자와 공동시행을 하는 이유는 건설업자의 정비사업 노하우와 자금력을 바탕으로 사업속도를 높이기 위함이다.

제1장 시공자 선정 / 제1절 총설

> 그런데 서울시 「공동사업시행 건설업자 선정기준」은 "<u>건축심의를 통과한 후</u> 건축심의를 득한 내용을 반영한 설계도서를 작성하고 사업비를 산출"한 후에 공동사업시행자인 건설업자를 선정하도록 규정함으로써(제11조 제1항) 공동시행의 경우 시공자 선정시기를 건축심의 통과 이후로 제한하고 있다.
>
> (2) 그래서 결국 서울시 공공지원 정비사업에서 건설업자와 공동시행을 함으로써 시공자선정이 빨라지는 것은 「건축심의 통과 후부터 사업시행계획인가시까지」 몇 개월(보통 4개월 정도)뿐이다. 그뿐 아니라 서울시의 「공동사업시행 건설업자 선정기준」과 「표준공동사업시행협약서」는 공사비를 "협약 시 정한 공사비 이하"로 제한하는 등(제25조 제2항) 공동시행 조건에 관하여 건설사에게 여러 가지 제한을 가하고 있기 때문에(아래 참조) 건설사들도 공동시행방식을 선호하지 않고 있다.
>
> (3) <u>신탁업자를 사업대행자로 지정한 경우에는 위와 같은 제한을 받지 않는다.</u> 따라서 신탁업자를 사업대행자로 지정한 경우에는 건축심의 통과시까지 기다리지 않고 조합설립인가 후 바로 시공자를 선정할 수 있다.

6. 【해설】 조합-건설업자 공동시행 사례

> (1) 조합-건설업자 공동시행 방식은 반포주공 1단지 1·2·4주구 재건축, 봉천 4-1-3 구역 재개발, 옥수동 한남하이츠 재건축, 송파구 가락프라자아파트 재건축, 신당 9구역 재개발 등에서 이용되어 오고 있다.
>
> 반포주공 1단지 1·2·4주구에서는 2018. 1. 1. 재건축초과이익환수제 재시행을 앞두고 사업시행계획인가 전에 공동시행 시공자를 선정해서 분양설계, 관리처분계획수립 등을 신속히 진행하여 재초환 미적용시한(2017. 12. 31.)까지 관리처분계획 인가신청을 마침으로써 재건축부담금을 피했다(재건축이익환수법 제3조의2 참조).
>
> ☞ 재건축부담금에 관하여는 돈.되.법 5 제5장 제7절을 참조하세요.
>
> (2) 옥수동한남하이츠 재건축사업에서는 아래와 같은 일정으로 공동시행 시공자선정이 이루어졌다.
>
> * 2018. 5. 18. 조합설립인가
>
> * 2019. 5. 28. 건축심의 통과(서울시 건축위원회 조건부 가결)
>
> * <u>2020. 1. 18. 공동시행 시공자선정</u>
>
> * 2020. 5. 21. 사업시행계획인가

I. 시공자 선정시기 및 선정방법 개요

7. 「공동사업시행 건설업자 선정기준」의 주요 내용

서울특별시 개정고시 제 2019-160 호(2019.05.30.)

(1) 이 기준은 서울특별시 자치구의 구청장이 공공지원을 하는 조합이 건설업자와 공동으로 정비사업을 시행하려는 경우 건설업자의 선정 및 협약 등에 관하여 필요한 사항을 규정한 서울특별시 고시이다. 조합과 공동으로 사업을 시행하는 건설업자의 선정 및 공동사업시행협약 등에 관하여 관계법령에서 정한 것 외에는 이 기준에 따르고, 이 기준에서 정하지 않은 사항은 계약업무처리기준에 따른다(제 3 조 제 1 항).

(2) 이 기준은 공동사업시행 건설업자가 자사의 브랜드 홍보를 위하여 사업시행계획 변경을 수반하는 설계변경을 제안하고 그로 인하여 공사지연, 착공기준일 변경 등 사유가 발생한 경우, 대안설계·특화설계·혁신설계 등 명칭과 관계 없이 추가되는 비용을 전액 건설업자가 부담하도록 하고 있다(제 6 조 제 8 항).

8. 「정비사업의 표준공동사업시행협약서」의 주요 내용

서울특별시 개정고시 제 2019-161 호(2019.05.30.)

(1) 공공사업시행자의 업무 구분: 공동사업시행자의 업무는 아래와 같이 구분하여 수행한다(제 9 조).

A) 조합은 다음 각 호의 업무를 수행한다(제 1 항).

1. 조합설립 및 정관 등에 관한 사항(조합사무실 운영/조합 총회, 대의원회, 이사회 개최, 조합설립변경인가)
2. 인·허가 등 업무(정비계획 수립 및 변경에 관한 사항, 건축.교통.문화재.환경영향평가 등 심의에 관한 사항, 사업시행계획인가/관리처분계획인가/준공인가/이전고시/조합해산 등)
3. 이주 및 토지수용 등 업무(토지등소유자 및 세입자 이주에 관한 업무, 토지의 사용 및 수용(매도청구)에 관한 업무 등)
4. 공사 감리·감독(감리업체 선정(구청) 등에 관한 사항, 공사시공 감리 및 감독에 관한 사항)
5. 분양 업무 주관(조합원 분양, 일반 분양)
6. 각종 등기, 공부정리 및 납세 관리(보존등기, 소유권 이전등기, 국세, 법인세 신고 및 납부)
7. 건설업자가 추진하는 업무에 대한 지원 및 협조에 관한 사항

B) 건설업자는 다음 각 호의 업무를 수행한다(제 2 항).

> 1. 제 1 항에 따라 조합에서 추진하는 업무에 대한 지원 및 협조
> 2. 용역업체 선정지원 및 관리(협약 체결 후 신규용역업체 선정절차 추진, 용역 수행 관리)
> 3. 이주지원 및 철거(토지등소유자 및 세입자 이주지원 및 공가관리, 지장물 이설, 석면제거, 철거 등에 관한사항)
> 4. 일반 분양 지원(견본주택건립 및 관리, 분양 홍보, 분양계약 체결 등에 관한 사항)
> 5. 공사 목적물(토목, 건축 등) 시공 및 하자 등에 관한 사항
> 6. 입주관리 및 조직구성, 계약 등에 관한 사항
>
> **(2) 공동사업시행의 대표자:** 공동사업시행의 <u>대표자는 조합</u>으로 하고, 건설업자는 시공자로 본다(제 10 조 제 1 항).

9. 【해설】 서울특별시 공공지원 관련 규정집

> 「공동사업시행 건설업자 선정기준」 과 「정비사업의 표준공동사업시행협약서」 는 "서울특별시 정비사업 정보몽땅"에 올려져 있는 「서울특별시 정비사업 조합 등 공공지원 관련 규정집」 에 포함되어 있다. ☞ https://cleanup.seoul.go.kr

F. 「정비사업 계약업무처리기준」

1. 【해설】 「정비사업 계약업무처리기준」 의 내용 및 효력

> 「정비사업 계약업무처리기준」 (이하 계약업무기준)은 국토교통부장관이 도시정비법 제 29 조 제 3 항의 위임을 받아 정비사업에서 체결하는 계약의 방법·절차 등에 관해서 필요한 사항을 정한 규정이다[국토교통부고시 제 2023-302 호, 2023. 6. 16., 일부개정].
>
> 구 도시정비법에서는 정비사업 계약체결 업무 전반에 걸쳐 적용되는 규정은 없었고, 시공자선정에만 적용되는 「정비사업의 시공자 선정기준」 (이하 시공자선정기준)이 있었다. 시공자선정기준은 구 도시정비법 제 11 조 제 1 항의 위임에 따라 2006. 8. 25. 부터 시행한 규정이다. 시공자선정기준은 계약업무기준의 시행으로 폐지되었다.
>
> 계약업무기준은 도시정비법령과 결합하여 대외적 구속력을 가지는 법규명령이다(대법원 2004. 4. 9. 선고 2003 두 1592 판결 참조).

2. 【해설】 적용범위 (시공자선정기준과의 비교)

> (1) 적용대상 업무: a) 시공자선정기준은 시공자 선정에 관한 사항만을 규정하였으나 (따라서 시공자 선정 외의 계약을 체결하는 경우에는 적용되지 않음. 시공자선정기준

제 1 조), b) 계약업무기준은 시공자 선정만이 아니라 정비사업의 추진 및 시행 과정에서 체결하는 모든 계약(예: 공사·용역·물품구매·제조계약 등)에 적용된다.

(2) 적용대상자: a) 시공자선정기준은 조합(주택재개발사업조합·주택재건축사업조합·도시환경정비사업조합 및 가로주택정비사업조합)이 시공자를 선정하는 경우에만 적용되었으나(따라서 조합 외의 사업시행자가 시공자를 선정하는 경우에는 적용되지 않음. 시공자선정기준 제 1 조), b) 계약업무기준은 조합 외의 사업시행자는 물론 추진위원회가 체결하는 모든 계약에 적용된다(계약업무기준 제 1 조).

결국 계약업무기준은 정비사업의 추진 및 시행 과정에서 추진위원회와 사업시행자가 체결하는 모든 계약에 적용된다. (이상 계약업무기준 제 1, 5 조 참조.)

3. 【해설】 계약업무기준의 주요 내용

(1) 계약업무기준 제 2 장(일반계약 처리기준)과 제 3 장(전자입찰 계약 처리기준)은 정비사업의 모든 계약업무에 적용되는 기준이다.

그런데 시공자 선정에 관하여는 제 4 장에 특별규정이 있으므로, 제 2 장은 시공자 선정 외의 계약업무(정비사업전문관리업자, 설계업자, 도시계획업체, 감정평가법인, 법무법인, 세무법인 기타 협력업체 또는 용역업체 선정 등)에서 주로 문제된다.

(2) 제 2 장과 제 3 장의 주요내용은 돈.되.법 1 제 5 장 제 6 절에서 살펴보았고, 전자입찰에 관하여는 제 1 장 제 1 절 I.에서 자세히 보았다.

(3) 제 4 장(시공자 선정기준)의 구체적 규정내용은 아래 각 해당 부분에서 자세히 보기로 한다.

4. 【해설】 계약업무기준의 경과규정 (부칙 제 2 조)

계약업무기준은 시행일(2018. 2. 9.) 이후 최초로 계약을 체결하는 경우부터 적용하나, 시공자나 정비사업전문관리업자와의 계약체결에 관하여는 계약업무기준 시행 후 최초로 시공자나 정비사업전문관리업자를 선정하는 경우부터 적용한다.

따라서 2018. 2. 9. 전에 이미 시공자선정 절차를 마친 경우에는 2018. 2. 9. 이후에 계약을 체결하더라도 계약업무기준이 적용되지 않는다(시공자선정기준이 적용됨).

그런데 시공자·정비사업전문관리업자의 선정이 이루어지는 시점은 그 선정을 위한 최초의 대외적 절차인 입찰공고 등의 절차를 추진하는 시점을 기준으로 판단한다는 것이 국토교통부 해석이다(2018. 4. 6.). 이 해석에 따르면 시공자 선정을 위한 입찰공고 등의 추진이 2018. 2. 9. 전에 이미 시작된 경우에는 계약업무기준을 적용하지 않고 시공자선정기준을 적용한다.

제 1 장 시공자 선정 / 제 1 절 총설

5. 【구법령】 폐지된 「정비사업의 시공자 선정기준」 주요내용

[건설교통부고시 제 2006-331 호, 2006. 8. 25. 제정]

[국토교통부고시 제 2016-187 호, 2016. 4. 8. 개정]

☞ 아래 조항들은 계약업무기준에서 달라진 내용을 알기 위해 필요하다.

제 5 조(입찰의 방법)

① 조합이 건설업자등을 시공자로 선정하고자 하는 경우에는 일반경쟁입찰, 제한경쟁입찰 또는 지명경쟁입찰의 방법으로 선정하여야 한다. 다만, 지명경쟁입찰의 방법은 조합원이 200 명 이하인 정비사업으로 한정한다.

② 제 1 항에도 불구하고 미 응찰 등의 사유로 3 회 이상 유찰된 경우에는 총회의 의결을 거쳐 수의계약 할 수 있으며, 「도시 및 주거환경정비법 시행령」 제 19 조의 2 에서 정하는 규모 이하의 정비사업의 경우에는 조합총회에서 정관으로 정하는 바에 따라 선정할 수 있다.

☞ 모법(구법 제 11 조 제 1 항)은 "국토교통부장관이 정하는 경쟁입찰의 방법으로 선정하여야 한다"고 규정하였는데, 선정기준 제 5 조 제 2 항은 수의계약을 포함시키고 있어 그것이 모법의 위임한계를 벗어나 무효인지 여부가 문제된 적이 있는데, 법원은 위임범위 내라고 보았다(울산지방법원 2015. 1. 23.자 2015 카합 10007 결정 참조).

제 6 조(제한경쟁에 의한 입찰)

① 조합은 제 5 조의 규정에 의하여 건설업자등의 자격을 시공능력평가액, 신용평가등급(회사채 기준), 해당 공사와 같은 종류의 공사실적, 그 밖에 조합의 신청으로 시장·군수·구청장이 따로 인정한 것으로만 제한할 수 있으며, 5 인 이상의 입찰참가 신청이 있어야 한다. 이 경우 공동참여의 경우에는 1 인으로 본다.

② 제 1 항의 규정에 의하여 자격을 제한하고자 하는 경우에는 대의원회의 의결을 거쳐야 한다.

제 7 조(지명경쟁에 의한 입찰)

① 조합은 제 5 조의 규정에 의하여 지명경쟁에 의한 입찰에 부치고자 할 때에는 5 인 이상의 입찰대상자를 지명하여 3 인 이상의 입찰참가 신청이 있어야 한다.

② 제 1 항의 규정에 의하여 지명하고자 하는 경우에는 대의원회의 의결을 거쳐야 한다.

제 12 조(대의원회의 의결)

① 조합은 제출된 입찰서를 모두 대의원회에 상정하여야 한다.

> ② 대의원회는 총회에 상정할 <u>6인 이상</u>의 건설업자등을 선정하여야 한다. 다만, 입찰에 참가한 건설업자등이 5인 이하인 때에는 모두 총회에 상정하여야 한다.
>
> ③ 제2항의 규정에 의한 건설업자등의 선정은 대의원회 재적의원 과반수가 직접 참여한 회의에서 비밀투표의 방법으로 의결하여야 한다. 이 경우 서면 또는 대리인을 통한 투표는 인정하지 아니한다.
>
> **부칙 제2조(경과조치)** <제 2006-331 호, 2006.8.25>
>
> 주택재개발사업 및 도시환경정비사업의 경우에는 2006. 8. 25. 이후 최초로 추진위원회 승인을 얻은 분부터 적용한다.
>
> ☞ 2006. 8. 25. 전에 최초로 추진위원회 승인을 얻은 주택재개발조합 및 도시환경정비사업조합에는 시공자선정기준이 적용되지 않는다.

II. 시공자 선정시기 및 선정방법의 개정연혁

A. 전부개정 전

표 3 기간별 시공자 선정시기 및 선정방법 비교표 (개정연혁)

기간	시공자 선정시기	시공자 선정방법	비고 (경과규정 등)
도시정비법 시행 전 (~2003.06.30.)	규정 없음		
2003.07.01.	도시정비법 시행		도시정비법은 시공자선정을 총회의결사항으로 규정하였으므로(제24조 제3항 제6호), 「조합설립인가 후 총회의결을 거칠 것」은 모든 경우에 공통적으로 적용되는 제한이다.
2003.07.01. ~ 2005.03.17.	사업시행인가 후(구법 §11①)	조합정관등이 정하는 경쟁입찰(구법 §11②)	✓ 종전법률에 따라 사업계획승인/사업시행인가를 받아 시행중인 사업: 종전규정에 의함(부칙 §7①) ✓ a) 설립인가를 받은 조합이 b) 토지등소유자 1/2 이상 동의로 시공자를 선정하여 c) 시공계약을 체결한 경우 => 이법에 따라 선정된 시공자로 봄 (부칙 §7② 전단) ✓ a) 2002. 8. 9. 이전에 b) 토지등소유

제 1 장 시공자 선정 / 제 1 절 총설

기간	시공자 선정시기		시공자 선정방법	비고 (경과규정 등)
				자 1/2 이상 동의로 시공자를 선정한 c) <u>주택재건축사업에서</u> d) 이법 시행일 이후 2개월 내에 시장·군수에게 신고한 경우 => 이법에 따라 선정된 시공자로 봄(부칙 §7② 후단)
2005.03.18. ~ 2006.08.24.	주택재개발 사업	규정 없음	조합정관등이 정하는 시기·방법에 따라 자유롭게 선정할 수 있음(경쟁입찰이 아니어도 됨)	
	주택재건축 사업	사업시행 인가 후(구법 §11①)	건설교통부장관이 정하는 경쟁입찰(구법 §11②)	☞ '건설교통부장관이 정하는 경쟁입찰'은 건설교통부고시 「정비사업의 시공자 선정기준」이 정하는 방법을 말함. ※ 「정비사업의 시공자 선정기준」은 2006. 8. 25. 제정·시행되다가 2018. 2. 9. 전부개정 도시정비법에 따른 「정비사업 계약업무 처리기준」이 시행됨에 따라 폐지됨.
2006.08.25. ~ 2009.02.05.	주택재개발 사업/ 도시환경정 비사업	조합설립 인가 후(구법 §11① 전단)	건설교통부장관이 정하는 경쟁입찰(구법 §11②)	✓ 주택재개발사업 및 도시환경정비사업의 시공자 선정방법은 개정법 시행(2006. 8. 25.) 후 최초로 추진위원회 승인을 얻은 분부터 적용함(부칙 ②) ✓ 2006. 8. 25. <u>「정비사업의 시공자 선정기준」</u> 제정·시행(건설교통부고시 제2006-331호)
	주택재건축 사업	사업시행 인가 후(구법 §11① 후단)		
2009.02.06. ~ 2018.02.08.	주택재개발/ 주택재건축 사업	조합설립 인가 후(구법 §11①)	조합총회에서 국토해양부장관이 정하는 경쟁입찰로 선정(구법 §11① 본문) 조합원 100명 이하의 경우는 조합총회에서 정관이 정하는 바에 따라 선정(구법 §11① 단서; 영 §19-2①)	✓ 2010. 4. 15. 개정법 및 서울특별시 2010. 7. 16. 개정조례에 의하여 정비사업에 공공관리(현: 공공지원)가 도입됨에 따라 <u>서울특별시 공공관리 대상 정비사업은 시공자 선정 시기가 '사업시행계획인가 후'로 변경됨</u>(구법§77-4; 구조례 §48②). ✓ 단, 공공지원 정비사업에서도 a) 조합과 건설업자가 공동사업시행 협약을 체결하고 공동으로 정비사업을 시행하는 경우 및 b) 사업대행자가 시행하는 경우에는 조합원 과반수의 동의를 얻어 조합설립인가 후 총회
	도시환 경정비 사업	조합 방식	재개발/재건축사업과 같음 (구법 §11① 본문)	

II. 시공자 선정시기 및 선정방법의 개정연혁

기간		시공자 선정시기	시공자 선정방법	비고 (경과규정 등)
	토지등소유자방식		사업시행인가 후 규약이 정하는 바에 따라 선정(구법 §11②) (수의계약도 가능)	에서 시공자를 선정할 수 있음(구법 §77-4⑧) ✓ 공공지원 정비사업에는 서울시가 고시한 「공공관리 시공자 선정기준」 (2010. 10. 1. 시행)이 추가 적용됨
	시장·군수가 직접 시행하거나, 주택공사등을 사업시행자로 지정한 경우	사업시행자 지정 고시 후 (구법§11 ③전단)	* 주민대표회의 시공자 추천권: 주민대표회의는 '대통령령으로 정하는 경쟁입찰'의 방법으로 시공자를 추천하고, 시장·군수 또는 주택공사등은 주민대표회의가 추천한 시공자를 선정함 (구법 §11③) * 2016. 3. 2. 개정법에서 '토지등소유자 전체회의'의 추천권이 추가됨	'대통령령으로 정하는 경쟁입찰'은 다음 절차를 거친 방법을 말함(구영§19-2②) 1. 일반경쟁입찰·제한경쟁입찰 또는 지명경쟁입찰로 할 것 2. 입찰공고는 1회 이상 일간신문에 하고, 현장설명회를 개최할 것 3. 입찰제안서에 대하여 토지등소유자를 대상으로 투표를 실시할 것

B. ① 도시정비법 시행 전에 종전 법령에 따라 총회의결을 거쳐 시공자로 선정되었더라도, 부칙 제7조가 정하는 예외사유를 갖추지 못하였으면 법시행 전 총회에서 한 시공자 선정결의는 <u>무효임</u>; ② 따라서 도시정비법 시행 이후 '그 시공자'와 체결한 시공가계약은 무효이고; ③ 조합은 도시정비법에 따라 새로 총회의결을 거쳐 경쟁입찰의 방법으로 시공자를 선정하여야 하며; ④ 이런 절차를 거치지 않고 해당 시공사와 시공가계약을 체결한 것은 <u>「총회의결을 거치지 않고 시공자선정 사업을 임의로 추진한 경우」</u>에 해당함(유죄) —대법원 2008. 1. 10. 선고 2005도8426 판결[특정경제범죄가중처벌등에관한법률위반(배임)·도시및주거환경정비법위반]

(이유 생략)

C. ① 2006. 8. 25. 개정법 시행 전에 설립승인을 받은 추진위원회가 설립한 주택재개발조합이 시공자를 선정하는 경우에는 '개정전 조항'이 적용돼; ② 따라서 조합설립인가 후 총회의결을 거쳐 시공자를 선정하면 되고, 반드시 경쟁입찰로 선정하지 않아도 됨 —대법원 2016. 8. 29. 선고 2013다50466 판결[총회결의무효확인]

제 1 장 시공자 선정 / 제 1 절 총설

【당사자】

【원고, 상고인】 원고

【피고, 피상고인】 응암제 2 구역주택재개발정비사업조합

【참조조문】 부칙 <법률 제 7960 호, 2006. 5. 24.>

① (시행일) 이 법은 공포 후 3 개월이 경과한 날부터 시행한다. [시행일: 2006. 8. 25.]

② (시공자 선정에 관한 적용례) 제 11 조 제 2 항의 개정규정 중 주택재개발사업 및 도시환경정비사업의 경우는 <u>이 법 시행 후 최초로 추진위원회의 승인을 얻은 분부터 적용</u>한다.

(이유 생략)

III. 지명경쟁입찰과 수의계약

A. 지명경쟁입찰

1. 【해설】 지명경쟁입찰을 할 수 있는 경우

(1) 다음 중 어느 하나의 경우에는 지명경쟁입찰에 부칠 수 있다(법 제 29 조 제 4 항 및 제 1 항 단서; 영 제 24 조 제 1 항 제 1 호).

가. 계약의 성질 또는 목적에 비추어 특수한 설비·기술·자재·물품 또는 실적이 있는 자가 아니면 계약의 목적을 달성하기 곤란한 경우로서 <u>입찰대상자가 10 인 이내인 경우</u>

나. 「건설산업기본법」에 따른 <u>건설공사</u>(전문공사를 제외한다. 이하 이 조에서 같다)로서 <u>추정가격이 3 억원 이하인 공사</u>인 경우

다. 「건설산업기본법」에 따른 <u>전문공사로서 추정가격이 1 억원 이하인 공사</u>인 경우

라. 공사관련 법령(「건설산업기본법」은 제외한다)에 따른 공사로서 <u>추정가격이 1 억원 이하인 공사</u>인 경우

마. <u>추정가격 1 억원 이하의 물품 제조·구매, 용역, 그 밖의 계약</u>인 경우

III. 지명경쟁입찰과 수의계약

(2) 시공자선정기준에서 지명경쟁입찰에 의한 시공자선정은 조합원이 200 명 이하인 정비사업에서만 할 수 있었으나(제 5 조 제 1 항 단서), 계약업무기준에서는 그런 제한이 없다.

2. 【법령】계약업무기준 제 26 조(입찰의 방법) [일반경쟁입찰, 지명경쟁입찰, 수의계약]

① 사업시행자등은 일반경쟁 또는 지명경쟁 의 방법으로 건설업자등을 시공자로 선정하여야 한다.

☞ 시공자선정기준에서는 '제한경쟁입찰'도 허용되었다.

② 제 1 항에도 불구하고 a) 일반경쟁입찰이 미 응찰 또는 단독 응찰의 사유로 2 회 이상 유찰된 경우에는 b) 총회의 의결을 거쳐 수의계약 의 방법으로 건설업자등을 시공자로 선정할 수 있다.

☞ 수의계약 체결을 위한 유찰 회수를 3 회(시공자선정기준)에서 2 회로 낮춤.

3. 【해설】지명경쟁입찰의 방법과 절차

(1) 지명경쟁입찰은 5 인 이상의 입찰대상자를 지명하여야 하고, 3 인 이상의 입찰참가 신청이 있어야 한다(계약업무기준 제 27 조 제 1 항). 구 시공자선정기준(제 7 조 제 1 항)과 같다.

시공자선정 외의 일반계약에서 지명경쟁입찰은 4 인 이상의 입찰대상자를 지명하여 3 인 이상의 입찰참가 신청이 있으면 된다(계약업무기준 제 7 조 제 1 항).

(2) 지명경쟁입찰의 대상자를 지명할 때는 대의원회의 의결을 거쳐야 한다(계약업무기준 제 27 조 제 2 항).

(3) 지명경쟁입찰을 하는 경우에도 2 인 이상의 유효한 입찰참가 신청이 있어야 한다(계약업무기준 제 6 조 제 2 항).

B. 2 회 유찰 후 사업계획이 변경된 경우 수의계약 허용 여부

1. 【해설】시공자선정을 수의계약으로 할 수 있는 경우

시공자선정을 수의계약으로 할 수 있는 경우는 2 회 이상 경쟁입찰이 유찰된 경우로 한정 한다(법 제 29 조 제 4 항). 수의계약으로 시공자를 선정하는 경우에도 총회의 의결은 거쳐야 한다(법 제 45 조 제 1 항 제 5 호).

2. **【해설】하급심판례 v. 법제처 유권해석**

> 시공자선정을 위한 경쟁입찰이 2회 이상(「시공자선정기준」에서는 3회 이상) 유찰된 후에 사업내용이 변경된 경우 다시 경쟁입찰을 거치지 않고 바로 수의계약을 할 수 있는지가 문제된다.
>
> (1) 하급심판례: 3회 유찰 후 사업내용이 "용적률 199.65%, 신축아파트 2,768세대"에서 "용적률 249.02%, 신축아파트 4,175세대"로 변경된 사안에서 다시 경쟁입찰을 거치지 않고 수의계약을 한 것은 적법하다고 본 하급심판례가 있다(울산지방법원 2015. 1. 23.자 2015카합10007 결정).
>
> (2) 법제처 유권해석: 위 하급심 결정이 있은 후 법제처는 2회 연속 반대 취지의 유권해석을 냈다. 법제처의 유권해석에 대하여 반대 견해가 많으나, 시공자 선정을 경쟁입찰의 방법으로 하도록 한 도시정비법령의 취지에 충실한 해석이라고 본다.

3. **【법제처 유권해석】안건번호 15-0330, 회신일자 2015-06-17**

> 【회답】
>
> 「도시 및 주거환경정비법」제11조제1항 본문에 따라 경쟁입찰의 방법으로 주택재개발사업의 시공자를 선정할 때, 그 입찰이 <u>3회 이상 유찰된 후 해당 사업계획의 개요가 변경되어 기존 입찰공고의 내용과 동일성이 인정되지 않는 경우에는</u>, 그 주택재개발사업조합이 「정비사업의 시공자 선정기준」제5조제2항에 따라 <u>시공자를 수의계약으로 선정할 수 없습니다</u>.
>
> 【질의배경】
>
> 창원시는 주택재개발사업 시공자 선정을 위한 <u>입찰이 3회 이상 유찰된 이후 그 사업의 개요가 변경된 경우(2,002세대→2,549세대 건설)</u>, 조합이 수의계약으로 시공자를 선정할 수 있는지를 국토교통부에 질의하였고, 국토교통부가 이 경우 수의계약이 불가하다는 답변을 하자 법제처에 법령해석을 요청함.

4. **【법제처 유권해석】안건번호 16-0305, 회신일자 2016-07-11**

> 주택재개발사업의 <u>시공자 선정을 위한 입찰이 3회 유찰되었으나, 각 입찰공고에서의 "입찰참가 자격"이 모두 다른 경우에는</u> 주택재개발사업을 시행하고자 하는 조합이 「정비사업의 시공자 선정기준」제5조제2항에 따라 <u>시공자를 수의계약으로 선정할 수 없습니다</u>.

III. 지명경쟁입찰과 수의계약

C. [하급심판례 – 시공자선정기준이 적용된 사안임] 3회 유찰 후 사업내용이 변경되었어도 수의계약을 할 수 있어 ("용적률 199.65%, 신축아파트 2,768세대"에서 "용적률 249.02%, 신축아파트 4,175세대"로 변경된 사안임) —울산지방법원 2015. 1. 23.자 2015카합10007 결정[대의원회결의효력정지및총회개최금지가처분]

【당사자】

채권자 A, B, C
채무자 중구 B-04 구역 주택재개발정비사업조합

1. 인정사실

이 사건 기록 및 심문 전체의 취지를 종합하면, 다음의 각 사실이 인정된다.

가. 채무자는 2011. 5. 27. '도시 및 주거환경정비법(이하 '도정법'이라 한다)'에 따라 조합설립 인가처분을 받은 주택재개발정비사업조합(이하 '채무자 조합'이라 한다)이고, 채권자들은 채무자 조합의 조합원들이다.

나. 채무자 조합은 경쟁입찰의 방식으로 시공사를 선정하기 위하여 용적률 199.65%, 신축아파트 2,768세대를 건축하는 것을 사업내용으로 하여 2012. 1. 6. 1차 시공사 선정공고를, 2012. 11. 15. 2차 시공사 선정공고를, 2014. 2. 24. 3차 시공사 선정공고를 각 하였으나 시공사들의 참여가 없어 위 3회의 입찰이 모두 유찰되었다.

다. 이에 채무자 조합은 용적률 249.02%, 신축아파트 4,175세대를 건축하는 것으로 사업내용을 변경하고, 2014. 11. 28. 제7차 대의원회를 열어 3회 이상 입찰이 유찰된 경우 수의계약으로 시공사를 선정할 수 있다는 정비사업의 시공사 선정기준(국토해양부 고시 제2012-458호, 이하 '이 사건 선정기준'이라 한다) 제5조 제2항을 근거로 롯데건설 주식회사(이하 '롯데건설'이라 한다), SK건설 주식회사(이하 'SK건설'이라 한다), GS건설 주식회사(이하 'GS건설'이라 한다)로부터 사업참여 제안서를 제출받아 수의계약의 방식으로 시공사를 선정하기로 하는 결의를 하였다.

라. 채무자 조합은 2014. 12. 23. 제8차 대의원회를 열어 시공사 선정 수의계약 대상자와 관련하여 롯데건설 또는 롯데건설을 주관으로 하는 공동사업단으로 수의계약 대상자를 확정하고, 조합이 제출을 요구한 확약서를 제출하지 않았다는 이유로 SK건설의 입찰참가 자격을 박탈하는 내용의 별지 1. 목록 기재 안건 등을 결의하였다.

마. 이후 채무자 조합은 수의계약 체결을 위한 입찰절차를 마감한 후 2015. 1. 10. 제10차 대의원회를 열어 2015. 1. 25.에 시공사 선정 등을 위한 이 사건 총회를 개최하는 내용의

제 1 장 시공자 선정 / 제 1 절 총설

별지 2. 목록 기재의 안건 등을 결의하였다. (이하 생략)

IV. 벌칙

A. 시공계약 체결방법 위반행위

1. 【법령】일반경쟁 위반 등: 법 제 136 조(벌칙) 제 1 호, 제 2-2 호

> 다음 각 호의 어느 하나에 해당하는 자는 3년 이하의 징역 또는 3천만원 이하의 벌금에 처한다. <개정 2017. 8. 9., 2019. 4. 23.>
> 　1. 제 29 조(계약의 방법 및 시공자 선정 등) 제 1 항에 따른 계약의 방법을 위반하여 계약을 체결한 추진위원장, 전문조합관리인 또는 조합임원(조합의 청산인 및 토지등소유자가 시행하는 재개발사업의 경우에는 그 대표자, 지정개발자가 사업시행자인 경우 그 대표자를 말한다)
>
> ☞ 법 제 29 조 제 1 항
>
> ① 추진위원장 또는 사업시행자(청산인을 포함한다)는 이 법 또는 다른 법령에 특별한 규정이 있는 경우를 제외하고는 계약(공사, 용역, 물품구매 및 제조 등을 포함한다. 이하 같다)을 체결하려면 일반경쟁에 부쳐야 한다.
> 다만, 계약규모, 재난의 발생 등 대통령령으로 정하는 경우에는 입찰 참가자를 지명(指名)하여 경쟁에 부치거나 수의계약으로 할 수 있다. <신설 2017. 8. 9.>
>
> 2의 2. 제 29 조 제 9 항을 위반하여 시공자와 공사에 관한 계약을 체결한 자
>
> ☞ 법 제 29 조 제 9 항
>
> ⑨ 사업시행자(사업대행자를 포함한다)는 제 4 항부터 제 8 항까지의 규정에 따라 선정된 시공자와 공사에 관한 계약을 체결할 때에는 기존 건축물의 철거 공사(「석면안전관리법」에 따른 석면 조사·해체·제거를 포함한다)에 관한 사항을 포함시켜야 한다. <개정 2017. 8. 9.>

2. 【법령】시공자선정의 시기·방법·절차 위반행위: 법 제 136 조(벌칙) 제 2 호

> 다음 각 호의 어느 하나에 해당하는 자는 3년 이하의 징역 또는 3천만원 이하의 벌금에 처한다. <개정 2017. 8. 9., 2019. 4. 23.>
> 　2. 제 29 조 제 4 항부터 제 8 항까지의 규정을 위반하여 시공자를 선정한 자 및 시공자로 선정된 자

IV. 벌칙

> ☞ 법 제29조 제4항
>
> ④ 조합은 a) 조합설립인가를 받은 후 b) 조합총회에서 c) 제1항에 따라 경쟁입찰 또는 수의계약(2회 이상 경쟁입찰이 유찰된 경우로 한정한다)의 방법으로 d) 건설업자 또는 등록사업자를 시공자로 선정하여야 한다. 다만, 대통령령으로 정하는 규모 이하의 정비사업은 조합총회에서 정관으로 정하는 바에 따라 선정할 수 있다. <개정 2017. 8. 9.>
>
> ※ 위 a), b), c), d) 중 어느 한 가지라도 위반하면 법 제136조 제2호 위반죄에 해당한다.

3. 【법령】전부개정 도시정비법 제139조(양벌규정)

> 법인의 대표자나 법인 또는 개인의 대리인, 사용인, 그 밖의 종업원이 그 법인 또는 개인의 업무에 관하여 제135조부터 제138조까지의 어느 하나에 해당하는 위반행위를 하면 그 행위자를 벌하는 외에 그 법인 또는 개인에게도 해당 조문의 벌금에 처한다.
>
> 다만, 법인 또는 개인이 그 위반행위를 방지하기 위하여 해당 업무에 관하여 상당한 주의와 감독을 게을리하지 아니한 경우에는 그러하지 아니하다.

B. 이익제공행위 등의 금지

1. 【법령】이익제공·취득·승낙행위: 전부개정 도시정비법 제135조(벌칙)

> 다음 각 호의 어느 하나에 해당하는 자는 5년 이하의 징역 또는 5천만원 이하의 벌금에 처한다.
>
> 2. 제132조 각 호의 어느 하나를 위반하여 금품, 향응 또는 그 밖의 재산상 이익을 제공하거나 제공의사를 표시하거나 제공을 약속하는 행위를 하거나 제공을 받거나 제공의사 표시를 승낙한 자

> ☞ 법 제132조(조합임원 등의 선임·선정 시 행위제한)
>
> 누구든지 추진위원, 조합임원의 선임 또는 제29조에 따른 계약 체결과 관련하여 다음 각 호의 행위를 하여서는 아니 된다. <개정 2017. 8. 9.>
>
> 1. 금품, 향응 또는 그 밖의 재산상 이익을 제공하거나 제공의사를 표시하거나 제공을 약속하는 행위
>
> 2. 금품, 향응 또는 그 밖의 재산상 이익을 제공받거나 제공의사 표시를 승낙하는 행위

제 1 장 시공자 선정 / 제 1 절 총설

> 3. 제 3 자를 통하여 제 1 호 또는 제 2 호에 해당하는 행위를 하는 행위

2. 【법령】건설업자의 관리·감독 위반행위: 전부개정 도시정비법 제 138 조(벌칙)

> ② 건설업자가 제 132 조의 2 에 따른 조치를 소홀히 하여 용역업체의 임직원이 제 132 조 각 호의 어느 하나를 위반한 경우 그 건설업자는 5 천만원 이하의 벌금에 처한다. <신설 2018. 6. 12.>
>
> ☞ 전부개정 도시정비법 제 132 조의 2(건설업자의 관리·감독 의무)
>
> 건설업자는 시공자 선정과 관련하여 홍보 등을 위하여 계약한 용역업체의 임직원이 제 132 조를 위반하지 아니하도록 교육, 용역비 집행 점검, 용역업체 관리·감독 등 필요한 조치를 하여야 한다.
>
> [본조신설 2018.6.12]

C. 건설산업기본법에 의한 처벌 및 제재

1. 【법령】입찰방해행위: 건설산업기본법 제 95 조(벌칙)

> 건설공사의 입찰에서 다음 각 호의 어느 하나에 해당하는 행위를 한 자는 5 년 이하의 징역 또는 2 억원 이하의 벌금에 처한다. <개정 2016. 2. 3., 2019. 4. 30.>
>
> 1. 부당한 이익을 취득하거나 공정한 가격 결정을 방해할 목적으로 입찰자가 서로 공모하여 미리 조작한 가격으로 입찰한 자
>
> 2. 다른 건설사업자의 견적을 제출한 자
>
> 3. 위계 또는 위력, 그 밖의 방법으로 다른 건설사업자의 입찰행위를 방해한 자
>
> [전문개정 2011. 5. 24.]

2. 【법령】부정청탁에 의한 이익취득·제공행위: 건설산업기본법 제 95 조의 2(벌칙)

> 다음 각 호의 어느 하나에 해당하는 자는 5 년 이하의 징역 또는 5 천만원 이하의 벌금에 처한다. <개정 2017. 3. 21., 2019. 4. 30.>
>
> 5. 제 38 조의 2 를 위반하여 부정한 청탁을 받고 재물 또는 재산상의 이익을 취득하거나 부정한 청탁을 하면서 재물 또는 재산상의 이익을 제공한 자

3. **【법령】영업정지 또는 과징금: 건설산업기본법 제 82 조의 2(부정한 청탁에 의한 재물 등의 취득 및 제공에 대한 영업정지 등)**

> ① 국토교통부장관은 <u>건설사업자가</u> 제 38 조의 2 를 위반하여 <u>부정한 청탁을 받고 재</u> <u>물 또는 재산상의 이익을 취득하거나 부정한 청탁을 하면서 재물 또는 재산상의 이</u> <u>익을 제공한 경우에는</u> 대통령령으로 정하는 바에 따라 <u>1 년의 범위에서 기간을 정하 여</u> 영업정지 를 명하거나 영업정지에 갈음하여 10 억원 이하의 과징금 을 부과할 수 있다. <개정 2013. 3. 23., 2019. 4. 30.>
>
> ☞ 영업정지 또는 과징금의 제재는 형사처벌(법 제 95 조의 2)과 별도로 부과된다.
>
> ☞ **건설산업기본법 제 38 조의 2(부정한 청탁에 의한 재물 등의 취득 및 제공 금지)**
>
> ① 발주자·수급인·하수급인(발주자, 수급인 또는 하수급인이 법인인 경우 해당 법 인의 임원 또는 직원을 포함한다) 또는 이해관계인은 도급계약의 체결 또는 건설공사 의 시공에 관하여 부정한 청탁을 받고 재물 또는 재산상의 이익을 취득하거나 부정 한 청탁을 하면서 재물 또는 재산상의 이익을 제공하여서는 아니 된다. <개정 2016. 2. 3.>
>
> ② 이하 생략(위반 횟수에 따른 중과규정임)

V. 소규모주택정비사업의 시공자 선정

A. 개요

1. **【해설】소규모주택정비사업<u>조합</u>의 시공자 선정 방법 (정비사업조합과 원칙적으로 같음)**

> 소규모주택정비법 제 20 조는 소규모주택정비사업(자율주택정비사업, 가로주택정비사 업, 소규모재개발·재건축사업)의 시공자선정에 관하여 별도의 규정을 두고 있는바(소 규모주택정비법. 자세한 내용은 아래 참조), 그 중 조합의 시공자 선정방법(제 2 항)은 도시정비법 제 29 조 제 4 항과 대동소이하다. 다만, 조합이 시장·군수등 또는 토지주 택공사등과 공동으로 사업을 시행하는 경우에는 조합원 과반수 동의로 조합총회 의 결을 갈음할 수 있다(소규모주택정비법 제 20 조 제 2 항 괄호 부분).
>
> 소규모주택정비사업<u>조합이</u> 시공자 및 정비사업전문관리업자를 선정하는 경우의 세부 절차와 기준을 규정한 「소규모주택정비사업의 시공자 및 정비사업전문관리업자 선정 기준」도 「정비사업 계약업무처리기준」을 전부 준용하고 있다(선정기준 제 2 조 제 2 항).

제 1 장 시공자 선정 / 제 1 절 총설

> 결국 소규모주택정비사업조합이 시공자를 선정하는 경우에는 「선정기준」이 규정하는 몇 가지 예외사항(아래 참조)을 제외하고는 위에서 본 시공자 선정방법에 관한 내용들(일반경쟁입찰 원칙, 지명경쟁입찰과 수의계약을 할 수 있는 경우 등)이 원칙적으로 모두 준용된다.
>
> 다만, 소규모주택정비법은 많은 예외와 특례를 규정하고 있다(아래 참조).

2. 【해설】 경쟁입찰이 아닌 방법으로 시공자를 선정할 수 있는 경우

> **(1) 토지등소유자가 소규모주택정비사업을 시행하는 경우:** 토지등소유자가 20명 미만인 가로주택정비사업, 소규모재건축사업 또는 소규모재개발사업은 ① 토지등소유자 직접 시행하거나(소규모주택정비법 제17조 제3항 제1호 전단), ② 토지등소유자가 시장·군수등, 토지주택공사등, 건설업자, 등록사업자, 신탁업자, 부동산투자회사 등과 공동으로 시행할 수 있다(같은 호 후단).
>
> 한편 자율주택정비사업은 ① 2명 이상의 토지등소유자가 직접 시행하거나 ② 시장·군수등, 토지주택공사등, 건설업자, 등록사업자, 신탁업자, 부동산투자회사 등과 공동으로 시행할 수 있다(소규모주택정비법 제17조 제1항).
>
> 이와 같이 토지등소유자가 소규모주택정비사업을 시행하는 경우에는 주민합의체를 신고한 후 주민합의서에서 정하는 바에 따라 시공자를 선정하면 된다(제20조 제1항).
>
> **(2) 토지등소유자 또는 조합원이 30인 이하인 소규모주택정비사업:** 토지등소유자 또는 조합원이 30인 이하인 소규모주택정비사업에서는 조합총회에서 정관으로 정하는 바에 따라 선정할 수 있다(동법 제20조 제2항 단서 및 동 시행령 제18조 제1항). 따라서 정관에서 수의계약을 허용하고 있으면 경쟁입찰을 거치지 않고 곧바로 수의계약으로 시공자를 선정할 수 있다.
>
> 2022. 4. 19. 개정령(2022. 1. 18. 개정 대통령령 제32345호)에서 "100인 이하"에서 "30인 이하"로 기준이 축소되었다. 2022. 4. 19. 이후 조합설립인가를 신청하는 경우부터 개정규정(30인 이하)이 적용되며, 2022. 4. 18.까지 조합설립인가를 신청한 조합이 시행하는 소규모주택정비사업에서는 종전 규정(100인 이하)이 적용된다(부칙 제2조 제1항).
>
> 그러므로 2022. 4. 19. 이후에 조합설립인가를 신청한 조합부터는 조합원이 31명 이상이면 반드시 경쟁입찰을 통해 시공자를 선정하여야 하며, 수의계약은 2회 이상 경쟁입찰이 유찰된 경우에만 할 수 있다(동법 제20조 제2항 본문).

(3) 토지등소유자/조합원 전원의 동의를 얻은 경우: 토지등소유자 또는 조합원 전원의 동의를 얻어 별도의 선정기준을 마련한 경우에는 그 기준에 따라 시공자 및 정비사업전문관리업자를 선정할 수 있다(선정기준 제 5 조 제 2 항).

(4) 위 (2) 및 (3)의 경우에도 조합은 「선정기준」 제 2 조 제 1 항 각호의 사항(아래 참조)을 포함한 제안서를 제출받아 검토하여야 한다(선정기준 제 5 조 제 3 항).

3. 【해설】 주민대표회의 또는 토지등소유자전체회의의 시공자 추천권

시장·군수등이 직접 정비사업을 시행하거나 토지주택공사등 또는 지정개발자를 사업시행자로 지정한 경우 주민대표회의 또는 토지등소유자전체회의가 가지는 시공자 추천권의 내용도 도시정비법과 동일하다(소규모주택정비법 제 20 조 제 3 ~ 6 항; 도시정비법 제 29 조 제 6 ~ 8 항).

4. 【법령】 소규모주택정비법 제 20 조(시공자의 선정 등)

① 토지등소유자는 소규모주택정비사업을 시행하는 경우 제 22 조에 따라 주민합의체를 신고한 후 주민합의서에서 정하는 바에 따라 건설업자 또는 등록사업자를 시공자로 선정하여야 한다.

② 조합은 소규모주택정비사업을 시행하는 경우 조합설립인가를 받은 후 조합 총회(시장·군수등 또는 토지주택공사등과 공동으로 사업을 시행하는 경우에는 조합원의 과반수 동의로 조합 총회 의결을 갈음할 수 있다)에서 국토교통부장관이 정하여 고시하는 경쟁입찰 또는 수의계약(2 회 이상 경쟁입찰이 유찰된 경우로 한정한다)의 방법으로 건설업자 또는 등록사업자를 시공자로 선정하여야 한다. 다만, 대통령령으로 정하는 규모 이하의 소규모주택정비사업은 조합 총회에서 정관으로 정하는 바에 따라 선정할 수 있다. <개정 2020. 8. 18., 2022. 2. 3.>

☞ 여기의 "대통령령으로 정하는 규모 이하의 소규모주택정비사업"은 토지등소유자 또는 조합원이 30 인 이하인 소규모주택정비사업을 말한다(소규모주택정비법 시행령 제 18 조 제 1 항).

③ 사업시행자는 시장·군수등이 제 18 조제 1 항에 따라 직접 사업을 시행하거나 토지주택공사등을 사업시행자로 지정하는 경우 또는 제 19 조제 1 항에 따라 지정개발자를 사업시행자로 지정하여 사업을 시행하게 하는 경우 제 18 조제 2 항 및 제 19 조제 2 항에 따른 고시가 있은 후 건설업자 또는 등록사업자를 시공자로 선정하여야 한다.

④ 제 25 조 제 2 항 또는 제 3 항에 따른 주민대표회의 또는 토지등소유자 전체회의는 제 3 항에 따라 시공자를 선정하는 경우 대통령령으로 정하는 경쟁입찰 또는 수의계약(2 회 이상 경쟁입찰이 유찰된 경우로 한정한다)의 방법으로 시공자를 추천할 수

제1장 시공자 선정 / 제1절 총설

있다. 다만, 대통령령으로 정하는 규모 이하의 소규모주택정비사업은 주민대표회의 또는 토지등소유자 전체회의에서 별도로 정하는 바에 따라 선정할 수 있다.

☞ 여기의 "대통령령으로 정하는 규모 이하의 소규모주택정비사업"도 토지등소유자 또는 조합원이 30인 이하인 소규모주택정비사업을 말한다(소규모주택정비법 시행령 제18조 제1항).

⑤ 사업시행자는 제4항에 따라 주민대표회의 또는 토지등소유자 전체회의가 시공자를 추천한 경우 추천받은 자를 시공자로 선정하여야 한다.

⑥ (이하 생략)

5. 【법령】「소규모주택정비사업의 시공자 및 정비사업전문관리업자 선정기준」

시행 2022. 6. 28. 국토교통부고시 제2022-387호

제1조(목적) 이 기준은 「빈집 및 소규모주택 정비에 관한 특례법」 제20조제2항 및 제21조제2항에 따라 소규모주택정비사업조합(조합이 소규모주택정비사업을 시행하는 모든 경우를 포함한다)의 시공자 및 정비사업전문관리업자 선정에 관하여 필요한 사항을 규정함을 목적으로 한다.

☞ 이 기준은 소규모주택정비사업조합이 시공자 및 정비사업전문관리업자를 선정하는 경우에 적용된다.

제2조(시공자의 선정 등)

① 「빈집 및 소규모주택 정비에 관한 특례법」(이하 "소규모주택정비법"이라 한다) 제20조제2항에 따라 조합은 시공자 선정 시 건설업자 또는 등록사업자에게 다음 각 호의 사항을 포함한 제안서를 제출받아 검토하여야 한다.

 1. 건설업자의 시공능력평가 순위 또는 등록사업자의 주택건설 실적

 2. 건설업자 또는 등록사업자의 신용평가등급

 3. 건설업자 또는 등록사업자의 정비사업 준공실적

 4. 기타 시·도조례로 정하는 사항

② 소규모주택정비법 제20조제2항 및 제21조제2항에 따라 조합이 소규모주택정비사업의 시공자 또는 정비사업전문관리업자 선정 시 「도시 및 주거환경정비법」(이하 "도시정비법"이라 한다) 제29조제3항에 따른 「정비사업 계약업무 처리기준」 제2조부터 제39조까지를 준용한다.

☞ 소규모주택정비사업을 시행하는 조합이 시공자 또는 정비사업전문관리업자를 선정함에는 계약업무기준이 전부 준용된다.

제 3 조(시공자 선정 시 예외사항)

제 2 조에도 불구하고 조합이 소규모주택정비사업의 시공자를 선정하는 경우 다음 각 호의 방법에 따라야 한다.

 1. 사업시행자가 시공자를 내역입찰로 선정하는 경우 입찰서 제출마감일 35 일 이전에 현장설명회를 개최하여야 한다.

☞ [비교] 계약업무기준 제 31 조(현장설명회)

① 사업시행자등은 입찰서 제출마감일 20 일 전까지 현장설명회를 개최하여야 한다. 다만, 비용산출내역서 및 물량산출내역서 등을 제출해야 하는 내역입찰의 경우에는 입찰서 제출마감일 45 일 전까지 현장설명회를 개최하여야 한다.

 2. 대의원회가 총회에 상정할 건설업자를 선정하는 경우 3 인 이상을 선정하여야 한다. 다만, 입찰에 참가한 건설업자등이 2 인인 경우에는 모두 총회에 상정하여야 한다.

☞ [비교] 계약업무기준 제 33 조(대의원회의 의결)

① 사업시행자등은 제출된 입찰서를 모두 대의원회에 상정하여야 한다.

② 대의원회는 총회에 상정할 6 인 이상의 건설업자등을 선정하여야 한다. 다만, 입찰에 참가한 건설업자등이 6 인 미만인 때에는 모두 총회에 상정하여야 한다.

3. 사업시행자는 시공자 선정 총회를 개최하기에 앞서 합동홍보설명회를 1 회 이상 개최하여야 한다.

☞ 재개발·재건축사업에서는 합동홍보설명회를 2 회 이상 개최하여야 한다(계약업무기준 제 34 조 제 1 항).

제 5 조(적용 제외)

① 토지등소유자 또는 조합원이 30 인 이하인 소규모주택정비사업은 조합 총회에서 정관으로 정하는 바에 따라 시공자를 선정할 수 있다.

② 토지등소유자 또는 조합원 전원의 동의를 얻어 별도의 선정기준을 마련한 경우 그 기준에 따라 시공자 및 정비사업전문관리업자를 선정할 수 있다.

③ 제 1 항 및 제 2 항의 경우에도 제 2 조제 1 항을 적용하여야 한다.

B. 피고인 A가 소규모재건축사업조합의 임원은 아니지만, 강서구청에 연락하여 E 주식회사를 소개받고 조합 이사회와 임시총회에서 위 회사를 정비사업전문관리업자로 선정할 때 사회자로서 안건을 설명하고 절차를 진행하는 등으로 관여한 사안에서, 피고인 A와 조합장(피고인 B)을 소규모주택정비법 제60조 제2호의2 위반죄[계약의 방법(경쟁입찰/수의계약) 위반] 공동정범으로 처벌한 사례 —서울남부지방법원 2023. 5. 11. 선고 2022 노 1663 판결[빈집및소규모주택정비에관한특례법위반]

【주문】

> 피고인 A을 벌금 50만원, 피고인 B를 벌금 100만원에 각 처한다.
>
> 피고인들이 위 각 벌금을 납입하지 아니하는 경우 각 10만원을 1일로 환산한 기간 피고인들을 노역장에 유치한다.

원심이 적법하게 채택하여 조사한 증거들에 의하여 인정할 수 있는 다음과 같은 사정, 즉 ① 피고인 A은 이 사건 조합의 조합원은 아니나 조합원인 누나를 대리하여 조합원으로 활동해 온 점, ② 이 사건 조합이 2020. 9. 27.경부터 2020. 11. 30.경까지 피고인 A이 운영하는 부동산중개 사무실을 조합의 임시 사무실로 사용한 점, ③ 피고인 B가 이 사건 조합의 조합장이 되었으나 실무를 잘 알지 못하여 피고인 A이 실무적인 일을 도와준 점, ④ 피고인 A이 강서구청에 연락하여 E 주식회사를 소개받고 2021. 1. 6. 이 사건 조합 이사회에서 위 회사를 정비사업전문관리업자로 선정하기로 결의할 때 사회자로서 안건을 설명하고 절차를 진행한 점, ⑤ 피고인 A이 2021. 2. 25. 개최된 조합 임시총회에서도 사회자로서 안건을 설명하고 절차를 진행한 점 등을 종합하면,

피고인 A에게 피고인 B의 이 사건 범행에 대한 공동가공의 의사와 그 의사에 기한 기능적 행위지배를 통한 범죄의 실행을 인정할 수 있으므로, 피고인 A을 조합장인 피고인 B의 이 사건 범행에 대한 공동정범으로 처벌할 수 있다. 검사의 이 부분 주장은 이유 있다.

VI. 정비사업전문관리업자·설계업자·감정평가업자의 선정

A. 개요

1. 【해설】 정비사업전문관리업자와 설계자의 선정·변경은 '추진위원회와 조합'의 업무

> (1) 조합설립 후 정비사업전문관리업자·설계자의 선정·변경은 조합총회 의결사항이다. 이는 대의원회 의결로 대신할 수 없다(법 제45조 제1항 제5, 6호; 영 제43조 제4, 5호).

VI. 정비사업전문관리업자·설계업자·감정평가업자의 선정

(2) 추진위원회도 정비사업전문관리업자와 설계자를 선정·변경할 수 있는데(법 제 32 조 제 1 항 제 1, 2 호), 추진위 단계에서 정비사업전문관리업자와 설계자의 선정·변경은 모두 주민총회 의결사항이다(운영규정안 제 21 조 제 3, 5 호). 「설계자의 선정 및 변경」을 추진위원회 업무로 처음 명시한 것은 2010. 4. 15. 개정법(법률 제 10268 호) 이다(구법 제 14 조 제 1 항 제 2 호의 2 신설).

(3) 조합설립 인가가 나면 조합은 추진위원회가 선정한 정비사업전문관리업자와 설계업자를 조합총회 의결로 추인하거나 변경할 수 있으며, 추진위원회가 정비사업전문관리업자나 설계자를 선정하지 않은 경우에는 총회의결로 이를 선정할 수 있다.

☞ 재개발·재건축사업에서 추진위원회의 정비사업전문관리업자 선정에 관하여는 돈.되.법 1 의 제 5 장 제 6 절을 참조하세요.

☞ '추진위원장의 정비업자·설계자 선정권'과 '조합의 선정권'의 관계에 관한 상세내용은 돈.되.법 1 제 5 장 제 6 절 II.를 참조하세요.

2. 【해설】 감정평가업자 선정·변경은 원칙적으로 '조합의 고유업무'

(1) 감정평가법인등의 선정·변경은 조합만이 할 수 있으며 추진위원회의 업무범위에는 포함되지 않는 것이 원칙이다(추진위원회 운영규정안 제 5 조 제 4 항 참조).

다만, 추진위원회는 조합설립에 필요한 동의를 받기 전에 추정분담금 등 대통령령으로 정하는 정보를 토지등소유자에게 제공하여야 하므로, 추진위원회가 조합설립 동의를 위하여 추정분담금을 산정하기 위해 필요한 경우에는 감정평가업자를 선정할 수 있다(법 제 35 조 제 10 항; 영 제 26 조 제 5 호; 추진위원회 운영규정안 제 5 조 제 4 항 단서).

(2) 감정평가법인등의 선정·변경은 조합총회 의결사항이며 <u>대의원회에서 대행할 수 없다</u>(법 제 45 조 제 1 항 제 5 호; 영 제 43 조 제 4 호).

3. 【해설】 조합의 용역업자 선정절차

조합의 설계자·감정평가업자·정비사업전문관리업자 선정 및 변경 절차는 일반 용역업자 선정·변경 절차와 동일하다. 따라서 정비사업 계약체결 방법에 관한 일반조항으로서 법 제 29 조와 계약체결의 방법·절차에 관한 일반기준으로서 「정비사업 계약업무 처리기준」을 준수하여야 한다.

☞ 추진위원장과 사업시행자의 계약체결 원칙 및 기준에 관하여는 돈.되.법 1 의 제 5 장 제 6 절 I, II 를 참조하세요.

제 1 장 시공자 선정 / 제 1 절 총설

4. 【해설】 감정평가업자 선정이 총회의결 사항으로 된 시기

> 감정평가업자의 선정이 총회의결사항으로 된 것은 재건축사업에서는 2009. 2. 6. (법률 제 9444 호), 재개발사업에서는 2014. 11. 22.부터이다(2014. 5. 21. 개정법률 제 12640 호. 각 법 제 24 조 제 3 항 제 6 호).
>
> 재개발조합이 2014. 11. 22. 전에 감정평가업자를 선정하여 계약을 체결한 경우에는 총회의결을 거치지 않았어도 적법한 계약으로 본다(동법 부칙 제 1 조, 제 5 조).

5. 【법령】 전부개정 도시정비법 제 103 조(정비사업전문관리업자의 업무제한 등)

> 정비사업전문관리업자는 동일한 정비사업에 대하여 다음 각 호의 업무를 병행하여 수행할 수 없다.
>
>   1. 건축물의 철거
>   2. 정비사업의 설계
>   3. 정비사업의 시공
>   4. 정비사업의 회계감사
>   5. 그 밖에 정비사업의 공정한 질서유지에 필요하다고 인정하여 대통령령으로 정하는 업무

6. 【법령】 전부개정법 시행령 제 83 조(정비사업전문관리업자의 업무제한 등)

> ① 정비사업전문관리업자와 다음 각 호의 어느 하나의 관계에 있는 자는 법 제 103 조를 적용할 때 해당 정비사업전문관리업자로 본다. <개정 2021. 12. 28.>
>
>   1. 정비사업전문관리업자가 법인인 경우에는 「독점규제 및 공정거래에 관한 법률」 제 2 조제 12 호에 따른 계열회사
>   2. 정비사업전문관리업자와 상호 출자한 관계
>
> ② 법 제 103 조제 5 호에서 "대통령령으로 정하는 업무"란 법 제 12 조에 따른 안전진단업무를 말한다.

B. 소규모주택정비사업의 정비사업전문관리업자 선정

VI. 정비사업전문관리업자·설계업자·감정평가업자의 선정

1. 【해설】 조합총회에서 경쟁입찰 또는 수의계약으로 선정

(1) 소규모주택정비사업을 시행하는 조합이 정비사업전문관리업자를 선정하는 경우에는 조합 총회에서 경쟁입찰(일반경쟁 또는 지명경쟁)의 방법으로 선정하여야 한다. 2회 이상 경쟁입찰이 유찰된 경우에는 수의계약으로 선정할 수 있다. 시장·군수등 또는 토지주택공사등과 공동으로 사업을 시행하는 경우에는 조합원 과반수 동의로 조합총회 의결을 갈음할 수 있다. (이상 소규모주택정비법 제21조 제3항 및 「소규모주택정비사업의 시공자 및 정비사업전문관리업자 선정기준」에 의하여 준용되는 계약업무기준 제6조.)

(2) 지명경쟁입찰을 통해 정비사업전문관리업자를 선정하는 경우에는 3인 이상의 입찰대상자를 지명하여야 하며, 2인 이상의 입찰참가 신청이 있어야 한다(선정기준 제4조). 「정비사업 계약업무처리기준」제7조 제1항은 '4인 이상의 입찰대상자를 지명하여 3인 이상의 입찰참가 신청이 있어야 한다'고 규정하고 있다.

(2) 주민합의체는 주민합의서로 정하는 바에 따라 정비사업전문관리업자를 선정할 수 있다(같은 조 제2항).

2. 【해설】 소규모주택정비사업에서 정비사업전문관리업자의 업무 범위

소규모주택정비사업 업무의 대행 및 그에 관한 자문도 도시정비법에 따라 시·도지사에게 등록한 정비사업전문관리업자만이 할 수 있다(동법 제21조 제1항).

소규모주택정비사업에서 다른 점은 추진위원회 관련 업무가 빠지고(소규모주택정비사업에는 추진위 단계가 없음) '주민합의체 구성·신고' 업무가 포함된다는 것이다. 즉 소규모주택정비사업에서 주민합의체 구성의 동의에 관한 업무의 대행, 주민합의체 구성의 신고에 관한 업무의 대행 및 그에 관한 자문은 도시정비법에 따라 시·도지사에게 등록한 정비사업전문관리업자만이 할 수 있다(동법 제21조 제1항).

따라서 정비사업전문관리업자로 등록하지 않은 'PM 업체'가 동의서 징구 업무를 대행하는 것은 동법 제21조 제1항에 위반된다.

3. 【해설】 처벌규정

(1) 계약의 방법(제21조 제3항. 경쟁입찰 원칙)을 위반하여 정비사업전문관리업자를 선정한 조합임원(전문조합관리인을 포함함)은 3년 이하의 징역 또는 3천만원 이하의 벌금에 처한다(동법 제60조 제2호의2).

(2) 정비사업전문관리업자로 등록하지 않고 소규모주택정비사업을 위탁받은 자는 2년 이하의 징역 또는 2,000만원 이하의 벌금에 처한다(소규모주택정비법 제61조

제 1 호). 이 처벌규정은 2023. 4. 18. 법률 제 19385 호로 신설되어 2023. 10. 19.부터 시행되었다(그 전에도 금지되었으나 처벌규정이 없었음).

제 61 조 제 1 호 위반행위는 2 인 이상의 서로 대향된 행위('위탁행위'와 '위탁받는 행위')의 존재를 필요로 하는 대향범對向犯이나, 그 중 일방 행위인 '위탁받은 행위'에 대하여만 처벌규정을 두고 있으므로, 정비사업전문관리업자로 등록하지 않은 PM 업자에게 정비사업을 위탁한 조합임원을 제 61 조 제 1 호 위반행위의 공동정범으로 처벌하는 것은 죄형법정주의에 위반된다.

(3) 소규모주택정비사업을 위탁받은 정비사업전문관리업자는 그 업무를 직접 처리하여야 하며, 이를 다른 용역업체 및 그 직원에게 수행하도록 할 수 없다. 제 21 조 제 1 항 각 호(아래 참조)에 따른 업무를 다른 용역업체 및 그 직원에게 수행하도록 한 정비사업전문관리업자는 1 년 이하의 징역 또는 1,000 만원 이하의 벌금 에 처한다(제 62 조 제 1 호). 이 처벌규정도 2023. 10. 19.부터 시행되었다.

4. 【법령】 소규모주택정비법 제 21 조(정비사업전문관리업자의 등록 및 선정 등)

① 다음 각 호의 사항을 소규모주택정비사업을 시행하려는 자 또는 사업시행자로부터 위탁받거나 이와 관련한 자문을 하려는 자는 「도시 및 주거환경정비법」 제 102 조 제 1 항에 따라 정비사업전문관리업자(이하 "정비사업전문관리업자"라 한다)로 등록하여야 한다. 다만, 같은 법 제 102 조제 1 항 각 호 외의 부분 단서에 따라 정하는 기관의 경우에는 그러하지 아니하다. <신설 2023. 4. 18.>

  1. 주민합의체 구성의 동의, 조합설립의 동의 및 소규모주택정비사업의 동의에 관한 업무의 대행

  2. 주민합의체 구성의 신고 및 조합설립인가의 신청에 관한 업무의 대행

  3. 사업성 검토 및 소규모주택정비사업 시행계획서의 작성

  4. 설계자 및 시공자 선정에 관한 업무의 지원

  5. 사업시행계획인가의 신청에 관한 업무의 대행

  6. 관리처분계획의 수립에 관한 업무의 대행

② 주민합의체는 정비사업전문관리업자를 선정하는 경우 주민합의서로 정하는 바에 따라 선정하여야 한다. <개정 2023. 4. 18.>

③ 조합은 정비사업전문관리업자를 선정하는 경우 조합 총회(시장·군수등 또는 토지주택공사등과 공동으로 사업을 시행하는 경우에는 조합원의 과반수 동의로 조합 총회 의결을 갈음할 수 있다)에서 국토교통부장관이 정하여 고시하는 경쟁입찰 또는 수

> 의계약(2회 이상 경쟁입찰이 유찰된 경우로 한정한다)의 방법으로 선정하여야 한다. <개정 2020. 8. 18., 2022. 2. 3., 2023. 4. 18.>
>
> ④ 조합은 설계자 또는 「감정평가 및 감정평가사에 관한 법률」에 따른 감정평가법인등(시장·군수등이 선정·계약하는 감정평가법인등은 제외한다)을 선정 및 변경하는 경우 조합 총회(시장·군수등 또는 토지주택공사등과 공동으로 사업을 시행하는 경우에는 조합원의 과반수 동의로 조합 총회 의결을 갈음할 수 있다)의 의결을 거쳐야 한다. <신설 2020. 8. 18., 2023. 4. 18.>
>
> [제목개정 2020. 8. 18., 2023. 4. 18.]

C. ① 구 도시정비법 제14조 제2항에서 추진위원회가 운영규정에 의한 경쟁입찰의 방법으로 정비사업전문관리업자를 선정하도록 한 것은 강행규정이야; ② 따라서 추진위원회가 단독 입찰한 원고를 운영규정을 위반하여 정비사업전문관리업자로 선정하고 수의계약으로 체결한 이 사건 용역계약은 무효임; ③ 피고조합이 이 사건 용역계약이 무효라고 주장하는 것은 신의칙에 위반되지 않음; ④ '용역대금'에 대한 압류·추심명령의 효력은 이 사건 계약의 무효로 인한 부당이득반환채권에 미치지 않는다고 본 사례―대법원 2016. 6. 23. 선고 2013다58613 판결[용역비]

【당사자】

원고(탈퇴)　　　서일건설 주식회사
원고승계참가인,상고인　원고승계참가인
피고,피상고인　　백운2구역 주택재개발정비사업조합

1. 이 사건 계약이 유효라는 주장에 대하여

위 각 규정의 내용과 입법 취지 등을 종합하면, 도시정비법 제14조 제2항에서 추진위원회가 운영규정에 의한 경쟁입찰의 방법으로 정비사업전문관리업자를 선정하도록 규정한 것은 강행규정이고, 위 조항에 따라 관보에 고시된 운영규정을 위반하여 정비사업전문관리업자를 선정하는 것은 허용되지 않는다.

2) 원심은, 피고가 설립되기 전 추진위원회가 운영규정 제28조 제1항을 위반하여 미응찰 등의 이유로 3회 이상 유찰된 바 없는데도 단독으로 입찰한 원고를 정비사업전문관리업자로 선정한 다음 수의계약의 방법으로 이 사건 계약을 체결하였으므로, 위 계약은 강행법규인 도시정비법 제14조 제2항 등을 위반하여 체결된 것으로서 효력이 없다고 판단하였다.

제 1 장 시공자 선정 / 제 1 절 총설

3) 원심의 위와 같은 판단은 앞서 본 법리에 따른 것으로서, 거기에 상고이유 주장과 같이 논리와 경험의 법칙을 위반하여 사실을 오인하거나, 도시정비법 제 14 조 제 2 항, 운영규정 제 28 조 제 1 항에 관한 법리를 오해한 잘못이 없다.

2. 피고의 무효 주장이 신의칙에 위반되는 권리의 행사라는 주장에 대하여

1) 강행법규를 위반한 자가 스스로 그 약정의 무효를 주장하는 것이 신의칙에 위반되는 권리의 행사라는 이유로 그 주장을 배척한다면, 강행법규에 의하여 배제하려는 결과를 실현시키는 결과가 되므로 특별한 사정이 없는 한 위와 같은 주장은 신의칙에 반하는 것이라고 할 수 없고, 신의성실의 원칙에 위배된다는 이유로 권리의 행사를 부정하기 위해서는 상대방에게 신의를 공여하였다거나 객관적으로 보아 상대방이 신의를 가짐이 정당한 상태에 있어야 하며, 이러한 상대방의 신의에 반하여 권리를 행사하는 것이 정의관념에 비추어 용인될 수 없는 정도에 이르러야 한다(대법원 2011. 3. 10. 선고 2007 다 17482 판결 등 참조).

2) 원심은, 피고가 이 사건 계약이 강행법규를 위반하여 효력이 없다고 주장하는 것이 신의성실의 원칙에 위배되는 권리행사라는 원고승계참가인의 주장에 대하여, 피고의 위와 같은 주장이 신의성실의 원칙에 반한다고 볼 특별한 사정이 있다고 볼 수 없다는 이유로 이를 배척하였다.

3) 앞서 본 법리와 기록에 비추어 살펴보면, 원심의 위와 같은 판단에 상고이유 주장과 같이 필요한 심리를 다하지 아니한 채 논리와 경험의 법칙을 위반하여 사실을 오인하거나, 신의성실의 원칙에 관한 법리를 오해한 잘못이 없다.

3. 예비적 청구에 관한 상고이유에 대하여

원심은 그 판시와 같은 이유를 들어, 이 사건 각 채권압류 및 추심명령의 효력이 이 사건 계약의 무효로 인한 부당이득반환채권에 미치는 것으로 볼 수 없다고 판단한 다음, 원고승계참가인이 피고를 상대로 위 부당이득반환채권의 추심을 구하는 이 사건 예비적 청구를 배척하였다...

앞서 본 법리와 기록에 비추어 살펴보면, 이 사건 각 채권압류 및 추심명령의 '압류할 채권의 표시'에 원고와 피고 사이의 이 사건 주택재개발정비사업과 관련한 "용역대금"이라고 기재되어 있는바, 그 문언상 채권압류 및 추심명령의 효력은 이 사건 계약에 기한 용역대금채권에 미칠 뿐이고 위 계약의 무효로 인한 부당이득반환채권에도 미치게 된다고 보기 어려우며, 그 일부 채권압류 및 추심명령의 '압류할 채권의 표시'에 "용역대금(정비사업과 관련한 활동대금)"이라고 기재되어 있다고 하더라도 "(정비사업과 관련한 활동대금)" 부분은 "용역대금"을 설명하는 것에 불과하므로, 그와 같은 기재로 인하여 채권압류 및 추심명령이 부당이득반환채권에까지 미치게 된다고 보기 어렵다. 따라서 원심의 위와 같은 판단은 앞서

VI. 정비사업전문관리업자·설계업자·감정평가업자의 선정

본 법리에 따른 것으로서, 거기에 상고이유 주장과 같이 석명권을 행사하지 아니하였거나, 필요한 심리를 다하지 아니한 채 논리와 경험의 법칙을 위반하여 사실을 오인하였거나, 채권압류 및 추심명령의 효력에 관한 법리를 오해한 잘못이 없다.

D. [하급심판례] ① 정비사업전문관리업자 선정 입찰공고 첨부서류에 '유사용역 수행실적 기간'이 '최근 5년 이내'와 '최근 7년 이내'가 모두 기재되어 입찰참여자 중 일부가 '최근 7년 이내의 유사용역 수행실적'과 '최근 5년 이내의 유사용역 수행실적'을 각 제출한 사안에서; ② '5년'은 '7년'의 오기이나, 주민총회의 정비사업전문관리업자 선정 결의를 무효라고 할 정도는 아니라고 본 사례 —부산지방법원 서부지원 2021. 9. 8. 선고 2020 가합 104106 판결[주민총회결의무효확인청구의소]

【당사자】

| 원고 | A |
| 피고 | B 구역 주택재건축정비사업조합설립추진위원회 |

앞서 든 증거들에 의하면 ① 피고가 2020. 1. 31.에 한 이 사건 입찰공고의 첨부 서류상에 유사용역 수행실적 기간이 '최근 5년 이내'와 '최근 7년 이내'가 모두 기재된 사실, ② 건은 도시정비시스템과 E 은 최근 7년 이내의 유사용역 수행실적을, F 는 최근 5년 이내의 유사용역 수행실적을 각 제출한 사실이 각 인정된다.

그러나, 앞서 인정한 사실과 앞서 든 각 증거들에 변론 전체의 취지를 종합하여 알 수 있는 아래와 같은 사정들에 비추어 보면, 위 인정사실만으로는 정비사업전문관리업자 선정 과정에서 절차의 공정성·적정성의 위반정도가 중대하여 이 사건 주민총회 결의를 무효라고 할 정도에 이르렀다고 보기에 부족하고, 달리 이를 인정할 증거가 없다. 따라서 원고의 청구는 받아들일 수 없다.

1) 이 사건 입찰공고에 첨부된 적격심사표라는 이름의 파일에 정비사업전문관리업자 적격심사기준 표에는 유사용역 수행실적 기간이 5년 이내로 기재되어 있으나, 그 외 적격심사 기준에 대한 안내 서류와 2020. 2. 10.자 현장설명서에 교부된 입찰참여안 내서 상의 모든 자료에는 '7년 이내'로 기재되어 있었던 점, 이 사건 입찰 당시 3개의 업체로부터 '피고가 제시한 입찰참여안내서를 충분히 숙지하였다'는 취지의 종람확인서(을 제 4 호증)를 받은 점, 2020. 5. 30.자 주민총회를 위한 총회책자(을 제 4 호증)에도 이 사건 안건에 관하여 유사용역 수행실적 기간의 혼란에 관한 설명이 기재된 점 등을 고려하면, 이 사건 입찰공고 중 정비사업전문관리업자 적격심사기준 표의 '5년' 기재는 오기로 보인다.

2) 이 사건 입찰의 적격심사기준에 의하면 업체현황평가(①)가 70점, 가격평가(②)가 30

점으로 이루어져있고, 업체현황평가(①)는 다시 사업관리자(40 점), 유사용역수행실적(15 점), 경영상태(20 점), 신인도(10 점), 업체소속인원수(10 점), 지역업체참여(5 점) 항목으로 나뉜다. 이 사건에서 문제가 되는 업체현황평가(①) 중 유사용역수행실적(15 점)을 보면, 건은 도시정비시스템의 유사용역 수행실적에는 조합설립인가, 사업시행인가, 관리처분계획인가 수행이 모두 포함되어 15 점 만점을 받았고, E 은 사업시행인가, 관리처분계획인가 실적으로 총 7 점을 받았고, F 는 관리처분계획인가 실적으로만 총 4 점을 받았다.

3) 원고는 F 가 최근 5 년 이내의 실적만을 제출하여 유사용역 수행실적 점수 산정 자체가 부당하다고 주장하나, 앞서 본 바와 같이 최초의 적격심사기준표를 제외하고는 모두 7 년 이내로 기재되어 있었던 점에 비추어 건은 도시정비시스템, E 이 이와 관련하여 최근 7 년 이내로 기재하여 제출한 것을 이 사건 입찰을 실격하게 할 잘못이라고 볼 수 없다. 게다가 F 가 최근 7 년 이내의 실적에 조합설립인가, 사업시행인가가 모두 포함되어 건은 도시정비시스템과 같이 만점을 받을 수 있는 유사용역 수행실적을 가지고 있었다고 볼 증거도 없다.

4) 업체현황평가(①)의 다른 항목을 보더라도 건은 도시정비시스템이 실질 자본금보유현황, 자기자본 비율이 나머지 업체와 비교하여 높고, 업체소속인원수(사업관리자)가 나머지 업체보다 많아서 가장 높은 점수인 66.5 점을 받았으며, E 은 39.9 점, F 는 23.8 점을 받았다. 설령 F 의 최근 7 년 이내의 유사용역 수행실적이 만점인 15 점에 이른다고 하더라도 업체현황평가(①)의 총점은 건은 도시정비시스템 점수의 절반에도 미치지 못한다.

5) 이 사건 사업시행구역내의 토지소유자등은 주민총회책자 및 현장 출석을 통해서 위와 같은 적격심사기준에 관하여 충분히 이해하고 서면 및 현장 결의를 한 것으로 보인다. 적격심사방식 점수표에 따른 총점은 건은 도시정비시스템이 94.3 점, E 이 68.9 점, F 가 52.6 점을 각 받았고, 이 사건 주민총회 결의에서 건은 도시정비시스템은 187 표, E 은 4 표, F 는 3 표를 받아 건은 도시정비시스템이 압도적인 찬성표로 정비사업전문관리업자로 선정되었다.

6) E 이 피고에게 서면으로 제출한 문서에는 입찰금액을 ㎡당 단가인 9,000 원으로, 전자입찰 사이트에는 입찰금액을 총액인 1,577,516,400 원으로 각 기재하였으나, 총액 1,577,516,400 원을 예상건축연면적인 175,279.6 ㎡으로 나누면 ㎡당 금액이 9,000 원(= 1,577,516,400 원/175,279.6 ㎡)이므로, 피고가 추진위원회의 회의를 통해 입찰금액의 단위를 잘못 기재한 E 을 주민총회의 정비사업전문관리업자의 후보에 포함하여 상정하는 이 사건 주민총회 결의를 한 것에 무효인 하자가 있다고 보기 어렵고, E 이 입찰서 개봉시 대표 및 대리인을 참여시키지 않았다고 하더라도 입찰업체에게 입찰서류의 개봉 일시 및 장소를 미리 통보한 이상 입찰 서류 개봉 절차에 무효인 하자가 있다고 보기도 어렵다.

제2절 입찰의 진행

> 시공자선정 절차에는 도시정비법령 외에 계약업무기준이 적용된다. 서울의 공공지원을 받는 정비사업에서는 「공공지원 시공자 선정기준」도 준수하여야 한다. 또한 시공자선정과 시공계약서에 포함될 내용은 정관 기재사항이므로(법 제40조 제1항 제16호), 정관이 정하는 절차도 준수하여야 한다.
>
> 시공자선정을 위한 경쟁입찰 절차를 서울시 공공지원 정비사업에서 사용되는 입찰참여 안내서를 중심으로 알아본다.

I. 개요

A. 서울시 「공공지원 시공자 선정기준」의 주요 내용

> 2019. 5. 30. 서울특별시 고시 제2019-159호
>
> **제1조(목적)**
>
> 이 기준은 「도시 및 주거환경정비법」 제118조 및 「서울특별시 도시 및 주거환경정비 조례」 제73조에 따른 공공지원 대상 정비사업 조합의 시공자 선정에 관하여 필요한 사항을 규정함을 목적으로 한다.
>
> **제2조(정의)**
>
> 이 기준에서 사용하는 용어의 뜻은 다음과 같다.
>
>   4. "설계도서"란 설계도면·공사시방서·현장설명서 및 물량내역서 등 공사의 입찰에 필요한 서류를 말한다.
>
> **제4조(설계도서의 작성 등)**
>
> ① 조합은 시공자를 선정하고자 하는 경우 제7조 제1항에 따른 이사회 개최 전에 공사입찰에 필요한 설계도서(사업시행계획인가 내용을 반영한 설계도서를 말한다. 이하 같다)를 작성하고 공사원가를 산출하여야 한다.
>
> ② 제2조 제4호의 설계도서 중 설계도면의 작성은 국토교통부장관이 고시한 「주택의 설계도서 작성기준」 제4조 제1항에 따른 실시설계도면 작성방법에 따른다.
>
> **제5조(공사원가 자문)**
>
> ① 조합은 제4조에 따라 설계도서 및 공사원가가 산정된 경우에는 입찰공고 30일 전까지 서울특별시 계약심사부서, 검증기관, 전문기관에 공사원가에 대하여 자문할

수 있다. 이 경우 조합은 공사도면, 공사시방서, 물량내역서 등을 자문기관에 제공하여야 하고, 자문에 따라 발생하는 비용을 부담하여야 한다.

② 조합은 제1항에 따른 공사원가 자문 결과를 시공자 선정시 공사비 예정가격 결정에 활용하여야 한다.

제7조(선정계획 결정)

① 조합은 시공자를 선정하려는 때에는 다음 각 호의 사항을 포함한 선정계획안을 작성하여 이사회의 의결을 거쳐야 하며, 이사회가 의결한 선정계획안에 대하여 대의원회의 소집을 통지하기 전에 미리 조례 제72조제1호에 따른 공공지원자(이하 "공공지원자"라 한다)의 검토를 받아야 한다. 이때 공공지원자는 근무일 기준 3일 이내에 검토결과를 회신하여야 하며, 제출한 자료가 미비한 경우에는 처리기한을 연장할 수 있다.

  1. 입찰참여자격

  2. 입찰방법에 관한 사항

  3. 시공자 선정방법 및 일정에 관한 사항

  4. 합동홍보설명회 개최 및 개별 홍보 금지 등에 관한 사항

  5. 입찰기준 등 위반자에 대한 입찰 무효 또는 시공자 선정 취소에 관한 사항

  6. 기타 시공자 선정에 관하여 필요한 사항

② 조합은 제1항에 따라 공공지원자의 검토를 거친 경우 대의원회를 소집하여 정관에 정한 방법에 따라 시공자 선정계획을 의결하여야 한다.

제9조(대안설계 제안 시공내역 제출 등)

① 건설업자등은 시공자 선정 입찰에 참여하는 경우 「도시 및 주거환경정비법 시행령」 제46조에 따른 사업시행계획의 경미한 변경의 범위에서 대안설계를 제안할 수 있다. 이 경우 건설업자 등은 조합이 작성한 원안설계와 비교할 수 있도록 원안 공사비 내역서를 함께 제출하여야 한다.

② 조합은 건설업자등이 대안설계를 제안하는 경우 제출하는 입찰서에 포함된 설계도서, 공사비 명세서, 물량산출 근거, 시공방법, 자재사용서 등 시공 내역의 적정성을 검토하여야 한다.

③ 건설업자등이 대안설계를 제안하는 경우 원안이 아닌 제안 내용으로 해당 입찰에 참여한 것으로 보며, 조합은 입찰서에 포함된 설계도서, 공사비 명세서, 물량산출 근거, 시공방법, 자재사용서 등 입찰제안 내용에 대한 시공 내역을 반영하여 계약 체결하여야 한다.

I. 개요

④ 건설업자등이 제안한 대안설계에 따라 후속절차가 이행되는 과정에서 기간연장, 공사비 증액 등으로 추가 발생하는 비용은 건설업자등이 부담하여야 한다.

⑤ 조합은 건설업자등의 입찰 내역서 작성 및 조합의 입찰 내역서 적정성 검토에 필요한 충분한 기간을 반영하여 입찰 추진일정을 계획하는 등 조합원 권익보호에 만전을 기하여야 한다.

제 21 조(자료의 공개 등) 조합은 다음 각 호의 어느 하나에 해당하는 서류 및 자료가 작성되거나 변경된 경우에는 15 일 이내에 이를 조합원 또는 토지등소유자가 알 수 있도록 인터넷(클린업시스템 또는 정비사업 e-조합시스템을 말한다)과 그 밖의 방법을 병행하여 공개하여야 한다.

1. 시공자 선정계획에 관한 사항

2. 입찰공고에 관한 사항(설계도서 포함)

3. 현장설명회 자료

4. 조합총회·대의원회 및 이사회의 의사록

5. 시공자 선정계약서

6. 입찰참여업체의 홍보에 관한 사항

7. 공사비 검증보고서(제 16 조 및 계약업무 처리기준 제 36 조제 3 항에 따라 공사비 검증을 받은 경우에 한함)

제 22 조(감독) 공공지원자는 조합이 관계법령등 및 이 기준과 계약업무 처리기준에 따라 시공자를 선정하지 않는 경우에는 적정한 시행을 위하여 법 제 113 조에 따라 그 처분의 취소·변경 또는 정지, 임원의 개선 권고 등 그 밖의 필요한 조치를 할 수 있다.

☞ 기타 내용은 아래 각 해당 부분 참조

B. 【조례】 서울시조례 제 77 조(시공자 등의 선정기준)

⑧ 시장은 법 제 25 조부터 제 28 조까지의 방법으로 시행하는 정비사업에서 사업시행자 등이 정비사업전문관리업자·설계자·시공자 등을 선정하는 경우에는 제 73 조에도 불구하고 제 2 항, 제 6 항 및 제 7 항에 따른 기준을 적용하게 할 수 있다. <신설 2023.12.29.>

☞ 2023. 12. 29. 개정조례는 제 77 조 제 8 항을 신설하여 공공지원을 받지 않는 사업(공공시행자, 지정개발자, 사업대행자 방식 등 포함)에서도 공공지원 시공자 선정기준

제 1 장 시공자 선정 / 제 2 절 입찰의 진행

등을 적용하도록 하였다(제 77 조 제 8 항 신설). 이 개정규정은 2023. 12. 29. 이후 입찰공고(재입찰공고를 포함한다)를 하는 경우부터 적용한다(부칙 제 3 조).

C. 시공자선정을 위한 일반경쟁입찰 절차 흐름도 (서울시 공공지원 정비사업 기준)

① 입찰공고(현장설명회 7 일 전) → ② 현장설명회[조합은 입찰참여안내서(입찰지침서) 배부, 참여 업체는 입찰참여 의향서 제출] → ③ 투찰(입찰서 접수) → ④ 입찰서 개봉 및 비교표 작성 → ⑤ 대의원회 의결(총회에 상정할 6 개 이상 업체 선정) → ⑥ 합동홍보설명회(2 회 이상 개최; 7 일 전까지 토지등소유자에게 통지) → ⑦ (조합이 제공한 홍보공간에서 등록된 홍보직원의 개별홍보) → ⑧ 총회의결(선정결의) → ⑨ 계약체결

II. 입찰공고

A. 개요

1. 【해설】 전자입찰공고 (누리장터)

(1) 입찰공고: 사업시행자는 시공자선정을 위하여 입찰에 부치고자 할 때에는 현장설명회 개최일로부터 7 일 전까지 전자조달시스템 또는 1 회 이상 일간신문에 공고하여야 하는바(계약업무기준 제 28 조), 재개발·재건축사업의 시공계약은 전부 전자입찰 적용 대상이므로 누리장터(http://nuri.g2b.go.kr)에 입찰공고를 하여야 한다(법 제 29 조 제 2 항; 영 제 24 조 제 2 항).

(2) 지명경쟁입찰의 경우는 전자조달시스템 또는 일간신문에 공고하는 외에 현장설명회 개최일 7 일 전까지 내용증명 우편으로 입찰대상자에게 통지하여야 한다(계약업무기준 제 28 조 단서).

2. 【법령】 계약업무기준 제 29 조(입찰 공고 등의 내용 및 준수사항)

① 제 28 조에 따른 공고 등에는 다음 각 호의 사항을 포함하여야 한다.

1. 사업계획의 개요(공사규모, 면적 등)
2. 입찰의 일시 및 방법
3. 현장설명회의 일시 및 장소(현장설명회를 개최하는 경우에 한한다)
4. 부정당업자의 입찰 참가자격 제한에 관한 사항

> 5. 입찰참가에 따른 준수사항 및 위반(제 34 조를 위반하는 경우를 포함한다)시 자격 박탈에 관한 사항
>
> 6. 그 밖에 사업시행자등이 정하는 사항
>
> ② <u>사업시행자등은 건설업자등에게 <u>이사비</u>, 이주비, 이주촉진비,</u> 「재건축초과이익 환수에 관한 법률」 제 2 조 제 3 호에 따른 <u>재건축부담금, 그 밖에 시공과 관련이 없는 사항에 대한 금전이나 재산상 이익을 요청하여서는 아니 된다.</u>
>
> ③ 사업시행자등은 건설업자등이 설계를 제안하는 경우 제출하는 입찰서에 포함된 설계도서, 공사비 명세서, 물량산출 근거, 시공방법, 자재사용서 등 시공 내역의 적정성을 검토해야 한다.

B. ① 공공기관 입찰공고는 '청약의 유인'이고, <u>입찰과 낙찰은 '계약의 예약'</u>에 지나지 않아; ② 입찰안내 공고에 등록세의 면세특권이 있다고 잘못 안내했어도 그것은 청약의 유인에 불과하므로 손해배상책임 없음 —대법원 1977.02.22. 선고 74 다 402 판결[입체금]

[당사자]

> 【원고 상고인】 명보실업주식회사
>
> 【피고 피상고인】 국제관광공사

1. 상고이유

논지는, 본건 매매계약은 입찰공고가 청약이 되는 것이고 입찰이 승낙이 되어 성립된다고 보아야 하니 <u>피고공사가 입찰안내공고에 원설시와 같이 등록세의 면세에 특권이 있다고 하였으니 그 사실은 계약의 내용을 이루었은 즉 계약당사자를 구속하여야 될 것이므로 원고가 낸 등록세에 해당하는 본건 청구금액은 피고가 물어야 할 것이며</u> 안그렇다고 하더라도 피고는 그와 같은 공고를 한 피고회사에 딸린 사원의 잘못으로 원고가 입은 손해를 사용자의 책임으로서 배상하여야 할 터인데 이와 반대로 판단한 원판결은 위법하다는 주장이라고 하겠다.

2. 대법원의 판단

기록에 의하여 보면 공매안내(갑 1 호증) 6 항에 낙찰로 부터 30 일이내에 계약을 체결함이라고 되어 있음과 갑 2 호증(계약서)의 기재를 합쳐보면, <u>본건 입찰계약은 입찰매매에 있어서의 일반의 경우처럼 입찰과 낙찰로서 계약이 성립되는 것이 아니고</u>, 입찰과 낙찰행위가 있은 후에 더 나아가서 본 계약을 따로히 한다는 취지로 인정될 수 있어 이 경우의 <u>입찰과 낙찰은 계약의 예약</u>이라고 아니볼 수 없다 하겠다.

그러므로 공고안내가 청약의 유인에 지나지 않음이 원심 판단한 바와 같다고 할 것이니 공매공고가 청약이 된다고 할 수 없으며 원설시 면세특권이 있다는 공매안내가 있다 하더라도 본 계약에서 문제되지 않고 있다면 그 사실이 계약의 내용을 이룬다고 논할 수 없고 갑 2 호증(계약서)에 의하면 위 면세특권 있음의 내용이 계약에서 다뤄졌다고 인정될 수 없고 본건에 있어서 <u>피고공사의 사원의 위 공고행위가 본건 계약에서 불법행위를 이룬다고 할 수 없음이 분명하니 피고의 사용자로서 손해의 배상책임을 부인한 원판결 판단에 위법이 있다고 하기 어렵다.</u>

III. 현장설명회와 입찰참여안내서

A. 개요

1. 【해설】 현장설명회

> (1) 현장설명회는 <u>입찰서 제출마감일</u> 20 일 전까지 개최하여야 한다(계약업무기준 제 31 조 제 1 항). 내역입찰의 경우는 45 일 전까지 현장설명회를 개최하여야 한다(같은 항 단서; 서울시 공공지원 시공자 선정기준 제 11 조 제 1 항).
> 시공자선정 입찰에서 현장설명회는 필수 절차이다.
> (2) 현장설명회에는 다음 사항들이 포함되어야 한다(계약업무기준 제 31 조 제 2 항).
>   1. 설계도서(사업시행계획인가를 받은 경우에는 사업시행계획인가서를 포함할 것)
>   2. 입찰서 작성방법·제출서류·접수방법 및 입찰유의사항 등
>   3. 건설업자등의 공동홍보방법
>   4. 시공자 결정방법
>   5. 계약에 관한 사항
>   6. 기타 입찰에 관하여 필요한 사항
> (3) 「서울시 공공지원 시공자 선정기준」 제 11 조에 더 상세한 내용이 있다.

2. 【해설】 입찰참여안내서(입찰지침서) 배부 및 입찰참여의향서 제출

> 조합은 현장설명회에 참석한 건설업자등에게 입찰지침서(또는 「서울시 공공지원 시공자 선정기준」 별지 제 4 호 서식 입찰참여안내서)를 배부하고, 시공자 <u>입찰참여 의향서를 제출</u>하도록 하여 조합의 인감이 날인된 접수증을 교부한다(공공지원 시공자 선정기준 제 11 조 제 3 항).

> 현장설명회에 참석하여 입찰참여안내서를 수령한 업체만 입찰참여자격이 있으며(입찰참여안내서 일반사항 2. 나. 참조), <u>현장설명회에 참여하지 않았거나 입찰참여안내서를 미수령한 업체의 입찰은 무효로 된다</u>(「시공자선정 입찰참여규정」 제5조 제8호).

3. 【자치법규】 서울시 「공공지원 시공자 선정기준」 제11조(현장설명회)

> 2019. 5. 30. 서울특별시 고시 제 2019-159 호
>
> ① 조합은 입찰서 제출마감일 45일 전까지 다음 각 호의 사항이 포함된 현장설명회를 개최하여야 한다.
>
> 1. 사업시행계획인가의 내용을 반영한 다음 각 목의 설계도서
>   가. 사업시행계획인가서
>   나. 공사도면
>   다. 공사시방서
>   라. 물량내역서(필요시)
>   마. 산출내역서 작성방법 및 설계도서 열람방법(도면과 시방서 등은 현장설명회 참여자에게 정보저장매체로 제공할 것)
>
> 2. 입찰에 필요한 다음 각 목의 내용이 포함된 입찰참여안내서
>   가. 입찰제안서 작성방법·제출서류·접수방법 및 입찰유의사항 등
>   나. 입찰보증금의 납부 및 예입조치에 관한 사항
>   다. 입찰의 무효에 관한 사항
>   라. 건설업자등의 공동홍보방법 및 위반시 제재사항
>   마. 시공자 선정방법 및 일정에 관한 사항
>
> 3. 공사도급계약서 작성에 관한 사항
>   가. 공사도급계약서(안)
>   나. 공사도급계약조건 및 특수조건(안)
>   다. 공사도급 계약금액의 조정에 관한 사항
>   라. 기타 공사도급 계약조건에 관한 사항
>
> 4. 기타 입찰에 관하여 필요한 사항

제1장 시공자 선정 / 제2절 입찰의 진행

B. 입찰참여안내서 작성 요령

> 「입찰참여안내서」는 서울시 「공공지원 시공자 선정기준」에 별지 제4호 서식으로 첨부된 자료이며, 현장설명회에 참석한 업체에게 배부된다.

1. 【해설】 입찰지침서의 법적 성격 및 작성 요령

> 현장설명회에서 배부하는 입찰참여안내서(또는 입찰지침서)는 훗날 총회에서 선정된 시공자와의 계약 등의 해석·이행의 기준이 되는 지침서이며, 특히 <u>입찰지침에 포함된 「시공자선정 입찰참여규정」 및 낙찰자의 제출서류는 시공계약서의 일부가 된다</u>(동 규정 제1조 제4항).
>
> 따라서 조합은 입찰지침서를 작성할 때 중요사항을 빠뜨리지 않도록 주의하여야 하며, 특히 시공계약의 내용이 되어야 할 중요사항은 '시공자선정입찰참여규정'에 포함시켜야 한다.
>
> 서울시 「공공지원 시공자 선정기준」 별지 제4호 서식 입찰참여안내서에 입찰지침의 중요사항들이 대부분 포함되어 있으므로, 공공지원을 받지 않는 조합도 입찰참여안내서(특히 그 중 「시공자 선정 입찰 참여 규정」)를 적극 활용하여야 한다.

2. 【해설】 서울시 입찰참여안내서에 포함되지 않은 중요사항

> 서울시 입찰참여안내서에 포함되어 있지 않은 중요사항들도 많다. 특히 조합은 아래 사항들을 유념해야 한다.
>
> (1) 임원 연대보증 '배제 조항'을 반드시 넣는다.
>
> (2) 입찰보증금의 대여금 전환 조항: "총회에서 시공자로 선정된 입찰자가 납부한 입찰보증금은 무이자 대여금으로 자동 전환되며, 조합은 이를 조합운영비·사업비 등에 사용할 수 있다"는 규정을 두어야 한다. '무이자'라는 것도 꼭 기재하여야 한다.
>
> 이 규정을 두지 않는 경우에는, "총회에서 시공자로 선정되면 시공계약 체결 전이라도 즉시 조합운영비를 대여하여야 하며, 이를 위반하면 시공자선정을 무효로 한다"는 취지의 조항을 넣어야 한다.
>
> (3) 시공자로 선정된 후에는 조합의 협상력이 떨어지므로 사업비 대여의 중요 조건들을 입찰참여안내서에 미리 정해 놓는 것이 좋다. 즉 대여금의 액수, 무이자/유이자 여부 및 이율, 변제기, <u>변제충당의 순서</u> 등에 관하여 <u>조합이 원하는 조건을 명시한 금전소비대차계약서를 입찰조건으로 미리 포함시킨다</u>.
>
> (4) 시공자선정총회 개최일은 입찰공고나 현장설명회의 필수적 공고사항이 아니므로 입찰공고에 시공자선정총회 개최일은 기재하지 않는다. 만일 기재하는 경우에는 개최

일을 확정적으로 기재하지 말고 '조합의 사정에 따라 변경될 수 있다'는 뜻을 기재하여 책임의 빌미가 되지 않도록 해야 한다.

(5) 공동수급체(컨소시엄) 입찰시 공동수급협정서를 제출하도록 한다.

3. 【해설】「물량내역서」와「공사비 산출내역서」를 포함시킬 것

(1) 서울시 공공지원 정비사업에서는 내역입찰을 하므로 물량내역서와 공사비 산출내역서가 필수 제출 서류이다. 서울시가 고시한 정비사업 공사표준계약서에서도 산출내역서를 계약문서에 포함시키고 있다(제 6 조).

서울시 정비사업 공사표준계약서 제 18 조 제 1 항은 「원설계의 계약단가는 "을"(시공자)이 물량내역서를 직접 작성하여 제출한 산출내역서에 근거한 것으로서 그 물량내역서의 일부 항목에 누락·오류 등이 있어 계약내용을 변경하더라도 계약금액은 변경할 수 없다」고 정하고 있다.

(2) 평당 공사비만으로 시공자를 선정하는 경우에는 추후 공사비증액의 빌미가 되고, 시공자가 공사비 증액을 할 경우 공사비 검증이 어렵다. 따라서 내역입찰이 아닌 총액입찰을 하는 경우에도, ① 입찰참여안내서에 「시공계약 체결 전에 '공종별 물량내역서'와 '공사비 산출내역서' 등을 제출할 것」을 명시하고, ②「시공계약 체결 전에 '공종별 물량내역서'와 '공사비 산출내역서' 등을 제출하지 않으면 시공자선정을 무효로 하거나 취소한다」는 내용을 입찰참여규정이나 이행각서에 포함시키는 것이 좋다.

참고로, 지방자치단체가 하는 입찰에서는 a) 추정가격이 100 억원 이상인 공사는 공사입찰 시 물량내역서에 단가를 적은 입찰금액 산출내역서를 입찰서에 첨부하도록 하고, b) 추정가격이 100 억원 미만인 공사(또는 재입찰에 부치는 공사)는 착공신고서를 제출할 때 산출내역서를 제출하도록 하고 있다(지방계약법 시행령 제 15 조 제 6 항).

4. 【해설】 대안설계·특화설계·혁신설계 등과 공사비 증액 문제

(1) 서울시에서 공공지원을 받는 정비사업의 경우, ① 대안설계는 사업시행계획의 경미한 변경(영 제 46 조)의 범위에서만 제안할 수 있고(공공지원시공자선정기준 제 9 조 제 1 항), ② 대안설계에 의한 입찰참여도 예정가격의 범위 내에서만 할 수 있고 예정가격의 범위를 넘어 대안설계를 제안한 입찰은 무효이며(입찰제안서 작성 기준 제 7 항; 시공자선정 입찰참여규정 제 5 조 제 2 호 등 참조), ③ 건설업자등이 제안한 대안설계에 따라 후속절차가 이행되는 과정에서 기간연장, 공사비 증액 등으로 추가로 발생하는 비용은 건설업자등이 부담해야 한다(공공지원시공자선정기준 제 9 조 제 4 항).

> (2) 이와 같이 '대안설계'에 의한 공사비 증액이 어려워지자 건설업자등은 '특화설계', '혁신설계' 등의 말을 사용하고 있다.
>
> 이에 대하여 「공동사업시행 건설업자 선정기준」(아래 참조)은 "건설업자가 자사의 브랜드 홍보를 위하여 사업시행계획 등 변경을 수반하는 입찰 제안을 할 경우, 그 변경에 소요되는 비용은 건설업자가 전액 부담하여야 한다"고 규정하여(공동사업시행 건설업자 선정기준 제 6 조 제 8 항) <u>건설업자가 '특화설계', '혁신설계' 등 어떤 말을 쓰더라도 공사비증액을 할 수 없게 하였다.</u>
>
> (3) 그러나 「공동사업시행 건설업자 선정기준」은 조합과 건설업자가 공동 시행하는 정비사업에 적용되는 기준이므로, 조합이 단독 시행하는 정비사업에서 특화설계·혁신설계 등을 이유로 한 공사비 증액을 이 기준을 근거로 무효화할 수 있다고 단정하기는 어렵다.
>
> 따라서 조합으로서는 입찰참여안내서에 처음부터 "<u>입찰자가 발주자가 제시한 설계도서와 다르게 입찰 제안을 할 경우에는 대안설계, 특화설계, 혁신설계 기타 명칭 여하를 불문하고 그로 인한 후속절차가 이행되는 과정에서 기간연장, 착공기준일 변경, 공사비 증액 등으로 추가로 발생하는 비용은 입찰자가 전액 부담하여야 한다</u>"는 것을 입찰조건으로 포함시켜야 한다.

C. 「입찰제안서 작성 기준」

> 「입찰제안서 작성 기준」은 서울시 「공공지원 시공자 선정기준」별지 제 4 호 서식으로 첨부된 「입찰참여안내서」에 포함되어 있다.
>
> ☞ 「공공지원 시공자 선정기준」>「입찰참여안내서」>「입찰제안서 작성 기준」

1. 【해설】 공사비 산출내역(입찰제안서 작성기준 제 2 항)

> 입찰자는 설계도서를 면밀히 검토하여 물량내역서를 직접 작성하고, 단가를 기재한 산출내역서를 제출하여야 한다.
>
> 조합이 제공한 물량내역서는 단순히 참고용으로서 낙찰자는 향후 계약체결 및 계약 후 설계도서의 누락 또는 오류 등을 이유로 설계변경을 요구할 수 없다.

2. 【해설】 사업비 대여에 관한 사항(입찰제안서 작성기준 제 3 항)

> 입찰자가 사업비를 대여할 수 있는 총액·이율 및 대여조건을 기재하되 조합이 제시하는 기준 이상이어야 하며, 항목별로 구분하여 조건을 명시할 수 있고, <u>담보물 제공에 따른 설정비용 부담 여부까지 표기</u>하여야 한다.

3. 【해설】 대안설계제안 및 무상제공에 관한 사항(입찰제안서 작성기준 제 7 항)

가. 입찰에 참가하는 건설업자등이 대안설계를 제안하는 경우 사업시행계획의 경미한 변경(도시정비법 시행령 제 46 조 각호) 범위 안에서 제안할 수 있으며, 입찰참여자는 조합이 작성한 원안설계와 비교할 수 있도록 원안 공사비 내역서를 함께 제출하여야 한다.

나. "대안설계"란 조합이 작성한 원안설계와 비교하여 동등 이상의 기능 및 효과가 있고, 공기단축 또는 비용절감이 가능한 설계를 말하며, 입찰참여자는 설계도면, 수량산출서 및 산출내역서, 시공방법, 자재사용서 등 입찰서와 대안설계 설명서를 제출하여야 한다. 이는 조합총회에서 선정된 시공자가 계약 체결 후 대안을 제시하는 경우에도 또한 같다.

다. 이 기준에 따라 입찰참여자가 대안설계를 제안하는 경우에는 원안이 아닌 대안설계 제안내용로 해당 입찰에 참여한 것으로 보며, 예정가격의 범위 안에서 입찰금액을 제안하여야 한다.

라. 입찰참여자는 시공과 관련이 있는 사항에 한하여(계약업무기준 제 30 조 참조) 입찰금액 외에 별도로 설계에 없는 부분을 무상제공 할 항목을 제안할 수 있다. 이 경우 입찰금액과 구분하여 그 품목의 규격, 수량 및 금액 등 산출조서와 설계도면을 제출하여야 하며, 이는 계약 체결시 기초자료가 된다.

마. 대안설계 및 무상제공할 항목을 제안한 입찰참여자가 시공자로 선정된 경우에는 입찰서에 포함된 설계도서, 공사비 명세서, 물량산출 근거, 시공방법, 자재사용서 등 입찰제안 내용에 대한 시공내역을 반영하여 조합과 계약을 체결하여야 한다.

IV. 투찰과 개봉

A. 개요

1. 【해설】 입찰서 및 입찰부속서류의 접수 ('투찰')

(1) 입찰자는 입찰마감 전까지 입찰서를 제출하고 입찰보증금을 납부하여야 한다.

(2) 입찰서는 전자조달시스템을 통해 접수하고(우편접수 불가), 입찰서 이외의 입찰부속서류는 밀봉된 상태로 조합 사무실에 방문접수하여야 한다(계약업무기준 제 22 조 제 1, 2 항).

(3) 일반경쟁입찰에는 2인 이상의 유효한 입찰참가 신청이 있어야 한다(계약업무기준 제 6 조 제 2 항; 「시공자선정 입찰참여규정」 제 7 조 제 4 호).

제 1 장 시공자 선정 / 제 2 절 입찰의 진행

2. 【해설】 입찰부속서류의 개봉 및 입찰제안서 비교표 작성

> (1) 입찰 부속서류를 개봉하고자 하는 경우에는 일시와 장소를 입찰참여자에게 통지한 후(계약업무기준 제 22 조 제 4 항), 부속서류를 제출한 입찰참여자의 대표(대리인을 지정한 경우에는 그 대리인을 말한다)와 사업시행자(조합)등의 임원 등 관련자, 그 밖에 이해관계자 각 1 인이 참여한 공개된 장소에서 개봉하여야 한다(제 3 항).
>
> (2) 조합은 입찰 부속서류를 개봉한 때에는 건설업자등이 제출한 입찰제안서에 따라 입찰제안서 비교표를 작성한 후 건설업자등과 각각 확인·날인하여 사업을 완료하는 때까지 보관하여야 한다(공공지원 시공자 선정기준 제 13 조. 별지 제 3 호 서식).

B. 「시공자선정 입찰참여규정」

> 「시공자선정 입찰참여규정」도 「입찰참여안내서」에 포함되어 있다. 이 규정의 주요 내용은 아래와 같다.
>
> ☞ 「공공지원 시공자 선정기준」 > 「입찰참여안내서」 > 「입찰제안서 작성 기준」, 「입찰참여규정」

1. 제 1 조 총칙

> 2. 이 규정은 입찰제안서 작성, 입찰참여자격에 관한 사항 및 시공자선정을 위한 기준이 된다.
>
> 4. 이 규정 및 낙찰자가 제출한 서류는 시공도급계약서의 일부가 된다.

2. 제 2 조 용어의 정의

> 3. "낙찰자"는 입찰자 중 발주자(조합)의 총회에서 선정되어 시공계약의 우선권이 부여된 자를 말한다.
>
> 4. "예정가격"은 조합이 설계도서에 따라 산출한 공사원가 범위 안에서 정하여 입찰공고에 공표한 가격을 말하며, 입찰금액의 기준이 된다.

3. 제 3 조 입찰참여 신청서류

> 입찰자는 조합이 정한 기간 안에 다음 각호의 입찰서류를 조합에 제출하여야 한다.
>
>   1. 입찰제안서
>   2. 입찰참여신청서

IV. 투찰과 개봉

> 3. 이행각서
> 4. 입찰참여안내서에 대한 공람 확인서
> 5. 입찰참여 견적서
> 6. 시공자 홍보지침 및 준수 서약서
> 7. 무상제공계획서 및 대안설계계획서(설계도면과 산출내역서를 첨부)
> 8. 산출내역서(파일 첨부)
> 9. 법인인감증명서
> 10. 법인등기부등본
> 11. 사업자등록증 사본
> 12. 재무제표(최근 2년간)
> 13. 회사 소개서
> 14. 입찰보증금 예치 확인자료 및 환급받을 통장 사본
> 15. 법인인감도장 또는 사용인감도장 지참(단, 사용인감도장인 경우 사용인감계 제출)

4. 제 4 조 입찰제안서 및 입찰참여견적서 작성시 유의사항

> 1. 조합이 배부한 서식에 따라 작성하여야 한다.
> 2. 입찰제안서 기재내용에 삭제 또는 정정이 필요한 경우에는 입찰마감 전까지 해당 부분에 인감(사용인감 가능)을 날인하여 수정할 수 있다.
> 3. 입찰제안서의 금액 표시는 숫자와 한글로 기재하되, 두 개가 다른 경우에는 한글로 기재한 것에 따른다.
> 4. 입찰제안서 제출시 입찰참여견적서는 밀봉하여 제출하여야 한다.
> 5. 입찰제안서는 일절 반환하지 않고 조합에 귀속한다.
> 6. 입찰자가 무상제공계획서 또는 대안설계계획서를 제출하는 경우, 제출된 계획서에 대한 모든 저작권은 조합에 귀속되며, 선정 여부와 관계없이 향후 설계변경시 조합이 응용 및 활용할 수 있다.

5. 제 5 조 입찰의 무효

다음의 경우는 입찰이 무효로 된다.

1. 입찰제안서 제출 마감일시까지 소정 장소에 도착하지 아니한 경우
2. 입찰금액을 예정가격 이상으로 기재한 경우
3. 현장설명회 후 개별홍보 등 관련 규정을 위반한 경우
4. 입찰제안서의 중요한 부분이 불분명하거나, 정정 날인을 누락한 경우
5. 담합, 타사의 입찰참여 방해 또는 조합의 입찰업무를 방해한 경우
6. 이행각서의 내용을 위반한 경우
7. 입찰참여안내서에 포함된 「시공자선정 입찰참여규정」 기타 제반 조건을 위반한 경우
8. 현장설명회에 참여하지 않았거나 입찰참여안내서를 미수령한 업체의 입찰
9. 우편 또는 FAX로 접수된 입찰제안서
10. 허위사실을 기재하였거나 구비서류가 누락된 경우
11. 2개 이상의 상이한 입찰제안서를 제출한 경우
12. 입찰제안서 제출후 제안내용과 다르게 홍보한 경우
13. 국토교통부 고시 「계약업무 처리기준」 제 29 조제 2 항 규정을 위반하여 시공과 관련이 없는 사항에 대한 금전 또는 재산상 이익 제공을 제안한 경우

6. 제 6 조 입찰의 연기 및 재입찰

1. 발주자는 다음 중 어느 하나에 해당하는 경우 입찰제안서 제출마감 일시를 연기할 수 있다. 입찰마감 일시는 입찰공고(지명경쟁입찰의 경우는 입찰대상자에게 통지된 내용증명) 또는 입찰참여안내서에 기재되어 있다.

　가. 입찰자의 설명 요구사항의 내용이 중대하여 연기가 불가피한 경우

　나. 기타 불가피한 사유로 인하여 지정된 일시에 현장설명회 또는 입찰을 실시하지 못하는 경우

2. 발주자는 입찰을 연기하고자 하는 경우 그 연기 사유와 기간을 포함하여 재공고 또는 서면통지하여야 한다.

3. 발주자는 다음의 어느 하나에 해당하는 경우 재입찰을 하여야 한다.

가. 입찰자가 없는 경우

나. 발주자가 제시한 입찰참여조건과 입찰자의 제안내용이 현격한 차이가 있어 재입찰이 불가피한 경우

7. 제 7 조 시공자 선정방법

1. 투표용지의 기호 순번은 입찰제안서 제출 순서에 따른다.

2. 시공자 선정은 총회에서 조합원의 비밀투표에 따라 선정한다.

3. 국토교통부 고시 '계약업무 처리기준' 및 서울특별시 고시 '공공지원 시공자 선정기준' 등이 정한 방법 및 절차에 따라 선정한다.

4. 일반경쟁입찰의 경우 입찰제안서를 제출한 자가 2 인 미만인 경우 재공고 한다. 다만, 미응찰 또는 단독응찰 등의 사유로 2 회 이상 유찰된 경우에는 총회 의결을 거쳐 수의계약 할 수 있다.

5. 지명경쟁입찰의 경우 입찰제안서를 제출한 자가 3 인 미만인 경우 재공고 하거나 해당 입찰을 무효로 하고 일반경쟁입찰 방식으로 전환한다.

6. 입찰자는 조합이 주관하는 합동홍보설명회 이외의 개별홍보를 할 수 없다. 다만, 국토교통부 고시 '계약업무 처리기준' 제 34 조 제 4 항 내지 제 5 항에 따라 조합이 제공한 개방된 형태의 홍보공간에서는 조합에 미리 등록된 홍보직원에 한하여 조합원 등에게 홍보할 수 있다.

8. 제 8 조 계약체결

1. 낙찰자는 총회에서 선정된 날부터 3 월 이내에 계약을 체결하여야 한다.

2. 조합은 제 1 호에 따른 기간 안에 낙찰자가 계약을 체결하지 아니하는 경우 총회 의결을 거쳐 당해 선정을 무효로 할 수 있다.

9. 제 9 조 입찰제안서 제출 및 입찰서류 확인

2. 입찰 마감 이후 입찰제안서 일체를 개봉하되, 입찰제안서 중 입찰참여견적서 개봉시기는 조합이 입찰참여 업체에 추후 통지하여 건설업자등의 대표(대리인을 지정한 경우 그 대리인) 1 인과 조합임원 및 기타 이해 관계인이 참여한 가운데 개봉하여 확인·날인 한다.

3. 개봉된 입찰참여견적서의 원본은 해당 입찰자가 모두 인감 날인 후 조합의 책임하에 보관·관리한다.

10. 제 10 조 건설업자등의 개별홍보 금지

> 1. 조합은 대의원회에서 총회에 상정할 입찰자로 결정된 건설업자등의 합동홍보설명회를 2 회 이상 개최하여야 한다.
>
> 2. 합동홍보설명회 이외에 임·직원과 홍보요원 등을 동원하여 개별홍보를 하거나 사은품·금품제공 등 국토교통부 고시 '계약업무 처리기준' 제 14 조제 4 항(제 34 조제 3 항)에 따라 조합원 등을 상대로 하는 개별적인 홍보를 하는 행위가 적발된 건수의 합이 3 회 이상인 경우 해당 입찰은 무효로 본다.
>
> 3. 조합은 합동홍보설명회의 개최 일시·장소·방법 등을 설명회 개최 3 일 전까지 입찰자에게 통보하여야 한다.

11. 제 11 조 입찰보증금

> 2. 입찰보증금은 a) 시공자의 담합 또는 홍보지침 미준수 등 관련규정을 위반하여 입찰참여자격의 박탈 등 조합에 손해를 입힌 경우 또는 b) 낙찰자가 정당한 사유없이 계약을 체결하지 않아 총회에서 선정이 무효로 된 경우 조합에 귀속된다.
>
> 3. 조합은 대의원회 또는 총회 개최 후 입찰자가 예치한 입찰보증금을 14 일 이내 환급하되, 낙찰자의 입찰보증금은 계약 체결 후 14 일 이내 환급한다. 이 경우 예치기간중 발생한 이자는 조합에 귀속된다.
>
> ☞ 제 11 조 제 3 항 중 낙찰자의 입찰보증금에 관하여는 위에서 본 「입찰보증금의 대여금 전환 조항」으로 대체하여 사용한다.

12. 제 12 조 관계사항의 숙지 등

> 2. 시공자 선정에 관하여 입찰참여 규정 등에서 특별히 규정하고 있지 않은 경우에는 관계법·령, 국토교통부 고시 '계약업무 처리기준', 서울특별시 고시 '공공지원 시공자 선정기준' 및 정관과 조합이 정하는 바에 따른다.
>
> 3. 입찰자는 입찰참여안내서 등의 해석에 이견이 있는 경우에는 조합에 서면으로 질의하여야 한다. 이 경우 조합은 서면으로 입찰자 모두에게 유권해석의 내용을 통지하여야 하며, 조합임원 등이 개인적인 의견으로 답변한 내용은 효력이 없다.

V. 입찰진행의 주관자는 대의원회

A. [하급심판례] ① 대의원회 결의 없이 이사회 결의만으로 입찰마감일을 연기한 것은 무효; ② 입찰참여지침서에 입찰마감일 연기사유로 "기타 불가피한 사유로 인하여 지정된 일시

V. 입찰진행의 주관자는 대의원회

에 입찰을 실시하지 못하는 경우"를 기재한 경우, 입찰마감일까지 입찰조건에 따른 입찰자가 없다는 사정은 여기에 포함되지 않아(이러한 사유는 '유찰'에 해당하여 재입찰 절차를 거쳐야 함); ③ 따라서 채무자(조합)의 입찰마감일 연기 결정은 무효임 ―서울동부지방법원 2010. 7. 2. 자 2010 카합 1471 결정[총회개최금지가처분신청 : 확정]

【당사자】

> 【채 권 자】○○○
> 【채 무 자】둔촌주공아파트주택재건축정비사업조합

【주 문】

> 1. 채권자들이 채무자를 위한 보증으로 금 팔억(800,000,000) 원을 공탁하거나 같은 금액을 보험금액으로 하는 지급보증위탁계약 체결문서를 제출하는 것을 조건으로,
>
> 채무자는 2010. 7. 3. 14:00 장충체육관에서 '시공자 선정 입찰지침서 인준 및 계약체결 위임의 건(제 5 호 안건)' 및 '시공자 선정의 건(제 7 호 안건)'의 결의를 위한 임시총회를 개최하여서는 아니된다.
>
> 2. 집행관은 위 명령의 취지를 적당한 방법으로 공시하여야 한다.

위 소명사실에 따라 알 수 있는 다음과 같은 사정을 종합하면, 채무자가 2010. 6. 14. 긴급 이사회 결정에 따라 입찰마감일을 연기한 것은 무효라고 할 것이다.

1) 먼저, 형식적·절차적인 측면에서 볼 때, 채무자의 정관 규정상 입찰마감일의 연기 결정을 위한 권한은 집행기관에 불과한 채무자의 조합장을 포함한 임원들이나 이사회에게 있는 것이 아니라 의결기관인 채무자의 대의원회에 있다고 봄이 상당하므로, 채무자의 대의원회의 사전 결의 없이 채무자의 긴급 이사회의 결의만으로 입찰마감일을 결정한 것은 무효라고 보아야 한다.

2) 다음으로, 실질적·내용적인 측면에서 볼 때, 채무자가 입찰마감일을 연기한 결정의 직접적인 근거인 입찰참여지침서 제 15 조 제 1 항 제 2 호의 '기타 불가피한 사유로 인하여 지정된 일시에 입찰을 실시하지 못하는 경우'라 함은 입찰방해 기타 소란 행위 등 조합 측의 사정으로 인하여 입찰참여 대상업체로 하여금 사실상 입찰의 기회를 부여할 수 없었거나 이에 준하는 사유로 인하여 실제로 입찰을 실시할 수 없는 특별한 사정을 의미하는 것이지, 이 사건과 같이 입찰마감일까지 입찰조건에 따른 입찰자가 없는 사정(이러한 사유는 '유찰'에 해당하여 재입찰 절차를 거쳐야 한다)까지 포함한다고 볼 수 없으므로, 이러한 점에서도 채무자의 입찰마감일 연기 결정은 무효로 봄이 상당하다.

제 1 장 시공자 선정 / 제 2 절 입찰의 진행

B. [같은 취지 하급심판례] ① 입찰참가자격 및 그 자격박탈에 관한 사항은 대의원회의 권한이야; ② 따라서 이사회결의로 입찰업체 중 ○○사를 제외한 2개 업체만을 대의원회에 상정한 것은 위법함 —수원지방법원 2011. 4. 15. 자 2011 카합 108 결정[총회개최금지가처분]

【당사자】

채권자 별지 목록 기재와 같다.
채무자 <삭제> 구역 주택재개발정비사업조합

【주문】

1. 채권자들이 채무자를 위하여 100,000,000 원을 공탁하거나 같은 금액을 보험금액으로 하는 지급보증위탁계약 체결문서를 제출하는 것을 조건으로, 채무자는 2011. 4. 16. 14:00 <삭제> 교회에서 '시공자 선정 및 계약체결 위임건(제 6 호 안건)'의 결의를 위한 임시총회를 개최하여서는 아니 된다.
2. 집행관은 위 명령의 취지를 적당한 방법으로 공시하여야 한다.

1. 입찰참가자격 및 그 자격박탈에 관한 사항은 대의원회의 권한에 속함

기록에 의하면, 채무자의 이사회는 <삭제> 주식회사(이 사건 입찰절차의 현장설명회에 참여하였다. 이하 <삭제>이라고 한다)가 홍보지침 등을 위반하였다는 이유로 2011. 3. 14. 대위원회의 의결 없이 <삭제>의 입찰자격을 박탈하는 결의를 한 사실이 소명된다.

그런데 도시 및 주거환경정비법(이하 '도시정비법'이라고 한다) 제 11 조, 정비사업의 시공자 선정기준(국토해양부 고시 제 2009-550 호) 제 3 조, 제 12 조의 규정 취지에 비추어 볼 때 입찰참가자격 대상자의 선정 및 그 자격박탈에 관한 사항은 대의원회의 권한에 속한다고 봄이 상당하므로, <삭제>의 입찰자격을 박탈한 위 결의는 권한 없는 기관에 의해 이루어진 것으로서 중대한 흠이 있다(이에 대하여 채무자는 대의원회의 결의에 의하여 작성된 '시공자 홍보지침서' 제 8 조 제 2 항을 근거로 입찰자격을 박탈하였다고 주장하나, '시공자 홍보지침서'가 대의원회의 결의를 거쳐 작성된 것이라고 볼 자료가 없는데다가, "대의원회가 총회에 상정할 건설업자 등을 선정하여야 한다"는 위 시공자 선정기준 제 12 조에 반하는 점, 위 시공자 선정기준 제 3 조에 "기준으로 정하지 않은 사항만을 정관 등이 정하는 바에 의한다"고 규정함으로써 시공자 선정에 관하여는 강행법규성이 있음을 밝히고 있는 점, 시공자의 입찰자격 박탈행위는 조합원에 미치는 영향이 큰 점 등에 비추어 총회의 결의 없이 제정된 위 '시공자 홍보지침서' 조항은 그 효력이 없다고 봄이 타당하다).

2. 이사회결의로 입찰업체 중 2개 업체만 대의원회에 상정한 것은 위법함

한편, 위 시공자 선정기준 제12조는 "조합은 제출된 입찰서를 모두 대의원회에 상정하여야 하며, 대의원회는 총회에 상정할 3인 이상의 건설업자 등을 선정하여야 한다"고 규정하고 있는데, 채무자는 위법한 위 이사회 결의에 터잡아 <삭제>을 제외한 2개 업체(컨소시엄)의 입찰서만을 대위원회에 상정하였고, 그 결과 대위원회도 위 2개 업체만을 총회에 상정하게 된 것이므로, 총회에서 위 2개 업체 중 최다득표자를 시공자로 정하는 '시공자 선정의 건'의 결의가 그대로 이루어질 경우 입찰절차의 적정성과 공정성이 현저히 저해되는 결과가 되어 위법하다.

VI. 입찰보증금

A. 입찰보증금의 납부

1. 【해설】개요

(1) 조합은 입찰에 참가하려는 자에게 입찰보증금을 납부하도록 할 수 있다(계약업무기준 제10조의2 제1항). 입찰보증금은 조합이 입찰지침에서 정하는 바에 따라 현금 또는 보증서로 납부한다(같은 조 제2항; 서울시 공공지원시공자선정기준 제17조 제2항). 일부는 현금, 일부는 보증서로 납부하도록 할 수도 있다. 이 규정은 2020. 12. 16. 개정규정에서 신설되었다.

서울시 시공자선정입찰참여규정은 현금납부를 원칙으로 정하고 있다(제11조).

(2) 입찰보증금의 납부 여부, 납부금액, 납부시기 및 납부방법은 입찰공고에서 조합이 재량으로 정할 수 있다. 이 점이 시공보증과 다른 점이다. 시공보증은 법률상 의무이며, 보증의 방법·규모·시기가 모두 법률로 정해져 있다(도시정비법 제82조).

2. 【해설】입찰보증금의 금액 (조합의 재량)

계약업무기준은 입찰보증금의 액수에 관하여 아무런 제한을 규정하지 않고 조합의 재량에 일임하고 있다. 국가계약법 시행령 제37조 제1항은 "입찰보증금은 입찰금액의 5% 이상으로 해야 한다"고 규정하고 있다.

「시공자 선정기준」 하에서는 예정가격의 5%를 넘지 않는 것이 관행이었으나, 전부개정법 시행 이후 입찰보증금이 공사비의 5%를 훨씬 넘는 경우가 생기기 시작하면서 입찰보증금이 경쟁입찰의 제한요소가 되고 있다는 말이 나오고 있다. 서울 용산구 이촌동 한강맨션재건축사업의 입찰보증금 1,000억원은 공사비의 16.1%(2021년), 한남3구역 재개발사업의 입찰보증금 1,500억원은 공사비의 5.9%, 갈현1구역재개발사

제 1 장 시공자 선정 / 제 2 절 입찰의 진행

업의 입찰보증금 1,000 억원은 공사비의 10.8%(이상 2019 년) 수준이다. 한강맨션재건축사업(16.1%)에서는 GS 건설의 단독입찰로 시공자선정 입찰이 유찰된 후 GS 건설과 수의계약을 체결하였다.

3. 【해설】 입찰보증금의 납부기한 (입찰마감일 4 일 전부터 입찰마감일 사이)

입찰보증금의 납부시기도 조합이 정할 수 있으나, 납부기한을 '입찰 마감일부터 5 일 이전'으로 정해서는 안 된다(계약업무기준 제 10 조의 2 제 3 항). 따라서 입찰보증금의 납부기한은 입찰마감일 4 일 전부터 입찰마감일 사이로 정하여야 한다.

이 규정에 의하여 현장설명회 참석 전에 입찰보증금의 일부 또는 전부를 납부하도록 하던 이른바 '현설보증금'이 금지되었다.

B. 입찰보증금의 처리

1. 【해설】 입찰보증금의 법적 성격 및 몰취(조합 귀속) 사유

(1) 입찰보증금은 시공을 보증하는 것이 아니고, 입찰 참여업체가 입찰지침을 준수하여 적법·유효한 입찰제안을 하고, 시공자선정총회 의결시까지 입찰참여자격을 유지하고, 총회에서 시공자로 선정되면 3 개월 내에 시공계약을 체결할 것을 담보하는 보증금이다.

(2) 서울시 「공공지원 시공자선정기준」 제 18 조 제 1 항은 「a) 입찰참여업체가 입찰참여 규정 등을 위반하여 조합에 손해가 발생한 경우나 b) 총회에서 시공자로 선정된 건설업자등이 정당한 이유 없이 3 개월 이내에 계약을 체결하지 않은 경우 해당 건설업자등에게 미리 통지하고 입찰보증금을 조합에 귀속시킬 수 있다」고 규정하는 바, 이 경우 입찰보증금은 위약금(손해배상액의 예정)의 성질을 가진다(대법원 1997. 3. 28. 선고 95 다 48117 판결).

(3) 「공공지원 시공자선정기준」은 서울시 공공지원 정비사업에 적용되는 규정일 뿐 아니라, 공공지원 정비사업에서도 이 규정이 시공자를 구속하는 법규적 효력이 있는지 여부가 문제될 수 있으므로, 조합은 '시공자선정 입찰참여규정'에 입찰보증금 몰취 사유를 분명하게 규정해 두는 것이 좋다.

서울시 공공지원 시공자 선정기준 별지 제 4 호 서식으로 포함된 입찰참여안내서의 「시공자선정 입찰참여규정」 제 11 조 제 2 항은 "입찰보증금은 a) <u>시공자의 담합 또는 홍보지침 미준수 등 관련규정을 위반하여 입찰참여자격의 박탈 등 조합에 손해를 입힌 경우</u> 또는 b) <u>낙찰자가 정당한 사유없이 계약을 체결하지 않아 총회에서 선정이 무효로 된 경우</u> 조합에 귀속된다"고 규정하고 있다.

VI. 입찰보증금

(4) 입찰참여자의 '중도 입찰포기'(입찰자가 시공자선정총회 결의 전에 입찰의사를 철회하는 것)도 입찰보증금 몰취사유로 명시해야 한다.

2. 【해설】 시공자로 선정되지 않은 업체가 납부한 입찰보증금의 반환

(1) 대의원회의 '총회에 상정할 업체 결정'에서 제외된 입찰자건설업자가 납부한 입찰보증금은 대의원회 개최일부터 14일 이내에 반환하여야 한다(공공지원 시공자 선정기준 제18조 제3항 제1호 참조).

(2) 총회에서 시공자로 선정되지 않은 입찰자가 납부한 입찰보증금은 총회 개최일부터 14일 이내에 반환하여야 한다(같은 항 제3호).

3. 【해설】 시공자로 선정된 업체가 납부한 입찰보증금의 처리 (차입금으로의 전환 문제)

(1) 총회에서 시공자로 선정된 낙찰자가 납부한 입찰보증금은 시공계약 체결일부터 14일 이내에 환급하여야 하나, 조합이 시공자와 협의한 경우에는 대여금으로 전환하여 조합운영비·사업비 등에 사용할 수 있다(공공지원 시공자 선정기준 제18조 제3항 제2호). 입찰보증금을 보증서로 납부한 경우에는 시공자로 선정된 후 (7일 내에) 전액 현금으로 납부하도록 해야 함은 물론이다.

(2) 시공자와 협의 없이 입찰보증금을 대여금으로 전환하여 조합운영비 등에 사용하면 훗날 시공자와 분쟁이 발생할 경우 형사문제(업무상횡령)까지 야기될 수 있으니 주의해야 한다.

이런 사태를 미연에 방지하기 위하여 미리 입찰참여안내서의 시공자선정 입찰참여규정 또는 이행각서에 「입찰보증금의 대여금 전환 조항」을 포함시켜야 한다.

☞ 「입찰보증금의 대여금 전환 조항」은 위 제1장 제2절 III. 참조

(3) 다만, 「자금의 차입과 그 방법·이자율 및 상환방법」은 총회 의결사항이고, 총회의결을 거치지 않고 이를 추진한 조합임원은 형사처벌 대상이므로(2년 이하의 징역 또는 2천만원 이하의 벌금. 법 제137조 제6호), 시공자선정 총회를 소집할 때 「입찰보증금의 차입금전환과 그 방법·이자율 및 상환방법」을 안건에 포함시켜야 한다.

총회의결을 거치지 않고 시공자로 선정된 건설사로부터 입찰보증금 명목으로 5억원을 차입한 재개발조합의 조합장 권한대행, 총무이사, 관리이사 및 감사에 대하여 각 벌금 40만원이 선고된 사례가 있다(서울중앙지방법원 2010. 4. 14. 선고 2009 고정 8182 판결).

C. ① 입찰보증금은 위약벌이 아니라 손해배상액의 예정이야; ② 입찰제안 금액의 5/100 이상의 금액을 입찰보증금으로 납부하도록 하고, 낙찰자가 계약체결기간 내에 본계약을 체결하

지 않는 경우 입찰보증금을 피고에게 귀속시키기로 한 약관조항은 전부 유효하다고 본 사례(재량감액도 하지 않음) —대법원 1997. 3. 28. 선고 95 다 48117 판결[입찰보증금]

【당사자】

【원고,상고인겸피상고인】 최경락

【피고,피상고인겸상고인】 한국토지공사

1. 입찰보증금의 법적 성격

기록에 비추어 살펴보면, 원심이 그 설시와 같은 이유로 그 판시의 이 사건 입찰보증금을 위약벌이 아니라 손해배상액 예정의 성질을 지닌 것이라고 판단한 조치는 정당한 것으로 수긍할 수 있고(당원 1983. 12. 27. 선고 81 누 366 판결, 1996. 9. 10. 선고 96 다 19758 판결 각 참조), 거기에 상고이유로 주장하는 바와 같은 입찰보증금에 관한 법리를 오해한 위법이 있다고 할 수 없고, 또한 상고이유에서 들고 있는 판례는 사안을 달리하는 것이어서 이 사건에 원용하기에 적절한 것이 아니다. 논지는 이유가 없다.

2. 이 사건 약관조항의 내용

원심판결 이유와 원심이 인용한 제 1 심 판결 이유에 의하면 원심은, 택지개발촉진법 소정의 사업시행자인 피고가 1993. 10. 30. 청주 용암택지개발사업지구 내의 상업용지에 대한 경쟁입찰을 실시함에 있어서 그 입찰참가자로 하여금 매입신청 필지에 대하여 입찰서에 기재하고자 하는 금액의 5/100 이상의 금액을 입찰보증금으로 납부하도록 한 다음, 낙찰자가 소정의 계약체결기간 내에 본계약을 체결하지 않는 경우 그 입찰보증금을 피고에게 귀속시키기로 정한 이 사건 약관조항에 대하여…

3. 이 사건 약관조항은 전부 유효함

원심이 인정한 사실과 기록에 의하면, 원고가 투기목적이 없이 입찰에 참가하였다고 하더라도 단순히 이러한 사유만으로는 계약체결의무를 불이행한 데에 대하여 정당한 사유가 될 수 없는 점, 이 사건 경쟁입찰이 비록 정식계약이 체결되기 전의 예약단계이기는 하나 그 당시 낙찰자로 하여금 계약체결의무 불이행으로 인한 손해배상액으로 입찰가액의 5% 이상을 예정하였다고 하여 그것이 거래관행상 부당하게 과중하다고 보기 어려운 점, 정부투자기관관리기본법 제 20 조 제 2 항, 정부투자기관회계규정 제 190 조 제 1 항, 제 2 항, 제 6 항도 피고와 같은 정부투자기관이 경쟁입찰을 실시하는 경우에 입찰금액의 100 분의 5 이상을 입찰보증금으로 납부하게 하고, 이 경우 낙찰자가 계약을 체결하지 아니한 때에는 당해 입찰보증금을 투자기관에 귀속시키도록 규정하고 있는 점을 알 수 있는바, 이러한 사정에다

VI. 입찰보증금

가 원심이 지적한 점을 더하여 보면, 이 사건 약관조항은 약관의규제에관한법률 제8조, 제6조에 반하지 아니하는 전부 유효한 것이라고 할 것이다.

D. ① 조합과 시공자가 체결한 도급계약이 조합총회에서 부결되었으면 도급계약 체결이 완료되지 않은 것이야; ② 사업계획 변경에 따른 도급계약 변경합의가 이루어지지 않아 도급계약이 체결되지 못한 것으로 보일 뿐, 시공자가 계약체결을 위한 협의에 성실히 응하지 않았다거나 부당한 조건을 내세우는 등 시공자의 책임있는 사유로 체결되지 않았다고 보기 어려워 피고는 원상회복으로 입찰보증금을 반환할 의무가 있음; ④ 다만, 입찰참여안내서의 "낙찰자는 일체의 시공자 선정 총회비용을 부담하여야 한다"는 조항에 따라 입찰보증금에서 시공자선정총회 비용 675,825,507원을 공제함 —서울중앙지방법원 2020. 12. 18. 선고 2019가합592141 판결[부당이득금]

【당사자】

원고	A 주식회사
피고	B지구주택재건축정비사업조합

1. 원고가 정당한 사유 없이 3개월 내에 도급계약을 체결하지 않은 것인지 여부

이 사건 입찰참여안내서는 낙찰자가 정당한 사유 없이 3개월 내에 도급계약을 체결하지 않은 경우 시공자 선정을 무효로 하고 피고에게 입찰보증금을 귀속한다고 정하고 있는바, 이는 시공자가 도급계약의 체결을 위한 협의에 성실히 응하지 아니하거나 부당한 조건을 내세우면서 도급계약을 체결하지 아니하는 등 오로지 시공자의 책임 있는 사유로 인하여 도급계약이 체결되지 않은 경우를 의미한다고 봄이 타당하다.

가. 낙찰자 선정 후 3개월 내에 도급계약이 체결되지 않았는지

우선 원고에 대한 낙찰자 선정 이후 3개월 내에 도급계약이 체결되지 않았는지에 관하여 보건대, 피고가 2016. 2. 27.자 임시총회에서 원고를 시공자로 선정하였고, 이후 원고가 2016. 7. 26. 피고와 이 사건 사업과 관련하여 아파트 및 부대복리시설 등 건축공사에 관하여 도급계약을 체결하였으나, 피고의 2017. 1. 21.자 임시총회에서 원고와의 위 도급계약 체결 승인 안건이 부결된 사실은 앞서 본 바와 같다.

그런데 원고와 피고 사이의 공사도급계약은 구 도시 및 주거환경 정비법(2017. 2. 8. 법률 제14567호로 개정되기 전의 것) 제24조 제3항 제5호에서 정한 '예산으로 정한 사항 외에 조합원의 부담이 될 계약'에 해당하는바, 위 계약의 체결에 관하여 조합원총회 의결이 없는 경우 그 계약은 피고에 대하여 효력이 없다고 봄이 타당하므로(대법원 2011. 4. 28. 선고 2010다105112 판결 등 참조), 피고 총회의 의결 없는 위 계약체결사실만으로 원고의

제1장 시공자 선정 / 제2절 입찰의 진행

시공사 선정 이후 3개월 내에 공사도급계약 체결이 완료되었다고 볼 수 없다. 이후 원고와 피고 사이에 추가로 공사도급계약이 체결되지는 아니하였고, <u>결국 피고가 총회를 개최하여 원고에 대한 시공자 선정 무효를 결의하였는바</u>, 원고에 대한 낙찰자 선정 이후 3개월 내에 도급계약이 체결되지 아니하였음을 인정할 수 있다.

나. 공사도급계약이 체결되지 않은 것은 원고의 귀책이 아님

다음으로 <u>원고의 책임있는 사유로 피고와의 공사도급계약이 체결되지 않은 것인지에 관하여 보건대</u>, 갑 제1 내지 25호증, 을 제1 내지 8, 11, 12, 14 내지 29호증의 각 기재에 변론 전체의 취지를 종합하여 인정되는 <u>아래와 같은 사정들을 종합하면</u>, 원고와 피고 사이의 공사도급계약은 이 사건 <u>사업계획이 변경됨에 따라 이 사건 공사의 내용이 상당 부분 변경되어 추가로 협의가 필요함에도 이에 관하여 합의가 이루어지지 아니하여 체결되지 못한 것으로 보이고, 원고가 공사도급계약 체결을 위한 협의에 성실히 응하지 아니하였다거나 부당한 조건을 내세우는 등 오로지 원고의 책임있는 사유로 인하여 체결되지 아니하였다고 보기는 어렵다.</u>

① 피고는 2017. 2. 27. 임시총회를 개최하여 원고를 시공자로 선정하고, 2016. 3. 22. 원고에게 공사도급계약의 체결을 촉구하였으며, 이에 원고는 그 무렵부터 수개 월간 피고와의 협의를 거쳐 피고의 총회로부터 위임을 받은 피고의 대의원회와 2016. 7. 26. 이 사건 사업과 관련한 아파트 및 부대복리시설 건축공사에 관하여 연면적 3.3058㎡당 4,887,000원을 곱한 금액을 계약금액으로 하는 공사도급계약을 체결하였다. ② 피고는 2016. 8. 27. 임시총회를 개최하여 피고의 조합장 직무대행자, 이사, 감사 및 대의원 해임을 의결하였고, 2017. 1. 21. 임시총회를 개최하여 피고의 조합장 직무대행자, 이사, 감사 및 대의원 선임을 의결하였다. 피고는 2016. 7.경 원고와의 공사도급계약 체결 이후 피고 내부의 임원진 교체 등의 문제로 인하여 원고와의 공사도급계약 체결 승인 여부에 관하여 결정하지 않고 있었는데, 그로부터 약 6개월이 경과하여 개최된 위 2017. 1. 21.자 임시총회에서 원고와의 공사도급계약 체결 승인 안건이 부결되었다.

③ 피고는 2017. 3. 6. 원고에게 원고와 피고가 체결한 공사도급계약의 승인이 부결되었음을 알리면서 이 사건 사업의 자금조달방식 등이 변경됨에 따라 원고와의 공사도급계약 내용의 수정이 필요한바, 피고의 2016. 2. 27.자 임시총회에 상정된 공사도급계약서를 기본 바탕으로 하여 계약을 체결하되, 원고가 책임준공보증 및 지급보증에 응하여야 하고, 계약금액은 3.3058㎡당 4,200,000원(당초 체결된 공사도급계약상 계약금액은 3.3058㎡당 4,887,000원)을 초과하지 않는 범위 내에서 정하기로 하며, 2017. 5.까지 공사도급계약을 체결하기로 하는 내용의 이행각서를 작성할 것을 요구하였다. 이에 원고는 2017. 3. 8. 피고에게 피고의 자금조달과 관련된 세부정보 및 피고가 산정한 공사비의 세부항목 및 산출기준 등을 알려줄 것을 요청하였으나, 피고는 위와 같은 정보를 제공하지 아니한 채 2017. 3. 13.

원고에게 재차 이행각서의 작성을 요구하였다.

④ 피고는 2017. 3. 15. 원고에게 재차 공문을 송부하여 2017. 3. 20.부터 계약협상을 진행하고 2017. 5. 10.까지 협상 최종안을 도출하며 협상이 이루어지지 않는 경우 입찰보증금의 상환절차를 제외한 나머지 사업진행과 관련된 피고의 조치에 관하여 이의를 제기하지 않는다는 이행각서의 작성을 요구하였고, 원고는 2017. 3. 16. 피고의 위 요청을 받아들여 위와 같은 사항의 이행을 약속하는 내용의 공문을 송부하였다.

⑤ 이후 원고와 피고는 공사도급계약 체결과 관련하여 협의하였으나 합의에 도달하지는 못한 채 협상기한이 도과하였고, 이에 피고는 2017. 5. 19. 원고에게 이 사건 사업계획 중 일부가 확정될 때까지 협상기한을 연장하는 것에 합의하여 줄 것을 요청하였으며 원고는 이에 응하였다.

⑥ 이후 이 사건 사업계획의 변경인가가 2018. 6. 1. 고시되었는데, 이에 의하면 이 사건 사업부지 중 근린생활시설 면적이 상당 부분 증가하고, 아파트의 동수 및 세대수가 상당 부분 증가하였는바, 이에 따라 당초 원고와 피고가 체결한 공사도급계약의 전제가 된 공사내용이 변경되어야 하므로 당초 정한 계약금액 역시 변경되어야 하였을 것으로 보인다. 그런데 피고는 2018. 4.경 원고에게 당초 체결하였던 공사도급계약상 계약금액보다도 적은 연면적 3.3058 ㎡당 4,886,967 원을 계약금액으로 제시하면서 당초 공사도급계약에는 포함되지 않았던 책임준공확약을 요구하였는데, 그 내용에는 인허가 문제, 공사조건의 변경, 문화재 발굴 등 어떠한 사유를 불문하고 공사를 중단할 수 없다는 내용이 포함되어 있었다. 이후 피고는 2018. 5. 4. 원고에게 위와 동일한 조건의 책임준공확약을 전제로 하여 당초 체결하였던 공사도급계약상 계약금액과 동일한 연면적 3.3058 ㎡당 4,887,000 원을 계약금액으로 제시하였다.

⑦ 이후 원고가 피고에게 수차례 추가 협의를 요청하였음에도 결국 피고는 원고와의 합의에 이르지 못하자 2018. 6. 30. 임시총회를 개최하여 원고에 대한 시공자 선정 무효를 의결하였다.

2. 소결

따라서 이 사건 입찰참여안내서에서 정한 이 사건 입찰보증금 몰취 사유가 존재한다고 볼 수 없으므로, 원고와 피고 사이에 체결된 도급계약 체결에 관한 예약계약 및 이에 수반하여 체결된 이 사건 입찰보증금 관련 약정이 해제됨에 따라 그에 대한 <u>원상회복으로 피고는 원고에게 이 사건 입찰보증금 및 그에 대한 지연손해금을 반환할 의무가 있다.</u>

제 1 장 시공자 선정 / 제 2 절 입찰의 진행

3. 피고의 공제 주장에 관한 판단

앞서 본 바와 같이 이 사건 입찰참여안내서 제 11 조는 낙찰자는 일체의 시공자 선정 총회비용을 부담하여야 한다고 정하면서 낙찰자로 선정된 이후 선정이 무효로 된 경우에 대하여는 따로 정하고 있지 않다.

이에 따라 보건대, 원고가 피고와 공사도급계약 내용에 관하여 지속적으로 협의하였으나 사업계획이 변경되고 그에 따른 추가 합의가 이루어지지 아니함에 따라 결국 그로부터 약 2 년 이상 경과한 시점에 피고의 총회에서 원고에 대한 시공자 선정이 무효로 의결되었는바, 오로지 원고 또는 피고 일방의 책임있는 사유로 원고에 대한 낙찰자 선정이 무효로 된 것으로 보이지는 않는 점 등을 고려할 때, 원고가 이 사건 입찰절차에서 낙찰자로 선정되어 피고의 총회에서 시공자로 선정된 이상, 이후 원고에 대한 시공자 선정이 피고 총회에서 무효로 의결되었다고 하더라도 원고는 위 규정에 따라 시공자 선정 관련 총회 개최에 소요된 비용을 부담할 의무가 있다고 봄이 타당하다. 나아가 갑 제 8 호증의 기재에 의하면, 원고를 시공자로 선정한 피고의 2016. 6. 26.자 비용이 675,825,507 원인 사실을 인정할 수 있는바, 원고는 피고의 2016. 6. 26.자 총회 개최에 소요된 비용인 675,825,507 원을 부담할 의무가 있다.

VII. 입찰의 공정성

A. 건설업자/등록사업자의 의무

1. 【법령】 전부개정 도시정비법 제 132 조(조합임원 등의 선임·선정 및 계약 체결 시 행위제한)

> ① 누구든지 추진위원, 조합임원의 선임 또는 제 29 조(계약의 방법 및 시공자 선정 등)에 따른 계약 체결과 관련하여 다음 각 호의 행위를 하여서는 아니 된다. <개정 2017. 8. 9., 2022. 6. 10.>
> 　1. 금품, 향응 또는 그 밖의 재산상 이익을 제공하거나 제공의사를 표시하거나 제공을 약속하는 행위
> 　2. 금품, 향응 또는 그 밖의 재산상 이익을 제공받거나 제공의사 표시를 승낙하는 행위
> 　3. 제 3 자를 통하여 제 1 호 또는 제 2 호에 해당하는 행위를 하는 행위

② 건설업자와 등록사업자는 제29조에 따른 계약의 체결과 관련하여 시공과 관련 없는 사항으로서 다음 각 호의 어느 하나에 해당하는 사항을 제안하여서는 아니 된다. <신설 2022. 6. 10.>

  1. 이사비, 이주비, 이주촉진비, 그 밖에 시공과 관련 없는 사항에 대한 금전이나 재산상 이익을 제공하는 것으로서 대통령령으로 정하는 사항

  2. 「재건축초과이익 환수에 관한 법률」에 따른 재건축부담금의 대납 등 이 법 또는 다른 법률을 위반하는 방법으로 정비사업을 수행하는 것으로서 대통령령으로 정하는 사항

[시행일: 2022. 12. 11.]

☞ 영 제96조의 2(제안이 금지되는 사항)

① 법 제132조 제2항제1호에서 "대통령령으로 정하는 사항"이란 다음 각 호의 사항을 말한다.

  1. 이사비, 이주비, 이주촉진비 및 그 밖에 시공과 관련 없는 금전이나 재산상 이익을 무상으로 제공하는 것

  2. 이사비, 이주비, 이주촉진비, 그 밖에 시공과 관련 없는 금전이나 재산상 이익을 무이자나 제안 시점에 「은행법」에 따라 설립된 은행 중 전국을 영업구역으로 하는 은행이 적용하는 대출금리 중 가장 낮은 금리보다 더 낮은 금리로 대여하는 것

② 법 제132조 제2항제2호에서 "대통령령으로 정하는 사항"이란 「재건축초과이익 환수에 관한 법률」에 따른 재건축부담금의 대납을 말한다.

[본조신설 2022. 12. 9.]

☞ 법 제132조 제2항은 2022. 6. 10. 신설된 규정으로 2022. 12. 11.부터 시행된다(부칙 제1조).

☞ 법 제132조 제2항 위반행위는 시공자선정 취소명령 또는 과징금 및 과태료(1,000만 원 이하) 부과 대상이 될 뿐(법 제113조의2 제1항 제1호; 제140조 제1항 제2호) 형사처벌 대상은 아니다(법 제135조 제2호 참조).

③ 시·도지사, 시장, 군수 또는 구청장은 제1항 각 호 또는 제2항 각 호의 행위에 대한 신고의 접수·처리 등의 업무를 수행하기 위하여 신고센터를 설치·운영할 수 있다. <신설 2023. 12. 26.> [시행일: 2024. 6. 27.]

④ 제3항에 따른 신고센터의 설치 및 운영에 필요한 사항은 국토교통부령으로 정한다. <신설 2023. 12. 26.> [시행일: 2024. 6. 27.]

2. 【법령】 전부개정 도시정비법 제132조의 2(건설업자의 관리·감독 의무)

건설업자는 시공자 선정과 관련하여 홍보 등을 위하여 계약한 용역업체의 임직원이 제132조를 위반하지 아니하도록 교육, 용역비 집행 점검, 용역업체 관리·감독 등 필요한 조치를 하여야 한다.

[본조신설 2018. 6. 12.]

3. 【법령】 전부개정 도시정비법 제132조의 3(허위·과장된 정보제공 등의 금지)

① 건설업자, 등록사업자 및 정비사업전문관리업자는 토지등소유자에게 정비사업에 관한 정보를 제공함에 있어 다음 각 호의 행위를 하여서는 아니 된다.

  1. 사실과 다르게 정보를 제공하거나 사실을 부풀려 정보를 제공하는 행위

  2. 사실을 숨기거나 축소하는 방법으로 정보를 제공하는 행위

② 제1항 각 호의 행위의 구체적인 내용은 대통령령으로 정한다.

☞ 영 제96조의 3(금지되는 허위·과장된 정보제공 행위)

  ① 법 제132조의 3 제1항 제1호에 따라 금지되는 행위의 구체적인 내용은 다음 각 호와 같다.

    1. 정비사업 방식에 따른 용적률, 기부채납 비율, 임대주택 건설비율, 임대주택 인수가격, 건축물 높이 제한, 건축물 층수 제한 및 분양가격에 대한 정보를 사실과 다르게 제공하는 행위

    2. 객관적인 근거 없이 정비사업 추진에 따른 예상수익 정보를 과장하여 제공하는 행위

  ② 법 제132조의 3 제1항 제2호에 따라 금지되는 행위의 구체적인 내용은 다음 각 호와 같다.

    1. 정비사업 방식에 따른 용적률, 기부채납 비율, 임대주택 건설비율, 임대주택 인수가격, 건축물 높이 제한, 건축물 층수 제한 및 분양가격에 대한 정보를 숨기는 행위

    2. 객관적인 근거 없이 정비사업 추진에 따른 분담금 추산액 및 예상손실에 대한 정보를 축소하여 제공하는 행위

[본조신설 2022. 12. 9.]

③ 건설업자, 등록사업자 및 정비사업전문관리업자는 제1항을 위반함으로써 피해를 입은 자가 있는 경우에는 그 피해자에 대하여 손해배상의 책임을 진다.

VII. 입찰의 공정성

> ④ 제 3 항에 따른 손해가 발생된 사실은 인정되나 그 손해액을 증명하는 것이 사안의 성질상 곤란한 경우 법원은 변론 전체의 취지와 증거조사의 결과에 기초하여 상당한 손해액을 인정할 수 있다.
>
> [본조신설 2022. 6. 10.]
>
> ☞ 법 제 132 조의 3 은 2022. 6. 10. 신설된 규정으로 2022. 12. 11.부터 시행된다(부칙 제 1 조).

4. 【법령】계약업무기준 제 30 조(건설업자등의 금품 등 제공 금지 등)

> ① 건설업자등은 법 제 29 조에 따른 계약의 체결과 관련하여 시공과 관련 없는 사항으로서 다음 각 호의 어느 하나에 해당하는 사항을 제안하여서는 아니 된다.
>
>   1. 이사비, 이주비, 이주촉진비 및 그 밖에 시공과 관련 없는 금전이나 재산상 이익을 무상으로 제공하는 것
>
>   2. 이사비, 이주비, 이주촉진비 및 그 밖에 시공과 관련 없는 금전이나 재산상 이익을 무이자나 제안 시점에 「은행법」에 따라 설립된 은행 중 전국을 영업구역으로 하는 은행이 적용하는 대출금리 중 가장 낮은 금리보다 더 낮은 금리로 대여하는 것
>
>   3. 「재건축초과이익 환수에 관한 법률」 제 2 조제 3 호에 따른 재건축부담금을 대납하는 것
>
> ② 제 1 항에도 불구하고 건설업자등은 금융기관의 이주비 대출에 대한 이자를 사업시행자등에 대여하는 것을 제안할 수 있다.
>
> ③ 제 1 항에도 불구하고 건설업자등은 금융기관으로부터 조달하는 금리 수준으로 추가 이주비(종전 토지 또는 건축물을 담보로 한 금융기관의 이주비 대출 이외의 이주비를 말한다)를 사업시행자등에 대여하는 것을 제안할 수 있다.

B. 시공자취소 명령과 과징금 부과

1. 【해설】2018. 10. 13. 시행

> (1) 건설업자 또는 등록사업자가 금품·향응 또는 그 밖의 재산상 이익을 제공하거나, 제공의사를 표시하거나, 제공을 약속하면(제 3 자를 통하여한 경우 포함), 시·도지사는 a) 사업시행자에게 시공자 선정을 취소할 것을 명할 수 있고, 또한 b) 건설업자/등록사업자에게 공사비의 20/100 이하에 해당하는 과징금을 부과할 수 있다(법 제 113 조의 2 제 1 항 제 1 호, 제 132 조 제 1 항).

이 제재 조항은 2018. 6. 12. 신설(법률 제 15676 호)되어 2018. 10. 13.부터 시행되었으며, '등록사업자'가 제재대상에 포함된 것은 2022. 12. 11.부터(2022. 6. 10. 개정 법률 제 18941 호)이다(각 개정 구법 부칙 제 1 조).

(2) 건설업자/등록업자가 이사비·이주비·이주촉진비 그 밖에 시공과 관련 없는 사항에 대한 금전이나 재산상 이익을 제안한 경우 및 재건축부담금의 대납을 제안한 경우도 위와 같다(법 제 113 조의 2 제 1 항 제 1 호, <u>제 132 조 제 2 항</u>).

(3) <u>건설업자/등록사업자가 선정한 용역업체의 임직원이 금품·향응 또는 그 밖의 재산상 이익을 제공하거나, 제공의사를 표시하거나, 제공을 약속한 경우에도 그 용역업체를 선정한 건설업자/등록사업자가 위와 같은 제재를 받는다</u>(법 제 113 조의 2 제 1 항 제 2 호). 다만, 건설업자/등록사업자가 관리·감독 등 필요한 조치를 한 경우에는 그러한 제재를 받지 않는다

☞ 용역업체 임직원의 행위에 대하여 건설업자/등록사업자가 제재를 받는 것은 용업업체가 법 제 132 조 '제 1 항' 위반행위(금품·향응·재산상이익 제공)를 한 경우에 한정된다.

(4) 과징금의 액수는 부정제공한 가액에 따라 시행령 별표 5 의 2 에 규정되어 있다. 징수된 과징금은 도시·주거환경정비기금("정비기금")의 재원으로 사용된다(법 제 126 조 제 2 항 제 4 의 2 호).

(5) 시·도지사가 시공자 선정 취소, 과징금 부과 또는 입찰참가 제한을 하려는 경우에는 <u>청문</u>을 하여야 한다(법 제 121 조 제 3, 4 호).

2. 과징금의 부과기준 및 정비사업의 입찰참가 제한기준

표 4 과징금의 부과기준 및 정비사업의 입찰참가 제한기준 [별표 5 의 2]

(제 89 조의 2 제 1 항 및 제 89 조의 3 제 1 항 관련) <개정 2022. 12. 9.>

위반행위	근거 법조문	과징금 금액	입찰참가 제한기간
가. 건설업자 또는 등록사업자가 법 제 132 조제 1 항을 위반한 경우	법 제113조의2제1항제1호 및 제113조의3제1항		
1) 건설업자 또는 등록사업자가 법 제 132 조제 1 항을 위반하여 같은 항 각 호의 행위(이하 "부정제공"이라 한다)를 한 가액의 합이 3 천만원 이상인 경우		공사비의 100분의 20	2년

VII. 입찰의 공정성

위반행위	근거 법조문	과징금 금액	입찰참가 제한기간
2) 건설업자 또는 등록사업자가 법 제132조제1항을 위반하여 부정제공한 가액의 합이 1천만원 이상 3천만원 미만인 경우		공사비의 100분의 15	2년
3) 건설업자 또는 등록사업자가 법 제132조제1항을 위반하여 부정제공한 가액의 합이 500만원 이상 1천만원 미만인 경우		공사비의 100분의 10	1년
4) 건설업자 또는 등록사업자가 법 제132조제1항을 위반하여 부정제공한 가액의 합이 500만원 미만인 경우		공사비의 100분의 5	1년
나. 건설업자 또는 등록사업자가 법 제132조제2항을 위반한 경우			
1) 건설업자 또는 등록사업자가 법 제132조제2항을 위반하여 같은 항 각 호의 시공과 관련 없는 사항을 제안(이하 "시공외제안"이라 한다)한 가액의 합이 3천만원 이상인 경우	법 제113조의2제1항제1호 및 제113조의3제1항	공사비의 100분의 20	2년
2) 건설업자 또는 등록사업자가 법 제132조제2항을 위반하여 시공외제안한 가액의 합이 1천만원 이상 3천만원 미만인 경우		공사비의 100분의 15	2년
3) 건설업자 또는 등록사업자가 법 제132조제2항을 위반하여 시공외제안한 가액의 합이 500만원 이상 1천만원 미만인 경우		공사비의 100분의 10	1년
4) 건설업자 또는 등록사업자가 법 제132조제2항을 위반하여 시공외제안한 가액의 합이 500만원 미만인 경우		공사비의 100분의 5	1년
다. 건설업자 또는 등록사업자가 법 제132조의2를 위반하여 관리·감독 등 필요한 조치를 하지 않은 경우로서 용역업체의 임직원이 법 제132조제1항을 위반한 경우	법 제113조의2제1항제2호 및 제113조의3제1항		

위반행위	근거 법조문	과징금 금액	입찰참가 제한기간
1) 용역업체의 임직원이 법 제 132 조제 1 항을 위반하여 부정제공한 가액의 합이 3 천만원 이상인 경우		공사비의 100분의 20	2년
2) 용역업체의 임직원이 법 제 132 조제 1 항을 위반하여 부정제공한 가액의 합이 1 천만원 이상 3 천만원 미만인 경우		공사비의 100분의 15	2년
3) 용역업체의 임직원이 법 제 132 조제 1 항을 위반하여 부정제공한 가액의 합이 500 만원 이상 1 천만원 미만인 경우		공사비의 100분의 10	1년
4) 용역업체의 임직원이 법 제 132 조제 1 항을 위반하여 부정제공한 가액의 합이 500 만원 미만인 경우		공사비의 100분의 5	1년

C. 부정당업자의 입찰참가자격 제한

1. 【해설】 정비사업의 입찰참가 제한 (2018. 10. 13. 시행)

> (1) 시·도지사의 제한
>
> ① 시·도지사는 시공자선정 취소 또는 과징금부과 대상행위의 어느 하나에 해당하는 건설업자 또는 등록사업자에 대하여 정비사업의 입찰참가를 <u>제한하여야 한다</u>(법 제 113 조의 3 제 1 항. "제한할 수 있다"가 "제한하여야 한다"고 개정되었으며, 이 부분 개정내용은 2024. 7. 31.부터 시행된다). 입찰참가 제한기간은 부정제공한 가액에 따라 <u>2 년 또는 1 년</u>이다(시행령 별표 5 의 2. 위 B. 참조). 시·도지사가 입찰참가 제한을 하려는 경우에는 <u>청문을 하여야</u> 한다(법 제 121 조 제 5 호). 등록사업자는 2022. 12. 11.부터 제재대상에 포함되었다.
>
> ② 시·도지사가 입찰참가를 제한하려는 경우에는 지체 없이 해당 지방자치단체의 공보에 그 대상·기간·사유를 게재하여 공개하고, 일반인이 해당 내용을 열람할 수 있도록 인터넷 홈페이지에 입찰참가 제한기간 동안 게시하고, 그 내용을 지체 없이 관할 구역의 시장·군수 또는 구청장 및 사업시행자에게 통보하여야 한다(법 제 113 조의 3 제 2 항; 영 제 89 조의 3 제 2, 4 항).
>
> 다만, 정비사업의 입찰참가를 제한하려는 해당 건설업자 또는 등록사업자가 입찰 참가자격을 제한받은 사실이 있는 경우에는 시·도지사가 입찰참가 제한과 관련된 내용을 전국의 시장, 군수 또는 구청장에게 통보하여야 하고, 통보를 받은 시장, 군수 또

는 구청장은 관할 구역의 사업시행자에게 관련된 내용을 다시 통보하여야 한다(법 제113조의3 제2항 단서. 이 부분 단서조항은 2024. 7. 31.부터 시행됨).

③ 통보를 받은 사업시행자는 해당 건설업자 또는 등록사업자의 입찰 참가자격을 제한하여야 하며, 입찰참가를 제한받은 건설업자/등록업자와 <u>수의계약도 체결해서는 안 된다</u>(법 제113조의3 제3항).

④ 시·도지사가 정비사업의 입찰참가를 제한하는 경우에는 그 내용을 정비사업관리시스템에 등록하여야 한다(제4항. 2024. 7. 31.부터 시행).

⑤ 시·도지사는 대통령령으로 정하는 위반행위에 대하여는 1회에 한하여 과징금으로 입찰참가 제한을 갈음할 수 있으며, 이 경우 과징금의 부과기준 및 절차는 제113조의2 제1항 및 제3항을 준용한다(제5항. 2024. 7. 31.부터 시행).

(2) 사업시행자의 제한

사업시행자등(청산인과 추진위원장을 포함)은 입찰시 <u>대의원회의 의결을 거쳐</u> 다음 각 호의 어느 하나에 해당하는 자에 대하여 입찰참가자격을 제한할 수 있다(계약업무기준 제12조).

  1. 금품, 향응 또는 그 밖의 재산상 이익을 제공하거나 제공의사를 표시하거나 제공을 약속하여 처벌을 받았거나, 입찰 또는 선정이 무효 또는 취소된 자(소속 임직원을 포함한다)

  2. 입찰신청서류가 거짓 또는 부정한 방법으로 작성되어 선정 또는 계약이 취소된 자

2. **【자치법규】** 서울시 「공공지원 시공자 선정기준」

> **제10조(부정당업자의 입찰 참가자격 제한)** 조합은 계약업무 처리기준 제12조에 따라 부정당업자의 입찰참가자격을 제한하는 경우에는 지체 없이 해당 업체명과 부정당 사유 및 일자를 공공지원자와 시장에게 제출하여야 한다.
>
> **제23조(부정행위 단속)** ① 공공지원자 및 조합은 <u>입찰공고부터 시공자 선정 완료시까지</u> 부정행위 단속반과 신고센터를 운영하여야 한다.
> ② 시공자 선정과 관련하여 부정행위 동향이 있는 경우에는 그 밖의 기간에도 제1항에 따른 단속반과 신고센터를 운영할 수 있다.

D. 형사처벌

제 1 장 시공자 선정 / 제 2 절 입찰의 진행

1. 【해설】 형사처벌

(1) 제 132 조 제 1 항 각 호의 어느 하나를 위반하여 금품, 향응 또는 그 밖의 재산상 이익을 a) 제공하거나, b) 제공의사를 표시하거나, c) 제공을 약속하는 행위를 하거나, d) 제공을 받거나, e) 제공의사 표시를 승낙한 자는 5 년 이하의 징역 또는 5 천만원 이하의 벌금에 처한다(법 제 135 조 제 2 호). 제 3 자를 통하여 한 경우도 같다.

형사처벌 규정은 2018. 10. 13. 전에도 있었다.

(2) 법 제 132 조 제 2 항 위반행위(이사비·이주비·이주촉진비 그 밖에 시공과 관련 없는 사항에 대한 금전이나 재산상 이익의 제안, 재건축부담금의 대납 제안)는 시공자 선정 취소명령 또는 과징금 부과의 대상이 될 뿐(법 제 113 조의 2 제 1 항 제 1 호) 형사처벌 대상은 아니다(법 제 135 조 제 2 호).

2. 【해설】 용역업체가 금품·향응을 제공한 경우

(1) 건설업자/등록사업자가 선정한 용역업체의 임직원이 법 제 132 조 제 1 항 각 호의 어느 하나를 위반하여 금품, 향응 또는 그 밖의 재산상 이익을 a) 제공하거나, b) 제공의사를 표시하거나, c) 제공을 약속하는 행위를 하거나, d) 제공을 받거나, e) 제공의사 표시를 승낙한 경우, ① 해당 용역업체의 임직원은 법 제 135 조 제 2 호 위반죄로 처벌받고, ② 해당 용역업체를 선정한 건설업자/등록사업자는 그와 별도로 5 천만원 이하의 벌금에 처해진다(법 제 138 조 제 2 항).

(2) 이 처벌 조항은 2018. 6. 12. 신설되어 2018. 10. 13.부터 시행되었으며, '등록사업자'가 처벌대상에 포함된 것은 2022. 12. 11.부터이다.

(3) 법 제 138 조 제 2 항은 일반적인 양벌규정(법 제 139 조)과는 별개의 처벌규정이므로, 해당 용역업체(법인 또는 개인)는 (건설업자/등록사업자가 처벌받는 것과 별개로) 양벌규정에 따라 처벌받을 수 있다.

3. 【법령 및 해설】 전부개정 도시정비법 제 135 조(벌칙)

다음 각 호의 어느 하나에 해당하는 자는 5 년 이하의 징역 또는 5 천만원 이하의 벌금에 처한다.

  2. 제 132 조 제 1 항 각 호의 어느 하나를 위반하여 금품, 향응 또는 그 밖의 재산상 이익을 제공하거나 제공의사를 표시하거나 제공을 약속하는 행위를 하거나 제공을 받거나 제공의사 표시를 승낙한 자

> ☞ 법 제 132 조 제 2 항 위반행위는 시공자선정 취소명령 또는 과징금 부과의 대상이 될 뿐(법 제 113 조의 2 제 1 항 제 1 호) 형사처벌 대상은 아니다(법 제 135 조 제 2 호).

4. 【법령】 전부개정 도시정비법 제 138 조(벌칙)

> ② 건설업자 또는 등록사업자가 제 132 조의 2 에 따른 조치를 소홀히 하여 용역업체의 임직원이 제 132 조 제 1 항 각 호의 어느 하나를 위반한 경우 그 건설업자 또는 등록사업자는 5 천만원 이하의 벌금에 처한다. <신설 2018.6.12, 2022.6.10>
> ☞ 이 규정은 양벌규정(법 제 139 조)과는 별개의 처벌규정이다.

E. 기업이윤을 고려한 적정선에서 무모한 출혈경쟁을 방지하기 위하여 일반거래 통념상 인정되는 범위 내에서 입찰자 상호간에 의사의 타진과 절충을 한 것에 불과한 경우는 '담합' 아님 —대법원 1994. 12. 2. 선고 94 다 41454 판결[낙찰자지위확인]

【당사자】

> 【원고,피상고인】 강산건설주식회사
> 【피고,상고인】 대한민국

계약사무처리규칙 제 25 조 제 9 호와 이에 근거하여 재무부장관이 정한 입찰유의서(1993. 5.20. 회계예규 2200.04-102-12) 제 10 조 제 8 호에서 입찰무효의 사유로 규정한 담합이라 함은 입찰자가 입찰을 함에 즈음하여 실질적으로는 단독입찰인 것을 그로 인한 유찰을 방지하기 위하여 경쟁자가 있는 것처럼 제 3 자를 시켜 형식상 입찰을 하게 하는 소위 들러리를 세운다거나 입찰자들끼리 특정한 입찰자로 하여금 낙찰받게 하거나 당해 입찰에 있어서 입찰자들 상호간에 가격경쟁을 하는 경우 당연히 예상되는 적정한 가격을 저지하고 특정입찰자에게 부당한 이익을 주고 입찰실시자에게 그 상당의 손해를 입히는 결과를 가져올 정도로 싼 값으로 낙찰되도록 하기 위한 사전협정으로서 그 어느 경우이건 최저가입찰자가 된 입찰자에게 책임을 돌릴 수 있는 경우를 말하고, 단지 기업이윤을 고려한 적정선에서 무모한 출혈경쟁을 방지하기 위하여 일반거래 통념상 인정되는 범위 내에서 입찰자 상호간에 의사의 타진과 절충을 한 것에 불과한 경우는 위의 담합에 포함되지 않는다(당원 1982.11.9. 선고 81 다 537 판결 참조).

F. [하급심판례] '홍보활동지침 준수서약서'를 제출하지 않아 입찰참여 자격이 없는 업체에 대하여 입찰마감 후 입찰참여규정을 변경하여 입찰참여 자격을 부여한 것을 무효로 보고, 시공자선정총회의 개최금지를 명한 사례 —서울동부지방법원 2010. 7. 2. 자 2010 카합 1471 결정[총회개최금지가처분신청] (확정)

제 1 장 시공자 선정 / 제 2 절 입찰의 진행

【당사자】

【채 권 자】 ○○○
【채 무 자】 둔촌주공아파트주택재건축정비사업조합

【주 문】

1. 채권자들이 채무자를 위한 보증으로 금 팔억(800,000,000) 원을 공탁하거나 같은 금액을 보험금액으로 하는 지급보증위탁계약 체결문서를 제출하는 것을 조건으로,

채무자는 2010. 7. 3. 14:00 장충체육관에서 '시공자 선정 입찰지침서 인준 및 계약체결 위임의 건(제 5 호 안건)' 및 '시공자 선정의 건(제 7 호 안건)'의 결의를 위한 임시총회를 개최하여서는 아니된다.

2. 집행관은 위 명령의 취지를 적당한 방법으로 공시하여야 한다.

1. 당사자의 지위

채무자는 서울 강동구 둔촌동 170-1 일대 516,676 ㎡ 지상 둔촌주공아파트 5,930 세대의 재건축을 위해 설립된 주택재건축정비사업조합이고, 채권자들은 채무자의 조합원들이다...

2. 주식회사 한양의 입찰참여의 효력 여부에 관한 판단

1) 공정하고 투명한 재건축사업의 추진을 통해 주거환경을 개선하고 조합원의 주거안정 및 주거생활의 질적 향상을 목적으로 하는 주택재건축사업의 목적에 비추어 볼 때, '시공자 선정 절차'는 그 핵심에 해당하는 것으로 이를 둘러싼 이해관계인이 많을 뿐만 아니라 그 과정에서 불공정한 행위로 인해 주택재건축사업이 지연되거나 무산되는 등의 결과가 발생할 경우 종국적으로 그 피해가 조합원들에게 돌아갈 수밖에 없으므로, '시공자 선정 절차'를 진행함에 있어 공정성·적정성을 전제로 한 엄격한 관계 법령의 준수가 요구된다고 할 것이다. 또한, 이러한 시공자 선정을 위한 입찰절차에 있어서 '공정성'이란 적어도 입찰참여 대상자에게 동일한 기준을 적용하고 동일한 정보를 제공함으로써 실제로 입찰에 참여할 의사결정의 기회를 동등하게 부여하였는지 여부를 기준으로 판단함이 상당하다.

2) 위와 같은 기본원칙에다가 위 소명사실에 따라 알 수 있는 다음과 같은 사정을 종합하면, 설령 앞서 살펴본 채무자의 <u>입찰마감일 연기 결정이 아래 가)항의 기재와 같이 당초부터 또는 사후적으로 유효하다고 하더라도</u>, <u>주식회사 한양의 입찰참여는 아래 나)항의 기재와 같이 무효라고 할 것이다.</u>

가) 채무자는 입찰마감일을 연기한 후 신문공고를 통해 이를 고지하였으나, 실제로 입찰

자격을 가지는 업체는 현장설명회에 참여한 16개의 업체 중 입찰참여지침서 제 4, 9조 등에 따라 홍보활동지침 준수서약서를 제출한 12개의 업체(주식회사 한양은 이에 포함되지 않는다)에 불과하므로, 이들에 대해서는 별도로 팩스로 이러한 사정과 더불어 '입찰보증금 및 합동홍보설명회·총회 개최 비용 부담'에 관한 입찰참여규정 변경안을 통보하였는바, 이는 그 당시 입찰참여규정이 변경되지 않은 상황에서 반드시 적법한 것이라고 단정할 수는 없으나, 사후에 대의원회 및 조합원 총회 등의 절차에서 이를 추인받을 경우에는 실질적으로 입찰참여 자격을 가진 12개 업체를 동일한 기준에서 대우한 것이므로 입찰의 공정성을 해하는 것이어서 무효라고 보기는 어렵다.

나) 이에 반하여, 주식회사 한양의 경우는 2010. 6. 1.까지 홍보활동지침 준수서약서를 제출하지 않아 입찰참여지침서 제 9조 제 1항 제 17호에 따라 이미 입찰참여 자격이 없는 상태였고, 채무자 또한 이러한 사정을 인식하여 같은 달 14. 입찰마감일을 연기하면서도 그 다음날 문화일보에 이를 공고한 것을 제외하고 별도로 주식회사 한양에는 '입찰보증금 및 합동홍보설명회·총회 개최 비용 부담'에 관한 입찰참여규정 변경안을 전혀 통보하지 않았다.

그런데 <u>채무자는 입찰이 마감된 이후에야 비로소 제 10차 대의원회를 개최하여 '홍보활동지침 준수서약서의 제출기한'에 관한 입찰참여규정 제 11조를 변경함으로써 입찰참여 자격이 없는 주식회사 한양에 대하여 입찰참여 자격을 사후에 부여하였는바</u>, 이는 사후에 관련 규정을 변경하여 무효인 입찰참여를 유효로 만드는 것이어서 허용될 수 없을 뿐만 아니라 현장설명회에 참여한 16개 업체 중에서 주식회사 한양과 같이 홍보활동지침 준수서약서를 제출하지 않은 4개 업체에 대하여 위와 같은 입찰참여규정 제 11조의 변경내용에 관한 아무런 사전 통지도 없는 상태에서 입찰이 마감된 이후에 주식회사 한양에 대해서만 입찰참여의 자격을 부여한 것이어서 이러한 업체들과의 사이에서 입찰참여의 정보와 그 기회가 공정하게 부여된 것이라고 볼 수 없으므로(이러한 점에서 채무자의 제 10차 대의원회 중 입찰참여규정 제 11조에 대한 변경결의는 적어도 이미 마감된 2010. 6. 17.자 입찰에 관하여 주식회사 한양의 입찰참여 자격을 부여하는 것에 대하여는 무효이다), <u>채무자가 주식회사 한양의 입찰참여 자격을 부여한 것은 입찰의 공정성은 물론 관련 규정의 적법성에도 위반되어 어느 모로 보나 무효라고 봄이 상당하다.</u>

3. 소결

결국, <u>채무자의 이 사건 총회에 시공자 선정을 위해 상정된 주식회사 한양은 그 입찰참여 자격이 없어 무효라고 할 것이어서 채무자의 입찰참여지침서 제 9조 제 1항 제 6, 17호 및 제 4항, 제 16조 제 1항에 따라 재입찰을 하여야</u> 할 것이고, 그렇지 않더라도 위 소명사실에서 본 바와 같이 사실상의 공정한 경쟁이 불가능해진 것으로 보이는 이상, 입찰참여지침서 제 6조 제 2항에 따라 재입찰을 함이 상당하므로, 이 사건은 <u>채무자가 소집한 이 사건 총회에 상정된 주문 제 1항 기재 각 안건에 대한 결의가 이뤄질 경우 그 결의가 위법·</u>

무효에 해당함이 중대·명백한 경우라고 볼 것이어서 위 안건을 위한 이 사건 총회의 개최의 금지를 구하는 채권자들의 피보전권리에 대한 소명은 인정된다.

4. 보전의 필요성

한편, 이 사건은 '보전의 필요성'에 대하여 엄격히 판단할 필요성이 인정된다고 할 것이지만, 이 사건 총회에서 주문 제 1 항 기재 각 안건에 대하여 절대적 다수의 조합원들의 찬성에 의한 결의가 이뤄질 것인지 여부에 따라 그 유효 여부가 좌우되는 것이 아니고, 이 사건 신청이 받아들여짐으로 인해 채무자의 시공자 선정 절차가 예정된 일정에 비해 다소 지연될 가능성은 있으나, 시공자 선정 절차의 신속성 못지 않게 중요한 것은 공정성·적정성을 전제로 한 적법절차의 준수라고 할 것이며, 시공자 선정 절차가 이러한 적법절차를 준수하지 못할 경우에 발생할 채무자 및 그 조합원들의 손해는 더욱 광범위할 뿐만 아니라 회복하기도 어렵다고 할 것이므로(채권자들에게 발생할 회복할 수 없는 손해는 이러한 점에서 인정된다), 채권자들의 피보전권리를 보전할 필요성 역시 인정된다.

VIII. 입찰절차의 무효, 취소

A. ① 입찰서의 하자로 입찰절차가 무효로 되는 경우: a) 그 하자가 입찰절차의 공공성·공정성이 현저히 침해될 정도로 중대하고 상대방도 그런 사정을 알았거나 알 수 있었을 경우, b) 그런 하자를 묵인한 낙찰자의 결정 및 계약체결이 선량한 풍속 기타 사회질서에 반하는 결과가 될 것임이 분명한 경우; ② 입찰서 양식의 문서를 누락하였으나, 제출한 서류만으로 공고된 기준에 따라 심사를 함에 아무런 지장이 없어 입찰서가 유효하다고 본 사례 — 대법원 2006.6.19. 자 2006 마 117 결정[가처분이의]

【당사자】

> 【채무자, 재항고인】 마산시
>
> 【채무자 보조참가인, 재항고인】 중앙항업 주식회사외 2 인
>
> 【채권자, 상대방】 주식회사 지노시스템

1. 이 사건 입찰서의 하자

기록에 의하면, 채무자가 이 사건 입찰에 관하여 2005. 1. 12.자로 한 제안서 제출 안내 공고에는, 그 6. 다. 2)항에서 입찰을 위한 제안서 중 하나로 '가격입찰서'를 밀봉·제출하도록 적시하는 한편 그 9. 마.항에서 제안서는 채무자가 이 사건 입찰을 위해 게시한 제안요청서의 서식에 의거 정확하게 작성·제출하도록 요구하고 있고, 이를 위해 채무자가 그 인터

넷 홈페이지에 게시한 제안요청서에는 별첨 서식으로 '입찰서'와 '가격제안서' 및 '금액산출 근거'라는 제목의 각 문서 양식이 제시되어 있는데, 그 중 입찰서의 양식에는 가격제안서를 그 부속문서로 첨부하도록, 가격제안서의 양식에는 금액산출 근거를 그 부속문서로 첨부하도록 각 부동문자로 인쇄되어 있어, 결국 위 3개의 문서는 반드시 함께 결합하여 그 전체를 밀봉·제출하여야 하는 것임을 알 수 있는바,

그렇다면 위 3개의 문서는 각기 분리된 독립적인 의미를 가지는 문서라기보다는 주된 문서와 부속 문서의 형태로 한데 결합되어 전체적으로 입찰서라는 하나의 서류를 완성시키는 부분적인 문서라고 보는 것이 합리적이라 할 것이다{위 2005. 1. 12.자 제안서 제출 안내 공고가 같은 의미를 가지는 제출서류를 표시함에 있어, 그 6. 다. 2)항에서는 '가격입찰서'라고 표현하는 한편 그 9. 다.항에서는 '가격제안서'라고 표현하는 등 용어를 혼동하여 사용하고 있는 것도, 위 3개의 문서가 결합하여 한 개의 서류가 되는 것이므로 그 중 하나의 문서만을 지적해도 전체적인 서류를 의미하는 것으로 볼 수 있기 때문인 것으로 추단된다}.

따라서 원심이 인정한 바와 같이, 참가인수급체가 제안서 해당서류를 제출함에 있어 위 3개의 문서 중 입찰서 양식의 문서를 누락한 채 2개의 문서만으로 결합된 서류를 제출하였다면, 이는 3개의 문서로 결합·제출하여야 할 입찰서 서류를 2개의 문서로만 결합한 불완전한 서류로써 제출한 것이라 할 것이나, 일응 그 해당 서류의 일부를 제출한 이상 이를 전혀 입찰서를 제출하지 않은 경우와 동일시할 수는 없는 것이고 단지 입찰서의 제출에 하자가 있다고 보는 것이 합리적인 조치일 것이며, 이러한 입찰을 위 시행령 제39조 제4항, 같은 법 시행규칙 제44조 제3호에 따라 무효로 할 것인지 여부는 그 하자가 위 규칙이 말하는 '입찰서가 입찰 장소에 도착하지 아니한' 것으로 볼만큼 중대한 것인지 여부에 의하여 결정하여야 할 것이다.

2. 법리

가. 공공계약의 법적 성격(사법상 계약)

지방재정법에 의하여 준용되는 국가계약법에 따라 지방자치단체가 당사자가 되는 이른바 공공계약은 사경제의 주체로서 상대방과 대등한 위치에서 체결하는 사법(私法)상의 계약으로서 그 본질적인 내용은 사인 간의 계약과 다를 바가 없으므로, 그에 관한 법령에 특별한 정함이 있는 경우를 제외하고는 사적자치와 계약자유의 원칙 등 사법의 원리가 그대로 적용된다고 할 것이므로,

나. 입찰서의 하자로 입찰절차를 무효로 보기 위한 요건

계약 체결을 위한 입찰절차에서 입찰서의 제출에 하자가 있다 하여도 다른 서류에 의하

여 입찰의 의사가 명백히 드러나고 심사 기타 입찰절차의 진행에 아무 지장이 없어 입찰서를 제출하게 한 목적이 전혀 훼손되지 않는다면 그 사유만으로 당연히 당해 입찰을 무효로 할 것은 아니고,

다만 ① 그 하자가 입찰절차의 공공성과 공정성이 현저히 침해될 정도로 중대할 뿐 아니라 상대방도 그러한 사정을 알았거나 알 수 있었을 경우 또는 ② 그러한 하자를 묵인한 낙찰자의 결정 및 계약체결이 선량한 풍속 기타 사회질서에 반하는 결과가 될 것임이 분명한 경우 등 이를 무효로 하지 않으면 그 절차에 관하여 규정한 국가계약법의 취지를 몰각하는 결과가 되는 특별한 사정이 있는 경우에 한하여 무효가 된다고 해석함이 타당하다.

3. 입찰서가 유효하다고 본 사례

이 사건에 관하여 보건대, 제안요청서에 게시된 입찰서와 가격제안서의 각 양식은 그 주요 내용이 거의 중복되고, 다만 입찰서에는 입찰의 의사를 나타내는 문장이 부동문자로 인쇄되어 있고 입찰금액을 개괄적으로 기재하게 되어 있는 데 비하여 가격제안서에는 인쇄된 위 부동문자가 없고 입찰금액을 각 부문별로 구분 기재하도록 되어 있는 정도의 차이가 있을 뿐이며, 이 사건 입찰의 낙찰 방식은 협상에 의한 방식, 즉 입찰서에 기재된 입찰금액의 단순 비교에 의해 낙찰자가 결정되는 일반 경쟁심사방식과는 달리 입찰공고 등에 명기된 평가기준에 따라 심사와 협상을 거쳐 낙찰자를 선정하게 되어 있어 그 평가 자료로서 입찰을 할 때에 입찰금액의 세부적 산출근거가 담긴 문서의 제출이 필수적으로 요구된다는 점에서 보면, 결국 위 입찰서 양식의 문서는 입찰의 의사를 요식의 문서로 명시하는 외에는 이 사건 입찰에서 별다른 의미를 찾아 볼 수 없는 것이라 하겠다.

나아가 ① 비록 참가인수급체가 입찰의 의사가 인쇄된 문서를 제출하지 않았다 하여도 입찰공고에 의하면 제안서 제출을 함에 있어 반드시 입찰등록을 하도록 규정되어 있으므로 (입찰공고 6.) 참가인수급체도 그에 따른 입찰등록을 한 것으로 보이는 점, ② 위 입찰서 양식의 문서를 제외한 나머지 구비 서류를 빠짐없이 제출한 점, ③ 개찰 장소에 출석하여 그 절차에 참여한 점 등에서 입찰의 의사를 명시 또는 묵시적으로 표시한 것으로 얼마든지 볼 수 있고,

기록에 의하면, 위 입찰서 양식의 문서를 누락한 외에는 참가인수급체가 제출한 서류 중에 다른 하자는 없었으며 가격제안서와 금액산출 근거 기타 참가인수급체가 제출한 서류만으로 사전 공고된 기준에 따라 심사를 함에 아무런 지장이 없었고, 특별히 이로 인해 입찰절차의 공공성과 공정성이 침해되었거나 입찰서를 제출하게 한 목적이 훼손되었다고 볼 사유도 발견할 수 없다.

따라서 참가인수급체가 입찰서류를 제출함에 있어 단지 입찰서 양식의 문서를 누락한

정도의 하자를 가지고 국가계약법 시행규칙 제 44 조 제 3 호의 '입찰서가 입찰 장소에 도착하지 아니한' 것으로 볼만큼 중대한 하자라고 보기는 어렵다 할 것이다.

B. 입찰서에 첨부한 산출내역서 기재를 정정함에 있어 정정할 곳에 횡선을 긋고 정정인을 찍는 통상적인 방법을 사용하지 않고, 끝장에 별도의 총괄집계표를 첨부하여 첫장의 총괄집계표를 무효로 하고 이를 대신한다는 취지로 정정하고 그 곳에 정정인을 찍은 것은 입찰무효사유로 볼 수 없어 ─대법원 1994. 12. 2. 선고 94 다 41454 판결[낙찰자지위확인]

【당사자】

【원고,피상고인】 강산건설주식회사

【피고,상고인】 대한민국

1. 관련규정

예산회계법시행령 제 97 조 제 3 항, 계약사무처리규칙 제 25 조 제 6 호, 제 9 호, 입찰유의서 제 6 조, 제 10 조 제 7 호 및 제 11 호, 총액단가입찰집행요령 제 4 조의 각 규정에 의하면 산출내역서를 포함한 입찰서의 기재사항 중 말소 또는 정정한 곳이 있을 때에 입찰에 사용하는 인감으로 날인하지 아니한 입찰, 입찰서상의 금액과 산출내역서상의 금액이 일치하지 아니하는 입찰 또는 입찰서의 입찰금액 등 중요한 부분이 불분명하거나 정정한 후 정정날인을 누락한 입찰에 해당하면 입찰이 무효라고 되어 있다.

2. 통상적인 방법에 의하지 않은 산출내역서 정정을 입찰무효사유로 보지 않은 사례

그러나 위 각 조항 어디에도 말소 또는 정정된 곳 자체에 정정인을 날인하여야 한다는 규정이 없을 뿐만 아니라 위 법령들이 정정한 곳이 있을 때에는 반드시 정정날인을 하도록 요구하고 있는 것은 입찰자의 의사에 의하지 아니하고 제 3 자에 의하여 권한 없이 정정되는 것을 방지하려는 데 그 취지가 있으므로 비록 원고가 입찰서에 첨부한 산출내역서 기재를 정정하면서 정정할 곳에 횡선을 긋고 정정인을 찍는 통상적인 방법을 사용하지 않고 입찰서상의 투찰금액과 다른 금액이 기재된 산출내역서 1 페이지 총괄집계표상의 기재금액을 산출내역서의 끝장에 별도의 총괄집계표를 첨부하고 거기에 위 1 페이지의 총괄집계표는 계산착오로 무효이고 이를 총괄집계표로 한다는 취지로 정정한 후 그 곳에 정정인을 찍는 방법으로 정정하였어도 전체적으로 입찰서상의 투찰금액에 맞추어 제대로 정정된 이상 원고의 위 입찰내역서의 작성이 정정의 방법에 위반되거나 그로 인하여 입찰서의 금액과 산출내역서상의 금액이 일치하지 아니하는 입찰 또는 입찰서의 입찰금액 등 중요한 부분이 불분명하거나 정정한 후 정정날인을 누락한 입찰로 되어 입찰무효사유에 해당한다고 볼 수 없다. 논지는 이유 없다.

제3절 시공자선정 총회의 개최 및 의결

I. 대의원회 상정

A. 개요

1. 【해설】대의원회 상정 및 의결

> (1) 2인 이상의 유효한 입찰참가 신청이 있으면 제출된 입찰서를 모두 대의원회에 상정한다(계약업무기준 제33조 제1항). 조합은 대의원회 개최 전에 입찰제안서 비교표를 대의원에게 미리 통지하여야 한다(공공지원 시공자 선정기준 제14조 제2항).
>
> (2) 대의원회는 총회에 상정할 6인 이상의 건설업자등을 선정한다. 다만, 입찰에 참가한 건설업자등이 6인 미만인 때에는 모두 총회에 상정한다(계약업무기준 제33조 제2항).
>
> (3) 대의원회는 a) 재적의원 과반수가 직접 참여한 회의에서 b) 비밀투표의 방법으로 의결하며, c) 서면결의서 또는 대리인을 통한 투표는 인정하지 않는다(같은 조 제3항).
>
> (4) 총회에 상정될 업체가 결정된 때에는 조합은 이를 토지등소유자에게 통지하여야 한다(계약업무기준 제34조 제1항).

2. 【법령】계약업무기준 제33조(대의원회의 의결)

> ① 사업시행자등은 제출된 입찰서를 모두 대의원회에 상정하여야 한다.
>
> ② 대의원회는 총회에 상정할 6인 이상의 건설업자등을 선정하여야 한다. 다만, 입찰에 참가한 건설업자등이 6인 미만인 때에는 모두 총회에 상정하여야 한다.
>
> ③ 제2항에 따른 건설업자등의 선정은 a) 대의원회 재적의원 과반수가 직접 참여한 회의에서 b) 비밀투표의 방법으로 의결하여야 한다. 이 경우 c) 서면결의서 또는 대리인을 통한 투표는 인정하지 아니한다.

B. [하급심판례] 입찰참여제안서가 대의원회 당일에 제공되었다 하여 이를 대의원회 소집절차에 관한 정관 규정 위반이라고 단정할 수 없어 ─서울동부지방법원 2010. 8. 27. 자 2010카합1903 결정[총회개최금지가처분]

【당사자】

채권자	별지 (1), (2) 목록 기재와 같음
채무자	○○○○아파트 주택재건축정비사업조합

가) 살피건대, 조합정관 제24조 제7항은 대의원회 회의 개최 7일 전(긴급한 사안일 경우 3일 전)까지 회의목적, 안건, 일시 및 장소를 통지하도록 정하고 있는 것에 불과하고, 기록 및 심문 전체의 취지에 따르면 2010. 8. 13.자 대의원회에서 채무자에게 제출된 입찰참여제안서의 내용을 두고 대의원들 사이에 어느 정도의 토론이 이루어진 것으로 보이는데{소을 제2호증(제16차 대의원회 회의록) 제8 내지 31면}, 이러한 사정을 함께 고려하면 <u>대의원회 당일 입찰참여제안서가 제공되었다 하여 이를 곧바로 소집절차에 관한 정관 규정 위반이라고 단정하기는 어렵다</u>.

나) 회의 참관 불허 주장에 관하여 살피건대, <u>조합운영규정 제96조 제4항을 반드시 조합원의 참관 신청을 허용하도록 의무를 규정하고 있는 것으로 해석하기는 어렵고</u>, 나아가 이러한 사정이 이 사건 총회의 개최금지를 명할 사유에 해당한다고 보기도 어렵다.

다) 또한 합동홍보설명회 부분에 관하여 살피건대, 채무자가 이 사건 총회 개최 전 합동홍보설명회를 개최할 예정에 있는 점(소갑 제16호증), 시공자선정기준에서 합동홍보설명회의 개최 시한을 총회 개최 전으로만 규정하고 있을 뿐인 점 등의 사정을 고려할 때, 채권자들의 이 부분 주장만으로 총회 개최를 금지할 사유가 있다고 보기 어렵다.

C. [하급심판례] 정관에서 '대의원회에 출석할 수 없는 경우 시공자 선정을 위한 대의원회 이외에는 서면으로 의결권을 행사할 수 있다'고 정한 경우, '<u>시공자선정의 취소</u>'를 위한 대의원회에서는 서면에 의한 의결권행사를 할 수 있어 (따라서 '시공자선정의 취소'를 위한 대의원회에서 서면으로 의결권을 행사한 대의원은 출석 대의원수에 포함됨) —서울남부지방법원 2017. 11. 9. 선고 2015가합108193 판결[시공자지위확인 등]

【당사자】

원고 주식회사 반도건설
피고 A구역주택재건축정비사업조합 외 2명

정관 제26조 ... 제2항 단서에서는 시공사 선정을 위한 대의원회의 경우에만 대의원들의 직접 참석을 요구하고 있고 이와 같은 정관 규정을 <u>시공사 선정 취소를 위한 대의원회의 경우에도 확대하여 적용할 사정을 찾기 어려우므로 서면으로 의결권을 행사한 2명의 대의원도 의사정족수에 포함시킬 수 있는 점</u> 등을 고려하면 이 사건 대의원회 결의는 <u>대의원</u>

제 1 장 시공자 선정 / 제 3 절 시공자선정 총회의 개최 및 의결

정수 23명 중 과반수인 12명이 참석하여 의사정족수가 충족된 상태에서 이루어졌다고 봄이 상당하고 따라서 위 결의에 하자가 있다고 할 수는 없다.

II. 건설업자의 홍보

A. 【해설】 합동홍보설명회 2회 이상 개최

> (1) 대의원회에서 총회에 상정할 건설업자를 결정한 때에는 조합은 비교표를 작성하여 토지등소유자에게 제공하고 합동홍보설명회를 2회 이상 개최하여야 한다(계약업무기준 제34조 제1항). 시공자 선정 절차에서는 합동홍보설명회가 필수 절차이다.
>
> (2) 조합은 합동홍보설명회 개최일 7일 전까지 토지등소유자에게 그 일시 및 장소를 통지하여야 한다(계약업무기준 제34조 제2항).
>
> (3) 이상은 계약업무기준에 규정된 내용이나, 도시정비법에서도 2023. 12. 26. 개정법에 제29조 제8항을 신설하여 2회 이상 합동설명회를 개최할 것을 명시했다.

B. 【법령】 제29조(계약의 방법 및 시공자 선정 등)

> ⑧ 조합은 제4항에 따른 시공자 선정을 위한 입찰에 참가하는 건설업자 또는 등록사업자가 토지등소유자에게 시공에 관한 정보를 제공할 수 있도록 합동설명회를 2회 이상 개최하여야 한다. <신설 2023. 12. 26.>
>
> ⑨ 제8항에 따른 합동설명회의 개최 방법이나 시기 등은 국토교통부령으로 정한다. <신설 2023. 12. 26.>
>
> 시행일: 2024. 6. 27.

C. 【해설】 개별홍보의 금지

> (1) 건설업자등의 임직원은 개별적인 홍보를 할 수 없다. 용역업체를 통해서도 할 수 없다. '개별 홍보'는 홍보관·쉼터 설치, 홍보책자 배부, 세대별 방문, 개인에 대한 정보통신망을 통한 부호·문언·음향·영상 송신행위 등을 포함한다.
>
> 또한 토지등소유자 또는 정비사업전문관리업자 등에게 사은품 등 물품·금품·재산상의 이익을 제공하거나 제공을 약속하여서는 아니 된다. (계약업무기준 제34조 제3항, 제14조 제4항).

(2) 개별적 홍보 적발 건수가 도합 3회 이상인 경우 해당 입찰은 무효로 본다. 이 경우 해당 입찰이 무효로 됨으로써 단독응찰이 되더라도 유효한 경쟁입찰로 본다. (계약업무기준 제24조, 제16조.)

D. 【해설】 개별홍보의 예외적 허용 조건

(1) 합동홍보설명회(최초 합동홍보설명회를 말한다) 개최 이후 사업시행자등은 건설업자등의 신청을 받아 정비구역 내 또는 인근에 개방된 형태의 홍보공간을 1개소 제공하거나, 건설업자등이 공동으로 마련하여 한시적으로 제공하고자 하는 공간 1개소를 홍보공간으로 지정할 수 있으며,

이 경우 건설업자등은 사업시행자등이 제공하거나 지정하는 홍보공간에서는 토지등소유자 등에게 개별홍보를 할 수 있다(같은 조 제4항).

(2) 개별홍보는 조합이 제공하거나 지정한 홍보공간 1개소에서만 할 수 있으며, 건설업자가 a) 그 외 장소에 홍보관·쉼터 등을 설치하거나, b) 그 외 장소에서 홍보책자 혹은 홍보물을 배부하거나, c) 인터넷을 통한 홍보를 하거나, d) 호별방문을 하는 것은 모두 금지된다.

(3) 건설업자등은 제4항에 따라 홍보를 하려는 경우에는 미리 홍보를 수행할 직원('홍보직원')의 명단을 사업시행자등에 등록하여야 하며, 홍보직원의 명단을 등록하기 이전에 홍보를 하거나, 등록하지 않은 홍보직원이 홍보를 하여서는 아니 된다(같은 조 제5항).

III. 총회 결의

A. 개요

1. 【해설】 시공자 선정은 조합총회의 고유권한 (예외 없음)

시공자의 선정 및 변경 모두 총회의결사항이다(법 제45조 제1항 제5호). 시공자의 선정 및 변경에 관한 총회의결은 대의원회가 대행할 수 없으며(법 제46조 제4항; 영 제43조 제4호), 시공자 선정을 총회의결로써 해야 한다는 것에는 예외가 없다.

따라서 추진위원회 단계에서 개최한 주민총회 또는 토지등소유자 총회에서 시공사를 선정하기로 한 결의는 무효이다(대법원 2012. 4. 12. 선고 2009다22419 판결).

제 1 장 시공자 선정 / 제 3 절 시공자선정 총회의 개최 및 의결

2. 【해설】 시공자선정 총회 개최비용을 시공자에게 부담시킬 수 있는지

시공자선정총회 개최비용은 계약업무기준 제 30 조 제 1 항 제 1 호에 의하여 금지되는 "시공과 관련 없는 금전이나 재산상 이익을 무상으로 제공하는 것"에 해당한다는 것이 국토교통부 해석이나, 시공자선정총회 개최비용을 시공자에게 부담시키는 입찰참여규정은 유효하다는 것이 하급심판례이다.

① 서울중앙지방법원 2020. 12. 18. 선고 2019 가합 592141 판결: 입찰참여안내서에 "낙찰자는 일체의 시공자 선정 총회비용을 부담하여야 한다"고 규정된 사안에서. 시공자선정 후 3 개월 내에 쌍방 무귀책으로 공사계약이 체결되지 못해 조합이 시공자에게 반환할 입찰보증금에서 시공자선정총회 개최비용 675,825,507 원을 공제한 사례. ☞ 이 판례는 위 제 1 장 제 2 절 VI. 참조

② 수원고등법원 2021. 9. 15. 선고 2020 나 23147 판결: 도급계약이 해제된 경우 시공자가 투입한 시공자선정총회 비용의 반환청구를 기각한 사례(계약해제에 따른 부당이득반환청구와 계약서에 따른 정산금청구를 모두 기각함. 도급계약서 제 33 조에 "계약이 해제 또는 해지된 때에는 "갑"은 "을"로부터 차입한 제반 대여금과 기성부분의 공사금액 등을 포함한 "을"의 각종 투입금액을 지체없이 정산하여야 한다"고 규정된 사안이다. ☞ 이 판례는 아래 제 3 장 제 3 절 II. 참조

B. 시공자 선정총회의 소집, 의결정족수, 조합원 과반수 직접 출석 등

1. 【해설】 일반 조합총회와 다른 점

(1) 총회 개최를 위한 사전절차(서울시 공공지원 사업): 조합은 ① 시공자선정총회 개최 전에 입찰제안서 비교표를 조합원에게 미리 통지하여야 하고(공공지원 시공자 선정기준 제 15 조 제 2 항), ② 총회소집을 통지하기 전에 미리 공공지원자에게 관련 자료의 검토를 받아야 한다(같은 조 제 5 항).

(2) 설명기회의 부여: 총회에서 투표 전에 각 건설업자 별로 조합원들에게 설명할 수 있는 기회를 주어야 한다(계약업무기준 제 35 조 제 5 항).

2. 【해설】 시공자선정결의의 의결정족수 (일반 의결정족수와 동일함)

(1) 의결정족수: 시공자선정결의 정족수는 정관에 다른 규정이 없는 한 일반 정족수와 같다. 즉 조합원 과반수 출석과 출석 조합원 과반수 찬성으로 의결한다. (이상법 제 45 조 제 3 항.)

서울시 공공지원 정비사업에서는 '조합원 과반수 찬성'으로 시공자를 선정할 수 있도록 했었으나, 2023. 12. 29. 개정조례에서 이 요건을 삭제했다(서울시조례 제 77 조 제

1 항). 따라서 2023. 12. 29.부터는 공공지원을 받는 정비사업에서도 의사정족수만 충족하면 일반 의결정족수로 시공자를 선정할 수 있다.

(2) 정관에서 의결정족수를 강화하거나 완화할 수 있다. 예를 들어 "입찰자가 3인 이상인 경우에는 다수득표자를 시공자로 선정한다"는 규정을 둘 수 있다. 이런 규정을 둔 경우에는 결선투표를 할 필요가 없다.

3. 【해설】 의사정족수 (조합원 과반수의 직접 출석)

(1) 시공자선정을 위한 조합원총회결의는 일반정족수에 의하나(조합원 과반수 출석과 출석 조합원의 과반수 찬성), 조합원의 과반수가 직접 출석하여야 한다(법 제45조 제7항 단서). 즉, a) '조합원 과반수가 직접 출석'한 총회에서 b) '출석 조합원 과반수의 찬성'을 얻어야 한다.

'시공자변경결의'도 새로운 시공자에 대한 선정결의를 포함하므로 조합원 과반수가 직접 출석한 총회에서만 의결할 수 있다.

시공자선정총회에 조합원 과반수가 직접 출석하도록 한 것은 계약업무기준 제35조 제1, 2항에 규정된 내용이나, 2023. 7. 18. 도시정비법 개정으로 이를 법률에서 직접 규정하였다.

조합은 결의 전에 '토지등소유자 과반수의 직접 출석' 여부를 정확하게 확인하여야 한다.

(2) '시공자선정 총회'뿐 아니라 도급계약을 의결하는 총회'에도 조합원 과반수가 직접 출석해야 한다(대법원 2017. 5. 30. 선고 2014다61340 판결).

(3) 대리인이 참석한 때에는 직접 출석한 것으로 본다.

(4) 시공자선정총회에서도 서면결의서를 제출하여 의결권을 행사할 수 있으나(계약업무기준 제35조 제2항 전단), 서면으로 의결권을 행사한 사람은 직접 참석자에 포함되지 않는다. 따라서 본인 또는 대리인을 통해 직접 출석한 조합원이 과반수가 되지 않으면 서면결의서를 아무리 많이 받았어도 시공자선정 결의를 할 수 없다.

따라서 '시공자선정의 건'과 다른 안건을 같은 총회에서 처리하는 경우에 ① 다른 안건은 서면결의서를 제출한 조합원을 포함하여 조합원 과반수가 출석했으면 의결할 수 있으나, ② '시공자선정의 건'은 서면결의서를 제외한 직접 출석자(본인 또는 대리인)가 과반수에 이르러야만 의결할 수 있다.

(5) 서면결의서를 제출한 조합원도 서면결의서를 철회하고 총회에 직접 참석하면 '직접 출석자'에 포함되는바, 이에 관하여는 아래에서 따로 설명한다.

4. 【해설】 서면결의서 제출 조합원의 직접 참석 문제 (일반 총회와 다른 점)

서면결의서를 제출한 조합원이 '직접 출석자'에 포함되기 위해서는 ① 서면결의서를 철회하고 ② 시공자선정 총회에 직접 출석하여 의결에 참여하여야 한다. 즉, 서면결의서를 제출한 조합원은 ① 서면결의서를 철회하고 ② 시공자선정 총회에 직접 출석하여 의결에 참여하지 않는 한 '직접 참석자'에 포함되지 않는다(계약업무기준 제35조 제2항).

따라서 서면결의서를 제출하고 이를 철회하지 않은 채 총회에 참석하여 서면결의서대로 의결권을 행사한 조합원은 '직접 참석자'에 포함되지 않는다.

이 점이 일반 총회결의와 다르므로 총회 운영자는 유의하여야 한다.

☞ 일반총회에서 서면결의서를 제출한 조합원의 '직접 출석' 문제에 관하여는 돈.되.법 2 제4장 제7절 Ⅵ.을 참조하세요.

5. 【해설】 시공자선정 총회에서 서면결의서에 의한 의결권 행사방법

그러나 시공자선정 총회에서의 서면의결권 행사는 A) 조합에서 지정한 기간·시간 및 장소에서 B) 서면결의서를 배부받아 C) 제출함으로써만 할 수 있다(같은 조 제3항). 따라서 조합은 A) 서면결의서를 조합원에게 우편으로 발송해서도 안 되고, B) 조합원으로부터 서면결의서를 우편으로 제출받아서도 안 된다. 이 점이 일반 총회의 서면결의 방법과 다르므로, 시공자선정총회를 운영하는 조합은 이 점을 유념하여야 한다.

조합은 조합원의 서면의결권 행사를 위해 조합원 수 등을 고려하여 서면결의서 제출 기간·시간 및 장소를 정하여 운영하여야 하고, 시공자 선정을 위한 총회 개최 안내시 서면결의서 제출요령을 충분히 고지하여야 한다(같은 조 제4항).

6. 【해설】 건설업자 관련자의 서면결의서 징구 금지 (무효)

「정비사업의 시공자 선정기준」(폐지)은 당초 "건설업자등관련자는 총회의 시공자 선정에 관하여 서면결의서를 징구할 수 없다"는 규정을 두고 있었으나(제14조 제2항 후단), 2012. 3. 8. 일부개정시 "서면의결권 행사는 조합에서 지정한 기간·시간 및 장소에서 서면결의서를 배부받아 제출하여야 한다"는 규정이 추가되면서(제14조 제3항) 위 규정이 삭제되었다. 건설업자등이 징구한 서면결의서는 제14조 제3항에 저촉되어 당연히 무효처리 되기 때문이다.

현행 계약업무기준에서도 건설업자등관련자가 조합원으로부터 받아 제출하는 서면결의서는 제35조 제3항 위반으로 당연히 무효 처리하여야 한다.

III. 총회 결의

> ☞ "건설업자등관련자"는 건설업자등의 임·직원, 그 피고용인, 용역요원 등 건설업자등으로부터 당해 시공자 선정에 관하여 재산상 이익을 제공받거나 제공을 약속 받은 자(조합원인 경우 포함)를 말한다(구 시공자선정기준 제2조 제2호).

7. 【법령】전부개정 도시정비법 제45조(총회의 의결)

> ⑦ 총회의 의결은 A) 조합원의 100분의 10 이상이 직접 출석(제5항 각 호의 어느 하나에 해당하여 대리인을 통하여 의결권을 행사하는 경우 직접 출석한 것으로 본다. 이하 이 조에서 같다)하여야 한다.
>
> 다만, B) 시공자의 선정을 의결하는 총회의 경우에는 조합원의 과반수가 직접 출석하여야 하고, C) a) 창립총회, b) 시공자 선정 취소를 위한 총회, c) 사업시행계획서의 작성 및 변경, d) 관리처분계획의 수립 및 변경을 의결하는 총회 등 대통령령으로 정하는 총회의 경우에는 조합원의 100분의 20 이상이 직접 출석하여야 한다. <개정 2021. 8. 10., 2023. 7. 18.>

> ☞ 2023. 7. 18. 개정법에서 ① 시공자선정총회의 「조합원 과반수가 직접 출석」요건을 법률에 직접 명시하고, ② 조합원 20% 이상이 직접 출석해야 하는 총회에 시공자 선정 취소총회를 포함시켰다.

8. 【법령】계약업무기준 제35조(건설업자등의 선정을 위한 총회의 의결 등)

> ① 총회는 토지등소유자 과반수가 직접 출석하여 의결하여야 한다. 이 경우 법 제45조 제5항에 따른 대리인이 참석한 때에는 직접 출석한 것으로 본다.
>
> ② 조합원은 제1항에 따른 총회 직접 참석이 어려운 경우 서면으로 의결권을 행사할 수 있으나, 서면결의서를 철회하고 시공자선정 총회에 직접 출석하여 의결하지 않는 한 제1항의 직접 참석자에는 포함되지 않는다.
>
> ③ 제2항에 따른 서면의결권 행사는 조합에서 지정한 기간·시간 및 장소에서 서면결의서를 배부받아 제출하여야 한다.
>
> ④ 조합은 제3항에 따른 조합원의 서면의결권 행사를 위해 조합원 수 등을 고려하여 서면결의서 제출기간·시간 및 장소를 정하여 운영하여야 하고, 시공자 선정을 위한 총회 개최 안내시 서면결의서 제출요령을 충분히 고지하여야 한다.
>
> ⑤ 조합은 총회에서 시공자 선정을 위한 투표 전에 각 건설업자등별로 조합원들에게 설명할 수 있는 기회를 부여하여야 한다.

9. 【해설】 재투표 (결선투표)

(1) 총회에 상정된 건설업자등 중 어느 하나도 출석 조합원(서면의결권을 포함한다)의 과반수 동의를 얻지 못한 경우에는 ① 조합의 정관에서 정한 바에 따르며, ② 정관에서 특별히 정하지 않은 경우에는 재투표(결선투표)를 하여 시공자를 선정한다(공공지원 시공자 선정기준 제15조 제3항).

(2) 재투표하는 경우 조합은 재투표를 하기 전에 '조합원의 과반수 직접 출석' 여부를 다시 확인하여야 한다(같은 조 제4항).

(3) 1차 투표에서 사용된 서면결의서는 '결선투표에서도 같은 건설사에 동의한다'는 명시적 기재가 없는 한 결선투표에서 재사용할 수 없다고 보는 것이 타당하다.

(4) 조합정관에서 "입찰자가 3인 이상인 경우에는 다수득표자를 시공자로 선정한다"고 규정한 경우에는 결선투표를 하지 않는다.

C. 조합원 과반수 직접 출석 요건(시공자선정기준 제14조)은 '시공자선정결의'뿐 아니라 '도급계약결의'에도 적용돼 (도급계약결의 총회와 추인결의 총회에 직접 참석한 조합원이 모두 과반수에 이르지 못하여 무효로 본 사례) —대법원 2017. 5. 30. 선고 2014다61340 판결[조합총회결의무효확인]

【당사자】

[원고, 피상고인] 별지 원고 명단 기재와 같다

[피 고] 증산2재정비촉진구역주택재개발정비사업조합

[피고보조참가인, 상고인] 지에스건설 주식회사

1. 사실관계

원심이 인정한 사실관계는 다음과 같다.

가. 피고 조합은 2009. 7. 28. 조합설립인가를 받아 2009. 8. 4. 설립등기를 한 재개발정비사업조합으로서 조합원은 827명이다. 피고 조합은 2010. 5. 15. 조합총회를 개최하여 시공자 선정 입찰에 참여한 피고 보조참가인(이하 '참가인'이라 한다)과 현대건설 주식회사(이하 '현대건설'이라 한다) 중 현대건설(서면투표 67표, 현장투표 264표)보다 다수표를 얻은 참가인(서면투표 200표, 현장투표 202표)을 이 사건 재개발사업의 시공자로 선정하였다(이하 '이 사건 시공자 선정결의'라 한다)...

다. 피고 조합은 2012. 5. 26. 정기총회를 개최하여 찬성 431표(서면투표 366표, 현장투

표 65 표, 원심판결의 '서면투표 399 표'는 오기로 보인다), 반대 23 표(서면투표 6 표, 현장투표 17 표, 원심판결의 '반대 32 표', '현장투표 25 표'는 오기로 보인다)로 피고 조합과 참가인의 '시공사 도급계약서(안)'를 의결하였다(이하 '이 사건 도급계약결의'라 한다). 제 1 심은 2013. 6. 14. 이 사건 시공자 선정결의와 도급계약결의가 무효임을 확인하는 판결을 선고하였다. 그 후 피고 조합은 2013. 7. 13. 정기총회를 개최하여 이 사건 시공자 선정결의를 총 539 표(서면투표 326 표, 현장투표 213 표) 중 찬성 393 표(서면투표 287 표, 현장투표 106 표)로 추인하는 결의를 하였다.

2. 대법원의 판단 (상고기각)

원심은 다음과 같은 이유로 이 사건 추인결의가 무효라고 판단하였다… 이 사건 도급계약 결의가 있었던 피고의 총회에 직접 참석한 조합원은 94 명, 이 사건 추인결의를 한 총회에 직접 참석한 조합원은 344 명으로 과반수에 이르지 못하였으므로, 위 각 결의 당시 시공자 선정 기준 제 14 조 제 1 항, 제 2 항에서 정한 시공자 선정을 위한 조합총회의 의사정족수를 충족하지 못하였다.

관련 법리와 기록에 비추어 살펴보면, 원심의 위 판단은 정당하다. 원심의 판단에 상고이유 주장과 같이 조합총회결의의 추인 등에 관한 법리를 오해한 잘못이 없다.

D. [같은 판례] 원고들이 추가부담금을 부담할 자력이 없어 재개발사업 추진 자체를 저지하기 위한 목적으로 시공자선정결의 무효확인의 소를 제기했더라도, 그런 사정만으로 소권남용이라고 할 수 없어 —대법원 2017. 5. 30. 선고 2014 다 61340 판결[조합총회결의무효확인]

(이유 생략)

제4절 시공자 선정결의의 무효

I. 확인의 이익

1. 【해설】제 3 자의 확인의 이익

> 시공자 선정은 사업시행자와 시공자의 법률관계이다. 그런데 시공자선정의 효력을 다투는 자는 사업시행자나 시공자로 선정된 자가 아니라, 조합원, 다른 입찰참여자 등 제 3 자이다.
>
> 따라서 법률관계의 당사자가 아닌 제 3 자가 확인의 소를 제기할 이익이 있는지가 문제되는데, 이에 관하여 대법원은 다음과 같은 법리를 제시한 바 있다: "확인의 소에

있어서 오로지 당사자 사이의 권리관계만이 확인의 대상이 될 수 있는 것은 아니고, 당사자 일방과 제3자 사이의 권리관계 또는 제3자 사이의 권리관계에 관하여도 그에 관하여 당사자 사이에 다툼이 있어서 당사자 일방의 권리관계에 불안이나 위험이 초래되고 있고, 다른 일방에 대한 관계에서 그 법률관계를 확정시키는 것이 당사자의 권리관계에 대한 불안이나 위험을 제거할 수 있는 유효·적절한 수단이 되는 경우에는 <u>당사자 일방과 제3자 사이의 권리관계 또는 제3자 사이의 권리관계에 관하여도 확인의 이익이 있다</u>(대법원 1997. 6. 10. 선고 96다25449, 25456 판결, 대법원 2008. 2. 15. 선고 2006다77272 판결 등 참조).

2. 【해설】 토지등소유자

위 법리에 따라 사업구역 내 토지등소유자는 사업시행자와 시공자로 선정된 건설사를 상대로 시공자선정 및 공사도급계약의 무효확인을 구할 수 있고, 이를 피보전권리로 하여 공사도급계약의 효력정지 가처분을 구할 수도 있다(대법원 2010. 4. 8.자 2009마1026 결정).

다만, 소제기 당시 토지등소유자였더라도 소송 도중 토지등의 소유권을 상실하면 더 이상 확인의 이익이 없어 각하된다(서울서부지방법원 2018. 10. 4. 선고 2018가합32531 판결. 시공자선정 총회결의 무효확인의 소를 제기한 후 원고 소유 토지가 강제경매로 제3자에게 매각되어 소가 각하된 사례).

3. 【해설】 유력한 입찰참여자

시공자선정이 무효로 될 경우 시공자로 선정될 가능성이 있는 유력한 입찰참여자도 위 법리에 따라 시공자선정의 무효확인을 구할 확인의 이익이 있다.

시공자로 선정된 낙찰자와 이미 용역계약을 체결한 뒤라도, 계약의 이행이 완료되지 않은 이상 유력한 입찰참여자는 시공자선정과 그에 따른 용역계약의 무효확인을 구할 이익이 있다고 본 사례가 있다(서울남부지방법원 2021. 5. 21. 선고 2020가합109800 판결. 항소기각).

II. 강행규정 (경쟁입찰의 금지사항을 위반한 시공자선정은 무효)

A. ① 시공사를 경쟁입찰로 선정하도록 한 구 도시정비법 제11조 제1항은 강행규정이므로, 이를 위반한 총회결의와 도급계약 체결은 무효야; ② <u>형식적으로 경쟁입찰에 따랐더라도</u>, 조합이나 참가업체가 시공자 선정기준, 조합정관, 입찰참여지침서나 홍보지침서 등에서 정한 절차/금지사항을 위반하는 부정한 행위를 하였고, 그 부정행위가 총회결의에 영향을 미

II. 강행규정 (경쟁입찰의 금지사항을 위반한 시공자선정은 무효)

쳤다고 볼 수 있는 경우 시공자선정결의와 도급계약 결의는 모두 <u>무효임</u> —대법원 2017. 5. 30. 선고 2014 다 61340 판결[조합총회결의무효확인]

【당사자】

> [원고, 피상고인] 별지 원고 명단 기재와 같다.
> [피 고] 증산 2 재정비촉진구역주택재개발정비사업조합
> [피고보조참가인, 상고인] 지에스건설 주식회사

1. 법리

가. 시공사를 경쟁입찰로 선정하도록 한 조항은 강행규정

위와 같은 구 도시정비법 제 11 조 제 1 항 본문의 내용과 입법 취지, 이 규정을 위반한 행위를 유효로 한다면 정비사업의 핵심적 절차인 시공자 선정에 관한 조합원 간의 분쟁을 유발하고 그 선정과정의 투명성·공정성이 침해됨으로써 조합원들의 이익을 심각하게 침해할 것으로 보이는 점, 구 도시정비법 제 84 조의 3 제 1 호에서 위 규정을 위반한 경우에 형사처벌을 하고 있는 점 등을 종합하면, <u>구 도시정비법 제 11 조 제 1 항 본문은 강행규정으로서 이를 위반하여 경쟁입찰의 방법이 아닌 방법으로 이루어진 입찰과 시공자 선정결의는 당연히 무효라고 보아야</u> 한다.

나. 경쟁입찰의 취지를 잠탈한 시공사 선정도 무효

나아가 <u>형식적으로는 경쟁입찰의 방법에 따라 조합총회에서 시공자의 선정 결의를 하였다고 하더라도 실질적으로 구 도시정비법 제 11 조 제 1 항 본문에서 경쟁입찰에 의하여 시공사를 정하도록 한 취지를 잠탈하는 경우에도 위 규정을 위반한 것으로 볼 수 있다. 가령 조합이나 입찰 참가업체가 시공자 선정과정에서 조합원들에게 금품을 제공하여 시공자 선정동의서를 매수하는 등</u> 시공자 선정 기준, 조합의 정관, 입찰참여지침서나 홍보지침서 등에서 <u>정한 절차나 금지사항을 위반하는 부정한 행위를 하였고, 이러한 부정행위가 시공자 선정에 관한 총회결의 결과에 영향을 미쳤다고 볼 수 있는 경우</u>를 들 수 있다.

2. 대법원의 판단 (시공사 선정결의와 그에 따른 도급계약을 모두 무효로 봄)

원심은 이 사건 시공자 선정결의는 강행규정인 구 도시정비법 제 11 조 제 1 항을 위반한 것으로서 무효이고, 위 <u>시공자 선정결의가 무효인 이상</u> 참가인에 대한 시공자 선정이 유효·적법함을 전제로 한 이 사건 <u>도급계약 결의 역시 무효</u>라고 판단하였다. 그 이유로 참가인이 이 사건 재개발사업의 시공자 선정과정에서 조합원들에 대한 금품과 향응 제공 등 시공자

제1장 시공자 선정 / 제4절 시공자 선정결의의 무효

선정 기준 제13조 제3항을 위반한 행위를 하였고, 그 위반행위의 태양이나 정도, 범죄행위로서의 중대성 등에 비추어 시공자 선정 입찰의 공정을 침해하고 조합원들의 시공자에 관한 자유로운 결정권이나 선택권을 침해할 정도에 이르렀다는 점을 들었다.

위에서 본 법리와 기록에 비추어 보면, 원심의 위 판단은 정당하다. 원심의 판단에 상고이유 주장과 같이 시공자 선정결의의 적법요건과 무효 사유 등에 관한 법리를 오해한 잘못이 없다.

B. [같은 취지 판례] 시공자 선정과정에서 참가인들이 향응·금품 제공, 개별적 홍보 등 금지행위를 하였고 그 위반행위가 입찰의 공정을 해하고 조합원들의 자유로운 결정권을 침해할 정도에 이르렀다고 보아, 참가인들을 시공자로 선정한 총회결의를 무효로 본 사례 ―대법원 2016. 11. 24. 선고 2013다37494 판결[조합총회결의무효확인]

【당사자】

【원고, 피상고인】 원고 1 외 1인
【피 고】 상계2구역주택재개발정비사업조합
【피고보조참가인, 상고인】 지에스건설 주식회사 외 1인

1. 법리

위와 같은 구 도시정비법 제11조의 입법 취지와 이 사건 고시 제13조 제3항 및 구 도시정비법 제84조의3 제1호의 규정내용 등을 종합하면, 비록 형식적으로는 경쟁입찰의 방법에 따라 조합총회에서 시공자의 선정 결의를 하였다고 하더라도, 조합이나 입찰 참가업체가 시공자 선정과정에서 도시정비법령이나 정관에서 정한 절차나 금지사항을 위반한 채 조합원들에게 금품을 제공하여 '시공자 선정동의서'를 매수하는 등 부정한 행위를 하였고, 이러한 부정행위가 시공자 선정에 관한 총회결의 결과에 영향을 미쳤다고 볼 수 있는 경우 등과 같이, 구 도시정비법 제11조 등에서 경쟁입찰에 의하여 시공사를 정하도록 한 취지에 정면으로 위배되는 경우에는 이러한 결의가 구 도시정비법 제11조 등이 정한 바에 따라 이루어졌다고 볼 수 없으므로 무효라고 보아야 한다.

2. 참가인들의 부정행위

원심은

① 피고보조참가인들(이하 '참가인들'이라 한다)이 2010. 6.경 토요일과 일요일에 피고 조합의 조합원들 300~400여명을 서울 마포구 합정동에 있는 시공사의 서교자이갤러리 모델

하우스에 데리고 가 위 모델하우스에 적용된 싱크대나 베란다 확장 등의 옵션이 피고 조합의 아파트에도 동일하게 적용될 것이라며 개별적인 홍보를 하고, 저녁식사 및 커피포트, 냄비세트 등의 선물을 제공한 점,

② 참가인들은 직원들을 통하여 2010. 6. 29. 제3차대의원회의가 개최되기 전부터 대의원들에게 식사 접대를 하고 선풍기, 홍삼액 등 선물을 제공하고 입찰에 참여한 3개 업체 중에서 시공사를 선정하는 안건의 총회상정을 부탁한 점,

③ 참가인들은 제3차 대의원회의에서 총회상정안건이 부결된 후 대의원들에 대한 향응, 금품제공을 강화한 것으로 보이는 점,

④ 조합원들을 상대로도 선풍기, 화장품, 우산 등을 제공하면서 개별적인 홍보활동을 한 점,

⑤ 총회 당일인 2010. 8. 21.에도 관광버스 5대를 동원하여 조합원들을 송추가마골까지 이동시키고, 그곳에서 조합원들에게 식사를 제공하면서 총회출석을 독려한 점, ⑥ 참가인들이 조합원들에게 총회에 참석할 경우 300,000원 상당의 쿠쿠압력밥솥을 제공할 것이라고 홍보하고, 실제로 조합에 332,862,000원 상당의 밥솥을 제공하여 총회장에 비치한 점 등 그 판시와 같은 사정들을 종합하면,

3. 참가인들을 시공자로 선정한 총회결의는 무효

<u>참가인들이 이 사건 재개발 사업의 시공자 선정과정에서 조합원들에 대한 재산상 이익의 제공, 조합원을 상대로 한 개별적 홍보 등 이 사건 고시에서 금지한 행위를 하였고, 그 위반행위의 태양이나 정도, 중요도, 광범위성 등에 비추어 입찰의 공정을 해하고 조합원들의 자유로운 결정권이나 선택권을 침해할 정도에 이르렀다고 판단되므로, 피고가 2010. 8. 21. 개최한 시공자 선정 조합임시총회에서 참가인들을 시공자로 선정하는 내용으로 의결한 시공자선정 및 시공자계약체결위임의 건</u>(제1, 2호 안건)<u>에 대한 결의는 구 도시정비법 제11조 제1항을 위반한 것으로 무효</u>라고 판단하였다.

앞서 본 법리에 따라 기록을 살펴보면, 원심의 판단은 정당하다. 거기에 시공자 선정결의의 적법 요건에 관한 법리를 오해한 잘못이 없다.

III. 정관의 경쟁입찰 조항을 실질적으로 위반한 경우도 무효임

A. 2006. 8. 25.(재개발사업에서 경쟁입찰이 의무화된 시점) 전 정관에서 <u>시공자의 선정을 '일반경쟁입찰 또는 지명경쟁입찰'로 하도록 정하고 있는 경우에도</u>, 형식적으로 경쟁입찰을

거쳤더라도 조합이나 입찰 참가업체가 서면결의서를 매수하는 등 부정한 행위를 하였고, 이런 부정행위가 시공자선정 총회결의에 영향을 미쳤다고 볼 수 있는 경우에는 무효야 ― 대법원 2016. 8. 29. 선고 2013 다 50466 판결[총회결의무효확인]

개정 도시정비법이 시행된 2006. 8. 25. 전에 추진위원회 설립승인을 받은 주택재개발조합의 정관에서 시공자의 선정을 '일반경쟁입찰 또는 지명경쟁입찰'로 하도록 정하고 있는 경우, 정관이 정한 바에 따라 총회에서 시공자의 선정 결의가 이루어졌다면 특별한 사정이 없는 한 그러한 총회결의가 무효라고 볼 수는 없을 것이지만, 형식적으로는 경쟁입찰의 방법에 따라 총회에서 시공자의 선정 결의를 하였다고 하더라도 조합이나 입찰 참가업체가 시공자 선정 과정에서 도시정비법령이나 정관에서 정한 절차나 금지사항을 위반하거나 조합원들에게 금품을 제공하여 '시공자 선정동의서'를 매수하는 등 부정한 행위를 하였고, 이러한 부정행위가 시공자 선정에 관한 총회결의 결과에 영향을 미쳤다고 볼 수 있는 경우 등과 같이, 정관에서 경쟁입찰에 의하여 시공사를 정하도록 한 취지에 정면으로 위배되는 경우에는 이러한 결의가 정관이 정한 바에 따라 이루어졌다고 볼 수 없으므로 무효라고 보아야 한다.

B. [같은 판례] ① 롯데건설이 서면결의서 매수 등 부정행위를 한 '6월 총회'가 무산된 후 시공자 선정 절차를 새로 진행하여 롯데건설이 대림건설과 컨소시엄을 구성해 참여하여 '9월 총회'에서 시공사로 선정된 사안에서, ② 9월 총회는 부정행위가 있은 때로부터 불과 3개월 만에 개최되어 롯데건설의 금품 살포행위 등이 외부에 알려지지 않았을뿐더러, 롯데건설이 그 후에도 '9월 총회' 직전까지 용역업체에 수십억 원을 추가로 지급하였음이 인정되어 '9월 총회' 결의 역시 무효라고 본 사례 ―대법원 2016. 8. 29. 선고 2013 다 50466 판결[총회결의무효확인]

【당사자】

【원고, 상고인】 원고
【피고, 피상고인】 응암제 2 구역주택재개발정비사업조합

【주 문】

원심판결 중 피고가 2010. 9. 19. 임시총회에서 한 별지 목록 제 3 호 안건에 대한 결의에 관한 부분을 파기하고, 이 부분 사건을 서울고등법원에 환송한다. 나머지 상고를 모두 기각한다.

1. 원심이 인정한 사실

원심판결 이유와 원심이 일부 인용한 제 1 심판결 이유 및 기록에 의하면 다음과 같은

III. 정관의 경쟁입찰 조항을 실질적으로 위반한 경우도 무효임

사실을 인정할 수 있다.

(가) 피고의 정관 제12조 제1항은 시공자의 선정은 일반경쟁입찰 또는 지명경쟁입찰방법으로 하되, 1회 이상 일간신문에 입찰공고를 하고, 현장설명회를 개최한 후 참여제안서를 제출받아 총회에서 선정한다고 규정하고 있다.

(나) 피고는 2010. 6. 19. 시공자 선정을 위한 임시총회를 개최(이하 '6월 총회'라고 한다)하였다. 당시 롯데건설 주식회사, 대림건설 주식회사, 현대건설 주식회사(이하 차례로 '롯데건설, 대림건설, 현대건설'이라 한다)의 3개 회사가 입찰에 참여하였는데, 다수의 서면결의서가 중복 제출되어 조합원 수보다 투표수(서면결의서 포함)가 250여 표 초과되는 사태가 발생하였다. 이에 피고는 총회 도중 개표를 보류하고 입찰에 참여한 위 3개 회사와 협의하여 폐회를 선언하였다.

(다) 이후 피고는 시공자 선정을 위한 절차를 새로 밟기로 하여 2010. 8. 17. 시공자 선정을 위한 공고를 다시 하였다. 이에 '대림건설·롯데건설 컨소시엄'은 공사비 평당 3,998,000원으로, '에스케이건설 주식회사·주식회사 대우건설 컨소시엄'(이하 '에스케이건설·대우건설 컨소시엄'이라 한다)은 공사비 평당 4,090,000원으로, 현대건설은 공사비 평당 3,590,000원으로 재입찰에 참여하였다. 피고는 2010. 9. 4. 대의원회에서 대의원들의 투표로 재개발추진위원회 당시 선정된 시공자였고 공사비를 최저가로 제시한 현대건설을 탈락시킨 후 나머지 컨소시엄들만을 대상으로 2010. 9. 19. 임시총회를 개최(이하 '9월 총회'라 한다)하여 대림건설·롯데건설 컨소시엄을 시공자로 선정하였다. 당시 대림건설·롯데건설 컨소시엄의 득표수는 751표이고, 차순위인 에스케이건설·대우건설 컨소시엄의 득표수는 35표이다.

(라) 한편 롯데건설은 2011. 7. 1. 건설산업기본법위반죄로 기소되어 "피고 조합으로부터 시공자로 선정되기 위하여, 롯데건설의 이사 소외 1이 용역업체인 주식회사 정우알앤씨(이하 '정우알앤씨'라 한다) 명의의 계좌로 2010. 4. 22.부터 2010. 6. 18.까지 합계 11,683,890,000원을 송금한 후, 소외 1과 정우알앤씨 운영자 소외 2 등이 공모하여 2010. 6. 초순경 피고의 조합원들에게 1인당 500,000원에서 35,000,000원까지의 금원을 각 지급하여 합계 불상의 금원을 공여하고 롯데건설을 지지하는 서면결의서와 조합원들이 다른 건설회사에 건네준 서면결의서에 대한 철회서를 징구하여 6월 총회에 제출함으로써 현대건설 등 입찰에 참여한 다른 건설업자의 입찰행위를 방해하였다."는 범죄사실로 2013. 1. 11. 유죄판결을 받았고 [서울북부지방법원 2013. 1. 11. 선고 2011고합205, 305(병합) 판결], 이에 대한 피고인들의 항소 및 상고가 모두 기각되어 그대로 확정되었다(대법원 2013. 10. 17. 선고 2013도6966 판결).

위 형사판결 이유에 의하면 6월 총회는 롯데건설의 위와 같은 매수행위로 인하여 중복된 서면결의서가 제출됨으로써 그 진위 여부를 판단하기 어렵게 되어 개표가 보류되고 폐

제 1 장 시공자 선정 / 제 4 절 시공자 선정결의의 무효

회가 선언된 것이고, 롯데건설은 용역업체인 정우알앤씨에 본용역계약과 관련된 용역비 59억여 원 이외에도 6월 총회일(2010. 6. 19.) 직전인 2010. 6. 15. 30억 원, 같은 달 18일 5억 원을 지급하였고, 9월 총회일(2010. 9. 19.) 직전인 2010. 9. 17.에도 20억 원을 지급하였다.

2. 대림건설·롯데건설 컨소시엄을 시공자로 선정한 결의는 경쟁입찰 위반으로 무효

이러한 사실관계를 앞서 본 법리에 비추어 알 수 있는 다음과 같은 사정,

① 피고의 정관에서 '일반경쟁입찰 또는 지명경쟁입찰'의 방법으로 시공자를 선정하도록 정한 것은 시공사 선정 과정의 투명성을 제고하여 조합원들의 이익을 도모하기 위한 것으로 보이는 점,

② 그럼에도 이 사건 정비사업의 시공자로 선정되기 위하여 입찰에 참여한 롯데건설이 조합원들에게 상당한 금원을 제공하는 대가로 서면결의서 등을 받아 이를 총회에 제출하거나 금원을 받은 조합원으로 하여금 총회에 출석하여 투표하도록 한 것은 경쟁입찰의 공정성을 해하고, 조합원들의 자유로운 결정권이나 선택권을 침해하는 것으로서 정관에서 경쟁입찰의 방식으로 시공사를 정하도록 한 취지에 정면으로 반하는 행위로 볼 수 있는 점,

③ 피고가 6월 총회가 무산된 후 시공자 선정 절차를 새로 진행하였고, 롯데건설은 종전과 달리 대림건설과 컨소시엄을 구성하여 참여한 사정은 인정되나, 롯데건설이 시공사로 선정되기 위하여 2010. 6. 초순경 피고의 조합원들에게 1인당 500,000원에서 35,000,000원까지의 금원을 지급하였는데,

9월 총회는 그로부터 불과 3개월 만에 개최되어 대림건설·롯데건설 컨소시엄이 압도적인 득표를 하였고 당시 롯데건설의 이러한 금품 살포행위 등이 외부에 알려지지 아니하였을 뿐만 아니라 롯데건설이 그 이후에도 9월 총회 직전까지 위 용역업체에 수십억 원을 추가로 지급하였음이 인정되므로,

위와 같은 입찰참여 형태의 변경이나, 총회결의를 다시 했다는 사정만으로 조합원들이 롯데건설의 금품 제공의 영향이 없는 상태에서 자유로이 의사결정을 했다고 보기 어려운 점 등을 종합해 보면,

피고의 조합원들이 9월 총회에서 롯데건설을 구성원으로 하는 대림건설·롯데건설 컨소시엄을 시공자로 선정한 결의는 '경쟁입찰 방법으로 시공자를 선정'하도록 한 정관의 취지에 정면으로 위배되는 것으로서 무효라고 보아야 한다.

IV. 무효인 시공자 선정 결의의 추인 ('제 1 결의'의 소의 이익 문제 등)

3. 원심판결의 위법함

그럼에도 원심은 이와 다른 전제에서 그 판시와 같은 이유만을 들어 롯데건설의 조합원들에 대한 금품 제공행위에도 불구하고 9월 총회에서의 시공자 선정 결의가 무효가 아니라고 판단하였으니, 이러한 원심판단에는 시공자 선정 결의의 적법 요건에 관한 법리를 오해하여 판결에 영향을 미친 잘못이 있고, 이 점을 지적하는 상고이유 주장은 이유 있다.

IV. 무효인 시공자 선정 결의의 추인 ('제 1 결의'의 소의 이익 문제 등)

A. [당초 결의가 결의의 하자로 무효인 경우] 피고 조합이 정기총회를 열어 '이 사건 제 1 결의'[= 추진위원회가 개최한 주민총회 또는 토지등소유자 총회에서 한 시공자 선정결의]에서 시공자로 선정된 피고 보조참가인을 시공자로 승인하는 내용의 '이 사건 제 2 결의'를 한 이상, <u>'제 1 결의'의 무효확인을 구하는 것은</u> (조합총회의 그 새로운 결의가 하자로 부존재/무효/취소되는 등 특별한 사정이 없는 한) <u>과거의 법률관계의 확인을 구하는 것에 불과하여 부적법해</u> —대법원 2012. 4. 12. 선고 2009다26787 판결[조합총회결의등]

【당사자】

> 【원고, 상고인】 원고 1 외 10인
> 【피고, 피상고인】 보문제 3 구역주택재개발정비사업조합
> 【피고보조참가인】 지에스건설 주식회사

조합설립인가처분을 받아 법인으로 설립된 조합이 조합 총회를 열어 추진위원회가 개최한 주민총회 또는 토지등소유자 총회에서 한 시공자 선정결의를 그대로 승인 또는 추인하는 내용의 결의를 한 경우에는, 설령 추진위원회가 개최한 주민총회 또는 토지등소유자 총회에서 한 시공자 선정결의가 무효라고 할지라도 <u>조합 총회의 그 새로운 결의가 하자로 인하여 부존재 또는 무효임이 인정되거나 그 결의가 취소되는 등의 특별한 사정이 없는 한 종전에 추진위원회가 개최한 주민총회 또는 토지등소유자 총회에서 한 시공자 선정결의의 무효확인을 구하는 것은 과거의 법률관계 내지 권리관계의 확인을 구하는 것에 불과하여 권리보호의 요건을 결여하였다고 봄이 상당하다</u>(대법원 2003. 9. 26. 선고 2001다64479 판결 참조).

앞서 본 사실을 위 법리에 비추어 보면, 피고 조합이 정기총회를 열어 이 사건 제 1 결의에서 시공자로 선정된 피고 보조참가인을 피고 조합의 시공자로 승인하는 내용의 이 사건 제 2 결의를 한 이상, 이 사건 제 1 결의의 무효확인을 구하는 것은 과거의 법률관계 내지 권리관계의 확인을 구하는 것에 불과하여 권리보호의 요건을 결여하여 부적법하다.

제 1 장 시공자 선정 / 제 4 절 시공자 선정결의의 무효

B. [당초 결의가 경쟁입찰을 위반하여 무효인 경우] ① 강행규정 위반으로 무효인 행위는 그 무효사유가 제거되지 않는 한 추인하더라도 무효야; ② 따라서 경쟁입찰을 위반한 시공자 선정결의는 새로운 입찰절차를 밟아 다시 시공사를 선정하는 절차를 거쳐야 유효해지며, 무효인 시공자 선정결의를 단순히 추인하는 결의를 하는 것만으로는 유효해지지 않음 — 대법원 2017. 5. 30. 선고 2014 다 61340 판결[조합총회결의무효확인]

【당사자】

> 【원고, 피상고인】 별지 원고 명단 기재와 같다.
> 【피 고】 증산 2 재정비촉진구역주택재개발정비사업조합
> 【피고보조참가인, 상고인】 지에스건설 주식회사

강행규정을 위반하여 무효인 행위는 그 무효사유가 제거되지 않는 한 추인을 하더라도 유효하게 되지 않으므로, 새로운 입찰절차를 밟아 다시 시공사를 선정하는 절차를 거치지 않은 채 단순히 무효인 시공자 선정결의를 추인하는 결의를 하는 것만으로 하자가 치유된다고 볼 경우 구 도시정비법 제 11 조 제 1 항 및 시공자 선정 기준의 입법 목적을 달성하기 어렵다. 그러므로 이 사건 도급계약 결의 및 추인결의가 무효인 이 사건 시공자 선정결의를 적법하게 추인한 것으로 볼 수 없다.

C. ① 추진위원회가 주민총회에서 한 시공자 선정결의에 대하여 토지등소유자(원고)가 추진위원회를 상대로 결의무효 확인소송을 제기하였는데, 그 소송 계속 중 조합(피고)이 설립되자 소송수계신청을 한 사안에서; ② 피고조합이 위 결의의 효력이 조합에 미치지 않음을 자인하고 있으나, 피고의 답변만으로는 추후 위 결의를 기초로 사업이 진행될 가능성을 완전히 배제할 수 없으므로 이 사건 소는 분쟁해결을 위한 유효·적절한 수단이고(따라서 이 사건 소는 적법함); ③ 소송상 이익의 유무는 사실심 변론종결 시를 기준을 하므로 원심판결 선고 후 총회에서 새로 시공자 선정결의를 했다는 주장은 적법한 상고이유가 될 수 없음 —대법원 2012. 4. 12. 선고 2009 다 22419 판결[주민총회결의무효확인]

【당사자】

> 【원고, 피상고인】 원고 1 외 11 인
> 【피고, 상고인】 용두제 6 구역주택재개발정비사업조합설립추진위원회의 소송수계인 용두제 6 구역주택재개발정비사업조합

1. 이 사건 소는 분쟁해결을 위한 유효·적절한 수단임

원심판결 이유에 의하면 원심은, 원고들이 이 사건 소로써 구하는 것은 이 사건 추진위

IV. 무효인 시공자 선정 결의의 추인 ('제1 결의'의 소의 이익 문제 등)

원회의 모든 권리의무를 승계한 피고 조합과의 사이에서 이 사건 결의의 무효확인이므로 피고 조합의 주장과 같이 이 사건 소가 과거의 법률관계를 확인의 대상으로 하는 것이라고 할 수 없고,

또한 피고 조합이 이 사건 결의의 효력이 피고 조합에 미치지 않음을 자인하면서도 여전히 이 사건 결의의 무효확인을 구하는 원고들의 청구에 대하여 각하 내지 기각을 구하고 있을 뿐만 아니라, 피고 조합이 이 사건 소송절차에서 한 답변만으로는 추후 이 사건 결의 내용을 기초로 하여 이 사건 재개발사업이 전개될 가능성을 완전히 배제할 수는 없으므로 적어도 피고 조합에 의하여 별개의 절차나 조합총회의 결의에 의하여 새로이 시공자 선정이 이루어지기 전까지는 그 사업구역 내 토지 등 소유자인 원고들로서는 이 사건 재개발사업과 관련하여 여전히 그 권리 또는 법률상의 지위에 현존하는 불안·위험이 있으므로, 이 사건 결의의 무효확인을 구하는 원고들의 이 사건 소는 분쟁을 해결함에 있어 유효·적절한 수단이 될 수 있다고 판단하였다.

앞서 본 법리를 기록에 비추어 보면, 이와 같은 원심판단은 정당하고, 거기에 상고이유로 주장하는 바와 같은 확인의 이익에 관한 법리오해의 위법이 없다.

2. 소송상 이익의 유무는 사실심 변론종결 당시를 기준으로 함

소송상 이익이 있고 없음은 사실심 변론종결 당시를 표준으로 하여 이를 정함이 원칙이라고 할 것인바(대법원 2009. 12. 24. 선고 2009다26367 판결 참조), 피고 조합이 원심판결 선고 후에 조합 총회를 개최하여 새로이 시공자를 선정하는 내용의 결의를 하였다는 주장은 사실심 변론종결 이후의 사정을 내세워 새로운 사실을 주장하는 것이어서, 적법한 상고이유가 될 수 없다.

D. ① 경쟁입찰을 거쳐 '피고보조참가인과 금호건설의 공동사업단'을 시공자로 선정하기로 하는 총회결의가 있은 후 금호건설이 워크아웃을 신청하는 등 경영상태가 악화되자, 조합이 다시 경쟁입찰을 거치지 않은 채 2010. 3. 20. 임시총회를 열어 피고보조참가인을 단독 시공자로 하기로 결의한 후('이 사건 총회 결의'), 다시 입찰절차를 진행하여 2011. 6. 18. 임시총회에서 보조참가인을 시공자로 선정한 사안에서; ② 2011. 6. 18. 임시총회 결의에 앞서 진행된 입찰공고가 입찰의 공정성을 현저히 침해하여 2011. 6. 18. 임시총회 결의는 무효로 볼 여지가 있으므로 '이 사건 총회 결의'는 과거의 법률관계가 아니고 확인의 이익이 있다고 보고 '이 사건 총회 결의'의 무효확인(경쟁입찰 위반)을 선고한 사례 ─서울고등법원 2012. 5. 25. 선고 2011나33605 판결[시공자선정결의무효확인] (심리불속행 상고기각)

【당사자】

| 원고,피항소인 | A |

제1장 시공자 선정 / 제4절 시공자 선정결의의 무효

> 원고보조참가인 B
> 피고, 항소인   C 재건축정비사업조합
> 피고보조참가인 D 주식회사

【제1심판결 주문】 (항소기각)

> 피고가 2010. 3. 20.자 임시총회에서 한 제1-2호 안건에 대한 시공자 선정방법 및 제1-3호 안건에 대한 시공자 선정에 관한 결의는 각 무효임을 확인한다.

1. 피고 및 피고보조참가인의 본안전 항변

원고가 이 사건 소로서 이 사건 총회 결의 중 시공자 선정방법에 관한 제1-2호 안건 및 시공자 선정에 관한 제1-3호 안건에 대한 결의의 무효확인을 구함에 대하여,

피고 및 피고보조참가인은, 피고가 이 사건 총회 이후 다시 시공사를 선정하기 위하여 2011. 4. 30., 같은 해 5. 9., 같은 해 5. 17. 세계일보에 제한경쟁방법을 내용으로 하는 시공자입찰공고를 하였는데 3차례 모두 현장설명회 참여 마감일까지 참여신청서를 제출한 업체가 부족하여 유찰되었고, 2011. 6. 18. 임시총회에서 피고보조참가인을 시공자로 선정하는 결의를 하였으므로, 이 사건 총회 결의에 대한 무효확인을 구하는 것은 과거의 법률관계의 확인을 구하는 것이어서 확인의 이익이 없어 부적법하다고 주장한다.

2. 판단 (이 사건 총회 결의는 과거의 법률관계가 아니고, 확인의 이익이 있음)

위 인정사실에 비추어 알 수 있는 다음과 같은 사정, 즉 ① 피고의 2011. 6. 18.자 임시총회 결의는 피고가 2011. 4. 30.부터 같은 해 5. 17.까지 시공자 입찰공고를 새로이 거쳤음을 근거로 새로이 시공자를 선정하기 위한 결의를 한 것이어서 피고의 2010. 3. 20.자 임시총회에서의 이 사건 각 결의를 그대로 재인준하는 결의가 아닌 점,

② 피고의 2010. 3. 20.자 임시총회에서의 이 사건 각 결의는 아래에서 보는 바와 같이 그 결의 자체에 무효사유가 있어 무효로 되는 것이 아니어서 피고가 다시 총회를 개최하여 재인준한다고 하더라도 그 흠이 고쳐질 수 없는 점,

> ☞ ②의 의미: 이 사건 결의는 결의 절차에 하자가 있는 것이 아니라 결의 내용이 강행법규(경쟁입찰)에 위반되어 무효이므로 이를 추인하는 결의를 하더라도 여전히 무효라는 뜻임.

③ 피고가 2011. 4. 30.부터 같은 해 5. 17.까지 3차례에 걸쳐 행한 '시공자 선정 입찰공

고'는 2009. 5. 10.자 임시총회에서 시공자 선정결의를 하기에 앞서 행하였던 '시공사 일반경쟁 입찰공고'와 달리 입찰참가자격으로 220억 원에 달하는 입찰보증금을 납부하도록 정하고 있는데(입찰공고가 거듭될 때마다 10억 원씩 감액하여 최종적인 입찰보증금은 200억 원이었다), 피고보조참가인에 대하여만 위 입찰보증금의 납부를 면제해주어 입찰절차의 공공성과 공정성이 현저히 침해된 것으로 볼 수 있는 점…에 비추어 보면,

> ☞ ③의 의미: 2011. 6. 18. 임시총회 결의에 앞서 진행된 입찰공고가 입찰의 공정성을 현저히 침해했으므로 2011. 6. 18. 임시총회 결의는 무효로 볼 여지가 있다는 뜻임

이 사건 총회에서의 이 사건 각 결의는 그 당부를 따로 가려봐야 할 것이지, 피고가 2011. 6. 18.자 임시총회에서 별도로 시공사 선정결의를 하였다는 점만으로 과거의 법률관계의 확인을 구하는 것이라고 볼 수 없다.

제5절 낙찰자의 법적 지위

I. 개요

A. 【해설】 ① 입찰공고는 청약의 유인, ② 입찰은 청약, ③ 낙찰은 시공계약의 예약

> 시공자선정 입찰의 낙찰은 시공자선정총회의 의결로써 이루어진다.
>
> 그런데 시공자선정과 같이 입찰공고에 따른 입찰과 낙찰행위가 있은 후에 따로 본계약의 체결이 예정된 경우에는 (일반 입찰매매에서와 같이 입찰과 낙찰로써 계약이 성립하는 것이 아니고) ① 입찰공고는 '청약의 유인'이고, ② 입찰은 청약이고, ③ 입찰과 낙찰로써 성립하는 것은 '계약의 예약'에 지나지 않는다(대법원 1977.02.22. 선고 74다402 판결; 대법원 1978. 4. 11. 선고 78다317 판결).

B. 【해설】 예약의 종류(1): 일방예약과 쌍방예약 (예약완결권이 있는 예약)

> 예약완결권이 있는 예약은 권리자가 예약완결권을 행사하면 상대방 승낙 없이 본계약이 체결된다(형성권).
>
> 예약완결권이 당사자 일방에게만 있는지, 아니면 당사자 쌍방 모두에게 있는지에 따라 '일방예약'과 '쌍방예약'으로 나뉜다. ① 예약완결권을 한쪽 당사자만이 가지는 경우가 일방예약 이고, ② 당사자 쌍방이 모두 예약완결권을 가지는 경우가 쌍방예약 이다. 일방예약과 쌍방예약은 모두 예약상의 권리자가 상대방에 대하여 본계약을 성립

시킨다는 의사표시(= 예약완결의 의사표시)를 하면 상대방의 승낙을 기다리지 않고 본계약이 성립한다.

C. 【해설】 예약의 종류(2): 편무예약과 쌍무예약 (예약완결권이 없는 예약)

예약완결권이 없는 예약은 예약상의 권리자가 본계약의 체결을 원하여 청약을 하면 상대방이 승낙의무를 부담하기로 하는 예약이다. 상대방의 승낙이 있어야 본계약이 체결된다.

① 예약상의 권리를 한쪽 당사자만이 갖는 경우가 편무예약 이고, ② 당사자 쌍방이 예약상의 권리를 갖는 경우가 쌍무예약 이다.

D. 【해설】 시공자선정(낙찰)은 쌍무예약

낙찰자는 형성권인 예약완결권을 가지는 것이 아니고 본계약을 체결하여 줄 것을 청구할 수 있는 권리를 갖는 데 그친다(대법원 1994. 12. 2. 선고 94 다 41454 판결 참조). 즉 발주자와 낙찰자 사이에 본계약체결의무를 내용으로 하는 예약이 성립한다(대법원 2011. 11. 10. 선고 2011 다 41659 판결).

어느 일방이 본계약 체결을 거절하는 경우 상대방은 예약채무불이행을 이유로 손해배상을 청구할 수 있다(대법원 2011. 11. 10. 선고 2011 다 41659 판결). 다만, 입찰안내서 「낙찰자가 계약체결기간 내에 본계약을 체결하지 않는 경우 입찰보증금을 피고에게 귀속시키기로 한다」는 조항이 있는 경우에 낙찰자는 손해배상액의 예정으로서 입찰보증금을 몰취당한다(대법원 1997. 3. 28. 선고 95 다 48117 판결). 따라서 시공자(낙찰자)가 본계약 체결을 거절하는 경우는 입찰보증금을 몰취당하는 것보다 도급계약을 이행함으로써 더 큰 손해를 입게 될 것이라고 판단하는 경우이다.

< 편무예약인가, 쌍무예약인가? >

시공자선정의 낙찰에 의하여 성립하는 예약은 쌍무예약으로 보는 것이 타당하다.

대법원 판례 중에 국가계약법에 따른 낙찰자 결정의 법적 성질은 '계약의 편무예약'에 해당한다고 판시한 판례가 있으나(대법원 2006. 6. 29. 선고 2005 다 41603 판결), 또 다른 판례에서 "어느 일방이 정당한 이유 없이 본계약의 체결을 거절하는 경우 상대방은 예약채무불이행을 이유로 한 손해배상을 청구할 수 있다"고 판시하여 낙찰자 결정의 법적 성질을 쌍무예약으로 보고 있다(대법원 2011. 11. 10. 선고 2011 다 41659 판결).

II. 낙찰에 따른 쌍방의 계약 체결의무

A. ① 낙찰자의 지위는 그에 따른 계약을 체결하여 줄 것을 청구할 수 있는 권리를 취득하는 것에 불과해; ② 따라서 낙찰자지위확인의 소는 재산권상의 소로서 소가를 산출할 수 없는 경우에 해당함 —대법원 1994. 12. 2. 선고 94다41454 판결[낙찰자지위확인]

예산회계법 제77조 제3항, 위 예산회계법 및 동 시행령에 기초한 재무부령인 계약사무처리규칙 제44조, 제55조의 각 규정에 의하면 피고의 입찰에 응하여 낙찰받은 낙찰자라도 사후에 입찰금액이 너무 적어 계약을 체결하는 것이 오히려 손해라고 판단되는 경우 등에는 입찰보증금의 국고귀속을 감수하고 계약체결을 포기할 수도 있고, <u>낙찰자가 계약의 체결을 원하는 때에도 계약의 체결을 위해서는 다시 계약의 세부사항을 합의한 다음 계약보증금을 납부하여야 비로소 계약을 체결할 수 있는 것으로 되어 있는 바,</u>

이러한 규정들에 비추어 볼 때 <u>낙찰자의 지위는 계약상대자로 결정되어 계약을 체결할 수 있는 지위에 불과하고</u> 계약을 체결하여 계약상의 권리의무가 발생한 계약당사자의 지위와는 다르다고 보여지므로 최초입찰에 있어서 낙찰자 지위확인을 구하는 소에서 원고가 승소하더라도 원고는 계약당사자와 같이 공사대금의 청구 등 계약상의 권리를 취득하게 되는 것이 아니라 단순히 원고가 유효한 낙찰자의 지위에 있음을 확인받아 그에 따른 계약을 체결하여 줄 것을 청구할 수 있는 권리를 취득하는 것이고 이는 결국 <u>금전으로 가액을 산출하기 어려운 경제적 이익을 얻는 데 불과하므로 원고가 구하는 위 소는 재산권상의 소로서 그 소가를 산출할 수 없는 경우에 해당한다</u>고 할 것이다. 따라서 이와 다른 견지에 서서 원고가 소장과 항소장에 민사소송등인지법이 정한 인지보다 적은 인지를 첩부하였다는 논지는 이유 없다.

> ☞ 재산권상의 소로서 그 소가를 산출할 수 없는 소송의 소가는 5천만 원이다(민사소송등인지규칙 제18조의2).

B. ① 국가계약법에 따른 낙찰자 결정의 법적 성질은 '계약의 편무예약'에 해당해; ② 따라서 낙찰자는 입찰공고에 정한 내용과 조건에 따른 본계약의 체결을 청구할 수 있으며; ③ 입찰공고자가 계약의 세부사항을 조정하는 정도를 넘어 계약의 주요한 내용/조건을 입찰공고와 달리 변경하거나 새로운 조건을 추가하는 것은 허용되지 아니; ④ 입찰공고에 '현상태대로 매각한다'는 조건을 제시하였는데, 입찰공고자가 계약서 작성 단계에서 비로소 '일반인에게 무상으로 제공한다'는 조항을 삽입할 것을 요구하고, 낙찰자가 이에 불응하자 입찰을 취소한 것은 <u>예약의 승낙의무에 반하여 무효</u>라고 본 사례 —대법원 2006. 6. 29. 선고 2005다41603 판결[소유권이전등기]

제 1 장 시공자 선정 / 제 5 절 낙찰자의 법적 지위

[당사자]

【원고, 피상고인】 원고
【피고, 상고인】 광주시

1. 지방재정법 및 국가를 국가계약법에 따른 낙찰자결정의 법적 성질 (계약의 편무예약)

지방재정법 제 63 조가 준용하는 국가계약법 제 11 조는 지방자치단체가 당사자로서 계약을 체결하고자 할 때에는 계약서를 작성하여야 하고 그 경우 담당공무원과 계약상대자가 계약서에 기명날인 또는 서명함으로써 계약이 확정된다고 규정함으로써, 지방자치단체가 당사자가 되는 계약의 체결은 계약서의 작성을 성립요건으로 하는 요식행위로 정하고 있으므로, 이 경우 낙찰자의 결정으로 바로 계약이 성립된다고 볼 수는 없어 낙찰자는 지방자치단체에 대하여 계약을 체결하여 줄 것을 청구할 수 있는 권리를 갖는 데 그치고 (대법원 1994. 12. 2. 선고 94 다 41454 판결 참조),

이러한 점에서 국가계약법에 따른 낙찰자 결정의 법적 성질은 입찰과 낙찰행위가 있은 후에 더 나아가 본계약을 따로 체결한다는 취지로서 계약의 편무예약에 해당한다고 할 것이다(대법원 1977. 2. 22. 선고 74 다 402 판결, 2004. 5. 27. 선고 2002 다 46829, 46836 판결 등 참조).

이와 같이 낙찰자의 결정으로는 예약이 성립한 단계에 머물고 아직 본계약이 성립한 것은 아니라고 하더라도, 그 계약의 목적물, 계약금액, 이행기 등 계약의 주요한 내용과 조건은 지방자치단체의 입찰공고와 최고가(또는 최저가) 입찰자의 입찰에 의하여 당사자의 의사가 합치됨으로써 지방자치단체가 낙찰자를 결정할 때에 이미 확정되었다고 할 것이므로, 지방자치단체가 계약의 세부사항을 조정하는 정도를 넘어서 계약의 주요한 내용 내지 조건을 입찰공고와 달리 변경하거나 새로운 조건을 추가하는 것은 이미 성립된 예약에 대한 승낙의무에 반하는 것으로서 특별한 사정이 없는 한 허용될 수 없다고 할 것이다.

2. 입찰공고에 없는 조항의 삽입을 요구하는 것은 허용되지 않아

이 사건에서 기록을 검토하여 보건대, 피고가 원심판결 별지 목록 기재의 토지 2 필지와 건물에 대하여 '현상태대로 매각'한다는 취지로 입찰공고를 하고 최고가로 입찰한 원고를 낙찰자로 결정하였으므로, 원고는 피고에 대하여 입찰공고에 정한 바에 따른 내용과 조건에 원고의 입찰가격을 계약금액으로 한 본계약의 체결을 청구할 수 있다고 할 것이고, 피고가 원고로부터 낙찰대금 전액을 받은 다음 그 계약서를 작성함에 있어서 비로소 매각대상 토지 중 지목이 도로인 1 필지를 일반인에게 무상으로 제공한다는 조항을 삽입할 것을 요구하고(이는 '현상태대로 매각'한다는 입찰공고의 조건과 달리 '현상태대로 사용'할 것을 강제하

III. 본계약체결의무 불이행으로 인한 쌍방의 손해배상의무 (이행이익)

는 셈이고, 나아가 <u>일반인에게 무상으로 제공하라는 것은 단지 도로라는 현상태대로 이용하라는 것보다도 더 소유권을 제약하여 사실상 소유권을 행사하지 못하게 되는 결과가 된다</u>), 원고가 불응하자 낙찰자가 10일 이내에 매매계약을 체결하지 않았다는 이유를 들어 <u>입찰을 취소한 것은</u>, 피고 스스로 정한 입찰공고의 내용과 양 당사자 사이의 의사합치에 따라 성립된 <u>예약에 대한 승낙의무에 반하는 것으로 그 효력이 없다</u>고 할 것이므로,

원심이 같은 취지에서 피고는 원고에게 위와 같은 매매계약의 체결에 관한 원고의 청약에 대하여 승낙의 의사표시를 할 의무가 있고 피고의 입찰취소는 무효라고 판단하여 원고의 예비적 주장을 인용한 조치는 위 법리에 따른 것으로 정당하고, 거기에 상고이유로 주장하는 바와 같은 법리오해의 위법이 있다고 할 수 없다.

3. 원고가 매매계약의 체결을 구하는 것은 권리남용 아니야

원심판결 이유에 의하면, 원심은 이 사건 <u>입찰의 목적이 된 부동산 중 지목이 도로인 위 1 필지는 인근에 주식회사 삼주종합건설이 건립중인 아파트 단지의 유일한 출입구로 이용되고 있어 원고가 그 소유권을 취득할 경우 그 아파트 입주민들과의 분쟁이 예상되기는 하지만, 그러한 사정만으로는</u> 원고가 피고에 의하여 실시된 입찰절차에서 정당하게 낙찰받은 토지에 대한 <u>매매계약의 체결을 구하는 것이 권리남용에 해당한다고 보기 어렵다</u>고 판단하였는바, 기록에 비추어 검토하여 보면, 위와 같은 원심의 사실인정과 판단은 모두 정당한 것으로 수긍할 수 있고, 거기에 상고이유로 주장하는 바와 같이 사실을 오인하였거나 권리남용에 관한 법리를 오해한 위법이 있다고 할 수 없다.

III. 본계약체결의무 불이행으로 인한 쌍방의 손해배상의무 (이행이익)

A. ① 발주자가 입찰절차를 거쳐 낙찰자를 결정했다면, 발주자와 낙찰자 사이에 본계약체결의무를 내용으로 하는 예약이 성립해; ② 이 경우 어느 일방이 본계약 체결을 거절했다면, 상대방은 예약채무불이행을 이유로 손해배상을 청구할 수 있고; ③ 이때 낙찰자가 본계약의 체결 및 이행을 통해 얻을 수 있었던 이익(<u>이행이익</u>)은 통상손해에 해당함 — 대법원 2011. 11. 10. 선고 2011다41659 판결[계약체결절차이행]

[당사자]

【원고, 피상고인】 자이종합건설 주식회사
【피고, 상고인】 아현제3구역주택재개발정비사업조합

제 1 장 시공자 선정 / 제 5 절 낙찰자의 법적 지위

1. 법리

가. 낙찰자 결정으로 인한 본계약체결의무

공사도급계약의 도급인이 될 자가 수급인을 선정하기 위해 입찰절차를 거쳐 낙찰자를 결정한 경우 입찰을 실시한 자와 낙찰자 사이에는 도급계약의 본계약체결의무를 내용으로 하는 예약의 계약관계가 성립하고,

나. 본계약체결 불이행시 손해배상의 범위 (이행이익 포함)

어느 일방이 정당한 이유 없이 본계약의 체결을 거절하는 경우 상대방은 예약채무불이행을 이유로 한 손해배상을 청구할 수 있다. 이러한 손해배상의 범위는 원칙적으로 예약채무불이행으로 인한 통상의 손해를 한도로 하는데, 만일 입찰을 실시한 자가 정당한 이유 없이 낙찰자에 대하여 본계약의 체결을 거절하는 경우라면 낙찰자가 본계약의 체결 및 이행을 통하여 얻을 수 있었던 이익, 즉 이행이익 상실의 손해는 통상의 손해에 해당한다고 볼 것이므로 입찰을 실시한 자는 낙찰자에 대하여 이를 배상할 책임이 있다.

2. 대법원의 판단

원심이 ① 피고가 원고를 낙찰자로 결정함으로써 원고와 피고 사이에 본계약인 공사도급계약을 체결할 의무가 생기는 예약이 성립한 것으로 볼 수 있고, ② 피고의 본계약체결의무 위반으로 인하여 원고에게 배상할 손해에는 공사도급계약이 체결되어 계약이 이행되었을 경우 원고가 얻을 수 있는 이익, 즉 이행이익이 포함된다고 판단한 것은 위와 같은 법리에 따른 것으로서 정당하고,

거기에 피고가 상고이유로 주장하는 바와 같이 낙찰자 선정 후 본계약 체결 불응에 따른 손해배상의 범위에 관한 법리를 오해하여 판결에 영향을 미친 위법이 있다고 볼 수 없다.

B. [같은 판례] ① 본계약체결의무 불이행으로 인한 손해액 산정시 법원은 '본계약 체결의 거절로 인하여 낙찰자가 본계약의 이행과정에서 기울여야 할 노력이나 사업상 위험을 면하게 된 점' 등 여러 사정을 두루 고려하여 객관적으로 수긍할 수 있는 손해액을 산정하여야 해; ② 낙찰자가 본계약의 이행을 하지 않게 됨으로써 면하게 된 여러 노력이나 사업상 위험 등에 관한 아무런 고려 없이, 건축사사무소가 작성한 공사원가계산서에 기재된 이윤을 그대로 이행이익 손해로 인정한 원심판결을 파기한 사례 — 대법원 2011. 11. 10. 선고 2011 다 41659 판결[계약체결절차이행]

III. 본계약체결의무 불이행으로 인한 쌍방의 손해배상의무 (이행이익)

[당사자]

【원고, 피상고인】 자이종합건설 주식회사
【피고, 상고인】 아현제3구역주택재개발정비사업조합

그러나 원심이 원고가 이 사건 입찰에 참가하기 위해 건축사사무소에 작성을 의뢰하여 받은 내역서의 일부인 공사원가계산서에 이윤으로 기재된 금액을 그대로 본계약의 체결 및 이행으로 얻을 수 있었던 이익으로 인정한 것은 수긍하기 어렵다.

1. 법리

낙찰자가 본계약의 체결 및 이행을 통하여 얻을 수 있었던 이익은 일단 본계약에 따라 타방 당사자로부터 지급받을 수 있었던 급부인 낙찰금액이라고 할 것이나, 본계약의 체결과 이행에 이르지 않음으로써 낙찰자가 지출을 면하게 된 직·간접적 비용은 그가 배상받을 손해액에서 당연히 공제되어야 하고,

나아가 손해의 공평·타당한 분담을 지도원리로 하는 손해배상제도의 취지상, 법원은 본계약 체결의 거절로 인하여 낙찰자가 그 이행과정에서 기울여야 할 노력이나 이에 수반하여 불가피하게 인수하여야 할 사업상 위험을 면하게 된 점 등 여러 사정을 두루 고려하여 객관적으로 수긍할 수 있는 손해액을 산정하여야 한다.

2. 원심판결의 위법함(파기환송)

그럼에도 원심은 판시 증거에 의하여 원고가 이 사건 입찰에 참가하기 위해 건축사사무소에 작성을 의뢰하여 받은 내역서의 일부인 공사원가계산서에 이 사건 도급공사의 총공사비가 13,191,777,350원으로, 그 중 이윤이 1,088,570,516원으로 계상된 사실을 인정한 다음,

원고가 본계약의 이행을 하지 않게 됨으로써 면하게 된 여러 노력이나 사업상 위험 등에 관하여 아무런 고려를 하지 않은 채, 위 이윤을 그대로 원고가 본계약인 공사도급계약의 체결 및 이행으로 얻을 수 있었던 이익으로 인정하였으니, 이러한 원심의 판단에는 본계약의 체결에 이르지 못한 낙찰자에게 이행이익으로 배상하여야 할 손해액의 산정에 관한 법리를 오해하여 판결에 영향을 미친 위법이 있고, 이 점을 지적하는 피고의 상고이유 주장에는 정당한 이유가 있다.

제 1 장 시공자 선정 / 제 5 절 낙찰자의 법적 지위

IV. 시공자 선정의 무효/취소/철회

A. 개요

1. 【법령】 계약업무기준 제 36 조(계약의 체결 및 계약사항의 관리)

> ② 사업시행자등은 제 35 조에 따라 선정된 시공자가 정당한 이유 없이 3 개월 이내에 계약을 체결하지 아니하는 경우에는 총회의 의결을 거쳐 해당 선정을 무효로 할 수 있다.

2. 【해설】 시공자선정의 무효/취소/철회 결의에는 조합원 20/100 이상이 직접 출석해야 함

> (1) 과거에 시공자선정의 무효/취소/철회를 의결하는 총회에도 조합원 과반수가 직접 출석해야 하는지가 문제된 적이 있었으나(조합원 과반수 직접 출석이 필요하다고 본 하급심판결이 있었음), 2023. 7. 18. 개정법 제 45 조 제 7 항에서 「시공자선정 취소를 위한 총회에는 조합원 20/100 이상이 직접 출석해야 한다」고 명시함으로써 이 문제를 해결하였다. 따라서 현행법에서 시공자선정을 무효로 하는 결의에는 '조합원 총수 과반수 이상 직접 참석'이 필요하지 않다.
>
> ☞ 구법 하에서 시공자선정 철회결의에도 조합원 과반수 직접 출석이 필요하다고 본 사례: 서울중앙지방법원 2013. 11. 21. 선고 2013 가합 25151 판결; 서울북부지방법원 2011. 8. 25. 선고 2011 가합 2207 판결 등.
>
> ☞ 시공계약의 해제/해지에 관한 조합총회 결의 문제에 관하여는 아래 제 3 장 제 1 절 III. 및 제 4 절 I. 참조.
>
> (2) 종전 시공자선정을 취소하고 새로운 시공자를 선정하는 총회결의는 '시공자의 변경'에 해당하므로 조합원 과반수가 직접 출석하여야 한다.

B. [하급심판례] 임시총회에서 시공자로 선정된 자는 시공자 변경 내지 선정취소 결의가 없는 한 본계약 체결 여부와 무관하게 시공자로서의 지위를 유지함— 서울남부지방법원 2017. 11. 9. 선고 2015 가합 108193 판결[시공자지위확인 등]

【당사자】

> 원고 주식회사 반도건설
> 피고 A 구역주택재건축정비사업조합 외 2 명

다음과 같은 사정들, 즉 ① 도시정비법 제 24 조는 '시공자의 선정 및 변경에 대해 총회

IV. 시공자 선정의 무효/취소/철회

의 의결을 거쳐야 한다'고 명시하고 있어 총회 결의로 선정된 시공자는 변경 결의가 있기 전까지는 시공자의 지위를 유지하는 것으로 해석되는 점, ② 피고 조합은 이 사건 임시총회에서 원고를 시공자로 선정하고, 원고에게 시공자로 선정되었음을 통보한 점, ③ 피고 조합의 정관 제12조 제2항은 "조합은 ... 선정된 시공자와 그 업무범위 및 관련 사업비의 부담 등 사업 시행 전반에 대한 내용을 협의한 후, ...별도의 도급계약을 체결하여야 한다"고 하고 있어 시공자 지위의 취득이 도급계약 체결에 우선하는 점, ④ 이 사건 입찰지침서 제19조에서 본계약 체결기한을 정하면서도 기한도과에 따른 효과에 대하여 따로 규정하고 있지 않은 점 등을 종합하면, 이 사건 임시총회에서 시공자로 선정된 원고는 시공자 변경 내지 선정취소 결의가 없는 한 본계약 체결 여부와 무관하게 시공자로서의 지위를 유지한다고 할 것이다.

C. [하급심판례] ① 아래의 사실관계에서, 원고가 계약체결기한을 도과하지 않았거나 원고의 계약체결기한 미준수가 조합의 본계약 체결 거부 내지 시공자 선정 취소에 대한 정당한 사유가 될 수 없다고 보고 조합의 손해배상책임을 인정함; ② 조합장과 이사는 조합의 불법행위를 주도하거나 적극 가담했다고 볼 수 없어 손해배상책임을 인정하지 않음; ③ 법원이 증거조사 결과와 변론 전체의 취지에 따라 모든 간접사실을 종합하여 손해액을 입찰보증금 5억원과 조합 대신 지급한 총회지출 비용 9,900만원의 합계 5억 9,900만원으로 정함 —서울남부지방법원 2017. 11. 9. 선고 2015가합108193 판결[시공자지위확인 등] (항소심에서 화해권고결정으로 종결됨)

【당사자】

원고	주식회사 반도건설
피고	등촌1구역주택재건축정비사업조합 외 2명

【사실관계】

① 입찰참여규정 제19조 제1항은 낙찰자로 하여금 시공자 선정일 이후 30일 이내에 계약을 체결하도록 하면서 동조 제2항에서 합의로 위 기간을 3개월 연장할 수 있도록 함

② 수의계약 입찰에서 2014. 6.경 원고가 입찰제안서를 제출함

③ 2014. 10. 21. 조합총회에서 시공자선정 결의

④ 2015. 2. 4. 원고는 가계약서를 피고조합에게 송부함(피고조합은 그 전에 가계약서 작성을 독촉한 바 없음)

⑤ 2015. 5. 26. 피고조합은 가계약서 수정본을 원고에게 송부하고 그에 대한 회신을 촉구함

⑥ 2015. 7. 17. 원고는 피고조합의 요구내용은 원고에게 과도한 부담을 주므로 다시 변경해 줄 것을 요청했으나, 피고조합은 이를 거절함

⑦ 2015. 8. 13. 정기총회에서 시공자선정 취소 안건이 가결됨

⑧ 2015. 8. 17. 피고조합은 원고에게 시공자선정 취소를 통보함

⑨ 2015. 10. 22. 피고조합은 쌍용건설을 새 시공자로 선정함

⑩ 2017. 7. 20. 쌍용건설과 공사도급 가계약을 체결함

【청구취지】

주위적 청구취지 : 원고가 피고 등촌 1 구역주택재건축정비사업조합의 시공자의 지위에 있음을 확인한다.

예비적 청구취지 : 주문 제 2 의 가항 및 피고들은 각자 원고에게 1,099,000,000 원 및 이에 대하여 이 사건 2016. 6. 24.자 청구취지 및 청구원인 변경 신청서 부본 송달일부터 다 갚는 날까지 연 15%의 비율에 의한 금원을 지급하라.

1. 기초사실

가. 피고 조합의 시공자 선정 등

1) 피고 조합은 이 사건 사업의 시공자를 선정하기 위한 수의계약 입찰공고를 하였고, 2014. 6.경 원고가 입찰참여제안서(이하 '이 사건 입찰참여제안서'라 한다)를 제출하였다. 이에 피고 조합은 2014. 10. 21. 임시총회(이하 '이 사건 임시총회'라 한다)를 개최하여 원고를 시공자로 선정하는 결의를 하였고, 2014. 10. 23. 원고에게 시공자로 선정되었음을 통보하였다.

2) 피고 조합의 입찰참여규정(이하 '이 사건 입찰지침서'라 한다)에는 다음과 같은 내용이 포함되어 있다.

제 18 조(낙찰자의 지위 및 업무)

① 입찰참여규정 및 낙찰자가 입찰시 제출한 입찰참여제안서 등은 조합과 낙찰자간의 계약에 준하는 효력을 갖는다.

제 19 조(계약의 체결)

① 낙찰자는 선정된 후 30 일 이내에 본 지침서에 첨부한 공사도급계약서를 참고하여 쌍방이 협의하는 계약(이하 '이 사건 본계약'이라 한다)을 체결하여야 한다.

IV. 시공자 선정의 무효/취소/철회

> ② 계약체결을 위한 협의기간이 필요하여 기간의 연장을 요청할 경우 조합과 낙찰자가 합의하여 낙찰자 결정일로부터 3개월 연장할 수 있다.
> ⑥ 발주자와 낙찰자 간의 계약이 체결되지 않을 경우 기 투입된 사업비 및 입찰보증금에 대해서는 차기 선정된 시공자로부터 정산한다.

나. 피고 조합의 시공자 선정 취소 결의 및 신규 시공자 선정

1) 원고는 2015. 2.경 이 사건 입찰참여제안서에 기반하여 '공사도급(가)계약서'(이하 '이 사건 가계약서'라 한다)를 작성하여 피고 조합에게 송부하였다.

피고 조합은 2015. 5. 26. 원고에게 '위 가계약서 내용 중 일부는 삭제하고, 이주비, 무이자 대여금, 이사비용, 조합운영비 등을 증액할 것'을 요구하며 그와 같은 내용이 반영된 수정된 가계약서안을 송부함과 동시에 그에 대한 회신을 촉구하였다.

원고는 2015. 7. 17. 피고조합의 요구내용은 원고에게 과도한 부담을 주는 것이므로 이를 다시 변경해 줄 것을 요청하였으나 피고 조합은 이를 거절하였다...

4) 피고 조합은 2015. 8. 13. 정기총회(이하 '이 사건 총회'라 한다)를 개최하였는데, 총 조합원 227명 중 176명이 의결권을 행사하였고(직접 참석자 129명, 서면 참석자 47명), 시공자 선정 취소 안건은 찬성 168명, 반대 5명, 기권(무효) 3명으로 가결되었다(이하 '이 사건 총회 결의'라고 한다).

5) 피고 조합은 2015. 8. 17. 원고에게 시공자 선정 취소를 통보하고 2015. 10. 22.경 쌍용건설 주식회사(이하 '쌍용건설'이라고만 한다)를 새로운 시공자로 선정한 뒤 2017. 7. 20. 공사도급 가계약을 체결하였다.

2. 피고 조합의 채무불이행에 기한 손해배상책임의 유무

가. 관련 법리

공사도급계약의 도급인이 될 자가 수급인을 선정하기 위해 입찰절차를 거쳐 낙찰자를 결정한 경우 입찰을 실시한 자와 낙찰자 사이에는 도급계약의 본계약 체결의무를 내용으로 하는 예약의 계약관계가 성립하고, 어느 일방이 정당한 이유 없이 본계약의 체결을 거절하는 경우 상대방은 예약채무불이행을 이유로 한 손해배상을 청구할 수 있다(대법원 2011. 11. 10. 선고 2011다41659 판결 등 참조). 이와 같은 법리는 수의계약의 방법으로 시공자(수급인)을 선정하는 이 사건의 경우에도 적용된다.

나. 본계약 체결 거부 및 시공자 선정 취소의 정당한 사유 유무

피고들은, 이 사건 입찰지침서 상 원고가 이 사건 임시총회에서 시공자로 선정된 후 3개월 이내에 공사도급계약을 체결하여야 함에도 선정일로부터 3개월이 지난 2015. 2.경 비로소 이 사건 가계약서를 피고 조합에 보냈으므로 피고 조합이 본계약 체결을 거부한 것은 정당하다고 주장한다.

살피건대, … 변론 전체의 취지를 종합하면, 이 사건 입찰지침서 제19조 제1항은 낙찰자로 하여금 시공자 선정일 이후 30일 이내에 계약을 체결하도록 하면서 동조 제2항에서 합의로 위 기간을 3개월 연장할 수 있도록 하고 있는데(제1항과의 체계 상 동조 1항의 기간 만료일부터 3개월을 연장할 수 있다는 취지로 보인다), 원고는 시공자 선정일인 2014. 10. 21.부터 4개월 내인 2015. 2. 4. 이 사건 가계약서를 작성하여 피고 조합에 송부한 사실이 인정되고, 여기에 피고 조합이 2015. 2. 4. 이전에 가계약서 작성 등을 독촉한 바 없는 점을 더하여 보면, 원고가 이 사건 가계약서를 계약체결기한을 도과하여 송부하였다고 할 수 없다.

설령 위 제2항의 기간연장의 기산점을 입찰지침서의 문면 그대로 낙찰자결정일로 보아 계약체결기한을 3개월로 보더라도 앞서 본대로 위 기한을 준수하지 않는 경우의 효력에 관한 조항이 없고 기한 미준수를 이유로 본 계약을 체결하지 않거나 시공자 선정을 취소할 수 있다는 조항도 없으므로, 위 기한의 미준수가 본계약 체결 거부 내지 시공자 선정 취소에 대한 정당한 사유가 된다고 보기도 어렵다. 따라서 이를 전제로 한 피고들의 주장은 이유 없다…

다. 소결

따라서 피고 조합은 정당한 이유 없이 본계약의 체결을 거절하고 원고의 시공자 지위를 박탈함으로써 원고가 입은 손해를 배상할 책임이 있다.

3. 조합장과 이사의 불법행위 책임 유무

원고는, 피고 조합의 본계약 체결 거절 및 부당한 시공자 선정 취소는 앞서 본 바와 같이 채무불이행이 됨과 동시에 원고에 대한 불법행위가 되고 피고 B은 피고 조합의 조합장으로서, 피고 C은 이사로서 위 불법행위를 주도하거나 적극 가담하였으므로 위 피고들도 원고에 대하여 공동불법행위에 기한 손해배상의무가 있다고 주장하나, 피고 조합의 위 각 행위가 불법행위에 해당한다고 하더라도 원고가 제출한 증거들만으로는 피고 B, C이 위 불법행위를 주도하거나 적극 가담하였다고 인정하기에는 부족하므로 위 피고들에 대한 원고의 주장은 이유 없다.

IV. 시공자 선정의 무효/취소/철회

4. 손해배상의 범위

가. 관련법리

낙찰자가 본계약의 체결 및 이행을 통하여 얻을 수 있었던 이익은 본계약에 따라 다른 당사자에게서 지급받을 수 있었던 급부인 낙찰금액인데, 본계약의 체결과 이행에 이르지 않음으로써 낙찰자가 지출을 면한 직접·간접비용은 그가 배상받을 손해액에서 당연히 공제하여야 한다. 나아가 손해의 공평·타당한 분담을 지도원리로 하는 손해배상제도의 취지상, 법원은 본계약 체결의 거절로 낙찰자가 그 이행과정에서 기울여야 할 노력이나 불가피하게 인수하여야 할 사업상 위험을 면하게 되는 점 등 여러 사정을 두루 고려하여 객관적으로 수긍할 수 있는 손해액을 산정하여야 한다(대법원 2011. 11. 10. 선고 2011 다 41659 판결 참조). 이와 같은 법리는 이 사건과 같이 수의계약의 형식으로 시공자가 선정된 경우에도 적용된다고 보는 것이 타당하다.

한편 채무불이행을 이유로 손해배상금의 지급을 구하는 소송에서 재산상 손해가 발생한 사실을 인정할 수 있고 그 액수의 상한이 드러났으나, <u>채무불이행으로 면하는 직접·간접비용 및 위험 등을 구체적인 액수로 입증하기가 사안의 성질상 곤란한 경우, 법원은 증거조사의 결과와 변론 전체의 취지에 따라 인정할 수 있는 당사자들의 관계, 채무불이행에 따라 재산상 손해가 발생한 경위, 손해의 성격, 손해가 발생한 이후의 제반 정황 등 모든 간접사실들을 종합하여 상당인과관계 범위에서 객관적으로 수긍할 수 있는 액수를 산정할 수 있다</u>(대법원 2005. 11. 24. 선고 2004 다 48508 판결 등 참조).

나. 판단

(1) 사업수익률이 12.55%라는 원고 주장을 배척함

원고는 이 사건 입찰참여제안서에 기재된 3.3 ㎡ 당 도급공사비 385 만 원에 건축연면적 74,856.93 ㎡를 곱하여 산정되는 총 도급금액이 871 억 원 가량이고 이 가운데 사업수익률 12.55%에 해당하는 10,938,000,000 원이 이 사건 사업에 시공자로 참여하여 원고가 얻을 수 있었을 이행이익이라고 주장하나, 갑 제 23 호증만으로는 이 사건 사업을 통하여 원고가 얻을 수 있는 사업수익률이 12.55%라고 인정하기에 부족하고 달리 이를 인정할 증거가 없어 원고의 이행이익을 위와 같이 평가할 수는 없다.

(2) <u>손해액 = 입찰보증금 5 억원 + 원고가 조합 대신 지출한 총회개최비용 9,900 만원</u>

그러나 다른 한편 다툼 없는 사실 및 갑 제 6 호증의 기재에 변론 전체의 취지를 종합하여 인정할 수 있는 <u>다음과 같은 사실 내지 사정들</u>, 즉 ① 이 사건 입찰지침서 제 13 조에서 시공자로 선정되려는 자에게 5 억 원의 입찰보증금을 지급하도록 정함에 따라 원고는 입찰

보증보험증권을 제출하는 방식으로 피고 조합에게 위 입찰보증금을 지급한 점, ② 통상의 경우 입찰보증금은 손해배상액의 예정으로 볼 수 있는 최소한의 금액인 점, ③ 원고로서는 피고조합이 본계약 체결을 거절함으로써 그 이행과정에서 기울여야 할 노력이나 입찰참여 제안서에 기재된 각종 비용의 부담, 인수하여야할 사업상 위험을 면하게 된 점, ④ 나아가 공사 자재 등의 비용 상승으로 인한 추가비용 부담이나 추후 주택의 하자의 발생으로 인한 하자보수비용 부담의 위험 등도 없어졌고 예정된 공사기간 동안 다른 공사를 시행할 기회도 얻게 된 점, ⑤ 한편 용역대금 9,900만 원은 피고조합의 정기총회 개최비용인 이상 이는 피고조합이 부담하는 것이 타당하고 원고가 만일 이를 피고조합에게 대여하는 방식으로 지출하였다면 앞서 본 대여금과 함께 반환받을 수 있었던 점 등을 고려하면 원고가 입은 이행이익 상당의 손해액은 5억 9,900만원으로 평가함이 상당하다.

D. [하급심판례] ① 피고조합이 2021. 7. 24.자 임시총회 시공자선정 무효를 결의한 후, 2021. 7. 27. 원고에게 「원고의 시공자 선정을 무효로 하고, 원고의 시공자의 지위가 해지되었음을 통지한다」는 내용증명우편을 발송한 것을 「공사도급계약 본계약체결의무의 이행거절」로 보고; ② 이에 대하여 원고(시공자로 선정된 낙찰자)가 피고에게 이행보증금의 반환을 청구하는 내용증명우편을 보냄으로써 묵시적으로 해제의 의사표시를 한 것으로 보아; ③ 이로써 원고와 피고 사이의 예약의 계약관계는 피고의 이행거절로 해제되었다고 본 사례 —서울동부지방법원 2022. 7. 21. 선고 2021 가합 111852 판결[입찰보증금반환청구의독촉]

【당사자】

원고 주식회사 A
피고 B 아파트 주택재건축정비사업조합

앞서 인정한 바와 같이 피고는 2021. 7. 24. 임시총회를 개최하여 제2호 안건 '시공사 원고 공사도급계약 체결의 건'에 대하여 부결하는 결의를 하고, 제3호 안건 '시공사 원고 선정 무효의 건'에 대하여 가결하는 결의를 한 후, 2021. 7. 27. 원고에게 2021. 7. 24.자 임시총회의 결의에 따라 원고의 시공자 선정을 무효로 하고, 원고의 시공자의 지위가 해지되었음을 통지한다는 내용의 내용증명우편을 발송함으로써, 원고에게 공사도급계약의 본계약체결의무의 이행을 거절하는 의사를 표시하였다.

이에 대하여 원고는 2021. 7. 28. 피고에게 이행보증금의 반환을 청구하는 내용증명우편을 보냄으로써 묵시적으로 해제의 의사표시를 하였고, 그 의사표시가 2021. 7. 29. 피고에게 도달하였으므로, 이로써 원고와 피고 사이의 예약의 계약관계는 피고의 이행거절로 인하여 해제되었다.

IV. 시공자 선정의 무효/취소/철회

따라서 피고는 그 원상회복으로 원고에게 원고로부터 기지급받은 입찰보증금 30억 원 및 이에 대하여 그 받은 날 이후로서 원고가 구하는 2021. 7. 31.부터 이 사건 지급명령신청서 송달일인 2021. 8. 23.까지는 상법이 정한 연 6%의, 그 다음 날부터 다 갚는 날까지는 소송촉진 등에 관한 특례법이 정한 연 12%의 각 비율로 계산한 지연손해금을 지급할 의무가 있다.

제 2 장

공사계약

제1절 공사도급계약의 체결 및 변경
제2절 시공보증과 계약보증
제3절 조합임원의 연대보증 문제
제4절 공사대금채권의 확보
제5절 시공자의 법적지위(조합원과 제3자에 대한 책임)

"국토교통부 표준계약서 제 12 조 제 1 항에는 「계약보증은 수급인과 도급인 상호 간 동시이행 관계에 있으므로, 계약의 일방 당사자가 계약보증을 하는 경우 계약의 상대방도 계약보증을 하여야 하며, 양 당사자가 합의하여 계약보증을 하지 않을 수도 있을 것임」이라는 이해불가한 주석이 달렸다. 이 주석 문구는 즉시 삭제되어야 한다."

제1절 공사도급계약의 체결 및 변경

I. 공사도급계약의 체결

A. 개요

1. 【해설】 "공사계약", "(공사)도급계약", "시공계약"

> 사업시행자와 시공자 사이에 체결되는 계약을 "공사도급계약"이라고 부르는 것이 일반적이나(대법원판례에서도), 이 계약은 공사도급계약만이 아니라, 금전대여계약, 이주·철거·분양 등 정비사업 관련업무에 관한 각종 용역계약 및 대리사무계약 등이 혼재된 혼합계약이므로 "공사도급계약"은 적절한 용어가 아니다.
>
> 국토교통부가 2024. 1. 24. 배포한 표준계약서 및 서울시가 2011. 10. 배포한 표준계약서는 모두 "공사계약서"라는 명칭을 사용하고 있으며, "시공계약"이라는 말을 쓴 하급심판례도 적지 않다(예: 서울고등법원 2014. 12. 12. 선고 2014누61714 판결).
>
> 이 책에서는 각 해당 부분의 맥락에 따라 "공사계약", "(공사)도급계약" 또는 "시공계약"을 함께 사용하기로 한다.

2. 【해설】 계약서의 공개

> 조합은 시공자와 체결한 계약서를 조합해산일까지 조합사무소에 비치하여야 하며, 조합원의 열람 또는 복사요구에 응하여야 한다(재건축 표준정관 제12조 제3항).

B. 총회 의결

1. 【해설】 총회 전권사항 (대위원회 대행 불가)

> (1) 시공자선정뿐 아니라 시공계약의 체결(시공자로 선정된 건설업자와 공사도급계약의 내용을 정하여 체결하는 것)도 총회의결사항이다(법 제45조 제1항 제4호). 도시정비법은 시공계약(공사도급계약)의 체결을 따로 총회의결사항으로 명시하고 있지 않지만, 시공계약은 '예산으로 정한 사항외에 조합원의 부담이 될 계약'(제4호) 또는 '조합원에게 경제적 부담을 주는 사항'(제13호)에 해당하므로 총회의결사항이다.
>
> (2) 시공계약 체결에 대한 총회의 동의는 대의원회가 대행할 수 없다[법 제46조 제4항; 영 제43조(대의원회가 총회의 권한을 대행할 수 없는 사항) 제3호].

제 2 장 공사계약 / 제 1 절 공사도급계약의 체결 및 변경

> 다만, 시공계약의 주요내용을 총회가 의결한 후 도급계약 협상단에서 계약의 세부적인 내용을 정하고 대의원회 의결을 거쳐 시공계약을 체결하는 것은 허용된다.
> ☞ 이에 관한 자세한 내용은 아래 참조

2. 【해설】 도급계약 체결/변경의 총회의결 정족수 (조합원 과반수 직접 출석)

> '시공자선정 총회'뿐 아니라 도급계약을 의결하는 총회'에도 조합원 과반수가 직접 출석해야 한다는 것이 대법원 판례이다(대법원 2017. 5. 30. 선고 2014 다 61340 판결). 이 대법원판례로써 반대 취지의 종전 하급심 판례(예: 서울서부지방법원 2013. 3. 29. 선고 2012 가합 1238 판결)는 모두 폐기되었다.
>
> 도급계약을 '변경'하는 총회의결에도 마찬가지로 조합원 과반수가 직접 출석해야 한다고 보아야 한다.

3. 【해설】 조합원의 비용분담을 실질적으로 변경하는 도급계약의 체결/변경

> (1) 조합원의 비용분담 조건을 실질적으로 변경하는 내용의 도급계약을 체결하는 경우에는 정관변경의 의결정족수를 유추적용하여 조합원 2/3 이상 동의를 얻어야 한다(대법원 2012. 8. 23. 선고 2010 두 13463 판결 등). 도급계약의 체결/변경이 당초 재건축결의시 시공사가 제시했던 비용분담에 관한 사항을 물가변동 등 건축경기의 상황변화에 따라 통상 예상할 수 있는 범위를 초과하여 변경하는 것이 그런 경우이다.
>
> 최초로 계약을 체결하는 경우뿐 아니라, 가계약 체결 후 본계약을 체결하는 경우, 또는 본계약 체결 후 변경계약을 체결하는 경우에도, 조합원의 비용분담 조건을 실질적으로 변경하는 내용이 포함된 경우에는 조합원 2/3 이상의 동의를 얻어야 한다.
>
> (2) 이런 경우 조합원 2/3 이상 동의에 의한 총회의결을 받지 않고 체결한 공사도급계약은 무효이다(대법원 2016. 5. 12. 선고 2013 다 49381 판결 참조).
>
> (3) 또한 그와 같은 경우 조합원의 2/3 에 못 미치는 동의로 가결될 수 있도록 규정한 정관 규정도 무효이다(대법원 2012. 8. 23. 선고 2010 두 13463 판결 등).

C. 공사계약 체결의 대위원회 '위임' 문제

1. 【해설】 대위원회 위임의 허용 여부 및 허용 범위

> 총회가 시공계약 체결에 관한 사항을 대의원회에 '위임'할 수 있는지, 위임할 수 있다면 어디까지 위임할 수 있는지가 문제된다. 이에 관한 대법원 판례는 없고, 서울고등법원 2014. 12. 12. 선고 2014 누 61714 판결의 아래 판시내용이 지침이 될 만하다.

I. 공사도급계약의 체결

> (1) 시공계약의 체결에 관하여 총회의결을 받아야 한다는 것은 사전에 계약의 주요 내용과 그로 인하여 조합원들이 부담하게 될 부담의 정도를 개략적으로 밝히고 그에 관하여 총회의 의결을 거쳐야 한다는 의미이지, 세부적으로 완성된 계약서를 승인받아야 한다는 의미가 아니다.
>
> (2) 따라서 시공계약의 주요내용(공사기간, 시공계약의 금액, 공사의 범위 및 비용부담, 사업비 및 이주비 대여, 조합원 청산금의 납부시기 및 방법 등 '시공자의 업무범위와 사업비의 부담'에 관한 내용을 말함)을 총회가 의결한 후 도급계약 협상단에서 계약의 세부적인 내용을 정하고 대의원회 의결을 거쳐 시공계약을 체결하는 것은 적법하다. (☞ '시공자 선정'과 '시공계약 체결'의 동시 의결 문제는 아래 참조.)
>
> 위와 같이 위임의 범위를 제한하지 않고 계약의 내용결정 및 체결을 대의원회에 백지위임하는 총회결의는 위법하다(아래 하급심판례 참조).
>
> (3) 이 경우 설계변경 및 계약의 해제·해지에 관한 사항 등 금전적인 부담이 수반되지 않는 부수적인 사항에 관하여는 총회의 위임을 받은 대의원회가 이를 추가하거나 변경할 수 있다.
>
> (4) 만일 그렇게 체결한 도급계약에 사업제안서와 비교하여 추가된 계약내용 중 조합원에게 금전적인 부담을 지우는 부분이 일부 있다면, 그 부분만이 무효가 될 뿐 계약 전체가 무효로 되지는 않는다.

2. 【해설】'시공자 선정'과 '시공계약 체결'을 동시에 의결하는 방법

> (1) 시공계약 체결의 대위원회 위임은 대부분 시공자선정총회에서 이루어진다. 총회 자료집에 입찰참여자의 사업제안서를 첨부하여 '시공자 선정의 건'과 '시공계약 체결(위임)의 건'을 동시에 상정하여 의결하는 것이다.
>
> (2) 위에서 본 서울고등법원 판결도 그런 사례이다. 즉 시공자선정총회의 총회자료집에 세대별 분양면적, 특화계획, 이주비 및 사업비대여 조건, 청산방법, 공사도급 조건, 공사금액에 포함되는 사항 등 '시공업무의 범위 및 사업비 부담'에 관하여 상세한 내용이 담긴 입찰참여자의 사업제안서가 첨부되어 있었고, 그 총회에서 시공자 선정 과 시공계약 체결 위임 이라는 두 가지 안건을 동시에 의결한 사안에서, 법원은 "시공자 선정 임시총회에서 당해 임시총회에서 선정된 시공자의 사업제안서 내용을 계약의 주요 내용으로 하여 시공계약을 체결하기로 의결한 것"이라고 판단한 것이다(서울고등법원 2014. 12. 12. 선고 2014누61714 판결).
>
> (3) 조합이 절대적 우위에 있는 시공자선정 총회에서 시공계약 체결 안건을 동시에 의결하는 것은 시공자 선정 후 계약조건을 변경하려는 시공자의 '갑질'에 대항할 수 있는 방패가 될 수 있다.

제 2 장 공사계약 / 제 1 절 공사도급계약의 체결 및 변경

3. 【해설】 입찰공고에 공사도급계약서(안)를 포함시키는 방법

> 입찰공고시 ① 시공계약의 주요내용을 조합이 미리 정하여 작성한 공사도급계약서안을 입찰참여안내서에 포함시키고, ②「시공자선정 입찰참여규정」에 a) 입찰참여자는 조합 제시한 계약서안(중요 내용을 명시하는 것이 좋다)에 저촉하지 않는 범위에서 도급계약 보충안을 입찰서류에 포함시켜 제출해야 한다는 내용과 b) "입찰참여안내서에 따른 참여규정(제한사항) 및 제반 조건을 위반한 입찰은 무효로 본다"는 내용을 포함시킨다(공공지원시공자선정기준에 포함된 입찰참여규정 제 5 조 제 7 호 참조).
>
> 이렇게 하면, 조합이 제시한 계약서안의 중요 내용에 저촉되지 않는 보충안을 제출한 건설업자만 총회에 상정하고, 총회자료집에 조합의 도급계약서안과 입찰참여자의 보충안을 포함시켜 시공자선정총회를 소집한 후 '시공자 선정' 및 '시공계약 체결' 안건을 동시에 의결하면 된다.

4. 【해설】 형사처벌 문제

> (1) '시공계약 체결을 대위원회에 위임하는 총회결의' 또는 '시공자선정과 시공계약체결의 동시 의결'이 이루어진 경우 총회자료집에 수록된 계약서(안)이 그대로 시공계약으로 체결되거나 조합원에게 금전적 부담을 가중시키지 않으면서 내용만 수정되는 경우는 흔치 않다.
>
> 따라서 위와 같은 방법으로 시공계약을 체결하면 법 제 137 조 제 6 호 위반 문제를 야기할 수 있다. 대법원은 "예산으로 정한 사항 외에 조합원의 부담이 될 계약을 체결하기 위하여 필요한 총회의결은 사전의결을 의미하고, 총회의 사전의결 없이 공사도급계약을 체결하면 추후 총회에서 추인 의결을 했더라도 도시정비법 위반죄(제 137 조 제 6 호 위반)가 성립한다"고 보고 있기 때문이다(대법원 2010. 6. 24. 선고 2009 도 14296 판결). "가계약"이라는 명칭으로 계약을 체결하는 경우도 마찬가지이다.
>
> (2) 그런데 대법원은 같은 판례에서 "모든 업무의 구체적 내용을 총회에서 사전에 의결하기 어렵다 하더라도... <u>사전에 총회에서 추진하려는 계약의 목적과 내용, 그로 인하여 조합원들이 부담하게 될 부담의 정도를 개략적으로 밝히고 그에 관하여 총회의 의결을 거쳐야 한다</u>"고 판시하여 문제 해결의 실마리를 보여주고 있다.
>
> 즉, 조합은 사전에 총회에서 추진하려는 계약의 목적과 내용, 그로 인하여 조합원들이 부담하게 될 부담의 정도를 개략적으로 밝히고 그에 관하여 총회가 의결한 후 도급계약 협상단에서 계약의 세부적인 내용을 정하고 대의원회 의결을 거쳐 시공계약을 체결하면 된다.

I. 공사도급계약의 체결

> 서울고등법원 2014. 12. 12. 선고 2014누61714 판결이「시공계약의 주요내용을 총회가 의결한 후 시공계약 협상단에서 계약의 세부적인 내용을 정하고 대의원회 의결을 거쳐 시공계약을 체결하는 것은 적법하다」고 판시한 것도 이런 취지이다.

5. 【해설】 대의원회에서 체결한 시공계약의 법적 효력 문제

> (1) 위와 같이 총회에서 시공계약의 중요내용을 미리 의결한 후 대의원회 의결을 거쳐 시공계약을 체결하는 경우에 대의원회 의결로 확정한 시공계약의 내용이 당초 총회에서 의결한 것보다 조합원의 부담을 가중시키는 내용이면 시공계약의 효력이 문제될 수 있다.
>
> (2) 이 문제는 다음과 같은 두 가지 방법으로 해결할 수 있다.
>
> 첫째 방법은 대의원회에서 확정된 계약내용을 다시 총회에서 의결한 후 도급계약(가계약)을 체결하는 것이다. 이 경우 대의원회에서 계약내용을 확정하기 전에 하는 최초 총회결의는 '대의원회가 계약내용을 협의한 후 <u>총회에서 계약 체결에 대한 결의가 이루어질 경우</u> 대의원회에서 그에 따라 계약을 체결'하도록 하는 내용이어야 한다(서울동부지방법원 2010. 8. 27. 자 2010카합1903 결정 참조).
>
> 둘째 방법은 대의원회에서 확정된 내용대로 먼저 시공계약을 체결한 후 조속히 임시총회를 소집하여 '공사도급계약 추인의 건'을 상정하여 의결하는 것이다.
>
> (3) 요컨대 ① 시공자선정총회 자료집에 시공계약의 주요내용을 수록하여 '시공계약 체결의 대의원회 위임의 건'을 의결한 후, ② 도급계약 협상단의 협상 및 대의원회 의결을 거쳐 계약의 세부적인 내용을 정하고, ③ 그 후 a) 다시 총회의결을 거쳐 시공계약을 체결하거나, b) 계약체결 후 지체 없이 임시총회를 소집하여 시공계약을 추인·의결하면 시공계약이 적법·유효하게 체결된다.

D. [고등법원 판례] ① 시공자선정총회 자료집에 세대별 분양면적, 특화계획, 이주비 및 사업비대여 조건, 청산방법, 공사도급 조건, 공사금액에 포함되는 사항 등 '시공업무의 범위 및 사업비 부담'에 관하여 상세한 내용이 담긴 사업제안서를 첨부하여 시공자 선정과 시공계약 체결 위임이라는 두 가지 안건을 의결했다면 시공자의 사업제안서 내용을 주요 내용으로 하여 시공계약을 체결하기로 의결한 것이야; ② 따라서 그 후 협상단계에서 계약의 세부 내용을 정하고 대의원회 의결을 거쳐 시공계약을 체결한 것은 적법함; ③ 만일 그렇게 체결한 도급계약에 사업제안서와 비교하여 추가된 계약내용 중 조합원에게 금전적인 부담을 지우는 부분이 있다면, 그 부분만이 무효가 될 뿐 계약 전체가 무효로 되지 않음 ─서울고등법원 2014. 12. 12. 선고 2014누61714 판결[관리처분계획인가처분취소](확정)

제 2 장 공사계약 / 제 1 절 공사도급계약의 체결 및 변경

【당사자】

원고,항소인	1 ~ 13
원고,항소인(탈퇴)	14
원고 14 의 승계참가인	X
피고,피항소인	P 아파트주택재건축정비사업조합

1. 원고들과 승계참가인의 주장 요지

시공자 선정을 위한 총회의결과 시공계약 승인을 위한 총회의결은 엄연히 구별되는 별개의 것인바, 피고는 시공자 선정을 위한 총회의결을 거쳤을 뿐 이 사건 시공계약의 승인에 관하여는 사전에 총회의결을 거치지 않았으므로 이 사건 시공계약은 무효이다. 따라서 무효인 시공계약에 터잡아 이루어진 이 사건 관리처분계획은 위법하다.

2. 판단

위 1)항의 법리 등을 기초로 살피건대, 갑 제 3 호증, 을 제 1, 2 호증의 각 기재(가지번호 있는 것은 가지번호 포함)에 변론 전체의 취지를 더하여 알 수 있는 다음과 같은 사정을 종합하면, '시공자의 업무범위 및 관련 사업비의 부담 등 사업시행 전반에 관한 내용'에 대하여 피고의 유효한 사전 총회의결이 있었다고 봄이 상당하다.

① 피고는 2012. 8. 29. 시공자 선정을 위한 입찰공고를 내고 경쟁입찰 절차를 진행하였는데, GS 건설과 삼성물산이 입찰에 참가하여 2012. 12. 9. 경 피고 조합원들을 상대로 합동홍보 설명회를 개최하였다.

② 피고는 2012. 12. 15. 이 사건 시공자 선정 임시총회를 개최하면서, 그 안건으로 '시공자 선정의 건'(제 3 호 안건) 외에도, '시공자 선정방법 결정의 건'(제 1 호), '시공자계약체결 대의원회 위임 결의의 건'(제 2 호)을 상정하였다.

③ 피고는 이 사건 시공자 선정 임시총회를 개최하기에 앞서 피고 조합원들에게 각 안

> 제안사유: 재건축 정비사업은 총회 개최에 많은 시간과 비용이 소요되므로 의사결정 단계마다 총회를 개최할 수 없으며, 따라서 금일 임시총회에서 조합원 투표에 의해 선정된 시공자와의 계약체결을 대의원회로 위임하여 업무의 효율성을 높이고자 안건을 상정합니다.

건에 관한 내용이 담긴 임시총회자료집을 발송하였는데, 그 중 '시공사 계약체결 대의원회 위임 결의의 건'에 관하여는 다음과 같이 제안사유를 밝혔다.

I. 공사도급계약의 체결

④ 위 임시총회자료집에는 세대별 분양면적, 특화계획, 이주비 및 사업비대여 조건, 청산방법, 공사도급 조건, 공사금액에 포함되는 사항 등 시공업무의 범위 및 사업비 부담에 관하여 상세한 내용이 담긴 각 입찰 참여업체의 사업제안서가 첨부되어 있었고, 피고는 위 자료집에서 두 업체의 사업제안서를 항목별로 비교한 표를 함께 제공하였다.

⑤ 각 업체의 사업제안서에는 "본 사업참여 제안서는 시공사 선정 시 계약의 일부를 구성하는 것으로 한다."라는 내용이 기재되어 있었고, 이와 같은 내용은 항목별 비교표에도 정리되어 있었다.

⑥ 피고 총회의 의결방법을 정한 정관 제22조 제1항에 의하면, 총회는 조합원 과반수 출석으로 개의하고 출석 조합원의 과반수 찬성으로 의결하도록 되어 있는데, 위 임시총회에는 피고의 조합원 과반수가 출석하여 출석 조합원의 과반수가 같은 임시총회에서 선정될 시공자와의 계약체결을 대의원회에 위임하기로 의결하였고, 이어 삼성물산이 출석 조합원의 과반수 찬성(정관에서 정한 의결방법을 따른 것이다)으로 시공자에 선정되었다.

⑦ 피고는 공사계약 협상단을 조직하여 삼성물산과 사이에 그 사업제안서 내용을 기초로 계약의 세부적인 내용을 정하였고, 대의원회 의결을 거쳐 2013. 4.경 이 사건 시공계약을 체결하였다.

⑧ 이 사건 시공계약의 내용 중 공사기간, 공사계약의 금액, 공사의 범위 및 비용부담, 사업비 및 이주비 대여, 조합원 청산금의 납부시기 및 방법 등 '시공자의 업무범위와 사업비의 부담', 즉 급부와 반대급부에 관한 주요 내용은 사업제안서와 같다.

⑨ ① ~ ⑧을 종합하면, 피고는 이 사건 시공자 선정 임시총회에서 당해 임시총회에서 선정된 시공자의 사업제안서 내용을 계약의 주요 내용으로 하여 이 사건 시공계약을 체결하기로 의결하였다고 봄이 상당하다. 즉, 한 번의 총회에서 '시공자 선정'과 '시공계약 체결 위임'이라는 두 가지 안건을 함께 상정하여, 당일 선정되는 시공자의 사업제안서 내용이 그대로 시공계약의 내용이 되도록 절차를 단축한 것일 뿐, 시공계약 체결에 관한 총회의결을 생략한 것이 아니다.

⑩ 원고들과 승계참가인은 피고가 이 사건 시공계약의 세부적인 내용을 모두 포함하여 계약서 자체에 대하여 사전에 총회의결을 거쳐야 한다는 취지로 주장하나, 피고의 정관 규정이 시공계약에 관한 총회의결을 거치도록 한 것은, 사전에 계약의 주요 내용과 그로 인하여 조합원들이 부담하게 될 부담의 정도를 개략적으로 밝히고 그에 관하여 총회의 의결을 거쳐야 한다는 것으로 해석될 뿐, 세부적으로 완성된 계약서를 승인받아야 한다는 의미로 해석되지는 않는다.

⑪ 피고의 정관에 의하면, 금전적인 부담이 수반되지 아니하는 계약내용의 변경은 대의

원회의 의결을 거쳐야 하고(제 12 조 제 2 항), 대의원회는 총회로부터 위임받은 사항을 의결하는바(제 25 조 제 1 항 제 3 호), 이 사건 시공자 선정 임시총회에서 공사계약의 금액, 공사의 비용부담, 사업비 및 이주비 대여, 조합원 청산금의 납부 등 조합원에게 금전적인 부담이 수반되는 계약내용에 관하여 이미 총회의결이 있었던 이상, 그 외에 <u>금전적인 부담이 수반되지 않는 부수적인 사항</u>(원고들과 승계참가인이 주장하는 '설계변경 및 계약의 해제·해지'에 관한 사항 등)에 관하여는 총회의 위임을 받은 대의원회가 이를 추가하여 계약내용을 변경할 수 있다.

⑫ 가사 <u>사업제안서와 비교하여 추가된 계약내용 중 조합원에게 금전적인 부담을 지우는 부분이 일부 있다 하더라도 그 부분만이 무효가 될 뿐, 특별한 사정이 없는 한 총회의결을 거친 계약의 주요 내용이 전부 무효가 되는 것은 아니다.</u>

E. [하급심판례] 시공자와의 계약체결을 대의원회에 위임하는 안건은 위법해 —수원지방법원 2011. 4. 15. 자 2011 카합 108 결정[총회개최금지가처분]

【당사자】

> 채권자 별지 목록 기재와 같다.
> 채무자 <삭제> 구역 주택재개발정비사업조합

【주문】

> 채권자들이 채무자를 위하여 100,000,000 원을 공탁하거나 같은 금액을 보험금액으로 하는 지급보증위탁계약 체결문서를 제출하는 것을 조건으로, 채무자는 2011. 4. 16. 14:00 <삭제> 교회에서 '시공자 선정 및 계약체결 위임건(제 6 호 안건)'의 결의를 위한 임시총회를 개최하여서는 아니 된다.

도시정비법 제 24 조 제 3 항 제 5 호, 제 25 조 제 2 항, 같은 법 시행령 제 35 조에 의하면, <u>시공자와의 계약체결은 대의원회에 위임할 수 없는 총회의 결의사항에 해당한다고 할 것이므로, 이를 대의원회에 위임하는 '계약체결 위임의 건'의 결의 역시 위법하게 된다.</u>

F. [하급심 판례] ① 총회에서 선정된 시공자와 체결할 계약서의 검토 및 본계약 체결 권한을 대의원회에 위임하여 차기 총회의 추인받도록 하는 내용의 총회결의는 허용되지 않으나; ② 대의원회가 계약내용을 협의한 후 총회에서 계약 체결에 대한 결의가 이루어질 경우 대의원회에서 그에 따라 계약을 체결하도록 하는 내용의 총회결의는 허용될 수 있어 —서울동부지방법원 2010. 8. 27. 자 2010 카합 1903 결정[총회개최금지가처분]

I. 공사도급계약의 체결

【당사자】

> 채권자   별지 (1), (2) 목록 기재와 같음
> 채무자   ○○○○아파트 주택재건축정비사업조합

도시정비법이 예산으로 정한 사항 외에 조합원의 부담이 될 계약을 대의원회에 위임할 수 없는 총회의결사항으로 정하고 있고, 채무자 조합 정관 제12조 제2항에서도 시공자와의 계약 체결에 대해 미리 총회의 의결을 거칠 것을 요구하고 있는 사실은 앞서 본 바와 같고{별지(3) 관련규정 참조}, 기록 및 심문 전체의 취지에 따르면, 제2호 안건은 총회에서 선정된 시공자와의 계약서 검토 및 계약을 대의원회로 위임하여 차기 총회에서 추인받는 것을 내용으로 하고 있는 사실이 소명된다.

> ☞ 제2호 안건은 "시공자선정 입찰지침서를 인준하고. 총회에서 선정된 시공자와의 계약서 검토 및 계약을 대의원회로 위임하여 차기 총회에서 추인받는다"는 내용이다.

위 인정사실에 따르면, 선정된 시공자와의 계약 체결은 총회에만 그 권한이 부여된 것이고, 특히 채무자 조합 정관은 계약체결 전 총회의 사전 의결을 거칠 것을 요하고 있으므로, 대의원회에 그 체결 즉시 효력이 발생하는 본계약을 체결할 권한을 부여하는 것은 허용되지 않는다.

그러나 제2호 안건의 내용은 대의원회가 계약내용을 협의한 후 총회에서 계약 체결에 대한 결의가 이루어질 경우 대의원회에서 그에 따라 계약을 체결하도록 하는 내용으로 보이므로, 명백히 도시정비법 및 정관에 위배되었다고 단정키 어렵다.

G. 공사비의 검증

1. 【해설】법 제29조의2에 따른 공사비 검증 (사업시행자의 의무)

> **(1) 검증 대상 및 사유:** 재개발사업·재건축사업의 사업시행자(시장·군수등 또는 토지주택공사등이 단독 또는 공동으로 정비사업을 시행하는 경우는 제외)는 다음의 어느 하나에 해당하는 때에는 공사비 검증을 요청하여야 한다(법 제29조의2 제1항).
>
> 　1. 토지등소유자 또는 조합원 1/5 이상이 사업시행자에게 검증 의뢰를 요청하는 경우(제1호)
>
> 　2. 공사비 증액비율(당초 계약금액 대비 누적 증액 규모의 비율로서 생산자물가상승률은 제외함)이 다음의 어느 하나에 해당하는 경우(제2호)
>
> 　　가. 사업시행계획인가 이전에 시공자를 선정한 경우: 10% 이상

나. 사업시행계획인가 이후에 시공자를 선정한 경우: 5% 이상

※ 생산자물가상승률의 적용 은 「당초 체결한 공사도급계약의 공사비 산정 기준일(기준일이 없는 경우는 계약일)의 직전달 생산자물가지수」와 「검증 기준시점(아래 참조)의 직전달의 생산자물가지수」를 비교하여 산정한다(「정비사업 공사비 검증기준」 제 3 조 제 2 항 전단. 이하 '검증기준'이라 함).

※ 당초 계약금액 은 시공사 선정 이후 최초 체결한 계약금액으로 한다. 다만 2019 년 10 월 24 일 이전에 시공사를 선정한 경우에는 2019 년 10 월 24 일 직전 체결한 계약금액으로 한다(같은 조 제 3 항).

3. 공사비 검증이 완료된 이후 공사비 증액 비율(검증 당시 계약금액 대비 누적 증액 규모의 비율로서 생산자물가상승률은 제외함)이 3% 이상인 경우(제 3 호)

※ 이 경우 생산자물가상승률의 적용 은 「검증 후 체결한 공사도급계약서의 공사비 산정 기준일(기준일이 없는 경우 계약일을 기준으로 함)의 직전달 생산자물가지수」와 「검증 기준시점 직전달의 생산자물가지수」를 비교하여 산정한다(검증기준 제 3 조 제 2 항 후단).

(2) 신청시기: 시공자와 계약체결 후 검증을 신청하여야 한다. 다만, 계약 이후 공사비 증액인 경우는 변경계약 체결 전에 검증을 신청하여야 한다(검증기준 제 4 조).

(3) 검증의 기준시점: ① 검증의 기준이 되는 시점은 시공자가 사업시행자에게 공사비의 증액을 신청한 날짜로 한다. 다만, 제 3 조제 1 항제 1 호의 경우로서 전체 공사비를 검증하는 경우는 공사도급계약서의 공사비 산정 기준일(기준일이 없는 경우 계약일을 기준으로 한다)로 한다. ② 제 1 항의 내용에도 불구하고 사업시행자와 시공자가 서로 협의한 경우 협의한 날짜로 할 수 있다. (검증기준 제 8 조).

(4) 검증기관: 공사비검증 업무는 법 제 114 조에 따른 정비사업 지원기구 또는 정비사업 지원기구 업무를 대행할 수 있는 한국부동산원 및 한국토지주택공사가 수행한다(검증기준 제 2 조).

(5) 처리기간: 검증기관은 전체 또는 증액 공사비가 1,000 억 원 미만인 경우에는 접수일로부터 60 일 이내에, 1,000 억 원 이상인 경우에는 75 일 이내에 검증결과를 신청인에게 통보하여야 한다. 다만, 부득이한 경우 10 일 범위 내에서 1 회 연장할 수 있다(검증기준 제 7 조 제 1 항).

검증이 완료된 경우 사업시행자는 검증 보고서를 총회에서 공개해야 한다(검증기준 제 11 조).

(6) 시행 및 경과규정: 법 제 29 조의 2 는 2019. 4. 23. 신설되어 2019. 10. 24.부터 시행되었으며, 2019. 10. 24. 후 공사비를 증액하거나 토지등소유자 또는 조합원의 검증

의뢰에 따라 사업시행자가 공사비 검증을 요청하는 경우부터 적용한다(부칙 제 1, 2 조).

(7) 수수료 납부 및 환불: 신청인은 검증신청과 함께 수수료를 검증기관에 납부하여야 한다(검증기준 제 13 조 및 별표 1, 2). 신청인이 공사비 검증을 취소하고자 하는 경우 보고서 제출 전까지 사유를 기재하여 문서를 통해 검증기관에 신청하여야 하며, 취소에 따른 수수료 환불 기준은 검증기준 별표 3 과 같다(검증기준 제 14 조).

(8) 기타: 공사비 검증의 방법 및 절차 등에 관한 자세한 내용은 「정비사업 공사비 검증 기준」(국토교통부고시 제 2020-1182 호)에서 볼 수 있다.

표 5 [별표 1] 전체공사 검증 수수료

전체 공사비	수수료
100억원 이하	5,000,000원(기본수수료)
100억원 초과 500억원 이하	5,000,000원 + 100억원 초과액의 40/100,000
500억원 초과 1,000억원 이하	21,000,000원 + 500억원 초과액의 25/100,000
1,000억원 초과 2,000억원 이하	33,500,000원 + 1,000억원 초과액의 15/100,000
2,000억원 초과	48,500,000원 + 2,000억원 초과액의 5/100,000

표 6 [별표 2] 증액공사 검증 수수료

증액 공사비	수수료
10억원 이하	5,000,000원(기본수수료)
10억원 초과 50억원 이하	5,000,000원 + 10억원 초과액의 40/10,000
50억원 초과 100억원 이하	21,000,000원 + 50억원 초과액의 25/10,000
100억원 초과 200억원 이하	33,500,000원 + 100억원 초과액의 15/10,000
200억원 초과	48,500,000원 + 200억원 초과액의 5/10,000

2. 【해설】계약업무기준에 따른 공사비 검증 (사업시행자의 재량)

사업시행자등(추진위원장과 사업시행자)은 시공계약 체결 후 다음의 어느 하나에 해당하면 한국부동산원에 공사비 검증을 요청할 수 있다(계약업무기준 제 36 조 제 3 항).

제 2 장 공사계약 / 제 1 절 공사도급계약의 체결 및 변경

> 1. 사업시행계획인가 전에 시공자를 선정한 경우에는 공사비의 10% 이상, 사업시행계획인가 이후에 시공자를 선정한 경우에는 공사비의 5% 이상이 증액되는 경우
> 2. 제 1 호에 따라 공사비 검증이 완료된 이후 공사비가 추가로 증액되는 경우
> 3. 토지등소유자 1/10 분의 1 이상이 사업시행자등에 공사비 증액 검증을 요청하는 경우
> 4. 그 밖에 사유로 사업시행자등이 공사비 검증을 요청하는 경우

3. 【해설】 서울시 「공공지원시공자선정기준」 에 따른 공사비검증 (조합의 재량)

> 조합은 수의계약을 체결하고자 하는 경우에는 검증기관에 공사비 검증을 요청할 수 있으며, 공사비 검증이 완료된 경우 검증보고서를 총회에서 공개하고 계약 체결을 의결 받아야 한다. 여기에는 계약업무기준 제 36 조 제 4 ~ 6 항이 준용된다. (공공지원시공자선정기준 제 16 조.)

H. 기존 건축물의 철거

1. 【법령】 전부개정 도시정비법 제 29 조(계약의 방법 및 시공자 선정 등)

> ⑪ 사업시행자(사업대행자를 포함한다)는 제 4 항부터 제 8 항까지의 규정에 따라 선정된 시공자와 공사에 관한 계약을 체결할 때에는 기존 건축물의 철거 공사(「석면안전관리법」에 따른 석면 조사·해체·제거를 포함한다)에 관한 사항을 포함시켜야 한다. <개정 2017. 8. 9., 2023. 12. 26.> [☞ 2024. 6 27. 전까지는 ⑨항임]
>
> ☞ 시공자와 체결하는 공사계약에 기존 건축물의 철거공사에 관한 사항이 반드시 포함되므로 별도로 철거업자를 선정할 필요가 없다. 철거비용도 공사비에 당연히 포함되어 있다. 이 규정은 2010. 4. 15. 법률 제 10268 호 개정법률 제 11 조 제 4 항으로 처음 신설되었다.

2. 【법령】 토지보상법 시행규칙 제 33 조(건축물의 평가)

> ④ 물건의 가격으로 보상한 건축물의 철거비용은 사업시행자가 부담한다. 다만, 건축물의 소유자가 당해 건축물의 구성부분을 사용 또는 처분할 목적으로 철거하는 경우에는 건축물의 소유자가 부담한다.

II. 도급제와 지분제

A. 개요

1. 【해설】 도급제와 지분제

> 공사도급계약은 공사대금의 지급방식에 따라 도급제와 지분제로 구분된다. ① '도급제'는 공사대금을 일정 금액으로 정하여 계약에서 정한 스케줄에 따라 지급하고, 정비사업으로 인한 이익과 손실을 모두 조합에 귀속시키는 방식이다. ② '지분제'는 도급인이 공사대금을 일정한 금액으로 정하여 지불하는 대신, 시공자가 조합원에게 일정비율(또는 일정금액)의 무상지분율(또는 무상지분금액)을 제공하고 자기 비용으로 정비사업을 진행한 후 일반분양대금 등 수입금을 시공자가 공사비 명목으로 가져가는 방식이다.
> 도급제 시공계약과 지분제 시공계약의 특징은 각각 아래와 같다.

2. 【해설】 도급제 시공계약

> (1) 도급제는 조합이 조합원들이 납부하는 분담금과 일반분양대금으로 공사비와 사업비를 조달하여 사업을 진행하고, 사업으로 생기는 이익을 전부 조합(결국은 조합원)이 가져가고 손실도 조합이 부담하는 방식이다. 시공자에게는 도급계약에서 정해진 공사비만을 현금으로 지불한다. 공사비 지급일정은 '기성불' 방식(분양실적과 관계 없이 공사기성고에 따라 지급하는 방식) 또는 '분양불' 방식(분양대금 입금시 지급하는 방식으로 '수금불'이라고도 함)으로 한다.
>
> 사업완료 후 조합원은 사업의 성과에 따라 조합에 추가분담금을 납부하거나 조합으로부터 환급금을 돌려받는다.
>
> (2) 조합원은 분담금 산정시 비례율을 적용하여 권리가액을 산출함으로써 개발이익을 분배받는다
>
> * 조합원 분담금 = 조합원이 분양받을 신축아파트의 추산액 − 권리가액
>
> * 권리가액 = 종전자산 평가액 × <u>비례율</u>

3. 【해설】 지분제 시공계약

> (1) 지분제는 시공자가 조합이 제공한 대지에 필요한 사업비를 투입하여 건축시설을 축조하고, 신축된 주택과 상가 및 부대복리시설을 토지에 대한 대물변제로 공급하며, 잔여 건축시설은 일반에게 분양하여 공사비 및 사업경비로 충당하는 방식이다.

(2) 이를 경제적 관계로 풀어 쓰면, 지분제는 시공자가 조합원에게 종전자산의 대지면적 대비 신축아파트의 일정 면적(무상지분면적)을 무상으로 제공하고, 사업에서 발생하는 나머지 수입(아파트 일반분양분과 상가·편의시설 등의 분양수입 및 조합원 분담금)을 시공자가 공사대금으로 모두 가져가는 방식이다.

조합원에 대한 개발이익의 분배는 '무상지분율'을 통해서 이루어지며, 무상지분율을 제외한 개발이익은 시공자에게 귀속한다. 예를 들어 무상지분율이 150%인 재건축사업에서, 현재 대지지분 66 ㎡(대지지분면적)인 아파트에 살고 있는 조합원은 99 ㎡(분양면적)의 새 아파트를 무상으로 받을 수 있으며, 그 외 해당 재건축사업에서 발생하는 이익은 전부 시공자에게 귀속한다.

(3) 요컨대 지분제는 시공자가 공사비, 사업비 등을 전부 부담하여 공사를 진행하고, 무상지분율에 해당하는 면적을 조합원에게 무상으로 공급한 후 그 외 해당 정비사업에서 발생하는 이익(개발이익)과 손실(개발손실)이 시공자에게 귀속되는 방식이다. 다만, 비용부담과 이익귀속의 구체적 범위는 개별적 계약에 따라 사안마다 달라질 수 있다.

(4) 지분제는 시공계약 체결 이후 무상지분율의 변동가능성 여부에 따라 '확정(고정)지분제'와 '변동지분제'로 나뉜다. '확정지분제'는 시공계약 체결 시점을 기준으로 무상지분율을 확정하는 방식이고, '변동지분제'는 사업 진행과정에서 이주 지연, 분양실적 등 사업성의 변수에 따라 무상지분율을 변동시키는 방식이다.

(5) 시공자 입장에서 지분제 시공계약을 체결하기 위해서는 무상지분율을 상쇄하고 남을 개발이익이 보장되어야 한다. 그런데 주택시황 외에도 사업성의 불확실한 변수들이 많이 존재하는 재개발사업에서는 재건축사업처럼 일정 수준 이상의 개발이익을 장담하기가 어려우므로, 지분제 방식은 재개발사업에서는 거의 사용되지 않는다.

☞ 지분제에서의 분담금에 관하여는 돈.되.법 4 의 제 2 장 제 4 절 I.을 참조하세요.

B. 지분제 도급계약서에서, 시공자가 무상지원하는 사업경비 중 i) 조합 명의로 집행하는 사업경비(안전진단비, 신탁등기·일반분보존등기비, 조합운영비 등)는 대여금이지만, ii) 시공자 명의로 직접 집행하는 사업경비(설계비, 측량비·지질조사비, 이주비 대출이자, 사업부지 내 국·공유지를 무상 양도받기 위한 소송비용)는 대여금이 아니라고 본 사례(따라서 조합은 반환의무 없음) —대법원 2016. 4. 12. 선고 2014 다 215406 판결[대여금]

【당사자】

원고,피상고인	현대산업개발 주식회사
피고,상고인	A 아파트재건축조합 외 5 명

II. 도급제와 지분제

1. 원심판결의 내용

원심의 이 부분 판단의 요지를 본다.

가. 원심이 인정한 사실

... ② 피고 조합은 이 사건 사업의 시공자 선정을 위한 입찰공고를 하였는데, 원고는 2002. 9. 30. 피고 조합에게 이 사건 사업의 시공자로 선정되기 위한 사업참여 제안서를 제출한 다음, 2002. 10. 19. 피고 조합의 조합창립 및 시공자 선정을 위한 총회에서 이 사건 사업의 시공자로 선정되었다.

③ 원고는 2003. 10. 8. 피고 조합과 사이에 원고가 피고 조합으로부터 이 사건 사업의 공사를 도급받아 이를 시공하기로 하는 공사가계약(이하 '이 사건 가계약'이라 한다)을 체결하였다.

④ 피고 B, 피고 C, 피고 D, 피고 E, 피고 F 은 피고 조합의 전·현직 임원으로서 이 사건 가계약의 체결 당시 피고 조합의 이 사건 사업으로 인한 모든 채무의 변제에 관하여 피고 조합 및 다른 보증인과 연대하여 책임을 지기로 약정하였다.

⑤ 원고는 2003. 2. 18. 부터 2007. 5. 25. 까지 사이에 피고 조합의 요청에 따라 이 사건 가계약 제 13 조에 의하여 원심판결 별지 1 [대여금 내역표]의 '대여금액'란 기재의 각 돈에 관하여 개별적으로 금전소비대차에 관한 약정서를 작성한 다음, 해당 금액을 피고 조합에게 지급하였다(이하 통틀어 '이 사건 대여금'이라 한다).

⑥ 원고는 2003. 7. 1. 부터 2007. 12. 10. 까지 사이에 이 사건 가계약 제13조에 의하여 a) 이 사건 사업의 사업시행인가를 받기 위한 사업시행계획서에 포함될 설계도 작성을 위한 설계용역비, b) 그 도서 작성을 위한 측량 및 지질조사비, c) 피고 조합원들이 농협중앙회로부터 이주비를 대출받은 데 따른 대출이자, d) 사업부지 내 국·공유지를 무상 양도받기 위한 소송비용으로 원심판결 별지 2 [사업경비 내역표]의 '지출금액'란 기재의 각 돈을 직접 지출하였다(이하 통틀어 '이 사건 사업경비'라 한다).

나. 원심의 판단 (이 사건 사업경비도 대여금으로 봄)

원심은 ... 이 사건 사업경비도 이 사건 대여금과 마찬가지로 원고와 피고 조합 사이에 원고가 피고 조합에게 이 사건 사업을 위한 사업경비 명목의 돈을 무이자로 대여한 후 재건축아파트의 분양수입금이 발생하면 그 분양수입금으로 대여금의 변제에 충당하기로 하는 내용의 무이자 금전소비대차계약을 체결한 다음 그에 따라 지급한 것으로 볼 수 있다고 보아, 피고들이 원고에게 이를 차용금으로 반환할 의무가 있다고 판단하였다.

2. 대법원의 판단 (파기환송)

그러나 원심의 판단은 아래와 같은 이유로 받아들이기 어렵다.

가. 원심기록에 의하여 알 수 있는 사실

원심판결 이유와 기록에 의하면,

① 이 사건 가계약 제 4 조, 제 5 조는 이 사건 사업시행 방식에 관하여 피고 조합이 원고에게 조합원들이 소유하는 사업 부지를 제공하고, 원고는 사업경비를 투입하여 아파트 등 건축시설을 시공한 다음 약정된 대물변제비율에 따라 피고 조합에게 신축된 아파트 및 부대복리시설을 공급하며 나머지 건축시설은 일반분양하여 공사비 및 사업경비로 충당하는 지분제 방식을 채택하고 있는 점,

② 이 사건 가계약 제 13 조 제 1 항은 이 사건 사업경비에 해당하는 설계비, 측량비 및 지질조사비, 무이자 이주비 금융비용, 각종 소송비용을 원고가 피고 조합에게 무상으로 지원하는 항목으로 열거하고 있고, 같은 조 제 5 항은 제 1 항의 사업경비가 추가 발생하여도 조합원에게는 추가로 분담금을 부과할 수 없다고 정하고 있는 점,

③ 이 사건 가계약 제 13 조 제 6 항은 무상으로 지원하는 사업경비 중에서 a) 원고 명의가 아닌 피고 조합의 명의로 집행하는 사업경비(안전진단비, 신탁등기 및 일반분 보존등기비, 조합운영비 등)에 대해서는 별도로 원고가 피고 조합에게 무이자로 대여하고 피고 조합은 원고에게 분양수입금에서 우선 상환한다고 명시함으로써, 이 사건 대여금에 해당하는 돈에 관하여 원고가 피고 조합에게 이를 대여하는 것임을 명확히 정하고 있는 반면, b) 원고가 그 명의로 지출한 이 사건 사업경비에 관하여는 그와 같이 정한 바 없는 점,

④ 원고는 이 사건 대여금에 해당하는 사업경비를 지출할 때마다 피고 조합으로부터 개별적으로 금전소비대차계약서와 영수증을 작성 받았지만, 이 사건 사업경비에 해당하는 돈을 지출할 때는 피고 조합으로부터 그러한 금전소비대차약정서 등을 작성 받은 바 없는 점 등을 알 수 있다.

나. 이 사건 사업경비는 대여금이 아님

위와 같은 사정을 앞서 본 법리에 따라 살펴보면, 이 사건 사업경비는 이 사건 대여금과는 달리 원고가 피고 조합에게 이를 대여하기로 약정한 것은 아니라고 보는 것이 이 사건 가계약서 문언의 객관적인 의미에 맞는 해석이고, 원심이 들고 있는 앞서 본 바와 같은 사정들은 이 사건 가계약서에 명시된 문언의 객관적 의미를 위와 달리 해석하여야 할 특별한 사정이라고 보기 어렵다.

II. 도급제와 지분제

그럼에도 원심은 이와 달리 이 사건 사업경비에 관하여 원고가 피고 조합과 사이에 금전소비대차계약을 체결한 다음 그에 따라 지급한 것이라고 판단하여 피고 조합이 원고에게 이를 반환하도록 명하였으니, 이러한 원심 판단에는 필요한 심리를 다하지 아니하거나 처분문서의 해석에 관한 법리를 오해하여 판결에 영향을 미친 위법이 있다.

C. ① '공동의 목적 달성' 정도만으로는 민법상 조합이 성립하지 않고, 특정사업을 공동 경영하는 약정만이 조합계약이라 할 수 있어; ② 시공사가 재개발조합의 전문성·재정능력 부족을 보완하기 위해 지분도급제 방식의 참여조합원으로 가입하고 그에 관한 일련의 약정을 체결한 사실만으로는 재개발사업을 공동시행하는 조합체가 성립하지 않았다고 본 사례 — 대법원 2010.02.11. 선고 2009 다 79729 판결[손해배상(기)]

【당사자】

[원고, 피상고인]원고 1 외 1 인

[피고, 상고인]봉산동주택재개발조합

1. 법리 (민법상 조합의 성립요건)

민법상의 조합계약은 2 인 이상이 상호 출자하여 공동으로 사업을 경영할 것을 약정하는 계약으로서(민법 제 703 조) 특정한 사업을 공동 경영하는 약정에 한하여 이를 조합계약이라고 할 수 있고, 공동의 목적달성이라는 정도만으로는 조합의 성립요건을 갖추었다고 할 수 없다 (대법원 2004. 4. 9. 선고 2003 다 60778 판결 등 참조).

한편, 구 도시재개발법 (1995. 12. 29. 법률 제 5116 호로 개정되었다가 도시 및 주거환경정비법이 제정됨에 따라 2003. 7. 1. 폐지된 것, 이하 '구 도시재개발법'이라고 한다)이 시행된 1996. 6. 30. 이전에 사업시행 고시가 있은 재개발사업에 관하여는 공동시행자에 관한 규정이 적용되지 않으므로, 1996. 6. 30. 이전에 사업시행 고시가 있은 재개발사업에 관하여 참여조합원으로 가입한 시공사가 재개발조합의 전문성 및 재정적 능력 부족을 보완하기 위하여 재개발사업의 시행준비 단계에서부터 입주 단계에 이르기까지 재개발조합을 대행하여 주도적으로 재개발사업의 시행에 간여하고 공사대금 지급에 관하여 지분도급제 방식을 채택함으로써 재개발사업의 성패가 곧장 시공사의 경제적 이익 또는 손실로 귀속되게 된다는 사정만으로는 시공사와 재개발조합이 재개발사업에 관하여 공동시행자로서 동등한 권리의무를 가지고 동등한 책임을 진다고 할 수 없다(대법원 2007. 12. 27. 선고 2004 다 26256 판결, 대법원 2009. 12. 10. 선고 2006 다 25066 판결 등 참조).

제 2 장 공사계약 / 제 1 절 공사도급계약의 체결 및 변경

2. 파기환송

그러나 앞서 본 법리에 의하면, 구 도시재개발법 시행 이전의 재개발사업시행고시에 따라 이루어진 이 사건 재개발사업에 있어서는 시행자인 피고와 시공사인 아포리건설이 위 법령상의 공동시행자로서 동등한 권리의무를 가지고 책임을 같이 진다고 할 수 없을 것이고, 나아가 <u>아포리건설이</u> 피고가 시행하는 재개발사업의 아파트 등 신축을 위한 시공자로 간여함에 있어서 <u>재개발조합의 전문성 및 재정적 능력 부족을 보완하기 위해 지분도급제 방식의 참여조합원으로 가입하고 그에 관한 각종 내용의 약정을 조합과 체결한 사실만으로는</u> 공동의 목적달성이라는 정도를 넘어서 민법상 <u>특정한 사업을 공동 경영하는 내용의 조합의 성립요건을 갖추었다고 할 수도 없으므로</u>, 시공사인 아포리건설 혹은 그의 보증사 등이 책임져야 할 <u>시공상 불법행위에 대해 피고가 동업자로서 공동책임을 진다고 할 수도 없</u>다.

그럼에도 피고와 아포리건설 사이에 민법상 조합관계가 성립함을 전제로 원고들의 피고에 대한 이 사건 손해배상청구의 전부 혹은 일부를 인용한 <u>원심판결에는 민법상 조합계약의 성립 혹은 구 도시재개발법상 재개발조합과 시공사 사이의 참여계약의 성격 등에 관한 법리를 오해하여 판결에 영향을 미친 위법이 있다.</u>

III. 가계약과 본계약

A. 개요

1. 【해설】 '가계약'과 '본계약'이라는 잘못된 관행

> 시공자선정부터 착공까지는 상당히 긴 시간이 소요되므로 시공자는 시공자로 선정된 후 바로 공사도급계약을 체결하기를 꺼려한다. 그 사이에 공사비 원가 상승, 사업성 악화 등의 변수가 발생할 수 있기 때문이다. 그런데 시공자가 정당한 이유 없이 3월 이내에 계약을 체결하지 않으면 시공자선정이 무효로 될 수 있으므로 계약체결을 마냥 뒤로 미룰 수만은 없기 때문에 고안해 낸 방법이 바로 '가계약 체결'이다.
>
> 즉, 가계약 체결은 시공자가 공사비 원가 상승, 부동산시황 변동 등에 따른 사업성 악화의 리스크를 조합에 떠넘기고, 계약체결 지연으로 시공자선정이 무효로 되는 것을 회피하기 위해 만들어낸 편법적 관행이다.
>
> 시공자는 먼저 공사도급가계약을 체결한 후, 사업성의 제변수가 좀 더 구체화되고 착공 시점이 다가오는 관리처분계획 단계에서 조합에게 공사대금 기타 계약조건의

III. 가계약과 본계약

변경을 요구하고, 조합은 변경된 내용의 공사도급계약(안)을 관리처분총회에 상정하여 총회의 결의를 받아 공사도급본계약을 체결한다.

그러나 정비사업에서 체결되는 공사도급가계약은 전부 본계약이고, 공사도급본계약은 도급계약의 변경계약일 뿐이다(아래 참조). 조합은 실제로 도급계약을 체결하고도 그것을 가계약이라 생각하고, 시공자의 요구에 따라 공사비 기타 계약조건을 쉽게 변경하여 본계약을 체결하는 잘못된 관행을 시공자와 함께 만들어가고 있는 것이다.

이로 인하여 시공자 선정 후 조합과 조합원의 지위가 매우 열악해지고, 재개발·재건축사업이 건설사의 '리스크 없는 현금창출원 cash cow'으로 전락했다.

조합은 하루빨리 이 잘못된 관행에 마침표를 찍고 시공사의 cash cow 신세를 벗어나야 한다. 조합은 입찰참여안내서에 "시공자로 선정된 후 정당한 이유 없이 3월 이내에 공사도급본계약을 체결하지 않으면 시공자선정을 무효로 할 수 있다"는 내용을 반드시 포함시키는 등 입찰공고 단계에서부터 이를 바로잡아 나가야 한다.

공사도급계약 체결 후 공사원가 상승 기타 변수로 인한 사업성 악화 등의 문제는 '공사비 증액' 문제로 처리하는 것이 옳다.

2. 【해설】 공사도급가계약의 효력 (공사도급가계약은 본계약, 공사도급본계약은 변경계약)

(1) 가계약에서 본계약의 주된 급부의 중요부분이 확정되어 있거나 대략의 합의가 성립되어 있는 경우에는, 그 부수적인 내용이 상세하게 확정되어 있지 않더라도, 가계약도 예약 또는 조건부 계약으로서 독자적인 구속력 및 책임의 근거가 될 수 있다는 것이 판례이다(부산지방법원 2007. 7. 26. 선고 2003 가합 10578 판결 및 대법원 2006.11.24. 선고 2005 다 39594 판결 참조).

또한 부동산매매 '가계약서'에 잔금 지급시기가 기재되지 않았더라도 매매계약의 중요 사항인 매매목적물과 매매대금 등이 특정되고 중도금 지급방법에 관한 합의가 있었다면 매매계약이 성립되었다고 본 판례도 있다(대법원 2006.11.24. 선고 2005 다 39594 판결).

(2) 정비사업에서 체결되는 '공사도급가계약'은 공사도급계약의 주된 급부인 '공사의 내용'과 '공사대금'의 중요부분이 모두 확정되어 있을 뿐 아니라, 공사의 기준(대안설계·건축자재 등), 사업비/조합운영비 대여조건, 이주비 대여조건, 신축건물의 분양, 준공·입주 등 시공계약의 세부 조건까지 모두 담고 있는 경우가 대부분이다.

따라서 조합과 시공자가 체결한 공사도급 '가계약'은 거의 전부가 '본계약'이라고 보면 된다. 그 경우 향후 체결되는 본계약은 도급계약의 변경계약이다.

B. ['가계약서'에 의하여 매매계약이 성립했다고 본 사례] 가계약서에 잔금 지급시기가 기재되지 않았고 가계약서 작성 후 정식계약서가 작성되지 않았으나, 가계약서 작성만으로 매매계약이 성립되었다고 본 사례 (가계약서 작성 당시 매매목적물과 매매대금이 특정되었으므로) ―대법원 2006.11.24. 선고 2005 다 39594 판결[소유권이전등기]

1. 법리

가. 계약이 성립하기 위한 합의의 정도

계약이 성립하기 위하여는 당사자 사이에 의사의 합치가 있을 것이 요구되고 이러한 의사의 합치는 당해 계약의 내용을 이루는 모든 사항에 관하여 있어야 하는 것은 아니나 그 본질적 사항이나 중요 사항에 관하여는 구체적으로 의사의 합치가 있거나 적어도 장래 구체적으로 특정할 수 있는 기준과 방법 등에 관한 합의는 있어야 한다(대법원 2001. 3. 23. 선고 2000 다 51650 판결 참조).

나. 매매계약의 성립 요건

한편, 매매계약은 당사자 일방이 재산권을 상대방에게 이전할 것을 약정하고 상대방이 그 대금을 지급할 것을 약정하는 계약으로 매도인이 재산권을 이전하는 것과 매수인이 그 대가로서 금원을 지급하는 것에 관하여 쌍방 당사자의 합의가 이루어짐으로써 성립하는 것이다(대법원 1996. 4. 26. 선고 94 다 34432 판결 등 참조).

2. 가계약서만으로 매매계약의 성립을 인정한 사례

원심은 그 채용 증거들을 종합하여 그 판시와 같은 사실을 인정한 다음, 비록 이 사건 가계약서에 잔금 지급시기가 기재되지 않았고 후에 그 정식계약서가 작성되지 않았다 하더라도, 위 가계약서 작성 당시 매매계약의 중요 사항인 매매목적물과 매매대금 등이 특정되고 중도금 지급방법에 관한 합의가 있었으므로 원·피고 사이에 이 사건 부동산에 관한 매매계약은 성립되었다고 판단하였다.

앞서 본 법리와 기록에 의하여 살펴보면, 원심의 이러한 사실인정과 판단은 정당하고, 거기에 상고이유로서 주장하는 바와 같은 채증법칙 위배로 인한 사실오인이나 계약성립에 관한 법리오해, 처분문서의 효력에 관한 법리오해 등의 위법이 없다.

C. [하급심판례] ① 설계업자(원고)가 추진위원회와 '가계약'만 체결하고 설계용역을 제공한 후 조합과 본계약을 체결하지 않은 사안에서; ② 조합은 가계약의 비용정산약정에 따라 원고가 수행한 설계업무에 상당하는 대가를 지급할 의무가 있다고 보았으나; ③ 본계약체결의무 불이행으로 인한 손해배상청구는, a) 가계약에 본계약의 주된 급부의 주요부분이 확정

III. 가계약과 본계약

되거나 확정될 수 있는 방법이 정해져 있지 않았고, b) 피고조합이 합리적인 노력을 했음에도 합의가 이루어지지 않아 본계약이 체결되지 못한 것으로 보고 <u>기각한 사례</u>; ④ 이 경우 설계용역비 산정방식: <u>실제 설계계약대금을 알 수 있는 경우에는 이를 기초로 산정해야지</u>, a) '전체공사비 중 설계비가 차지하는 요율'에 의하여 산정하거나 b) '단위건축면적당 설계용역비 단가에 의하는 방식'으로 설계비를 계산할 수 없음 —부산지방법원 2007. 7. 26. 선고 2003 가합 10578 판결 : 확정[설계비등]

【당사자】

【원 고】 주식회사 상지엔지니어링건축사사무소

【피 고】 엄궁주공아파트정비사업조합외 1 인

【피고들 보조참가인】 참가인

[사실관계 요약]

① 2000. 6. 5. 추진위원회, 원고와 설계용역 가계약('이 사건 가계약') 체결

② 2000. 6. 18. 피고조합 창립총회; 2000. 8. 23. 주택조합설립인가

③ 2002. 7. 21. 피고조합 임시총회: i) 피고 롯데건설을 시공자로 선정함; ii) 원고와 피고 롯데건설의 협력으로 재건축사업을 진행함("롯데건설 설계안을 따라 가되 상지건축을 안고 가야 된다") ['이 사건 1차 결의']

④ 2003. 2. 23. 정기총회: 피고 롯데건설의 대안 설계안을 작성한 ㈜나우동인건축사사무소('나우동인')를 설계자로 결의함 ['이 사건 2차 결의']

⑤ 2003. 2. 28. 피고조합은 원고에게 이 사건 가계약을 해지하고, 그 동안 투입한 비용을 청구하라고 통지함.

⑥ 2003. 5. 30. 피고들은 나우동인과 설계용역계약을 체결함

1. 기초 사실

가. 원고는 건축설계 및 관련 서비스업 등을 목적으로 설립된 회사이고, 피고 엄궁주공아파트정비사업조합(이하 '피고 조합'이라 한다)은 부산 사상구 엄궁동 99, 105(이하 '이 사건 대지'라 한다) 소재 엄궁주공아파트의 각 소유자들이 기존의 주택을 철거하고 이 사건 대지 위에 새로운 아파트(이하 '이 사건 재건축아파트'라 한다)를 재건축(이하 '이 사건 재건축사업'이라 한다)하고자 설립한 조합이고, 피고 롯데건설주식회사(이하 '피고 롯데'라 한다)는 토목 및 건축 등을 목적으로 설립된 회사이다.

제 2 장 공사계약 / 제 1 절 공사도급계약의 체결 및 변경

나. 위 엄궁주공아파트 각 소유자들은 1999. 10. 27. 입주자대표회의에서 이 사건 재건축사업을 위해 그 소유자들을 구성원을 하는 비법인사단인 소외 엄궁주공아파트재건축추진위원회(이하 '이 사건 추진위원회'라고 한다)를 설립하고 소외 제인모를 그 위원장으로 선출하였고, 이 사건 추진위원회는 2000. 6. 5. 원고와 사이에 이 사건 재건축아파트 설계용역에 대한 가계약(이하 이 사건 가계약 이라고 한다)을 체결하였는데, 그 주요 내용은 아래와 같다.

> **제 1 조 (목적)**
> 본 약정은 부산 사상구 엄궁동 99, 105 소재 엄궁주공아파트 재건축을 위한 재건축조합의 설립과 재건축 공동시행자를 선정 및 주택건설사업계획승인신청을 위한 건축설계를 실시하여 본 재건축사업을 원활하게 추진하기 위함에 있다.
>
> **제 2 조 (약정내용)**
> 1. 이 사건 추진위원회는 엄궁주공아파트 재건축 설계권을 원고에게 부여한다(이하 '설계용역약정'이라 한다).
>
> 2. 원고는 엄궁주공아파트의 재건축 설계권자로 재건축 추진에 필요한 재건축주택조합 설립업무의 지원 및 공동시행자를 선정하기 위한 제반 조사와 절차를 원고의 부담으로 시행한다.
>
> 3. 재건축 추진을 위하여 원고가 부담한 모든 비용은 향후 공동시행자와 협의 정산 처리한다(이하 비용부담약정 이라 한다).
>
> 4. 재건축 설계비는 향후 원고가 공동시행자와 협의 결정하고 재건축에 피해가 없도록 하여야 한다.
>
> **제 3 조 (이의 제기 금지)**
> 2. 이 사건 추진위원회는 재건축조합설립을 위한 원고의 요청에 대하여 최대한 협력하여야 하며 원고가 설계수행능력이 불가능한 경우를 제외하고는 설계권에 대하여 이의를 제기할 수 없다. 단 재건축 승인 후 조합원들의 설계변경 요청이 있는 경우 조합원들의 의견을 충분히 반영하여야 한다.
>
> **제 4 조 (약정서의 효력)**
> 2. 본 약정서는 향후 공동사업시행자와 본 계약서를 체결시까지 효력을 갖는다.

다. 피고 조합은 2000. 6. 18. 창립총회(이하 창립총회 라 한다)를 개최하여 이 사건 추진위원회 위원장인 제인모로부터 경과보고를 듣고 재건축 결의, 조합규약 확정, 조합장(제인모) 선출을 하였으며 2000. 8. 23. 부산 사상구청으로부터 주택조합설립인가를 받았다.

라. 원고는 위 설립인가 후 이 사건 가계약에 따라 이 사건 재건축사업의 시공자를 선정하기 위한 사전작업으로 현황측량, 지질조사를 실시하고 사업추진에 필요한 설계업무를 수행하면서 관련 도서를 작성하여 왔다. 피고 조합은 재건축사업의 시공자를 선정하기 위하여 2000. 10. 13. 재건축사업을 위한 사업요청서를 공고하였고 같은 달 25.까지 4개 업체로부터 사업의향서가 제출되자 같은 해 11. 1. 위 4개 업체를 참여시킨 다음 원고가 준비한 관련 도서(배치계획도, 설계개요, 단위세대평면도, 각 시설별 도면 포함) 및 현장설명서를 사용하여 현장설명회를 실시(이하 '이 사건 제1차 시공사 선정작업'이라 한다)하였지만 그 어느 업체도 사업참여제안서를 제출하지 않아 시공사를 선정할 수 없게 되었다. 피고 조합은 다시 2001. 8. 17. 재건축사업을 위한 사업요청서를 공고하여 같은 달 24.까지 8개 업체로부터 사업의향서를 제출받게 되었고 같은 달 29. 위 8개 업체를 참여시킨 상태에서 위와 같은 방식으로 현장설명회를 실시(이하 '이 사건 제2차 시공사 선정작업'이라 한다)하였지만 사업참여제안서를 제출한 업체가 없어 시공자를 선정할 수 없었다. 피고 조합은 2002. 5. 10. 재건축사업을 위한 사업요청서를 공고하였고 같은 달 24.까지 29개 업체로부터 사업의향서를 제출받아 같은 해 11. 1. 위 29개 업체를 참여시킨 다음 위와 같이 원고가 준비한 관련도서(배치계획도, 설계개요, 단위세대평면도, 각 시설별 도면 포함) 및 현장설명서(갑 제6호증, 이 사건 제1, 2차 시공사 선정작업 당시의 현장설명회에서 사용된 현장설명서의 내용과 달리 "피고 조합에서 제시한 배치계획도, 설계개요, 단위세대평면도, 각 시설별 도면 외에도 사업의 성공을 위한 대안을 마련하여 조합측에 제시할 수 있다."라는 내용이 포함되어 있음, 이하 '이 사건 현장설명서'라 한다)를 가지고 현장설명회를 실시(이하 '이 사건 제3차 시공사 선정작업'이라 한다)하여 피고 롯데 외 2개 업체가 사업참여제안서를 제출하였다.

피고 롯데의 사업참여제안서에는 원고의 이 사건 재건축아파트 설계안보다 용적률이 더 높은 등 피고 조합의 조합원들에게 더 유리한 대안설계안이 포함되어 있었고 피고 롯데는 위 사업참여제안서와 함께 이 사건 현장설명서상의 모든 내용을 승낙한다는 내용의 이행각서를 제출하였다.

마. 피고 조합은 2002. 7. 21. 임시총회(이하 '임시총회'라 한다)를 개최하여 〈이 사건 재건축사업 시공자 선정〉 안건과 관련해서는 시공자를 피고 롯데로 선정한다는 결의를 하고, 〈① 이 사건 추진위원회와 이 사건 가계약을 체결하고 이 사건 제1, 2, 3차 시공사 선정작업을 위해 설계 등을 한 원고의 퇴출 여부안, ② 설계업체의 재선정안 내지 ③ 원고와 피고 롯데의 협력으로 재건축사업진행안 중 하나의 안 선정〉 안건과 관련해서는 "롯데건설 설계안을 따라 가되, 상지건축을 안고 가야 된다."는 투표관리 위원장 권정대의 발언에 대하여 대다수 조합원이 찬성하여 원고와 피고 롯데의 협력으로 이 사건 재건축사업을 진행하기로 결의(이하 '이 사건 1차 결의'라 한다)하였다.

이에 기초하여 피고 조합은 2002. 7. 29. 원고에게 원고가 이 사건 재건축사업의 설계자로 선정되었음을 통지하였고, 피고들은 2002. 10. 31. 이 사건 재건축아파트 시공계약(이하

'이 사건 시공계약'이라 한다)을 체결하였다.

바. 원고와 피고 롯데는 위 임시총회 결의에 따라 이 사건 재건축아파트 설계 본계약(이하 '이 사건 본계약'이라 한다)을 체결하기 위하여 여러 차례의 협의를 거쳤으나 이 사건 재건축아파트의 설계권이 원고와 피고 조합 중 누구에게 있는가에 대한 다툼으로 이 사건 본계약을 체결하지 못하였다.

피고 조합은 위와 같이 원고와 피고 롯데의 의견 다툼이 계속되자 이 사건 재건축사업의 조속한 진행을 위해 2003. 2. 23. 정기총회(이하 '정기총회'라 한다)를 열어 '설계권에 대한 확정 승인'의 안건과 관련하여 피고 롯데의 대안 설계안을 작성한 주식회사 나우동인건축사사무소(이하 '나우동인'이라 한다)를 이 사건 재건축아파트의 설계자로 결의(이하 '이 사건 제2차 결의'라 한다)하였고, 2003. 2. 28. 원고에게 이 사건 가계약을 해지하며 그동안 원고가 이 사건 재건축사업을 위하여 투입한 비용을 그 내역서 및 영수증을 첨부하여 청구하여 달라는 내용의 통지를 하였다. 한편 피고들은 2003. 5. 30. 나우동인과 이 사건 재건축아파트의 설계용역계약을 체결하였다.

2. 피고 조합에 대한 청구에 관한 판단

가. 원고 제공 용역에 대한 대가지급에 관하여

(1) 설계비용 청구

(가) 책임의 발생

a) 이 사건 가계약의 비용정산약정을 법적 구속력이 있는 약정으로 봄

… 이 사건 가계약의 비용정산약정은 계약체결의 당사자에게 법적 구속력이 있는 약정으로 봄이 상당하다.

b) 피고조합은 이 사건 가계약의 당사자 지위를 승계하였다고 봄

… 이 사건 제1, 2차 결의에는 피고 조합이 이 사건 추진위원회의 원고에 대한 이 사건 가계약상 지위를 승계한다는 결의가 묵시적으로 포함되어 있다고 봄이 상당하므로 피고 조합은 이 사건 가계약의 당사자의 지위를 승계하였다고 할 것이다. 가사 위와 같은 묵시적 결의를 인정할 수 없다고 하더라도 앞에서 인정한 제반 사정에 비추어 볼 때 피고 조합이 원고에게 총회결의가 없어 이 사건 가계약의 효력이 자신에게 미치지 않는다고 주장하는 것은 신의칙 내지 금반언의 법리에 의하여 허용되지 않는다고 할 것이다…

III. 가계약과 본계약

그렇다면 피고 조합은 이 사건 가계약 중 비용정산약정에 따라 원고가 제공한 용역에 상당하는 대가를 지급할 의무가 있다.

(나) 책임의 범위

② 원고가 수행한 설계업무의 범위

... 앞서 든 증거들에 의하면 i) 이 사건 가계약에서 원고가 수행할 설계용역의 범위를 시공사 선정에서 나아가 주택건설사업계획승인신청을 위한 건축설계까지로 한 사실, ii) 주택건설사업계획승인신청시 제출해야 할 기본설계도면에 건축사용역의 범위 및 대가기준상의 설계업무분류상 계획설계 외에도 중간설계, 일부 실시설계 도면까지 포함되어 있는 사실, iii) 시공사 선정을 위해서도 정확한 시공비 산출을 위해 계획설계 외에도 중간설계 이상의 도면이 필요한 사실, iv) 피고 조합은 정기총회에서 나우동인을 설계자로 선정하는 결의를 할 때까지 원고를 창립총회, 임시총회를 거치는 동안 설계자로 인정하여 온 사실, v) 이 사건 제1, 2, 3차 시공사 선정작업 당시 피고 조합은 원고가 작성한 설계도면을 모두 첨부하여 현장설명서를 배포한 사실을 각 인정할 수 있는바,

이에 비추어 보면 원고가 비록 시공사 선정시까지 필요한 설계의 범위를 넘는 설계를 하였다 하더라도 이 사건 가계약에서 설계용역의 범위에 특별히 제한(재건축사업 내지 설계용역의 단계별 내지 시기별 등)을 두지 않았고 이 사건 가계약의 목적에 재건축사업인허가를 얻는 것도 포함되어 있는 이상 이 사건 재건축사업을 위해 필요한 설계 모두에 대해 이 사건 가계약의 범위에 포함되어 있거나 피고 조합이 그 동의나 승낙을 하였다고 봄이 상당하므로 시공사 선정을 위한 설계도면에 한정하여야 한다는 피고의 주장을 받아들이지 아니한다.

③ 전체 설계용역비의 산정

다음으로 전체 설계용역비의 산정에 관하여 본다. 설계용역비의 산정 방식에 있어 원고가 주장하는 바와 같이 전체공사비 중 설계비가 차지하는 요율에 의하여 산정하는 방식이나 피고의 주장과 같이 단위건축면적당 설계용역비 단가에 의하는 방식은 당해 설계용역비를 알 수 없는 경우에 고려해 볼 수 있는 방식이다.

그러나 갑 제62호증의 3의 기재에 변론 전체의 취지를 종합하면, 이 사건 재건축사업의 감리자를 선정하기 위한 입찰과정에서 사상구청의 모집공고에는 이 사건 재건축사업의 설계계약대금이 4,548,187,000원으로 기재되어 있는 사실을 인정할 수 있고 이는 감독관청에 의하여 공개된 자료로서 이 사건 재건축 사업을 위하여 실제로 소요된 설계대금으로 인정할 수 있다. 따라서 이 사건과 같이 실제의 설계계약대금을 알 수 있는 경우에는 이를 기초로 원고의 설계용역의 대가를 산정함이 타당하고 앞에서 인정한 설계수행정도와 실제 설

제2장 공사계약 / 제1절 공사도급계약의 체결 및 변경

계계약대금을 적용하면 원고가 피고 조합을 위해 제공한 설계용역의 비용은 1,462,333,084원 (= 4,548,187,000원 × 32.152%, 단 원미만 버림)으로 봄이 상당하다.

(2) 비용정산약정에 따른 기타비용 청구

(가) 기획업무비용

원고는 자신이 수행한 계획설계비의 5%에 해당하는 기획업무비가 소요되었으므로 비용정산약정에 따라 피고 조합은 원고에게 동액 상당을 지급할 의무가 있다고 주장한다.

그러므로 살피건대, 비록 건축사 용역의 범위와 대가기준 제9조 제1항에서 기획업무의 대가는 설계대가의 3% 내지 8% 범위 내에서 별도로 산정한다고 규정되어 있으나 이는 설계대금이 확정되어 있지 아니한 경우에 설계용역비와 별도로 기획업무 대가를 산정할 수 있다는 취지이므로 이 사건과 같이 실제 설계대금을 기준으로 원고가 수행한 설계업무의 대가를 산정하는 경우 그에 추가하여 별도로 기획업무비용을 청구할 수 없다. 따라서 원고의 위 주장은 이유 없다...

나. 이 사건 가계약에 따른 설계계약체결의무 불이행으로 인한 손해배상청구에 관하여

(1) 가계약의 두 가지 형태

"실거래계에 있어서는 정식의 계약체결에 이르기 전에 당사자들의 다양한 이해관계를 반영하는 합의들이 흔히 가계약 으로 이루어지는 경우가 많다. 그러나 가계약의 내용은 구속력의 정도나 규정하는 내용에 있어 매우 다양한 모습을 나타내고 있어 그 법적 성질과 효과를 파악하기가 쉽지 않으나, 우선적으로 고려되어야 할 것은 의사표시의 해석을 통하여 나타나는 당사자들의 의사라 할 것인바, ① 당사자들이 장차 계속되는 교섭의 기초로서 작성한 것이고 장래의 교섭에 의하여 수정될 것이 예정되어 있다면 법적 구속력을 인정하기 힘들 것이지만, ② 주된 급부에 관하여 대략의 합의가 성립되어 있는 경우라면 그 부수적인 내용이 상세하게 확정되어 있지 않다고 하더라도 위 합의에 관하여는 독자적인 구속력 및 책임의 근거로서 인정해야 할 경우가 많이 있다고 할 것이다.

따라서 가계약은 a) 본계약 주요 급부의 중요부분이 확정되어 있는 경우는 예약 또는 조건부 계약으로 볼 수 있고 b) 그것이 확정되어 있지 않는 경우는 준비단계의 계약으로 볼 것이다.

(2) 급부의 주요부분이 확정되지 않았으므로 피고조합은 본계약 체결의무가 없음

살피건대, 피고 조합에게 이 사건 가계약의 구속력으로서 본계약체결의무를 인정하여 그

IV. 정관변경의 유추적용에 의한 특별결의요건 (조합원 2/3 이상 동의)

이행이익의 배상을 구하기 위해서는 이 사건 가계약에서 이 사건 본계약 주된 급부의 주요 부분에 대해 합의가 이루어져 당사자가 임의로 본계약체결을 파기할 수 없는 상태에 있어야 하는데, 이 사건 본계약의 주된 급부는 이 사건 재건축아파트의 설계용역이라는 사실은 앞서 인정한 바와 같은바,

원고와 피고 조합 간에 이 사건 재건축아파트의 설계용역의 주요부분이라고 할 수 있는 그 <u>설계용역의 대상과 구체적 범위, 그 설계용역 대금의 산정방식과 액수, 그 설계용역의 이행기 등이 확정되거나 확정될 수 있는 방법이 정해져 있지도 않으므로 결국 피고 조합이 합리적인 노력을 하였으나 설계용역계약의 내용에 대하여 합의가 이루어지지 아니한 경우</u>에는 피고 조합에게 이 사건 본계약 체결 의무가 있다고 단정하기 어렵다.

(3) 피고조합은 본계약 체결을 위해 합리적 노력을 다하였으므로 손해배상책임 없음

한편, 피고 조합은 이 사건 가계약에 따라 원고와 설계계약을 체결할 수 있도록 원고와 피고 롯데의 협력으로 이 사건 재건축사업을 진행하기로 결의하였고, 구체적인 설계업무 분담을 정하기 위하여 피고 롯데로 하여금 원고와 여러 차례 협의를 거치도록 하였으나 원고와 피고 롯데의 의견이 좁혀지지 아니하자 재건축 사업의 지연을 우려하여 원고 아닌 다른 업체와 설계계약을 체결한 사실, 피고 조합은 원고에게 이 사건 가계약을 해지하고 그 동안 원고의 투입비용을 지급할 의사를 통지한 사실은 앞이 기초 사실에서 본 바와 같으므로 <u>피고 조합은 나름대로 이 사건 가계약에 따라 원고와 설계계약을 체결하기 위하여 합리적인 노력을 다하였다고 볼 수 있다.</u>"

또한, 피고 조합에게 이 사건 <u>가계약의 비용정산약정에 따라 원고가 수행한 설계업무에 상당하는 대가</u>(여기에는 원고의 설계업무 이행비율만큼의 영업이익이 포함되어 있음)를 지급할 의무가 있음을 인정한 이상, 이로서 <u>원고의 손해는 보전될 수 있다고</u> 보여지고, 그와 별도로 전체 설계계약을 체결할 경우 얻는 이익까지 피고 조합이 배상하여야 할 의무가 있다고 보기 어렵다.

IV. 정관변경의 유추적용에 의한 특별결의요건 (조합원 2/3 이상 동의)

A. 【해설】 조합원의 비용분담 조건을 실질적으로 변경시키는 내용의 도급계약 체결·변경

> (1) 도급계약의 처결 또는 변경이 물가변동 등 건축경기의 상황변화에 따라 통상 예상할 수 있는 범위를 초과하여 당초 재건축결의시 시공사가 제시하였던 비용분담에 관한 사항을 변경하는 것과 같이 <u>조합원의 비용분담 조건을 실질적으로 변경하는 경우에는 정관변경의 의결정족수를 유추적용하여 조합원 2/3 이상의 동의를 얻어야</u> 한다(대법원 2009. 1. 30. 선고 2007다31884 판결 등).

제 2 장 공사계약 / 제 1 절 공사도급계약의 체결 및 변경

> (2) 따라서 조합원 2/3 이상의 동의에 의한 총회의결을 받지 않고 그러한 공사도급계약을 체결한 것은 무효이다(대법원 2016. 5. 12. 선고 2013 다 49381 판결 참조). 그 의결정족수를 완화하는 정관규정도 무효이다(대법원 2009. 1. 30. 선고 2007 다 31884 판결).
>
> ☞ 정비사업비 변경의 의결정족수에 관하여는 돈.되.법 2 의 제 4 장 제 6 절 III.을 참조하세요.

B. [주촉법 판례] ① 재건축조합이 시공사와 도급계약을 체결하면서 물가변동 등 상황변화에 따라 통상 예상할 수 있는 범위를 초과하여 당초 재건축결의시 시공사가 제시한 비용분담에 관한 사항을 변경하는 것은 재건축결의를 변경한 것이고; ② 이는 그 비용의 증가가 정부정책의 변경 기타 예측하지 못한 상황의 발생으로 불가피하게 발생하였더라도 마찬가지야; ③ 당초 재건축결의에서 확정지분제를 채택하여 사업비가 증가해도 이를 시공사가 부담하고 '일반분양 수익금 10% 초과분'을 조합원에게 배분하기로 했는데, 시공사 '본계약' 안에서 사업비 증가분을 시공사가 모두 부담하는 대가로 당초의 '일반분양 수익금 10% 초과분 배분 조건'을 없애는 것은 조합원의 비용분담액을 증가시키는 것으로서 재건축결의의 실질적 변경에 해당한다고 본 사례 —대법원 2009. 1. 30. 선고 2007 다 31884 판결[조합장선임결의무효확인]

【당사자】

> 【원고, 상고인】 원고 1 외 1 인
>
> 【피고, 피상고인】 반포주공 3 단지재건축주택정비사업조합

☞ 판결이유는 돈.되.법 2 제 4 장 제 8 절 II.를 참조하세요.

C. [같은 판례] ① 시공자와의 계약서에 포함될 내용이 조합원의 비용분담 조건을 실질적으로 변경하는 것인 때에는 정관변경(구법 제 20 조 제 3 항, 제 1 항 제 15 호)을 유추적용하여 조합원 2/3 이상의 동의를 얻어야 해; ② 위 의결정족수를 완화하는 정관 규정은 무효임 — 대법원 2009. 1. 30. 선고 2007 다 31884 판결[조합장선임결의무효확인]

1. 법 제 20 조 제 3 항, 제 1 항 제 15 호의 유추적용

… 재건축조합 정관의 필요적 기재사항이자 엄격한 정관 변경 절차를 거쳐야 하는 '시공자와의 계약서에 포함될 내용'에 관한 안건을 총회에 상정하여 의결하는 경우 그 계약서에 포함될 내용이 당초의 재건축결의시 채택한 조합원의 비용분담 조건을 변경하는 것인 때에는, 비록 그것이 정관 변경에 대한 절차가 아니라 할지라도 특별다수의 동의요건을 규정하여 조합원들의 이익을 보호하려는 구 도시정비법 제 20 조 제 3 항, 제 1 항 제 15 호의 규정

IV. 정관변경의 유추적용에 의한 특별결의요건 (조합원 2/3 이상 동의)

을 유추적용하여 조합원의 3분의 2 이상의 동의를 요한다고 봄이 상당하다고 할 것이다.

2. 법률이 요구하는 의결정족수를 완화하는 정관규정은 무효

이와 달리 재건축조합의 정관 규정이 조합원들의 이해관계에 중대한 영향을 미치는 '시공사 계약서에 포함될 내용'에 관하여 그것이 당초의 재건축결의 내용을 실질적으로 변경하는 것임에도 불구하고 조합원의 3분의 2 이상의 의결정족수에 못 미치는 동의로도 가결될 수 있도록 규정하고 있는 경우에는, 구 도시정비법 제16조 제2항 소정의 엄격한 동의요건을 거쳐 성립한 재건축결의 내용이 용이하게 변경되어 재건축결의의 기초가 흔들릴 수 있을 뿐만 아니라, 일단 변경된 내용도 다시 이해관계를 달리하는 일부 조합원들의 이합집산에 의하여 재차 변경될 수 있어 권리관계의 안정을 심히 해하고 재건축사업의 원활한 진행에 상당한 장애를 초래할 수 있으므로, 그러한 정관의 가결정족수 규정은 사회관념상 현저히 타당성을 잃은 것으로서 그 효력을 인정하기 어렵다고 할 것이다.

D. ① 강행규정의 유추적용으로 가중된 의결정족수(조합원 2/3 이상 찬성)를 위반하여 체결된 계약은 무효야; ② 따라서 조합원의 비용분담 조건을 실질적으로 변경하는 취지의 시공계약을 조합원 과반수의 찬성만으로 체결한 것은 무효임 —대법원 2016. 5. 12. 선고 2013다49381 판결[약정금등]

> 이 판례는 위 대법원 판례(대법원 2007다31884 판결)와 동일한 사업장에서 발생한 후속사건이다.
>
> <원고의 주장>
>
> 원고는 '이 사건 안건'에 관한 결의가 무효로 확정되었으므로, 그 무효인 결의에 기초하여 체결된 본계약도 무효라고 주장하며, 가계약 상의 10% 이상 초과분 환급규정이 유효하게 되므로 피고는 원고에게 위 규정에 따라 10% 초과 수익금에 해당하는 320,261,108,000원(일반분양가 - 조합원분양가 × 1.1)을 지급할 의무가 있다고 주장하였다.
>
> <원심판결 및 대법원의 파기환송>
>
> 원심판결은 비록 이 사건 결의가 무효로 확정되었더라도, 그에 기초한 대외적 거래행위인 이 사건 본계약은 유효하다고 보아 원고의 청구를 기각하였으나, 대법원은 "강행규정이 유추적용되어 가중된 의결정족수(조합원 2/3 이상 찬성)가 필요한 경우에 '가중된 정족수에 의한 결의' 없이 체결한 계약은 무효"라고 판시하며 원심판결을 파기환송하였다.

제2장 공사계약 / 제1절 공사도급계약의 체결 및 변경

【당사자】

[원고, 상고인] 반포주공3단지재건축주택정비사업조합

[피고, 피상고인] 지에스건설 주식회사

1. 법리

가. 유추적용에 의한 특별결의요건(조합원 2/3)을 위반하여 체결한 계약도 무효임

... 조합원의 비용분담 조건을 변경하는 안건에 대하여 위와 같이 특별다수의 동의요건을 요구함으로써 조합원의 이익을 보호하고 권리관계의 안정과 재건축사업의 원활한 진행을 도모하고자 하는 도시정비법 관련 규정의 취지에 비추어 보면, 재건축조합이 구 도시정비법의 유추적용에 따라 요구되는 조합원 3분의 2 이상의 동의를 거치지 아니하고 당초의 재건축결의 시 채택한 조합원의 비용분담 조건을 변경하는 취지로 시공자와 계약을 체결한 경우 그 계약은 효력이 없다 할 것이다[대법원 2011. 4. 28. 선고 2010 다 105112 판결, 대법원 2011. 4. 28. 선고 2011 다 5448, 5455(반소) 판결 등 참조].

나. 이는 강행법규 위반이므로 표현대리 적용 없고; 상대방이 선의/무과실이라도 무효임

한편 계약체결의 요건을 규정하고 있는 강행법규에 위반한 계약은 무효이므로 그 경우에 계약상대방이 선의·무과실이라 하더라도 민법 제107조의 비진의표시의 법리 또는 표현대리 법리가 적용될 여지는 없다(대법원 1983. 12. 27. 선고 83 다 548 판결, 대법원 1996. 8. 23. 선고 94 다 38199 판결 등 참조).

따라서 도시정비법에 의한 주택재건축조합의 대표자가 그 법에 정한 강행규정에 위반하여 적법한 총회의 결의 없이 계약을 체결한 경우에는 상대방이 그러한 법적 제한이 있다는 사실을 몰랐다거나 총회결의가 유효하기 위한 정족수 또는 유효한 총회결의가 있었는지에 관하여 잘못 알았다고 하더라도 그 계약이 무효임에는 변함이 없다.

또한 총회결의의 정족수에 관하여 강행규정에서 직접 규정하고 있지 않지만 강행규정이 유추적용되어 과반수보다 가중된 정족수에 의한 결의가 필요하다고 인정되는 경우에도 그 결의 없이 체결된 계약에 대하여 비진의표시 또는 표현대리의 법리가 유추적용될 수 없는 것은 마찬가지이다. 강행규정이 유추적용되는 경우라고 하여 강행법규의 명문 규정이 직접 적용되는 경우와 그 효력을 달리 볼 수는 없기 때문이다.

IV. 정관변경의 유추적용에 의한 특별결의요건 (조합원 2/3 이상 동의)

2. 원심이 인정한 사실

원심은 제1심판결 이유를 인용하여 다음과 같은 사실을 인정하였다.

가. 2001. 11. 10. 창립총회에서 결의된 확정지분제(사업참여제안서)의 내용

1) 2001. 11. 10. 개최된 원고의 조합 창립총회에서 피고가 '사업참여제안서'를 통하여 그 시공에 관한 조건을 제시하였는데, 그 주된 내용은, 확정지분제 방식으로 공사를 진행하기로 하고 ① 조합원의 무상지분 권리금액을 평당 약 2,368만 원으로, ② 평균 무상지분율을 171.84%로 산정하되, ③ 조합원들에게 우선분양하고 남은 아파트 잔여세대를 일반분양할 때 실제 일반분양금 총액이 당초의 예상 일반분양금(일응 조합원 분양가에 부가가치세액을 더한 금액) 총액보다 10% 이상 초과하는 경우에는 그 초과분을 조합원들의 수익으로 하여 환급한다는 조건(이하 '이 사건 수익조건'이라 한다)을 포함하는 것이었다.

위 사업참여제안서에 기하여 피고가 다른 경쟁회사를 제치고 시공사로 선정되었으며, 원고가 최종적으로 전체 조합원 2,510명 중 80%가 넘는 2,151명으로부터 위 사업참여제안서와 같은 내용의 재건축동의서를 교부받아 당시의 법령에 따른 재건축결의가 이루어졌다.

나. 2002. 9. 6. 사업참여제안서와 거의 동일한 내용으로 공사도급가계약을 체결함

2) 원고는 2002. 9. 6. 피고와 사이에 위 사업참여제안서의 내용과 거의 동일한 내용으로 공사도급 가계약(이하 '이 사건 가계약'이라 한다)을 체결하였는데, 이때 피고는 피고의 귀책사유와 관계없이 발생하는 정부의 정책변경이나 행정명령 등 불가피한 상황이 생길 경우 주택건설촉진법령, 건축법령 등 관계 법령의 범위 내에서 원고에게 공사변경을 요구할 수 있으며, 그 경우 원고와 피고는 협의하여 공사를 변경하기로 하고(제28조), 위 공사변경이 있는 경우, 원고의 요구에 의한 설계변경이 있는 경우, 일반분양가 총액이 10% 이상 증가되는 경우 원고와 피고가 상호 합의하여 조합원 무상지분 권리금액을 조정하기로 약정하였다(제29조).

다. 2005. 2. 5. 총회에서 '이 사건 결의' 후 '이 사건 본계약' 체결

3) 피고는 그 후 원고와의 본계약 협상 과정에서 정부의 정책변경 등으로 최소 2,000억 원의 추가비용 발생요인이 생겼음을 주장하면서 이를 전액 인정하여 줄 것을 요구하였는데, 원고는 ① 조합원들이 이 사건 수익조건에 따른 10% 이상 초과분에 대한 배분을 받지 아니하는 대신에 ② 추가 발생 비용을 포함한 모든 사업비용을 시공사가 부담하는 것으로 하되, ③ 각 조합원의 무상지분 권리금액을 평당 약 24,526,000원으로 책정하는 것을 주된 내용으로 하는 시공사 본계약안을 마련하였고,

제 2 장 공사계약 / 제 1 절 공사도급계약의 체결 및 변경

2005. 2. 5.에 총회를 개최하여 위 시공사 본계약안 안건(이하 '이 사건 안건'이라 한다)에 대하여 재적조합원 2,516 명 중 1,378 명의 찬성으로 승인결의(이하 '이 사건 결의'라 한다)를 하였으며, 이에 따라 2005. 2. 피고와 사이에 이 사건 안건과 같은 내용으로 이 사건 본계약을 체결하였다.

라. '이 사건 결의'에 대하여 무효확인판결이 확정됨(대법원 2007 다 31884 판결을 말함)

4) 그런데 원고의 일부 조합원들이 원고를 상대로 이 사건 결의 무효확인 청구의 소를 제기하였고, 제 1 심과 항소심에서는 각 청구기각 및 항소기각 판결이 선고되었으나, 대법원은 2009. 1. 30. 이 사건 안건은 당초 재건축결의 시 채택한 조합원 비용분담 조건을 실질적으로 변경하는 것에 해당하여 그 결의를 위해서는 조합원 3 분의 2 이상의 동의가 필요함에도 2005. 2. 5.자 관리처분총회에서 이 사건 안건에 동의한 조합원이 이에 미치지 못하였음을 이유로 이 사건 결의가 무효라는 취지로 원심판결을 파기 환송하였고(대법원 2009. 1. 30. 선고 2007 다 31884 판결), 서울고등법원은 2010. 2. 19. 위 대법원 판단 취지에 따라 '이 사건 결의는 무효임을 확인한다'라는 판결을 선고하였으며(서울고등법원 2009 나 16515), 그 판결은 그대로 확정되었다.

3. 대법원의 판단 (파기환송)

가. 재건축결의의 비용분담 조건을 변경하는 안건은 조합원 2/3 이상의 동의가 필요함

그러나 앞서 본 바와 같이 이 사건 안건은 당초의 재건축결의에서 채택한 조합원의 비용분담 조건을 변경하는 안건에 해당하므로 구 도시정비법의 관련 규정을 유추적용하여 조합원 3 분의 2 이상의 동의가 있어야 한다. 따라서 이 사건 결의는 그 의결정족수에 미치지 못하여 효력이 없고, 이 사건 본계약도 결국 법률에 규정된 요건인 총회결의를 거치지 않은 것이므로 무효이다.

나. 상대방 고의·과실이 없어도 조합원 2/3 이상 동의 없이 체결한 본계약은 무효임

그리고 앞서 본 법리에 비추어 피고가 이 사건 본계약 체결 시 조합원 3 분의 2 이상의 동의가 필요하다는 것을 알았거나 알 수 있었는지 여부는 계약의 효력에 아무런 영향이 없다고 할 것이다.

또한 원심이 든 대법원 2003. 7. 22. 선고 2002 다 64780 판결은 비법인사단의 정관에 의한 대표권 제한에 관한 것으로서 강행법규를 위반한 이 사건과는 사안을 달리한다. 강행법규에 의하여 요구되는 조합원 3 분의 2 이상의 동의에 의한 총회결의를 거치지 아니한 이상 원고의 조합장은 원고를 대표하여 계약을 체결할 권한이 없다 할 것이어서, 원고의 조합장

이 행한 이 사건 본계약 체결행위에는 표현대리의 법리가 준용되거나 유추적용될 여지가 없다 할 것이고, 원고가 이 사건 본계약의 무효를 주장하는 것이 신의칙에 반한다고 볼 수도 없다(대법원 2003. 7. 11. 선고 2001 다 73626 판결 등 참조).

다. 원심판결의 위법함

그럼에도 원심은 그 판시와 같은 이유만으로 이 사건 본계약이 유효하다고 보아, 이 사건 가계약 제 28 조, 제 29 조에 기하여 일반분양 초과수익금의 발생이나 정부정책 변경에 따른 공사 변경 등 제반 사항을 고려하여 조합원 무상지분 권리금액을 조정할 경우 원고가 지급받을 수 있는 정당한 약정금의 존부 및 액수에 관하여 심리하지 아니한 채 원고의 이 부분 청구를 배척하였다.

이러한 원심의 판단에는 구 도시정비법상 조합원총회의 특별결의를 거치지 아니한 계약의 효력에 관한 법리를 오해하고 필요한 심리를 다하지 아니한 위법이 있다. 이를 지적하는 원고의 이 부분 상고이유 주장은 이유 있다.

V. 제 3 자의 확인의 이익 (계약의 효력을 다투는 소송)

A. ① 조합과 시공자 사이의 공사도급계약 등을 둘러싼 법률관계는 사법상의 법률관계로서 그 공사도급계약의 효력을 다투는 소송은 민사소송에 의한다; ② 사업구역내 토지등소유자인 채권자들은 조합 설립이 무효임을 주장하며 조합과 시공자를 상대로 공사도급계약의 무효확인을 구할 수 있고; ③ 이를 피보전권리로 삼아 공사도급계약의 효력정지 가처분을 구할 수 있음 ─대법원 2010. 4. 8.자 2009 마 1026 결정 [가처분이의]

【당사자】

【채권자, 상대방】 채권자 1 외 2 인
【채무자, 재항고인】 1. 동부건설 주식회사
                     2. 순화제 1-1 구역도시환경정비사업조합

1. 법리

도시정비법상 도시환경정비사업조합이 공법인이라는 사정만으로 도시환경정비사업조합과 시공자 사이에 체결되는 공사도급계약 등을 둘러싼 법률관계가 공법상의 법률관계에 해당한다거나 위와 같은 공사도급계약의 효력을 다투는 소송이 당연히 공법상 당사자소송에 해당한다고 볼 수는 없고, 도시정비법의 규정들이 도시환경정비사업조합과 시공자와의 관계를 특별히 공법상의 계약관계로 설정하고 있다고 볼 수도 없으므로, 도시환경정비사업조합

제 2 장 공사계약 / 제 1 절 공사도급계약의 체결 및 변경

과 시공자 사이의 공사도급계약 등을 둘러싼 법률관계는 사법상의 법률관계로서 그 공사도급계약의 효력을 다투는 소송은 민사소송에 의하여야 할 것이다(대법원 2009. 9. 24.자 2009마 168, 169 결정 참조).

2. 사실관계

원심결정 이유에 의하면, 채권자들은 채무자 순화제 1-1 구역도시환경정비사업조합(이하 '채무자 조합'이라고 한다)의 조합설립결의가 무효라고 주장하면서 채무자 조합이 유효하게 설립되었음을 전제로 하여 채무자 조합과 시공자인 채무자 동부건설 주식회사(이하 '채무자 동부건설'이라고 한다) 사이에 체결된 공사도급계약의 효력 정지를 구하는 가처분신청을 하고 있음을 알 수 있는바,

3. 대법원의 판단 (상고기각)

가. 이 사건 가처분의 피보전권리는 도급계약 무효확인청구임

그렇다면 이 사건 가처분의 피보전권리는 조합설립결의 무효확인 청구가 아니라 위 공사도급계약의 무효확인 청구임이 분명하고, 조합설립결의의 유·무효는 위 공사도급계약 무효확인 청구의 선결문제에 불과한 것이라 할 것이며, 따라서 앞서 본 법리에 비추어 이 사건 가처분신청은 사법상의 법률관계를 피보전권리로 하여 제기된 것이라고 할 것이므로 행정소송의 전속관할에 위반한 부적법한 신청이라고 볼 수 없다.

나. 확인의 이익도 있음

또한, 확인의 소는 오로지 당사자 사이의 권리관계만이 확인의 대상이 될 수 있는 것은 아니고, 당사자 일방과 제 3 자 사이의 권리관계 또는 제 3 자들 사이의 권리관계에 관하여도 그에 관하여 당사자 사이에 다툼이 있어서 당사자 일방의 권리관계에 불안이나 위험이 초래되고 있고, 다른 일방에 대한 관계에서 그 법률관계를 확정시키는 것이 당사자의 권리관계에 대한 불안이나 위험을 제거할 수 있는 유효·적절한 수단이 되는 경우에는 당사자 일방과 제 3 자 사이의 권리관계 또는 제 3 자들 사이의 권리관계에 관하여도 확인의 이익이 있다고 할 것이고(대법원 1997. 6. 10. 선고 96 다 25449, 25456 판결, 대법원 2008. 2. 15. 선고 2006 다 77272 판결 등 참조),

한편, 원심결정 이유에 의하면, 채권자들은 채무자 조합 설립 당시 채무자 조합 사업구역 내의 토지 등 소유자들임을 알 수 있는바, ① 만일 채무자 조합의 설립에 중대한 하자가 있음에도 채무자 조합이 시공자와 공사도급계약을 체결하여 이 사건 정비사업을 계속 추진한다면 채권자들은 위 사업구역 내의 소유 토지 등에 대한 권리를 상실할 위험이 있고, 따

V. 제3자의 확인의 이익 (계약의 효력을 다투는 소송)

라서 채권자들로서는 행정주체의 지위를 부여받은 채무자 조합이 토지 등의 수용권한 등을 행사하며 정비사업을 추진하는 것을 저지할 필요가 있는 점, ② 이를 위해서 민사소송에 의한 구제방법으로 취할 수 있는 유효적절한 수단으로는 가처분에 의하여 채무자 조합과 시공자인 채무자 동부건설 사이에 체결된 공사도급계약의 효력을 정지시키고 본안소송으로 위 공사도급계약 무효확인 판결을 받는 것 이외에는 다른 방도를 쉽게 찾기 어려운 점 등 여러 사정을 종합·참작하면,

다. 이 사건 가처분신청은 적법함

채권자들은 채무자 조합 설립이 무효임을 선결문제로 하여 채무자들이 위 공사도급계약에 기해 이 사건 정비사업을 추진하는 것을 저지하기 위하여 채무자들을 상대로 공사도급계약의 무효확인을 구할 수 있고, 이를 피보전권리로 삼아 본안판결 확정시까지 채무자들을 상대로 그 공사도급계약 효력정지의 가처분을 구할 수 있다고 봄이 상당하다(대법원 2009. 9. 24.자 2009마168, 169 결정 참조). 따라서 이 사건 가처분신청이 행정소송의 전속관할에 위반한 것이거나 채권자들에게 위 공사도급계약의 무효확인을 구할 이익이 없어 부적법하다는 취지의 재항고이유의 주장은 받아들일 수 없다.

B. [하급심판례] 이미 낙찰자와 용역계약을 체결했더라도, 계약의 이행이 완료되지 않은 이상 가장 유력한 입찰참여자인 원고는 건설사업관리업체 선정 및 용역계약의 무효확인을 구할 이익이 있다고 본 사례—서울남부지방법원 2021. 5. 21. 선고 2020가합109800 판결[입찰무효확인등] (항소기각)

【당사자】

원고	주식회사 A
피고	B 재건축정비사업조합

【청구취지】 (청구기각)

피고가 2020. 5. 30. 건설사업관리업체 선정 입찰절차에서 주식회사 C, 주식회사 D을 건설사업관리업체로 선정한 것이 무효임을 확인하고, 피고가 주식회사 C과 위 입찰에 따른 건설사업관리 용역계약을 체결한 것은 무효임을 확인하고, 피고는 주식회사 C과 용역계약에 따른 건설사업관리 업무를 하도록 하여서는 아니 된다.

1. 피고의 항변 요지

원고가 입찰참가자격의 흠결 등을 이유로 이 사건 입찰의 무효를 주장하며 피고를 상대로 그 확인을 구하고 있는 이 사건 소에 대하여, 피고는 설령 원고의 주장과 같이 이 사건

제2장 공사계약 / 제2절 시공보증과 계약보증

입찰이 무효로 되더라도 원고가 바로 피고의 건설사업관리업체로 선정되는 것이 아니므로 원고에게 이 사건 입찰의 무효를 구할 확인의 이익이 없다고 항변한다.

2. 구체적 판단

살피건대, ① 이 사건 입찰 절차에 참가했던 3개의 업체 중 주식회사 F는 사전 탈락하였고, 총회 결의에는 원고와 이 사건 공동수급체 2개 업체만 상정되었는데 낙찰자로 선정된 이 사건 공동수급체에 입찰참가자격이 없었다고 인정될 경우 원고가 가장 유력한 입찰참여자가 되는 점, ② 이 사건 입찰이 무효로 확인되기 전에는 피고가 이 사건 정비사업의 건설사업관리업체를 선정하기 위한 새로운 입찰 절차를 진행하지 않는 점, ③ 피고가 이 사건 입찰에서 낙찰자로 선정된 이 사건 공동수급체와 이미 이 사건 용역계약을 체결하였다고 하더라도 그 용역계약의 이행이 완료되지 아니한 이상 그 무효 확인을 구할 경제적 이익이 있는 점 등을 고려할 때 원고에게는 이 사건 입찰의 무효 확인을 구할 법률상 이익이 있다고 봄이 상당하다. 따라서 피고의 위 본안전 항변은 받아들이지 아니한다.

제2절 시공보증과 계약보증

I. 개요

A. 시공보증

1. 【해설】 도시정비법 제82조

> **(1) 시공보증의 법적 성격:** "시공보증"이란 시공자가 공사계약상 의무를 이행하지 못하거나 의무이행을 하지 않을 경우 보증기관에서 시공자를 대신하여 계약이행의무를 부담하거나 정해진 보증금을 납부할 것을 보증하는 것을 말한다.
>
> 시공보증은 보증기관이 시공자를 대신하여 시공계약 이행의무를 부담하도록 하는 데 주목적이 있으며, 위약금(손해배상액의 예정)도 위약벌도 아니다. 따라서 조합은 시공자가 공사계약을 이행하지 않아도 보증금을 몰취할 수 없다.
>
> **(2) 시공보증서의 제출:** 조합이 시공자를 선정한 경우 그 시공자는 착공신고 시까지 시공보증서를 조합에 제출하여야 하며, 착공신고를 받는 시장·군수등은 시공보증서의 제출 여부를 확인하여야 한다.
>
> **(3) 시공보증금액의 결정:** 시공보증금은 총 공사금액의 30% 이하의 범위에서 조합이 정한다.

2. 【법령】 전부개정 도시정비법 제 82 조(시공보증)

① 조합이 정비사업의 시행을 위하여 시장·군수등 또는 토지주택공사등이 아닌 자를 시공자로 선정(제 25 조에 따른 공동사업시행자가 시공하는 경우를 포함한다)한 경우 그 시공자는 공사의 시공보증(시공자가 공사의 계약상 의무를 이행하지 못하거나 의무이행을 하지 아니할 경우 보증기관에서 시공자를 대신하여 계약이행의무를 부담하거나 총 공사금액의 100 분의 50 이하 대통령령으로 정하는 비율 이상의 범위에서 사업시행자가 정하는 금액을 납부할 것을 보증하는 것을 말한다)을 위하여 국토교통부령으로 정하는 기관의 시공보증서를 조합에 제출하여야 한다. <개정 2018. 6. 12.>

☞ 시행령 제 73 조(시공보증)

법 제 82 조제 1 항에서 "대통령령으로 정하는 비율"이란 총 공사금액의 100 분의 30 을 말한다.

☞ 시행규칙 제 14 조(시공보증)

법 제 82 조제 1 항에서 "국토교통부령으로 정하는 기관의 시공보증서"란 조합원에게 공급되는 주택에 대한 다음 각 호의 어느 하나에 해당하는 보증서를 말한다.

 1. 「건설산업기본법」에 따른 공제조합이 발행한 보증서

 2. 「주택도시기금법」에 따른 주택도시보증공사가 발행한 보증서

 3. 「은행법」 제 2 조제 1 항제 2 호에 따른 금융기관, 「한국산업은행법」에 따른 한국산업은행, 「한국수출입은행법」에 따른 한국수출입은행 또는 「중소기업은행법」에 따른 중소기업은행이 발행한 지급보증서

 4. 「보험업법」에 따른 보험사업자가 발행한 보증보험증권

② 시장·군수등은 「건축법」 제 21 조에 따른 착공신고를 받는 경우에는 제 1 항에 따른 시공보증서의 제출 여부를 확인하여야 한다.

B. 계약보증금(계약이행보증금)

1. 【해설】 개요

(1) 계약보증금은 위에서 본 시공보증과 별도로 공사도급계약에 따라 받는 보증금이다. 서울시가 2011. 10. 배포한 이래 10 년 넘게 사용되어온 '정비사업 공사표준계약서'와 2024. 1. 국토교통부가 배포한 「정비사업 표준공사계약서」에서 모두 계약보증금 조항을 두고 있다.

제 2 장 공사계약 / 제 2 절 시공보증과 계약보증

> (2) 계약보증금은 정비사업의 시공계약에서뿐 아니라 모든 공사계약에서 흔히 규정되는 보증금인데, 해당 계약의 구체적 내용에 따라 ① 손해배상액의 예정으로 보기도 하고, ② 위약벌(계약위반에 대하 제재금)로 보기도 하고, ③ 단순한 보증계약으로 보기도 한다(아래 판례들 참조).
>
> (3) 계약보증금은 건설공제조합이 발행한 보증서, 주택도시보증공사가 발행한 보증서, 금융기관(한국산업은행, 한국수출입은행, 중소기업은행 포함)이 발행한 지급보증서 또는 보험사업자가 발행한 보증보험증권으로 납부받을 수 있다(표준계약서). 이 경우 건설공제조합의 보증서와 금융기관의 지급보증서도 보증보험과 유사한 것으로 보아 보험에 관한 법리가 적용된다(대법원 2005. 8. 19. 선고 2002 다 59764 판결 참조).

2. 【법령】 계약보증금의 법적 성격을 결정하는 기준

> 계약보증금의 법적성격은 아래와 같이 결정된다.
>
> (1) 계약체결 시 계약보증금을 지급해야 한다는 조항만 있을 뿐, "수급인(시공자)의 계약위반 시 계약보증금이 도급인(조합)에게 귀속된다"는 조항(= 위약금 조항)이 없으면 손해배상액의 예정도 위약벌도 아니고, 단순 보증계약에 불과하다.
>
> 이 경우 계약보증금을 보증서로 받았다면, 도급인은 수급인의 구체적 채무액(손해액)을 증명하여야 보증금을 청구할 수 있고, 또한 증명되는 채무액의 범위 내에서만 보증금을 청구할 수 있다(대법원 1999. 3. 26. 선고 96 다 23306 판결).
>
> (2) "수급인(시공자)의 계약위반 시 계약보증금이 도급인(조합)에게 귀속된다"는 조항(= 위약금 조항)이 있는 경우 계약보증금은 손해배상액의 예정으로 추정된다. 위약금 약정은 손해배상의 예정으로 추정되기 때문이다(민법 제 398 조 제 4 항). 이 경우 수급인의 채무불이행이 있으면 도급인은 실제 손해액을 증명할 필요없이 그 예정액(계약보증금 전액)을 청구할 수 있으며, 반면 실제손해액이 예정액을 초과하더라도 그 초과액을 청구할 수 없다(대법원 1988.05.10. 선고 87 다카 3101 판결).
>
> 다만, 손해배상의 예정액이 부당히 과다한 경우에는 법원은 적당히 감액할 수 있다(민법 제 398 조 제 2 항).
>
> (3) 계약보증금이 위약벌임을 명시하고, 이행보증금과 별도로 실제 발생한 손해 전부에 대하여 손해배상을 청구할 수 있다는 내용의 조항이 있는 경우는 손해배상액의 예정이 아니고 위약벌이다.
>
> (4) 위약금 조항을 손해배상액의 예정으로 추정하지 않고, 계약 전체 내용을 유기적·체계적으로 해석하여 계약보증금을 위약벌로 본 사례들이 있다.

> ① 토지분양계약이 해제될 경우 수분양자가 지급한 계약보증금이 분양자에게 귀속될 뿐만 아니라 계약해제로 인한 손해도 배상할 의무가 있는 경우, 계약보증금은 손해배상액의 예정이 아니라 위약벌이라는 판례가 있다(대법원 1998. 12. 23. 선고 97 다 40131 판결). ② 도급계약에서 계약이행보증금과 지체상금 약정이 있는 경우, 특별한 사정이 없는 한, 계약이행보증금은 위약벌이고, 지체상금은 손해배상액의 예정이라고 본 판례들도 있다(대법원 1996.04.26. 선고 95 다 11436 판결; 대법원 1997. 10. 28. 선고 97 다 21932 판결).
>
> 그러나 위약금이 위약벌로 해석되기 위하여는 특별한 사정이 주장·입증되어야 하며, 도급계약서에 계약보증금 외에 지체상금도 규정되어 있다는 점만으로 계약보증금을 위약벌로 볼 수 없다고 한 판례도 있다(대법원 2000.12.08. 선고 2000 다 35771 판결).
>
> (5) 「수급인의 위약시 계약보증금은 도급인에게 귀속하고 손해액이 계약보증금을 초과하는 경우에는 그 초과분에 대한 손해배상을 청구할 수 있다」고 약정한 경우 대법원은 위약벌로 보지 않는 경향이다. 따라서 이 경우 ① 실제 손해액이 계약보증금을 초과하지 않는 때에는 계약보증금은 손해배상액의 예정이 되고(따라서 이 경우 법원이 부당이 과다하다고 인정하는 때에는 적당히 감액할 수 있다), ② 손해액이 계약보증금을 초과하는 때에는 계약보증금은 단순한 손해담보로서의 성질을 가지는 데 그친다. (이상 대법원 1999. 8. 20. 선고 98 다 28886 판결.)

3. 【해설】 표준계약서 상 계약보증금의 법적 성격 (조합의 선택)

> 국토교통부와 서울시는 계약보증금이 당연히 위약금이라고 전제하고 표준계약서를 작성·배포했다.
>
> (1) 서울시 표준계약서의 계약보증금 조항(제 10 조제 1 항)에는 "위약금 성격으로, 10% 범위 이내의 범위에서 정하는 것이 바람직함"이라는 주석이 달렸다.
>
> 그러나 도급계약에서 계약이행보증금과 지체상금 약정이 있는 경우 특별한 사정이 없는 한 계약이형보증금은 위약벌이라는 볼 여지가 있으므로(위 참조), 서울시가 위약금이라는 주석을 붙인 것은 매우 부적절하다.
>
> 계약보증금을 손해배상액의 예정으로 할지 또는 위약벌로 할지는 조합이 자유롭게 선택하도록 하여야 한다.
>
> 또한 서울시 표준계약서의 위약금 조항(제 11 조 제 1 항)은 「"을"이 정당한 이유없이 계약상의 의무를 이행하지 아니한 때에는 계약보증금을 "갑"에게 귀속한다」라고 정하고 있으나, "정당한 이유없이"라는 문구는 시공자에게 항변의 빌미만을 제공할 수 있으므로 삭제해야 한다.

제 2 장 공사계약 / 제 2 절 시공보증과 계약보증

> (2) <u>국토교통부 표준계약서 제 12 조 제 1 항</u>에는 「계약보증은 "수급인"과 "도급인" 상호 간 동시이행 관계에 있으므로, 계약의 일방 당사자가 계약보증을 하는 경우 계약의 상대방도 계약보증을 하여야 하며, 양 당사자가 합의하여 계약보증을 하지 않을 수도 있을 것임」이라는 이해불가한 주석이 달렸다.
>
> <u>이 주석 문구는 즉시 삭제되어야 한다.</u> 정비사업 공사계약에서 계약보증금은 조합을 위한 '편면적' 위약금으로 시작된 것이다. 조합이 계약보증을 하는 것은 그 자체로 감당하기 어려운 부담일 뿐 아니라, 이후 조합을 속수무책의 궁지에 빠뜨릴 수 있다. 또한 이 주석 문구는 조합임원에 대한 연대보증 요구를 정당화하는 빌미로 악용될 수도 있다.
>
> ☞ 조합임원의 연대보증 문제는 아래 제 2 장 제 3 절 I. 참조
>
> 조합은 어떠한 경우에도 시공자에게 계약보증금을 교부하거나 위약금 조항을 두어서는 안 된다. 민법 제 673 조(완성전의 도급인의 해제권)에 따른 해제에 관하여도 위약금 조항을 두어서는 안 된다.
>
> (3) 위약금조항(서울시 표준계약서 제 11 조 제 1 항, 국토부 표준계약서 제 13 조 제 1 항)을 다음과 같이 수정하면 위약벌 조항이 된다: "① <u>제 10 조/제 11 조에 따른 계약보증금은 위약벌이며, "을"이 계약상 의무를 이행하지 아니한 때에는 계약 해제 여부를 불문하고 "갑"에게 귀속한다.</u> 이 경우 "갑"은 별도로 "을"에게 지체상금 기타 손해배상을 청구할 수 있다."
>
> 계약보증금을 '위약벌'로 하면, 조합은 계약보증금을 몰취하는 외에 별도로 손해배상도 청구할 수 있다.
>
> (4) 조합은 이상의 내용을 반영한 도급계약서(안)을 입찰참여안내서에 포함시켜서 입찰공고를 내야 한다.

4. 【해설】 계약보증의 변경 (특히 보증기간의 변경)

> (1) 계약보증금 또는 보증서를 받은 후 계약금액이 증액된 경우에는 이에 상응하는 금액의 보증금 또는 보증서를 추가로 납부받아야 한다.
>
> (2) 도급인이 수급인에게 <u>이행기를 보증기간 이후로 연기해 준 경우에는 보증기간을 연장한 보증서를 새로 납부받아야 한다</u>. 이 경우 보증서의 보증기간은 당연히 변경되지 않으므로(따라서 당초 보증기간 이후에 발생한 보증사고는 보증금 지급사유가 되지 않음. 대법원 2005. 8. 19. 선고 2002 다 59764 판결 참조) 주의를 요한다.

I. 개요

5. 국토교통부 표준공사계약서 제 12 조(계약보증금 등)

① "수급인"은 계약상의 의무이행을 보증하기 위하여 계약체결시 공사계약금액의 100 분의 ○을 "도급인"에게 보증금으로 납부하여야 한다. 다만, "도급인"과 "수급인"이 합의에 의하여 계약보증금을 납부하지 아니하기로 약정한 경우에는 그러하지 아니하다.

6. 국토교통부 표준공사계약서 제 13 조(계약보증금의 처리)

① 제 41 조제 1 항 각 호의 사유로 계약이 해제 또는 해지된 경우 제 12 조의 규정에 의하여 납부된 계약보증금은 "도급인"에게 귀속한다. 이 경우 귀속된 계약보증금은 기성부분에 대한 미지급액과 상계 처리할 수 있다.

7. 서울시 정비사업 공사표준계약서 제 10 조 (계약이행의 보증)

① "을"은 본 계약의 이행을 보증하기 위하여 계약체결시 총공사금액의 100 분의 ○을 계약보증금으로 "갑"에게 납부하여야 한다.

8. 서울시 정비사업 공사표준계약서 제 11 조 (계약보증금의 처리)

① "을"이 정당한 이유없이 계약상의 의무를 이행하지 아니한 때에는 계약보증금을 "갑"에게 귀속한다.

9. 【법령】건설산업기본법 제 56 조(공제조합의 사업)

① 공제조합은 다음 각 호의 사업을 한다.

 1. 조합원이 건설업을 운영할 때 필요한 입찰보증, 계약보증(공사이행보증을 포함한다), 손해배상보증, 하자보수보증, 선급금보증, 하도급보증과 그 밖에 대통령령으로 정하는 보증

C. ① 수급인의 계약보증금 지급채무에 대한 건설공제조합의 보증계약은 보증보험과 유사한 것으로 보험에 관한 법리가 적용돼; ② 보증채권자(도급인)가 수급인(공제조합원)에게 그 이행기를 보증기간 이후로 연기해 준 경우, 건설공제조합의 보증기간은 당연히 변경되지 않아; ③ 따라서 조합원이 변경된 이행일에 이행을 하지 않은 것은 보증기간 이후에 발생한 보증사고이므로 보증금 지급사유에 해당되지 않음 —대법원 2005. 8. 19. 선고 2002다 59764 판결[보증채무금]

제 2 장 공사계약 / 제 2 절 시공보증과 계약보증

【당사자】

원고,상고인겸피상고인	한국부동산신탁 주식회사의 소송수계인 파산자 한국부동산신탁 주식회사의 파산관재인 김○○ 외 1 인
피고,피상고인겸상고인	삼광기업 주식회사
피고,피상고인	건설공제조합

1. 원심이 인정한 주요 사실관계

원심판결 이유에 의하면, 원심은 그 채용 증거를 종합하여,

① 원고와 제 1 심 공동피고 대왕건설 주식회사(이하 '대왕건설'이라 한다)는 1997. 3. 20. 원심 판시의 공사도급계약(이하 '이 사건 도급계약'이라 한다)을 체결하고, 피고 삼광기업 주식회사(이하 '피고 삼광기업'이라 한다)는 대왕건설의 연대보증인이 된 사실, ② 대왕건설은 이 사건 도급계약상의 계약보증금을 납부하기 위하여 피고 건설공제조합으로부터 1997. 3. 21. 보증금액을 727,844,590 원으로, 계약이행기일을 1997. 11. 19.로, 보증기간을 1997. 3. 20.부터 1998. 1. 18.까지로 각 하고 보증기간 종료 이후의 보증사고에 대하여는 보증책임을 부담하지 아니한다는 특기사항이 붙은 계약보증서를 발급받아 원고에게 교부한 사실, ③ 그 후 원고와 대왕건설은 당초의 공사기한인 1997. 11. 19.에 이르러 이 사건 도급계약의 내용 중 건축면적과 연면적을 다소 증가시킴과 동시에 공사기한을 1998. 5. 20.까지로 연장하고 계약금액을 8,509,600,000 원으로 증액함을 주요 골자로 하는 계약 변경의 합의를 하였는데(이하 '변경 합의'라고 한다), 피고 삼광기업은 위 변경 합의에 있어서도 대왕건설을 연대보증한 사실, ④ 그런데 대왕건설은 위 공사를 진행하던 중 1997. 10. 22.에 1 차 부도, 같은 달 30.에 2 차 부도를 내었고, 2 차 부도 이후에는 거의 공사 진행을 하지 않고 있다가 급기야 1997. 12. 17.에 이르러 공사를 중단하였으며, 결국 1998. 1. 24. 최종 부도 처리된 사실, ⑤ 이에 원고는 1998. 4. 2. 대왕건설로부터 시공포기각서를 받고 그 때까지의 기성고에 대한 최종 타절 정산을 한 다음 1998. 4. 25. 이 사건 도급계약을 해지한 사실을 각 인정하였다.

2. 대법원의 판단 (상고기각)

건설산업기본법에 따라 건설공제조합이 조합원으로부터 보증수수료를 받고 조합원이 다른 조합원 또는 제 3 자와 도급계약을 체결하여 부담하는 계약보증금 지급채무를 보증하는 보증계약은 그 성질에 있어서 조합원 상호의 이익을 위하여 영위하는 상호보험으로서 보증보험과 유사한 것이라고 할 것이므로 이에 대하여도 보험에 관한 법리가 적용되고,

따라서 보증채권자가 조합원에게 그 이행기를 보증기간 이후로 연기하여 준 경우에는 이로써 건설공제조합의 보증계약상의 보증기간도 당연히 변경된다고 할 수는 없으며 연기된 이행기일이 보증기간 이후로 된 이상 비록 조합원이 변경된 주계약상의 이행기일에 이행을 하지 않았다고 하더라도 이는 보증사고가 보증기간 이후에 발생한 것이어서 보증금 지급사유에 해당되지 아니한다 할 것이다(대법원 2001. 2. 13. 선고 2000 다 5961 판결 참조).

II. 계약보증을 단순 보증계약으로 본 사례

A. ① 계약보증금을 보증한 건설공제조합에게 계약보증금 전액을 청구하려면 위약벌 또는 손해배상예정의 특약이 있어야 하고; ② 그러한 특약이 없으면 채무자(조합원) 회사의 구체적인 채무 및 그 채무액을 증명해야만 청구할 수 있어 —대법원 1999. 3. 26. 선고 96 다 23306 판결[공사금반환]

【당사자】

원고,상고인겸피상고인 　원고
피고,상고인　　　 창도종합건설 주식회사
피고,피상고인겸상고인 건설공제조합

기록에 비추어 살펴보면, 원고와 피고 회사 사이에는 계약보증금의 한도에 관한 약정이 있었을 뿐, 나아가 피고 회사가 그 보증금에 해당하는 금액을 위약벌 내지 제재금이나 손해배상액의 예정으로 하는 특약이 있었다고는 인정되지 아니하므로, 원고가 피고 회사의 채무불이행을 이유로 피고 건설공제조합(이하 피고 조합이라 한다)에 대하여 계약보증금을 청구하기 위하여는 피고 조합이 이행을 보증한 피고 회사의 구체적인 채무 및 그 채무액에 대한 입증이 필요하다고 할 것인바, 원심이 같은 취지에서 이 사건 공사도급계약이 해제되었다는 사유만으로 계약보증서에 정한 보증금 전액을 청구할 수 없다고 판단한 것은 정당하고, 거기에 건설공제조합법상의 계약보증의 성질과 효력에 관한 법리오해가 있다고 할 수 없다. 이 부분 상고이유의 주장은 이유 없다.

B. [같은 판례] 계약보증책임은 수급인의 귀책사유로 인한 도급계약의 해제에 따른 수급인의 원상회복의무에도 미쳐 —대법원 1999. 3. 26. 선고 96 다 23306 판결[공사금반환]

구 건설공제조합법(1993. 12. 10. 법률 제 4600 호로 개정되기 전의 것, 이하 같다.) 제 2 조 제 6 호는, 계약보증이라 함은 조합이 발주자에 대하여 조합원이 도급받은 공사에 대한 계약의 이행을 보증함을 말한다고 규정하고 있으므로, 계약보증이란 수급인이 공사도급계약

제 2 장 공사계약 / 제 2 절 시공보증과 계약보증

상 부담하는 모든 채무의 이행을 보증하는 것으로서 그 <u>보증책임은 특별한 사정이 없는 한 수급인의 귀책사유로 인한 도급계약의 해제에 따른 수급인의 원상회복의무에도 미치는 것</u>이다(대법원 1972. 5. 9. 선고 71 다 1474 판결, 1996. 3. 22. 선고 94 다 54702 판결 등 참조).

그럼에도 불구하고 원심이, 계약보증은 수급인의 채무불이행 그 자체로 인한 손해의 배상을 담보하는 것일 뿐 계약관계가 종료됨으로써 발생하게 되는 채무의 지급을 담보하는 것으로는 볼 수 없다는 이유로, 이 사건 공사도급계약이 해제됨으로써 피고 회사가 반환하여야 할 초과 지급된 공사금에 대하여는 피고 조합에 지급책임이 없다고 단정한 것은 구 건설공제조합법상의 계약보증에 따른 보증채무의 범위에 관한 법리를 오해하여 판결에 영향을 미친 위법을 저지른 것이다. 이 점을 지적하는 상고이유의 주장은 이유 있다.

> ☞ 이 판례는 계약보증금에 관한 위약금 특약이 없는 경우에 관한 것이다. 위약금 특약이 있으면, 위약금 특약은 손해배상액의 예정에 해당하므로 계약보증책임이 원상회복의무에 미치는지 여부를 따져볼 필요도 없이 계약보증금 전액을 청구할 수 있다.

III. 계약보증금을 손해배상액 예정으로 본 사례

A. ① 위약금이 위약벌로 해석되기 위하여는 특별한 사정이 주장·입증되어야 해; ② 도급계약서에 계약보증금 외에 지체상금도 규정되어 있다는 점만을 이유로 하여 계약보증금을 위약벌로 보기는 어려워 —대법원 2000.12.08. 선고 2000 다 35771 판결[구상금]

【당사자】

원고,피상고인	대한보증보험 주식회사
원고보조참가인,상고인	삼성중공업 주식회사
피고,피상고인겸상고인	피고

도급계약서 및 그 계약내용에 편입된 약관에 수급인의 귀책사유로 인하여 계약이 해제된 경우에는 계약보증금이 도급인에게 귀속한다는 조항이 있을 때 이 계약보증금이 손해배상액의 예정인지 위약벌인지는 도급계약서 및 위 약관 등을 종합하여 구체적 사건에서 개별적으로 결정할 의사해석의 문제이고, <u>위약금은 민법 제 398 조 제 4 항에 의하여 손해배상액의 예정으로 추정되므로 위약금이 위약벌로 해석되기 위하여는 특별한 사정이 주장·입증되어야 하는바</u>,

소외 삼성중공업 주식회사와 소외 상원기계공업 주식회사 사이의 이 사건 <u>하도급계약서에 계약보증금 외에 지체상금도 규정되어 있다는 점만을 이유로 하여 이 사건 계약보증금</u>

III. 계약보증금을 손해배상액 예정으로 본 사례

을 위약벌로 보기는 어렵다 할 것이다.

B. ① 도급계약서에 수급인의 귀책사유로 계약이 해제/해지된 때에는 공사이행보증금은 도급인에게 속한다고 규정되어 있을 뿐, ② 이행보증금과는 별도로 실제 발생한 손해 전부에 대하여 손해배상을 청구할 수 있다거나, 실제 발생한 손해와 이행보증금의 차액에 대하여 손해배상을 청구할 수 있다는 내용의 약정이 없는 경우, 위 이행보증금은 손해배상액의 예정이야 —대법원 1995. 12. 12. 선고 95다28526 판결[보증금]

1. 원심이 인정한 사실

참가인은 위 도급계약 체결 당시 자신의 공사이행 의무를 보증하기 위하여 도급금액의 10%에 해당하는 금액을 공사이행 보증금으로 원고에게 납부하기로 하되, 참가인의 귀책사유로 인하여 계약이 해제될 때에는 위 공사이행 보증금은 원고에게 귀속되기로 하는 공사이행 보증금에 관한 약정을 한 후, … 피고로부터, 1992. 12. 26. 도급금액을 금 6,145,700,000 원, 보증금액을 금 614,570,000 원으로 한 계약보증서를 발급받아 위 공사이행 보증금의 지급에 갈음하여 원고에게 제공한 사실…

2. 이행보증금을 손해배상액의 예정을 본 사례

도급인인 원고와 수급인인 참가인 사이의 도급계약서에 의하면, ① 수급인의 귀책사유로 계약이 해제 또는 해지된 때에는 공사이행 보증금은 도급인에게 속한다고 규정되어 있을 뿐, ② 위 이행 보증금과는 별도로 실제 발생한 손해 전부에 대하여도 손해배상을 청구할 수 있다거나 또는 실제 발생한 손해와 이행 보증금의 차액에 대하여 손해배상을 청구할 수 있다는 내용의 약정이 없고, ③ 수급인의 채무불이행으로 인하여 발생한 지체상금이 계약보증금 상당액에 달할 때에는 도급인은 특별한 사유가 없는 한 당해 계약을 해제하고 계약보증금을 도급인에게 귀속시키기로 약정하고 있음을 알 수 있으므로,

원고와 참가인이 위와 같은 내용의 공사이행 보증금에 관한 약정을 한 목적에는 수급인에게 심리적인 압박을 가하여 채무이행을 강제한다는 목적 외에 수급인의 계약불이행으로 인하여 도급계약 관계를 청산하게 될 때를 대비하여 수급인이 도급인에게 배상하여야 할 손해액을 위 공사이행 보증금으로 예정함과 동시에 그 지급을 확보하기 위하여 계약 체결시에 공사이행 보증금을 미리 도급인에게 교부하게 한 데 있다고 할 것이므로,

원심이 위 이행보증금의 성질을 민법 제398조 소정의 손해배상액의 예정으로 본 것은 정당하고, 원심판결에 논하는 바와 같이 공사의 이행보증이나 건설공제조합법에 의한 계약보증의 법리를 오해한 위법이 있다고 볼 수 없다. 논지는 이유가 없다.

IV. 계약이행보증금을 위약벌로 본 사례

A. 도급계약에서 계약이행보증금과 지체상금 약정이 있는 경우, 특별한 사정이 없는 한, 계약이행보증금은 위약벌이고, 지체상금은 손해배상의 예정이야 —대법원 1996.04.26. 선고 95다11436 판결[채무부존재확인]

【당사자】

원고,피상고인	정리회사 코리아타코마조선공업 주식회사 관리인 원고
피고,상고인	대한민국

도급계약에 있어 계약이행 보증금과 지체상금의 약정이 있는 경우에는 특별한 사정이 없는 한 ① 계약이행 보증금은 위약벌 또는 제재금의 성질을 가지고, ② 지체상금은 손해배상의 예정으로 봄이 상당하다고 할 것이다(대법원 1989. 10. 10. 선고 88 다카 25601 판결, 1989. 7. 25. 선고 88 다카 6273, 88 다카 6280 판결, 1994. 9 30. 선고 94 다 32986 판결 등 참조).

이와 같은 견해에서 원심이 이 사건 선박건조계약을 체결함에 있어 구 예산회계법 등 관계 법령 소정의 계약이행보증금과 지체상금에 관한 내용을 이 사건 선박건조계약에 포함하여 약정하였으므로 이 사건 지체상금은 손해배상의 예정의 성질을 가진다고 보고 민법 제 398 조 제 2 항에 의하여 이를 감액할 수 있다고 판단한 것은 정당하고, 거기에 소론이 지적하는 바와 같은 법리오해 등의 위법이 있다고 볼 수 없다.

B. [같은 취지 판례] 대법원 1997. 10. 28. 선고 97 다 21932 판결[손해배상(기)]

【당사자】

원고,피상고인	주식회사 건영의 보전관리인 원고
피고,상고인	인후건설 주식회사

도급계약에 있어 계약이행보증금과 지체상금의 약정이 있는 경우에는 특별한 사정이 없는 한 계약이행보증금은 위약벌 또는 제재금의 성질을 가지고, 지체상금은 손해배상의 예정으로 봄이 상당하다고 할 것이다(대법원 1995. 12. 12. 선고 95 다 28526 판결, 1996. 4. 26. 선고 95 다 11436 판결 참조).

원심이 적법히 확정한 바와 같이 원고와 피고 사이의 이 사건 도급계약에 의하면 계약이행보증금 약정과는 별도로 지체상금의 약정이 있음을 알 수 있으므로 계약이행보증금은

V. 위약금으로 보되 초과 실손해 배상을 청구할 수 있다고 본 사례

위약벌로서의 성질을 가지는 것으로 봄이 상당하다.

따라서 원심이 이 사건 도급계약상의 계약이행보증금과는 별도로 지체상금을 산정하여 피고로 하여금 그 배상을 명하였음은 원·피고 간에 약정된 계약이행보증금을 손해배상액의 예정으로 보지 아니한 것으로 정당하고, 거기에 소론 주장과 같은 손해배상액의 예정에 관한 법리오해의 위법이 있다고 볼 수 없다. 논지는 이유 없다.

C. 토지분양계약이 해제될 경우 수분양자가 지급한 계약보증금이 분양자에게 귀속될 뿐만 아니라 계약해제로 인한 손해도 배상할 의무가 있는 경우, 계약보증금은 손해배상액의 예정이 아니라 위약벌이야 —대법원 1998. 12. 23. 선고 97다40131 판결[부당이득금반환]

[당사자]

【원고, 피상고인】 ○○○
【피고, 상고인】 한국토지공사

원심판결 이유에 의하면, 원심은, 위약금 약정은 일반적으로 손해배상액의 예정으로 추정되나, 이 사건에 있어서는 원·피고 사이의 이 사건 토지분양계약이 해제될 경우 원고가 피고에게 지급한 계약보증금이 피고에게 귀속될 뿐만 아니라 원고는 계약해제로 인하여 피고가 입은 손해에 대하여도 이를 배상하여야 할 의무를 부담하는 점 등에 비추어, 위 계약보증금 귀속에 관한 위약금 약정(이하 이 사건 위약금 조항이라 한다)은 손해배상액의 예정이 아니라 원고의 계약위반시 이를 피고에게 귀속시킴으로써 원고에게 제재를 가함과 동시에 원고의 계약이행을 간접적으로 강제하는 작용을 하는 이른바 위약벌의 성질을 가지는 것이라고 판단하였다.

기록에 비추어 살펴보면, 원심의 위 사실인정과 판단은 정당한 것으로 수긍할 수 있고, 거기에 상고이유로 주장하는 바와 같은 위약벌 내지 손해배상액의 예정 등에 관한 법리를 오해한 위법이 있다 할 수 없다. 논지는 이유 없다.

☞ 같은 취지 판례: 대법원 1989. 10. 10. 선고 88다카25601 판결[보증금반환]

V. 위약금으로 보되 초과 실손해 배상을 청구할 수 있다고 본 사례

A. ① "소외회사(하수급인)가 위약시 계약보증금은 원고(하도급인)에게 귀속하고 손해액이 계약보증금을 초과하는 경우에는 그 초과분에 대한 손해배상을 청구할 수 있다"는 약정을 위약벌로 보지 않고 위약금 약정으로 본 사례(이 경우 손해액이 계약보증금을 초과하는 때에

는 단순한 손해담보로서의 성질을 가짐); ② 이 경우도 부당히 과다하다고 인정하는 경우에는 적당히 감액할 수 있어 —대법원 1999. 8. 20. 선고 98 다 28886 판결[보증금]

[당사자]

【원고,피상고인】 코오롱건설 주식회사

【피고,상고인】 전문건설공제조합

1. 원심이 인정한 사실 (계약보증금에 관한 조항)

원심판결 이유와 기록(갑 제 1 호증의 1, 2)에 의하면, 원고는 소외 회사와의 사이에 이 사건 하도급계약을 체결하면서, ① 소외 회사는 원고에게 계약금액의 10%에 해당하는 계약보증금을 납부하고, ② 소외 회사가 정당한 이유 없이 약정한 착공기일을 경과하고도 공사에 착수하지 아니한 경우, 소외 회사의 귀책사유로 실공사기간 내에 실공사를 완성할 수 없음이 명백히 인정될 때 및 소외 회사가 계약조건에 위반하여 그 위반으로 계약의 목적을 달성할 수 없다고 인정될 때에는 원고는 계약의 전부 또는 일부를 해제 또는 해지할 수 있으며(제 26 조 제 1 항), 이러한 경우에 계약보증금은 원고에게 귀속하고(같은 조 제 2 항), ③ 원고는 소외 회사의 귀책사유로 인하여 계약을 해제 또는 해지함에 따라 발생한 손해액이 계약보증금을 초과하는 경우에는 소외 회사에게 그 초과분에 대한 손해의 배상을 청구할 수 있으며(같은 조 제 3 항), ④ 소외 회사의 채무불이행으로 발생한 지체상금이 계약보증금 상당액에 달할 때에는 특별한 사유가 없는 한 계약을 해제 또는 해지하고 계약보증금을 원고에게 귀속시킬 수 있다고 약정하였고(제 25 조 제 5 항), ⑤ 소외 회사는 이 사건 계약보증금의 지급에 갈음하여 1995. 9. 15. 피고로부터 보증금액 금 736,450,000 원, 보증기간 같은 달 5.부터 1996. 5. 31.까지로 된 하도급이행(계약)보증서 1 매를 발행받아 원고에게 제출한 사실을 알 수 있다.

2. 대법원의 판단 (파기환송)

사실관계가 이와 같다면 ... 이 사건 계약보증금은 손해배상의 예정으로서의 성질을 가지되, 다만 소외 회사가 배상할 손해액이 이를 초과하는 경우에는 단순한 손해담보로서의 성질을 가지는 것으로 봄이 상당하다 할 것이다.

그렇다면, 원고가 소외 회사의 계약불이행으로 인한 손해액이 계약보증금을 초과한다는 것을 증명하여 이를 청구하는 경우를 제외하고는, 위 계약보증금은 손해배상의 예정액이라고 보아야 할 것이고, 따라서 법원은 구체적인 제반 사정을 참작하여 볼 때, 그 손해배상의 예정액이 부당히 과다하다고 인정하는 경우에는 이를 적당히 감액할 수 있다고 할 것이다

그럼에도 불구하고, 원심이 이와 달리 이 사건 계약보증금은 하수급인인 소외 회사에게 심리적인 압박을 가하여 채무이행을 간접적으로 강제하는 작용을 하고 소외 회사가 위약하였을 때에는 이를 전액 원고의 소유로 귀속되게 하여 제재를 가하는 위약벌 또는 제재금의 성질을 가지는 것으로 봄이 상당하다고 판단한 것은 이 사건 계약보증금의 성질에 관한 법리를 오해한 위법이 있다 할 것이다. 이 점을 지적하는 주장은 이유 있다.

VI. 손해배상예정액으로서 계약보증금의 감액

A. ① 손해배상예정액으로서 계약보증금 감액의 요건 ② 총 공사대금의 20%로 정한 계약보증금을 10%(47,870,130 원)로 감액한 사례 ─ 대법원 2000. 12. 8. 선고 2000 다 35771 판결 [구상금]

[당사자]

【원고,피상고인】 대한보증보험 주식회사

【원고보조참가인,상고인】 삼성중공업 주식회사

【피고,피상고인겸상고인】 문상화

1. '부당히 과다한 경우'

민법 제 398 조 제 2 항에 의하면, 손해배상의 예정액이 부당히 과다한 경우에는 법원이 이를 적당히 감액할 수 있다고 규정하고 있는바,

여기서 부당히 과다한 경우라고 함은 ① 채권자와 채무자의 각 지위, ② 계약의 목적 및 내용, ③ 손해배상액을 예정한 동기, ④ 채무액에 대한 예정액의 비율, ⑤ 예상 손해액의 크기, ⑥ 그 당시의 거래관행 등 모든 사정을 참작하여 일반 사회관념에 비추어 그 예정액의 지급이 경제적 약자의 지위에 있는 채무자에게 부당한 압박을 가하여 공정성을 잃는 결과를 초래한다고 인정되는 경우를 뜻하는 것으로 보아야 하고,

한편 위 규정의 적용에 따라 손해배상의 예정액이 부당하게 과다한지의 여부 내지 그에 대한 적당한 감액의 범위를 판단하는 데 있어서는, 법원이 구체적으로 그 판단을 하는 때 즉, 사실심의 변론종결 당시를 기준으로 하여 그 사이에 발생한 위와 같은 모든 사정을 종합적으로 고려하여야 할 것이다(대법원 1999. 4. 23. 선고 98 다 45546 판결 참조).

2. 원심판결의 정당함

원심판결 이유를 기록에 비추어 살펴보면,

제 2 장 공사계약 / 제 2 절 시공보증과 계약보증

원심이 ① 대기업인 원고보조참가인 측의 요청에 의하여 납기일이 연장됨으로써 소외 상원기계 주식회사(이하 '소외 상원기계'라고 쓴다)의 자금난이 가중된 점, ② 상원기계가 제작한 부분을 기초로 하여 소외 성화산업 주식회사를 거쳐 결국 소외 심건조선공업사를 통하여 이 사건 철구조물 제작공사가 완공된 점, ③ 기타 계약체결 및 해제의 경위 등 이 사건 변론에 나타난 여러 사정을 고려하여 <u>이 사건 계약보증금(총 공사금액의 20%)은 손해배상액의 예정으로서 부당하게 과다하다고</u> 판단하여 <u>이를 총 공사금액의 10%인 금 47,870,130 원으로 감액한 조치는</u> 정당한 것으로 수긍이 가고, 거기에 상고이유로 지적하는 바와 같이 감액사유를 잘못 인정한 이유모순의 위법이 있다고 할 수 없다. 이에 관한 상고이유의 주장도 받아들이지 않는다.

B. 도급금액이 6,145,700,000 원인 사안에서 계약이행 보증금 614,570,000 원을 400,000,000 원으로 감액한 사례 —대법원 1995. 12. 12. 선고 95 다 28526 판결[보증금]

[당사자]

> 【원고,상고인】 사단법인 경남사회진흥연수원 (구:사단법인 경남새마을연수원) [도급인]
> 【피고,피상고인】 건설공제조합
> 【피고보조참가인】 광성산업 주식회사 (구:유신토건 주식회사) [수급인]

1. 원심이 인정한 사실

<u>참가인은</u> 위 도급계약 체결 당시 자신의 공사이행 의무를 보증하기 위하여 <u>도급금액의 10%에 해당하는 금액을 공사이행 보증금으로 원고에게 납부하기로 하되</u>, 참가인의 귀책사유로 인하여 계약이 해제될 때에는 위 공사이행 보증금은 원고에게 귀속되기로 하는 공사이행 보증금에 관한 약정을 한 후, ... <u>피고로부터, 1992. 12. 26. 도급금액을 금 6,145,700,000 원, 보증금액을 금 614,570,000 원으로 한 계약보증서를 발급받아</u> 위 공사이행 보증금의 지급에 갈음하여 원고에게 제공한 사실...

2. 이행보증금을 손해배상액의 예정을 본 사례

... 원심이 <u>위 이행보증금의 성질을</u> 민법 제 398 조 소정의 <u>손해배상액의 예정으로 본 것은 정당하고</u>, 원심판결에 논하는 바와 같이 공사의 이행보증이나 건설공제조합법에 의한 계약보증의 법리를 오해한 위법이 있다고 볼 수 없다. 논지는 이유가 없다.

3. 계약보증금 614,570,000 원을 400,000,000 원으로 감액한 사례

<u>손해배상액의 예정액이 부당히 과다한지의 여부는</u> 계약 당사자의 각 지위, 계약의 목적과 내용, 손해배상액을 예정한 동기, 실제의 손해와 그 예정액의 대비, 그 당시의 거래 관행 및 경제 상태 등 제반 사정을 참작하여 일반 사회인이 납득할 수 있는 범위를 넘는지의 여부에 따라 결정하여야 할 것인바(당원 1991. 3. 27. 선고 90 다 14478 판결, 1993. 4. 23. 선고 92 다 41719 판결, 1995. 3. 24. 선고 94 다 10061 판결 등 참조),

참가인이 이 사건 도급계약을 체결하게 된 경위, <u>도급금액이 금 6,000,000,000 원에 이르는 점</u>, 원고가 실제 입었으리라고 추정되는 손해의 내용 등 제반 사정을 참작하여 보면,

<u>위 공사이행보증금은 부당하게 과다하다고 인정되므로, 이를 금 400,000,000 원으로 감액한 원심의 조치는 정당하고</u>, 원심판결에 논하는 바와 같은 법리오해의 위법이 있다고 볼 수 없다. 논지도 이유가 없다.

제3절 조합임원의 연대보증 문제

I. 개요

A. 조합임원 연대보증은 절대 해주지 말자

1. 【해설】 조합임원에 대한 연대보증 요구는 시공사의 '갑질'이다

> (1) 일반 PF 분양사업에서는 시공자가 최후순위의 우선수익권을 갖지만, 정비사업의 시공자는 조합의 수입금에서 최우선적으로 채권을 변제받는다. 따라서 (시공자가 사업성 판단을 잘못하지 않았다면) 시공자는 일반분양수입금, 조합원분양수입금(분담금)에서 자신의 채권(공사대금채권, 대여금반환채권 등)을 100% 변제받을 수 있다.
>
> 그런데 일반 PF 사업에서는 건설업자가 시행사 임원들에게 연대보증을 요구하지 않는데, 정비사업의 시공자는 조합임원들의 연대보증을 요구한다. 시공자는 '임원연대보증은 시공자의 시공보증 또는 계약보증에 상응하는 조합의 의무'라고 하거나, 조합과 시공사의 갈등, 일반분양 실패, 조합 내부 갈등 등으로 사업이 순조롭게 진행되지 못하게 되는 '만일의 경우'에 대한 대비책이라는 등의 말로써 이를 정당화하려고 한다.
>
> (2) 그러나 그것들은 정당한 이유가 될 수 없다. 시공보증과 계약보증은 관계법령 또는 계약의 법리에 따른 공사수급인의 당연한 의무이므로(시공보증/계약보증 없는 공사계약은 없다), 시공자가 조합임원의 연대보증을 요구하는 것을 정당화할 수 없고,

조합과 시공사의 갈등, 일반분양 실패, 조합 내부 갈등 등으로 사업이 순조롭게 진행되지 못하는 것은 조합임원이 책임질 일이 아니다.

만일 조합 내부갈등의 원인이 임원의 불법행위에 있다면 시공자는 해당 임원에 대한 조합의 손해배상청구권을 압류하거나 대위행사하여 자신의 채권을 보전할 수 있으므로, 그것도 임원 연대보증의 정당화 사유가 될 수 없다.

(3) 시공사가 조합임원들의 연대보증을 요구하는 것은 조합을 「리스크 없는 캐시카우」로 만들기 위한 '갑질'이다. 따라서 조합원들은 조합임원들에게 연대보증을 요구하지 말아야 한다. 조합정관에 임원의 연대보증의무 조항을 넣는 것은 '자살골'을 넣는 것이다.

오히려 조합은 시공자가 조합임원의 연대보증을 요구할 수 없다는 것을 입찰참여규정에 넣어야 한다.

2. 【해설】 임원 연대보증은 조합의 도급계약 해제를 방해하려는 건설업자의 음모

시공계약이 해제되면 조합은 대여금반환 등 원상회복의무를 진다. 그런데 조합은 기존 대여금을 조합운영비 또는 사업비로 모두 사용했기 때문에 새로운 시공자로부터 대여금을 받을 때까지 원상회복의무를 이행할 자력이 없으므로, 계약을 해제당한 시공자는 연대보증을 한 임원들을 상대로 임원 개인 소유 재산을 가압류하고 금전청구소송을 제기하며, 조합임원은 이것이 두려워 계약해제를 꺼린다.

이렇게 조합임원의 연대보증은 조합임원들이 시공계약을 해제하지 못하도록 하는 족쇄가 되는 것이다.

3. 【해설】 무개념한 대법원판례와 국토교통부 표준공사계약서 주석

(1) 대법원은 부수적 방론으로 "재건축사업에 참여한 시공회사로서는 공사대금 등 조합에 대한 채권의 확보책이 필요하여 일정한 인적 담보를 요구하는 것은 당연한 일"이라고 판시하는 무개념한 판결을 남긴 바 있다(대법원 2003. 3. 14. 선고 2000 다 16145 판결).

(2) 한편 국토교통부는 최근 고시한 표준계약서 제 12 조 제 1 항 수급인의 계약보증금 납부 조항에 「수급인의 계약보증과 도급인의 계약보증(조합임원의 연대보증)은 동시이행 관계에 있으므로, 계약의 일방 당사자가 계약보증을 하는 경우 계약의 상대방도 계약보증을 하여야 하며, 양 당사자가 합의하여 계약보증을 하지 않을 수도 있다」는 취지의 황당한 주석을 붙여놓았다. 이 주석 문구는 조합임원에 대한 연대보증 요구를 정당화하는 좋은 핑계거리가 될 것이므로 즉시 삭제되어야 한다.

I. 개요

B. 보증책임의 범위

1. 【해설】 만일 연대보증을 피할 수 없는 상황이라면 책임의 범위를 제한하라

> 그래도 임원 연대보증을 피할 수 없는 사정이 있다면, 조합은 아래에서 보는 판례와 법리들을 들어 보증책임을 제한하는 조항을 계약서에 명시할 것을 시공사에게 요구해야 한다.
>
> 예를 들어, "① 연대보증 임원은 조합에 임원으로 재직하는 동안에만 보증책임을 지고 퇴임과 동시에 모든 보증책임으로부터 해방된다(퇴임 후에는 재직중 발생한 보증채무에 대하여도 책임을 물을 수 없다)", "② 조합의 채무불이행을 이유로 시공자가 계약을 해제하는 경우에만 보증책임을 진다", "③ 중도에 사업이 좌초되거나 조합이 해산된 경우에는 보증책임을 지지 않는다", "④ 연대보증 임원의 책임재산을 사업구역 내에 있는 재산으로 한정한다"는 등의 조항을 시공계약서 또는 보증계약서에 명시할 것을 요구하고, 이 요구가 받아들여지지 않으면 연대보증을 거부해야 한다.

2. 【해설】 보증책임의 범위

> 연대보증을 한 임원은 조합이 공사계약에 따라 부담하는 <u>채무 전액에 대하여 보증책임을 지는 것</u>이 원칙이기는 하나, 조합임원의 보증은 조합과 시공자의 계속적 거래로 인한 채무를 보증하는 '계속적 보증계약'에 해당하므로, 추후 확정된 채무 전액에 대하여 보증책임을 지우는 것이 신의칙에 반하는 사정이 인정되면 <u>보증인의 책임을 합리적인 범위 내로 제한할 수 있다</u>.
>
> 그러나 그런 사정에 대한 증명책임은 보증인에게 있을 뿐 아니라, 보증계약에서 미리 보증한도액이 정해져 있는 경우에는 그 범위 내에서 다시 보증책임의 범위를 제한받기는 매우 어려우므로, 이 법리는 그다지 믿을 것이 못된다. (이상 아래 판례들 참조.)
>
> 한편 임원이 <u>"조합의 계약의무 불이행에 따른 채무"</u>를 연대보증한 경우, <u>"시공자의 채무불이행</u>으로 인한 공사계약 해제에 따른 조합의 원상회복의무"에 대하여 보증책임을 부담하지 않는 것은 당연하다(대구고등법원 2012. 11. 7. 선고 2012 나 2935 판결).

3. 【해설】 원상회복의무에 대한 보증책임 문제

> 도급계약의 합의해제로 인한 원상회복의무는 보증채무인 "계약의무의 불이행에 따른 채무"에 포함되지 않는다(대법원 2012.9.27. 선고 2012 다 45795 판결).

4. 【해설】 보증책임 제한 문제

> 보증인에 대한 채권자의 권리행사가 신의칙에 비추어 용납할 수 없을 때에는 보증인의 책임을 제한하는 것이 예외적으로 허용될 수는 있으나, 그것은 신중을 기하여 극히 예외적으로 인정되는 것이므로, 이것도 믿어서는 안 된다. 보증책임을 25%로 제한한 원심판결을 파기한 사례가 있다. (이상 대법원 2004. 1. 27. 선고 2003 다 45410 판결.)

C. 연대보증한 임원의 구제방법

1. 【해설】 연대보증 임원의 구상권

> 연대보증한 조합임원은 주채무자인 조합에 대하여 당연히 구상권(사전구상권 포함)을 가진다(민법 제 441, 442 조). 조합원에 대하여는 직접 구상권을 행사할 수 없으며, 조합에 대한 구상채권을 피보전채권 또는 집행채권으로 하여 조합이 조합원에 대하여 가지는 채권을 압류 또는 가압류할 수 있을 뿐이다.
>
> 이와 관련하여, 조합이 조합원에 대하여 가지는 부과금채권은 조합이 총회의결을 거쳐 각 조합원에게 부과고지를 하였을 때 성립하므로, 부과금채권이 성립하기 전에 조합의 부과금채권을 대위행사할 수 있는지가 문제된다. <u>부과금채권이 성립하기 전에는 대위행사, 강제집행(압류·가압류)도 모두 불가능하다</u>는 것이 판례이다(대법원 2002. 5. 28. 선고 2000 다 5817 판결; 대법원 1998. 10. 27. 선고 98 다 18414 판결).
>
> ☞ 이에 관한 자세한 내용은 돈.되.법 2 제 5 장 제 4 절 III.을 참조하세요.

2. 【해설】 퇴임 임원의 보증계약 해지권

> 조합임원은 그 지위에 있었기 때문에 부득이 연대보증을 한 것이므로, 사임·해임 등으로 퇴임한 때에는 사정변경을 이유로 보증계약을 일방적으로 해지할 수 있다.
>
> 임원이 퇴임한 후에도 보증계약을 해지하지 않고 있으면 퇴임 후 발생한 조합의 채무에 대하여 계속 보증책임을 지게 되므로, <u>조합임원이 퇴임할 때에는 반드시 즉시 보증계약을 해지해야 한다.</u>

3. 【해설】 퇴임 후 보증계약을 해지하지 않은 임원이 보증책임을 면하기 위한 요건

> (1) 퇴임 후 보증계약을 해지하지 않은 경우, 보증채무를 재직중에 생긴 채무로 한정하기 위해서는 ① 그가 이사의 지위 때문에 부득이 회사의 계속적 거래로 인하여 생기는 회사의 채무를 연대보증하게 된 것이고 ② 또 회사의 거래상대방이 거래할 때

마다 거래 당시의 회사에 재직하고 있던 이사 등의 연대보증을 새로이 받아 오는 등의 특별한 사정이 인정되어야 한다(대법원 1998. 12. 22. 선고 98다34911 판결).

이러한 사정이 있다는 점에 대한 증명책임은 보증인(조합임원)에게 있다.

(2) 위와 같은 사정이 인정되지 않으면, 보증계약을 해지하지 않은 퇴직임원은 퇴임 후에 발생한 조합의 채무에 대하여도 보증책임을 부담하니 주의를 요한다.

II. 보증채무의 성립

A. 개요

1. 【해설】

(1) 보증은 보증인의 기명날인 또는 서명이 있는 서면으로 표시되어야 효력이 발생한다. 보증채무를 보증인에게 불리하게 변경하는 경우에도 마찬가지이다. 다만, 보증인이 보증채무를 이행한 경우 이미 이행한 한도에서는 위와 같은 방식의 하자를 이유로 보증의 무효를 주장할 수 없다. (이상 민법 제428조의2 제1, 2항.)

보증인의 기명날인은 타인이 대행하는 방법으로도 할 수 있다(대법원 2019. 3. 14. 선고 2018다282473 판결).

(2) 조합임원의 공사계약 연대보증이 위 방식을 위반하여 무효로 되는 경우는 없다. 또한 연대보증이 일응 유효하게 성립하면, 조합임원으로서는 거래관계의 제반 조건 및 예상되는 보증책임의 범위 등을 두루 이해하고 조합의 시공회사에 대한 채무를 자유로운 의사로 연대보증하게 되었다고 인정되므로, 연대보증 의사표시를 무효화하거나 취소하는 것은 결코 쉽지 않은 일이다(대법원 2003. 3. 14. 선고 2000다16145 판결 참조).

조합임원들은 이 점을 명시하고 처음부터 신중한 의사결정을 해야 한다.

2. 【법령】 민법 제428조의2(보증의 방식)

① 보증은 그 의사가 보증인의 기명날인 또는 서명이 있는 서면으로 표시되어야 효력이 발생한다. 다만, 보증의 의사가 전자적 형태로 표시된 경우에는 효력이 없다.

② 보증채무를 보증인에게 불리하게 변경하는 경우에도 제1항과 같다.

③ 보증인이 보증채무를 이행한 경우에는 그 한도에서 제1항과 제2항에 따른 방식의 하자를 이유로 보증의 무효를 주장할 수 없다.

제 2 장 공사계약 / 제 3 절 조합임원의 연대보증 문제

[본조신설 2015.2.3]

B. ① '보증인의 서명'은 보증인이 직접 자신의 이름을 쓰는 것을 의미하나; ② '보증인의 기명날인'은 타인이 대행하는 방법으로도 할 수 있어; ③ 피고회사의 대리인 또는 그로부터 허락을 받은 자가 피고의 명판과 법인인감도장을 날인한 것도 '보증인의 기명날인'이라고 본 사례 ─대법원 2019. 3. 14. 선고 2018다282473 판결[물품대금]

[당사자]

【원고, 피상고인】 주식회사 대영레미콘

【피고, 상고인】 영남스틸 주식회사

민법 제428조의2 제1항 전문은 "보증은 그 의사가 보증인의 기명날인 또는 서명이 있는 서면으로 표시되어야 효력이 발생한다."라고 규정하고 있는데, '보증인의 서명'은 원칙적으로 보증인이 직접 자신의 이름을 쓰는 것을 의미하므로 타인이 보증인의 이름을 대신 쓰는 것은 이에 해당하지 않지만(대법원 2017. 12. 13. 선고 2016다233576 판결 등 참조), '보증인의 기명날인'은 타인이 이를 대행하는 방법으로 하여도 무방하다.

원심이 같은 취지에서, 피고로부터 적법한 대리권을 수여받은 소외 1 또는 그로부터 허락을 받은 소외 2가 이 사건 계약서에 피고의 명판과 법인인감도장을 날인한 것도 '보증인의 기명날인'이 있는 경우에 해당한다고 판단한 것은 정당하고, 거기에 상고이유 주장과 같이 민법 제428조의2 제1항에서 정한 보증인의 기명날인에 관한 법리를 오해하는 등의 잘못이 없다.

C. ① 가계약에서 조합의 채무를 연대보증한 조합임원들에게 본계약이 체결되었는지 여부와는 상관없이 연대보증책임을 인정한 사례; ② 피고들의 연대보증 의사표시가 당사자들의 자유로운 의사에 따라 이루어진 것이라고 본 사례 ─대법원 2003. 3. 14. 선고 2000다16145 판결[공사대금등]

그러나 원심의 위와 같은 판단은 수긍하기 어렵다.

1. '가계약서'에 따른 연대보증책임을 인정한 사례

우선 기록에 의하면, 피고들이 연대보증을 한 이 사건 가계약은 그 명칭이 가계약으로 되어 있고 그 계약조건에 사업승인일 이후 본계약을 체결하기로 되어 있으나, 이 사건 가계약은 명칭만 가계약일 뿐 계약당사자의 권리의무 등 계약조건을 구체적으로, 규정하고 있는 데다가, 위와 같이 계약조건 제 39조는 "조합과 원고는 사업승인일 이후 본계약을 체결하기

로 한다. 다만, 이 계약에 의하여 당사자간에 발생하는 모든 권리와 의무는 본계약의 체결로 인하여 영향을 받지 아니한다."고 규정하고 있으므로, 비록 사업승인 이후 본계약이 체결되지 않았다고 하여도 이 사건 가계약의 효력이 상실되는 것은 아니라 할 것이며, 더구나 이 사건에서는 이 사건 가계약에 기하여 이주비 대여가 이루어졌고, 사업승인 이후에도 본계약이 체결되지 않은 채 재건축 공사가 시행되었으며, 1996. 1. 29.에는 원고와 조합 사이에 210,000,000원의 공사비 증액을 인정하고 그 이외에는 당초 계약서에 의하기로 하는 계약이 체결되는 등으로 이 사건 가계약에 따라 재건축공사가 완공된 사실을 알 수 있으므로, 이 사건 가계약에서 조합의 채무를 연대보증한 피고들은 재건축사업승인 이후 본계약이 체결되었는지 여부와는 상관없이 이 사건 가계약에 기하여 조합이 원고에 대하여 부담하는 공사대금 및 이주비 차용금 채무에 관하여 연대보증책임을 져야 할 것임은 명백하다고 할 것이다.

2. 피고들의 연대보증 의사표시가 자유로운 의사에 따라 이루어진 것이라고 인정한 사례

그리고 기록에 나타나는 제반 정황에 의할 때, 이 사건과 같은 재건축사업에 참여한 시공회사로서는 공사대금 등 조합에 대한 채권의 확보책이 필요하여 일정한 인적 담보를 요구하는 것은 당연한 일일 것이고 여기에 재건축사업에 주도적으로 관여하여 그 사업의 원만한 추진에 관하여 중대한 이해관계를 가지고 있었던 피고들과 같은 조합임원들로서는 그러한 거래에 이르게 된 제반 경위와 거래관계에 있어서의 제반 조건 및 그 당시로서도 이미 특정이 가능하였던 예상되는 보증책임의 범위 등을 두루 이해하는 바탕 하에서 조합의 시공회사에 대한 채무를 연대보증하게 되었다고 볼 것이므로, 피고들이 한 연대보증 의사표시는 이 사건 가계약에 있어서 하나의 요체가 된 것으로서 이와 같은 이해관계의 절충속에서 당사자들의 자유로운 의사에 따라 이루어진 것이라고 보는 것이 상당하다고 할 것이다.

D. [하급심판례] ① 공사계약에 "M 시장 조합의 정관에 따라 선출된 임원은 이 계약을 성실히 준수할 의무를 지며, M 시장 조합의 모든 계약행위에 대하여 조합임원 및 M 시장조합의 조합원 전체가 연대하여 책임을 진다"고 규정한 것은 조합임원 및 조합원들의 적극적 협력에 대한 선언적 의미를 가지는 것에 불과해; ② 따라서 위 공사계약 규정만으로는 피고들의 연대보증채무에 A(시공자)의 채무불이행으로 인한 계약해제에 따른 원상회복의무까지 포함된다고 볼 수 없어 —대구고등법원 2012. 11. 7. 선고 2012 나 2935 판결[부당이득금]

원고는 다시 이 사건 공사계약 제 8 조 제 4 항에 따라 피고들도 원상회복의무를 부담한다고 주장하므로 살피건대,

위 공사계약 제 8 조 제 4 항에서 "M 시장 조합의 정관에 따라 선출된 임원은 이 계약을 성실히 준수할 의무를 지며, M 시장 조합의 모든 계약행위에 대하여 조합임원 및 M 시장조합의 조합원 전체가 연대하여 책임을 진다"고 규정하고 있는 사실은 앞서 본 바와 같으나,

제 2 장 공사계약 / 제 3 절 조합임원의 연대보증 문제

계약당사자나 연대보증인도 아닌 조합임원이나 조합원들까지 A 에 대하여 위 공사계약상의 채무를 부담할 아무런 이유가 없으므로 <u>위 규정은 조합임원 및 조합원들의 적극적 협력에 대한 선언적 의미를 가지는 것에 불과</u>하다고 봄이 상당하므로,

<u>위 공사계약 제 8 조 제 4 항의 규정만으로는 위 제 8 조 제 3 항 에 따른 피고들의 연대보증채무에 A 의 채무불이행으로 인한 계약해제에 따른 원상회복의무까지 포함되는 것으로 보기는 어렵고</u>, 달리 이를 인정할 만한 증거가 없다. 따라서 원고의 이 부분 주장도 받아들일 수 없다.

III. 보증채무의 범위 (판례)

A. <u>서면상으로는 주채무자의 모든 채무를 보증하는 것으로 되어 있지만, 보증의 경위와 목적, 피담보채무의 내용, 거래관행 등 제반 사정을 고려하여 <u>일정한 계약에 기한 채무만을 보증한 것으로 본 사례</u></u> —대법원 1994. 6. 24. 선고 94 다 10337 판결[물품대금]

【당사자】

> 【원고, 피상고인】 대우전자주식회사
>
> 【피고, 상고인】 피고

【판결요지】

> 가. 계속적 보증계약은 보증책임의 한도액이나 보증기간에 관하여 아무런 정함이 없는 경우에는 보증인은 원칙적으로 변제기에 있는 주채무 전액에 관하여 보증책임을 부담하는 것이나, 그 보증을 하게 된 동기와 목적, 피담보채무의 내용, 거래의 관행 등 제반 사정에 비추어 <u>당사자의 의사가 계약문언과는 달리 일정한 범위의 거래의 보증에 국한시키는 것이었다고 인정할 수 있는 경우에는 그 보증책임의 범위를 당사자의 의사에 따라 제한하여 새겨야 한다.</u>
>
> 나. 서면상으로는 주채무자의 모든 채무를 보증하는 것으로 되어 있지만 보증의 경위와 목적, 피담보채무의 내용, 거래관행 등 제반 사정에 비추어 일정한 계약에 기한 채무만을 보증한 것으로 해석함이 상당하다고 한 사례.

B. 재건축조합의 임원들이 시공자에 대하여 연대보증인으로서 부담하여야 할 보증채무인 '계약의무의 불이행에 따른 채무'에는 계약의 <u>'합의해제'로 인한 원상회복의무는 포함되지 않아</u> —대법원 2012.9.27. 선고 2012 다 45795 판결[손해배상(기)]

【당사자】

원고, 상고인   ○○○○ 주식회사의 소송수계인 회생채무자 ○○○○ 주식회사의 관리인 조○○

피고, 피상고인   진○○ 외 6명

원심판결 이유에 의하면, 원심은 원고와 ○○○○○○재건축조합(이하 '재건축조합'이라 한다) 사이에 체결된 이 사건 계약은 재건축조합의 귀책사유 없이 합의에 의해 해제되었다고 판단한 후, 그 판시와 같은 사정을 들어 피고들이 재건축조합의 연대보증인으로서 부담하여야 할 보증채무인 '계약의무의 불이행에 따른 채무'에는 계약의 '합의해제'로 인한 원상회복의무는 포함되지 않는다고 보아 이와 다른 전제에 선 원고의 청구를 기각하였다.

관련 법리와 기록에 비추어 살펴보면, 원심이 위와 같은 판단은 정당한 것으로 수긍이 가고, 거기에 상고이유의 주장과 같이 연대보증채무와 합의해제의 효과, 재건축조합이 부담하는 대여금 반환채무의 성격 등에 관한 법리를 오해한 위법이 없다.

IV. 보증책임의 제한 (판례)

A. ① 회사의 이사 등이 회사의 계속적 거래로 인한 채무를 연대보증한 경우 보증채무를 「재직 중 생긴 채무」로 한정하기 위한 요건: a) 그가 이사의 지위 때문에 부득이 회사의 채무를 연대보증하게 된 것이고 b) 거래상대방이 거래할 때마다 거래 당시의 회사에 재직하고 있던 이사 등의 연대보증을 새로이 받아 오는 등의 특별한 사정이 있을 것; ② 그런 사정이 없는 경우에는 보증책임의 한도가 '재직기간 중 생긴 채무'로 제한되지 않음 ―대법원 1998. 12. 22. 선고 98다34911 판결[보증채무금]

【당사자】

【원고,상고인】 주식회사 한국외환은행

【피고,피상고인】 피고

처분문서는 그 진정성립이 인정되는 이상 달리 그 처분문서의 증명력을 부정할 만한 특별한 사유가 없는 한 그 처분문서의 증명력을 부정하는 것은 허용되지 않는다고 할 것이다.

또한 회사의 이사 등이 회사의 제3자에 대한 계속적 거래로 인한 채무를 연대보증한 경우 이사 등에게 회사의 거래에 대하여 재직 중에 생긴 채무만을 책임지우기 위하여는 ① 그가 이사의 지위 때문에 부득이 회사의 계속적 거래로 인하여 생기는 회사의 채무를 연대보증하게 된 것이고 ② 또 회사의 거래상대방이 거래할 때마다 거래 당시의 회사에 재직하

제 2 장 공사계약 / 제 3 절 조합임원의 연대보증 문제

고 있던 이사 등의 연대보증을 새로이 받아 오는 등의 특별한 사정이 있을 것임을 요하고

그러한 사정이 없는 경우의 연대보증에까지 그 책임한도가 위와 같이 제한되는 것으로 해석할 수는 없다고 할 것이다(대법원 1993. 2. 12. 선고 92 다 45520 판결, 1995. 4. 7. 선고 94 다 736 판결, 1996. 10. 29. 선고 95 다 17533 판결 등 참조).

B. ① 계속적 보증계약에서 신의칙에 반하는 사정이 인정되는 경우에는 보증인의 책임을 합리적인 범위 내로 제한할 수 있으나; ② 미리 보증한도액이 정하여져 있는 경우에는 (특별한 사정이 없는 한) 주채무가 과다하게 발생하였다고 하여 바로 보증책임을 제한할 수 없어 —대법원 1995. 6. 30. 선고 94 다 40444 판결[물품대금]

【당사자】

【원고, 피상고인겸 상고인】 대한석탄공사
【피고, 상고인 겸 피상고인】 한일연탄주식회사 외 1 인

일반적으로 계속적 보증계약에 있어서 보증인의 부담으로 돌아갈 주채무의 액수가 보증인이 보증당시에 예상하였거나 예상할 수 있었던 범위를 훨씬 상회하고, 그같은 주채무 과다 발생의 원인이 채권자가 주채무자의 자산상태가 현저히 악화된 사실을 익히 알거나 중대한 과실로 알지 못한 탓으로 이를 알지 못하는 보증인에게 아무런 통보나 의사타진도 없이 고의로 거래규모를 확대함에 비롯되는 등 신의칙에 반하는 사정이 인정되는 경우에 한하여 보증인의 책임을 합리적인 범위내로 제한할 수 있다(대법원 1984.10.10.선고 84 다카 453 판결; 1991.10.8.선고 91 다 14147 판결; 1991.12.24.선고 91 다 9091 판결 각 참조).

그러나 계속적보증계약에서 미리 보증한도액이 정하여져 있는 경우에는, 특별한 사정이 없는 한 보증인은 채권자와 주채무자 사이의 거래액 중 보증한도액의 범위 내에서 보증책임을 질 것을 예상하였다 할 것이므로, 주채무가 과다하게 발생하였다고 하여 바로 보증책임이 그 예상액을 훨씬 넘어 가중되었다고 보기 어렵고,

C. ① 계속적 보증뿐 아니라 일반보증의 경우에도 채권자의 권리행사가 신의칙에 비추어 용납할 수 없을 때에는 보증인의 책임을 제한하는 것이 예외적으로 허용될 수는 있으나; ② 그것은 신중을 기하여 극히 예외적으로 인정하여야; ③ 보증책임을 25%로 제한한 원심판결을 파기한 사례 —대법원 2004. 1. 27. 선고 2003 다 45410 판결[구상금]

【당사자】

원고,피상고인겸상고인 서울보증보험 주식회사

피고,상고인겸피상고인 피고 1 외 1인

    채권자와 채무자 사이에 계속적인 거래관계에서 발생하는 <u>불확정한 채무를 보증하는 이른바 계속적 보증의 경우뿐만 아니라 특정채무를 보증하는 일반보증의 경우에 있어서도, 채권자의 권리행사가 신의칙에 비추어 용납할 수 없는 성질의 것인 때에는 보증인의 책임을 제한하는 것이 예외적으로 허용될 수 있을 것이나</u>, 일단 유효하게 성립된 보증계약에 따른 책임을 신의칙과 같은 일반원칙에 의하여 제한하는 것은 자칫 잘못하면 사적 자치의 원칙이나 법적 안정성에 대한 중대한 위협이 될 수 있으므로 <u>신중을 기하여 극히 예외적으로 인정하여야 할 것이다.</u>

V. 퇴임임원의 해지권 (판례)

A. ① <u>회사의 이사라는 지위에 있었기 때문에 부득이 회사와 은행 사이의 계속적 거래에 연대보증을 했다가 그 후 퇴직한 때에는 사정변경을 이유로 보증계약을 일방적으로 해지할 수 있어</u>; ② 이사(보증인)와 회사(주채무자)의 대표이사가 처남-매부지간이었으나 보증계약의 해지를 인정한 사례 —대법원 2000. 3. 10. 선고 99 다 61750 판결[보증채무금]

【당사자】

【원고,피상고인(탈퇴)】 주식회사 국민은행
【원고승계참가인,피상고인】 성업공사
【피고,상고인】 피고

1. 법리

    계속적 거래관계로 인하여 발생하는 불확정한 채무를 보증하기 위한 이른바 계속적 보증에 있어서는 보증계약 성립 당시의 사정에 현저한 변경이 생겨 보증인에게 계속하여 보증책임을 지우는 것이 당사자의 의사해석 내지 신의칙에 비추어 상당하지 못하다고 인정되는 경우에는, 상대방인 채권자에게 신의칙상 묵과할 수 없는 손해를 입게 하는 등의 특별한 사정이 없는 한 보증인은 일방적인 보증계약해지의 의사표시에 의하여 보증계약을 해지할 수 있다고 보아야 할 것이고(대법원 1996. 12. 10. 선고 96 다 27858 판결 참조),

    <u>회사의 이사라는 지위에 있었기 때문에 부득이 회사와 은행 사이의 계속적 거래로 인한 회사의 채무에 연대보증인이 된 자가 그 후 회사로부터 퇴직하여 이사의 지위를 상실하게 된 때에는 사회통념상 계속 보증인의 지위를 유지케 하는 것이 부당하므로, 연대보증계약 성립 당시의 사정에 현저한 변경이 생긴 것을 이유로 그 보증계약을 일방적으로 해지할 수</u>

제 2 장 공사계약 / 제 3 절 조합임원의 연대보증 문제

있다고 할 것이다(대법원 1992. 5. 26. 선고 92 다 2332 판결, 1996. 12. 10. 선고 96 다 27858 판결, 1998. 6. 26. 선고 98 다 11826 판결 참조).

2. 대법원의 판단 (파기환송)

가. 인정된 사실

그런데 원심이 확정한 사실과 원심이 채용한 증거들에 의하면, 피고는 소외 1 이 삼정강건을 설립한 1985. 4. 12. 무렵 삼정강건에 입사하여 1990 년경부터는 영업이사로 근무하여 왔으나 실제로 삼정강건의 주식을 가지고 있거나 이익배당을 받지 아니하고 월급을 받아 왔으며, 1997. 1. 31. 삼정강건의 이사를 사임하고 같은 해 2 월 11 일 삼정강건의 법인등기부상 사임등기를 마친 후 같은 해 2 월 17 일에는 원고에게 피고가 삼정강건의 이사를 사임하였으니 더 이상 삼정강건의 원고에 대한 채무에 관하여 연대보증책임을 지지 않겠다는 취지로 통지하였음을 알 수 있다.

나. 보증계약이 해지됨

사정이 이와 같다면, 비록 원심이 확정한 바와 같이 피고가 삼정강건의 대표이사인 소외 1 과 처남·매부의 사이에 있었고, 원고 내부의 규정에 의한 보증인의 재산세 납부실적을 충족시키기 위하여 피고가 소외 3 과 함께 이 사건 연대보증을 하게 된 사정이 있다 하더라도, 피고가 삼정강건의 이사를 사임한 후에 바로 원고에 대하여 그 사실을 알리고 연대보증책임을 지지 않겠다고 한 점 등에 비추어 피고는 삼정강건에 고용된 이사라는 직위에 있었기 때문에 부득이 위 여신한도거래계약에 의하여 삼정강건이 원고에 대하여 부담하는 현재 또는 장래의 채무를 연대보증하게 된 것이라고 볼 수 있고, 또한 그 후 피고가 삼정강건의 이사직을 사임하였다면 보증계약 성립 당시의 사정에 현저한 변경이 생겨 보증인에게 계속하여 보증책임을 지우는 것이 당사자의 의사해석 내지 신의칙에 비추어 상당하지 못하게 되었다고 할 것이므로, 피고는 일방적인 해지의 의사표시에 의하여 이 사건 보증계약을 해지할 수 있다고 할 것이다.

B. 보증인의 주채무자에 대한 신뢰가 깨어지는 등 정당한 이유가 있는 경우 보증인은 '계속적 보증계약'을 해지할 수 있어 —대법원 2018. 3. 27. 선고 2015 다 12130 판결[구상금]

계속적 보증은 계속적 거래관계에서 발생하는 불확정한 채무를 보증하는 것으로 보증인의 주채무자에 대한 신뢰가 깨어지는 등 정당한 이유가 있는 경우에는 보증인으로 하여금 그 보증계약을 그대로 유지·존속시키는 것이 신의칙상 부당하므로 특별한 사정이 없는 한 보증인은 보증계약을 해지할 수 있다.

이때 보증계약을 해지할 정당한 이유가 있는지 여부는 보증을 하게 된 경위, 주채무자와 보증인의 관계, 보증계약의 내용과 기간, 채무증가의 구체적 경과와 채무의 규모, 주채무자의 신뢰상실 여부와 그 정도, 보증인의 지위 변화, 채권자와 보증인의 이익상황, 주채무자의 자력에 관한 채권자나 보증인의 인식 등 여러 사정을 종합적으로 고려하여 판단하여야 한다.

제4절 공사대금채권의 확보

I. 분양대금 입금계좌의 공동관리

A. 개요

1. 【해설】공동명의 예금계좌의 자금인출 방법

> 조합과 시공사는 조합원분양 및 일반분양 수입금에서 공사대금과 대여금채권의 최우선 변제를 확보하기 위하여 조합과 시공사 둘의 공동명의로 된 예금계좌를 개설하여 그 공동명의 계좌로 조합의 분양수입금을 수령하는 것이 일반적이다.
>
> 공동명의 예금계좌로 입금된 돈을 인출하기 위해서는 조합과 시공사가 공동으로 예금반환청구를 하여야 하므로 조합과 시공사 둘 모두의 인감이 필요하다. 이 경우 만일 공동명의자 중 일방이 예금반환청구의 공동행사를 거부한다면, 다른 공동명의자는 그 일방을 상대로 예금반환청구에 관한 승낙의 의사표시를 구하는 소송을 제기할 수 있다(아래 하급심판례 참조).

2. 【해설】공동명의 예금의 실질적 귀속에 관한 법리

> 은행에 공동명의로 예금하고 예금반환청구를 공동으로 하기로 한 경우, ① 만일 '동업자금'을 공동명의로 예금한 경우라면 '채권의 준합유' 관계로 볼 것이나, ② 동업 외의 목적을 위해 공동명의로 예금을 개설한 경우에는 그 예금채권은 분할되어 각자의 지분에 대한 관리처분권이 각자에게 귀속되고, 다만 은행에 대한 지급청구만을 공동으로 해야 하는 것으로 보아야 한다.
>
> 이 경우 분양수입금의 수령과 공사대금 지급을 위하여 공동명의 예금계좌를 개설했다는 사정만으로 분양사업을 공동으로 경영할 것을 약정했다거나 예금을 준합유하기로 약정했다고 볼 수는 없다. (이상 대법원 2008. 10. 9. 선고 2005 다 72430 판결.)

> 따라서 조합과 시공자가 공동명의로 개설한 예금계좌는 원칙적으로 위 ②의 경우에 해당한다.

3. 【해설】 구체적 법률관계

> 분양수입금으로 대출금과 공사대금 채권을 우선 지급할 목적으로 조합과 시공사의 공동명의로 분양수입금 입금계좌를 개설한 경우의 법률관계를 구체적으로 살펴 보면 아래와 같다. 다만, 시공계약의 구체적 합의 내용에 따라 법률관계가 달라질 수 있다.
>
> (1) 공동명의 예금계좌에 입금된 금원은 일정 시점에 각자에게 귀속되는 예금채권의 지분에 따라 각 공동명의자(조합/시공사)에게 분할 귀속된다(대법원 2008. 10. 9. 선고 2005 다 72430 판결).
>
> 공동명의 계좌에서 지급할 <u>1 순위 우선채권이 공사대금채권</u>이라면, 각자에게 귀속되는 예금채권의 지분은 분양수입금이 공동명의 계좌에 입금되는 날을 기준으로 이행기가 도래한 공사대금을 기준으로 정해진다고 보는 것이 타당하다. 즉, 공동명의 예금채권 중 그 입금일을 기준으로, ① 입금일 현재 <u>이행기가 도래한 공사대금채권에 해당하는 금액은 시공사에 귀속</u>하고, ② <u>나머지 금액에 해당하는 예금채권은 조합에 귀속</u>한다고 보아야 한다. 다만 은행에 대한 지급청구(예금반환청구)를 공동으로 해야 하는 제한을 받을 뿐이다.
>
> (2) 그러므로,
>
> ① 만일 공동명의자 중 일방(예: 조합)이 다른 일방(예: 시공사)에 분할 귀속된 예금 반환청구권(예: 이행기가 도래한 공사대금 상당액)의 공동행사를 거부한다면, 다른 일방(시공사)은 공동행사를 거부하는 일방(조합)을 상대로 예금반환청구에 관한 승낙의 의사표시를 구하는 소송을 제기할 수 있고,
>
> ② 공동명의자 중 1 인에 대한 채권자는 그 1 인의 지분에 상응하는 예금채권에 대하여 압류 및 추심명령 등을 얻어 강제집행할 수 있고, 그 압류·추심명령을 송달받은 제 3 채무자인 은행은 그 지급을 거절할 수 없다(대법원 2005. 9. 9. 선고 2003 다 7319 판결).
>
> 또한 시공사는 자신에게 분할 귀속하는 금액에 대한 관리처분권을 가지고 있으므로 (따라서 그 금액은 사실상 변제받은 것이나 다름없다), 그 금액 범위 내에서는 조합의 다른 재산에 가압류할 보전의 필요성이 없다고 보아야 하며, 만일 시공사가 그 사실을 숨기고 조합의 다른 재산을 가압류했다면, 조합은 가압류이의를 해서 가압류를 취소시킬 수 있다.

I. 분양대금 입금계좌의 공동관리

B. 분양수입금 수령과 공사대금 지급을 위하여 공동명의로 예금계좌를 개설하였다는 사정만으로는 분양사업을 공동으로 경영할 것을 약정하거나 예금을 준합유하기로 약정했다고 볼 수 없어 —대법원 2008. 10. 9. 선고 2005 다 72430 판결[예금반환]

위 법리와 기록에 비추어 살펴보면, 이 사건 분양사업의 시행사인 소외 주식회사와 시공사인 원고가 공사도급계약을 체결하고 분양수입금의 수령과 공사대금의 지급을 위하여 공동명의로 이 사건 예금계좌를 개설하였다는 사정만으로는 원고와 소외 주식회사가 공동으로 분양사업을 경영할 것을 약정하였다거나 이 사건 예금을 준합유하기로 약정하였다고 보기 어렵고, 달리 이를 인정할만한 자료를 찾아볼 수 없으므로, 이 사건 예금채권을 원고와 소외 주식회사가 준합유하는 관계에 있다고 볼 수는 없다.

C. [동업 이외의 특정 목적을 위해 공동명의 예금채권자가 단독으로 예금을 인출할 수 없도록 방지·감시하기 위하여 공동명의로 예금을 개설한 경우의 법률관계] ① 그 예금채권은 분량적으로 분할되어 각 공동명의자에게 공동으로 귀속되어, 각자의 지분에 대한 관리처분권은 각자에게 귀속되고; ② 다만 은행에 대한 지급청구만을 공동으로 하여야 하는 것임; ③ 따라서 공동명의자 중 1인에 대한 채권자는 그 1인의 지분에 상응하는 예금채권에 대한 압류 및 추심명령 등을 얻어 집행할 수 있고; ④ 은행은 그 지급을 거절할 수 없고, 압류가 경합한 경우에는 집행공탁을 할 수 있음 — 대법원 2005. 9. 9. 선고 2003 다 7319 판결[채무부존재확인]

【당사자】

원고,피상고인	주식회사 국민은행
피고,상고인	주식회사 양산종합건설
피고보조참가인	피고보조참가인

1. 법리

은행에 공동명의로 예금을 하고 은행에 대하여 그 권리를 함께 행사하기로 한 경우에 만일 동업 자금을 공동명의로 예금한 경우라면 채권의 준합유관계에 있다고 볼 것이나,

공동명의 예금채권자들 각자가 분담하여 출연한 돈을 동업 이외의 특정 목적을 위하여 공동명의로 예치해 둠으로써 그 목적이 달성되기 전에는 공동명의 예금채권자가 단독으로 예금을 인출할 수 없도록 방지·감시하고자 하는 목적으로 공동명의로 예금을 개설한 경우라면, 하나의 예금채권이 분량적으로 분할되어 각 공동명의 예금채권자들에게 공동으로 귀속되고, 각 공동명의 예금채권자들이 예금채권에 대하여 갖는 각자의 지분에 대한 관리처분권은 각자에게 귀속되는 것이고, 다만 은행에 대한 지급 청구만을 공동반환의 특약에 의하여

공동명의 예금채권자들 모두가 공동으로 하여야 하는 것이므로(대법원 1994. 4. 26. 선고 93다31825 판결, 2004. 10. 14. 선고 2002다55908 판결 등 참조),

공동명의 예금채권자 중 1인에 대한 채권자로서는 그 1인의 지분에 상응하는 예금채권에 대한 압류 및 추심명령 등을 얻어 이를 집행할 수 있고,

한편 이러한 압류 등을 송달받은 은행으로서는 압류채권자의 압류 명령 등에 기초한 단독 예금반환청구에 대하여, "공동명의 예금채권자가 공동으로 그 반환을 청구하는 절차를 밟아야만 예금청구에 응할 수 있다."는 공동명의 예금채권자들과 사이의 공동반환특약을 들어 그 지급을 거절할 수는 없다고 보아야 할 것이다. 왜냐하면, 위와 같이 해석하지 않을 경우, 공동명의 예금채권자들로서는 각자의 은행에 대한 예금채권의 행사를 불가능하게 하거나 제한하는 내용의 공동반환특약을 체결하는 방법에 의하여, 그들의 예금채권에 대한 강제집행 가능성을 사실상 박탈 내지 제한함으로써 그들에 대한 압류채권자의 권리 행사를 부당하게 제한하는 결과가 되기 때문이다(대법원 2003. 12. 11. 선고 2001다3771 판결 참조).

2. 상고이유에 대한 판단 (상고기각)

가. 은행은 다른 공동명의자 동의 없이 우영실업 압류채권자를 위해 집행공탁할 수 있음

원심이 적법하게 인정한 사실 및 기록에 따르면, 피고는 우영실업 주식회사(이하 '우영실업'이라고 한다)와 사이의 판시 공사도급계약에 따른 공사대금을, 소외 1은 우영실업에 대한 판시 토지의 매도대금을, 우영실업이 판시 토지 위에 신축할 건물의 분양대금으로부터 지급받으려는 의도로 위 분양대금을 공동으로 관리하기 위하여 위 3인 명의로 이 사건 예금계좌를 개설하였다는 것으로 그 계좌의 개설·운용의 목적이 공동명의자의 어느 일방이 임의로 예금을 인출할 수 없도록 방지·감시하고자 함에 있다 할 것이므로, 피고, 소외 1, 우영실업이 이 사건 예금채권을 준합유하였다고 볼 수는 없고, 오히려 이 사건 예금채권에 대한 각자의 지분에 대한 관리처분권은 그들 각자에게 귀속된다고 할 것이므로, 우영실업의 지분에 상응하는 예금채권에 대하여 소외 2의 가압류결정, 가백산업 주식회사의 압류 및 추심명령 등이 경합된 이 사건에서, 원고로서는 앞서 본 법리에 따라 우영실업에 대한 위 채권자들을 위하여 구 민사소송법(2002. 1. 26. 법률 제6626호로 개정되기 전의 것) 제581조 제1항을 근거로 다른 공동명의자의 동의 없이도 우영실업의 지분에 상응하는 예금을 집행공탁할 수 있다고 할 것이다.

나. 원심판결의 정당함

그렇다면 원심이 그 판시의 인정 사실에 근거하여, 우영실업은 별도의 방법으로 피고와

소외 1에 대한 공사대금 및 토지대금을 모두 지급하거나 지급하기로 약정함에 따라 이 사건 예금채권의 예금주를 공동명의로 한 목적이 이미 달성되어 그 실질적인 예금주는 우영실업만 남게 되었다는 이유로, 원고가 우영실업에 대한 위 채권자들을 위하여 한 판시 예금액의 집행공탁을 유효하다고 본 것은 위 법리에 부합하는 것으로서 그 결론에 있어서 정당하고, 거기에 상고이유로 내세운 공동반환특약의 효력 등에 관한 법리오해가 있다고 할 수 없다.

D. [같은 취지 판례] 분양수입금으로써 대출금과 공사대금 채권을 우선적으로 지급할 목적으로 예금계좌를 공동명의로 개설했다면, 일정 시점에서 각자에게 귀속되는 예금채권의 지분이 공동명의자 각자에게 분할 귀속돼 —대법원 2008. 10. 9. 선고 2005다72430 판결[예금반환]

【당사자】

| 원고,상고인 | 원고 주식회사 |
| 피고,피상고인 | 주식회사 국민은행 |

1. 원심판결이유에 의하여 알 수 있는 사실

원심판결의 이유에 의하면, ① 이 사건 분양사업의 시행사인 소외 주식회사와 시공사인 원고가 공사도급계약을 체결하고 이 사건 예금계좌를 공동명의로 개설한 이유는, 이 사건 예금계좌에 입금되는 분양수입금을 가지고 이 사건 분양사업에 소요될 대출금채권과 원고가 소외 주식회사에 대하여 갖는 기성 공사대금채권 등을 우선적으로 지급할 목적을 가지고 개설한 것으로서 이 사건 분양사업의 사업자금의 집행순서에 관한 그들 사이의 약정을 담보하기 위한 것인 점, ② 원고와 소외 주식회사는 실제 이 사건 도급계약에서 분양수입금의 지급순위를 정함에 있어서도 신탁사 대리사무보수 및 금융기관 대출원리금 변제 다음으로 공사비(공사기성금), 설계비, 감리비를 우선적으로 지급하기로 구체적으로 약정하였던 점 등을 알 수 있다.

2. 대법원의 판단 (파기환송)

가. 이 사건 예금채권의 지분은 원고와 소외 회사 각자에게 분할 귀속됨

사정이 이와 같다면 원고와 소외 주식회사가 이 사건 예금계좌의 개설 및 이 사건 도급계약의 체결 당시 공동명의로 개설된 이 사건 예금계좌에 기한 예금채권을 누구에게 어떻게 귀속시킬 것인가를 고려하지 아니한 채 단순히 이 사건 예금계좌에 입금된 분양수입금을 인출한 후 이를 이 사건 분양사업에 일정한 순서를 정하여 집행할 것인지를 약정한 것

제 2 장 공사계약 / 제 4 절 공사대금채권의 확보

에 불과하다고 보기는 어렵고, 원고와 소외 주식회사는 원고가 소외 주식회사에 대하여 갖는 기성 공사대금채권 등의 우선적 지급을 실효성 있게 확보해 주기 위하여 원고를 이 사건 예금계좌의 공동명의자로 함으로써 어느 일방이 임의로 예금을 인출할 수 없도록 방지·감시함과 아울러 소외 주식회사뿐만 아니라 원고도 이 사건 예금계좌에 대한 예금채권자로서 지분을 갖고 있음을 인정하는 취지의 약정을 한 것으로 봄이 상당하다.

나아가, 이 사건 분양사업의 특성상 이 사건 예금계좌에 입금된 분양수입금, 대출원리금, 기성공사금 등의 액수는 시간이 흐름에 따라 증감·변동할 수 있고, 시공사인 원고와 시행사인 소외 주식회사로서는 그러한 증감·변동에 관계없이 항시 특정 지분비율을 적용하여 이 사건 예금채권의 지분을 정하기로 약정하거나, 위와 같은 증감·변동 등을 고려하여 특정 지분비율이 아닌 다른 기준을 정하여 예금채권의 지분을 정하기로 약정할 수도 있다고 할 것인바, 따라서 원고와 소외 주식회사 사이에서는 그들이 어떠한 약정을 하였는지에 따라 일정 시점에서 각자에게 귀속되는 예금채권의 지분이 정해지게 될 것이고 그에 따라 정해진 이 사건 예금채권의 지분은 원고와 소외 주식회사 각자에게 분할 귀속된다고 할 것이다.

나. 원심판결의 위법함

그럼에도 불구하고, 원심은 그 판시와 같은 사정을 들어 원고와 소외 주식회사 사이에서는 단지 이 사건 분양사업에 필요한 사업자금의 집행순서에 관한 채권적 약정만이 있었을 뿐 이 사건 예금채권의 분할 귀속에 관하여는 아무런 약정이 없었으므로 이 사건 예금채권이 원고와 소외 주식회사 각자에게 분할 귀속된다고 볼 수 없다고 판단하고 말았으니, 이러한 원심의 판단에는 공동명의 예금채권의 귀속에 관한 법리를 오해한 나머지 판결에 영향을 미친 위법이 있다. 이 점을 지적하는 상고이유의 주장은 이유 있다.

E. ① 예금채권이 분량적으로 분할되어 각 공동명의자(A, B)의 지분에 대한 관리처분권이 각자에게 귀속되는 경우, 은행은 공동명의자 중 1인(A)에 대한 대출금채권을 자동채권으로 하여 그(A)의 지분에 상응하는 예금반환채권과 상계할 수 있어; ② 이 경우 B가 A의 지분을 양수하였음을 이유로 A 지분에 대한 은행의 상계주장에 대항하기 위해서는 채권양도의 대항요건을 갖추어야 함 —대법원 2004. 10. 14. 선고 2002 다 55908 판결[예금]

【당사자】

원고,피상고인	펜다하우스 주식회사
피고,상고인	주식회사 한국주택은행의 소송수계인 주식회사 국민은행

은행에 공동명의로 예금을 하고 은행에 대하여 그 권리를 함께 행사하기로 한 경우에 만일 동업자금을 공동명의로 예금한 경우라면 채권의 준합유관계에 있다고 볼 것이나, 공동

I. 분양대금 입금계좌의 공동관리

명의 예금채권자들 각자가 분담하여 출연한 돈을 동업 이외의 특정 목적을 위하여 공동명의로 예치해 둠으로써 그 목적이 달성되기 전에는 공동명의 예금채권자가 단독으로 예금을 인출할 수 없도록 방지·감시하고자 하는 목적으로 공동명의로 예금을 개설한 경우라면, 하나의 예금채권이 분량적으로 분할되어 각 공동명의 예금채권자들에게 공동으로 귀속되고, 각 공동명의 예금채권자들이 예금채권에 대하여 갖는 각자의 지분에 대한 관리처분권은 각자에게 귀속된다 할 것이므로(대법원 1994. 4. 26. 선고 93다31825 판결 참조),

공동명의 예금채권자 중 1인에 대한 별개의 대출금채권을 가지는 은행으로서는 그 대출금채권을 자동채권으로 하여 그의 지분에 상응하는 예금반환채권에 대하여 상계할 수 있다 할 것이고, 다만 공동명의 예금채권자 중 1인이 다른 공동명의 예금채권자의 지분을 양수하였음을 이유로 그 지분에 대한 은행의 상계주장에 대항하기 위해서는 공동명의 예금채권자들과 은행 사이에 예금반환채권의 귀속에 관한 별도의 합의가 있거나 채권양도의 대항요건을 갖추어야 할 것이다.

F. [같은 판례] ① 피고은행은 고려산업에 대한 대출금채권으로써 공동명의 예금 중 고려산업 지분과 상계할 수 있었으나; ② 2001. 2. 14.경 원·피고와 고려산업개발 사이에 고려산업의 예금반환채권을 원고에게 모두 귀속시키기로 하는 명시적·묵시적 약정을 함으로써 고려산업개발은 예금반환채권을 상실했고, 고려산업개발의 대출금채무는 그 이후에 이행기가 도래했으므로, 피고는 더이상 상계 주장을 할 수 없다고 본 사례 ─대법원 2004. 10. 14. 선고 2002다55908 판결[예금]

1. 피고은행은 고려산업에 대한 대출금채권으로 고려산업의 예금지분과 상계할 수 있었음

원심이 적법하게 인정한 사실을 기록에 비추어 살펴보면, 원고와 고려산업개발은 공사도급계약을 체결하고 분양수입금의 수령과 공사대금의 지급을 위하여 이 사건 예금계좌를 개설하였다는 것으로 그 계좌의 개설·운용의 목적이 공동명의자의 어느 일방이 임의로 예금을 인출할 수 없도록 방지·감시하고자 하고자 함에 있다 할 것이므로, 이 사건 예금을 준합유하였다고 볼 수는 없다 할 것이고(대법원 2002. 10. 25. 선고 2001다48422 판결 참조), 따라서 피고 은행은 공동명의 예금채권자 중 1인인 고려산업개발에 대한 별개의 대출금채권을 자동채권으로 하여 이 사건 예금 중 그의 지분에 해당하는 예금반환채권과 상계를 주장할 수 있다 할 것이다.

2. 고려산업의 예금반환채권을 원고에게 모두 귀속시키기로 하는 명시적·묵시적 약정을 함으로써 고려산업개발은 예금반환채권을 상실했고, 고려산업개발의 대출금채무는 그 이후에 이행기가 도래했으므로, 피고는 더이상 상계 주장을 할 수 없음

그러나 한편 기록에 의하면, 고려산업개발이 이 사건 예금에 대한 자신의 지분을 원고에

제2장 공사계약 / 제4절 공사대금채권의 확보

게 전부 양도하기로 하는 내용의 위 제 1 의 마항 기재 합의가 이루어진 후 2001. 2. 14.경 원고의 이사인 채수인과 고려산업개발의 현장 관리과장인 정○○이 이 사건 예금계좌의 예금주 명의를 원고 단독의 명의로 변경하기 위하여 피고 은행 광교지점에 찾아가 담당직원에게 고려산업개발에게는 더 이상 이 사건 예금에 대한 권리가 없다고 설명하였던 사실, ② 이 사건 예금계좌는 아파트 수분양자들의 분양대금 납부에 사용되는 계좌로서 당시 시공사인 고려산업개발의 인지도가 시행사인 원고와 비교할 수 없을 정도로 높았고 분양계약의 원활한 이행에 대한 수분양자들의 신뢰 역시 고려산업개발이 시공사이고 분양대금 납입용 예금계좌의 공동명의 예금채권자라는 점에 기인하는 것이어서 예금주 명의를 원고와 고려산업개발의 공동명의에서 원고의 단독명의로 변경할 경우에는 수분양자들에게 혼란과 불안감을 초래할 우려가 있었으므로, 그 자리에서 피고 은행 담당직원과 상의한 끝에 그의 양해를 얻어 예금주 명의는 두 회사의 공동명의로 유지하되, 원고가 단독으로 입·출금할 수 있도록 하기 위하여 예금거래용 인감을 원고와 고려산업개발의 인감 2 개에서 원고의 인감 1 개만으로 변경하는 절차만 밟기에 이른 사실이 인정되는바,

이와 같은 사정에 비추어 보면 원·피고와 고려산업개발 사이에 2001. 2. 14.경 고려산업개발의 피고에 대한 예금반환채권을 원고에게 모두 귀속시키기로 하는 명시적·묵시적 약정이 있었다고 할 것이고 이로써 피고 은행과 사이에서는 원고가 이 사건 예금에 대한 모든 권리를 취득하고 고려산업개발은 자신의 예금반환채권을 상실하였다고 할 것인바, 고려산업개발의 피고에 대한 별개의 대출금채무의 이행기가 도래한 것은 고려산업개발이 예금반환채권을 상실한 이후인 2001. 3. 2.임이 기록상 명백하므로, 피고의 상계 주장은 더 이상 존재하지 않는 예금반환채권을 대상으로 한 것으로서 이유 없다 할 것이다.

G. [하급심판례] ① 토지의 매도인과 매수인 사이에 토지의 매매로 인하여 부과되는 양도소득세, 방위세 등 공과금을 매수인이 부담하기로 하고 그 지급을 담보하기 위하여 그들 공동명의로 은행에 금원을 예치한 후 그 공과금이 확정되면 위 예치금에서 이를 지급하기로 약정한 경우; ② (은행에 공동명의로 예치한 예금채권에 관한 반환청구는 예금채권자 공동으로 하여야 하므로) 매도인이 확정된 공과금 상당의 예금반환청구를 함에 있어 매수인이 그 공동행사를 거부하는 경우 매도인은 매수인에게 예금반환청구에 관한 승낙의 의사표시를 구할 수 있어 ─ 전주지방법원 1991. 11. 8. 선고 90 가합 7240, 91 가합 4408 판결 [금전인도등] (확정)

【당사자】

【원고(반소피고)】	원고(반소피고)
【피고(반소원고)】	피고(반소원고)

【주문】

> 1. 원고(반소피고)의 본소청구를 기각한다.
> 2. 원고(반소피고)는 피고(반소원고)에게 피고(반소원고)의 소외 국민은행 전주지점에 대한 금 59,922,480 원의 예금채권반환청구에 관하여 승낙의 의사표시를 하라.

위 갑 제 8 호증, 을 제 2 호증의 15, 18, 갑 제 9 호증(내용통지서), 을 제 2 호증의 3(답변서), 4(보통거래신청서), 6(변론조서)의 각 기재와 변론의 전취지를 종합하면, 피고는 1988.11.2. 원고와 사이에 이 사건 토지의 매매로 인하여 부과되는 공과금의 지급을 위하여 원·피고 공동명의로 위 소외 은행에 금 70,000,000 원을 예치하고 그 공과금이 확정되면 위 예치금에서 지급하기로 하며, 나머지가 있는 경우에는 피고에게 이를 반환하기로 약정하여 같은 날 피고의 출연으로 위 은행(계좌번호 생략)에 금 70,000,000 원을 원고와 피고가 대표이사로 있는 소외 흥주주택주식회사 공동명의로 예치한 사실을 인정할 수 있고 반증이 없으며, 이 사건 부동산의 매매로 인하여 부과된 공과금이 방위세 금 10,077,520 원인 사실은 앞서 본 바와 같은바,

은행에 공동명의로 예금하는 경우 그 예금채권에 관한 반환청구는 예금채권자 공동으로 하여야 하는 것이므로 원고는 피고에게 위 예치금에서 위 공과금을 공제한 나머지 금 59,922,480 원(70,000,000 원-10,077,520 원)에 대한 피고의 위 소외 은행의 반환청구에 관하여 승낙의 의사표시를 이행할 의무가 있다 할 것이다.

II. 수급인(시공자)의 '불안의 항변권'

A. 개요

1. 【해설】 선이행 의무의 이행을 거절할 수 있는 경우 (불안의 항변권)

> 선이행의무자에게는 동시이행의 항변권이 없는 것이 원칙이나, 상대방의 이행이 곤란한 현저한 사유가 있는 때에는 선이행의무의 이행을 거절할 수 있다(민법 제 536 조).
>
> 수급인은 「일을 완성할 의무」(완공의무)와 「목적물인도의무」를 부담하고, 도급인은 그 대가로서 「보수지급의무」를 부담한다. 그런데 보수지급의무와 동시이행관계에 있는 것은 목적물인도의무이고, 완공의무는 그 전에 이행되어야 할 선이행의무이다. 따라서 수급인은 도급인으로부터 아직 보수를 지급받지 못했다는 이유로 '계속공사의무'의 이행을 거절할 수 없는 것이 원칙이다.

제 2 장 공사계약 / 제 4 절 공사대금채권의 확보

> 그러나 도급인이 기성부분에 대한 공사대금 지급을 지체하고 있고, 수급인이 완공하더라도 도급인이 공사대금의 지급채무를 이행하기 곤란한 현저한 사유가 있는 경우에는 수급인은 그러한 사유가 해소될 때까지 자신의 공사완공의무를 거절할 수 있다.

2. 【법령】 민법 제 536 조(동시이행의 항변권)

> ① 쌍무계약의 당사자 일방은 상대방이 그 채무이행을 제공할 때까지 <u>자기의 채무이행을 거절할 수 있다</u>. 그러나 상대방의 채무가 변제기에 있지 아니하는 때에는 그러하지 아니하다.
>
> ② 당사자 일방이 상대방에게 먼저 이행하여야 할 경우에 <u>상대방의 이행이 곤란할 현저한 사유가 있는 때에는 전항 본문과 같다</u>.

B. 수급인의 불안의 항변권: 도급인이 기성부분에 대한 공사대금 지급을 지체하고 있고, 수급인이 완공하더라도 도급인이 공사대금의 지급채무를 이행하기 곤란한 현저한 사유가 있는 경우, 수급인은 그러한 사유가 해소될 때까지 자신의 공사완공의무를 거절할 수 있어 ―대법원 2005. 11. 25. 선고 2003 다 60136 판결[공사대금]

일반적으로 건축공사도급계약에서 공사대금의 지급의무와 공사의 완공의무가 반드시 동시이행관계에 있는 것은 아니지만, <u>도급인이 계약상 의무를 부담하는 공사 기성부분에 대한 공사대금 지급의무를 지체하고 있고, 수급인이 공사를 완공하더라도 도급인이 공사대금의 지급채무를 이행하기 곤란한 현저한 사유가 있는 경우에는 수급인은 그러한 사유가 해소될 때까지 자신의 공사 완공의무를 거절할 수 있다</u> 할 것이다.

C. ① 불안의 항변권이 발생하는 「상대방의 이행이 곤란할 현저한 사유」의 의미; ② 도급계약에서 <u>기성공사금을 지급하기로 약정되어 있는데도 도급인이 정당한 이유 없이 이를 지급하지 않은 경우에는</u> (비록 도급인에게 신용불안 등과 같은 사정이 없다고 하더라도) 수급인이 계속공사의무의 이행을 거절할 수 있다고 본 사례 ―대법원 2012.3.29. 선고 2011 다 93025 판결[계약보증금]

【당사자】

원고,상고인	주식회사 대우건설
피고,피상고인	대한설비건설공제조합
피고보조참가인	제이케이이엔지 주식회사

민법 제 536 조 제 2 항은 쌍무계약의 당사자 일방이 상대방에게 먼저 이행을 하여야 하

II. 수급인(시공자)의 '불안의 항변권'

는 의무를 지고 있는 경우에도 "상대방의 이행이 곤란할 현저한 사유가 있는 때"에는 동시이행의 항변권을 가진다고 하여, 이른바 '불안의 항변권'을 규정한다. 여기서 <u>상대방의 이행이 곤란할 현저한 사유</u>'란 선이행채무를 지게 된 채무자가 계약 성립 후 채권자의 신용불안이나 재산상태의 악화 등의 사정으로 반대급부를 이행받을 수 없는 사정변경이 생기고 이로 인하여 당초의 계약내용에 따른 선이행의무를 이행하게 하는 것이 공평과 신의칙에 반하게 되는 경우를 말하고, 이와 같은 사유가 있는지 여부는 <u>당사자 쌍방의 사정을 종합하여 판단</u>되어야 한다 (대법원 1990. 11. 23. 선고 90다카24335 판결 등 참조).

한편 위와 같은 불안의 항변권을 발생시키는 사유에 관하여 신용불안이나 재산상태 악화와 같이 채권자측에 발생한 객관적·일반적 사정만이 이에 해당한다고 제한적으로 해석할 이유는 없다. 특히 상당한 기간에 걸쳐 공사를 수행하는 도급계약에서 일정 기간마다 이미 행하여진 공사부분에 대하여 기성공사금 등의 이름으로 그 대가를 지급하기로 약정되어 있는 경우에는, 수급인의 일회적인 급부가 통상 선이행되어야 하는 일반적인 도급계약에서와는 달리 위와 같은 공사대금의 축차적인 지급이 수급인의 장래의 원만한 이행을 보장하는 것으로 전제된 측면도 있다고 할 것이어서, <u>도급인이</u> 계약 체결 후에 위와 같은 약정을 위반하여 <u>정당한 이유 없이 기성공사금을 지급하지 아니하고 이로 인하여 수급인이 공사를 계속해서 진행하더라도 그 공사내용에 따르는 공사금의 상당 부분을 약정대로 지급받을 것을 합리적으로 기대할 수 없게 되어서 수급인으로 하여금 당초의 계약내용에 따른 선이행의무의 이행을 요구하는 것이 공평에 반하게 되었다면, 비록 도급인에게 신용불안 등과 같은 사정이 없다고 하여도</u> <u>수급인은</u> 민법 제536조 제2항에 의하여 <u>계속공사의무의 이행을 거절할 수 있다</u>고 할 것이다.

D. [수급인의 불안의 항변을 배척한 사례] ① 도급인(피고)이 중도금 지급채무를 일부 불이행했어도, 도급인의 중도금 지급채무 이행이 곤란할 현저한 사유가 없었다면, 공사중단이나 지연에 대하여 수급인(원고)에게 귀책사유가 없다고 할 수 없어; ② 따라서 수급인은 지체상금 지급의무를 면할 수 없음; ③ 다만, 그와 같은 사정을 지체상금의 감액사유로 삼을 수는 있다 ―대법원 2002.09.04. 선고 2001다1386 판결[공사대금]

【당사자】

원고,상고인	지원종합건설 주식회사 [수급인]
피고,피상고인	피고 1 외 6인 [도급인]

만약 피고들이 기성고 해당 중도금을 전혀 지급하지 않았고 당시 재산상태에 비추어 앞으로도 공사대금을 지급할지 여부가 불투명한 상태에 있었다면 원고는 이미 이행기가 지난 기성공사대금을 지급받을 때까지 또는 피고의 공사대금지급에 관한 이행불안사유가 해소될 때까지 잔여 공사의 완성을 거절할 수 있다고 볼 것이지만,

피고들의 위 중도금 지급채무 이행이 곤란할 현저한 사유가 있었다고 볼 만한 자료를 찾아볼 수 없는 이 사건에 있어서는, 피고들이 기성고 해당 중도금 지급의무의 이행을 일부 지체하였다고 하여 바로 수급인인 원고가 일 완성의무의 이행을 거절할 수 있다고 볼 수는 없고, 따라서 피고들이 위 중도금 지급채무를 일부 불이행하였다고 하여 그것만으로 원고의 이 사건 공사의 중단이나 지연에 대하여 원고에게 귀책사유가 없다고 할 수는 없다(다만, 그와 같은 사정을 지체상금의 감액사유로 삼을 수는 있을 것이다).

그렇다면 피고들이 기성고 해당 중도금 지급채무의 이행을 지체하였음을 이유로 공사의 지연에 관하여 원고에게 귀책사유가 없다는 원고의 지체상금 면책 주장을 배척한 원심의 조치는 정당하다고 할 것이다.

III. 시공자의 금전대여의무와 불안의 항변

A. ① a) 금전소비대차계약 체결 후 차주의 신용불안이나 재산상태에 현저한 변경이 생겨 장차 대주貸主가 대여금을 반환받기가 어렵게 되는 등 사정변경이 생기고, b) 이로 인하여 당초의 계약내용에 따른 대여의무를 이행케 하는 것이 공평과 신의칙에 반하게 되는 경우, 대주는 대여의무의 이행을 거절할 수 있어; ② 이와 같은 사정변경이 발생했다고 보고, 피고들은 조합에 대하여 대여의무의 이행을 거절할 수 있다고 본 사례 —대법원 2021. 10. 28. 선고 2017 다 224302 판결[추심금]

【당사자】

> 【원고, 상고인】 원고
>
> 【피고, 피상고인】 현대건설 주식회사 외 2 인
>
> ☞ 원고가 소외 재개발조합과 용역계약을 체결하고 용역업무를 수행하고서 그 대금을 받지 못하자, 소외 재개발조합의 피고들(시공자)에 대한 대여금(사업추진경비 대여) 채권에 관하여 채권압류 및 추심명령을 받고 추심의 소를 제기한 사건이다.

1. 법리 (선이행의무자의 동시이행항변권)

... 민법 제 536 조 제 2 항에 정한 '선이행의무를 지고 있는 당사자가 상대방의 이행이 곤란한 현저한 사유가 있는 때에 자기의 채무이행을 거절할 수 있는 경우'란 "① 선이행채무를 지게 된 채권자가 계약 성립 후 채무자의 신용불안이나 재산상태의 악화 등의 사정으로 반대급부를 이행받을 수 없는 사정변경이 생기고 ② 이로 인하여 당초의 계약내용에 따른 선이행의무를 이행케 하는 것이 공평과 신의칙에 반하게 되는 경우를 말하는 것"이고, 이와 같은 사유는 당사자 쌍방의 사정을 종합하여 판단하여야 한다(대법원 1990. 11. 23. 선

고 90 다카 24335 판결, 대법원 2004. 6. 25. 선고 2004 다 8791 판결 등 참조).

나아가 민법 제 599 조는 "대주가 목적물을 차주에게 인도하기 전에 당사자 일방이 파산 선고를 받은 때에는 소비대차는 그 효력을 잃는다."라고 정한다. 위 규정의 취지는 소비대차계약의 목적물이 인도되기 전에 당사자의 일방이 파산한 경우에는 당사자 사이의 신뢰관계가 깨어져 당초의 계약관계를 유지하는 것이 타당하지 아니한 사정변경을 반영한 것이다.

위와 같은 규정의 내용과 그 입법 취지에 비추어 보면, 금전소비대차계약이 성립된 이후에 차주의 신용불안이나 재산상태의 현저한 변경이 생겨 장차 대주의 대여금반환청구권 행사가 위태롭게 되는 등 사정변경이 생기고 이로 인하여 당초의 계약내용에 따른 대여의무를 이행케 하는 것이 공평과 신의칙에 반하게 되는 경우에 대주는 대여의무의 이행을 거절할 수 있다고 보아야 한다.

2. 원심기록에 의하여 알 수 있는 사실

원심판결 이유와 기록에 따르면 다음 사실을 알 수 있다.

가. 피고들은 2010. 9. 30. 이 사건 재개발조합과 재개발사업에 관한 공사도급가계약을 체결하면서 ① '피고들이 재개발조합에 사업추진경비를 400 억 원의 한도 안에서 무이자로 대여해 줄 수 있고(제 16 조 제 1 항), 다만 ② 조합운영비는 계약체결월부터 공사완료일 후 3 개월까지 매월 25 일 16,500,000 원씩, 1,287,000,000 원의 한도 안에서 무이자로 대여하며(제 2 항), ③ 설계비 및 행정용역비 대여는 재개발조합과 설계용역업체 및 행정용역업체 간에 체결한 계약서를 참조하여 재개발조합과 피고들이 협의하여 대여하기로 한다(제 9 항).'고 정하였다.

또한 공사도급가계약에 의하면, 재개발조합은 사업추진경비 대여와 관련하여 대의원회 또는 임원회의 회의록을 첨부하여 피고들에게 요청하고, 금전소비대차계약서를 작성하여 피고들에게 제출하여야 한다(제 16 조 제 4 항).

나. 피고들은 2010. 10. 1. 재개발조합과 채권자 '피고들', 채무자 '재개발조합', 대여금액 '40,000,000,000 원'을 내용으로 하는 금전소비대차계약서를 작성하였고(이하 '이 사건 소비대차계약'이라고 한다), 당시 재개발조합의 조합장이었던 소외 1 과 임원이었던 소외 2 등이 대여금의 반환을 연대보증하였다.

다. 피고들은 재개발조합의 별도 요청 없이 재개발조합에 조합운영비 명목으로 2010. 11. 10. 115,500,000 원(7 개월분), 2011. 3. 25. 49,500,000 원(3 개월분)을 지급하였고, 2011. 4. 25.부터 2011. 12. 23.까지는 매월 25 일경 16,500,000 원씩 지급하였다. 그런데 2011. 12.경부터 재개발조합의 내분이 격화되자 피고들은 2012. 1.분부터의 조합운영비를 지급하지 않다가, 2012. 9. 28.과 2012. 11. 2. 재개발조합의 요청에 따라 각 5,500,000 원씩을 지급하였다. 이후 재개발조합은 피고들에게 조합운영비의 대여를 요청하지 않았고, 피고들도 재개발조합에 조합운영비를 지급하지 않았다.

라. 피고들은 2010. 11. 9.부터 2011. 9. 5.까지 16회에 걸쳐 재개발조합에 사업추진경비(조합운영비 제외) 합계 4,488,468,014 원을 무이자로 대여하였다. 재개발조합은 2012. 4. 27. 대의원회의 결의에 따라 피고들에게 대의원회 회의록 등 증빙자료를 첨부하여 사업추진경비 명목으로 821,936,130 원의 대여를 요청하였다(이하 '이 사건 대여요청'이라고 한다).

그러나 피고들은 2012. 5. 2. '재개발사업의 지연 및 그에 따른 사업비 증가, 사업성 악화, 조합설립 당시 조합원들에게 공지된 사업비 규모 및 조합원 분담금의 막대한 증가를 반영한 관리처분계획의 변경이 객관적·현실적으로 불가능한 상황인 점에 비추어, 무리한 사업의 진행은 당사업단의 손실뿐만 아니라 조합원에게도 큰 손실이 될 것이 자명하므로 금전의 대여를 신중하게 판단할 수밖에 없다.'라는 이유로 대여요청을 거절하였다.

마. 원고는 재개발조합을 상대로 용역비 215,820,000 원과 지연손해금의 지급을 명하는 지급명령을 받았고, 지급명령은 2012. 11. 3. 확정되었다(인천지방법원 2012 차 12364). 이후 원고는 2014. 11. 13. 확정된 지급명령 정본에 의하여 재개발조합의 피고들에 대한 사업추진경비 등 약정금지급청구권에 관하여 압류·추심명령을 받은 다음, 이를 추심하기 위한 이 사건 소를 제기하였다.

바. 한편 재개발조합은 2011년 말경부터 현재까지 기존의 조합장인 소외 1 을 위시한 세력(이하 '소외 1 세력'이라고 한다)과 이에 반대하는 비상대책위원회 세력(이하 '비대위 세력'이라고 한다)으로 나뉘어져 조합 운영권을 두고 법적 다툼을 계속하고 있다. 그 사이 소외 1 은 「도시 및 주거환경정비법」 위반으로 유죄판결을 받아 조합장에서 당연 퇴임하였고, 이후 조합장이 선임되지 않고 있다.

사. 이 사건 재개발사업은 당초 2010. 6. 시공사를 선정한 후 2011. 5.경 사업시행인가를 받을 것을 예정하고 있었으나 2011. 5. 9. 지질조사를 위한 굴착작업을 한 것 이외에는 현재까지 달리 진행된 내용이 없고, 실제 사업시행인가를 받기 위한 행위도 이루어진 것이 없다.

아. 피고들은 2016. 11. 14. 재개발조합에 '재개발사업의 정상적인 추진을 위한 계획 및 일정수립 등 대책을 마련해달라.'고 최고하였다. 재개발조합이 이에 대하여 회신을 하지 않자, 피고들은 2016. 12. 6. 재개발조합에 공사도급가계약의 해제를 통보하였다.

3. 대법원의 판단 (상고기각)

이러한 사실관계를 앞서 본 법리에 비추어 살펴보면 다음과 같이 판단할 수 있다.

III. 시공자의 금전대여의무와 불안의 항변

가. 대여금의 종류별 '확정적 대여의무' 부담시기

조합운영비, 설계비 및 행정용역비를 제외한 사업추진경비(이하 '사업추진경비'라고 한다)의 경우에 공사도급가계약과 소비대차계약의 체결 경위 및 그 내용, 이후 피고들이 재개발조합에 사업추진경비를 대여한 경위 등을 종합하면, 피고들은 공사도급가계약 및 소비대차계약에 따라 재개발조합이 대의원회 또는 임원회의 회의록을 첨부하여 대여를 요청하는 경우에 당해 사업추진경비에 대하여 확정적인 대여의무를 부담한다고 봄이 타당하다.

다만 조합운영비의 경우에는 공사도급가계약 제 16 조 제 2 항에서 대여금액, 대여시기, 대여기간을 명확히 정하고, 이후 피고들이 재개발조합에 조합운영비를 대여할 때 재개발조합으로부터 별도의 대여 요청 없이 계약상 정해진 일자에 정해진 금액을 지급한 점 등을 종합하면, 피고들은 공사도급가계약의 체결만으로 조합운영비에 대하여 확정적인 대여의무를 부담한다고 봄이 타당하다.

또한 설계비 및 행정용역비의 경우에는 공사도급가계약 제 16 조 제 9 항에 따라 재개발조합과 피고들 사이의 협의가 있을 때에 비로소 피고들이 확정적인 대여의무를 부담한다고 봄이 타당하다.

나. 대여의무가 확정적으로 발생했으나, 피고들은 공평과 신의칙상 조합에 대한 대여의무 이행을 거절할 수 있다고 봄

그러나 앞서 본 바와 같이 ① 재개발조합은 2011. 5.경 지질조사를 위한 굴착작업을 한 이후로 현재까지 재개발사업과 관련된 공사를 진행한 바 없고, ② 2011. 12.경부터 기존 조합장인 소외 1 세력과 이에 반대하는 비대위 세력 사이에 법적 분쟁이 본격화하여 그때부터는 재개발조합의 집행부가 제대로 구성되지도 않게 되었다.

일반적으로 재개발조합의 경우 조합원들 개인의 자산 이외에 특별한 자산을 보유하지 않고 있음에도 불구하고 시공자가 재개발조합에 거액의 사업추진경비를 대여하는 것은 재개발조합이 정상적으로 운영되어 재개발사업이 원활하게 진행될 것을 전제로 한다고 볼 수 있다.

그런데 위와 같은 제반 사정에 비추어 보면, 피고들이 2012. 5. 2. 대여요청을 거절할 당시부터 이미 재개발사업이 원활히 진행되지 않고 무위로 돌아갈 위험이 있어 피고들이 재개발조합에 사업추진경비나 조합운영비를 대여하더라도 장차 대여금반환청구권을 행사하는 것이 위태롭게 되는 등의 사정변경이 발생하였다고 봄이 타당하다. 이 경우 피고들로 하여금 당초의 계약내용에 따른 대여의무를 이행케 하는 것은 공평과 신의칙에 반한다고 볼 수 있으므로, 피고들은 재개발조합에 대하여 사업추진경비 및 조합운영비 대여의무의 이행을 거절할 수 있다고 봄이 타당하다.

다. 원심판결의 정당함

피고들의 사업추진경비 및 조합운영비 대여의무 성립에 대한 원심의 이유 설시에 일부 적절하지 않은 점이 있지만, 피고들이 재개발조합에 대하여 사업추진경비 및 조합운영비 대여의무의 이행을 거절할 수 있다고 판단한 원심의 결론은 정당하고, 거기에 상고이유 주장과 같이 재개발사업에서 시공자의 사업추진경비나 조합운영비 대여의무 성립 및 그 이행거절에 대한 법리를 오해하거나 논리와 경험의 법칙에 반하여 자유심증주의의 한계를 벗어나는 등으로 판결에 영향을 미친 잘못이 없다.

B. [고등법원판례] 조합이 총회에서 시공자의 채무불이행을 이유로 도급계약을 해제하기로 하고 그 시기·절차 등 구체적 사항을 대의원회에 위임하기로 결의한 사안에서 시공자의 불안의 항변을 배척한 사례 (계약 당사자 일방이 자신의 채무를 불이행함으로써 상대방이 언제든지 계약해제권을 행사할 가능성이 있다는 사정은 '불안의 항변' 사유가 될 수 없다고 봄)
—서울고등법원 2015. 4. 8. 선고 2014 나 2032531 판결[대여금등]

1. 피고의 주장 (불안의 항변)

피고는, 당사자 일방에게 선이행의무가 인정되더라도 상대방의 이행이 곤란할 현저한 사유가 있는 때에는 이를 이행하지 아니할 수 있는 '불안의 항변권'(민법 제 536 조 제 2 항)을 가지는바, 원고는 이 사건 도급계약을 해제한다는 총회 결의를 마치고 해제 통지 여부는 원고 대의원회에게 맡김으로써 원고 대의원회의 결정만으로 언제든지 이 사건 도급계약을 해제할 수 있는 상태를 만들었고, 조합과 시공사 사이의 협업관계가 필수적인 재건축사업에서 이미 시공자에 대한 도급계약해제가 언제든지 가능한 상태가 발생하였다는 것만으로도 원고의 이 사건 도급계약에 따른 의무의 이행이 현저하게 곤란하게 되었다 할 것이므로, 피고는 이와 같은 상태가 해소될 때까지 위와 같은 '불안의 항변권'을 근거로 대여의무의 이행을 거절한다는 취지로 주장한다.

2. 판단 (이유 없음)

살피건대, 을 제 1 호증의 기재 및 변론 전체의 취지에 의하면, 원고가 2013. 10. 19. 정기총회를 개최하면서 '재건축사업 추진방향 결정의 건'이라는 안건으로 ① 부동산경기침체로 인한 주택분양시장의 여건 악화 및 사업성 악화를 이유로 이 사건 사업 추진을 일정기간 유보하는 안과 ② 원고의 대여 청구에도 불구하고 피고가 정당한 이유 없이 계속하여 사업추진비를 대여하지 않거나, 피고가 정당한 이유 없이 계속하여 관리처분계획의 수립을 지연하는 등 시공사로서의 의무를 이행하지 않는 것을 조건으로 하여 이 사건 도급계약을 해제하고 피고를 상대로 채무불이행에 따른 손해배상을 청구하되, 이 사건 도급계약의 해제 및 손해배상청구와 관련한 시기, 절차 등 구체적인 사항은 대의원회 결의로 위임하는 안을 표결에 부쳤고, 참석 조합원 237 명 중 207 명의 찬성으로 <u>위 ②안이 채택된 사실을 인정할 수 있고</u>, 이에 따르면 피고의 계속적인 채무불이행이 있는 경우 원고는 총회 결의가 아닌 대의원회의 결의만으로 이 사건 도급계약을 해제할 수 있게 되었다 할 것이다.

그러나 <u>계약 당사자의 일방이 자신의 채무를 불이행함으로써 상대방이 계약해제권을 가지게 되었고, 위와 같은 경위로 계약해제권을 가지게 된 상대방이 이를 언제든지 행사할 가능성이 있다는 사정을 들어 민법 제 536 조 제 2 항 소정의 '불안의 항변권'을 행사할 수는 없다</u> 할 것이므로(위와 같은 불안의 항변권은 쌍무계약에 있어 공평과 신의칙에 입각한 사정변경의 원칙이 적용된 것인바, 피고 주장과 같은 불안은 피고 스스로 자초한 것일 뿐만 아니라, <u>위와 같은 경우에 '불안의 항변권'을 인정하는 것은 오히려 당사자 사이의 공평과 신의칙에 반하는 것</u>이다), 피고의 위 주장은 이유 없다.

IV. 유치권의 불가분성 문제

A. 개요

1. 【법령】민법 제 321 조(유치권의 불가분성)

> 유치권자는 채권 전부의 변제를 받을 때까지 유치물 전부에 대하여 그 권리를 행사할 수 있다.

2. 【해설】유치권의 불가분성은 집합건물 전체에 대해서도 적용되는 것이 원칙

> (1) 유치권의 불가분성은 목적물이 분할 가능하거나 수개의 물건인 경우에도 적용된다. 따라서 공사업자가 다세대주택 중 한 세대를 점유하여 유치권을 행사하는 경우에는 그 한 세대에 대하여 시행한 공사대금만이 아니라 다세대주택 전체에 대하여 시행한 공사대금채권 잔액 전부를 변제받을 때까지 위 세대에 대해 유치권을 행사할 수 있는 것이 원칙이다(대법원 2007.09.07. 선고 2005 다 16942 판결; 대법원 2018. 1. 25. 선고 2015 다 57485 판결).
>
> (2) 그러나 ① 공사대금이 각 구분건물에 관한 공사부분별로 개별적으로 정해졌거나 ② 처음부터 각 구분건물이 각각 별개의 공사대금채권을 담보하였던 것으로 볼 수 있는 경우에는 <u>유치권의 행사는 그 범위로 제한된다</u>(대법원 2007.09.07. 선고 2005 다 16942 판결).

제 2 장 공사계약 / 제 4 절 공사대금채권의 확보

3. 【해설】 분양계약서에 날인한 시공자의 유치권 행사 문제

(1) 전체 관련 물건 중 어느 한 물건에 직접 관련되어 발생한 채권에 대하여만 유치권을 인정하기로 하는 특별한 합의가 있는 경우에는 유치권의 행사는 그 범위로 제한되며, 이러한 합의는 묵시적으로도 가능하다.

분양계약서은 각 수분양자로부터 분양대금 입금계좌로 해당 세대의 분양대금 전액을 지급받으면 그 세대를 인도하여 주기로 하는 계약이므로, 여기에 시공자가 날인하는 것은 각 수분양자가 해당 세대의 분양대금을 전액 지급하면 그 세대를 인도해 주기로 하는 의사표시로 볼 수 있다. 따라서 이는 결국 분양대금을 완납한 세대에 대하여는 다른 세대에서 발생한 공사대금 채권을 확보한다는 명목으로 유치권을 행사하지 않기로 하는 묵시적인 합의로 볼 수 있다.

시공자가 분양계약서에 날인한 것이 시공자의 하자담보책임을 확인한 것에 불과하다고 주장하는 경우가 많으나, 법률상 당연히 부담하는 하자담보책임을 확인하기 위해서만 시공자가 분양계약서에 날인했다고 보는 것은 타당하지 않다.

(2) 그러므로 분양계약서에 시공자의 지위에서(분양계약의 당사자로서는 아닐지라도) 날인한 시공자는 해당 호실의 미지급 분양대금을 한도로 해서만 유치권을 행사할 수 있으며, 그 금액을 초과하여 다른 세대에서 발생한 공사대금 채권을 확보한다는 명목으로는 유치권을 행사할 수 없다고 보는 것이 타당하다.

따라서 시공자가 조합으로부터 공사대금을 전액 변제받지 못했더라도, 시공자는 분양대금을 완납한 수분양자에 대하여는 바로 비밀번호를 알려주는 등 입주절차에 협조할 의무를 부담한다.

(이상 서울동부지방법원 2009. 6. 26. 선고 2008 가합 13140 판결 참조.)

4. 【해설】 조합원공급계약서에 날인한 시공자의 유치권 행사 문제

조합원 분양분의 경우는 그 수분양자가 채무자(= 조합)의 구성원이라는 점에서, 시공자가 조합원공급계약서에 날인했더라도, '분담금을 완납한 세대에 대해서도' 전체 공사대금 채권을 피담보채권으로 하여 유치권을 행사할 수 있다고 보는 견해가 있다.

그러나 조합원공급계약도 일반분양계약과 마찬가지로 조합원마다 개별적으로 공급(분양)계약서를 작성하고 매 공급계약서마다 시공자가 날인하므로 이 둘을 달리 볼 근거를 찾기 어렵다. 건설업자가 정비사업의 시공자선정입찰에 참여하고 조합과 시공계약을 체결하는 것은 신축건물의 담보가치가 아니라 해당 정비사업의 사업성과 현금흐름(분양수입)을 보고 투자하는 것이다. 따라서 정비사업의 시공자가 자신의 분담금을

IV. 유치권의 불가분성 문제

> 완납한 조합원에 대해서 전체 공사대금 채권을 피담보채권으로 하여 유치권을 행사할 수 있다고 보는 것은 정비사업의 구조와 양립하기 어렵다.
>
> 실무에서도 시공자는 조합원분양분에 대해서도 해당 호실의 분담금 범위 내에서만 유치권을 행사함으로써 파국을 피하고 있다. 따라서 조합원 또는 그 승계인은 자신의 분담금만 완납하면 해당 호실을 인도받을 수 있다.

B. ① 유치권의 불가분성은 <u>목적물이 분할 가능하거나 수개의 물건인 경우에도 적용돼</u>; ② 따라서 동호수를 구별하지 않고 빌라 전체를 대상으로 미시공 부분의 마무리 및 하자보수 공사를 실시한 경우, 도급인(J)는 수급인(H)에게 동호수를 구별하지 않고 공사비 전부를 일률적으로 지급할 의무를 부담하고; ④ 이 사건 전유부분도 위 채권 전부에 대한 담보물이 된다 —대법원 2018. 1. 25. 선고 2015 다 57485 판결[건물인도등]

1. 법리

가. 채권과 목적물의 견련관계

민법 제 320 조 제 1 항은 "타인의 물건 또는 유가증권을 점유한 자는 그 물건이나 유가증권에 관하여 생긴 채권이 변제기에 있는 경우에는 변제를 받을 때까지 그 물건 또는 유가증권을 유치할 권리가 있다."라고 규정하고 있다. 여기서 '<u>그 물건에 관하여 생긴 채권</u>'이라 함은, 유치권 제도 본래의 취지인 공평의 원칙에 특별히 반하지 않는 한 a) <u>채권이 목적물 자체로부터 발생한 경우는 물론이고</u> b) <u>채권이 목적물의 반환청구권과 동일한 법률관계나 사실관계로부터 발생한 경우도 포함한다</u>.

나. 유치권의 불가분성

한편 민법 제 321 조는 "유치권자는 채권 전부의 변제를 받을 때까지 유치물 전부에 대하여 그 권리를 행사할 수 있다."고 규정하고 있으므로, <u>유치물은 그 각 부분으로써 피담보채권의 전부를 담보하며</u>, 이와 같은 <u>유치권의 불가분성은 그 목적물이 분할 가능하거나 수개의 물건인 경우에도 적용된다</u>(대법원 2007. 9. 7. 선고 2005 다 16942 판결 참조).

2. 원심기록에 의하여 알 수 있는 사실

(생략)

3. 대법원의 판단 (파기환송)

가. 이 사건 전유부분도 위 채권 전부에 대한 담보가 됨

이에 의하면, H 이 이 사건 빌라에 대해 공사를 실시한 것은 J 와의 위 이행약정에 따라 이 사건 빌라의 사용승인이 가능하도록 빌라 전체를 대상으로 미시공 부분의 마무리 및 하자보수 등 공사를 실시한 것이고, 이에 따라 J 는 구분건물의 동호수를 구별하지 않고 H 의 위 공사로 인한 비용 전부를 일률적으로 지급할 의무를 부담한다고 봄이 상당하며, 달리 각 구분건물이 별개로 그 공사에 관련된 비용의 상환청구권을 담보한다고 볼 사정이 없다.

그렇다면 H 의 위 공사 관련 비용의 상환청구권은 위 이행약정이라는 하나의 법률관계에서 생긴 것으로 볼 여지가 충분하고, 이 경우 그 채권 전부와 공사 목적물인 이 사건 빌라 전체 사이에 견련관계가 인정되며, 유치권의 불가분성에 의하여 이 사건 전유부분도 위 채권 전부에 대한 담보가 되는 것으로 봄이 타당하다.

나. 원심판결의 위법함

그럼에도 원심이 H 의 J 에 대한 위임사무처리비용 상환청구권 중 이 사건 빌라에 대한 공사 관련 채권의 범위와 그 채권의 발생 경위 등에 관한 충분한 심리 없이, 단지 위 채권이 이 사건 전유부분에 대한 공사로 인한 것이 아니라는 이유만으로 이 사건 전유부분에 관하여 생긴 채권이 아니라고 판단하여 피고들의 유치권 항변 및 부당이득반환에 관한 변제충당 주장을 배척한 것은, 유치권의 견련관계에 관한 법리를 오해하여 필요한 심리를 다 하지 아니함으로써 판결 결과에 영향을 미친 잘못을 범한 것이다. 이를 지적하는 상고이유 주장은 이유 있다.

C. [같은 취지 판례] 다세대주택의 창호·잡철공사 하수급인이 다세대주택 중 한 세대를 점유하여 유치권을 행사하는 경우, 그 한 세대에 대하여 시행한 공사대금뿐 아니라 다세대주택 전체에 대하여 시행한 공사대금채권의 잔액 전부를 변제받을 때까지 위 세대에 대해 유치권을 행사할 수 있다고 본 사례 —대법원 2007.09.07. 선고 2005 다 16942 판결[건물명도]

【당사자】

【원고, 피상고인】 원고 (이 사건 주택의 소유자)

【피고, 상고인】 피고 (하수급인)

* 소외 1: 도급인
* 소외 2: 수급인

IV. 유치권의 불가분성 문제

1. 원심판결의 내용

가. 원심이 인정한 사실

원심판결 이유에 의하면, 원심은 당사자 사이에 다툼 없는 사실 내지는 그 채용 증거들에 의하여, ① 서울 은평구 갈현 1 동 (각 지번 생략)의 각 토지 소유자들을 대표한 소외 1은 2002. 2. 1. 소외 2 에게 위 각 토지상에 7 동 총 56 세대 규모의 다세대주택을 재건축하는 공사를 도급하였고, 피고는 2002 년 7 월경 위 소외 2 로부터 위 재건축공사 중 창호, 기타 잡철 부분 공사(이하 이 사건 공사라 한다)를 하도급받은 사실, ② 피고는 2003 년 5 월경 이 사건 공사를 완료하였는데 위 소외 2 가 총 공사대금 267,387,000 원 중 110,000,000 원만을 지급하고 나머지 157,387,000 원을 지급하지 아니하자 그 무렵 원심판결 별지목록 기재 부동산(신축된 다세대주택 중 구분소유권의 목적인 한 세대이다. 이하 이 사건 주택이라 한다)을 점유하기 시작하였고, 2003. 5. 13. 위 소외 1 에게 공사대금채권에 기하여 이 사건 주택을 포함한 7 세대의 주택에 대하여 유치권을 행사한다는 통지를 하였으며, 원심 변론종결일 현재 나머지 주택에 대한 점유는 상실하고 이 사건 주택만을 점유하고 있는 사실, ③ 이 사건 주택에 대한 공사대금은 합계 3,542,263 원인 사실, ④ 한편 원고는 2003. 4. 25. 이 사건 주택에 관하여 소외 3 등과 공유로 소유권보존등기를 마쳤다가 2003. 12. 3. 다른 공유자들의 지분을 모두 이전받아 이를 단독소유하게 된 사실을 인정하였다.

나. 원심의 판단

원심은… 독립한 특정물로서의 이 사건 주택을 담보로 성립하는 피고의 유치권은 피고가 시행한 이 사건 공사에 대한 나머지 공사대금 전부에 해당하는 157,387,000 원이 아니라, 피고가 점유하고 있는 이 사건 주택에 대하여 시행한 공사대금 3,542,263 원만을 피담보채권으로 하여 성립한다고 봄이 상당하다고 판단하여, 피고에 대하여 소외 2 로부터 위 3,542,263 원을 지급받음과 동시에 이 사건 주택을 인도할 것을 명하였다.

2. 대법원의 판단 (파기환송)

그러나 위와 같은 원심의 판단은 다음과 같은 이유로 수긍하기 어렵다.

가. 논거

앞에서 본, 민법상 유치권에 있어서의 채권과 목적물과의 견련관계 및 유치권의 불가분성에 관한 법리에 비추어 보면, 원심의 인정 사실에 의하더라도 이 사건 공사계약은 위 다세대주택에 대한 재건축공사 중 창호와 기타 잡철 부분을 일괄적으로 하도급한 하나의 공사계약임을 알 수 있고,

또 기록에 의하면, 이 사건 공사계약 당시 공사대금은 구분건물의 각 동호수 별로 구분하여 지급하기로 한 것이 아니라 이 사건 공사 전부에 대하여 일률적으로 지급하기로 약정되어 있었고, 그 공사에는 각 구분건물에 대한 창호, 방화문 등뿐만 아니라 공유부분인 각 동의 현관, 계단 부분에 대한 공사 등이 포함되어 있으며, 위 소외 2 가 피고에게 이 사건 공사대금 중 일부를 지급한 것도 특정 구분건물에 관한 공사대금만을 따로 지급한 것이 아니라 이 사건 공사의 목적물 전체에 관하여 지급하였다는 사정을 엿볼 수 있는바,

이와 같이 이 사건 공사의 공사대금이 각 구분건물에 관한 공사부분별로 개별적으로 정해졌거나 처음부터 각 구분건물이 각각 별개의 공사대금채권을 담보하였던 것으로 볼 수 없는 이상,

나. '공사대금채권 전부'와 '공사목적물 전체' 사이의 견련관계

피고가 소외 2 에 대하여 가지는 이 사건 공사 목적물(7 동의 다세대주택) 전체에 관한 공사대금채권은 피고와 소외 2 사이의 하도급계약이라는 하나의 법률관계에 의하여 생긴 것으로서 그 공사대금채권 전부와 공사 목적물 전체 사이에는 견련관계가 있다고 할 것이고,

피고가 2003 년 5 월경 이 사건 공사의 목적물 전체에 대한 공사를 완성하여 이를 점유하다가, 현재 나머지 목적물에 대하여는 점유를 상실하고 이 사건 주택만을 점유하고 있다고 하더라도, 유치물은 그 각 부분으로써 피담보채권의 전부를 담보한다고 하는 유치권의 불가분성에 의하여 이 사건 주택은 이 사건 공사로 인한 공사대금채권 잔액 157,387,000 원 전부를 담보하는 것으로 보아야 할 것이고, 그렇게 보는 것이 우리 민법상 공평의 견지에서 채권자의 채권확보를 목적으로 법정담보물권으로서의 유치권 제도를 둔 취지에도 부합한다고 할 것이다.

다. 원심판결의 위법함

그럼에도 불구하고, 원심은 그 내세운 사정만으로 피고의 유치권이 피고가 이 사건 주택 한 세대에 대하여 시행한 공사대금 3,542,263 원만을 피담보채권으로 하여 성립한다고 판단하고 말았으니, 원심판결에는 민법상 유치권에 있어서의 채권과 목적물 사이의 견련관계 및 유치권의 불가분성 등에 관한 법리를 오해함으로써 판결 결과에 영향을 미친 위법이 있다고 할 것이다. 이 점을 지적하는 상고이유의 주장은 이유 있다.

D. [비교 하급심판례] ① 유치권의 불가분성은 목적물이 분할 가능하거나 수개의 물건인 경우에도 적용됨이 원칙이나; ② 유치권은 당사자 사이의 합의에 의하여 얼마든지 포기할 수 있으므로, 당사자 사이에 물건의 하나에 관하여 직접 관련되어 발생한 채권에 한하여 유치

IV. 유치권의 불가분성 문제

권을 인정하기로 하는 특별한 합의가 있는 경우에는 유치권 행사는 그 범위로 제한되며; ③ 이러한 특약은 묵시적으로도 가능하다; ④ <u>시공사가 아파트 공급계약서에 날인함으로써 분양대금을 완납한 세대에 대하여는</u> 다른 세대에서 발생한 공사대금 채권을 확보한다는 명목으로 <u>유치권을 행사하지 않기로 하는 묵시적인 합의가 있었다고 본 사례</u> ─서울동부지방법원 2009. 6. 26. 선고 2008 가합 13140 판결[건물명도등]

【당사자】

> 【원고】 ○○○ (수분양자)
> 【피고】 1. 피고 1 주식회사 (시행사)
> 　　　　 2. 피고 2 주식회사 (시공사)

1. 기초 사실

나. 원고는 2005. 6. 28.경 피고 1 주식회사와 사이에, 이 사건 아파트 중 별지 목록 기재 부동산(이하 '2002 호'라고 한다)을 아래와 같이 분양대금 17 억 40,718,000 원에 분양받기로 하는 내용의 <u>○○ 아파트 공급계약</u>(이하 '이 사건 계약'이라 한다)을 체결하였는데, <u>피고 2 주식회사는 위 시공사 지위에서 위 계약서에 기명, 날인</u>하였다. (중략)

다. 이후 원고는 피고 2 주식회사 명의의 위 분양대금 입금계좌에 2005. 6. 28. 1 차 계약금 1 억 74,071,800 원, 2005. 7. 5. 2 차 계약금 1 억 74,071,800 원, 2006. 3. 14. 1 차 중도금 1 억 74,071,800 원 등 합계 5 억 22,215,400 원을 입금하였다.

라. 피고 1 주식회사는 2008. 1. 7. 원고에게 이 사건 아파트 2002 호에 관하여 2005. 6. 28. 매매계약을 원인으로 한 소유권이전등기를 경료하였는데, <u>피고 2 주식회사는 피고 1 주식회사로부터 위 아파트 공사대금을 일부 지급받지 못하였으므로 공사대금을 전부 지급받을 때까지 유치권을 행사한다고 주장하면서 2008. 1. 8. 위 2002 호의 현관에 쇠파이프를 용접하여 장애물을 설치한 후 원고를 포함한 다른 사람의 출입을 금하는 방식으로 현재까지 위 2002 호를 배타적으로 점유, 관리하여 오고 있다.</u>

마. 한편, 피고 1 주식회사는 동우개발 주식회사를 이 사건 아파트의 관리업체로 지정하였고, 이에 위 회사는 2007. 12. 1.부터 2008. 1. 15.까지 45 일간을 입주지정기간으로 공고하였다.

제 2 장 공사계약 / 제 4 절 공사대금채권의 확보

2. 피고 2 주식회사에 대한 청구에 관한 판단

가. 분양계약의 당사자로서의 청구

… 피고 2 주식회사가 원고와 피고 1 주식회사 사이의 이 사건 계약서에 이 사건 아파트의 시공사로서 기명, 날인한 사실은 앞서 본 바와 같으나, 앞서 본 이 사건 계약의 내용에 비추어 보면 위 인정 사실만으로는 피고 2 주식회사가 피고 1 주식회사와 이 사건 아파트 공사에 대한 공동시행자 지위에서 2002 호에 관하여 원고와 사이에 직접 분양계약을 체결하였다고 단정하기에 부족하고, 달리 이를 인정할 증거가 없으므로, 이를 전제로 한 원고의 이 부분 주장은 더 나아가 살필 필요 없이 이유 없다.

나. 건물 소유자로서의 청구

(1) 건물인도청구에 대한 판단 (피고 2 의 유치권 항변에 대한 판단)

그러나 한편, 유치권은 당사자 사이의 합의에 의하여 얼마든지 포기할 수 있는 것이므로, 채권 발생이 여러 개의 물건과 사이에 견련관계가 인정된다 하더라도 당사자 사이에 그 물건의 하나에 관하여 직접 관련되어 발생한 채권에 한하여 유치권을 인정하기로 하는 특별한 합의가 있는 경우에는 유치권의 행사는 그 범위로 제한된다 할 것이고, 위와 같은 합의는 명시적인 것은 물론 묵시적인 것으로도 가능하다.

… 갑 제 10, 23 호증, 을나 제 2 호증의 1, 2 의 각 기재 및 증인 소외 1 의 일부 증언에 변론 전체의 취지를 종합하면 … 피고 2 주식회사는 피고 1 주식회사로부터 이 사건 아파트 공사대금의 일부를 지급받지 못한 상태에 있었음에도 위 2002 호를 제외한 나머지 세대에 대하여는 그 수분양자들이 해당 분양대금을 전부 납입하자 위에서 주장하는 공사대금 채권에 기한 유치권을 행사하지 아니하고 위 수분양자들에게 해당 세대를 각 인도하여 왔고, 이에 현재 이 사건 아파트 중 유치권을 주장하고 있는 세대는 원고가 분양받은 2002 호뿐인 사실을 인정할 수 있는바,

위 인정 사실에 앞서 본 사실관계를 종합하여 보면, 피고 2 주식회사는 이 사건 계약 당시 이 사건 아파트의 수분양자들과 사이에, 각 수분양자로부터 해당 세대의 분양대금을 피고 2 주식회사 명의의 입금계좌로 전액 지급받으면 그 세대를 인도하여 주기로 함으로써 원고를 포함하는 수분양자들과 사이에서 다른 세대에 관하여 발생한 공사대금 채권의 확보한다는 명목으로 분양대금이 완납된 세대에 대하여 유치권을 행사하지 않기로 하는 묵시적인 특별 합의를 하였다고 봄이 상당하다…

따라서 … 위 피고의 유치권 항변은 위 인정 범위 내에서만 이유가 있고, 결국 피고 2

주식회사는 피고 1 주식회사로부터 위 11억 86,650,800원을 지급받음과 동시에 원고에게 위 2002호를 인도할 의무가 있다.

제5절 시공자의 법적지위(조합원과 제3자에 대한 책임)

I. 공동시행자 지위 (부정)

A. 【해설】

> **(1) 법 제25조에 따른 공동시행:** 건설업자나 등록사업자가 정비사업의 공동시행자 지위를 가지는 것은 법 제25조에 따라 공동시행하는 경우뿐이다.
>
> ① 재개발사업은 조합이 조합원 과반수의 동의를 받아 건설업자 또는 등록사업자와 공동으로 시행할 수 있다(법 제25조 제1항 제1호).
>
> ② 토지등소유자가 20인 미만인 재개발사업은 토지등소유자가 토지등소유자 과반수의 동의를 받아 건설업자 또는 등록사업자와 공동으로 시행할 수 있다(같은 항 제2호).
>
> ③ 재건축사업은 조합이 조합원 과반수의 동의를 받아 건설업자 또는 등록사업자와 공동으로 시행할 수 있다(법 제25조 제2항 후단).
>
> **(2) 그 외의 경우:** 그 외의 경우는 건설업자가 정비사업의 시행에 주도적으로 관여하고 지분제 방식을 채택하여 사업의 성패가 곧 시공사의 경제적 이익/손실로 귀속된다고 하더라도 공동시행자로서 지위가 인정되지 않으며, 따라서 조합과 동등한 권리의무를 가지지 않는다. 설령 분양계약에 시공사가 당사자로 참여하고 그 분양계약에서 조합·조합원·시공사 사이에 일정한 권리의무가 정하여졌다고 하더라도, 시공사는 그 분양계약에서 정해진 권리를 행사하고 의무를 부담할 뿐, 사업 전체의 공동시행자로서 조합과 동등한 권리의무를 가지는 것은 아니다. (이상 대법원 2007.12.27. 선고 2004다26256 판결.)

B. [지분제 방식의 구 도시재개발사업에 관한 판례] ① 시공사(피고)가 재개발사업의 시행에 주도적으로 관여하고 지분제 방식을 채택하여 재개발사업의 성패가 곧 시공사의 경제적 이익/손실로 귀속된다는 사정만으로는 시공사가 공동시행자로서 재개발조합과 동등한 책임을 진다고 할 수 없어; ② 분양계약에 시공사가 당사자로 참여하고 그 분양계약에서 재개발조합·조합원·시공사 사이에 일정한 권리의무가 정하여졌다고 하더라도 시공사는 그 분양계약에서 정해진 권리를 행사하고 의무를 부담할 뿐, 재개발사업 전체의 공동시행자로서

제 2 장 공사계약 / 제 5 절 시공자의 법적지위(조합원과 제 3 자에 대한 책임)

재개발조합과 동등한 권리의무를 가지는 것 아니야 —대법원 2007.12.27. 선고 2004 다 26256 판결[손해배상(기)]

【당사자】

[원고(선정당사자), 상고인] 원고
[피고, 피상고인] 주식회사 한진중공업

1. 법리

… 재개발조합이 조합원으로부터 가청산금을 지급받기 위하여 조합원들과 체결하는 분양계약에 시공사가 당사자로 참여하고 그 분양계약에서 재개발조합과 조합원, 시공사 사이에 일정한 권리의무가 정하여졌다고 하더라도 시공사는 그 분양계약에서 구체적으로 정해진 권리를 행사하고 의무를 부담할 뿐이지 재개발사업 전체의 공동시행자로서 재개발조합과 동등한 권리의무를 가지는 것은 아니라고 할 것이다.

2. 대법원의 판단 (상고기각)

원심판결 이유에 의하면, 원심은 채택 증거를 종합하여

① 피고가 동소문구역주택개량재개발조합(이하 '동소문재개발조합'이라고 한다)과 사이에 참여계약을 체결한 다음 시공사 겸 참여조합원으로서 동소문재개발조합을 대행하여 이 사건 재개발사업의 시행에 주도적으로 간여해 온 사실,

② 위 참여계약에서 동소문재개발조합이 피고에게 공사대금으로 일정금액의 돈을 지급하는 대신 재개발사업 시행 결과 조성된 건물과 대지 중 일정 지분으로 대물변제하기로 약정한 사실,

③ 피고가 동소문재개발조합을 대행하여 조합원들과 체결한 분양계약에서 조합원들이 분양대금을 제때에 납부하지 않는 경우 피고가 분양계약을 해제하거나 채권확보를 위한 법적 조치를 취할 권한을 보유하게 된 사실을 인정한 다음,

위와 같은 조치들은 피고가 동소문재개발조합의 전문성 및 자금능력 부족을 보완하고 자신의 공사대금 채권을 확보하기 위한 방편에 불과할 뿐 그렇다고 하여 피고가 이 사건 재개발사업의 공동시행자로서 동소문재개발조합과 동등한 권리의무를 부담하는 것은 아니라고 판단하였는바, 뒤에서 보는 바와 같이 원심이 피고를 분양계약의 당사자가 아니라 단순한 분양대행자에 불과하다고 보는 등 다소 적절하지 못한 점이 있기는 하지만, 피고를 이 사건 재개발사업의 공동시행자로 볼 수 없다고 판단한 것은 정당하고 거기에 주택재개발사

업의 공동시행자에 관한 법리를 오해하여 판결에 영향을 끼친 위법은 없다고 할 것이다.

> ☞ 이 판례는 재개발사업의 공동시행자에 관한 규정이 없었던 1995. 12. 29. 전 구 도시재개발법이 적용된 사안이나, 위 판시내용은 현행법에서도 원용될 수 있다.

C. ① '공동의 목적 달성' 정도만으로는 민법상 조합이 성립하지 않고, 특정사업을 공동 경영하는 약정만이 조합계약이라 할 수 있어; ② 시공사가 재개발조합의 전문성·재정능력 부족을 보완하기 위해 <u>지분도급제 방식</u>의 참여조합원으로 가입하고 그에 관한 일련의 약정을 체결한 사실만으로는 재개발사업을 공동시행하는 <u>조합체가 성립하지 않았다고 본 사례</u> — 대법원 2010.02.11. 선고 2009 다 79729 판결[손해배상(기)]

(☞ 판결이유는 제 2 장 제 1 절 II. 참조)

II. 분양계약 당사자로서의 지위 문제

A. 【해설】

> **(1) 분양계약서에 시공사로서 날인한 경우:** 시공자가 조합원분양계약서 또는 일반분양계약서에 날인했더라도, 매도인 내지 공급자가 아닌 시공사로만 표시되어 있다면 <u>분양계약의 당사자가 되지 않는다</u>. 따라서 시공사는 '분양자'의 책임인 집합건물법 제 9 조 제 1 항에 따른 하자담보책임을 지지 않는 것이 원칙이다. 비록 분양대금 입금방법으로 시공사 명의 은행계좌를 이용했더라도 마찬가지이다. (이상 대법원 2014. 3. 27. 선고 2013 다 30424 판결.)
>
> **(2) 분양계약의 당사자로 참여한 경우:** 그러나 조합원과 조합은 분양계약의 형태로 개별적인 약정을 할 수 있고, <u>시공자도 분양계약의 당사자로 참여할 수 있다</u>. 이 경우 분양계약에서 정한 사항은 관련법령이나 관리처분계획에 저촉되어 효력이 부정되는 경우를 제외하고는 계약 당사자인 조합원, 재개발조합 및 시공사 사이에서 효력을 가진다(대법원 2007. 12. 27. 선고 2004 다 26256 판결).
>
> 이 판례는, 분양계약서의 머릿글에 "<u>동소문재개발조합, 조합원, 시공사들은 다음과 같이 아파트공급(분양)계약을 체결한다</u>"고 기재되어 있고, "<u>이 계약에 명시되지 아니한 사항은 동소문재개발조합, 조합원, 시공사들이 합의하여 결정한다(제 17 조)</u>"고 규정되어 있는 점을 근거로 <u>시공사들을 분양계약의 당사자로 보고</u>, 시공사들이 무단 설계변경, 설계와 다른 시공, 부실공사 등으로 입주예정일로부터 상당한 기일이 지나도록 사용승인을 받지 못해 조합원들의 소유권보존등기가 지연된 것에 대하여 <u>시공사들은 분양계약의 당사자로서 조합원들에 대하여 손해배상책임을 진다고 본 사례</u>이다.

제 2 장 공사계약 / 제 5 절 시공자의 법적지위(조합원과 제 3 자에 대한 책임)

B. 재건축사업 시공사인 피고 C 는 조합이 체결한 일반분양계약서에 매도인 내지 공급자가 아닌 시공사로만 표시되어 있으므로 집합건물법 제 9 조 제 1 항에 따른 하자담보책임을 부담하지 않아 (비록 분양대금 입금방법으로 시공사 명의 은행계좌를 이용했더라도) ─대법원 2014. 3. 27. 선고 2013 다 30424 판결[하자보수보증금등]

【참고조문】집합건물법 제 9 조(담보책임)

① 제 1 조 또는 제 1 조의 2 의 건물을 건축하여 <u>분양한 자의 담보책임</u>에 관하여는 「민법」제 667 조부터 제 671 조까지의 규정을 준용한다.

구 집합건물의 소유 및 관리에 관한 법률(2003. 7. 18. 법률 제 6925 호로 개정되기 전의 것, 이하 '구 <u>집합건물법</u>'이라 한다) <u>제 9 조는 집합건물 '분양자'의 하자담보책임에 관하여 규정하고 있을 뿐이므로, 집합건물의 시공자는 그가 분양계약에도 참여하여 분양대상인 구분건물에 대하여 분양에 따른 소유권이전의무를 부담하는 분양계약의 일방당사자로 해석된다는 등의 특별한 사정이 없는 한 구 집합건물법 제 9 조에 의한 하자담보책임을 부담하는 것으로 볼 수 없다</u>(대법원 2009. 1. 30. 선고 2008 다 12507 판결, 대법원 2011. 12. 8. 선고 2009 다 25111 판결 등 참조).

원심은, (1) 피고 C 주식회사(이하 '피고 C'이라 한다)가 <u>D 아파트재건축조합</u>(이하 '이 사건 재건축조합'이라 한다)과 체결한 이 사건 아파트 공사도급계약서에 피고 C 과 수분양자 사이의 권리관계를 규정하는 아무런 조항이 없고, <u>이 사건 아파트 공급계약서에도 피고 C 은 매도인 내지 공급자가 아닌 시공사로만 표시되어 있으며</u>, 이 사건 아파트에 관하여 이 사건 재건축조합 명의로만 보존등기가 된 후 직접 수분양자들에게 소유명의가 이전된 사실을 비롯한 판시 사실을 인정한 다음,

(2) 여기에 이 사건 아파트 공사도급계약은 피고 C 과 이 사건 재건축조합 사이에 체결된 것으로 수분양자들의 분양계약상의 권리, 의무에 아무런 영향을 미치지 않고, <u>아파트 분양계약에서 통상 분양대금 입금방법으로 시공사 명의의 은행계좌를 이용하고 있으며</u>, 구 주택건설촉진법(2002. 2. 4. 법률 제 6655 호로 개정되어 2003. 1. 1. 시행되기 전의 것, 이하 같다)이 정한 사업주체의 하자보수의무와 구 집합건물법상 분양자의 하자담보의무는 그 인정근거나 발생요건 등이 다른 별개의 책임이라는 등의 판시 사정들을 더하여 보면, 원고가 제출한 증거나 그 주장의 사정만으로는 <u>피고 C 이 구 주택건설촉진법상 공동사업주체로서의 지위를 넘어 이 사건 재건축조합과 공동으로 이 사건 아파트를 분양하였다고 단정할 수 없다</u>고 판단하여,

(3) 이와 달리 피고 C 은 이 사건 아파트를 공동으로 건축하여 분양한 사업주체로서 이 사건 아파트의 구분소유자들로부터 하자보수에 갈음한 손해배상채권을 양수한 원고에게 구

집합건물법 제 9 조 제 1 항, 민법 제 667 조 내지 제 671 조에 따른 담보책임을 부담한다는 원고의 주장을 받아들이지 아니하였다.

원심판결 이유를 적법하게 채택된 증거들에 비추어 살펴보면, 원심의 위와 같은 판단은 앞서 본 법리에 기초한 것으로서, 거기에 상고이유 주장과 같이 구 집합건물법 제 9 조에서 정한 '집합건물을 건축하여 분양한 자'의 범위 내지 해석에 관한 법리를 오해하여 판결에 영향을 미친 위법이 없다.

C. ① 조합원과 조합은 분양계약의 형태로 개별적인 약정을 할 수 있고, 시공자도 분양계약의 당사자로 참여할 수 있으며; ② 이 경우 분양계약에서 정한 사항은 관련법령이나 관리처분 계획에 저촉되어 효력이 부정되는 경우를 제외하고는 계약 당사자인 조합원, 재개발조합 및 시공사 사이에서 효력을 가진다; ③ 시공사들이 무단 설계변경, 설계와 다른 시공, 부실 공사 등으로 입주예정일 또는 그로부터 상당한 기일 내에 사용승인을 받지 못한 사안에서 시공사들은 분양계약의 당사자로서 조합원들에 대하여 사용승인 지연 및 그에 따른 등기 지연으로 인한 손해배상책임이 있다고 본 사례 —대법원 2007. 12. 27. 선고 2004 다 26256 판결[손해배상(기)]

【당사자】

【원고(선정당사자), 상고인】 원고(선정당사자)

【피고, 피상고인】 주식회사 한진중공업

【해설】

위 판례는 시공사에 대하여 공동시행자로서의 지위는 인정하지 않고, 분양계약 당사자로서의 지위를 인정하여 사용승인 지연 및 그에 따른 등기 지연에 대한 채무불이행책임을 지운 판례이다.

1. 법리(관리처분계획/분양처분과 별도로 체결된 조합원·조합·시공사간 분양계약의 효력)

재개발조합의 조합원이 재개발사업의 시행 결과 조성된 대지 및 건물에 관한 소유권을 취득하는지 여부는 관리처분계획 및 이에 따른 분양처분에 의하여 정해지지만(대법원 2006. 4. 27. 선고 2004 다 38150, 38167, 38174, 38181 판결, 대법원 2006. 11. 23. 선고 2006 다 45282 판결 등 참조), 이와 별도로 조합원과 재개발조합 사이에서 가청산금의 지급시기 및 연체 책임 등과 같이 도시재개발사업 시행 과정에서 발생될 수 있는 권리·의무관계를 구체화하기 위하여 분양계약의 형태로 개별적인 약정을 할 수 있고(대법원 2003. 3. 14. 선고 2002 다 58679 판결 참조), 또한 시공사도 위 사업 시행을 위하여 필요한 범위 내에서 조합원에 대하여는 직접적인 권리·의무관계를 발생시키는 한편 재개발조합에 대하여는 이미 발

생한 권리·의무관계를 보완하기 위하여 위 분양계약의 당사자로 참여할 수 있다고 할 것이며,

이 경우 분양계약에서 정하여진 사항은 재개발사업 관련 법령이나 관리처분계획에 저촉되어 그 효력이 부정되어야 하는 경우를 제외하고는 계약 당사자인 조합원, 재개발조합 및 시공사 사이에서 그 효력을 가진다고 보아야 할 것이다.

2. 대법원의 판단 (파기환송)

가. 피고 등 시공사들을 이 사건 분양계약의 당사자로 봄

앞서 본 법리에 비추어 살펴볼 때, 이 사건 분양계약서의 머릿글에 "동소문재개발조합, 조합원, 피고 등 시공사들은 다음과 같이 아파트공급(분양)계약을 체결한다"고 기재되어 있고, "이 계약에 명시되지 아니한 사항은 동소문재개발조합, 조합원, 피고 등 시공사들이 합의하여 결정한다(제 17 조)"고 규정되어 있는 점에 비추어 보면 피고 등 시공사들은 청산금 지급에 관한 약정의 성질을 갖는 이 사건 분양계약의 당사자라고 보아야 할 것이고...점에 비추어 볼 때, 시공사들이 관할 구청의 사용승인 또는 임시사용승인을 받기에 충분한 준비를 하지 않은 채 단순히 신축건물에 대한 건축공정을 마치고 수분양자들을 입주시킨 것만으로는 입주예정일에 입주시킬 의무를 다하였다고 할 수 없다.

나. 시공사들이 분양계약의 당사자로서 채무불이행책임을 진다고 본 사례

그런데 피고 등 시공사들은 무단히 설계를 변경하여 바닥 마감재와 계단의 손잡이를 시공하고 설계된 면적 이상으로 아파트를 신축하고 부실공사를 하여 축대가 무너지게 하는 등의 잘못으로 예정된 입주일 또는 그로부터 상당한 기일 내에 사용승인 또는 임시사용승인을 받지 못하고 그에 따라 원고들이 입주일 또는 그로부터 상당한 기일 내에 신축 아파트에 대한 소유권보존등기를 경료하지 못하도록 하였으니

시공사들은 분양계약의 당사자로서 상대방인 원고들에 대하여 사용승인 지연 및 그에 따른 등기 지연으로 인한 손해를 배상할 책임이 있다고 할 것이다.

다. 원심판결의 위법함

그럼에도 불구하고, 이 사건 분양계약을 단순한 매매계약으로 파악한 결과 매도인이 아닌 시공사 겸 분양대행자에 불과한 피고는 원고들에 대하여 분양계약에 따른 채무불이행책임을 지지 않는다고 판단한 원심판결에는 재개발사업에 있어서의 분양계약의 성질, 그 당사자 및 당사자의 책임에 관한 법리를 오해하여 판결에 영향을 미친 위법이 있다고 할 것이

다.

III. 시공자의 제3자에 대한 책임 문제

A. 【해설】

> 건축허가 설계도면에 따른 시공으로 인하여 발생한 일조방해가 위법행위로 평가되는 경우 그에 대한 손해배상책임은 사업시행자인 조합이 지는 것이 원칙이다(대구지방법원 2022. 12. 22. 선고 2022가합203334 판결 등).
>
> 그런데 아래 대법원 판례는 <u>지분제 시공자를 사실상 공동 사업주체로 보고 일조권침해에 대한 손해배상책임을 인정했다.</u>

B. [지분제 시공자에 대하여 일조권침해로 인한 손해배상책임을 인정한 사례] 피고는 '사실상 공동 사업주체'로서 조합과 이해관계를 같이 하면서 아파트를 신축하였으므로, 건축주가 아니라 시공사라고 하더라도 아파트 신축으로 인한 일조권침해에 대하여 손해배상책임을 진다고 본 사례 — 대법원 2004. 9. 13. 선고 2003다64602 판결[손해배상(기)]

【당사자】

> 【원고, 피상고인】 원고 1 외 29인
>
> 【피고, 상고인】 주식회사 대우

1. 원심이 인정한 사실

원심판결 이유에 의하면 원심은, 그 채용 증거에 의하여,

① <u>소외 조합</u>은 재건축사업을 함에 있어서 조합원들이 소유한 토지 및 건축물을 현물출자하고 주택건설 전문업자를 공동사업자로 영입하여 참여조합원의 자격을 부여한 다음, 이 사건 아파트 및 부대시설을 시공하도록 한 사실,

② <u>피고</u>는 이 사건 아파트 공사를 도급받으면서 조합원의 이주비 지급 및 금원융자비용 대여, 공사완공시까지의 조합운영비, 건축설계비, 기타 소외 조합이 필요로 하는 비용을 제공하기로 하고 나아가 이 사건 아파트 신축공사비를 자신의 비용으로 충당하는 등 참여조합원으로서 설계변경에서 시공 전반에 이르기까지 주도적 역할을 한 후, 그 대가로 이 사건 아파트의 신축 완료 후 조합원들에게 기존 분양면적(대지지분 기준)의 151%를 공급하고 나머지 잔여 세대를 피고가 일반에 분양하는 방법으로 위 투입자금을 회수하기로 한 사실,

③ 비록 한라·세진종합건축사사무소에서 이 사건 아파트의 최초 설계안을 작성하였으나, 최초 작성된 이 사건 아파트의 배치도와 실제 건축된 후의 배치 상황이 상당히 다르고 실제 건축인허가를 받는 과정에서 피고의 요구가 반영된 설계변경이 이루어지는 등 이 사건 아파트 단지가 최초 배치도와는 다르게 재배치된 사실,

④ 소외 조합과 원고들 사이의 일조권 등 침해에 대한 토론회에 피고의 현장소장이 참여하여 적극적으로 일조권문제와 관련한 설계변경 가능성을 언급하는 등 원고들과 소외 조합 사이의 분쟁에 관여한 사실을 인정한 다음,

2. 원심판결의 정당함

그 인정 사실에 기하여, 피고는 이 사건 아파트 신축공사의 단순한 수급인으로서 이를 시공한 것이 아니라 위 재건축 사업을 수주하면서 소외 조합 및 조합원들의 필요비용을 모두 제공하고 나아가 이 사건 공사비를 자신의 비용으로 충당하는 등 이 사건 아파트 신축을 소외 조합과 함께 주도적으로 진행한 후, 그 대가로 조합원들 지분을 제외한 잔여 세대를 일반에 분양하는 방법으로 위 투입자금을 회수하기로 한 것으로 보이므로,

피고는 이 사건 아파트 신축의 사실상 공동 사업주체로서 소외 조합과 이해관계를 같이 하면서 이 사건 아파트를 신축하였다고 할 것이어서, 피고가 이 사건 아파트의 건축주가 아니라 시공사라고 하더라도 이 사건 아파트의 신축으로 인한 피해에 대하여 손해배상책임을 져야 한다고 판단하였다.

기록에 비추어 살펴보면, 원심의 위와 같은 사실인정과 판단은 정당한 것으로 수긍이 가고, 거기에 상고이유로 주장하는 바와 같이 채증법칙을 위반하여 사실을 잘못 인정하였거나 시공사의 불법행위 주체성 또는 피고와 소외 조합 사이의 계약에 관한 법리를 오해하는 등의 위법이 있다고 할 수 없다.

C. [하급심판례] 시행사에 대하여만 일조권 침해에 따른 손해배상의무를 인정하고, 시공사에 대한 손해배상청구를 모두 기각한 사례 —대구지방법원 2022. 12. 22. 선고 2022 가합 203334 판결[손해배상(기)]

【당사자】

원고	별지 원고 목록 기재와 같다.
피고	1. A 주식회사
	2. 주식회사 B

III. 시공자의 제3자에 대한 책임 문제

【판결요지】

> 甲아파트의 일부 세대 소유자들인 乙등이 甲아파트의 남쪽편에 신축된 丙아파트의 시행사 및 시공사를 상대로 丙아파트로 인하여 甲아파트에 사회통념상 수인한도를 넘는 일조권 및 천공조망권 침해가 발생하였다는 이유로 손해배상을 구한 사안에서,
>
> 시행사에 대한 천공조망권 침해로 인한 손해배상청구는 받아들이지 않았으나, 乙등의 각 세대가 丙아파트의 신축으로 인하여 사회통념상 수인한도를 넘는 일조방해를 받게 되었으므로, <u>丙아파트의 시행사는 각 세대의 소유자인 乙등에게 일조권 침해에 따른 손해를 배상할 의무가 있고, 乙등의 시공사에 대한 일조권 침해 등에 대한 손해배상청구는 모두 이유 없다</u>고 한 사례
>
> ☞ "천공조망권"은 하늘을 통해 열린 개방감을 향유할 법적 이익을 말한다.

제 3 장

공사계약의 해제

제1절 총설
제2절 도급계약의 구체적 해제사유에 관한 판례
제3절 도급계약 해제의 효과
제4절 공사계약 해제로 인한 대여금반환의무
제5절 민법 제 673 조에 따른 해제
제6절 지체상금

"채무불이행(이행지체 또는 이행불능)으로 인한 도급계약의 해제와 민법 제 673 조에 의한 도급인의 계약해제는 별개의 법률원인에 의한 계약해제이다. 따라서 수급인의 채무불이행을 이유로 한 도급계약 해제의 의사표시에는 민법 제 673 조에 따른 임의해제 의사가 포함되어 있지 않다."

I. 법정해제와 약정해제, '주된 채무'와 '부수적 채무'

제1절 총설

I. 법정해제와 약정해제, '주된 채무'와 '부수적 채무'

A. 개요

1. 【해설】 법정해제와 약정해제

> 법률규정에 의한 해제권의 행사를 '법정해제'라 하고, 계약에 의하여 발생하는 해제권의 행사를 '약정해제'라고 한다(민법 제 543 조 제 1 항).
>
> **(1) 법정해제**
>
> ① 채무불이행으로 인한 계약해제: 계약당사자 일방의 채무불이행이 있을 때, 즉 a) 당사자 일방이 채무이행을 지체하거나 b) 채무자의 귀책사유로 채무가 이행불능이 된 때에는 채권자는 계약을 해제할 수 있다(민법 제 543 조 제 1 항, 제 544, 546 조). 이것을 법정해제라고 한다.
>
> ② 민법 제 673 조에 따른 도급계약 해제: 도급인은 수급인이 일을 완성하기 전에는 언제든지 수급인의 손해를 배상하고 도급계약을 해제할 수 있다(민법 제 673 조). 이는 도급계약에만 있는 법정해제사유이다. 따라서 조합은 시공자의 채무불이행 사실이 없더라도 언제든지 민법 제 673 조에 따라 공사도급계약을 해제할 수 있다. 다만 그런 경우 조합은 손해배상책임을 질 뿐이다.
>
> **(2) 약정해제**
>
> 계약에서 해제사유를 따로 정한 경우에는, 위와 같은 법정해제사유가 존재하지 않더라도 해당 계약조항에 따라 계약을 해제할 수 있다(민법 제 543 조 제 1 항).

2. 【해설】 '주된 채무'와 '부수적 채무' (부수적 채무의 불이행은 계약해제사유 아님)

> (1) 민법 제 544 조에 따라 채무불이행을 이유로 계약을 해제하려면(즉 법정해제권을 행사하는 경우에는), 그 채무가 계약의 목적 달성에 필요불가결하고 이를 이행하지 않으면 계약의 목적이 달성될 수 없어 채권자가 그 계약을 체결하지 않았을 것이라고 여겨질 정도의 주된 채무이어야 하며, 부수적 채무를 불이행한 데 지나지 않은 경우에는 계약을 해제할 수 없다(대법원 2005.11.25. 선고 2005 다 53705 판결).
>
> (2) '부수적 채무'의 불이행만이 있는 경우에는 약정해제 사유에 해당하지 않는 한 해제할 수 없다.

> (3) '주된 채무'와 '부수적 채무'를 구별함에 있어서는, 급부의 독립된 가치와는 관계없이, 계약을 체결할 때 표명되었거나 그 당시 상황으로 보아 분명하게 객관적으로 나타난 당사자의 합리적 의사에 의하여 결정하되, 계약의 내용·목적·불이행의 결과 등의 여러 사정을 고려하여야 한다.
>
> (이상 대법원 2005.11.25. 선고 2005 다 53705 판결; 대법원 2022. 6. 16. 선고 2022 다 203804 판결.)

3. 【법령】 민법 제 544 조(이행지체와 해제)

> 당사자 일방이 a) <u>그 채무를 이행하지 아니하는 때</u>에는 상대방은 b) <u>상당한 기간을 정하여 그 이행을 최고하고</u> c) <u>그 기간내에 이행하지 아니한 때에는 계약을 해제할 수 있다</u>.
> 그러나 <u>채무자가 미리 이행하지 아니할 의사를 표시한 경우에는 최고를 요하지 아니한다</u>.

4. 【법령】 민법 제 546 조(이행불능과 해제)

> 채무자의 책임있는 사유로 이행이 불능하게 된 때에는 채권자는 계약을 해제할 수 있다.

5. 【해설】 정비사업 시공계약에서 약정해제 조항의 중요성

> (1) 법정해제는 법률이 정한 요건과 절차를 엄격하게 준수해서 하는 경우에만 해제의 효력이 발생하며, 그 요건이나 절차를 하나라도 미비하면 해제의 효력이 발생하지 않는다.
>
> 그래서 조합에게 중요한 사항으로서 법정해제의 요건을 충족하기 어려운 것들은 공사계약서에서 반드시 약정해제사유로 정하여야 한다.
>
> (2) 특히 조합에게 당장 절박한 것은 대여금을 제때 지급받는 것인데, 법원은 이것을 '주된 채무'가 아니고 '부수적 채무'에 불과한 것으로 보아 계약해제사유가 아니라고 볼 여지가 있으므로, 대여의무의 불이행을 약정해제사유로 포함시키는 것이 좋다.
>
> ☞ 시공자의 대여의무 불이행 문제에 관하여는 아래 제 3 장 제 2 절 Ⅵ. 참조
>
> (3) 서울시 정비사업 공사표준계약서 제 22 조 제 1 항이 약정해제사유를 정한 것인데, 그 내용을 보면 법정해제사유(시공자의 채무불이행)를 유형별로 열거한 것에 불과하며, 약정해제를 법정해제보다 더 어렵게 만든 것도 있으므로(예: 제 2 호), 이 규정은 반드시 수정해서 사용해야 한다.

I. 법정해제와 약정해제, '주된 채무'와 '부수적 채무'

(4) 약정해제사유로 규정해야 할 사항으로 다음과 같은 것들이 있다.

   i) 을이 공사비증액을 요구하면서 갑과 협의 없이 공사현장에서 철수하거나 공사를 1개월 이상 중단한 경우

   ii) 을이 갑의 자재검사 요구에 응하지 않거나 검사 결과에 따른 자재교체 요구에 응하지 않는 경우

   iii) 대여금 지급을 약정일로부터 ○개월 이상 지체한 경우

   iv) 선지급 사업경비를 갑이 요청한 날부터 1개월 이상 지체한 경우

   v) 갑의 계약위반 시정요구에 대하여 을이 3회 이상 성의 있는 대응을 하지 않는 경우 등등

6. 【해설】 계약의 합의해제

계약의 해제는 양 당사자의 합의(= 계약)로도 할 수 있다(대법원 2007.11.29. 선고 2006 다 2490 판결). 합의해제는 묵시적으로도 할 수 있다(대법원 2005.06.09. 선고 2005 다 6341 판결).

다만, 계약의 합의해제/해지가 성립하기 위하여는 해제/해지의 조건에 관한 합의까지 이루어져야 한다. 따라서, 당사자 사이에 계약을 종료시킬 의사가 일치되었더라도, 계약 종료에 따른 법률관계에 관하여 아무런 약정이 없다면 합의해제/해지는 성립하지 않는다. 예를 들어 이행보증금의 귀속이 당사자들의 중요한 관심사인데 그에 관하여 합의가 이루어지지 않았다면 합의해제/해지의 성립은 부정된다. (이상 대법원 2018. 12. 27. 선고 2016 다 274270, 274287 판결.)

B. ① 채무불이행을 이유로 계약을 해제하려면, a) 그 채무가 계약의 목적 달성에 필요불가결하고 b) 이를 이행하지 않으면 계약의 목적이 달성되지 않아 채권자가 그 계약을 체결하지 않았을 것이라고 여겨질 정도의 주된 채무이어야 하며; ② 부수적 채무를 불이행한 데에 지나지 않은 경우에는 계약을 해제할 수 없어 —대법원 2005.11.25. 선고 2005 다 53705 판결 [매매대금·계약금반환등]

민법 제 544 조에 의하여 채무불이행을 이유로 계약을 해제하려면, 당해 채무가 계약의 목적 달성에 있어 필요불가결하고 이를 이행하지 아니하면 계약의 목적이 달성되지 아니하여 채권자가 그 계약을 체결하지 아니하였을 것이라고 여겨질 정도의 주된 채무이어야 하고 그렇지 아니한 부수적 채무를 불이행한 데에 지나지 아니한 경우에는 계약을 해제할 수 없다.

또한, 계약상의 의무 가운데 주된 채무와 부수적 채무를 구별함에 있어서는, 급부의 독

립된 가치와는 관계없이, 계약을 체결할 때 표명되었거나 그 당시 상황으로 보아 분명하게 객관적으로 나타난 당사자의 합리적 의사에 의하여 결정하되, 계약의 내용·목적·불이행의 결과 등의 여러 사정을 고려하여야 한다(대법원 1997. 4. 7.자 97마575 결정, 2001. 11. 13 선고 2001다20394, 2001다20400 판결 등 참조).

C. 분양사업자가 고압선을 지하로 매립하기로 하는 내용의 특약사항이 휴양콘도미니엄 분양계약서에 수기로 명시되어 있는 사안에서, 원고가 상당한 기간 동안 특약사항 불이행에 대해 이의를 제기하지 않았다는 점 등만을 들어 <u>고압선 지중화 의무가 주된 채무가 아니라고 단정할 수 없다고 본 사례</u> —대법원 2022. 6. 16. 선고 2022다203804 판결[분양대금반환청구의소]

【당사자】

【원고, 상고인】 원고
【피고, 피상고인】 그랑블제주알앤지 주식회사

1. 원심의 판단 (부수적 채무로 봄)

원심은, 아래와 같은 사정을 들어, 이 사건 계약에서 피고가 2016. 12. 31.까지 이 사건 부동산의 인근에 있는 고압선을 지하로 매립하기로 특약하였고 이를 이행하지 아니하였으나, 그러한 의무가 이 사건 계약의 목적 달성에 있어 필요불가결하고 이를 이행하지 않으면 계약의 목적이 달성되지 않아 원고가 이 사건 계약을 체결하지 않았을 것이라고 여겨질 정도에 이르렀다고 보기 어렵다고 판단하였다.

2. 대법원의 판단 (파기환송 – 부수적 채무로 단정할 수 없음)

그러나 원심의 위와 같은 판단은 다음과 같은 이유에서 수긍하기 어렵다.

1) 이 사건 부동산이 속해 있는 건물 (동수 생략) 바로 인근에 고압선(154,000 볼트) 송전탑이 세워져 있다. 이 사건 부동산과 고압선 송전탑이나 고압선 사이가 얼마나 떨어져 있는지, 위 고압선 송전탑이나 고압선으로 인하여 원고가 이 사건 부동산을 사용하는 데 어떠한 장애가 발생하는지는 알 수 없지만, <u>피고가 원고에게 2016. 12. 31.까지 위 고압선을 지하로 매립하기로 하는 내용의 이 사건 특약사항이 수기로 분양계약서에 명시되어 있다.</u>

2) 이 사건 계약의 목적물은 구체적인 동호수로 특정되어 있고, 더욱이 <u>이 사건 계약은 일반적인 콘도미니엄 분양계약과 달리 콘도미니엄의 한 호실의 공유 지분이 아니라 그 전부를 원고가 분양받은 것으로 되어 있으며, 이에 따라 원고 단독 소유로 소유권이전등기가</u>

마쳐졌다. 이와 같은 소유관계에서는 콘도미니엄이라는 점을 고려하더라도 부동산의 사용·수익은 물론 처분에서도 특정된 목적물이 갖는 의미가 결코 가볍지 않다.

3) 이 사건 부동산이 휴양 콘도미니엄에 해당하여 관광객의 숙박과 휴양 등의 시설 이용에 제공된다고 하더라도 이로써 당연하게 원고가 이 사건 부동산 이외에 다른 호실을 이용할 수 있는 권리를 갖게 되는 것은 아니다. 그 구체적인 내용은 원고와 피고 사이에 체결된 시설사용약정을 통하여 확인되어야 하는데, 그와 관련된 자료가 제출되어 있지 아니하다.

4) 사정이 그와 같다면, 원고가 이 사건 계약을 체결함으로써 대한민국에서의 체류 및 영주 자격을 얻을 수 있었다는 점, 이 사건 특약사항 불이행을 약정해제 사유에 포함시키지 않았다는 점, 원고가 상당한 기간 동안 이 사건 특약사항의 불이행에 대해 이의를 제기하지 않았다는 점 등만을 들어 곧바로 피고의 고압선 지중화 의무가 주된 채무가 아니라고 단정하기는 어렵다.

그럼에도 원심은 이와 달리 판시와 같은 사정만으로 피고의 고압선 지중화 의무를 주된 채무로 보기 어렵다고 단정하고 말았으니, 이러한 원심의 판단에는 필요한 심리를 다하지 아니한 채 법정해제와 관련한 법률행위의 해석, 법정해제권의 행사 등에 관한 법리를 오해하여 판결에 영향을 미친 잘못이 있다. 그러므로 원심판결을 파기하고, 사건을 다시 심리·판단하도록 원심법원에 환송하기로 하여, 관여 대법관의 일치된 의견으로 주문과 같이 판결한다.

D. [하급심판례] 원고 A(건축설계업자가)가 정비계획용역계약 제5조에서 정한 착수계획서 또는 과업수행계획서를 계약체결일로부터 14일 이내에 조합(피고)에 제출하지 않은 것은 정비계획용역계약의 성립과 효력을 좌우할 정도의 '주된 채무' 불이행이 아니라고 봄 (따라서 피고의 해제 주장은 이유없음) —서울중앙지방법원 2017. 12. 21. 선고 2016 가합 555332 판결[용역비]

【당사자】

원고	1. 주식회사 A [건축설계업자]
	2. B
피고	C 구역 주택재개발정비사업조합

다. 원고 A과 피고 사이의 정비계획용역계약 체결

원고 A은 2014. 3. 18. 피고와 사이에 용역대금을 430,000,000원으로 정하여 정비계획결정(변경) 제안서를 작성하는 등의 정비계획결정(변경)용역업무(이하 '이 사건 정비계획용

제 3 장 공사계약의 해제 / 제 1 절 총설

역업무'라 하고, 이 사건 설계용역업무와 통틀어 '이 사건 각 용역업무'라 한다)에 관한 용역계약(이하 '이 사건 정비계획용역계약'이라 하고, 이 사건 설계용역계약과 통틀어 '이 사건 각 용역계약'이라 한다)을 체결하였다. 이 사건 정비계획용역계약의 주요 내용은 다음과 같다...

원고 A 이 피고에게 이 사건 정비계획용역계약 제 5 조에서 정한 착수계획서 또는 과업수행계획서를 계약체결일로부터 14 일 이내에 피고에게 제출하지 않은 사실은 당사자 사이에 다툼이 없다. 그러나 원고 A 의 착수계획서 또는 과업수행계획서 제출의무가 이 사건 정비계획 용역계약의 부수적 채무를 넘어서 정비계획 용역계약의 성립과 효력을 좌우할 정도의 주된 채무라고 인정하기에 부족하고, 달리 이를 인정할 증거가 없다. 부수적 채무를 불이행한 데에 지나지 않는 경우에는 계약을 해제할 수 없으므로(대법원 2005. 11. 25. 선고 2005 다 53705, 53712 판결 등 참조), 이러한 점에서도 피고의 해제 주장은 이유 없다.

E. 약정해제권 조항 또는 위약벌 특약의 유무는 채무불이행을 원인으로 인한 법정해제권 행사에 아무런 영향을 미치지 않아 —대법원 1990.03.27. 자 89 다카 14110 결정[주식반환]

계약서에 명문으로 위약시의 법정해제권의 포기 또는 배제를 규정하지 않은 이상, 계약당사자 중 어느 일방에 대한 약정해제권의 유보 또는 위약벌에 관한 특약의 유무 등은 채무불이행으로 인한 법정해제권의 성립에 아무런 영향을 미칠 수 없다 할 것이고(당원 1983.8.23. 선고 82 다카 1366 판결 참조), 이러한 법리는 특별한 사정이 없는 한 회사의 영업양도계약이라 하여 그 적용이 배제될 수 없는 것이다.

원심이 이와 같은 취지에서 원고들과 피고 사이의 이 사건 주식양도계약은 피고의 잔대금지급채무불이행을 이유로 하는 원고들의 법정해제권의 행사에 의하여 이 사건 소장송달로써 적법히 해제되었고 피고에 대한 약정해지 권한의 유보가 원고들의 위 법정해제권을 배제시키는 것으로 보기 어렵다고 판단한 것은 정당하며 논지와 같은 해약권에 관한 법리오해가 있다고 할 수 없다.

II. 해제를 위한 이행최고

A. 개요

1. 【해설】 해제권 발생 요건으로서 이행최고

> 당사자 일방이 채무를 이행하지 않더라도 상대방은 곧바로 계약을 해제하지 못하며, a) 먼저 상당한 기간을 정하여 그 이행을 최고한 후 b) 그 기간 내에도 이행하지 않으면 그때 비로소 계약을 해제할 수 있다(민법 제 544 조).

> 다만, 여기에는 아래에서 보는 바와 같이 몇 가지 중요한 예외가 있다.

2. 【해설】 최고 없이 해제할 수 있는 경우 (이행거절, 이행불능, 최고불요 특약)

> **(1) 이행거절:** 채무자가 미리 이행하지 않겠다는 의사를 표시한 경우에는 최고를 하지 않고 곧바로 계약을 해제할 수 있다(민법 제 544 조 단서).
>
> **(2) 이행불능:** 채무자의 귀책사유로 채무가 이행불능이 된 때에도 채권자는 최고할 필요 없이 바로 계약을 해제할 수 있다(민법 제 546 조).
>
> 이행불능을 이유로 쌍무계약을 해제하는 경우에는 자기채무를 이행제공할 필요도 없다. 따라서 수급인의 목적물인도의무가 이행불능이 되어 도급계약을 해제하는 경우 도급인은 잔금지급의무의 이행제공을 할 필요가 없다(대법원 2003.01.24. 선고 2000 다 22850 판결. 매매계약에 관한 판례임).
>
> **(3) 최고불요 특약:** 계약을 해제하기 전에 미리 최고를 하도록 한 규정은 임의규정이다. 따라서 당사자가 계약에서 최고 없이 해제할 수 있다는 특약을 한 경우에는 최고를 하지 않고 바로 계약을 해제할 수 있다.

3. 【해설】 이행최고와 '상당한 기간' 문제

> (1) 이행최고는 반드시 미리 일정한 기간을 명시하여 최고하여야 하는 것은 아니며, 최고한 때로부터 상당한 기간이 경과하면 해제권이 발생한다(대법원 1994. 11. 25. 선고 94 다 35930 판결).
>
> (2) "상당한 기간"인지 여부는 채무자가 이행준비를 하고 또 그것을 이행하는 데 필요한 기간으로서 채무의 내용 기타 객관적 사정을 고려하여 판단하는바, 이행기가 지난 뒤에는 '상당한 기간'이 더 짧아진다. 즉, 채무의 이행기가 도과한 후에는 대체로 그 기한까지 이행의 준비를 하고 있음을 전제로 채무자가 그 이행을 완료하는데 충분한 시간이면 족하다(서울고등법원 2020. 6. 9. 선고 2019 나 2026180 판결).
>
> 부동산매매계약의 이행기일(1978. 4. 20.)을 도과하도록 쌍방의 의무가 이행되지 않고 있던 중, 매도인이 1978. 4. 24. 소유권이전등기 서류일체를 매수인에게 제공하면서 2일 이내(4. 26.까지) 잔대금을 지급할 것을 최고하였는데, 그때까지 잔대금의 지급이 없어서 4. 26. 해제통고를 하였고 그것이 4. 27. 매수인에게 도달한 사안에서, 매매계약이 4. 27. 적법하게 해제되었다고 본 판례가 있다(대법원 1980. 1. 15. 선고 79 다 1859 판결).

4. 【해설】 최고 없이 한 해제통고도 이행최고로서의 효력이 있음

> 최고 없이 한 해제통고를 적법한 해제통고가 아니므로 해제의 효력이 발생하지 않는다. 그러나 그러한 해제통고도 적어도 최고로서의 효력은 가지는 것으로 본다.
>
> 따라서 매도인이 매수인에게 "중도금을 지급하지 않았으니 매매계약을 해제하겠다"는 통고를 한 때에는, 이로써 중도금 지급의 최고가 있었다고 보아야 하며, 그로부터 상당한 기간이 경과하도록 매수인이 중도금을 지급하지 않았다면 매도인은 매매계약을 해제할 수 있다(대법원 1994. 11. 25. 선고 94다35930 판결).

5. 【해설】 과다최고 문제

> 채권자의 이행최고가 본래 이행하여야 할 채무액을 초과하는 경우, 그것이 적법한 이행최고인지 여부는 아래의 기준으로 판단한다(대법원 2004.07.09. 선고 2004다13083 판결).
>
> ① 본래 급부하여야 할 수량과의 차이가 비교적 적거나 채권자가 급부의 수량을 잘못 알고 과다한 최고를 한 것으로서 과다하게 최고한 진의가 본래의 급부를 청구하는 취지라면, 그 최고는 본래 급부하여야 할 수량의 범위 내에서 유효하다.
>
> ② 그러나 a) 그 과다한 정도가 현저하고, b) 채권자가 청구한 금액을 제공하지 않으면 그것을 수령하지 않을 것이라는 의사가 분명한 경우에는 그 최고는 부적법하고 이러한 최고에 터잡은 계약의 해제는 효력이 없다.

B. ① 계약을 해제하겠다는 통지를 했으면 특별히 급부수령을 거부하는 취지가 포함되어 있지 않는 한 이행최고를 했다고 볼 수 있으며; ② 그로부터 상당한 기간이 경과하도록 이행되지 않았다면 채권자는 계약을 해제할 수 있어 —대법원 2022. 10. 27. 선고 2022다238053 판결[소유권이전등기]

당사자 일방이 그 채무를 이행하지 아니하는 때에는 상대방은 상당한 기간을 정하여 그 이행을 최고하고 그 기간 내에 이행하지 아니한 때에는 계약을 해제할 수 있다(민법 제544조 본문). 채무자는 변제의 제공으로 채무불이행의 책임을 면하고 변제의 제공은 채무내용에 좇은 현실제공으로 하여야 하는데(민법 제460조, 제461조), 금전채무의 현실제공은 특별한 사정이 없는 한 채권자가 급부를 즉시 수령할 수 있는 상태에 있어야만 인정될 수 있다(대법원 2012. 10. 11. 선고 2011다17403 판결 참조).

채권자가 채무자의 급부불이행 사정을 들어 계약을 해제하겠다는 통지를 한 때에는 특별히 그 급부의 수령을 거부하는 취지가 포함되어 있지 아니하는 한 그로써 이행의 최고를 하였다고 볼 수 있으며, 그로부터 상당한 기간이 경과하도록 이행되지 아니하였다면 채권자는 계약을 해제할 수 있다(대법원 2021. 7. 8. 선고 2020 다 290804 판결 참조). 다만 동시이행관계에 있는 반대급부의무를 지고 있는 채권자는 채무자의 변제의 제공이 없음을 이유로 계약해제를 하기 위하여는 스스로의 채무의 변제제공을 하여야 한다(대법원 2004. 12. 9. 선고 2004 다 49525 판결 참조).

C. [같은 판례] 피고들이 원고에게 A) 2020. 6. 11. 잔금 미지급으로 매매계약을 해제한다는 문자메시지를 보내고, B) 2020. 7. 7. 원고의 잔금 미지급으로 매매계약이 해제되었다는 취지의 답변서를, C) 2021. 6. 16. 같은 취지의 준비서면을 각 제출한 사안에서: ① <u>2020. 6. 11. 자 문자메시지</u>는 매매계약에서 정한 서면에 의한 이행최고가 없었을 뿐 아니라 매매계약에서 정한 '서면'에 의한 것이 아니므로 이행최고로서의 효력을 인정할 수 없으나; ② <u>2020. 7. 7. 자 답변서</u>는 서면에 의한 이행최고가 없어 해제통지로서의 효력은 없지만, 이행최고로서의 효력이 있으므로; ③ <u>2021. 6. 16. 자 준비서면</u>의 송달로써 매매계약이 적법하게 해제되었다고 본 사례 —대법원 2022. 10. 27. 선고 2022 다 238053 판결[소유권이전등기]

【당사자】

【원고, 피상고인】 유한회사 보리곰
【피고, 상고인】 피고 1 외 7 인

그러나 이 사건 매매계약의 해제 여부에 관한 원심의 판단은 아래와 같은 이유로 수긍하기 어렵다.

1. 원심기록에 의하여 알 수 있는 사실

원심판결 이유와 기록에 의하면 다음과 같은 사실을 알 수 있다.

1) 원고와 피고들은 2019. 12. 20. 원고가 피고들로부터 골프연습장 용도로 사용되던 이 사건 부동산을 대금 155 억 원에 매수하는 이 사건 매매계약을 체결하면서, 계약금 10 억 5,000 만 원을 지급하였고, 2020. 3. 30. 중도금 20 억 원, 2020. 5. 29. 잔금 124 억 5,000 만 원을 지급하고, 잔금 지급과 동시에 이 사건 부동산에 관한 소유권이전등기절차를 이행하기로 하였으며, 이 사건 매매계약에 따른 의무를 이행하지 아니할 경우 서면으로 이행을 최고하고 계약을 해제할 수 있다고 정하였다.

2) 원고는 2020. 3. 30. 피고들에게 중도금 20 억 원 중 15 억 원만을 지급하면서, 나머지 5 억 원을 잔금과 함께 지급하기로 합의하고 위 5 억 원에 대한 이자 명목으로 1,500 만 원을 지급하였다.

3) 원고는 잔금 지급기한의 연장을 요청하였고, 피고들은 2020. 6. 3. 이 사건 매매계약에

서 정한 잔금 지급기한을 2020. 6. 10.까지로 연장해 주었다.

4) 피고들은 2020. 6. 7. 원고에게 "○○동 계약 관련 본건 잔금 2020. 5. 28.을 매수인/중개인 소외 1로부터 은행대출관련 2020. 6. 1.~3. 조건으로 구두 연장하였으나 2020. 6. 3. 또한 잔금지불 연장요구 하시어 2020. 6. 10. 잔금기일 최종 구두연장하면서 서로 불미스러운 책임을 묻지 않기로 구두 약속한바 2020. 6. 10. 잔금 차질이 없도록 선처 부탁합니다."라는 내용의 문자메시지를 보냈다.

5) 피고들은 원고의 요청에 따라 2020. 5. 29., 2020. 6. 5. 및 2020. 6. 8. 매수인을 유한회사 보리영과 소외 2로 한 매도용 인감증명서와 주민등록초본을 각 발급받음으로써 이 사건 부동산의 소유권이전등기에 필요한 서류의 준비를 마쳤고, 이러한 사실을 공인중개사 소외 1에게 알려주었다. 또한 피고 주식회사 일진스포렉스는 이 사건 부동산 내의 골프연습장 영업을 중단하고 회원들에게 회비를 환불해 주었고, 직원들을 퇴사시킨 뒤 2020. 6. 1. 퇴직금을 지급하였으며, 최초 잔금 지급기일인 2020. 5. 29. 이전까지 이 사건 부동산 내의 임차인들과 임대차계약을 해지하거나 그들로부터 임대차목적물을 반환받는 등 원고에게 이 사건 부동산을 인도하기 위한 준비를 마쳤다.

6) 원고가 2020. 6. 10.까지 잔금을 지급하지 않자, 피고들은 2020. 6. 11. 원고에게 잔금 미지급을 이유로 이 사건 매매계약을 해제한다는 내용의 문자메시지를 보냈다.

7) 원고는 2020. 6. 11. 대출을 받기 위하여 우리자산신탁 주식회사와 이 사건 부동산 중 광주 광산구 (주소 1 생략), (주소 2 생략) 토지를 제외한 나머지 부동산을 담보신탁하는 등의 내용으로 부동산담보신탁계약을 체결하였다.

8) 피고들은 제1심 소송 중인 2020. 7. 7. 이 사건 매매계약이 원고의 잔금 미지급으로 해제되었다는 취지의 답변서를, 2021. 6. 16. 같은 취지의 준비서면을 각 제출하였고, 2020. 7. 8. 및 2021. 6. 16. 원고측에게 각 송달되었다.

2. 대법원의 판단 (파기환송)

가. 2020.7.7. 자 해제통고(답변서)를 이행최고로 보고 2021.6.16. 자 준비서면의 송달로써 적법하게 해제되었다고 봄

위와 같은 사실관계를 앞서 본 법리에 비추어 살펴본다.

원고는 최종 잔금 지급기일 다음 날인 2020. 6. 11. 잔금 상당의 대출을 받기 위하여 부동산담보신탁계약을 체결하는 등 잔금의 지급을 준비하고 있었을 뿐 피고들에게 잔금을 즉시 수령할 수 있는 상태로 현실제공하였다고 볼 수 없다. 반면, 피고들은 2020. 6. 10. 이전에 이 사건 부동산의 소유권이전등기에 필요한 서류의 준비를 마치고 담당 공인중개사에게 이를 통지하였고, 피고 주식회사 일진스포렉스는 이 사건 부동산을 인도하기 위한 준비를 마치는 등으로 원고에게 이행제공을 하였으므로, 원고는 위 잔금 지급기일 무렵 이행지체 상태에 있었다.

원고의 이행지체를 이유로 한 피고들의 매매계약 해제 통지 중 ① <u>2020. 6. 11. 자 문자 메시지에 의한 해제 통지</u>는 그에 앞서 서면에 의한 이행의 최고가 없어 해제 통지로서의 효력을 인정할 수 없을 뿐만 아니라 이 사건 <u>매매계약에서 정한 서면에 의한 것이 아니므로 이행의 최고로서의 효력을 인정할 수도 없다</u>. ② 그러나 피고들의 <u>2020. 7. 7. 자 답변서에 의한 해제 통지</u>는 그에 앞서 서면에 의한 이행의 최고가 없어 해제 통지로서의 효력은 없지만, 위 답변서에 특별히 잔금의 수령을 거부하는 취지가 포함되어 있지 않은 이상 <u>이행의 최고로서의 효력이 있어</u>, ③ 이 사건 매매계약은 <u>피고들의 2021. 6. 16. 자 준비서면이 원고측에게 송달된 2021. 6. 16.경 적법하게 해제되었을 여지가 있다</u>.

나. 원심판결의 위법함

그런데도 원심은 피고들이 이 사건 매매계약 해제 전에 이행을 최고하지 않았을 뿐만 아니라 원고가 피고들에 대하여 이행제공을 하였다고 보아, 피고들의 이 사건 매매계약 해제 항변을 배척하고 원고의 청구를 일부 인용하였다. 이러한 <u>원심의 판단에는 이행최고, 이행제공 등 계약해제에 관한 법리를 오해하여 판결에 영향을 미친 잘못이 있다</u>. 이를 지적하는 피고들의 상고이유 주장은 이유 있다. 다만 환송 후 원심은 피고들의 원고에 대한 이행제공이 위 2020. 7. 8.로부터 상당한 기간이 경과할 때까지 계속되고 있었는지에 대해서 추가로 심리·확정할 필요가 있음을 지적하여 둔다.

III. 시공계약 해제의 절차

A. 【해설】 시공자의 채무불이행으로 인한 시공계약 해제와 총회 결의

> 조합이 시공자의 채무불이행을 이유로 시공계약을 해제/해지하는 경우에는 <u>일반 의사/의결정족수</u>(조합원 과반수 출석 및 출석 조합원 과반수 찬성)가 적용된다. 따라서 '조합원 과반수의 직접 출석'은 필요하지 않다(서울동부지방법원 2015. 1. 21.자 2014 카합 10149 결정).
>
> 조합이 시공자의 채무불이행을 이유로 시공계약을 해제/해지하는 경우에는 <u>총회의 의결을 반드시 거치지 않아도 된다</u>고 본 고등법원 판결도 있다(대구고등법원 2012. 11. 7. 선고 2012 나 2935 판결).

제 3 장 공사계약의 해제 / 제 1 절 총설

> (서울동부지법 2015. 1. 21.자 2014 카합 10149 결정이 시공자선정을 철회/무효화하는 결의에 조합원 과반수가 직접 출석할 필요가 없다고 판시한 것으로 이해하는 사람들이 많으나, 이 판례는 시공자의 채무불이행을 이유로 하는 공사계약의 해제 결의에 관한 판례이다.)
>
> [비교] 시공자선정 취소를 위한 총회에는 조합원 20/100 이상이 직접 출석해야 한다 (법 제 45 조 제 7 항). ☞ 이에 관하여는 제 1 장 제 5 절 IV. 참조

B. ① 시공사와 체결한 공사도급 가계약을 해지하는 안건을 의결할 때에는 시공자 선정/변경에 관한 의사정족수(조합원 과반수의 직접 출석)가 아니라 일반 의사정족수(조합원과반수 출석, 서면결의서 포함)가 적용돼; ② 이 경우 총회결의에 따른 계약해지의 의사표시에 따라 도급계약이 해지되었는지 여부는 채무불이행 사유의 존재 등 계약해지에 관한 다른 요건을 충족하였는지 여부에 따라 결정돼 —서울동부지방법원 2015. 1. 21. 자 2014 카합 10149 결정[정기총회결의효력정지가처분]

【당사자】

> 채권자   1. ~ 11. A ~ K
>   12. 두산건설 주식회사
> 채무자   L 주택재건축정비사업조합

【주문】

> 1. 채권자 두산건설 주식회사의 신청을 각하한다.
> 2. 채권자 두산건설 주식회사를 제외한 나머지 채권자들의 신청을 모두 기각한다.

기록 및 심문 전체의 취지를 종합하여 인정되는 다음과 같은 사정들을 종합하면, 채무자가 채권자 회사와의 이 사건 가계약을 해지하는 내용의 이 사건 안건은 시공자를 '선정'하거나 '변경'하는 경우에 해당하지 않으므로 이 사건 선정기준 제 14 조가 정한 의사정족수(조합원 총수의 과반수 직접 참석)가 아니라 채무자의 정관 제 22 조 제 1 항, 제 2 항이 정한 의사정족수(조합원과반수 출석, 서면결의서 포함)가 적용된다고 보는 것이 타당하다…

재건축정비사업조합이 시공자와의 계약을 해지하고 다시 시공자를 선정하는 경우, 채무자의 정관 제 12 조 제 1 항에 따라서 이 사건 기준이 적용되는 '시공자의 변경'은 새로운 시공자를 선정하는 절차에 제한된다고 해석하는 것이 합리적이다…

따라서 채무자가 시공자와 체결한 계약을 해지하는 내용의 총회 안건에 관하여는, 채무

자의 정관 제 22 조 제 1 항, 제 2 항이 정한 일반 의사정족수가 적용된다고 보는 것이 타당하다(다만, 위와 같은 계약 해지의 의사표시에 따라 시공자와의 계약이 해지되는지 여부는 채무불이행 사유의 존재 등 계약해지에 관한 다른 요건을 충족하였는지 여부에 따라 결정될 것이다).

C. [고등법원판례] 시공자의 채무불이행을 이유로 공사계약을 해제하는 의사표시를 하는 데는 반드시 총회의결을 거쳐야 하는 것 아니야 —대구고등법원 2012.11.7.선고 2012 나 2935 판결[부당이득금]

M 시장조합이 이 사건 공사계약을 해제하기 위해서는 총회의 의결을 거쳐야 한다는 원고의 주장에 관하여 보건대, 이 사건 시장정비사업의 근거법률인 전통시장 및 상점가 육성을 위한 특별법 제 4 조 제 1 항에 의하여 준용되는 도시 및 주거환경정비법 제 24 조 제 3 항 제 6 호와 M 시장조합 정관 제 21 조 제 6 호에서 '시공자의 선정 및 변경'에 관한 사항은 총회의 의결을 거치도록 규정하고 있다고 하여 시공자의 채무불이행을 이유로 공사계약을 해제하는 의사표시를 하는 데까지 총회의 의결을 반드시 거쳐야 하는 것은 아니므로 원고의 위 주장은 받아들일 수 없다.

D. [고등법원판례] 시공자가 회생절차개시 전에 이미 조합이 해제권을 취득하여 언제라도 해제의 의사표시를 할 수 있는 상태에 있는 경우에는 회생절차개시 후라도 계약을 해제할 수 있어 —대구고등법원 2012. 11. 7. 선고 2012 나 2935 판결[부당이득금]

【당사자】

> 원고, 항소인 주식회사 A (시공자)
> 피고, 피항소인 B ~ H (연대보증인)
> * 소외 M 시장조합: 시장정비사업 시행자 겸 피보증인

원고는 회생절차개시 이후에는 관리인만이 쌍무계약을 해제하거나 이행의 청구를 선택할 권리가 있다고 주장하므로 보건대,

쌍무계약에 관하여 채무자와 그 상대방이 모두 회생절차개시 당시에 아직 그 이행을 완료하지 아니한 때에는 관리인은 계약을 해제하거나 이행의 청구를 선택할 권리가 있으나, 상대방이 회생절차개시 전에 이미 해제권을 취득하여 언제라도 해제의 의사표시를 할 수 있는 상태에 있는 경우에는 회생절차개시 후라도 계약을 해제할 수 있다고 할 것인바 ... M 시장조합으로서는 회생절차개시 전에 이미 원고의 이 사건 공사계약상 채무불이행으로 인한 해제권을 취득하여 언제라도 해제의 의사표시를 할 수 있는 상태에 있었다고 할 것이다.

따라서 M 시장조합으로서는 회생절차개시 후라도 이 사건 공사계약을 해제할 수 있다고 보아야 할 것이므로, 관리인만이 이 사건 공사계약의 해제권을 가진다는 취지의 원고의 위 주장은 이유 없다.

IV. 해제의 의사표시 (형성권)

A. 개요

1. 【해설】해제 의사표시의 여러가지 방법

(1) 이행최고 후 해제통고

계약해제의 전형적인 의사표시 방법은 이행최고를 하고 상당한 기간이 지난 뒤에 별도의 해제통고를 하는 것이다.

(2) 이행최고와 해제통고를 동시에 하는 방법

① '소정 기일 내에 이행하지 않으면 당연히 해제된 것으로 한다'는 이행청구는 기일 내에 이행이 없는 것을 정지조건으로 하는 해제의 의사표시이다. 따라서 이 경우에는 최고한 이행기일 내에 상대방이 채무이행을 하지 않으면 그 기간이 지남으로써 계약이 해제된 것으로 본다. (이상 대법원 1981.04.14. 선고 80 다 2381 판결.)

② 일정한 기간을 정하여 채무이행을 최고함과 동시에 「그 기간내에 이행이 없을 때에는 계약을 해제하겠다」는 의사를 표시한 경우에도 (그 기간이 지난 후 별도의 해제통고를 하지 않더라도) 그 기간이 지나면 계약은 해제된 것으로 본다(대법원 1979.09.25. 선고 79 다 1135 판결; 대법원 1970.09.29. 선고 70 다 1508 판결).

(3) 소송행위를 통한 묵시적 해제

① 계약해제의 의사표시는 묵시적으로도 할 수 있다. 매도인이 매매계약 해제의 의사표시를 명시적으로 하지는 않았지만, 잔금수령을 거절하고 매수인을 상대로 위약금 청구소송을 제기한 경우에는 그 소장이 피고에게 송달됨으로써 해제권을 행사한 것으로 본다. 이 경우 비록 그 후에 원고가 소송을 취하하였더라도 (해제권은 형성권이고 그 의사표시는 철회할 수 없으므로) 소장 송달에의한 해제권 행사의 효력에는 아무런 영향이 없다(대법원 1982.05.11. 선고 80 다 916 판결).

② 소송행위에 의한 묵시적 해제/해지는 소제기 외에 지급명령신청, 경매신청 등 신청행위를 통해서도 할 수 있다. 이 경우에는 지급명령 또는 경매개시결정이 상대방에게 송달된 때에 계약해제의 효력이 발생한다(대법원 1969.01.28. 선고 68 다 626 판결; 대법원 2008.09.25. 선고 2006 다 62492 판결).

IV. 해제의 의사표시 (형성권)

2. 【해설】 형성권 (철회 불가)

계약의 해제는 상대방에 대한 의사표시로써 하며(형성권), 그 의사표시는 철회하지 못한다(민법 제 543 조 제 2 항). 따라서 일단 해제통고를 한 뒤에는 계약을 복원시킬 수 없다. 다만, 양 당사자의 합의로 계약관계를 복원하는 것은 가능하다.

3. 【해설】 해제권의 불가분성

(1) 당사자의 일방 또는 쌍방이 수인인 경우에는 계약의 해지나 해제는 그 전원으로부터 또는 전원에 대하여 하여야 한다(민법 제 547 조 제 1 항). 이 경우 당사자 1 인에 대하여 해제권이 소멸한 때에는 다른 당사자에 대하여도 소멸한다(같은 조 제 2 항).

따라서 시공자가 공동수급인(컨소시엄)인 경우 시공계약의 해제는 공동수급인 전원에 대해서 해야 한다.

(2) 다만, 해제의 의사표시는 공동으로 동시에 하여야 할 필요는 없으며, 그 의사표시를 각자가 또는 각자에 대하여 하는 경우에는 해제통지가 가장 늦게 도달하는 때에 해제의 효력이 발생한다.

(3) 위 규정은 강행규정이 아니므로 당사자의 합의로 달리 약정할 수 있다.

4. 【법령】 민법 제 543 조(해지, 해제권)

① 계약 또는 법률의 규정에 의하여 당사자의 일방이나 쌍방이 해지 또는 해제의 권리가 있는 때에는 그 해지 또는 해제는 상대방에 대한 의사표시로 한다.

② 전항의 의사표시는 철회하지 못한다.

5. 【해설】 자동해제조항(실권조항)도 유효함

도급계약서에 '일정한 사유가 발생하면 계약이 무효/자동해제된다'는 조항이 있으면, 별도로 해제의 의사표시를 하지 않더라도 그 사유가 발생한 날에 도급계약은 자동으로 해제된다(대법원 1991. 8. 13. 선고 91 다 13717 판결).

6. 【해설】 해제권의 소멸과 새로운 해제권의 발생

해제권의 행사의 기간을 정하지 않은 때에는 상대방은 상당한 기간을 정하여 해제권 행사 여부의 확답을 해제권자에게 최고할 수 있고, 그 기간 내에 해제의 통지를 받지 못한 때에는 해제권은 소멸한다(민법 제 552 조 제 1, 2 항). 그러나 그 후 새로운 사유

제3장 공사계약의 해제 / 제2절 도급계약의 구체적 해제사유에 관한 판례

> 에 의하여 다시 해제권이 발생하면 해제권을 행사할 수 있다. (이상 대법원 2005.12.08. 선고 2003다41463 판결.)

B. "중도금을 약정한 일자에 지급하지 않으면 그 계약을 무효로 한다"는 특약이 있으면, 매도인의 해제 의사표시가 없더라도 위 일자에 자동적으로 해제됨 ―대법원 1991. 8. 13. 선고 91다13717 판결[소유권이전등기]

매매계약에 있어서 매수인이 <u>중도금을 약정한 일자에 지급하지 아니하면 그 계약을 무효로 한다고 하는 특약이 있는 경우</u> 매수인이 약정한 대로 중도금을 지급하지 아니하면 그 불이행 자체로써 계약은 그 일자에 자동적으로 해제된 것이라고 보아야 할 것이므로(대법원 1988.12.20. 선고 88다카132 판결 참조), 위 매매계약은 원고들이 1988.11.5.까지 피고에게 나머지 중도금 70,000,000원을 지급하지 않음으로써 <u>피고의 해제의 의사표시를 요하지 않고 위 일자에 자동적으로 해제되었다</u>

제2절 도급계약의 구체적 해제사유에 관한 판례

I. 시공자의 공사비 증액 요구

A. [고등법원판례] ① 원고가 시공자로 선정되기 위해 상당한 공사비 증액이 예상되는 혁신안을 제시한 후 이를 홍보하면서 마치 <u>지하 4층 공사가 무상특화에 해당하는 것처럼 오해되도록 하였다고 볼 여지가 있었으나, 지하 4층의 연면적 증가에 대하여 계약금액 조정을 요구할 수 있다고 본 사례</u>; ② 따라서 시공자의 공사비 증액요구가 부당함을 전제로 한 조합의 해제통고는 효력이 없음 ―서울고등법원 2021. 10. 6. 선고 2021나2011839 판결[시공자지위확인의소] (심리불속행 기각)

【당사자】

원고,항소인	주식회사 대우건설
피고,피항소인	신반포 15차아파트 주택재건축정비사업조합

1. 당사자의 주장 요지

가. 피고의 주장

원고는 2019. 8. 1.자 사업시행계획변경인가 이후 갑자기 595억 원의 공사대금 증액을

I. 시공자의 공사비 증액 요구

요구하였다. 그러나 이는 아무런 근거가 없는 것이고 특히 지하 4층 주차장 시공(약 300억 원 상당) 부분은 처음부터 무상특화 내역으로 제시되었으므로 이에 대한 공사비를 요구할 수 없다. 그럼에도 원고는 피고의 일부 증액(약 245억 원) 제안을 거부하였다. 이는 이 사건 계약 제22조 제1항 제9호에 정한 해제사유, 즉 계약조건을 위반하고 그 위반으로 인하여 계약의 목적을 달성할 수 없다고 인정될 경우에 해당한다.

나. 원고의 주장

이 사건 계약상 설계변경으로 인하여 공사량이 증가할 경우 공사비를 증액하기로 약정하였다(이 사건 계약 제18조 제1항 제1호). 또한 원고가 사업참여제안서에서 제시한 지하 4층과 관련된 무상특화 사항은 지하 4개층 전체에 지능형 주차인식 시스템 등 각종 시설을 무상으로 제공하겠다는 의미일 뿐, 지하 4층 공사 자체를 무상으로 제공한다는 의미가 아니었다. 더욱이 피고는 그러한 사정을 알고 있는 상태에서 이 사건 계약을 체결하였다.

2. 인정되는 사실관계 (생략)

3. 원고의 공사비 증액 요구가 부당한 것인지에 대한 판단

가. 쟁점: 지하 4층 공사가 무상특화에 해당하는지 여부

원고가 증액을 요구한 595억 원은 이 사건 계약에 따른 공사금액 약 2,098억 원의 약 28%에 이르는 규모이다. 그러나 사업시행계획변경인가로 증가된 면적이 9,112평(= 51,082평 - 41,970평)에 이르는 점, 피고도 스스로 245억 원 이내의 증액은 가능하다는 입장을 보였던 점, 원고가 제시한 혁신안(임대주택 삭제)의 지하 연면적과 조합원안<각주 7>의 지하 연면적 차이가 5,360평(= 22,107평 - 16,747평)에 이르고, 이 사건 계약에 따른 공사단가에 따라 계산하면 그 공사대금은 약 267억 원(≒ 5,360평 × 4,999,000원)에 이르는 점 등에 비추어 보면, <u>원고의 증액 요구가 부당한지 여부의 판단은 이 사건 계약상 지하 4층 공사가 무상특화에 해당하여 이에 대하여 공사비를 청구할 수 없는지 여부에 따라 달라질 것이므로 이에 관하여 본다</u>.

나. 지하 4층 공사가 무상특화에 해당하는 것으로 오해될 여지는 있음

앞서 본 바에 의하여 알 수 있는 <u>다음과 같은 사정에 비추어 보면, 원고가 시공자로 선정되기 위하여</u> 상당한 공사비 증액이 예상되는 혁신안을 제시한 후 이를 홍보하면서 <u>마치 지하 4층 공사가 무상특화에 해당하는 것처럼 오해되도록 하였다고 볼 여지가 있는 것은 사실이다</u>.

① 입찰공고와 입찰참여안내서에는 예정가격의 범위 내에서 특화 또는 대안을 제시하도

록 되어 있고, 특화란 무상제공할 항목임을 명시하고 있다. 그런데 <u>원고는 '대안'이 아니라 '혁신안'이라는 명칭을 사용하며 혁신안의 평단가만을 기재하고 총액을 기재하지 아니함으로써 혁신안에 따른 공사비도 예정가격의 범위 내에 있다고 오해하도록 하였다</u>. 원고로서는 사업참여조건에 '평단가'가 아닌 '공사비총액'을 기재하는 방식으로 혁신안을 채택할 경우 공사비가 증액된다는 점을 명확히 할 수 있었다.

② <u>원고는 특화내역에 '지하층 4 개층 설치', '(B3F→B4F)' 항목의 금액을 83 억 원으로 기재하고, 사업참여제안서에도 유사한 방식으로 기재함으로써</u> 일반인의 관점에서 '<u>지하 4 층을 추가로 공사하는 비용 83 억 원을 무상으로 제공하겠다'는 취지로 이해되게끔 하였다.</u><각주 8> 원고가 주장하는 바와 같이 혁신안을 채택할 경우 지하층에 지능형 주차 인식 시스템 등 각종 시설을 무상제공하겠다는 취지였다면, '지하층에 각종 시설을 무상제공한다'는 방식으로 이를 분명히 할 수 있었다.

③ 원고는 사업참여제안서에 "추가부담 없는 확정공사비", "사업입찰제안서의 특화제안 항목에 따른 공사비 인상 없음"이라는 문구를 사용함으로써 마치 혁신안을 채택하더라도 공사비 총액이 증가하지 않는다는 인상을 주었을 뿐만 아니라 2017. 8. 26. 피고에게 '원고의 특화내역서의 특화내역과 특화금액 578 억 원은 모두 무상임을 확인한다'는 취지의 공문을 발송함으로써 이러한 인상을 더욱 강화하였다.

다. 그러나 원고는 증가된 연면적에 대한 계약금액 조정을 요구할 수 있음

<u>그러나 앞서 본 바에 의하여 알 수 있는 다음과 같은 사정에 비추어 보면</u>, 위와 같이 오해의 여지가 있었다 하더라도 <u>피고의 조합원들은 혁신안을 채택할 경우 스카이브릿지, 지하 4 층 주차장 등으로 인하여 공사 연면적이 증가한다는 점, 그렇게 증가된 연면적에 대하여 공사비가 증액될 수 있다는 점을 인식한 상태에서 원고를 시공자로 선정하였다고 봄이 타당하다</u>(따라서 원고가 지하 4 층 공사비는 무상특화로 제공될 것처럼 기망하였다는 취지의 피고의 주장은 받아들이지 아니한다). <u>결국 원고의 지하 4 층 공사비에 대한 증액 요구가 부당하다고 보기 어렵고, 나아가 원고가 위와 같이 595 억 원의 공사비 증액을 요구한 것을 두고 이 사건 계약 제 22 조 제 1 항 제 9 호에 정한 해제사유, 즉 계약조건을 위반하고 그 위반으로 인하여 계약의 목적을 달성할 수 없다고 인정되는 경우에 해당한다고 단정할 수 없다.</u>

① 입찰공고 및 입찰참여안내서에 의하면, 입찰참여자는 예정가격의 범위 내에서 특화 또는 대안을 제시할 수 있으나, 그 경우 사업시행계획의 경미한 변경 범위 안에서 제시하여야 한다. 건물의 규모가 지하 3 층에서 지하 4 층으로, 지하층의 연면적이 약 5,360 평 넓어지는 것을 두고 사업시행계획의 경미한 변경 범위 내에 있다고 보기는 어렵고, 이를 무상제공할 항목이라고 보기도 어렵다.

I. 시공자의 공사비 증액 요구

② 원고가 제시한 사업개요에 의하면, 혁신안은 조합원안에 비하여 지하 연면적을 포함하여 전체 연면적이 5,400평 이상 더 넓어진다는 점이 분명히 드러난다. 원고가 제시한 사업참여조건에는 혁신안에 대한 공사비 총액이 기재되어 있지는 아니하나, '연면적 합계 기준으로 평단가를 적용한다'는 취지가 드러나 있어 혁신안을 채택할 경우 지하 4층 공사를 포함하여 증가된 연면적에 따라 공사비 총액이 증가하게 된다는 점을 쉽게 알 수 있다. 또한 혁신안을 채택할 경우 연면적이 늘어나는 항목은 스카이브릿지와 지하 4층 정도임을 쉽게 알 수 있다.

③ 원고의 경쟁업체였던 F이 원고 혁신안의 공사비가 예정가격을 271억 원 초과한다는 점, 예정가격을 기준으로 할 경우 지하 주차장 일부와 스카이브릿지가 삭제된다는 점을 지적하였고, 그 이후의 홍보과정에서 F은 물론 원고도 혁신안을 채택할 경우 271억 원의 공사비가 증액된다는 점을 전제로 홍보물을 작성하여 조합원들에게 배포하였다.<각주 9>

④ <u>피고의 조합장은 2017. 9. 22. 열린 피고의 대의원회에서 '혁신안으로 설계변경을 할 경우 평단가는 올리지 않지만 면적대비 공사비가 늘어나고 이는 당연한 것이다'는 취지로 대의원들에게 설명하였다는 점에 비추어 보면, 적어도 피고의 조합장과 대의원들은 향후 혁신안을 채택한 설계변경이 이루어질 경우 연면적 증가 부분에 대해서는 공사비가 증액된다는 점을 분명히 인식하고 있었다고 보인다.</u>

원고가 사업참여제안서 등을 불분명하게 작성함으로써 피고의 조합원들이 혁신안을 채택하는 경우 연면적이 증가됨에 따라 공사비가 271억 원 증액되지만 지하 4층의 공사비는 무상특화 항목이므로 공사비 증액 부분에서 제외된다고 인식하였을 여지도 있다. 그러나 위 271억 원은 혁신안과 조합원안의 연면적 차이 5,432평(= 47,402평 - 41,970평)의 공사비에 해당하는 금액인 점(5,432평 × 평당 공사비 4,999,000원 = 27,154,568,000원), 혁신안과 조합원안의 지하 연면적 차이는 5,360평(= 22,407평 - 16,747평)인데 지하층의 연면적이 증가하는 것은 지하 4층 부분 외에는 생각하기 어려운 점, F의 홍보자료에도 지하 주차장 중 5,175평이 삭제된다는 취지가 명시된 점 등에 비추어 보면, <u>평균적인 일반인의 관점에서도 지하 4층의 공사비가 포함된다고 인식하였다고 봄이 타당하다.</u>

⑤ 이 사건 계약은 최초 사업시행계획인가를 기초로 체결되었다. 이 사건 계약에 의하면, 설계변경으로 공사량의 증감이 발생하는 경우 계약단가를 기준으로 계약금액을 조정하여야 하고(제18조 제1항 제1호), 피고가 원고의 혁신안을 채택할 경우를 피고의 책임 있는 사유 또는 불가항력의 사유로 보아 그 계약 평당 공사비(4,999,000원)를 증액할 수도 있다(제18조 제10항 제1호, 제9항).

<u>피고는 이 사건 계약 체결 이후 원고의 혁신안을 반영하여 설계를 변경하였고, 이를 토대로 2019. 8. 1. 건물의 규모를 지하 4층, 지상 35층, 연면적을 168,869.15㎡로 하는 사업</u>

시행계획변경인가를 받았다. 원고로서는 이 사건 계약에 따라 증가된 연면적(9,112 평)에 따른 계약금액 조정을 요구할 수 있고(이 사건 계약에 따르면 원고의 혁신안을 채택하였으므로 평당 공사비의 증액도 요구할 수 있다), 피고는 이에 응할 의무가 있다.

⑥ 원고가 증액을 요구한 595 억 원 중 약 455 억 원은 위와 같은 연면적 증가로 인한 부분이다. 피고가 원고의 증액 요구를 그대로 수용하여야만 하는 것은 아니지만, 위 455 억 원은 이 사건 계약 제 18 조 제 1 항에 따른 합리적인 증액 요구라고 볼 수 있으므로, 피고가 245 억 원만을 증액하겠다는 입장을 고수한 것은 계약 당사자 사이의 합리적인 계약금액 조정 협의의 범위를 넘어선다고 볼 수밖에 없다.

II. 착공거부 및 사업지연 관련 해제사유

A. [같은 판례] 공사지연의 주된 책임이 시공자의 합리적인 공사비 증액요구를 거부한 조합에게 있다고 본 사례 —서울고등법원 2021. 10. 6. 선고 2021 나 2011839 판결[시공자지위확인의소] (심리불속행 기각)

【당사자】

원고,항소인	주식회사 대우건설
피고,피항소인	신반포 15 차아파트 주택재건축정비사업조합

1. 피고의 주장 요지

원고는 이 사건 사업에 착공할 수 있었음에도 정당한 이유 없이 고의적으로 착공을 거부하였고, 이는 이 사건 계약 제 22 조 제 1 항 제 5, 7 호의 약정해제 사유에 해당된다. 또한 원고가 각종 제안사항 불이행, 사업비의 무이자 대여 거부, 뒤늦은 설계변경 제안, 공사비 증액 요구 등으로 이 사건 계약을 불이행하면서 고의적으로 사업을 지연하였고, 이는 이 사건 계약 제 22 조 제 1 항 제 2, 3, 5, 7 호의 약정해제 사유에 해당된다.

2. 착공 거부 관련 해제 사유에 관한 판단

가. 원고는 2019. 10. 23. 이후 착공신고가 가능했음

다음 각 사실 및 사정은 앞서 보았거나 갑 제 3, 32, 34, 44, 59 호증, 을 제 12, 13, 18, 22, 26, 27 호증의 각 기재에 변론 전체의 취지를 종합하여 인정할 수 있다. 이에 의하면, 피고가 서초구로부터 굴토심의와 관련하여 2019. 9. 19. 조건부(보고) 의결 통보를 받았고, 2019. 10. 18. 구조안전심의와 관련하여 조건부 보고 완료 통보를 받았으며, 그 단계에서 이 사건 사업을 진행하는 것 자체는 가능했던 것으로 보이므로 <u>원고로서는 피고로부터 구조도면을 교부받은 2019. 10. 23. 이후부터는 착공신고가 가능했던 것으로 보인다</u>(따라서 최종 굴토심의결과가 반영된 착공도서를 제공하지 않아 착공신고를 할 수 없었다는 취지의 원고의 주장은 받아들이지 아니한다). (중략)

나. 공사지연의 주된 책임은 합리적인 공사비 증액요구를 거부한 피고에게 있음

<u>그러나</u> 앞서 든 증거, 갑 제 33, 47 호증, 을 제 11, 62 호증의 각 기재에 변론 전체의 취지를 종합하여 알 수 있는 <u>다음과 같은 사실 및 사정에 비추어 볼 때</u>, 원고가 이 사건 해제 총회일인 2019. 12. 5.까지 착공하지 아니한 것을 두고 원고가 정당한 이유없이 약정한 착공시일을 경과하고도 공사에 착수하지 아니하는 등으로 이 사건 계약 제 22 조 제 1 항 제 5 호, 제 7 호의 약정해제사유에 해당한다고 단정하기 어렵다. 따라서 <u>착공 거부 관련 해제사유를 인정할 수 없다</u>.

① <u>피고는 2019. 8. 1. 사업시행계획변경인가를 받았으므로 이 사건 계약에 따른 착공기한</u>(이주 완료일부터 4 개월 이내, 즉 <u>2019. 4.경</u>)<u>을 경과하도록 착공하지 못한 것은 원고의 잘못이라고 보기 어렵다</u>. 위와 같은 착공기한 외에 이 사건 계약이나 원고와 피고 사이에 착공기한에 관한 다른 합의가 있었음을 인정할 증거가 없는바, 그렇다면 <u>원고로서는 객관적으로 착공을 할 수 있었던 시기로부터 합리적인 기간 내에 착공할 계약상 의무를 부담한다</u>고 할 것이다. 그런데 피고 스스로도 사업시행계획변경인가에 따라 그 착공시기를 2019 년 10 월 둘째 주로 예정하고 있었고, 피고는 원고에게 착공에 필요한 각 설계도면을 <u>2019. 10. 23.경에야 전달하였다</u>. 따라서 피고의 주장에 따르더라도 <u>원고는 2019. 10. 24. 이후에야 착공을 할 수 있었다고 봄이 타당하다</u>.

② <u>원고가 2019. 10. 24. 이후 신속히 착공에 나아가지 아니한 주된 이유는 피고와의 사이에 공사비 증액을 위한 협의가 원만하게 이루어지지 아니하였기 때문인 것으로 보인다</u>. 그러나 이 사건 계약 체결 이후 사업시행계획변경을 위한 절차가 진행되었고, 사업시행계획변경인가로 건축 연면적이 9,112 평 증가하게 된 점(이는 최초 사업시행계획인가에 따른 건축 연면적 합계의 약 21%에 해당한다), 앞서 본 바와 같이 지하 4 층 공사로 인한 원고의 공사비 증액 요구가 부당하다고 보기 어려우므로 적어도 연면적 증가에 따른 약 455 억 원의 공사비 증액 요구는 정당하다고 보아야 하는 점, 그럼에도 피고는 원고에게 착공 후 공사비 협상 또는 245 억 원의 증액만을 주장하며 변경계약 체결을 거부한 점 등에 비추어 보면, 원고가 변경계약을 요구하며 착공을 지연하였다는 사실 자체만으로 이 사건 계약 제 22 조 제 1 항 제 5 호의 해제사유에 해당한다고 단정하기는 어렵다[오히려 이 사건과 같이 착공에 이르기 전에 설계가 변경되었고, 앞서 본 바와 같이 원고의 455 억 원 증액 요구가 정당하다면, 피고는 그 정당한 범위 내에서의 변경계약을 체결할 의무를 부담한다고 봄이 타당하다. 이러한 경우에까지 피고가 제안하는 조건(착공 후 계속 협의하되 협의가 이루어

지지 아니할 경우 소송을 통하여 해결하거나, 245억 원을 증액한 변경계약의 체결)을 원고가 받아들이지 아니하고 착공을 거부하였다고 본다면, 이는 일방 계약당사자에게 부당한 의무를 부과하는 것으로 형평의 원칙상 받아들일 수 없다].

③ 원고와 피고 사이에 공사비 증액과 착공 지연으로 인한 갈등이 계속되던 상황에서 피고는 2019. 11. 19. 원고에게 '원고가 피고의 제안을 받아들이지 아니할 경우 2019. 12. 5.자 조합원총회에 시공자계약해지 안건을 상정할 예정'임을 밝혔다.

원고는 2019. 11. 26. 피고에게 '착공 개시 통보'라는 제목으로 '굴토심의 결과가 반영된 착공도서(흙막이 도서, 지하구조 도서 등)를 전달해 주면 7일 이내에 착공하도록 하겠다. 원고는 사업지연이 없는 상태에서 피고와 공사비 협상에 성실히 임하도록 하겠다'는 취지의 공문을 발송하였다.

그럼에도 피고는 임원 및 대의원, 협상위원 등의 연석회의를 거쳐 2019. 11. 29. 원고에게 '2019. 12. 2. 오후 6시까지 기만행위에 대한 사과문을 작성하여 제출할 것, 위 기한까지 착공승인에 필요한 시공보증서를 발급받아 제출할 것, 위 기한까지 계약이행보증증권을 재발급받아 제출할 것, 조합원들에게 연락하거나 접촉하지 말 것, 공사비는 245억 원 이내에서 협의하여 계약을 체결할 것, 공사기간은 착공승인일로부터 39개월 이내로 하되 향후 피고와의 이견이나 분쟁을 원인으로 공사를 중단하지 아니할 것' 등의 요구사항을 이행하지 않을 경우 계약해지 안건을 가결시키기 위한 노력을 다하겠다는 취지의 공문을 발송하였다.

<u>원고와 피고 사이의 분쟁의 경과 등에 비추어 보면, 원고가 착공을 지연한 기간은 피고로부터 구조도면을 포함한 설계도서를 교부받아 착공이 가능했던 2019. 10. 24.부터 사과문 작성·제출 등 부당한 조건을 일방적으로 수용할 것을 요구한 2019. 11. 29.까지의 약 1개월 5일 정도라고 할 것이다.</u> 피고가 원고의 합리적인 범위 내에서의 공사비 증액 요구를 거부함에 따라 원고와 피고 사이의 분쟁이 확대되었다는 점을 고려해 보면, 원고가 약 1개월 5일 정도 착공을 지연하였더라도 그것이 합리적인 기간 내에 착공할 계약상 의무를 위반한 것이라고 단정하기 어렵다.

④ 피고가 굴토심의 절차에서 조건부(보고) 의결 통보를 받았고, 피고가 원고에게 제공한 설계도서가 참고용 도서라 할지라도 착공이 가능하다는 점은 앞서 본 바와 같다. 그러나 굴토심의가 완료된 후 그 결과가 반영된 공사용 설계도서를 기초로 착공하는 것이 원칙적인 모습인 점, 굴토심의 절차는 2019. 11. 18.경 완료되었으나 피고는 원고가 2019. 11. 26.자 공문에서 굴토심의 결과가 반영된 공사용 설계도서의 제공을 요청하였음에도 이 사건 해제 총회일까지 원고에게 공사용 설계도서를 제공하지 아니한 점 등에 비추어 보면, 피고가 합리적인 공사비 증액 요구를 거부하며 변경계약을 체결하지 아니하였음에도 원고에 대하여 추후 변경될 가능성이 있는 참고용 도서를 기초로 즉시 착공하여야 하고, 그러하지 아니할

II. 착공거부 및 사업지연 관련 해제사유

경우 피고가 이 사건 계약을 해제할 수 있다고 볼 수는 없다.

⑤ 피고의 주장과 같이 원고가 시공보증서를 제출하지 아니한 것은 사실이나, 그 발급에는 3일 정도만이 소요되는 점에 비추어 보면 그러한 사정만으로 원고가 착공을 거부하였다고 보기는 어렵다. 더욱이 원고는 2019. 11. 26.자 공문을 통하여 공사용 설계도서를 받은 때로부터 7일 이내에 착공하겠다는 의사를 밝혔음에도 피고가 이를 제공하지 아니하였다.

⑥ 한편 피고는, 원고가 고의로 굴토심의를 지연시켰다는 취지로도 주장하나, 을 제 18호증의 3, 을 제 23호증의 1, 을 제 24호증, 을 제 26호증의 5, 을 제 37, 38, 39, 40, 64 내지 66호증의 각 기재만으로는 위와 같은 주장을 인정하기에 부족하고, 달리 이를 인정할 만한 증거가 없다.

⑦ 결국 피고로서는 원고의 공사비 증액 요구를 합리적인 범위(적어도 455억 원) 내에서 수용하여 변경계약을 체결할 의무가 있음에도 이를 거부하였고, 그로 인한 분쟁의 결과 원고의 착공이 약 1개월 5일 정도 지연되었다. 원고와 피고는 신의성실의 원칙에 따라 이 사건 계약을 이행할 의무가 있으므로 착공 지연의 책임이 원고 및 피고에게 모두 있다고 할 것이지만, 그 주된 책임은 합리적인 공사비 증액 요구를 거부한 피고에게 있다고 할 것이므로, 위와 같은 착공 지연이 이 사건 계약 제 22조 제 1항 제 5호, 제 7호의 약정해제사유에 해당한다고 볼 수 없다.

3. 사업 지연 관련 해제 사유에 관한 판단

(1) 제안 사항 불이행 관련 주장에 관하여

을 제 7, 9, 21, 42, 43, 68, 69, 71, 80호증의 각 기재에 변론 전체의 취지를 종합하면, 원고가 제출한 사업참여제안서에는 보호수 이전, 임대주택 삭제, 친환경 용적률 인센티브 4.55% 제안이 포함되어 있었던 사실, 피고는 2018. 2.경부터 원고에 대하여 위 제안 사항에 대한 신속한 이행을 요구한 사실, 원고의 위와 같은 제안 사항은 최종 설계안에 반영되지 아니하였고, 그럼에도 원고는 공사비 감액 등의 대안을 제시하지 아니한 사실이 인정된다.

이 사건 계약은 향후 원고의 혁신안을 채택할 것을 전제로 하여 체결된 것으로 보이고, 원고가 제출한 사업참여제안서의 내용은 이 사건 계약의 계약문서에 포함되므로, 원고는 원칙적으로 위와 같은 제안 사항을 이행할 의무가 있다고 볼 수 있다. 그러나 ① 위와 같은 제안 사항은 이 사건 사업의 시행자인 피고가 관할 관청의 인허가를 받아 진행하여야 하는 것이고 피고 또한 그러한 사정을 알고 있었다고 보이는 점, ② 원고는 보호수 이전을 위하여 용역을 발주하는 등의 노력을 한 것으로 보이는 점(갑 제 24, 25, 64 내지 67호증의 각 기재), ③ 이 사건 사업과 같은 대규모 건설공사의 경우 그 특성상 인허가 과정 등에서 예상이나 기대에 어긋나는 사정변경이 발생하는 경우가 많은 점<각주 11>, ④ 피고는 위와 같은 제안 사항이 반영되지 아니한 상태에서 사업시행계획 변경인가를 받은 점 등에 비추어 보면, 위와 같은 제안 사항의 실현을 도모하는 과정에서 이 사건 사업이 일부 지연된 사정이 있다고 하더라도 그것이 원고의 잘못으로 인하여 비롯되었다고 볼 수 없다. 나아가 을 제9호증의 1, 2, 을 제11호증의 1, 을 제47, 69, 80호증의 각 기재만으로는 원고의 잘못으로 이 사건 사업이 지연되었다고 단정하기 부족하고 달리 이를 인정할 증거가 없다.

(2) 소결

결국 피고가 주장하는 위와 같은 사유로 인하여 원고가 이 사건 사업을 지연시켰다고 볼 수 없으므로, 이 부분 해제 사유를 인정할 수 없다.

III. 무상특화공사 미이행으로 인한 해제사유

A. [같은 판례] 시공자가 제시한 무상특화 내역 중 일부가 최종 설계안에 반영되지 않은 것은 (계약금액의 조정대상이 될 수 있음은 별론으로 하고) 시공계약 해제사유가 아니라고 본 사례 (그런 사정만으로는 시공자가 주된 채무를 불이행하여 계약의 목적을 달성할 수 없게 되었다고 볼 수 없음) ―서울고등법원 2021. 10. 6. 선고 2021나2011839 판결[시공자지위 확인의소] (심리불속행 기각)

【당사자】

원고,항소인	주식회사 대우건설
피고,피항소인	신반포15차아파트 주택재건축정비사업조합

1. 피고의 주장 요지

① 원고가 제시한 무상특화 내역이 대부분 공사비 항목과 중복된 점, ② 보호수 이전, 임대주택 삭제, 친환경 용적률 인센티브 등 원고가 사업참여제안서에서 제시한 제안 사항 및 무상특화 사항(일부)이 최종 설계안에 반영되지 않았고, 그럼에도 원고가 그에 대한 대안을 제시하지도 않은 점, ③ 무상특화 내역에 따라 발생한 설계비 등 제반비용 부담을 거절한 점, ④ 원고가 제시했던 후분양 방식에 대하여 별다른 구체적인 의견제시를 하지 않은 점, ⑤ 이 사건 계약 제10조의 계약이행보증의무를 위반한 점 등은 이 사건 계약조건을 위반한 것으로 이 사건 계약의 약정해제사유에 해당한다.

2. 위 ① 사유에 관하여 (해제사유 불인정)

갑 제11호증, 갑 제19호증의 3, 을 제10, 19호증의 각 기재에 의하면, 국토교통부, 서

III. 무상특화공사 미이행으로 인한 해제사유

울특별시, 서초구는 합동으로 2017. 11.부터 2개월 간 재건축조합 운영실태를 점검하였고, 서초구는 2018. 3. 28. 피고에게 '원고가 피고에게 제시한 무상특화 내역 중 110개 품목 약 56억 원 상당이 원안설계의 공사비 내역의 품목과 중복되어 있다'는 등의 실태점검결과를 통보한 사실, 국토교통부는 무상특화의 유상제공 등 원고의 입찰 제안의 적정성과 관련하여 수사를 의뢰한 사실을 인정할 수 있다.

그러나 국토교통부의 수사의뢰에 따라 수사가 진행된 것으로 보임에도 당심 변론종결일까지 구체적인 중복 항목의 내역이 드러나지 아니하였으므로, 위와 같은 사실만으로는 피고의 주장과 같이 원고가 기망의 의사로 위 중복항목을 무상특화 내역에 포함시켰다고 보기 어렵다. 또한 위 서초구청장의 실태점검결과에 의하더라도 중복 금액은 56억 원 정도인데, 이는 이 사건 사업의 예정공사비 2,098억 원 또는 원고가 제시한 무상특화 내역의 총 금액인 578억 원에 비하여 소액에 불과하다. 따라서 위와 같은 사정이 이 사건 계약 제22조 제1항 제3호에서 정한 '입찰과정에서 거짓서류를 제출하여 부당하게 낙찰을 받은 경우'에 해당한다거나 이 사건 계약의 목적 달성이 불가능하다고 판단될 정도의 주된 채무의 불이행이라고 보기 어렵다. 피고의 이 부분 주장은 이유 없다.

3. 위 ② 사유에 관하여 (해제사유 불인정)

을 제7, 9, 19, 21, 47, 48, 80호증의 각 기재에 변론 전체의 취지를 종합하면, 원고가 제출한 사업참여제안서에는 보호수 이전, 임대주택 삭제, 친환경 용적률 인센티브 제안 사항 및 다수 항목의 특화내역이 포함되어 있었던 사실, 이러한 원고의 제안 사항 및 일부 특화항목이 최종 설계안에 반영되지 아니한 사실, 그럼에도 원고는 공사비 감액 등의 대안을 제시하지 아니한 사실을 인정할 수 있다.

그러나 위 다. 3) 가)에서(판결문 25, 26면) 본 여러 사정에 비추어 보면, 위와 같은 제안 사항이 최종 설계안에 반영되지 아니하였다고 하여 원고가 거짓서류를 제출하여 부당하게 낙찰을 받았다거나 원고가 주된 채무를 불이행하여 계약의 목적을 달성할 수 없게 되었다고 단정하기 어렵다. 또한 원고가 제시한 특화항목 중 일부가 최종 설계안에 반영되지 못하였다고 하더라도 원고가 해당 특화내역에서 제시한 금액 상당이 계약금액의 조정대상이 될 수 있음은 별론으로 하고 그러한 사정만으로 원고가 거짓서류를 제출하여 부당하게 낙찰을 받았다거나 원고가 주된 채무를 불이행하여 계약의 목적을 달성할 수 없게 되었다고 단정하기도 어렵다(이 사건 계약상 위와 같은 제안 사항이 이행되지 아니하거나 특화항목이 반영되지 못할 경우 원고에 대하여 대안을 제시할 의무를 부과하는 규정도 없다).

나아가 갑 제7호증의 기재에 의하면 원고와 피고는 위 제안 사항의 이행과 관련하여 '대안 또는 대책을 협의하고, 협의 결과를 미이행하거나 또는 협의가 성립되지 않을 경우 관할 자치구 도시분쟁조정위원회에 조정을 의뢰하거나 법원에 제소할 수 있다'는 취지로 이 사건 합의에 이르렀던 사실이 인정되는바, 이는 이 사건 계약을 유지하는 것을 전제로 이 문제를 별도로 해결하겠다는 의사로 보아야 한다. 결국 피고가 주장하는 사정만으로는 이 사건 계약 제 22 조 제 1 항 제 3, 9 호의 약정해제사유를 인정하기 어렵다. 피고의 이 부분 주장도 이유 없다.

4. 위 ③, ④ 사유에 관하여 (해제사유 불인정)

을 제 5 호증의 2, 을 제 48 호증의 각 기재에 의하면, 피고가 제시한 입찰참여안내서의 예정공사비에는 특화설계 관련 비용이 포함되어 있는 사실을 인정할 수 있다(i. 일반사항 4. 예정공사비). 그러나 한편으로 갑 제 7 호증의 기재에 의하면 원고와 피고는 '특화설계에 소요되는 설계비 등 비용 부담 주체에 관한 문제에 대하여는 협의를 하고 협의가 성립되지 아니하는 경우 법적인 절차에 따라 이를 처리한다'는 내용의 이 사건 합의에 이르렀던 사실 또한 인정되고, 이를 원고의 주된 채무라고 보기도 어렵다. 따라서 위 ③ 사유는 이 사건 계약의 해제사유가 된다고 보기 어렵다(피고는 위 사유를 이 사건 계약의 약정해제사유 중 어느 사유에 해당하는지 특정하지 아니하였다).

또한 피고의 위 ④ 사유에 관한 주장은 그 자체로 원고가 후분양에 대하여 어떠한 중대한 잘못을 범했다는 취지가 아니라 단지 그에 대한 별다른 구체적인 의견제시를 하지 않았다는 것에 불과하다. 위와 같은 사정만으로 이를 원고의 채무불이행으로 단정하기는 어려울 뿐만 아니라, 설령 채무불이행이라고 하더라도 아직 착공조차 하지 않은 단계(앞서 본 바와 같이 착공이 지연된 것을 원고의 귀책사유로 보기도 어렵다)에서 이를 이 사건 계약의 목적 달성이 불가능하다고 판단될 정도의 주된 채무의 불이행이라고 평가하기도 어려워 보인다. 따라서 위 ④ 사유는 이 사건 계약의 해제사유가 된다고 보기 어렵다.

결국 피고의 이 부분 주장은 받아들이지 아니한다.

5. 위 ⑤ 사유에 관하여 (해제사유 부정)

원고가 시공보증서를 제출하지 아니한 사실은 앞서 본 바와 같고, 을 제 14 호증의 1 의 기재에 변론 전체의 취지를 종합하면, 원고가 이 사건 계약 제 10 조에 따라 피고에게 제출한 계약이행보증증권의 보증기간이 2018. 12. 31.로 만료되었음에도 이를 새로이 제출하지 아니한 사실을 인정할 수 있다.

그러나 a) 원고의 시공능력 평가순위(3 위), 신용등급(A-), 시공보증서를 발급받는 것은 3 일 정도면 가능한 점, b) 원고는 이 사건 계약에 따라 계약이행보증증권을 제출한 바 있으므로 그 보증기간만을 연장하는 것은 별다른 어려움이 없을 것으로 보이는 점, c) 원고가 시공보증서와 계약이행보증증권을 제출하지 아니한 것은 공사비 증액 등과 관련한 피고와의 분쟁으로 인하여 이 사건 해제총회를 앞두고 있었기 때문으로 보이는 점 등에 비추어 보면, 비록 원고가 시공보증서와 계약이행보증증권을 제출하지 아니하였더라도 이를 두고 이 사건 계약의 목적 달성이 불가능하다고 판단될 정도의 주된 채무의 불이행이라고 보기 어렵다. 피고의 이 부분 주장은 이유 없다.

IV. 이행거절

A. 개요

1. 【해설】 이행거절을 이유로 계약을 해제할 때에는 최고가 필요 없음

> (1) 계약상 채무자가 계약을 이행하지 않을 의사를 명백히 표시한 경우에 채권자는 최고를 하지 않고 곧바로 계약을 해제할 수 있다(민법 제544조 단서).
>
> 이 경우 채권자는 <u>이행기 전이라도</u> 이행최고 없이 채무자의 이행거절을 이유로 계약을 해제하거나 채무자를 상대로 손해배상을 청구할 수 있다(대법원 2005.08.19. 선고 2004다53173 판결).
>
> (2) <u>쌍무계약의 경우</u> 상대방이 채무를 이행하지 않는 경우에도 자기채무의 이행제공을 한 경우에만 상대방의 이행지체를 이유로 계약을 해제할 수 있는 것이 원칙이나, 당사자의 일방이 자기채무의 이행제공을 해도 <u>상대방이 그 채무를 이행하지 않을 의사를 명백히 한 경우</u>에는 그 일방은 <u>자기채무의 이행제공</u>(그 이행을 준비하였다는 통지를 포함)을 하지 않고도 상대방의 이행지체를 이유로 <u>계약을 해제할 수 있다</u>(대법원 1981.11.24. 선고 81다633 판결).
>
> 채권자가 특약사항의 이행을 촉구하는데 상대방이 그 특약의 존재를 부정하면서 이를 이행하지 않는 것은 특약사항을 이행하지 않을 의사를 분명하게 표시한 것이며, 따라서 이 경우 채권자는 자기채무의 이행제공을 할 필요 없이 곧바로 계약을 해제할 수 있다(대법원 1997.11.28. 선고 97다30257 판결).

2. 【해설】 이행거절의사가 철회된 경우

> 이행거절의 의사표시가 적법하게 철회된 뒤에는 상대방은 자기 채무의 이행제공을 하고 상당한 기간을 정하여 이행을 최고한 후가 아니면 계약을 해제할 수 없다(대법원 2003.02.26. 선고 2000다40995 판결).

B. ① 이행거절의 의사표시가 적법하게 철회된 경우, 상대방은 자기채무의 이행제공을 하고 상당한 기간을 정하여 이행을 최고한 후가 아니면 계약을 해제할 수 없어; ② 원고(수급인)가 1995. 7. 20. 공사계약에서 정한 바에 따라 설계 및 사양변경에 따른 공사대금 변경

제 3 장 공사계약의 해제 / 제 2 절 도급계약의 구체적 해제사유에 관한 판례

협의를 하면서 추가공사대금의 정산 및 재계약을 요구하였다가, 피고로부터 공사재개 요청을 받고 1995. 7. 27. 피고(도급인)에게 새로운 공사일정을 제시하고 향후 공사내역에 대한 견적서를 제출했다면 이행거절의 의사를 명백히 했다고 볼 수 없고; ③ 가사 그렇지 않다 하더라도 1995. 7. 27. 피고에게 새로운 공사일정을 제시하고 향후 공사내역에 대한 견적서를 제출함으로써 원고는 이행거절 의사를 철회했다고 보아야 함; ④ 그런데 그 후 피고가 원고에게 계약해제를 통보하고, 원고 몰래 하도급업체들과 공사를 진행한 것은 이행거절에 해당하므로, 원고가 기성공사금을 청구함으로써 공사계약이 피고의 이행거절로 해제되었다고 본 사례 —대법원 2003.02.26. 선고 2000 다 40995 판결[공사대금]

【당사자】

【원고,상고인】 주식회사 신진엔지니어링

【피고,피상고인】 동양시스템즈 주식회사

1. 이행거절 의사 철회 후 계약을 해제하기 위한 요건 (자기채무 이행제공 및 이행최고)

쌍무계약에 있어서 계약당사자의 일방은 상대방이 채무를 이행하지 아니할 의사를 명백히 표시한 경우에는 최고나 자기 채무의 이행제공 없이 그 계약을 적법하게 해제할 수 있으나(대법원 1980. 3. 25. 선고 80 다 66 판결, 1981. 11. 24. 선고 81 다 633 판결, 1992. 9. 14. 선고 92 다 9463 판결 등 참조), 그 이행거절의 의사표시가 적법하게 철회된 경우 상대방으로서는 자기 채무의 이행을 제공하고 상당한 기간을 정하여 이행을 최고한 후가 아니면 채무불이행을 이유로 계약을 해제할 수 없다고 할 것이다(대법원 1976. 9. 14. 선고 76 다 1085 판결, 1989. 3. 14. 선고 88 다 1516, 1523 판결, 88 다카 10029, 10036 판결 등 참조)...

2. 사실관계

... 위 인정 사실에 의하면, 이 사건 공사계약의 체결 이후 피고의 설계 및 사양변경으로 인하여 총 공사대금이 증가되는 한편 공사일정이 지연되고 있던 중 원고와 피고 사이에 1995. 7. 15. 공사일정의 변경에 대하여는 합의하였으나 1995. 7. 20. 이 사건 공사계약서 제 7 조에 의한 설계 및 사양변경에 따른 공사대금의 변경에 대하여는 합의가 이루어지지 않자 피고의 요구에 의하여 같은 날부터 공사가 중단되었고,

그 이후 피고의 요구에 의하여 원고가 1995. 7. 27. 이 사건 공사계약에 따른 납품기한을 다시 제시하고, 설계 및 사양변경에 따른 공사대금의 변경협의에 착수하였으나 원고가 제시하는 정산금액이 피고의 예상을 초과하자 피고는 재차 공사의 중단을 요청한 다음

피고의 두차례에 걸친 공사중단요청에 의하여 원고가 1995. 8. 12.까지는 납품을 완료할

IV. 이행거절

수 없음을 잘 알고 있으면서도 1995. 8. 12.까지 이 사건 공사를 마무리 할 것을 요구하면서 그 기한까지 이 사건 공사를 마무리하지 못하면 이 사건 공사계약을 해제하겠다는 내용의 통보를 하였다고 할 것이다.

3. 대법원의 판단 (파기환송)

가. 계약서에 따라 공사대금 변경협의를 한 것은 이행거절의 의사표시라고 볼 수 없어

사정이 그러하다면 원고가 1995. 7. 20. 피고와 사이에 이 사건 공사계약서 제 7 조에서 정한 바에 따라 설계 및 사양변경에 따른 공사대금의 변경협의를 하면서 추가공사대금의 정산 및 재계약을 요구하였다고 하더라도 원고의 위와 같은 요구가 현저히 부당하다고 단정할 수 없는 한 위 사실만으로 원고가 이행거절의 의사를 명백히 하였다고 볼 수 없고,

나. 새로운 공사일정과 견적서를 제출함으로써 이행거절 의사는 철회된 것

가사 그렇지 않다고 하더라도 원고가 피고로부터 이 사건 공사의 재개를 요청받고 1995. 7. 27. 피고에게 새로운 공사일정을 제시하고 향후 공사내역에 대한 견적서를 제출함으로써 이행거절의 의사를 철회하였다고 봄이 상당하므로,

피고가 원고에게 이 사건 공사계약에 대한 해제 의사표시를 한 1995. 8. 4. 당시에는 원고에게 이 사건 공사계약서 제 13 조 제 1 항 제 1 호 소정의 "계약상의 납품기한(또는 연장된 납품기한) 내에 공급자가 계약된 규격과 품질을 가진 물품을 거부하거나 완료하지 못한 때"에 해당하는 사유가 있었다고 할 수 없고, 피고가 원고에게 상당한 기한을 정하여 이행의 최고를 하지 아니한 이상 피고가 원고의 이행지체를 이유로 이 사건 공사계약을 해제할 수도 없었다고 할 것이고,

다. 오히려 발주자가 원수급인 몰래 하도급업체들과 공사를 진행한 것이 이행거절임

오히려 피고가 원고에 대하여 이 사건 공사계약의 해제를 통보하고, 원고의 하도급업체들과 사이에 원고 몰래 별도의 하도급계약을 체결하여 이 사건 공사를 계속하게 함으로써 원고에 대한 이행거절의 의사를 명백히 한 후, 원고가 1995. 9. 26. 피고에게 기성공사금의 지급을 청구한 이상 이 사건 공사계약은 피고의 이행거절로 인하여 해제되었다고 봄이 상당하다.

그럼에도 불구하고, 원심이 피고가 이 사건 공사계약서 제 13 조 제 1 항 제 1 호 소정의 사유에 의하여 이 사건 공사계약을 해제함으로써 원고의 귀책사유에 의하여 이 사건 공사계약이 해제되었다고 판단한 것은 채증법칙 위반으로 인한 사실오인이나 계약해제에 관한 법리오해의 위법을 범하였다고 할 것이다. 이 점을 지적하는 상고이유의 주장은 이유 있다.

C. [하급심판례] [도급인(피고)과 수급인(원고)이 모두 도급계약을 해제한 경우 수급인의 해제만이 효력을 발생했다고 본 사례], ① 공사계약 제 45 조(사정변경에 의한 계약의 해제 또는 해지)에서 "발주기관은 객관적으로 명백한 발주기관의 불가피한 사정이 발생한 때에는 계약을 해제 또는 해지할 수 있다"고 정한 경우, '분양율 저조'는 '객관적으로 명백한 불가피한 사정이 발생한 때'에 해당하지 않으므로, 분양율 저조를 이유로 한 도급인(피고)의 도급계약 해지는 효력이 없고; ② 오히려 도급인(피고)이 2012. 3. 13.자 계약해지 통보를 하고 이 사건 토지를 매각한 것은 피고의 이행거절 의사를 분명히 표시한 것이므로, 원고들의 계약해지의 의사표시가 담긴 소장 부본이 피고에게 송달됨으로써 도급계약이 적법하게 해지되었다고 봄 ―인천지방법원 2015. 5. 29. 선고 2012 가합 18393[공사대금 등]

원고 ○○○건설과 피고는 모두 이 사건 도급계약이 해지되었다고 하면서 해지 사유를 주장하고 있는바, 이 사건 도급계약이 누구의 귀책사유로 해지된 것인지 여부에 관하여 본다.

1. 분양률 저조는 약정해지사유인 "객관적으로 명백한 발주기관의 불가피한 사정" 아님

가) 먼저, 피고의 2012. 3. 13.자 계약해지가 적법한지 여부에 관하여 보건대, 갑 10 호증, 을 1 내지 7, 13, 14 호증(각 가지번호 있는 것은 가지번호 포함)의 각 기재, 증인 이상구의 증언 및 변론 전체의 취지에 의하여 알 수 있는 다음의 각 사실, 즉 ① 이 사건 아파트의 분양률은 이 사건 공사를 발주한 피고가 예측하고 판단하여 그 실패 위험까지 부담하여야 할 문제인 점, ② 2008 년 금융위기 이후 부동산 경기가 침체되어 있었다고 하더라도, 피고는 그 이후에 이 사건 아파트의 건설사업을 시작하였고, 이 사건 아파트의 분양을 시작한 2011 년 무렵에 분양률에 결정적인 영향을 줄만한 사회·경제적 변화는 없었던 것으로 보이는 점, ③ 이 사건 아파트와 비슷한 시기에 분양이 이루어진 주변 아파트 단지의 초기 분양률은 최소 28%에서 최대 86%에 이르러 이 사건 아파트의 분양률이 1.5%로 극히 저조하였던 것은 일반적인 현상은 아니었던 것으로 보이는 점, ④ 피고는 이 사건 아파트의 분양 중단 후 마케팅 부족, 미흡한 시장분석 등을 이 사건 아파트 분양 실패의 원인으로 지적하는 내용의 보도자료를 내기도 한 점, ⑤ 피고가 이 사건 공사를 해지한 실질적인 이유는 이 사건 공사를 해지함으로 인한 손해보다 이 사건 공사를 계속 진행하였을 때 입을 손해가 더 크기 때문인 것으로 보이는 점, ⑥ 원고들은 2012. 3. 13.자 계약해지 이후 피고들이 기성대금을 지급한 2012. 7.경까지 피고에게 순공사비 이외에도 이행이익 상당의 손해배상금에 해당하는 이윤, 기성대금에 대한 지연이자 등을 모두 청구하며 정산금액에 대하여 다투어 왔는데, 이는 공사계약 제 45 조 제 1 항에 따른 해지의 경우에는 청구할 수 없는 내용이어서 원고 ○○○건설이 공사계약 일반조건 제 45 조 제 1 항에 따른 해지에 동의하였거나 이의를 제기하지 아니하였다고 보기도 어려운 점 등을 종합하면,

이 사건 도급계약에서 발생한 사정변경은 계약 성립 당시 발주기관인 피고가 예견할 수

V. 약정기간 내에 공사를 완공할 수 없음이 객관적으로 명백한 경우

없었던 사정의 변경이라고 볼 수 없을 뿐만 아니라 그와 같은 사정의 변경이 피고에게 책임 없는 사유로 생긴 것으로 볼 수도 없으므로, 피고의 2012. 3. 13.자 계약해지의 사유로 들고 있는 '분양률 저조'는 공사계약 일반조건 제 45 조 제 1 항에서 해지사유로 정하고 있는 '객관적으로 명백한 발주기관의 불가피한 사정이 발생한 때'에 해당한다고 보기 어렵다.

따라서 피고의 2012. 3. 13.자 계약해지는 부적법하여 효력이 없으므로 이 사건 도급계약은 피고의 해지통보에도 불구하고 그대로 유지되었다고 봄이 상당하다.

2. 피고의 이행거절을 이유로 한 원고의 해제는 적법함

한편, 피고가 2012. 3. 13.자 계약해지 통보를 하고 이 사건 토지를 매각한 것은 이 사건 도급계약에 대한 피고의 이행거절의 의사를 분명히 표시한 것으로 볼 수 있으므로, 이 사건 도급계약은 원고들의 계약해지의 의사표시가 담긴 이 사건 소장 부본이 피고에게 송달됨으로써 적법하게 해지되었다.

V. 약정기간 내에 공사를 완공할 수 없음이 객관적으로 명백한 경우

A. 【해설】 원칙과 예외

> **(1) 이행최고 및 자기채무의 이행제공 후 해제하는 것이 원칙**
>
> 수급인의 공사중단이나 공사지연으로 약정된 기한 내에 완공이 불가능하다는 것이 객관적으로 명백해진 경우에는 도급인은 그 공사기한이 도래하기 전이라도 계약을 해제할 수 있으나, 이 경우에도 해제통고를 하기에 앞서 수급인에 대하여 공사기한으로부터 상당한 기간 내에 완공할 것을 최고하여야 하고(대법원 1996.10.25. 선고 96 다 21393 판결), 도급인은 자기채무의 이행제공을 하여야 한다.
>
> **(2) 이행최고 없이 도급계약을 해제할 수 있는 경우**
>
> 예외적으로, ① 수급인이 미리 이행하지 아니할 의사를 표시한 때에는 위와 같은 최고 없이도 계약을 해제할 수 있고(대법원 1996.10.25. 선고 96 다 21393 판결), ② 상당한 기간을 정하여 이행최고 하더라도 그 기간 내에 상대방이 채무를 이행할 수 없음이 객관적으로 명백한 경우에도 이행최고 없이 곧바로 계약을 해제할 수 있다(대법원 2001.01.19. 선고 97 다 21604 판결).
>
> **(3) 자기채무의 이행제공 없이 도급계약을 해제할 수 있는 경우**
>
> 도급인이 이행제공을 하더라도 수급인이 상당한 기간 내에 공사를 완공할 수 없음이 객관적으로 명백한 경우에는 도급인은 자기채무의 이행을 제공하지 않고도 수급인의 이행지체를 이유로 도급계약을 해제할 수 있다(대법원 1993.08.24. 선고 93 다 7204

제3장 공사계약의 해제 / 제2절 도급계약의 구체적 해제사유에 관한 판례

> 판결). 약정기일이 1991. 4. 30.이고 실제 완공일이 1991. 6. 27.인데 도급인이 1991. 6. 19. 이행최고 없이 막바로 도급계약을 해제한 사안에서, 대법원은 그 당시에 있어서는 상당한 기간내에 채무의 이행을 할 수 없음이 객관적으로 명백한 것으로 볼 수 없다고 판단하였다(따라서 이행최고나 이행제공 없이 막바로 한 1991. 6. 19. 자 해제는 효력이 없음. 같은 판례).

B. ① 공사도급계약에서 공사기한 내의 공사완공이 불가능함이 명백해진 경우, 도급인은 공사기한 도래 전이라도 계약을 해제할 수 있으나; ② 그에 앞서 수급인에 대하여 위 공사기한으로부터 상당한 기간 내에 완공할 것을 최고하여야 하고; ③ 다만 예외적으로 수급인이 미리 이행하지 아니할 의사를 표시한 때에는 최고 없이도 계약을 해제할 수 있어 —대법원 1996.10.25. 선고 96다21393 판결[손해배상(기)·공사대금]

1. 기한 내 완공이 불가능한 경우 공사도급계약을 해제하기 위한 요건

공사도급계약에 있어서 수급인의 공사중단이나 공사지연으로 인하여 약정된 공사기한 내의 공사완공이 불가능하다는 것이 명백하여진 경우에는 도급인은 그 공사기한이 도래하기 전이라도 계약을 해제할 수 있다 할 것이지만, 다만 그에 앞서 수급인에 대하여 위 공사기한으로부터 상당한 기간 내에 완공할 것을 최고하여야 할 것이고, 예외적으로 수급인이 미리 이행하지 아니할 의사를 표시한 때에는 위와 같은 최고 없이도 계약을 해제할 수 있다 할 것이다.

2. 법원의 판단 (공사도급계약은 피고의 이행거절로 해제되었음)

이 사건 건축공사의 규모와 내용에 비추어 볼 때 피고가 위와 같이 임의로 공사를 중단함으로 인하여 원고가 이 사건 소를 제기한 1994. 6. 30.경에 이르러서는 공사기한 내의 완공이 불가능하다는 것이 명백하여졌다 할 것이고,

피고가 위와 같이 2회에 걸쳐 공사포기 의사를 밝히고 계속하여 공사를 중단한 점 등에 비추어 보면 피고는 자기의 채무를 이행하지 아니할 의사를 명백히 표시한 것으로 보아야 할 것이므로, 위 공사도급계약은 해제의 의사표시를 담은 이 사건 소장 부본이 피고에게 송달됨으로써 피고의 귀책사유로 인하여 해제된 것으로 보아야 할 것이다.

C. 당사자의 일방이 상당한 기간을 정하여 이행을 최고하더라도 그 기간 내에 상대방이 채무를 이행할 수 없음이 객관적으로 명백한 경우 그 일방은 이행을 최고하지 않고 곧바로 계약을 해제할 수 있어 —대법원 2001.01.19. 선고 97다21604 판결[매매대금]

쌍무계약에 있어 상대방이 미리 채무를 이행하지 아니할 의사를 표시하거나 당사자의

V. 약정기간 내에 공사를 완공할 수 없음이 객관적으로 명백한 경우

일방이 이행의 제공을 하더라도 상대방이 그 채무를 이행하지 아니할 것이 객관적으로 명백한 경우 그 일방이 이행을 제공하지 아니하더라도 계약을 해제할 수 있고, 당사자의 일방이 상당한 기간을 정하여 이행을 최고하더라도 그 기간 내에 상대방이 그 채무를 이행할 수 없음이 객관적으로 명백한 경우 그 일방이 이행을 최고하지 아니하더라도 계약을 해제할 수 있다고 보아야 할 것이다.

원심이 적법하게 인정한 사실관계에 의하면, 원고가 위 계약해제의 의사표시를 할 당시 피고 회사는 지하 5층, 지상 15층 건물 신축공사 중 겨우 지하 5층, 지상 7층까지의 골조공사만을 시공한 채 1992년 8월 이후 수년째 공사를 방치하고 있었다는 것인바, 위 계약해제 당시까지의 공사진행 정도에 비추어 볼 때, 원고가 자신의 채무를 이행하거나 피고 회사에 대하여 상당 기간을 정하여 그 이행을 최고하더라도 그 기간 내에 피고 회사가 공사를 완공할 수 없음은 객관적으로 명백하므로, 원고로서는 자신의 채무를 이행하거나 피고 회사에 대하여 채무의 이행을 최고할 필요도 없이 계약을 해제할 수 있다 할 것이다.

D. ① 당사자의 일방이 이행을 제공하더라도 상대방이 상당한 기간내에 그 채무를 이행할 수 없음이 객관적으로 명백한 경우, 그 일방은 자신의 채무의 이행을 제공하지 않고도 상대방의 이행지체를 이유로 계약을 해제할 수 있어; ② 약정기일이 1991. 4. 30.이고 실제 완공일이 1991. 6. 27.인데 도급인이 1991. 6. 19. 이행최고 없이 막바로 도급계약을 해제한 사안에서, 그 당시에 있어서는 상당한 기간내에 채무의 이행을 할 수 없음이 객관적으로 명백하지 않았다고 본 사례 —대법원 1993.08.24. 선고 93다7204 판결[위약금반환]

1. 법리

쌍무계약에 있어 상대방이 미리 이행을 하지 아니할 의사를 표시하거나 당사자의 일방이 이행을 제공하더라도 상대방이 그 채무를 이행하지 아니할 것이 객관적으로 명백한 경우는 그 일방이 이행을 제공하지 아니하여도 상대방은 이행지체의 책임을 지고 이를 이유로 계약을 해제할 수 있다고 할 것이고,

당사자의 일방이 이행을 제공하더라도 상대방이 상당한 기간내에 그 채무를 이행할 수 없음이 객관적으로 명백한 경우에도 그 일방은 자신의 채무의 이행을 제공하지 않더라도 상대방의 이행지체를 이유로 계약을 해제할 수 있다고 보아야 할 것이다.

그렇지 아니하고 이와 같은 경우에도 자기의 이행을 제공하지 아니하고서는 상대방을 지체에 빠뜨릴 수 없다면 무용한 이행의 제공을 강요하는 결과가 되어 부당하다.

2. 이 사건의 경우

이 사건에서 원심이 인정한 사실에 의하면, 피고가 이 사건 건물을 약정기일인

1991.4.30.까지 완공하지 못하여 준공검사를 받지 못하였다가 같은해 6.27.에야 완공하여 준공검사를 마쳤다는 것이므로 피고는 약정기일이나 그로 부터 상당한 기간 안에는 자신의 채무인 이 사건 건물에 대한 소유권이전등기 및 명도의무의 이행을 할 수 없음이 객관적으로 명백하다고 볼 여지가 있고, 이렇게 본다면 매수인인 원고로서는 자신의 채무인 잔대금의 이행제공을 하지 않더라도 피고의 이행지체를 이유로 하여 이 사건 매매계약을 해제할 수 있었다고 보는 것이 상당할 것이다.

그러나 이와 같은 경우라도 상대방이 채무를 이행할 수 없음이 명백한지의 여부는 계약해제시를 기준으로 하여 판단하여야 할 것인데, 원심이 인정한 사실에 의하면 원고가 계약해제의 의사표시를 한 것은 같은해 6.19.이라는 것인바, 이는 피고가 이 사건 건물을 완공하여 준공검사를 받았다는 같은해 6.27.에 근접한 시기로서 그 당시에 있어서는 피고가 상당한 기간내에 채무의 이행을 할 수 없음이 객관적으로 명백하였다고 인정하기는 어려울 것이고, 그 기간의 근접함에 비추어 볼 때 만일 원고가 계약해제의 의사표시를 하기에 앞서 이행의 최고를 하였다면 피고는 그 최고기한에 맞추어 또는 상당한 기간내에 서둘러 준공검사를 받고 본래의 채무를 이행할 가능성이 있었다고 보이므로, 이러한 사정이 있는 이 사건에 있어서는 원고가 같은해 6.19. 이행의 최고나 이행의 제공없이 막바로 한 계약해제의 효력을 인정할 수는 없을 것이다.

VI. 시공자의 금전대여의무 불이행 문제

A. 【해설】 시공자의 대여의무 이행지체가 공사계약 해제사유가 되는지

> (1) 시공자의 금전대여의무 불이행이 계약해제 사유가 될 만한 '주된 채무' 불이행인지 혹은 단순한 '부수적 채무'의 불이행에 불과한지가 문제된다.
>
> 공사도급(가)계약에 '시공자는 원칙적으로 사업추진경비 대여의무가 없다'는 취지의 기재가 있었음에도, 시공자의 사업추진경비 대여의무 불이행을 '주된 채무 불이행'으로 보고, 도급계약이 조합의 해제통고에 의하여 해제되었다고 본 사례가 있다(수원고등법원 2021. 9. 15. 선고 2020 나 23147 판결. 심리불속행 상고기각).
>
> (2) 그러나 위 판례는 대여의무의 이행지체 금액, 지체 기간, 지체 경위 기타 제반 전후 사정을 종합하여 '주된 채무 불이행'에 해당한다고 판단한 것이므로, 시공자의 대여의무 이행지체가 언제가 공사계약의 해제사유가 된다고 쉽게 단정해서는 안 된다.
>
> 따라서 조합은 공사계약서 또는 소비대차계약서에 대여의무 불이행을 약정해제사유로 규정해 놓아야 한다. 만일 약정해제 조항이 없어 법정해제권을 행사할 수밖에 없는 경우라면, 사업비와 같은 고액의 선지급 대여금을 청구하여 가급적 많은 대여금액을 이행지체에 빠뜨려야 해제사유로 인정받을 가능성이 높아진다.

VI. 시공자의 금전대여의무 불이행 문제

(3) 대여의무 불이행이 도급계약 해제 요건을 충족했다는 확신이 서지 않으면, 조합은 성급하게 도급계약을 해제하기보다 대여금 청구소송을 제기하는 것이 좋다. 시공자의 대여의무 불이행으로 사업시행에 큰 지장이 초래되고 있는 경우에는 대여금지급단행가처분을 함께 신청하는 것이 좋다.

B. [고등법원판례] 공사도급(가)계약에 '원고(시공자)는 원칙적으로 사업추진경비 대여의무가 없다'는 취지의 기재가 있었으나, 원고의 사업추진경비 대여의무 불이행을 '주된 채무 불이행'으로 보고, 도급계약이 피고(조합)의 해제통고에 의하여 해제되었다고 본 사례 —수원고등법원 2021. 9. 15. 선고 2020 나 23147 판결[대여금] (심리불속행 상고기각)

【당사자】

원고,항소인	A 주식회사
피고,피항소인	B 주택재개발정비사업조합

1. 기초사실

원고와 피고는 2017. 12. 1. 공사도급(가)계약(이하 '이 사건 계약'이라고 한다)을 체결하였는바, 이 사건 계약 중 이 사건과 관련된 내용은 아래와 같다("갑"은 피고, "을"은 원고이다)...

제 15 조(사업추진경비의 대여)

① "을"은 원칙적으로 사업추진비 대여의무가 없으나(New Stay 사업방식으로 "갑"의 책임과 비용으로 자금조달), "갑"이 PF 등을 통해 자금 조달 전까지 본 사업의 시행을 위하여 필요한 사업추진경비는 "갑"이 "을"에게 공문으로 지급시기와 금액을 정하여 요청하고 "을"은 요청 지급시한 내에 대여처리하기로 한다. 단, "갑"의 사업추진비 요청 후 15 일 이내에 "을"의 대여처리가 없을시 그 다음 날부터 "을"은 "갑"에게 미대여한 사업추진경비의 연체이자 및 그에 수반하는 부담과 책임을 "을"이 갖기로 한다. 이에 대하여 "을"은 이의제기 할 수 없다.

2. 이 사건 해제 의사표시의 효력에 관한 판단

원고가 피고의 사업추진경비 대여 요청에 응하지 아니하였고, 그에 따라 피고가 이 사건 해제 의사표시를 하였음은 기초사실에서 본 바와 같은바, 위 법리에 비추어 볼 때 이 사건 해제 의사표시가 효력이 있는지 여부는 이 사건 계약 제 15 조 제 1 항에 따른 원고의 사업추진경비 대여 의무가 주된 채무에 해당하는지, 단순한 부수적 채무에 불과한지에 달려 있다.

... 다음과 같은 사정들에 비추어 보면, 원고의 사업추진경비 대여 의무 불이행이 단순한 부수적 채무불이행에 불과하다고 볼 수 없다.

가) 이 사건 계약 제 15 조 제 1 항은 전단에 원고에게 원칙적으로 사업추진경비 대여의무가 없다고 기재하면서도, 이어서 바로 피고가 PF 등을 통해 자금을 조달하기 전까지 피고가 사업의 시행을 위하여 필요한 사업추진경비를 원고에게 요청할 경우 원고는 이를 대여하여야 하고, 원고가 지체할 경우 미대여한 사업추진경비의 연체이자 및 그에 수반하는 부담과 책임을 원고가 진다고 규정하고 있다. 위와 같은 규정 형식과 내용에 비추어 보면, 제 15 조 제 1 항 전단의 '원고에게 원칙적으로 사업추진경비 대여의무가 없다'는 것은 '피고가 PF 등을 통하여 자금을 조달이 가능할 정도로 사업이 진행된 후 대여의무가 없다'는 취지로 해석함이 상당하다.

나) 이 사건 사업은 당시 사업시행인가를 신청하기도 전인 초기 단계였다. 이 사건과 같이 주택재개발정비사업을 추진하는 조합은 사업 초기 단계에서 자체 자금조달능력이 부족하기 때문에 관리처분인가 이후 금융기관으로부터 대출을 받을 때까지 시공사로부터 운영비 등 사업추진경비를 대여 받아 사업을 추진하는 경우가 드물지 않다. 피고도 위와 같은 방식으로 자금을 조달하여 사업을 추진하여 왔고(피고는 기존에 F 회사을 시공사로 선정하여 F 회사로부터 사업추진경비를 대여 받아 이 사건 사업을 추진하다가, F 회사과의 계약관계가 종료되어 새롭게 원고를 시공사로 선정한 것으로 보인다), 원고 역시 피고가 기존에 F 회사로부터 자금을 조달하여 사업을 추진한 사정을 알고 있었던 것으로 보인다.

다) 피고가 원고에게 요청한 사업추진경비의 예정사용내역은 기존 시공사와의 관계 정리 및 사업추진을 위해 필요한 내용으로 보이고, 피고가 제시한 자금상환 계획역시 부당하다고 판단되지 않는다. 또한, 피고는 실제 원고가 사업추진경비를 대여해주지 않아 이 사건 사업을 더 이상 추진하지 못하고 있었던 것으로 보인다. 즉, 이 사건 해제 당시 원고의 사업추진경비 대여의무 불이행은 이 사건 계약의 목적을 달성하는데 중대한 장애가 되었다고 평가함이 타당하다.

라) 원고는 이 사건 이행각서에서 정한 입찰보증금 납부의무를 그 기한이 약 5 개월이 경과한 후에야 비로소 완납하였다. 또한, 피고의 사업추진경비 대여 요청에 대하여도 구체적인 대여계획을 제시하거나 연기요청 없이 이에 응하지 않은 것으로 보이고, 피고의 이 사건 해제 이후에도 그 해제의 성격에 대하여만 이의를 제기하였을 뿐, 이 사건 계약이 종료된 것에 대하여는 이견이 없었던 것으로 보인다. 이러한 점에 비추어 보면, 피고의 이 사건 해제 의사표시 당시 원고에게 이 사건 계약을 이행할 의사나 능력이 있었는지 의문이 든다.

그렇다면, 원고의 사업추진경비 대여의무 불이행은 주된 채무 불이행에 해당하는바, 이 사건 계약은 원고의 채무불이행에 기한 피고의 이 사건 해제 의사표시에 의하여 해제되었다고 봄이 상당하다.

C. [하급심판례] 아래 사실관계에서, A) 조정금채무(조합의 전 시공자에 대한 대여원리금 반환채무)는 '이 사건 시공자선정규정' 제20조에서 정한 대여금에 포함된다고 보고, B) 새 시공자 '드림사업단'의 구성원인 피고들은 연대하여 원고에게 ① 조정금액 중 미지급액 2,240,000,000원 및 대여의무 이행 지체에 따른 손해배상으로서 2012. 8. 1.(조정금채무 지급기한 다음날)부터 연 20%(조정조항에서 정한 지연손해금율)의 지연손해금을, ② 매월 2,000만원의 조합운영비 중 미지급액 140,000,000원 및 소장송달 익일부터 이에 대한 소송촉진특례법에 따른 연 20%의 지연손해금을 각 지급할 의무가 있다고 본 사례 —대전지방법원 2013.12.19. 선고 2013 가합 6661 판결[대여금]

【당사자】

원 고 숭어리샘주택재건축정비사업조합
피 고 1. 주식회사 한화건설
2. 쌍용건설 주식회사

【사실관계】

> 2011. 6. 21. 원고와 전 시공자 에스케이컨소시엄컨소시엄(에스케이건설 + 계룡건설산업) 사이의 도급계약을 해제함.
> 2011. 10. 8. 드림사업단(피고들 + 한라건설)을 새 시공자로 선정('이 사건 도급계약').
> 2012. 6. 22. 원고와 전 시공사 에스케이컨소시엄컨소시엄 간 대여금반환의무에 관하여 조정 성립: "원고 외 8인은 연대하여 2012. 7. 31.까지 에스케이건설에게 2,807,000,000원, 계룡건설산업에게 413,000,000원을 지급한다."
> 이 사건 시공자선정규정 제20조 제4항: "낙찰자는 제15조 이외에 조합에서 집행한 사업비용 일체에 대한 차입금의 상환, 각각의 제약에 따라 지급하기로 한 협력사 용역비의 지급 등을 비롯한 제비용 일체를 계약체결 후 2개월 이내 모두 대여하여야 한다."
> 이 사건 도급계약 제3조: 시공자선정규정을 계약문서에 포함시킴.
> 이 사건 도급계약 제19조: "수급인들은 원고에게 조합운영비로 본 계약체결 해당일부터 66개월 이내 매월 2,000만원을 무이자로 대여한다."
> 2012. 7. 11. 원고가 드림사업단에게 위 조정금채무를 대여금으로 청구함.

> ➤ 한라건설은 조정금채무 대여금 중 자기 부담분 966,000,000 원을 지급하였으나, 피고들은 미이행함.
> ➤ 드림사업단은 2012. 7.분부터 2013.1.분까지 월 2,000 만원의 조합운영비를 대여하지 않음.

【주문】

1. 피고들은 연대하여 원고에게 2,380,000,000 원 및 그 중 2,240,000,000 원에 대하여는 2012. 8. 1.부터, 나머지 140,000,000 원에 대하여는 2013. 4. 18.부터, 각 다 갚는 날까지 연 20%의 비율에 의한 금원을 지급하라.
2. 소송비용은 피고들이 부담한다.
3. 제1항은 가집행할 수 있다.

1. 기초사실

가. 원고는 대전 서구 탄방동 000-000 등 일대 102,200.8 ㎡를 사업시행구역으로 하여 기존 주택 등을 철거하고 새로운 공동주택 및 부대복리시설을 신축하는 주택재건축사업(이하 '이 사건 재건축사업'이라 한다)을 위하여 「도시 및 주거환경정비법」에 따라 토지 등 소유자들로 구성된 법인이다.

나. 원고는 2008. 10.경 에스케이건설 주식회사와 계룡건설산업 주식회사(이하 각 에스케이건설, '계룡건설산업'이라 한다)로 구성된 에스케이컨소시엄을 시공사로 선정하고 위 공동주택 및 부대복리시설 신축공사에 관하여 도급계약을 체결하였으나 위 컨소시엄의 채무불이행을 이유로 2011. 6. 21. 위 도급계약을 해제하였다.

다. 에스케이건설과 계룡건설산업은 원고 외 8인을 상대로 대전지방법원 2011 가합 10055 호로 공사계약해제무효확인 등 청구의 소를 제기하였고, 위 소송에서 2012. 6. 22. 원고가 도급계약에 따라 에스케이컨소시엄으로부터 차용하여 사업비용으로 지출한 금원의 상환에 관하여 「1. 원고 외 8인은 연대하여 2012. 7. 31.까지 에스케이건설에게 2,807,000,000 원, 계룡건설산업에게 413,000,000 원을 지급한다. 만일 이를 지급하지 아니할 때에는 미지급 금액에 대하여 지급기일 다음날부터 다 갚는 날까지 연 20%의 비율로 계산한 지연손해금을 가산하여 지급한다. 2. 에스케이건설과 계룡건설산업의 나머지 청구를 포기한다. 3. 소송비용 및 조정비용은 각자 부담한다」는 내용의 조정이 성립하였다(이하 '이 사건 조정'이라 하고, 조정에 따른 채무를 '조정금채무'라 한다).

라. 원고는 새로운 시공사를 선정하기 위하여 입찰을 진행하여(이하 '이 사건 입찰'이라

VI. 시공자의 금전대여의무 불이행 문제

한다) 2011. 10. 8. 피고들과 한라건설 주식회사(이하 '한라건설'이라 한다)로 구성된 드림사업단컨소시엄(이하 '드림사업단'이라 한다)을 이 사건 재건축사업의 새로운 시공사로 선정하고 2011. 12. 26. 도급계약(이하 '이 사건 도급계약'이라 한다)을 체결하였다.

마. 입찰참여시 숙지하도록 되어 있는 시공자선정규정 중 이 사건과 관련있는 부분은 다음과 같다.

제 1 조(총칙)

④ 본 규정은 사업의 성격과 업무범위를 이해하는데 필요한 안내자료로서 계약서의 일부가 된다.

제 15 조(입찰보증금의 사용)

② 입찰보증금은 조합운영비, 기사용 대여금, 조합 협력업체 용역비를 포함한 사업비, 기타 각종 부담금, 조합 미지급금원 등의 상환에 우선 사용되며, 낙찰자는 입찰보증금의 사용과 관련하여 어떠한 이의도 제기할 수 없다.

제 20 조(낙찰자의 의무)

④ 낙찰자는 제 15 조 이외에 조합에서 집행한 사업비용 일체에 대한 차입금의 상환, 각각의 제약에 따라 지급하기로 한 협력사 용역비의 지급 등을 비롯한 제비용 일체를 계약체결 후 2개월 이내 모두 대여하여야 한다.

제 24 조(조합이 체결한 계약의 비용부담 의무)

낙찰자는 조합이 시공자 선정 전에 체결한 계약을 인정하고, 위 계약에 근거한 기지출비용 및 지출예정비용을 무이자로 대여한다.

제 25 조(기타사항)

① 본 규정에 의하여 지출된 입찰제안서는 발주자와 시공자 간에 체결한 이 사건 재건축사업의 계약서 작성시 기준이 되며, 계약서 일부와 같은 효력을 가진다.

바. 이 사건 도급계약서 중 이 사건과 관련있는 부분은 다음과 같다.

제 3 조(계약문서)

②계약문서의 종류는 다음과 같다.

1. 공사도급계약서

2. 공사계약일반조건, 시공자선정규정(사업유의서 등), 계약특수조건(필요시)

7. 입찰참여제안서, 홍보드림사업단에 원고 또는 원고의 조합원에게 제출한 문서

> 제17조(사업경비의 대여)
>
> ①수급인들은 사업시행에 필요한 다음 각 호의 자금을 원고가 요청할 시 다음과 같이 대여한다. 이때 수급인들은 원고와 수급인들이 합의하여 선정한 금융기관으로부터 원고가 사업경비를 차입하도록 할 수 있으며, 원고의 조합원에게 직접 부과되는 제세공과금 및 비용은 본조의 사업경비에서 제외한다.
>
> 제19조(조합운영비의 대여)
>
> 수급인들은 원고에게 조합운영비로 본 계약체결 해당 일부터 66개월 이내 매월 2,000만원을 무이자로 대여한다.
>
> 제21조(사업경비의 대여중지)
>
> ① 원고 또는 원고의 조합원 제반사업 일정(조합원 이주, 관리처분계획인가, 조합원 분양계약, 일반분양)을 정한 기한 내에 완료하지 못하거나 공사계약금액의 지급을 지연할 경우 수급인은 원고에게 30일의 기간을 정하여 그 이행을 최고하고, 수급인이 인정할 만한 정당한 이유 없이 최고기간을 경과하여도 이행이 완료되지 않을 경우 제반 사업경비의 대여를 일시 중지할 수 있다.

사. 이 사건 입찰에 참가하는 업체는 입찰참가신청시 '시공자선정규정에 대한 숙지확인서'를 작성하여 제출하여야 하는데, 드림사업단은 입찰에 참가하면서 이를 작성하여 원고에게 제출하였다.

아. 이 사건 도급계약 체결 무렵 원고와 드림사업단은 이 사건 도급계약서 제17조에 따라 350억 원의 한도 내에서 조합사업비를 무이자로 대여하기로 하는 금전소비대차계약을 체결하였다.

자. 원고는 2012. 6. 29. 개최된 이사회에서 조정금채무를 드림사업단에 자금요청하기로 하는 결의를 하고, 같은 날 이 사건 조정조서를 첨부하여 드림사업단에 자금지원 요청을 하였으며, 다시 2012. 7. 11. 드림사업단에게 지출내역서를 첨부하여 이를 청구하였는데, 한라건설은 2012. 7. 경 조정금채무 원금 중 한라건설의 드림사업단 내부 지분율에 의한 966,000,000원을 원고에게 지급하였으나 피고들은 이를 이행하지 않고 있고, 드림사업단은 2012. 7.분부터 2013. 1.분까지 월 2,000만원의 조합운영비를 대여할 의무를 이행하지 않고 있다.

[인정근거] 일부 다툼없는 사실, 갑 제1 내지 9호증의 각 기재, 변론 전체의 취지

2. 판단

가. 조정금채무에 관한 대여금 지급 청구 및 손해배상 청구에 대하여

(1) 조정금채무는 시공자선정기준 제20조에서 정한 대여금에 포함돼

살피건대, ① 이 사건 도급계약서 제3조에서 시공자선정규정을 계약문서 중 하나로 명시하고 있었고, 시공자선정규정 제2조 제4항은 본 규정이 계약서의 일부가 됨을 명시하고 있는 사실은 앞서 본 바와 같으므로, 시공자선정규정은 이 사건 도급계약의 내용이 된다고 할 것이고, ② 조정금채무는 이 사건 재건축사업의 최초 시공사인 에스케이컨소시엄이 원고에게 도급계약에 기하여 사업비용으로서 대여한 금원에 대한 상환금을 정한 것인 점은 앞서 본 바와 같고, 시공자선정규정 제20조가 '계약 체결 후 2개월 이내 모두 대여하여야 한다'고 규정하고 있는 것은 대여의무 해태를 방지하여 사업의 진행을 원활하기 위하여 이행기한을 정해놓은 것일 뿐 기간 경과 이후 대여의무가 면제된다고 해석할 수 없으므로 이 사건 도급계약 체결 후 2개월 이상 경과한 후에 이 사건 조정이 성립함으로서 비로소 상환하여야 할 금액이 확정된 조정금채무는 시공자선정규정 제20조에서 정한 대여금에 포함된다고 할 것이다.

피고들은 조합원들에게 부담이 될 계약의 체결은 원고의 총회 결의가 필요하므로 이를 결여한 이 사건 청구는 이유 없다는 취지로도 주장하나, 갑 제7, 8호증의 각 기재에 의하면, 원고는 2011. 10. 8. 조합총회에서 총회결의 시 총액 350억 원의 한도 내에서 사업비를 대여한다는 드림사업단을 시공사로 선정한 사실은 인정할 수 있어, 원고는 드림사업단으로부터 자금차입에 관한 총회의 결의를 얻었으므로 피고의 위 주장은 이유 없다.

(2) 드림사업단이 원고에게 지급하여야 할 구체적 금액

나아가 드림사업단이 원고에게 지급하여야 할 구체적인 금액에 관하여 보건대, 갑 제5호증의 1의 기재에 의하면, ① 에스케이건설, 계룡건설산업은 원고 등 9인에게 주위적으로는 도급계약해제의 무효확인을, 예비적으로는 원고 등 9인이 연대하여 에스케이건설에게 2,667,933,000원 및 이에 대한 지연손해금을, 계룡건설산업에게 4억원 및 이에 대한 지연손해금을 지급할 것을 구하는 소를 제기한 사실, ② 에스케이건설 등의 위 예비적 청구가 모두 인용될 경우 원고 등 9인이 2012. 7. 31. 까지 지급하여야 할 금원은 에스케이건설에게 합계 3,483,686,087원, 계룡건설산업에게 합계 534,431,693원이 되나 청구금액을 대폭 감액하여 이 사건 조정이 성립된 사실이 인정되고,

③ 조정금채무 원금은 3,220,000,000원(=2,807,000,000원 + 413,000,000원)이고, 이에 대한 지급기일 다음날부터의 지연손해금은 연 20%의 비율로 의한 금원인 사실, ④ 원고는 이 사건 조정성립 이후 드림사업단에게 이 사건 조정조서를 첨부하여 조정금채무 원금의

사업경비지원을 요청한 사실, ⑤ 한라건설은 2012. 7.경 자신의 드림사업단 내부 지분율에 해당하는 966,000,000 원을 원고에게 지급한 사실, ⑥ 피고들은 원고의 자금요청을 받고도 위 지급기일이 경과하도록 이를 지급하지 않고 있는 사실은 앞서 본 바와 같다.

한편, 상법 제 57 조 제 1 항은 '수인이 그 1 인 또는 전원에게 상행위가 되는 행위로 인하여 채무를 부담한 때에는 연대하여 변제할 책임이 있다'고 규정하고 있는 바, 드림사업단의 구성원인 <u>피고들은 연대하여</u> 원고에게 대여금으로서 <u>조정금채무 원금 중 나머지 2,254,000,000 원</u>(=3,220,000,000 원 - 966,000,000 원)의 범위 내에서 원고가 구하는 2,240,000,000 원 및 대여의무 이행지체에 따른 손해배상으로서 위 2,240,000,000 원에 대하여 원고의 <u>조정금채무 지급기일 다음날인 2012. 8. 1.부터</u> 다 갚는 날까지 이 사전 <u>조정에서 정한 연 20%의 비율에 의한 지연손해금 상당의 금원을 지급할 의무가 있다.</u>

(3) 피고들 주장에 대한 판단

이에 대하여 피고들은, 이 사건 조정금채무 원금이 에스케이건설이나 계룡건설산업이 대여한 대여금 원금보다 다액이므로 대여원금을 초과하는 부분의 지급을 구하거나 연 20%의 지연손해금을 구하는 것은 부당하다고 주장한다.

살피건대, 에스케이건설의 대여원금이 2,667,933,000 원, 계룡건설산업의 대여원금이 4억 원임은 피고들이 주장하는 바와 같으나, ① 이 사건 조정금채무 원금이 에스케이건설 등의 대여원금보다 다소 많다고 하더라도 앞서 본 에스케이컨소시엄 등의 청구가 인용될 경우 <u>원고가 지급해야할 원리금보다 훨씬 적은 금액으로 조정금채무 원금이 정하여진 점 등의 조정경위에 비추어 보면 모두 피고들이 대여할 의무가 있는 사업비의 일부라 할 것이고,</u> ② <u>피고들이 원고로부터 이 사건 조정조서를 첨부한 사업경비 자원요청을 받은 이상 조정금채무 원금에 대한 연 20%의 비율에 의한 지연손해금은 피고들이 대여금 지급의무를 지체한 데 따른 통상의 손해이거나 특별한 손해라고 하더라도 피고들이 알았던 손해에 해당</u>하므로, 피고들의 위 주장은 모두 이유 없다.

나. 조합운영비에 관한 대여금 지급 청구에 대하여

① 이 사건 도급계약서 제 19 조는 수급인이 원고의 조합운영비로서 계약체결 해당월부터 66 개월 이내 매월 2,000 만 원을 무이자로 대여한다고 규정하고 있는 사실, ② 드림사업단은 2012. 7.부터 조합운영비를 대여하지 않고 있는 사실, ③ 상법 제 57 조 제 1 항은 '수인이 그 1 인 또는 전원에게 상행위가 되는 행위로 인하여 채무를 부담한 때에는 연대하여 변제할 책임이 있다'고 규정하고 있는 사실은 앞서 본 바와 같고, 연대채무자 각자는 대외적으로 채권자에 대하여 채무 전액을 지급하여야 할 의무를 부담하므로(민법 제 413 조),

드림사업단의 구성원인 피고들은 연대하여 원고에게 2012. 7.부터 원고가 구하는 <u>2013. 1.분까지의 조합운영비 명목의 대여금 140,000,000 원(=2,000 만원 × 7 개월)</u> 및 이에 대한 이 사건 소장 부본 송달 다음날인 2013. 4. 18.부터 다 갚는 날까지 <u>소송비용 촉진 등에 관한 법률이 정한 연 20%의 비율에 의한 지연손해금</u>을 지급할 의무가 있다.

피고들은 드림사업단이 이 사건 도급계약서 제 21 조 제 1 항에 의하여 원고에게 사업시행구역 내의 '**교회' 문제를 원만하게 처리하고 정비사업구역 지정 변경인가를 득할 때까지 이 사건 재건축사업을 일시적으로 중지할 뜻을 통보하고 대여를 중단하였으므로 조합운영비를 지급할 의무가 없다는 취지로 주장하나, <u>드림사업단의 사업중지 통지만으로 조합운영비 대여의무가 소멸한다고 볼 아무런 증거가 없으므로 위 주장은 이유 없다.</u>

다. 소결론

그러므로, 피고들은 연대하여 원고에게 총 2,380,000,000 원(=2,240,000,000 원 + 140,000,000 원) 및 그 중 2,240,000,000 원에 대하여는 2012. 8. 1.부터, 나머지 140,000,000 원에 대하여는 2013. 4. 18.부터, 각 다 갚는 날까지 연 20%의 비율에 의한 금원을 지급할 의무가 있다.

제3절 도급계약 해제의 효과

I. 개요

1. 【해설】 계약해제의 효과 (계약의 소급적 소멸, 원상회복의무)

> 계약이 해제되면 그 계약은 소급하여 무효로 되고, 계약에 의한 법률효과도 처음부터 발생하지 않았던 것으로 된다.
>
> 그 결과 ① 당사자 쌍방의 미이행채무는 모두 소급적으로 소멸하고(따라서 더이상 이행할 의무가 없음), ② 이미 이행된 부분은 원상으로 회복할 의무가 있다(다만, 원상회복을 이유로 제 3 자의 권리를 해하지 못함. 민법 제 548 조 제 1 항). 이 경우 반환할 금전에는 그 받은 날로부터 이자를 가산하여 반환하여야 하며(제 548 조 제 2 항), 쌍방의 원상회복의무는 동시이행관계에 있다(민법 제 549 조).
>
> 이상은 법정해제와 약정해제에 공통된 효과이다.

2. 【해설】 합의해제의 효과

> ① 합의해제는 새로운 계약이므로 그 효력은 당사자간 합의에 의하여 결정된다(대법원 1996.07.30. 선고 95 다 16011).
>
> ② 계약이 합의해제된 경우에는, 반대의 약정이 없는 이상 반환할 금전에 그 받은 날로부터의 이자를 가산지급할 의무가 없다(민법 제 548 조 제 2 항 적용 없음. 대법원 1996.07.30. 선고 95 다 16011 판결).
>
> ③ 계약이 합의해제된 경우에는, 손해배상의 청구를 유보하는 의사표시를 하는 등 다른 사정이 없는 한, 채무불이행으로 인한 손해배상을 청구할 수 없다(대법원 1989.04.25. 선고 86 다카 1147 판결).

II. 원상회복의 범위

A. 【해설】 도급계약 해제의 소급효 제한(기성고 정산) 및 그 예외

> (1) 공사도급계약이 수급인의 채무불이행으로 해제된 경우에는 a) 수급인은 해제한 상태 그대로 그 건물을 도급인에게 인도하고 b) 도급인은 인도받은 미완성 건물에 대한 보수를 지급하여야 하는 권리의무관계가 성립한다.
>
> 이 경우 미완성 건물에 대한 보수는 약정 총공사비에 기성고 비율을 곱한 금액이며, 기성고 비율은 전체 공사비(공사에 들어가는 비용을 말함) 중 완성부분에 들어간 비용이 차지하는 비율로 산정한다(대법원 2019. 12. 19. 선고 2016 다 24284 전원합의체 판결).
>
> (2) 이러한 법리는 도급계약이 약정해제권에 의해 중도에 해제된 경우는 물론(대법원 1992.12.22. 선고 92 다 30160 판결), 중도에 '합의해제'된 경우에도 똑같이 적용된다(대법원 1997. 2. 25. 선고 96 다 43454 판결).
>
> (3) 다만, 건축공사가 상당히 진행된 상태에서 도급계약이 해제되었더라도, ① 건물의 완성부분이 도급인에게 이익이 되지 않고 ② 원상회복이 중대한 사회적·경제적 손실을 초래하지 않는 경우에는 위 법리를 적용하지 않고 <u>해제의 소급효(철거 및 원상회복)</u>를 인정한다(대법원 1992. 12. 22. 선고 92 다 30160 판결).

B. ① 공사도급계약이 수급인의 채무불이행으로 해제된 경우에는 a) <u>수급인은 해제한 상태 그대로 그 건물을 도급인에게 인도하고</u> b) <u>도급인은 인도받은 미완성 건물에 대한 보수를 지급하여야 하는 권리의무관계가 성립</u>해; ② 이 경우 미완성 건물에 대한 보수는 약정 총공사비에 기성고 비율을 곱한 금액이고; ③ <u>기성고 비율은 전체 공사비(공사에 들어가는</u>

비용을 말함) 중 완성부분에 들어간 비용이 차지하는 비율로 산정함; ④ 기성공사대금을 약정 총공사비(24,900,000,000원)에 감리업무일지에 기재된 공정률(13.59%)을 곱하여 산정한 사례 —대법원 2019. 12. 19. 선고 2016다24284 전원합의체 판결[공사대금]

【당사자】

【원고, 피상고인】	회생채무자 주식회사 엘드건설의 관리인 소외인의 소송수계인 주식회사 엘드건설의 파산관재인 원고
【원고보조참가인】	신용보증기금
【피고, 상고인】	농업협동조합중앙회
【피고보조참가인】	건설공제조합

1. 법리

가. 도급계약 해제의 소급효 제한

건축공사도급계약이 수급인의 채무불이행을 이유로 해제될 당시 공사가 상당한 정도로 진척되어 이를 원상회복하는 것이 중대한 사회적·경제적 손실을 초래하고 완성된 부분이 도급인에게 이익이 된다면, 해당 도급계약은 미완성 부분에 대하여만 실효되어 수급인은 해제한 상태 그대로 그 건물을 도급인에게 인도하고 도급인은 특별한 사정이 없는 한 인도받은 미완성 건물에 대한 보수를 지급하여야 하는 권리의무관계가 성립한다(대법원 1992. 3. 31. 선고 91다42630 판결 등 참조).

나. 도급계약이 해제된 경우 기성공사대금 산정 방법

이와 같은 경우 도급인이 지급하여야 할 미완성 건물에 대한 보수는 특별한 사정이 없는 한 당사자 사이에 약정한 총공사비에 기성고 비율을 적용한 금액이 되는 것이지, 수급인이 실제로 지출한 비용을 기준으로 할 것은 아니다(대법원 1992. 3. 31. 선고 91다42630 판결, 대법원 1993. 11. 23. 선고 93다25080 판결 등 참조).

이때의 기성고 비율은 공사대금 지급의무가 발생한 시점, 즉 수급인이 공사를 중단할 당시를 기준으로 이미 완성된 부분에 들어간 공사비에다 미시공 부분을 완성하는 데 들어갈 공사비를 합친 전체 공사비 가운데 완성된 부분에 들어간 비용이 차지하는 비율을 산정하여 확정하여야 한다(대법원 1989. 12. 26. 선고 88다카32470, 32487 판결, 대법원 1996. 1. 23. 선고 94다31631, 31648 판결 등 참조). 다만 당사자 사이에 기성고 비율 산정에 관하여 특약이 있는 등 특별한 사정이 인정되는 경우라면 그와 달리 산정할 수 있다(대법원 1993. 11. 23. 선고 93다25080 판결, 대법원 2013. 5. 24. 선고 2012다39769, 39776 판결

2. 원심판결의 정당함 (상고기각)

원심은 기성고 비율을 산정하는 데 필수적인 기시공 부분에 소요된 공사비를 산출하는 것이 불가능하거나 현저하게 곤란한 특별한 사정이 있다고 인정한 다음, 아래와 같이 기성 공사대금을 산정하였다.

<u>엘드건설이 공사를 중단할 당시까지 시공한 공사 중 5회 기성공사대금은 감리단이 작성한 감리업무일지에 기재된 공정률을 기초로 산정할 수밖에 없고</u>, 피고가 제출한 증거만으로는 위 감리업무일지의 증명력을 배척할 수 없다. 피고 주장과 같이 약정된 총공사비에서 미시공 부분의 완성에 소요될 공사비를 공제하는 방식으로 기성고를 산정할 수는 없다. 따라서 건축공사와 소방공사를 합한 5회 <u>기성 부분의 전체 공사대금은 감리업무일지에 기재된 공정률인 13.59%를 기초로 3,383,910,000 원(= 약정 총공사비 24,900,000,000 원 × 13.59%)</u>으로 산정되고, 그중 엘드건설이 시공한 이 사건 공사 부분에 관한 대금은 위 기성 부분에 관한 건축공사와 소방공사의 공사대금 청구비율에 따른 2,818,458,639 원(= 3,383,910,000 원 × 83.29%)이다. 약정 총공사비(24,900,000,000 원)에 감리업무일지에 기재된 공정률(13.59%)을 곱하여 산정한 사례

이 부분 상고이유 주장은 기성공사대금의 산정에 관하여 사실심인 원심의 전권에 속하는 증거의 취사선택과 사실인정의 당부를 다투는 것이므로 적법한 상고이유가 될 수 없다. 나아가 원심의 판단을 앞서 본 법리와 기록에 비추어 살펴보더라도, 거기에 필요한 심리를 다하지 않은 채 논리와 경험의 법칙을 위반하여 자유심증주의의 한계를 벗어나거나 기성고 비율과 기성 부분 공사대금 산정에 관한 법리를 오해한 잘못이 없다.

C. ① 건축공사가 상당히 진행된 상태에서 도급계약이 해제되었더라도, 건물의 완성부분이 도급인에게 이익이 되지 않고 원상회복이 중대한 사회적·경제적 손실을 초래하지 않는 경우에는 계약해제의 소급효를 인정할 수 있어; ② 증인이 기성공정 30%는 원고에게 하등의 경제적 이익이 없고 오히려 추락의 위험이 있어 이를 철거해야 한다고 증언하고, 원고가 공사중단 이후 사업계획을 변경하여 기존건물을 헐어내고 새로운 건물을 지으려고 하고 있으므로, 기성공사부분은 원고에게 무익한 것이라 보고 도급계약 해제의 소급효를 인정함 —대법원 1992.12.22. 선고 92다30160 판결[손해배상(기)]

【당사자】

원고, 피상고인	주식회사 만모수(일명:맘모스)
피고, 상고인	대전피혁공업주식회사

II. 원상회복의 범위

1. 법리 (도급계약 해제의 소급효 제한과 그 예외)

건축공사가 상당한 정도로 진척되어 그 원상회복이 중대한 사회적, 경제적 손실을 초래하게 되고 완성된 부분이 도급인에게 이익이 되는 경우에는, 도급인이 그 도급계약을 해제하는 경우에도 그 계약은 미완성부분에 대하여서만 실효되고 수급인은 해제한 때의 상태 그대로 그 건물을 도급인에게 인도하고 도급인은 완성부분에 상당한 보수를 지급하여야 한다는 것은 당원의 견해이다. (당원 1986.9.9. 선고 85 다카 1751 판결; 1989.2.14. 선고 88 다카 4819 판결; 1989.4.25. 선고 86 다카 1147 판결; 1989.12.26. 선고 88 다카 32470,32487 판결; 1992.3.31. 선고 91 다 42630 판결 등 참조)

그러므로 완성된 부분이 도급인에게 이익이 되지 않는 경우에는 위의 견해가 그대로는 적용될 수 없다고 할 것이고, 도급인이 완성된 부분을 바탕으로 하여 다른 제 3 자에게 공사를 속행시킬 수 없는 상황이라면 완성부분이 도급인에게 이익이 된다고 볼 수 없을 것이므로, 건물외벽의 수선을 내용으로 하는 이 사건 공사계약에 무조건 소급효를 제한하는 위의 견해의 결론만을 적용할 수는 없다 할 것이다...

2. 해제의 소급효를 인정한 사례

기록에 의하면 원고는 당초 이 사건 완성부분이 원고에게 이익이 되지 못한다고 주장하여 이에 상응한 보수의 지급의무가 없음은 물론, 오히려 그 철거로 인한 원상회복비용을 감정하고 감정가액인 금 26,992,990 원도 아울러 청구하였다가 원심 변론종결 이후에야 이 부분 소를 취하하였음을 알수 있고, 피고도 원심에 이르기까지 계약해제가 부적법하다고만 주장하였을 뿐, 완성부분이 원고에게 이익이 된다거나 그 부분에 대한 보수청구권이 있다고 주장한 것은 아니다.

그리고 원심증인 신수정은 기성공정 30% 정도는 원고에게 하등의 경제적 이익이 없고 오히려 추락할 위험이 있어 이를 철거해야 한다고 증언하고 있는바, 이러한 부실한 기성공사부분을 원고가 인수할 수 없는 상황이라면 이는 원고에게 이익이 된다고 할 수 없으며, 원고가 공사중단 이후 사업계획을 변경하여 기존건물을 헐어내고 새로운 건물을 지으려고 한다면(을 제 5 호증, 1991.7.6. 자 신문기사) 기성공사부분은 원고에게 무익한 것이 될 것이다.

또한 이 사건 건물외벽치장공사의 개요는 철골구조 바탕에 알미늄 판넬로써 마무리하는 것이고, 공사진행 현황은 건물전면과 좌측면의 각층 창문 상하벽체는 철골바탕에 알루미늄 판넬이 치장되어 있고, 나머지 부분은 바탕 철골만이 부분적으로 부착되어 있는 상태라는 것이어서(감정서, 현장사진), 원상회복을 위하여 부착된 알루미늄 판넬 또는 바탕철골을 철거하더라도 기존건물 자체에는 어떠한 구조적 변화나 가치의 저하를 가져온다고 볼 수 없으므로, 이로 인하여 중대한 사회적, 경제적 손실을 초래하게 된다고 보기도 어렵다.

따라서 원심이 이 사건 계약의 해제에 소급효를 인정한 조처는 정당하고, 더구나 피고는 원심에서 계약해제권의 범위나 그 효력의 제한 및 기성공사부분에 대한 보수청구권의 존재에 관하여는 아무런 주장, 입증을 하지도 않았으므로, 당심에서 원심의 위와 같은 조처를 공격하는 논지는 받아들일 수 없다. 논지도 이유가 없다.

D. [고등법원판례] ① 시공자가 투입한 시공자선정총회 비용의 반환청구를 기각한 사례; ② 계약해제에 따른 부당이득반환청구 및 계약서 제33조 제3항에 따른 정산금청구를 모두 기각함 —수원고등법원 2021. 9. 15. 선고 2020 나 23147 판결[대여금] (심리불속행 상고기각)

【당사자】

원고,항소인	A 주식회사
피고,피항소인	B 주택재개발정비사업조합

1. 기초사실

원고와 피고는 2017. 12. 1. 공사도급(가)계약(이하 '이 사건 계약'이라고 한다)을 체결하였는바, 이 사건 계약 중 이 사건과 관련된 내용은 아래와 같다("갑"은 피고, "을"은 원고이다)…

> 제33조(계약의 해제 및 해지)
> ③ 제①항 및 제②항의 규정에 의하여 계약이 해제 또는 해지된 때에는 "갑"은 "을"로부터 차입한 제반 대여금과 기성부분의 공사금액 등을 포함한 "을"의 각종 투입금액을 지체없이 정산하여야 한다.

2. 원고에게 이 사건 총회 비용 등의 지급을 구할 권리가 있는지 여부

가. 원고의 부당이득반환 청구 주장에 관한 판단 (기각)

원고는 계약해제에 따른 원상회복으로 피고를 상대로 이 사건 총회 비용 등의 반환을 구하고 있다. 계약이 해제된 경우 계약은 소급적으로 소멸하므로, 쌍방 당사자는 미이행채무의 구속력으로부터 해방되고, 기이행채무에 관하여는 부당이득반환의무를 부담하게 된다. 그런데 기초사실 및 그 인정근거와 을 제4호증의 기재에 변론 전체의 취지를 종합하여 인정되는 다음과 같은 사실 또는 사정들에 비추어 보면, 원고는 이 사건 사업의 시공사로 선정되기 위하여, 즉 피고와 사이에 이 사건 계약을 체결하기 위하여 이 사건 총회 비용 등을 지출한 것으로 보일 뿐, 이 사건 계약에서 정한 의무의 이행으로 위 비용 등을 지출한 것이 아닌바, 이 사건 총회 비용 등의 반환의무는 원상회복의무의 범위에 포함된다고 보기 어렵고, 이 사건 계약이 해제되었다는 사정만으로 피고가 이 사건 총회 비용 등 상당을 부당이득하였다고 보기도 어렵다.

가) 이 사건 총회는 원고를 시공사로 선정하기 위한 총회로, 원고는 이 사건 총회 전 피고에게 입찰제안서 등을 제출하며 총회와 관련하여 지출된 제비용은 입찰보증금과 별도로 선정된 후 7일 이내에 피고의 계좌로 입금하겠다는 취지의 이행각서를 제출하였고, 이 사건 총회에서 원고의 담당자인 K 전무도 이 사건 총회 비용을 원고가 책임지겠다는 취지로 발언하였다.

나) 이 사건 총회 이후 체결된 이 사건 계약에서도 원고가 입금한 입찰보증금 20억 원과 추후 피고의 요청에 의하여 원고가 대여하게 될 금원만 원고의 무이자 사업추진경비 대여금으로 정하였고(이 사건 계약 제15조 제4항), 이 사건 총회 비용 등에 대하여는 별도로 정한 바가 없다.

다) 원고가 이 사건 계약의 이행을 통해 이행이익을 얻을 의도로 이 사건 총회비용 등을 부담한 것으로 보이나, 그렇다고 하여 원고와 피고 사이의 이 사건 총회비용 등 부담 약정이 이 사건 계약의 해제를 해제조건부로 하였다고 보기는 어렵다. 이 사건 계약이 해제됨으로써 원고가 위 비용 상당을 헛되이 지출한 것으로 볼 수 있으나, 피고 역시 이 사건 계약이 해제되어 새롭게 시공사를 선정하기 위하여 다시 총회를 개최하고 그에 따른 비용을 지출하여야 하는 상황에 놓이게 되었다.

따라서 원고의 부당이득반환 청구 주장도 이유 없다.

나. 원고의 정산금 청구 주장에 대한 판단 (기각)

이 사건 계약 제33조 제3항에 '제1항 및 제2항의 규정에 의하여 계약이 해제 또는 해지된 때에는 피고는 원고로부터 차입한 제반 대여금과 기성부분의 공사금액 등을 포함한 원고의 각종 투입금액을 지체없이 정산하여야 한다'는 규정이 있기는 하다. 그러나 앞서 본 바와 같이, 원고는 이 사건 계약에 따른 의무의 이행으로서 이 사건 총회 비용 등을 지출한 것이 아닌바, 위 규정에 정한 원고의 투입금액에 이 사건 총회 비용 등이 포함된다고 보기 어렵다.

한편, 원고는 이 사건 계약 제47조 제1항에 따라 피고가 이 사건 총회 비용 등을 반환할 의무가 있다고도 주장하나, 위 규정은 원고의 책임이 아닌 사유로 계약이 해지 또는 해제되는 경우의 규정이어서 원고의 귀책사유로 계약이 해제된 이 사건에 적용하기 어려울 뿐 아니라, 위 제 47 조 제 1 항에서 정한 원고의 투입비용에 이 사건 총회 비용 등이 포함된다고 보기도 어려우므로, 위 주장 역시 이유 없다. 결국 원고의 정산금 청구 주장 역시 이유 없다.

III. 손해배상청구권과의 관계

A. 해제와 손해배상청구

1. 【해설】해제와 손해배상청구 (약정해제의 경우는 손해배상청구를 못하는 것이 원칙)

> (1) 계약의 해지 또는 해제는 손해배상청구에 영향을 미치지 않으므로(민법 제 551 조), 상대방의 채무불이행을 이유로 계약을 해제한 당사자는 여전히 상대방에게 손해배상을 청구할 수 있다.
>
> (2) 그러나 손해배상청구는 채무불이행을 전제로 하므로, 약정해제의 경우에는 이 법리가 그대로 적용되지 않는다. 즉, 부수적 의무위반을 이유로 하는 약정해제권 조항에 근거하여 계약을 해제한 경우에는 손해배상을 청구할 수 없는 것이 원칙이다(대법원 1983.01.18. 선고 81 다 89 판결).
>
> (3) 다만, 해제통고서에서 약정해제권 유보조항을 그 근거로 들고 있더라도, 그 약정해제 조항이 법정해제권이 발생할 경우를 구체화한 것에 불과한 경우에는 법정해제권을 행사한 것으로 보아 손해배상을 청구할 수 있다고 한 사례가 있다(대법원 1994.12.22. 선고 93 다 60632 판결).

2. 【법령】제 548 조(해제의 효과, 원상회복의무)

> ① 당사자 일방이 계약을 해제한 때에는 각 당사자는 그 상대방에 대하여 원상회복의 의무가 있다. 그러나 제삼자의 권리를 해하지 못한다.
>
> ② 전항의 경우에 반환할 금전에는 그 받은 날로부터 이자를 가하여야 한다.

3. 【법령】민법 제 551 조(해지, 해제와 손해배상)

> 계약의 해지 또는 해제는 손해배상의 청구에 영향을 미치지 아니한다.

B. ① 공사도급계약서 제 8 조("본 계약 각 조항 중 어느 1 조항이라도 위반하였거나 공정표와 차질이 생겼을 경우에는 갑은 공사중단을 명할 수 있으며, 이 경우 을은 갑이 취하는 여하한 조치에도 이의없이 차에 순응할 의무를 진다")를 부수적 의무위반 등에 관한 약정해제권 유보 조항으로 본 사례; ② 계약조항상의 부수적 의무 위반을 이유로 약정해제권을 행

사한 경우에는 손해배상청구를 할 수 없어; ③ 원심이 이러한 점에 유의하지 않은 채 약정해제 조항에 의하여 계약이 해제된 사실 하나만으로 피고에게 채무불이행으로 인한 손해배상책임이 있다고 판단한 것은 채무불이행에 관한 법리 오해 및 심리미진 ─대법원 1983.01.18. 선고 81 다 89 판결[손해배상등]

1. 본건 도급계약의 내용

원심이 원·피고 사이의 본건 도급계약의 내용 및 그 해제의 경위를 인정하는데 자료로 하였던 갑 제 1 호증(도급계약서) 중, 서두 제 7 항에 의하면 "계약과 동시 일금 2 백만원, 건축착공과 동시에 일금 3 백만원을 을(피고)은 갑(원고)에게 예치하고 …… 을이 동 예치금을 이행하지 않을 경우에는 본 계약은 무효로 하고 계약당시 예치한 금액은 갑의 재산으로 한다" 라고 규정하였고, 제 3 조에 의하면 "을은 건설부규정 및 건설업법에 의한 건설회사를 공사착공 전일까지 갑에게 제시하여야 한다" 제 5 조에 의하면 "본 공사착공은 본 계약일로부터 7 일 이내에 착수한다. 단, 을은 견적서에 대한 내역서, 공정표, 현장대리인계를 공사착공 전일까지 갑에게 제출하여야 한다" 제 13 조에 의하면 "허가상에는 지하실과 1 층 용도가 차고 및 휴게실 등으로 되어 있으나 을은 이를 본 계약 후 2 주내에 교인 등의 소비코너 및 식당 또는 다방으로 사용할 수 있게끔 용도변경하여 줄 것을 계약조건으로 한다. 이 경우에 비용은 갑이 지불하기로 한다" 라고 각 규정하였으며, 제 8 조에 의하면 "을이 공사를 시공 중이라 할지라도 공사에 대한 자재는 건축 통례상 저질자재를 사용하였거나 무단히 3 일 이상 중단하거나 준공할 가망이 없다고 갑이 인정되거나 본 계약 각 조항 중 어느 1 조항이라도 위반하였거나 공정표와 차질이 생겼을 경우에는 갑은 공사중단을 명할 수 있으며 이 경우 을은 갑이 취하는 여하한 조치에도 이의없이 차에 순응할 의무를 진다" 라고 규정하고 있다.

2. 대법원의 판단 (파기환송)

가. 본건 도급계약 제 8 조는 약정해제권 유보조항임

이에 본건 도급계약서상의 위 각 규정과 위 각 서증상의 각 기재내용에다 본건과 같은 건설도급계약의 특수성 및 민법 제 668 조 단서와 제 673 조의 법의 등을 종합하여 고찰하여 보면, 본건 도급계약서 제 8 조의 규정취지는 원·피고 사이에 본건 도급계약을 체결함에 있어 합의에 의하여 수급인에게 계약 조항상의 부수적 의무위반이 있는 등의 경우에 도급인인 원고에게 해제권을 부여하고 그 자의 단독의 의사표시에 의하여 본건 도급계약을 해제할 수 있도록 한 약정으로서 이른바 약정해제권의 유보에 관한 규정으로 보이며,

나. 부수적 의무 위반을 이유로 약정해제권을 행사한 경우 손해배상청구를 할 수 없음

또한 원고가 앞서 본 바와 같은 일련의 과정을 거쳐 1979.8.10 자로 최종적으로 피고에

대하여 한 본건 도급계약의 해제는 수급인인 피고의 귀책사유에 의하여 본건 도급의 목적인 건물의 완성을 그 이행기를 도과하여 지연하였거나 또 피고가 중도에 공사를 포기하여 거래의 통념에 비추어서 약정한 준공기한까지 도저히 그 공사를 완성시킬 수 없다는 사실이 명확하게 된 경우 등 법정해제사유인 채무불이행에 기한 것이 아니라 이는 원·피고 사이의 본건 도급계약에서 정한 위 계약서 제8조 소정의 약정해제권의 행사에 의한 것이라고 보는 것이 타당하다 할 것이고, 따라서 이와 같은 약정해제에 있어서는 법정해제의 경우와는 달리 그 해제의 효과로서 손해배상의 청구는 할 수 없다 할 것이다.

다. 원심판결의 위법함

그렇다면 원심이 피고에게 위에서 본 도급계약으로 인한 채무 불이행의 책임을 지워서 그로 인한 손해배상 의무가 있다고 하려면 먼저 원고가 한 본건 도급계약의 해제가 어떤 사유에 근거한 것인가를 알아 보았어야 할 것임에도 불구하고 원심은 이러한 점에 유의하지 않은 채 원고가 피고의 위 각 계약위반 사항을 들어 본건 도급계약을 해제한 사실 하나만으로서 곧 피고에게 채무불이행으로 인한 손해배상책임이 있다는 취지로 판단한 것은 필경 도급계약에 있어 채무불이행에 관한 법리를 오해하였거나 석명권의 불행사로 인한 심리미진 또는 이유불비의 잘못이 있다 할 것이므로 이 부분 상고는 이미 이점에 있어서 이유 있고 다른 상고논지는 모두 이 상고논지와 관련이 있으므로 더 나아가 살필 필요없이 이 부분 원심판결은 파기를 면치 못한다 할 것이다.

C. 도급인이 보낸 해제통고서에서 약정해제권 유보조항을 그 근거로 들고 있더라도, 그 약정해제 조항이 법정해제권이 발생할 경우를 구체화한 것에 불과한 경우에는 법정해제권을 행사한 것으로 보아 손해배상을 청구할 수 있다고 한 사례 —대법원 1994. 12. 22. 선고 93다60632,93다60649(반소) 판결[물품대금,손해배상(기)]

관계증거를 기록과 대조하여 검토하여 보면, 이 사건 기계제작 및 설치계약의 제7조에 피고의 해제권 발생요건을 규정하고 있지만, 이는 모두 수급인인 원고의 귀책사유로 인한 채무불이행의 경우에 도급인인 피고에게 해제권이 있다는 규정으로서, 실질에 있어서는 채무불이행 이외의 별도의 해제권을 유보하는 특약을 한 것이 아니라 채무불이행으로 인한 법정해제권이 발생할 중요한 경우를 구체화한 것에 불과하고,

비록 피고가 이 사건 계약해제시에 원고에게 보낸 기계설치공사 해약 및 철거통보서에 위 계약 제7조를 근거로 들고 있기는 하지만, 그 전체적인 의미는 원고의 귀책사유로 인하여 계약목적을 달성할 수 없어 계약을 해제한다는 취지로 볼 수 있으므로,

피고의 이 사건 계약해제는 이 사건 기계제작 및 설치계약에 별도로 특별히 유보된 약정해제권의 행사에 의한 것이 아니라 채무불이행을 이유로 한 법정해제권의 행사라고 보아

III. 손해배상청구권과의 관계

야 할 것이고, 따라서 피고는 해제와 동시에 채무불이행으로 인한 손해배상을 청구할 수 있다고 할 것이다.

D. [중첩부분에 대한 설계자·감리자·시공자의 책임은 부진정연대책임] a) <u>설계용역계약상의 채무불이행으로 인한 설계자의 손해배상채무</u>와 b) <u>공사도급계약상의 채무불이행으로 인한 시공사의 손해배상채무</u>는 서로 중첩되는 부분에 관하여는 부진정연대의 관계에 있다 —대법원 2015. 2. 26. 선고 2012 다 89320 판결[손해배상(기)등]

1. 법리 (설계사와 시공사의 손해배상책임은 부진정연대책임)

설계용역계약상의 채무불이행으로 인한 손해배상채무와 공사도급계약상의 채무불이행으로 인한 손해배상채무는 서로 별개의 원인으로 발생한 독립된 채무이나 동일한 경제적 목적을 가진 채무로서 서로 중첩되는 부분에 관하여는 일방의 채무가 변제 등으로 소멸하면 타방의 채무도 소멸하는 이른바 부진정연대의 관계에 있다고 할 것이므로(대법원 2006. 1. 27. 선고 2005 다 19378 판결 등 참조),

피고 설계사들과 피고 시공사들은 각각 공동수급체로서 그들끼리는 각 채무불이행으로 인하여 원고가 입은 손해에 대하여 독립된 손해배상채무를 연대하여 부담하는 한편, <u>피고 설계사들의 채무불이행으로 인한 손해배상채무와 피고 시공사들의 손해배상채무는 서로 동일한 경제적 목적을 가진 채무로서 서로 중첩되는 부분에 관하여 부진정연대채무관계에 있다고 할 것이다.</u>

2. 대법원의 판단 (파기환송)

따라서 원심으로서는 이 사건 설계용역계약의 채무불이행과 상당인과관계가 있는 손해와 이 사건 공사도급계약의 채무불이행과 상당인과관계가 있는 손해를 심리하여 이를 각 확정한 다음 그 각 손해와 관련하여 인정되는 <u>피고 설계사들과 피고 시공사들의 각 손해배상채무 중 동일한 경제적 목적을 가진 채무로서 서로 중첩되는 부분이 있는지를 살펴 그 부분에 한하여 피고 설계사들과 피고 시공사들의 부진정연대책임을 인정하였어야 할 것이다.</u>

그럼에도 원심은 위와 같은 점을 심리하지 아니한 채 피고 설계사들과 피고 시공사들의 각 손해배상채무가 이 사건 음식물쓰레기 처리시설의 정상 가동이라는 동일한 경제적 목적을 가진 채무라는 이유로 <u>원고가 입은 전체 손해에 대하여 피고 설계사들과 피고 시공사들의 부진정연대책임을 인정하였다.</u> 이러한 원심판결에는 부진정연대채무에 관한 법리를 오해하여 필요한 심리를 다하지 아니함으로써 판결에 영향을 미친 위법이 있다. 이 점을 지적하는 상고이유 주장은 이유 있다.

제3장 공사계약의 해제 / 제3절 도급계약 해제의 효과

E. 추상적 간접사실들만으로 공사계약 해제로 인한 이행이익 상당 손해액이 50억 원이라고 본 원심판결을 파기한 사례 —대법원 2023. 10. 12. 선고 2020다246999, 2020다247008 판결[시공자지위확인의소등·손해배상(기)]

【당사자】

원고(반소피고), 피상고인겸상고인	지에스건설 주식회사 외 2인
피고(반소원고), 상고인겸피상고인	○○○구역 주택재건축정비사업조합

1. 간접사실을 통한 손해액 산정에 관한 법리

채무불이행으로 인한 손해배상청구소송에서 재산적 손해의 발생사실은 인정되나 구체적인 손해의 액수를 증명하는 것이 사안의 성질상 곤란한 경우, 법원은 증거조사의 결과와 변론 전체의 취지에 따라 밝혀진 당사자들 사이의 관계, 채무불이행과 그로 인한 재산적 손해가 발생하게 된 경위, 손해의 성격, 손해가 발생한 이후의 제반 정황 등 관련된 모든 간접사실들을 종합하여 상당인과관계 있는 손해의 범위인 수액을 판단할 수 있다(대법원 2004. 6. 24. 선고 2002다6951, 6968 판결, 대법원 2007. 12. 13. 선고 2007다18959 판결 등 참조).

그런데 <u>이러한 법리는</u> 자유심증주의 아래에서 손해의 발생 사실은 증명되었으나 사안의 성질상 손해액에 대한 증명이 곤란한 경우 증명도 내지 심증도를 경감함으로써 손해의 공평・타당한 분담을 지도원리로 하는 손해배상 제도의 이상과 기능을 실현하고자 함에 그 취지가 있는 것이지, 법관에게 손해액의 산정에 관한 자유재량을 부여한 것은 아니므로 <u>법원이 위와 같은 방법으로 구체적 손해액을 판단할 때에는 손해액 산정의 근거가 되는 간접사실들의 탐색에 최선의 노력을 다해야 하고, 그와 같이 탐색해 낸 간접사실들을 합리적으로 평가하여 객관적으로 수긍할 수 있는 손해액을 산정하여야 한다</u>(대법원 2007. 11. 29. 선고 2006다3561 판결, 대법원 2009. 9. 10. 선고 2006다64627 판결 등 참조)…

2. 대법원의 판단 (파기환송)

이러한 법리에 비추어 원심판결 이유를 살펴본다. 원심은 ① 제1심 감정인 소외인에 대한 감정촉탁결과와는 무관하게 ② 사업시행계획이 변경됨으로써 총 사업비, 비례율, 조합원 추가 분담금 등이 달리 산정됨에 따라 일반분양가에 영향을 미칠 가능성, ③ 이 사건 초과분양금 분배약정에 따라 원고들이 초과분양금을 수령하더라도 그 전액이 원고들의 이익으로 귀속되지는 않을 것이라는 사정, ④ 피고가 해제요건을 갖추지 못한 채 해제 의사표시를 하게 된 것은 원고들의 불성실한 이 사건 공사계약상 의무 이행이 원인이 되었을 것이라는 사정 등 추상적 간접사실들을 인정한 다음 원고들의 손해가 50억 원이라고 판단하였다.

그러나 이러한 사정만으로는 원고들의 이행이익 상당의 손해액이 50억 원이라는 산정 근거가 직접적이고 구체적으로 제시되었다고 보기 어렵다. 원고들이 위 감정촉탁결과의 감정평가액인 2,050억 1,200만 원을 손해액으로 주장하고 있는바, 원심으로서는 이 사건 초과분양금 분배약정에 따라 이 사건 공사계약이 이행되었더라면 원고들이 얻을 수 있었을 이행이익 상당의 손해가 얼마인지를 객관적, 합리적인 방법으로 심리, 확정하여 이를 원고들의 손해액으로 인정하였어야 한다.

그런데도 원심은 이러한 조치를 취하지 아니한 채, 위와 같은 추상적 간접사실들만을 나열한 다음 원고들의 이행이익 상당 손해액이 50억 원이라고 단정하였다. 이는 손해액 산정의 근거가 되는 간접사실들의 탐색에 최선의 노력을 다하여 합리적이고 객관적인 손해액을 산정한 것이라고 보기 어렵다. 따라서 이러한 원심판단에는 채무불이행으로 인한 객관적·합리적 손해액 산정에 관한 법리를 오해함으로써 필요한 심리를 다하지 않아 판결에 영향을 미친 잘못이 있다.

IV. 해제통고가 부적법한 경우

A. 개요

1. 【해설】해제의 효력 발생요건

> (1) 시공자의 채무불이행을 이유로 한 도급계약 해제는 민법상 법정해제권 또는 약정해제권 행사의 요건(시공자의 채무불이행, 상당한 기간을 정한 이행최고 등)을 충족해야만 해제의 효력이 발생한다. 적법한 총회결의를 거쳐 도급계약을 해제했더라도, 해제권행사의 요건을 충족하지 못하면 해제의 효력은 발생하지 않는다.
>
> (2) 다만, 민법 제673조(완성전의 도급인의 해제권)에 따라 도급계약을 해제하는 경우에는 적법한 총회결의를 거쳐 해제통고를 하면 다른 요건을 구비할 필요 없이 바로 해제의 효력이 발생한다.

2. 【해설】부적법한 해제통고는 무익함을 넘어 유해한 행위

> 채권자가 채무자의 채무불이행을 이유로 계약해지의 의사표시를 하였으나 그 해지의 의사표시가 부적법한 경우에는 계약해지의 법률효과가 발생하지 않으며, 계약은 여전히 유효하게 존속한다. 따라서 부적법한 계약해지의 의사표시로 인하여 채무자에게 그 계약에 기한 어떠한 손해가 발생했다고 할 수 없다. (이상 대법원 1999.12.10. 선고 99다31407 판결.)

제 3 장 공사계약의 해제 / 제 3 절 도급계약 해제의 효과

> 그러나 부적법한 해제통고는 상대방에 대한 이행거절의 의사를 명맥히 표시한 것으로 해석되어(따라서 오히려 상대방에게 법정해제권을 안겨줄 수 있음) 치명적인 반대효과를 가져올 수 있으므로 주의를 요한다(대법원 2003.02.26. 선고 2000 다 40995 판결 참조).

3. 【해설】 조합의 계약해제가 부적법한 경우 시공자의 시공자지위 확인소송

> 조합의 도급계약 해제통고가 해제의 요건을 갖추지 못하면 조합의 해제통고는 아무 효력이 없으며, 시공자는 조합의 해제통고에도 불구하고 여전히 시공자의 지위를 유지한다.
>
> 따라서 이 경우 조합이 시공자의 지위를 부정하며 새 시공자 선정절차를 진행하려 한다면, 시공자는 조합을 상대로 시공자지위 확인청구 소송을 제기하고, 새 시공자 선정절차에 대한 금지가처분(예: 입찰공고금지가처분)을 신청할 수 있다
>
> 조합이 기존 시공자와의 도급계약을 해제한 후 적법한 총회결의를 통해 새로운 시공자를 선정하였고 기존 시공자를 상대로 사업부지에 대한 인도단행가처분까지 받아 공사에 착공한 사안에서, 기존 시공자의 시공자지위확인청구를 인용한 사례가 있다(서울고등법원 2021. 10. 6. 선고 2021 나 2011839 판결. 심리불속행 기각).

B. 조합이 기존 시공자(원고)와의 도급계약을 해제하고 총회결의를 통해 적법하게 새 시공자를 선정하였고, 원고를 상대로 사업부지에 대한 인도단행가처분까지 받아 공사에 착공한 사안에서, 기존 시공자의 시공자지위확인청구는 확인의 이익이 있다고 본 사례 ―서울고등법원 2021. 10. 6. 선고 2021 나 2011839 판결[시공자지위확인의소] (심리불속행 기각)

【당사자】

원고,항소인	주식회사 대우건설
피고,피항소인	신반포 15 차아파트 주택재건축정비사업조합

1. 피고의 주장 요지

피고는 이미 D 을 이 사건 사업의 새로운 시공자로 선정하였고, 원고를 상대로 이 사건 사업부지에 관한 인도단행가처분(서울고등법원 2020 라 20847 호)을 받은 다음 이 사건 사업부지 대부분을 인도받아 공사를 시작하였다. <u>피고가 총회 결의를 통하여 적법하게 새로운 시공자를 선정하여 이 사건 사업을 진행한 이상, 구 시공자인 원고와 피고의 법률관계는 과거의 법률관계에 불과하다</u>... 결국 이 사건 소 중 주위적 청구 부분은 확인의 이익이 없어 부적법하다.

IV. 해제통고가 부적법한 경우

2. 판단

원고로서는 이 사건 계약에 기한 권리 또는 법률상의 지위에 대한 현존하는 불안·위험을 제거하기 위하여 피고를 상대로 이 사건 계약이 유효함을 전제로 원고가 이 사건 사업의 시공자 지위에 있다는 확인판결을 받는 것이 가장 유효·적절한 수단이라 할 것이다. 그 이유는 아래와 같다. 결국 <u>피고의 본안 전 항변은 이유 없다</u>.

가) ... 도시정비법에 의하여 선정된 시공자라 하여 특별한 공법상 지위를 갖는 것이 아니라 조합과 사이에 체결한 공사도급계약의 수급인의 지위를 갖는 것에 지나지 아니한다고 보아야 한다. 따라서 피고가 D을 이 사건 사업의 새로운 시공자로 선정하였더라도 이는 피고와 D 사이의 법률관계일 뿐 그 자체로 원고의 시공자 지위에 어떠한 영향을 미친다고 볼 수 없다...

나) <u>피고가 원고를 상대로 이 사건 사업부지에 관한 인도단행가처분 결정을 받은 뒤 이 사건 사업부지를 인도받아 공사를 시작한 사실은 앞서 본 바와 같다.</u>

그러나 채권자의 만족을 목적으로 하는 이른바 단행가처분의 집행에 의하여 피보전권리가 실현된 것과 마찬가지의 상태가 사실상 달성되었다 하더라도 그것은 어디까지나 임시적인 것에 지나지 않는다(대법원 2007. 10. 25. 선고 2007다29515 판결 등 참조). 따라서 <u>위와 같은 사정만으로 원고와 피고의 법률관계를 과거의 법률관계로 보는 것은 임시적, 잠정적 이행상태에 불과한 인도단행가처분의 집행결과를 확정적인 상태로 인정하는 결과가 되어 부당하다</u>(더욱이 피고는 위 인도단행가처분의 본안소송을 현재까지 제기하지 아니한 것으로 보인다).

다) 일반적으로 계약의 일방 당사자가 계약이 해제되었다고 주장함에 대하여 상대방은 계약의 해제가 부적법하다고 다투는 경우 계약의 유효함을 주장하는 당사자가 상대방에 대하여 계약의 이행을 청구하는 것이 가장 유효·적절한 수단이라고 할 수 있다. 그러나 이 사건 계약은 기본적으로 원고가 시공한 기성률에 따라 피고가 공사대금을 지급하기로 하는 공사도급계약의 성질을 가지는 점, 현재 D이 이 사건 사업부지에서 공사를 진행하고 있고, 피고가 원고의 시공자 지위를 부인하고 있는 점에 비추어 보면, 원고로서는 이 사건 계약에 따른 공사의무의 이행을 현실적으로 제공할 수 없는 상황이므로 <u>이 사건 계약이 유효함을 전제로 그 기본이 되는 법률관계, 즉 시공자 지위의 확인을 구하는 것이 원고와 피고 사이의 분쟁을 해결하는 가장 유효·적절한 수단이 될 수 있을 것으로 보인다</u>(원고가 이 사건 계약이 유효하게 존속하고 있다고 주장하는 이상 원고에 대하여 손해배상청구를 하도록 강제할 수도 없다).

라) 원고와 피고 사이에 이 사건 계약해제통보의 적법성에 다툼이 있는 이상, 피고에게

제3장 공사계약의 해제 / 제4절 공사계약 해제로 인한 대여금반환의무

임의해제권(민법 제673조)이 있다거나 원고와 피고 사이의 신뢰관계가 이미 파탄에 이르렀다는 등 피고가 주장하는 사정은 본안에서 원고의 청구권 유무로 판단될 사항에 불과하다.

제4절 공사계약 해제로 인한 대여금반환의무

I. 대여금반환의무 – 연체이율 문제

A. 개요

1. **【해설】** 시공계약 해제에 따른 조합의 대여금반환의무

> (1) 시공계약이 해제되면 조합은 계약해제에 따른 원상회복의무로서 시공자에게 대여금반환의무를 부담한다. 시공자의 채무불이행으로 공사계약이 해제된 경우에도 조합은 대여금반환의무를 면할 수 없다. 지분제 도급계약이 시공자의 채무불이행으로 해제된 경우에도 마찬가지이다(대구고등법원 2012.11.7.선고 2012나2935 판결 참조).
>
> (2) 그런데 조합은 대여금을 이미 조합운영비 또는 사업비로 사용했기 때문에 새로운 시공자로부터 대여금을 받을 때까지 원상회복의무를 이행할 자력이 없어 궁박한 상황에 몰리게 된다. 조합임원들이 연대보증까지 한 경우에는 상황이 더욱 복잡해진다.
>
> 그래서 조합은 시공계약을 해제한 후 다시 적법한 절차를 밟아 새로운 시공자를 신속하게 선정하여 대여금 상환자금을 확보함으로써 대여금반환의무와 관련한 법적 분쟁이 발생하지 않도록 유의하여야 한다.
>
> (3) 보다 근본적으로 조합은 공사계약 또는 금전대여계약서에 「계약이 해제된 경우 조합의 대여금 반환의무는 새로 선정된 시공자로부터 받은 대여금으로 이행하며, 그 때까지 대여금반환의무의 이행기가 도래하지 않는다」는 내용을 반드시 넣어야 한다. 또한 「시공자로 선정된 후 시공계약 체결을 포기하는 경우에는 기존 대여금에 대한 반환청구권을 포기한다」는 내용도 포함시켜야 한다.
>
> 하지만 시공자의 채무자로 전락한 조합이 시공자를 상대로 조합이 원하는 계약조건을 관철시키기는 매우 어려운 일이므로, 조합은 입찰공고를 낼 때 미리 대여금의 액수 및 이행기(지급시기), 무이자/유이자 여부 및 이율, 변제기(상환시점), 변제충당의 순서 기타 조합이 원하는 조건들을 포함시킨 공사계약서(안)을 입찰지침안내서에 포함시켜야 한다.

2. 【해설】 원상회복(금전반환)의무에 적용할 이율 [민법의 원칙]

원상회복의무로 반환하는 돈은 그 <u>받은 날부터 이자를 가산하여 지급하여야</u> 하는데 (민법 제548조 제2항), 이때 적용할 이율은 아래와 같이 정해진다(대법원 2013. 4. 26. 선고 2011다50509 판결 참조).

(1) 이율에 관한 약정이 있는 경우

계약해제시 금전반환의무에 적용할 이율을 정한 경우에는 (그 <u>약정이율이 법정이율보다 낮더라도</u>) <u>약정이율을 적용</u>한다.

<u>지연손해금률에 관하여도</u> 별도의 약정이 있으면 (그 <u>약정이율이 법정이율보다 낮더라도</u>) <u>약정이율에 따른다.</u>

(2) 이율약정이 없는 경우

이율 약정이 없으면 <u>법정이율을 적용</u>한다.

(3) 계약해제 시 반환할 금전에 가산할 이자에 관하여만 이율약정이 있고 지연손해금에 관하여는 이율약정이 없는 경우

　A) 이 경우에는 <u>지연손해금에 관하여도 그 약정이율을 적용하는 것이 원칙</u>이나;

　B) <u>그 약정이율이 법정이율보다 낮으면</u>, 지연손해금에 관하여는 법정이율로 청구할 수 있다.

3. 【해설】 '무이자 대여금'의 반환

그러나 <u>무이자 대여금의 경우는</u> 위와 같은 민법의 원칙을 그대로 적용하는 것보다 다음과 같이 처리하는 것이 타당하다.

A) '가산이율'에 관한 약정도, '지연손해금률'에 관한 약정도 없는 경우

　① <u>시공자의 귀책으로 해제된 경우</u>: 대여금반환청구가 조합에 도달한 다음날부터 상사법정이율에 따른 지연손해금을 가산하여 지급한다.

　② <u>조합의 귀책으로 해제된 경우</u>: <u>조합이 대여금을 받은 날부터</u> 상사법정이율에 따른 금원을 가산하여 지급한다(대여금 수령일부터 반환청구일까지는 이자이고, 그 다음날부터 완제일까지는 지연손해금임).

　조합이 민법 제673조(완성전 도급인의 해제권)에 따라 해제한 경우도 이와 같다.

B) '가산이율' 또는 '지연손해금률'에 관한 약정이 있는 경우

　① <u>시공자의 귀책으로 해제된 경우</u>: 대여금반환청구가 조합에 도달한 다음날부터 지연손해금률(없을 때는 약정이율)에 따른 지연손해금을 가산하여 지급한다.

> ② 조합의 귀책으로 해제된 경우: 조합이 대여금을 받은 날부터 반환청구일까지는 가산이율에 따른 이자를 가산하여 지급하고, 그 다음날부터 완제일까지는 지연손해금률에 따른 지연손해금을 가산하여 지급한다. 조합이 민법 제 673 조에 따라 해제한 경우도 이와 같다.
>
> 위 ①, ②의 경우 모두 약정이율이 법정이율보다 낮더라도 약정이율을 적용한다.

4. 【해설】 '유이자 대여금'의 반환

> 시공자가 조합에 '유이자'로 대여금을 제공한 경우에는 민법의 원칙에 따라 이자 및 지연손해금 모두 약정이율을 적용하여 반환하면 된다. 다만, 약정이율이 상사법정이율(연 6%)보다 낮으면, 지연손해금에 관하여는 상사법정이율로 청구할 수 있다.

5. 【해설】 법원의 재량감액을 기대하지 말고 조합이 스스로 챙겨야

> (1) 지연손해금률은 '손해배상액의 예정'에 해당하므로, 그 비율이 부당하게 과다한 경우에는 법원이 이를 적당히 감액할 수 있다(민법 제 398 조 제 2 항).
>
> 그러나 지연손해금의 재량감액은 재판으로 갈 경우에 법원이 해 주는 것이지 시공자가 알아서 해주는 것이 아니다. 또한 재판에서도 감액을 해줄지 말지는 순전히 담당 판사의 재량에 달려있다.
>
> (2) 따라서 조합은 시공자와 계약을 체결할 때 '계약해제에 따른 대여금반환 시 가산할 이자의 비율'과 '지연손해금률'까지 꼼꼼하게 챙겨서 보아야 한다.
>
> 또한 시공계약을 체결할 때는 조합의 협상력이 이미 상당히 약화된 상태이므로, 조합의 협상력이 최고점에 있는 시공자선정 입찰공고 시에 이런 사항들을 입찰참여안내서에 포함시켜야 한다.

6. 【해설】 대여금 반환의 변제충당 순서

> (1) 조합이 시공자와 금전소비대차계약을 할 때에는 이자의 유무 및 이율 문제뿐만 아니라, 대여금반환의 순서와 변제충당의 순서에도 신경을 써서 계약서를 써야 한다.
>
> 조합은 대여금 반환 또는 변제충당의 순서를 이렇게 정하여야 한다: 「① 유이자 대여금 이자 → ② 유이자 대여원금 → ③ 공사비 → ④ 무이자 대여금 → ⑤ 기타 채무」.
>
> 조합원 분담금이나 일반분양대금이 조합과 시공자의 공동관리 계좌로 입금되면 그 다음날에 시공자의 계좌로 자동이체되도록 약정한 경우에는(조합은 이런 약정을 절대

하지 말아야 한다!) 변제충당 순서를 계약서에 미리 규정하는 것이 특히 중요한 의미를 갖는다.

(2) 변제충당 순서를 미리 정하지 않은 경우에는, 변제자는 변제 당시 채무를 지정하여 그 변제에 충당할 수 있으므로(민법 제 476 조 제 1 항), 조합은 매 변제시(또는 자동이체 시)마다 위와 같이 변제충당 순서를 지정해서 시공자에게 통지하는 것을 잊지 말아야 한다.

조합이 변제충당 순서를 지정하지 않고 변제하면 시공자가 변제충당 순서를 정할 수 있으므로 주의를 요한다. 다만, 이 경우에는 조합이 즉시 이의를 해서 변제충당 순서를 변경할 수 있다. (이상 민법 제 476 조 제 2 항.)

(3) 한편 양 당사자 모두 변제충당 순서를 지정하지 않아 법정충당이 이루어질 때에는 「이행기가 도래한 채무」(모두 이행기가 도래한/도래하지 않은 경우에는 이행기가 먼저 도래한/도래할 채무)의 변제에 우선적으로 충당되므로(민법 제 477 조), 당초 계약체결 시 조합은 '유이자 대여금'의 변제기가 '무이자 대여금'의 변제기보다 먼저 도래하도록 약정해야 한다.

7. 【법령】민법 제 476 조(지정변제충당)

> ① 채무자가 동일한 채권자에 대하여 같은 종류를 목적으로 한 수개의 채무를 부담한 경우에 변제의 제공이 그 채무전부를 소멸하게 하지 못하는 때에는 <u>변제자는 그 당시 어느 채무를 지정하여 그 변제에 충당할 수 있다.</u>
>
> ② 변제자가 전항의 지정을 하지 아니할 때에는 <u>변제받는 자는 그 당시 어느 채무를 지정하여 변제에 충당할 수 있다.</u> 그러나 <u>변제자가 그 충당에 대하여 즉시 이의를 한 때에는 그러하지 아니하다.</u>
>
> ③ 전 2 항의 변제충당은 상대방에 대한 의사표시로써 한다.

8. 【법령】민법 제 477 조(법정변제충당)

> 당사자가 변제에 충당할 채무를 지정하지 아니한 때에는 다음 각호의 규정에 의한다.
>   1. 채무중에 이행기가 도래한 것과 도래하지 아니한 것이 있으면 <u>이행기가 도래한 채무</u>의 변제에 충당한다.
>   2. 채무전부의 이행기가 도래하였거나 도래하지 아니한 때에는 채무자에게 변제이익이 많은 채무의 변제에 충당한다.
>   3. 채무자에게 변제이익이 같으면 <u>이행기가 먼저 도래한 채무나 먼저 도래할 채무</u>의 변제에 충당한다.

4. 전 2 호의 사항이 같은 때에는 그 채무액에 비례하여 각 채무의 변제에 충당한다.

B. [금전반환시 가산 이율에 관한 민법의 원칙] ① 계약해제시 금전반환의무에 대하여 약정이율이 있는 경우에는 (그 약정이율이 법정이율보다 낮더라도) 약정이율을 적용해; ② 지연손해금률에 관하여도 별도의 약정이율이 있으면 (약정이율이 법정이율보다 낮더라도) 약정이율을 적용해; ③ 금전반환의무에 관하여만 이율약정이 있고 지연손해금에 관하여 이율약정이 없는 경우에는 a) 지연손해금에 관하여도 그 약정이율을 적용하는 것이 원칙이나; b) 이 경우 그 약정이율이 법정이율보다 낮으면, 지연손해금에 관하여는 법정이율로 청구할 수 있어 ─대법원 2013. 4. 26. 선고 2011 다 50509 판결[분양대금반환등]

【당사자】

【원고(선정당사자), 상고인】 원고
【피고, 피상고인】 지에스건설 주식회사

1. 약정이율이 있으면 그것이 법정이율보다 낮더라도 약정이율을 적용해

 당사자 일방이 계약을 해제한 때에는 각 당사자는 그 상대방에 대하여 원상회복의무가 있고, 이 경우 반환할 금전에는 그 받은 날로부터 이자를 가산하여 지급하여야 한다. 여기서 가산되는 이자는 원상회복의 범위에 속하는 것으로서 일종의 부당이득반환의 성질을 가지는 것이고 반환의무의 이행지체로 인한 지연손해금이 아니다(대법원 2000. 6. 9. 선고 2000 다 9123 판결 등 참조). 따라서 당사자 사이에 그 이자에 관하여 특별한 약정이 있으면 그 약정이율이 우선 적용되고 약정이율이 없으면 민사 또는 상사 법정이율이 적용된다.

2. 지연손해금률에 관한 별도의 약정이율이 있으면 그것이 법정이율보다 낮더라도 약정이율을 적용해

 반면 원상회복의무가 이행지체에 빠진 이후의 기간에 대해서는 부당이득반환의무로서의 이자가 아니라 반환채무에 대한 지연손해금이 발생하게 되므로 거기에는 지연손해금률이 적용되어야 한다. 그 지연손해금률에 관하여도 당사자 사이에 별도의 약정이 있으면 그에 따라야 할 것이고, 설사 그것이 법정이율보다 낮다 하더라도 마찬가지이다(대법원 1995. 10. 12. 선고 95 다 26797 판결).

3. 이자에 관하여만 이율약정이 있고 지연손해금에 관하여는 이율약정이 없는 경우

 한편 계약해제 시 반환할 금전에 가산할 이자에 관하여 당사자 사이에 약정이 있는 경

우에는 특별한 사정이 없는 한 이행지체로 인한 지연손해금도 그 약정이율에 의하기로 하였다고 보는 것이 당사자의 의사에 부합한다(대법원 2008. 4. 24. 선고 2006 다 14363 판결 등 참조).

다만 그 약정이율이 법정이율보다 낮은 경우에는 약정이율에 의하지 아니하고 법정이율에 의한 지연손해금을 청구할 수 있다고 봄이 상당하다. 계약해제로 인한 원상회복 시 반환할 금전에 그 받은 날로부터 가산할 이자의 지급의무를 면제하는 약정이 있는 때에도 그 금전반환의무가 이행지체 상태에 빠진 경우에는 법정이율에 의한 지연손해금을 청구할 수 있는 점과 비교해 볼 때 그렇게 보는 것이 논리와 형평의 원리에 맞기 때문이다(대법원 2009. 12. 24. 선고 2009 다 85342 판결 등 참조).

II. 시공계약이 무효로 된 경우

A. 개요

1. 【해설】시공계약이 무효로 되어도 소비대차약정이 유효한 경우

> 시공계약이 무효로 된 경우 소비대차약정의 효력에 관하여는 법률행위의 일부무효에 관한 법리(민법 제 137 조 단서)가 적용된다. 따라서 시공계약이 무효로 되더라도 소비대차약정을 하였을 것이라고 인정될 때에는 소비대차약정은 무효로 되지 않는다.
>
> 추진위원회와 건설회사가 도시정비법 시행 이후 추진위원회 단계에서 이루어진 주민총회의 시공자 선정결의가 무효로 될 가능성이 있음을 염두에 두고 공사도급계약을 체결하고 거기에 소비대차약정을 포함시킨 후, 이에 기초하여 수차례에 걸쳐 금전대여관계를 맺어온 사안에서, 주민총회의 시공자 선정결의가 무효로 확정됨에 따라 시공계약은 무효로 되었으나, 소비대차약정은 여전히 유효하다고 볼 여지가 있다고 본 사례가 있다(대법원 2023. 2. 2. 선고 2019 다 232277 판결).

2. 【법령】민법 제 137 조(법률행위의 일부무효)

> 법률행위의 일부분이 무효인 때에는 그 전부를 무효로 한다. 그러나 그 무효부분이 없더라도 법률행위를 하였을 것이라고 인정될 때에는 나머지 부분은 무효가 되지 아니한다.

B. ① '법률행위의 일부무효에 관한 법리'(민법 제 137 조 단서)는 여러 개의 계약이 경제적·사실적으로 일체로서 하나의 계약인 것과 같은 관계에 있는 경우에도 적용됨; ② 시공자선정결의와 이를 전제로 한 공사도급계약이 무효임이 확정되었으나, 소비대차약정은 여전히 유효하다고 본 사례 — 대법원 2023. 2. 2. 선고 2019 다 232277 판결[대여금]

제 3 장 공사계약의 해제 / 제 4 절 공사계약 해제로 인한 대여금반환의무

【당사자】

【원고, 상고인】 현대건설 주식회사

【피고, 피상고인】 피고 1 외 10 인

1. 원심기록에 의하여 알 수 있는 사실

원심판결의 이유와 기록에 의하면 다음의 사실을 알 수 있다.

가. 제 1 심 공동피고 신림 4 구역주택재개발정비사업조합설립추진위원회(이하 '이 사건 추진위원회'라 한다)는 구 「도시 및 주거환경정비법」(2005. 3. 18. 법률 제 7392 호로 개정되기 전의 것) 제 13 조에 따라 서울 관악구 (주소 생략) 일대에 주택재개발사업(이하 '이 사건 정비사업'이라 한다)을 시행할 조합을 설립하고자 구성되어 2004. 6. 25. 관할 관청으로부터 설립승인을 받았다.

나. 이 사건 추진위원회는 2006. 7. 25. 주민총회를 개최하여 원고를 시공사로 선정하는 결의(이하 '이 사건 시공사 선정결의'라 한다)를 하였다.

다. 이 사건 추진위원회는 2006. 9. 26. 원고와 이 사건 정비사업에 관하여 공사도급(가)계약(이하 '이 사건 공사도급계약'이라 한다)을 체결하였다. 이 사건 공사도급계약 일반조건 제 15 조는 원고가 이 사건 추진위원회의 요청에 따라 이 사건 추진위원회에 이 사건 정비사업의 시행을 위하여 소요되는 자금을 대여한다고 정하고 있다(이하 '이 사건 소비대차약정'이라 한다). 피고들은 제 1 심 공동피고 소외인과 함께 이 사건 공사도급계약에 따른 이 사건 추진위원회의 채무를 연대보증하였다.

라. 원고는 2006. 11. 24.부터 2010. 7. 15.까지 이 사건 소비대차약정에 따라 이 사건 추진위원회에 수차례에 걸쳐 합계 3,450,937,380 원을 대여하였다. 이 사건 추진위원회는 그 중 일부 대여금에 관하여 다시 원고와 소비대차계약을 체결하고 원고에게 공정증서를 작성해 주었으며 피고들 중 일부는 이에 따른 채무를 연대보증하였다.

마. 한편 이 사건 정비사업의 정비구역 내 토지 등 소유자가 이 사건 추진위원회를 상대로 이 사건 시공사 선정결의의 무효확인을 구하는 소를 제기하여 2010. 11.경 '이 사건 시공사 선정결의가 무효임을 확인한다.'는 취지의 화해권고결정(서울고등법원 2010 나 46574)과 판결(서울고등법원 2010 나 49757)이 각각 확정되었다.

2. 원심의 판단

원심은 판시와 같은 이유로 다음과 같이 판단하였다. (중략)

II. 시공계약이 무효로 된 경우

☞ 원심판결의 내용은 아래와 같다(서울고법 2019. 4. 9. 선고 2017 나 2016790 판결)

> "이 사건 각 금전소비대차계약은 이 사건 공사도급계약 및 이 사건 소비대차약정으로부터 파생된 것으로서, 앞에서 살핀 바와 같이 이 사건 공사도급계약 및 이 사건 소비대차약정이 무효인 이상 이 사건 각 금전소비대차계약 역시 무효라고 봄이 타당하다.
>
> 따라서 이 사건 각 금전소비대차계약에 기한 이 사건 추진위원회의 원고에 대한 채무는 소멸하고, 이를 주채무로 하는 피고 2 외 6 인의 원고에 대한 연대보증채무 역시 보증채무의 부종성에 따라 소멸하므로, 원고의 예비적 주장을 다투는 위 피고들의 나머지 주장에 관하여 나아가 살피지 아니하여도 위 피고들에 대한 원고의 예비적 주장은 이유 없다."

3. 대법원의 판단 (파기환송)

위와 같은 원심판단은 다음과 같은 이유에서 수긍하기 어렵다.

가. '일부무효에 관한 법리'가 여러 개의 계약이 체결된 경우에 적용되는 경우

법률행위의 일부분이 무효인 때에는 그 전부를 무효로 하나, 그 무효 부분이 없더라도 법률행위를 하였을 것이라고 인정될 때에는 나머지 부분은 무효가 되지 아니한다(민법 제 137 조). 여기서 당사자의 의사는 법률행위의 일부가 무효임을 법률행위 당시에 알았다면 의욕하였을 가정적 효과의사를 가리키는 것이다(대법원 2013. 4. 26. 선고 2011 다 9068 판결 등 참조).

그리고 이와 같은 법률행위의 일부무효 법리는 여러 개의 계약이 체결된 경우에 그 계약 전부가 경제적, 사실적으로 일체로서 행하여져서 하나의 계약인 것과 같은 관계에 있는 경우에도 적용된다. 이때 그 계약 전부가 일체로서 하나의 계약인 것과 같은 관계에 있는 것인지의 여부는 계약 체결의 경위와 목적 및 당사자의 의사 등을 종합적으로 고려하여 판단해야 한다(대법원 2006. 7. 28. 선고 2004 다 54633 판결, 대법원 2022. 3. 17. 선고 2020 다 288375 판결 등 참조).

나. 도급계약은 무효이지만 소비대차약정은 유효하다고 볼 여지가 있음

원심판결의 이유를 이러한 법리에 비추어 살펴본다. 이 사건 공사도급계약과 이 사건 소비대차약정이 경제적, 사실적으로 일체로서 행하여져 하나의 계약인 것 같은 관계에 있다고 인정되더라도 이 사건 소비대차약정이 여전히 유효라고 볼 여지가 크다. 구체적 이유는 다음과 같다.

제3장 공사계약의 해제 / 제4절 공사계약 해제로 인한 대여금반환의무

1) 2002. 12. 30. 법률 제6852호로 제정된 구 「도시 및 주거환경정비법」으로 조합설립추진위원회(이하 '추진위원회'라 한다)의 법적 지위와 기능에 관한 조항이 마련되었다. 그러나 거기에 정비사업에 관한 시공사 선정이 추진위원회의 기능으로 포함되지 않았으므로 추진위원회에 의한 시공사 선정이 유효하다고 볼 수 있을지 여부가 분명하지 않았다. 이 사건 추진위원회는 이 사건 공사도급계약 체결 전인 2006. 9. 18.경 관할 관청으로부터 '추진위원회에서의 시공사 선정은 법적 효력이 없는 것'이라는 안내를 받기도 하였다. 이와 같이 원고와 이 사건 추진위원회는 추진위원회 단계에서 이루어진 시공사 선정결의의 법적 효력이 분명하지 않아 이 사건 공사도급계약이 무효로 될 가능성이 있었음에도 이 사건 공사도급계약을 체결하였고 거기에 이 사건 소비대차약정도 포함시켰으며 이에 기초하여 그 무렵부터 2010. 7. 15.경까지 수차례에 걸쳐 금전 대여관계를 맺어 왔다.

2) 추진위원회 단계에서 이루어진 시공사 선정결의가 무효라 하더라도 조합 설립 후 조합 총회에서 추진위원회가 한 시공사 선정을 추인하는 결의를 할 수 있다. 이러한 결의로 추진위원회가 한 시공사 선정은 유효하게 된다. 이 사건에서도 원고와 이 사건 추진위원회는 이 사건 공사도급계약이 무효가 된다고 하더라도 장차 조합이 설립되면 조합 총회 결의를 통하여 추진위원회 단계에서 이루어진 이 사건 시공사 선정결의나 이 사건 공사도급계약이 유효로 될 수 있다는 사정을 염두에 두었다고도 볼 수 있다. 추진위원회 단계에서 체결된 이 사건 공사도급계약이 무효가 될 것인지 여부에 관계없이 원고와 이 사건 추진위원회가 이 사건 소비대차약정에 따라 자금 대여관계를 유지하였다는 의사해석이 충분히 가능하다.

3) 더구나 원고는 이 사건 시공사 선정결의에 관하여 무효확인을 구하는 소가 계속 중인 2010. 7. 15.까지도 지속적으로 이 사건 추진위원회에 금전을 대여하고 일부 대여금에 관하여는 추가로 소비대차계약 공정증서를 작성받기도 하였다. 위 소비대차계약 공정증서에는 이 사건 공사도급계약의 해약이 기한의 이익 상실에 따른 이행기 도래 사유로 정해져 있을 뿐이다.

4) 이러한 사정에 비추어 보면, 원고와 이 사건 추진위원회는 이 사건 공사도급계약과 이 사건 소비대차약정을 체결할 당시 이 사건 공사도급계약이 무효로 된다고 하더라도 이 사건 소비대차약정을 체결, 유지하려는 의사가 있었다고 볼 여지가 있다.

다. 원심판결의 위법함

사정이 이러하다면 원심으로서는 원고와 이 사건 추진위원회에게 이 사건 공사도급계약이 무효로 된다고 하더라도 이 사건 소비대차약정을 체결, 유지할 의사가 인정될 수 있는지 등을 심리하여 이 사건 소비대차약정의 유효 여부를 판단하였어야 했다.

그런데도 원심은 이러한 심리를 다하지 않은 채 이 사건 공사도급계약에 이 사건 소비대차약정이 포함되어 체결되었다는 사정과 이 사건 정비사업의 시공사 선정과 이 사건 소비대차약정 사이에 관련성이 있다는 사정만을 근거로 이 사건 공사도급계약과 함께 이 사건 소비대차약정도 무효가 된다고 판단하였다. 이러한 원심판단에는 필요한 심리를 다하지 않음으로써 일부 무효 등에 관한 법리를 오해하여 판결에 영향을 미친 잘못이 있다.

III. 대여금반환의무와 관련된 기타 문제

A. [하급심판례] ① 소비대차계약에서 이행기를 '공사도급가계약에 따른 지급(상환)시기'로 정하였고, 공사도급가계약에 따른 최종상환일은 '입주지정기간 만료일'인 사안에서, 이후 추진위원회 승인이 취소되고 정비구역지정이 해제됨으로써 주택재개발사업이 더이상 진행될 수 없게 되었다면 소비대차계약상 이행기가 도래했다고 본 사례; ② '공사도급가계약'과 '소비대차계약'은 별개이므로, 공사도급가계약상 채무를 연대보증한 사실만으로 소비대차계약상 채무까지 연대보증하였다고 볼 수 없어 ―대전지방법원 2016. 12. 8. 선고 2016 가합 101864 판결[대여금]

【당사자】

원고 신동아건설 주식회사
피고 A ~ S

1. 전제되는 사실

가. T 주택재개발정비사업 조합설립추진위원회(이하 '이 사건 추진위원회')는 충남 연기군 U 일대를 사업시행구역으로 하여 주택재개발정비사업(이하 '이 사건 사업')을 시행하기 위한 조합 설립을 목적으로 구성된 추진위원회이고, 원고는 건설업(토목, 건축) 등을 목적으로 설립된 회사이다.

나. 원고는 2006. 2. 6. 주식회사 우림건설(이하 '우림건설'), 주식회사 보아스종합건설(이하 '보아스건설')와 사이에 '출자지분 비율: 45%(원고), 45%(우림건설), 10%(보아스건설)'로 정하여 이 사건 추진위원회로부터 이 사건 사업을 공동으로 도급받기로 하는 내용의 계약(이하 '이 사건 공동수급약정')을 체결하였다.

다. 이 사건 추진위원회는 2006. 2. 24. 주민총회를 개최하여 원고, 우림건설, 보아스건설을 이 사건 사업의 시공자로 선정하는 결의를 한 다음, 2006. 4. 7. 원고, 우림건설, 보아스건설에게 이 사건 사업에 관하여 도급주는 내용의 공사도급(가)계약(이하 '이 사건 공사도급가계약')을 체결하였다.

위 계약에서는 원고, 우림건설, 보아스건설이 이 사건 추진위원회에게 사업추진비를 대여하기로 하되, 최종상환일은 '입주지정기간 만료일'로 정하였다.

라. 이후 이 사건 추진위원회는 2006.경 원고, 우림건설, 보아스건설로부터 이 사건 공동수급약정상 각 출자지분별로 합계 10억 원을 차용하는 금전소비대차계약(이하 '이 사건 소비대차계약')을 체결하면서 그 이행기를 '이 사건 공사도급가계약에 따른 지급(상환)시기'로 정하였다.

피고 S를 제외한 나머지 피고들은 이 사건 추진위원회의 원고, 우림건설, 보아스건설에 대한 이 사건 소비대차계약상 채무를 연대보증하였다.

마. 원고는 이 사건 공동수급약정에서 정한 출자지분비율(45%)에 따라 위 10억 원 중 4억 5,000만 원을 이 사건 추진위원회에 이 사건 소비대차계약의 대여금으로 지급하였고, 이 사건 추진위원회로부터 영수증을 건네받았다.

바. 세종특별자치시장은 2014. 2. 3. 이 사건 추진위원회의 승인 취소처분을 이유로 T 주택재개발정비구역지정을 해제하였다.

2. 피고 F, O, P에 대한 청구: 인용

이 사건 소비대차계약의 이행기는 '이 사건 공사도급가계약에 따른 지급(상환)시기'인데, 이 사건 추진위원회의 승인이 취소되고 T 주택재개발정비구역지정이 해제됨으로써 이 사건 사업이 더 이상 진행될 수 없게 되었으므로 이 사건 소비대차계약상 채무의 이행기가 도래했다. 따라서 피고 F, O, P은 연대하여 원고에게 이 사건 소비대차계약에 의한 대여금 4억 5,000만 원 및 이에 대하여 원고가 구하는 바에 따라 위 지정 해제 다음 날인 2014. 2. 4.부터 이 사건 소장 최종송달일인 2016. 8. 23.까지는 상법이 정한 연 6%, 다음 날부터 갚는 날까지는 연 15%의 각 비율로 계산한 지연손해금을 지급할 의무가 있다.

○ 피고 F: 공시송달에 의한 판결(민사소송법 제208조 제3항 제3호)
○ 피고 O, P: 자백간주(민사소송법 제150조 제3항, 제1항)

3. 피고 S에 대한 청구: 기각

갑 제4호증의 기재에 의하면, 피고 S가 이 사건 추진위원회의 원고, 우림건설, 보아스건설에 대한 이 사건 공사도급가계약상 채무를 연대보증한 사실은 인정되나, 피고 S가 이 사건 추진위원회의 원고, 우림건설, 보아스건설에 대한 이 사건 소비대차계약상 채무를 연대보증하지 않았음은 앞서 본 바와 같다. 아래 4. 다. 2)항에서 살펴보듯, 이 사건 공사도급가계약과 이 사건 소비대차계약은 별개로 봄이 타당하므로, 피고 S가 이 사건 공사도급가계약상 채무를 연대보증한 사실만으로 이 사건 소비대차계약상 채무까지 연대보증하였다고 보기에는 부족하고 달리 인정할 증거가 없다.

따라서 원고의 피고 S에 대한 청구는 이유 없다.

B. [같은 판결] 위 판결 중 피고 F, O, P, S를 제외한 나머지 피고들(이하 '나머지 연대보증한 피고들')에 대한 청구에 관한 판단 부분(청구기각): ① '원고, 우림건설, 보아스건설'이 공동수급체로서 도급계약을 체결하였으나, 소비대차계약에 따른 금원대여는 조합체가 아닌 각 구성원회사가 했다고 보고 추진위원회는 각 구성원회사에 대하여 대여금반환의무를 부담한다고 봄; ② 추진위원회 단계에서 주민총회에서 한 시공자선정결의와 그에 따라 체결된 공사도급가계약은 모두 무효이나, 동 가계약에 따른 소비대차계약은 유효하다고 봄; ③ 소비대차계약상 이행기는 공사도급가계약에서 정한 최종상환일인 '입주지정기간 만료일'이나, 도급계약이 무효이므로 결국 기한의 정함이 없는 소비대차가 되어 소비대차 성립시부터 소멸시효가 기산되고; ④ 그때부터 상사시효 5년이 경과함으로써 대여금반환의무 및 그 보증채무는 시효로 소멸했다고 본 사례 —대전지방법원 2016. 12. 8. 선고 2016 가합 101864 판결[대여금]

1. 청구원인에 대한 판단

위 전제되는 사실에 의하면, 이 사건 소비대차계약상 이행기는 '이 사건 공사도급가계약에 따른 지급(상환)시기'이고, 이 사건 공사도급가계약에 따른 이행기는 최종상환일은 '입주지정기간 만료일'인데, 이후 이 사건 추진위원회의 승인이 취소되고 T 주택재개발정비구역 지정이 해제됨으로써 이 사건 사업이 더 이상 진행될 수 없게 되었으므로 이 사건 소비대차계약상 채무의 이행기가 도래했다고 판단된다. 그렇다면 나머지 연대보증한 피고들은 이 사건 소비대차계약상 채무의 연대보증인으로서 연대하여 원고에게 특별한 사정이 없는 한 대여금 4억 5,000만 원 및 이에 대한 지연손해금을 지급할 의무가 있다.

2. 나머지 연대보증한 피고들의 주장 및 판단

가. 도급계약은 공동수급체와 했으나, 대여금반환의무는 각 구성원회사에 대하여 부담함

나머지 연대보증한 피고들은, "이 사건 소비대차계약은 원고, 우림건설, 보아스건설이 공동수급체로서 이 사건 추진위원회에 금원을 대여하는 것을 내용으로 하므로, 원고는 단독으로 이 사건 소비대차계약에 따른 대여금 반환을 구할 수 없다."고 주장한다.

원고, 우림건설, 보아스건설이 이 사건 공동수급약정을 체결하였고, 이 사건 추진위원회가 원고, 우림건설, 보아스건설로부터 이 사건 공동수급약정상 각 출자지분별로 합계 10억

원을 차용하는 금전소비대차계약을 체결한 사실은 앞서 본 바와 같다.

그러나 ① 이 사건 추진위원회가 원고에게 4억 5,000만 원을 받았다는 영수증을 별도로 작성해준 사실 또한 앞서 본 바와 같고, 을가 제2호증의 기재 및 변론 전체의 취지에 의하면, ② 이 사건 추진위원회가 2012. 4. 13. 주민총회를 개최하여 이 사건 소비대차계약상 채무가 포함된 2012년 예산안 승인의 건을 결의하면서, 차입금 및 보증금 내역에 원고, 우림건설, 보아스건설에 대한 채무를 별도로 계상하고 있었던 사실을 인정할 수 있다. 나아가 이 사건 공동수급약정과 이 사건 소비대차계약은 별개로 봄이 타당하므로,

이러한 사정에 비추어 보면, 원고, 우림건설, 보아스건설이 조합으로서 이 사건 추진위원회에 금원을 대여하였다고 보기 어렵고 달리 인정할 증거가 없다.

따라서 나머지 연대보증한 피고들의 위 주장은 이유 없다.

나. 도급계약은 무효이나 소비대차계약은 유효함

가) 나머지 연대보증한 피고들은, "이 사건 추진위원회의 시공자 선정 결의와 이 사건 공사도급가계약은 이 사건 추진위원회의 업무범위에 포함되지 않아 무효이므로, 이에 따른 이 사건 소비대차계약도 함께 무효이다. 또한 구 도시 및 주거환경정비법(2006. 5. 24. 법률 제7960호로 개정되기 전의 것, 이하 '구 도시정비법')에 따르면 자금의 차입에 대하여는 조합 총회 의결을 거쳐야 하는데, 그러지 않았으므로 이 사건 소비대차계약은 이러한 점에서도 무효라고 봄이 타당하다."는 취지로 주장한다.

나) 판단

이 사건 공사도급가계약은 아래 3) 나) (1)항에서 살펴보듯이, 구 도시정비법에 위반되어 무효라고 판단된다. 그러나 구 도시정비법은 조합 설립 이전에 시공사를 선정하지 못하도록 하고 있을 뿐, 조합 설립 이전의 추진위원회가 체결하는 사법상 소비대차계약의 효력까지 규율하고 있지는 않다. 여기에 을가 제1, 2호증의 기재 및 변론 전체의 취지에 의하면, 이 사건 추진위원회 운영규정은 이 사건 사업 시행을 위한 자금 조달 방법으로 금융기관 및 정비사업전문관리업자 등으로부터의 차입금을 규정하고 있고, 이 사건 추진위원회는 2012. 4. 13. 주민총회를 개최하여 이 사건 소비대차계약상 채무가 포함된 2012년 예산안 승인의 건을 결의한 사실을 인정할 수 있으므로, 이 사건 소비대차계약을 당연히 무효라고 볼 수는 없다.

따라서 나머지 연대보증한 피고들의 위 주장도 이유 없다.

III. 대여금반환의무와 관련된 기타 문제

다. 소멸시효 완성 주장

나머지 연대보증한 피고들은, "이 사건 공사도급가계약은 구 도시정비법 위반으로 무효이어서 이 사건 소비대차계약은 기한의 정함이 없는 소비대차계약이 된다. 그렇다면 원고의 이 사건 소는 이 사건 소비대차계약상 채무의 성립시인 2006.경으로부터 상사시효기간 5년이 경과된 2016. 4. 8. 제기되었으므로 위 채무는 소멸하였고, 부종성에 따라 연대보증채무 역시 소멸되었다."는 취지로 주장한다.

(1) 이 사건 공사도급가계약이 무효인지 여부

이 사건 추진위원회가 2006. 2. 24.자 주민총회에서 원고, 우림건설, 보아스건설에 이 사건 사업의 시공자로 선정하는 결의를 한 것은 앞서 본 바와 같은데, 위 법리에 비추어 보면 이와 같은 결의는 무효라고 판단된다. 또한 이 사건 공사도급가계약도 실질적으로 원고, 우림건설, 보아스건설에 시공자 지위를 부여하는 내용이므로, 마찬가지의 이유로 무효라고 판단된다.

(2) 이 사건 소비대차계약상 채무의 이행기 및 소멸시효 기산점

(가) 이 사건 소비대차계약상 이행기는 '이 사건 공사도급가계약에 따른 지급(상환)시기'이고, 이 사건 공사도급가계약에 따른 이행기는 최종상환일은 '입주지정기간 만료일'인데 이 사건 공사도급가계약은 구 도시정비법 위반으로 그 성립시부터 무효임은 앞서 본 바와 같다.

그렇다면 이행기에 대하여 이 사건 공사도급가계약이 유효함을 전제로 한 이 사건 소비대차계약은 결국 기한의 정함이 없는 소비대차계약이 되고, 그 성립시인 2006.경부터 소멸시효가 진행된다고 봄이 타당하고, 위 채무는 상행위로 인한 상사채권으로서 그 소멸시효기간은 상법 제64조에 의하여 5년이다. 그렇다면 위 성립시로부터 5년이 경과하였음이 역수상 명백한 2016. 4. 8. 원고의 이 사건 소가 제기되었으므로, 위 채무는 이미 이 사건 소 제기 이전에 시효가 완성되어 소멸하였고, 부종성에 따라 나머지 연대보증한 피고들의 연대보증채무 역시 소멸하였다고 판단된다(나머지 연대보증한 피고들의 소멸시효 완성 주장을 받아들이는 이상 그 외 다른 주장에 대하여는 더 나아가 살피지 않는다). (이하 생략)

제5절 민법 제673조에 따른 해제

I. 총회결의와 해제통고

A. 개요

1. 【해설】 도급인의 해제권과 손해배상의무

> (1) 도급인은 수급인이 일을 완성하기 전에는 언제든지 수급인의 손해를 배상하고 도급계약을 해제할 수 있으므로(민법 제673조), 조합은 시공자의 채무불이행이 없더라도 언제든 시공계약을 해제할 수 있다. 다만 손해배상책임을 질 뿐이다.
>
> (2) 이 경우 도급인이 배상하여야 할 손해액은 a) 수급인이 이미 지출한 비용과 b) 일을 완성했더라면 얻었을 이익의 합계액이다.
>
> (3) 손해액 산정시 손익공제는 인정되나, (그동안 수급인에게 과실이 있었다거나 도급금액이 과다하다 할지라도) 과실상계와 손해배상예정액의 감액은 인정되지 않는다.
>
> ☞ 정비사업 시행자와 시공자 사이에 체결되는 계약은 단순한 도급계약이 아니라 금전대여계약, 이주·분양 등 정비사업 관련업무에 관한 각종 용역계약, 대리사무계약 등이 혼재된 혼합계약이므로, 시공자 귀책 없이 민법 제673조에 따라 시공계약을 해제하는 것이 적법한지가 문제될 수 있으나, 이 책에서 이 문제는 논외로 한다.

2. 【법령】 민법 제673조(완성전의 도급인의 해제권)

> 수급인이 일을 완성하기 전에는 도급인은 손해를 배상하고 계약을 해제할 수 있다.

3. 【해설】 민법 제673조에 따른 해제와 위약금 조항

> (1) 민법 제673조에 따라 계약을 해제할 경우에 관하여 따로 위약금(손해배상 예정액) 약정을 한 경우에는 시공자는 약정 위약금을 청구하면 되나, 그렇지 않은 경우에는 시공자는 손해액을 구체적으로 증명해야 손해배상청구를 할 수 있다.
>
> (2) 그래서 공사도급계약에 위약금 조항이 없는 경우 시공자가 조합을 상대로 손해배상청구를 하기 위해서는 공사원가를 공개하여야 하는데, 건설업자가 공사원가를 공개하는 것은 곧바로 다른 사업장에 영향을 미치므로, 총액입찰을 하고 도급계약을 체결할 때에도 물량내역서와 산출내역서를 제출하지 않은 시공사는 조합을 상대로 손해배상청구 소송을 제기하기가 쉽지 않다.

I. 총회결의와 해제통고

> (3) 채무불이행에 대한 일반적 위약금 조항은 민법 제 673 조에 따른 계약해제의 경우에는 적용되지 않는다고 보는 것이 타당하다.
>
> 서울시와 국토교통부가 마련한 표준공사계약서에는 조합의 채무불이행에 대한 위약금 조항도 없고, 조합이 민법 제 673 조에 따라 계약을 해제하는 경우에 관한 위약금 조항도 없다.

4. 【해설】 민법 제 673 조에 의한 계약해제의 절차 (손해배상에 관한 총회결의)

> (1) 도급인이 민법 제 673 조에 따라 도급계약을 해제하는 경우에는 수급인이 입게 될 손해, 즉 a) 수급인이 이미 지출한 비용과 b) 일을 완성했더라면 얻었을 이익을 합한 금액을 배상하여야 하므로, 조합이 민법 제 673 조에 따라 시공계약을 해제하면 필연적으로 정비사업비의 변경이 초래된다.
>
> 그런데 정비사업비의 변경은 필수적 총회의결사항이므로(법 제 45 조 제 1 항 제 13 호; 영 제 42 조 제 1 항 제 4 호), <u>조합이 민법 제 673 조에 따라 도급계약을 해제하기 위해서는 그 해제와 일체를 이루는 손해배상에 관하여 총회결의가 있어야 하며,</u> <u>이러한 총회결의를 거치지 않은 해제통고는 효력을 발생할 수 없다.</u>
>
> (2) 따라서 조합이 민법 제 673 조에 따라 도급계약을 해제하려는 경우에는 ① 해제총회의 안건심의자료(총회책자)에 시공계약이 해제될 경우 조합이 부담하게 되는 손해배상에 관한 내용을 포함시켜야 하고, ② 해제총회에서 조합장이나 사회자는 민법 제 673 조에 의한 계약해제를 하고자 한다는 설명을 하고, ③ 민법 제 673 조에 따라 시공계약을 해제할 경우 인정될 조합이 부담하게 될 수 있는 개략적인 손해배상액 등에 관하여 설명하여야 한다.
>
> [이상 서울고등법원 2021. 10. 6. 선고 2021 나 2011839 판결(심리불속행 기각) 참조.]

5. 【해설】 '채무불이행 해제'와 '민법 제 673 조에 의한 해제'는 전혀 별개 의사표시임

> 채무불이행(이행지체 또는 이행불능)으로 인한 도급계약의 해제(민법 제 544 조, 제 546 조)와 민법 제 673 조에 의한 도급인의 계약해제는 별개의 법률원인에 의한 계약해제이다. 따라서 <u>수급인의 채무불이행을 이유로 한 도급계약 해제의 의사표시에는 민법 제 673 조에 따른 임의해제 의사가 포함되어 있지 않다.</u>
>
> 그러므로 도급인이 수급인의 채무불이행을 이유로 도급계약의 해제를 통고한 경우 채무불이행의 요건을 갖추지 못한 것으로 밝혀지면, 결국 도급계약 해제의 효력은 발생하지 않는 것이며, 도급인은 민법 제 673 조에 따라 도급계약이 해제되었다는 주장을 할 수 없다(대법원 2022. 10. 14. 선고 2022 다 246757 판결).

제 3 장 공사계약의 해제 / 제 5 절 민법 제 673 조에 따른 해제

B. ① 수급인의 채무불이행을 이유로 한 도급계약 해제의 의사표시에는 민법 제 673 조에 따른 임의해제 의사가 포함되어 있지 않아; ② 따라서 이 경우 채무불이행의 요건을 갖추지 못한 것으로 밝혀지면 해제의 효력은 발생하지 않음(용역계약에 따른 원고의 용역비 청구를 인용함) —대법원 2022. 10. 14. 선고 2022 다 246757 판결[용역비]

【당사자】

【원고, 상고인】 　주식회사 화인종합건축사사무소

【피고, 피상고인】 　달성지구주택재개발정비사업조합

1. 채무불이행을 이유로 한 도급계약 해제통고는 임의해제 의사를 포함하지 않아

도급인이 수급인의 채무불이행을 이유로 도급계약 해제의 의사표시를 하였으나 실제로는 채무불이행의 요건을 갖추지 못한 것으로 밝혀진 경우, 도급계약의 당사자 사이에 분쟁이 있었다고 하여 그러한 사정만으로 위 의사표시에 민법 제 673 조에 따른 임의해제의 의사가 포함되어 있다고 볼 수는 없다. 그 이유는 다음과 같다.

1) 도급인이 수급인의 채무불이행을 이유로 도급계약을 해제하면 수급인에게 손해배상을 청구할 수 있다. 이에 반하여 민법 제 673 조에 기하여 도급인이 도급계약을 해제하면 오히려 수급인에게 손해배상을 해주어야 하는 처지가 된다. 도급인으로서는 자신이 손해배상을 받을 수 있다고 생각하였으나 이제는 자신이 손해배상을 하여야 하는 결과가 된다면 이는 도급인의 의사에 반할 뿐 아니라 의사표시의 일반적인 해석의 원칙에도 반한다.

2) 수급인의 입장에서 보더라도 채무불이행 사실이 없으므로 도급인의 도급계약 해제의 의사표시가 효력이 없다고 믿고 일을 계속하였는데, 민법 제 673 조에 따른 해제가 인정되면 그 사이에 진행한 일은 도급계약과 무관한 일을 한 것이 되고 그 사이에 다른 일을 할 수 있는 기회를 놓치는 경우도 있을 수 있어 불측의 손해를 입을 수 있다.

2. 원심판결의 위법함 (파기환송)

그럼에도 이와 달리 원심은 도급인이 수급인의 채무불이행 또는 약정 해제사유를 이유로 도급계약을 해제한다는 의사표시를 하였으나 그 해제 요건을 갖추지 못한 경우에도 특별한 사정이 없는 한 그 의사표시에는 민법 제 673 조에 따른 임의해제의 효력이 인정된다고 보고 도급인인 피고가 수급인인 원고에게 이 사건 각 용역계약의 해제를 통보한 2013. 5. 30.에 이 사건 각 용역계약이 적법하게 해제되었다고 판단하였으니 이러한 원심판단에는 민법 제 673 조의 법리를 오해하여 판결에 영향을 미친 잘못이 있다.

I. 총회결의와 해제통고

C. [고등법원 판례] ① 조합이 민법 제673조에 따라 도급계약을 해제하기 위해서는 그 해제와 일체를 이루는 손해배상에 관하여 총회결의가 있어야 해; ② 시공자의 채무불이행을 이유로 도급계약의 해제를 통고한 조합이 그 해제통고에 민법 제673조에 따른 임의해제 의사가 포함되어 있다고 주장한 사안에서, 도급계약 해제 총회에서 민법 제673조에 따른 해제와 일체를 이루는 손해배상에 관하여 개략적으로나마 의결이 이루어졌다고 볼 수도 없으므로 (설령 조합의 계약해제통보에 민법 제673조에 기한 임의해제 의사가 포함되어 있다고 보더라도) 그 해제통고가 유효하지 않다고 본 사례; ③ 따라서 원고의 시공자지위 확인청구를 인용함 ―서울고등법원 2021. 10. 6. 선고 2021나2011839 판결[시공자지위확인의소] (심리불속행 기각)

【당사자】

원고,항소인	주식회사 대우건설
피고,피항소인	신반포15차아파트 주택재건축정비사업조합

【주문】

1. 제1심판결을 취소한다.
2. 원고가 신반포15차아파트주택재건축정비사업의 도시 및 주거환경정비법상 시공자 지위에 있음을 확인한다.

1. 판단

피고의 주장과 같이 이 사건 계약해제통보에 민법 제673조에 기한 해제의사가 포함되어 있다고 하더라도, 아래와 같은 사정에 비추어 보면 이는 적법한 해제라고 할 수 없다. 피고의 위 주장은 이유 없다.

① 도시정비법 제45조 제1항 제13호에 의하면, 단체인 조합의 조합원에게 경제적 부담을 주는 사항 등 주요한 사항을 결정하기 위하여 필요한 사항으로서 대통령령 또는 정관이 정하는 사항에 관하여는 총회의 의결을 거쳐야 하고, 같은 법 시행령 제34조 제1항 제4호에 의하면, 위와 같이 총회의 의결을 거쳐야 하는 사항 중 하나로 정비사업비의 변경이 정해져 있다.

그리고 민법 제673조에서 도급인으로 하여금 자유로운 해제권을 행사할 수 있도록 하는 대신 수급인이 입은 손해를 배상하도록 규정하고 있는 것은 도급인의 일방적인 의사에 기한 도급계약 해제를 인정하는 대신, 도급인의 일방적인 계약해제로 인하여 수급인이 입게 될 손해, 즉 수급인이 이미 지출한 비용과 일을 완성하였더라면 얻었을 이익을 합한 금액을 전부 배상하게 하는 것이므로(대법원 2002. 5. 10. 선고 2000다37296, 37302 판결 등 참조),

제3장 공사계약의 해제 / 제5절 민법 제673조에 따른 해제

피고가 민법 제673조에 따라 이 사건 계약을 해제할 경우 정비사업비의 변경이 초래된다.

따라서 민법 제673조에 따라 피고가 하는 이 사건 계약의 해제가 유효하기 위해서는 그 선행 절차로 그러한 해제 및 해제와 일체를 이루는 손해배상에 관하여 총회 의결이 있어야 한다.

② 그런데 갑 제8호증의 기재만으로는 2019. 12. 5. 개최된 이 사건 해제총회에서 위와 같은 해제 및 해제와 일체를 이루는 손해배상에 관하여 의결이 있었음을 인정하기 부족하고 달리 이를 인정할 증거가 없다.

오히려 갑 제2, 19, 35, 36, 38, 69호증, 을 제15호증의 각 기재에 변론 전체의 취지를 종합하면, ㉠ 원고가 2019. 11. 26. 및 2019. 11. 28. 이 사건 계약을 해제할 경우 피고가 부담하게 될 막대한 손해를 조합원들에게 알려 줄 것을 요청한 사실, ㉡ 이 사건 해제총회 안건 심의를 위한 자료에 이 사건 계약이 해제될 경우 피고가 부담하게 될 수도 있는 손해배상에 관한 내용이 포함되지 아니한 사실, ㉢ 이 사건 해제총회에서 사회자나 조합장은 앞서 살펴본 계약해제사유에 대한 설명을 하였을 뿐, 민법 제673조에 의한 계약해제를 하고자 한다는 설명을 하지 아니한 사실, ㉣ 조합장은 손해배상에 관한 조합원의 질문에 대하여 '피고는 이 사건 계약의 해제에 이르기까지 어떠한 잘못을 저지른 것이 없으므로 손해배상 걱정은 하지 않아도 된다'고 설명하거나, 계약이 해제되었을 경우에 위약금이나 거기에 수반되는 비용 등이 어떻게 추가되고 조합원에게 어떤 불이익이 있는지에 관한 조합원의 질문에 대하여 '소송비용은 지금 얼마라고 얘기하기 쉽지 않다'는 취지로 답변하였을 뿐 민법 제673조에 따라 이 사건 계약을 해제할 경우 인정될 수 있는 개략적인 손해배상액수 등에 관하여 설명하지 않았다.

③ 이러한 사정에 비추어 보면, 이 사건 해제총회에서 민법 제673조에 따른 해제와 그와 일체를 이루는 손해배상에 관하여 개략적으로나마 의결이 이루어졌다고 볼 수는 없다.

2. 소결

앞서 본 바와 같이 피고가 주장하는 해제사유의 존재가 인정되지 아니하므로 이 사건 계약해제통보는 효력이 없다. 또한 이 사건 계약해제통보에 민법 제673조에 기한 임의해제 의사가 포함되어 있다고 보더라도 이 사건 해제총회에서 그러한 해제 및 그와 일체를 이루는 손해배상에 관하여 총회 의결이 없었으므로 유효하다고 할 수 없다. 결국 이 사건 계약해제통보에 기한 해제는 효력이 없어 이 사건 계약은 여전히 유효하고, 따라서 원고는 이 사건 사업의 시공자 지위를 유지하고 있으며, 피고가 이 사건 계약의 효력을 다투고 있으므로 그 확인의 이익도 있다.

II. 도급인의 손해배상의무

A. 도급인이 민법 제 673 조에 의하여 도급계약을 해제할 경우 배상할 손해액은 ① <u>수급인이 이미 지출한 비용(신뢰이익손해)과 ② 일을 완성하였더라면 얻었을 이익(이행이익)을 합한 금액</u>이야 —대법원 2002. 5. 10. 선고 2000 다 37296, 37302 판결[매매대금·손해배상(기)]

【당사자】

【원고(반소피고),상고인】 신공덕구역주택개량재개발조합

【피고(반소원고),피상고인】 피고(반소원고)

민법 제 673 조에서 도급인으로 하여금 자유로운 해제권을 행사할 수 있도록 하는 대신 수급인이 입은 손해를 배상하도록 규정하고 있는 것은 도급인의 일방적인 의사에 기한 도급계약 해제를 인정하는 대신, 도급인의 일방적인 계약해제로 인하여 <u>수급인이 입게 될 손해, 즉 ① 수급인이 이미 지출한 비용과 ② 일을 완성하였더라면 얻었을 이익을 합한 금액을 전부 배상하게 하는 것</u>이라 할 것이므로…

B. 민법 제 673 조에 따른 도급계약해제로 인한 손해배상액을, ① 도급계약에서 정한 공사가격내역서에 따라 미완성 부분의 공사대금을 산정한 다음 ② 미완성 부분을 완공하는 데 소요되는 비용을 공제한 363,007,114 원으로 인정한 사례 —대법원 2013. 5. 24. 선고 2012 다 39769,39776 판결[토지인도·위약금등]

[당사자]

【원고(반소피고), 상고인 겸 피상고인】 상도 134 지역주택조합

【피고(반소원고), 피상고인 겸 상고인】 주식회사 대명종합건설

【피고, 상고인】 굿모닝씨티건설 주식회사

민법 제 673 조에서 도급인으로 하여금 자유로운 해제권을 행사할 수 있도록 하는 대신 수급인이 입은 손해를 배상하도록 규정하고 있는 것은 도급인의 일방적인 의사에 기한 도급계약 해제를 인정하는 대신, <u>도급인의 일방적인 계약해제로 인하여 수급인이 입게 될 손해, 즉 수급인이 이미 지출한 비용과 일을 완성하였더라면 얻었을 이익을 합한 금액을 배상하게 하는 것</u>이라 할 것이다(대법원 2002. 5. 10. 선고 2000 다 37296, 37302 판결 참조).

원심판결 이유를 위 법리와 기록에 비추어 살펴보면, 원심의 이유설시에 일부 부적절한 점이 있으나, ① 이 사건 도로공사계약의 공사가격내역서에 따라 미완성 부분의 공사대금을 산정한 다음 ② 미완성 부분을 완공하는 데 소요되는 비용을 공제하는 방법으로 피고

대명이 미완성 부분을 완성하였더라면 얻었을 이익 363,007,114 원을 이 사건 도로공사계약 해제에 따른 손해배상액으로 인정한 원심의 판단은 수긍할 수 있고, 거기에 상고이유 주장과 같이 민법 제 673 조에 의한 도급계약 해제 시 배상하여야 할 손해액 산정방법에 관한 법리오해 등으로 판결 결과에 영향을 미친 위법이 없다.

C. ① 민법 제 673 조에 따라 도급인이 도급계약을 해제한 경우 배상할 손해액 = a) <u>수급인이 이미 지출한 비용</u> + b) <u>일을 완성하였더라면 얻었을 이익</u>; ② 중단된 도로공사의 미완성부분을 피고 대명에게 도급한 후 해제한 사안에서 손해액을 <u>도급계약에서 정한 공사가격내역서에 따라 미완성 부분의 공사대금을 산정한 다음 미완성 부분을 완공하는 데 소요되는 비용을 공제한</u> 363,007,114 원으로 인정한 사례 —대법원 2013. 5. 24. 선고 2012 다 39769,39776 판결[토지인도·위약금등]

[당사자]

> 【원고(반소피고), 상고인 겸 피상고인】 상도 134 지역주택조합
>
> 【피고(반소원고), 피상고인 겸 상고인】 주식회사 대명종합건설
>
> 【피고, 상고인】 굿모닝씨티건설 주식회사

민법 제 673 조에서 도급인으로 하여금 자유로운 해제권을 행사할 수 있도록 하는 대신 수급인이 입은 손해를 배상하도록 규정하고 있는 것은 도급인의 일방적인 의사에 기한 도급계약 해제를 인정하는 대신, <u>도급인의 일방적인 계약해제로 인하여 수급인이 입게 될 손해, 즉 수급인이 이미 지출한 비용과 일을 완성하였더라면 얻었을 이익을 합한 금액을 배상하게 하는 것</u>이라 할 것이다(대법원 2002. 5. 10. 선고 2000 다 37296, 37302 판결 참조).

원심판결 이유를 위 법리와 기록에 비추어 살펴보면, 원심의 이유설시에 일부 부적절한 점이 있으나, ① 이 사건 도로공사계약의 공사가격내역서에 따라 미완성 부분의 공사대금을 산정한 다음 ② 미완성 부분을 완공하는 데 소요되는 비용을 공제하는 방법으로 피고 대명이 미완성 부분을 완성하였더라면 얻었을 이익 363,007,114 원을 이 사건 도로공사계약 해제에 따른 손해배상액으로 인정한 원심의 판단은 수긍할 수 있고, 거기에 상고이유 주장과 같이 민법 제 673 조에 의한 도급계약 해제 시 배상하여야 할 손해액 산정방법에 관한 법리오해 등으로 판결 결과에 영향을 미친 위법이 없다.

III. 손익공제(○)와 과실상계(X)

A. [손익공제는 인정] 민법 제 673 조에 의하여 도급계약이 해제된 경우, ① <u>수급인이 그 일에 들이지 않게 된 노력을 다른 곳에 사용하여 얻었거나 얻을 수 있었던 소득</u> 및 ② <u>그 일의</u>

III. 손익공제(○)와 과실상계(X)

완성을 위하여 준비한 재료를 타에 사용/처분하여 얻을 수 있는 대가 상당액은 손해액에서 당연히 공제되어야 해 —대법원 2002. 5. 10. 선고 2000 다 37296, 37302 판결[매매대금·손해배상(기)]

【당사자】

【원고(반소피고),상고인】 신공덕구역주택개량재개발조합

【피고(반소원고),피상고인】 피고(반소원고)

1. 법리 (민법 제 673 조와 손익공제)

채무불이행이나 불법행위 등이 채권자 또는 피해자에게 손해를 생기게 하는 동시에 이익을 가져다 준 경우에는 공평의 관념상 그 이익은 당사자의 주장을 기다리지 아니하고 손해를 산정함에 있어서 공제되어야만 하는 것이므로,

민법 제 673 조에 의하여 도급계약이 해제된 경우에도, ① 그 해제로 인하여 수급인이 그 일의 완성을 위하여 들이지 않게 된 자신의 노력을 타에 사용하여 소득을 얻었거나 또는 얻을 수 있었음에도 불구하고, 태만이나 과실로 인하여 얻지 못한 소득 및 ② 일의 완성을 위하여 준비하여 둔 재료를 사용하지 아니하게 되어 타에 사용 또는 처분하여 얻을 수 있는 대가 상당액은 당연히 손해액을 산정함에 있어서 공제되어야 할 것이다.

2. 대법원의 판단 (파기환송)

가. 손익공제가 필요함

그런데 기록 및 원심판결 이유에 의하면, 이 사건 계약에 따른 일의 완성을 위하여 추후 소요될 비용으로서 원심판결이 공제한 위 비용 53,000,000 원(52,000,000 원 + 1,000,000 원)에 피고의 노동력 상당에 대한 평가액은 포함되어 있지 아니함이 명백하고, 피고가 이 사건 계약에 따른 일의 완성을 위하여 준비하여 둔 원석 및 좌대(그를 위하여 지출한 비용을 피고의 손해액으로 인정하고 있다)를 계약해제로 인하여 사용할 수 없게 되었으며 이를 타에 처분하면 상당한 대가를 얻을 수 있다고 보이므로,

원심으로서는, 피고의 노력을 타에 사용하여 소득을 얻었거나 또는 얻을 수 있었음에도 불구하고 얻지 못한 소득 및 위 원석 및 좌대를 피고가 타에 사용하거나 처분하면 얻을 수 있는 대가가 어느 정도인지를 심리하여 그 부분을 손익상계의 법리에 따라 위 손해액에서 공제하였어야 할 것이다.

나. 원심판결의 위법함

그럼에도 불구하고, 위 각 점에 관하여 전혀 심리하지도 아니하고, 이 사건 손해배상액을 산정함에 있어 이들을 공제하지도 아니한 원심판결에는 손익상계의 법리를 오해하여 손해배상의 범위를 잘못 산정한 위법이 있다 할 것이고, 이러한 위법은 판결 결과에 영향을 미쳤음이 분명하다 할 것이다. 따라서 이를 다투는 취지가 포함된 것으로 볼 수 있는 이 사건 상고이유는 그 이유가 있다 할 것이다.

B. [과실상계, 손해배상예정액 감액은 불인정] [같은 판례] 도급인이 민법 제 673 조에 의하여 도급계약을 해제한 경우 도급인은 수급인에 대한 손해배상을 함에 있어 (그동안 수급인에게 과실이 있었다거나 도급금액이 과다하다 할지라도) 과실상계나 손해배상예정액의 감액을 주장할 수 없어 —대법원 2002. 5. 10. 선고 2000 다 37296, 37302 판결[매매대금·손해배상(기)]

민법 제 673 조에서 도급인으로 하여금 자유로운 해제권을 행사할 수 있도록 하는 대신 수급인이 입은 손해를 배상하도록 규정하고 있는 것은 도급인의 일방적인 의사에 기한 도급계약 해제를 인정하는 대신, 도급인의 일방적인 계약해제로 인하여 수급인이 입게 될 손해, 즉 ① 수급인이 이미 지출한 비용과 ② 일을 완성하였더라면 얻었을 이익을 합한 금액을 전부 배상하게 하는 것이라 할 것이므로,

위 규정에 의하여 도급계약을 해제한 이상은 특별한 사정이 없는 한 도급인은 수급인에 대한 손해배상에 있어서 과실상계나 손해배상예정액 감액을 주장할 수는 없고, 이와 같이 과실상계나 손해배상예정액 감액을 인정하지 아니한다고 하여 이를 들어 사회정의, 건전한 사회질서, 신의칙에 반한다고 볼 수는 없다 할 것이며, 이러한 점은 수급인에게 그 동안 어떠한 과실이 있었다거나, 그 약정 도급금액이 과다하다 할지라도 달리 볼 것이 아니라 할 것이므로,

도급금액의 과다 여부나, 원고가 피고에게 배상하여야 할 손해배상액의 적절한 분담 등을 고려하지 아니하고 이행이익 전부의 배상을 명하였다 하여 사회정의, 건전한 사회질서 및 신의칙 위반 등의 위법이 있다고 할 수 없다. 이 부분 상고이유 또한 받아들일 수 없다.

제6절 지체상금

I. 지체상금의 시기와 종기

A. 【해설】 도급계약이 해제된 경우 지체상금의 시기와 종기

> 지체상금 약정은 수급인이 약정기간 내에 공사를 완공하지 않은 경우는 물론, 수급인의 귀책으로 약정준공일 전 또는 후에 도급계약이 해제되고 그에 따라 도급인이 수급인을 다시 선정하여 공사를 완공하느라 완공이 지체된 경우에도 적용된다(대법원 1999. 1. 26. 선고 96다6158 판결).
>
> 이 경우 지체상금 발생의 시기始期는 약정준공일 익일이고, 그 종기終期는 도급인이 이를 해제할 수 있었을 때(실제로 해제한 때가 아니고)를 기준으로 하여 피고가 다른 업자에게 의뢰하여 건물을 완성할 수 있었던 시점까지로 제한된다. 다만, 이 경우에도 수급인의 귀책사유 없이 공사가 지연된 기간 만큼은 지체상금이 발생하지 않는다. (이상 대법원 1989.07.25. 선고 88다카6273 판결.)
>
> 이와 같이 산정된 지체상금액이 부당히 과다하다고 인정되는 경우에는 법원이 다시 적당히 감액할 수 있다(대법원 1989.07.25. 선고 88다카6273 판결).
>
> 한편 여기서 「도급계약을 해제할 수 있었던 때」는 간접사실에 불과하므로 법원은 당사자의 주장에 구속되지 않고 인정할 수 있다(대법원 2005. 8. 19. 선고 2002다59764 판결).

B. 수급인이 완공기한 내에 공사를 완성하지 못한 채 완공기한을 넘겨 도급계약이 해제된 경우 ① 지체상금 발생의 시기는 완공기한 다음날이고, ② 종기는 도급인이 도급계약을 해제할 수 있었을 때(실제로 도급계약을 해제한 날이 아님)를 기준으로 하여 도급인이 다른 업자에게 맡겨 완공할 수 있었던 시점이야 —대법원 1999.10.12. 선고 99다14846 판결[계약보증금]

1. 법리 (지체상금 발생의 시기와 종기)

이 사건과 같이 수급인이 완공기한 내에 공사를 완성하지 못한 채 완공기한을 넘겨 도급계약이 해제된 경우에 있어서 그 ① 지체상금 발생의 시기는 완공기한 다음날이고, ② 종기는 수급인이 공사를 중단하거나 기타 해제사유가 있어 도급인이 이를 해제할 수 있었을 때(현실로 도급계약을 해제한 때가 아니다)를 기준으로 하여 도급인이 다른 업자에게 의뢰하여 같은 건물을 완공할 수 있었던 시점이라 할 것이다(대법원 1998. 2. 24. 선고 95다38066, 38073 판결, 1995. 9. 5. 선고 95다18376 판결, 1989. 7. 25. 선고 88다카6273, 6280

판결 등 참조).

2. 종기 판단에 관한 원심판결의 위법함

그런데 원심은 지체상금 발생의 종기를 판단함에 있어서 대성종합이 공사를 중단함에 따라 원고가 이 사건 계약을 해제할 수 있었을 때를 기준으로 하지 아니하고, <u>원고가 현실로 이 사건 계약을 해제한 1995. 5. 24.을 기준으로 하였는바, 이는 수급인이 완공기한 내에 공사를 완성하지 못한 채 완공기한을 넘겨 도급계약이 해제된 경우에 있어서 그 지체상금 발생의 종기에 대한 법리를 오해한 위법이 있다</u> 하겠다.

3. 대법원의 판단

가. 지체상금의 계산

그런데 기록에 의하면 원고와 대성종합은 이 사건 계약 제22조 제1항 제2호, 제2항, 제3항 제1호에서 원고는 대성종합의 책임 있는 사유로 인하여 준공기일 내에 공사를 완성할 가능성이 없음이 명백한 경우에는 이 사건 계약의 전부 또는 일부를 해제할 수 있고, 그로 인한 계약의 해제는 그 사유를 명시하여 대성종합에게 통지함으로써 효력을 발생하고, 대성종합은 그 통지를 받은 때에는 당해 공사를 지체 없이 중지하고 모든 공사기구들을 공사장으로부터 철거하여야 하는 것으로 정하고 있는바,

이와 같은 규정들에 의하면 <u>원고는 대성종합이 공사 완공시기를 도과하여 공사를 중단한 같은 해 4. 12.에 통상의 이행지체를 이유로 한 계약의 해제에서 필요한 최고를 거칠 필요 없이 즉시 이 사건 계약을 해제할 수 있었다고 보아야 할 것이다.</u>

한편 <u>원심은 원고가 이 사건 계약을 실제로 해제한 같은 해 5. 24.로부터 원고가 다른 업자에게 의뢰하여 잔여 공사를 시공하도록 하여 목적 건물을 완성하는 데에는 7개월여의 기간이 필요하였을 것으로 판단하였는바, 관련 증거들을 기록과 대조하여 검토하여 보면 원심의 그와 같은 판단은 수긍할 수 있고, 원고가 이 사건 계약을 해제할 수 있었던 때인 같은 해 4. 12.을 기준으로 하여 보더라도 그 시점은 같은 해 5. 24.과 42일의 차이가 있으나 계절적 요인이나 자재나 인력의 공급 등 건설업계의 사정상 같은 해 5. 24.에 잔여 공사를 시작하는 경우에 비하여 잔여 공사 소요기간이 특별히 더 길어지거나 짧아지지는 아니할 것으로 보인다.</u>

따라서 대성종합이 공사를 중단한 같은 해 4. 12.을 기준으로 하더라도 잔여 공사를 시공하여 목적 건물을 완공하는 데에는 역시 7개월여의 기간이 필요한 것으로 볼 수 있고, 그 경우 대성종합의 공사이행 지체로 인한 지체상금 산정기간은 233일간이 되고, 이 사건

계약의 지체상금 약정에 따라 대성종합이 원고에게 지급하여야 할 지체상금액은 금 602,305,000 원(= 2,585,000,000 원×1/1,000×233)이 됨이 계산상 명백하다.

그런데 피고의 보증책임은 이 사건 보증서에 기재된 금 517,000,000 원에 한정되어 있으므로 원심이 위와 같은 법리오해에 따른 잘못을 저지르지 아니하여 대성종합이 원고에게 지급하여야 할 지체상금액을 올바르게 산출하였다 하더라도 피고는 원고에 대하여 금 517,000,000 원의 지급의무를 면할 수는 없다 할 것이므로 위와 같은 원심의 잘못은 그 자체만으로는 판결 결과에 영향을 미쳤다고 할 수 없다.

나. 지체상금의 감액을 하지 않은 사례

더 나아가 이 사건 계약의 당사자인 원고와 대성종합의 지위, 이 사건 계약의 목적과 내용, 원고가 지체상금을 예정한 동기, 지체상금에 관한 일반적인 거래관행 등 기록에 나타나 있는 여러 사정들을 참작하여 위와 같이 산정된 정당한 지체상금 602,305,000 원이 부당하게 과다한지에 관하여 보건대, 그와 같은 모든 사정을 감안하더라도 위 지체상금액을 금 517,000,000 원보다 적은 금액이 되도록 감액하여야 할 정도로 과다하다고 단정할 수 없다. 결국 원심이 위 지체상금액에 관하여 전혀 감액을 하지 아니한 조치가 위법하다 하더라도 그와 같은 위법 역시 판결 결과에 영향을 미친 것은 아니라 하겠다. 이 점에 대한 참가인의 상고이유 제1점의 논지도 이유가 없다.

C. 지체상금 발생기간은 완공기한 다음날부터 ① 기왕에 수급인에 의하여 지체된 기간, ② 도급인이 계약을 해제하고 다른 공사업자에게 공사를 맡기는 데 소요된 기간, ③ 다른 공사업자가 적절하게 공사를 완공하는 데 소요된 기간을 모두 포함한 기간이야 —대법원 2001.01.30. 선고 2000 다 56112 판결[공사대금]

수급인이 완공기한 내에 공사를 완성하지 못한 채 완공기한을 넘겨 도급계약이 해제된 경우에 있어서 그 지체상금 발생의 시기(始期)는 완공기한 다음날이고, 종기(終期)는 수급인이 공사를 중단하거나 기타 해제사유가 있어 도급인이 이를 해제할 수 있었을 때를 기준으로 하여 도급인이 다른 업자에게 의뢰하여 같은 건물을 완공할 수 있었던 시점이므로(대법원 1999. 10. 12. 선고 99 다 14846 판결 참조),

이 사건에서 원고의 귀책사유로 인하여 공사가 지체된 기간은 완공기한 다음날부터 ① 원고가 공사를 중단할 때까지의 기왕에 원고에 의하여 지체된 기간(1997. 10. 16.부터 1997. 10. 25.까지)과 ② 원고의 공사중단에 따라 피고가 원고에 대하여 상당한 기간을 정하여 공사도급계약의 이행을 최고하여 원고의 공사거절의사를 확인하고 다른 공사업자에게 공사를 맡길 때까지의 상당한 기간(1997. 10. 26.부터 1997. 10. 31.까지) 및 ③ 다른 공사업자가 적절하게 공사를 완공함에 소요된 기간(1997. 11. 1.부터 1997. 12. 5.까지)을 모두 포함하여

1997. 10. 16.부터 1997. 12. 5.까지의 51 일로 봄이 옳다. 결국 이 부분 원심의 판단에는 지체상금 발생기간에 관한 법리를 오해하여 판결에 영향을 미친 위법이 있다. 따라서 이 점을 지적한 상고이유도 이유가 있다.

D. 수급인이 도급인에게 준공계를 제출하면서 준공검사를 요청한 때부터는 지체상금이 발생하지 않아 —대법원 1994.09.30. 선고 94 다 32986 판결[지체상금등]

이와 같은 여러가지 사정을 종합하여 보면, 이 사건 건물신축공사는 1992.1.27. 당시 그 목적물에 일부 하자가 있었다 하더라도, 그 주요구조부분이 약정대로 시공되어 당초 예정된 최후의 공정까지 일응 종료됨으로써 완성되었다고 봄이 상당하고, 따라서 피고가 원고에 대하여 준공계를 제출하면서 준공검사를 요청한 1992.1.28. 이후에는 지체상금이 발생하지 않는다고 보아야 할 것이다.

E. [구체적 타당성을 고려한 판례] 원심판결은 지체상금 산정을 위한 지체일수를 대법원판례의 법리에 따라「도급계약을 해제하고 다른 업자로 하여금 나머지 공사를 하게 하여 공사를 완공할 수 있었을 때까지」로 제한하였으나, 대법원은 구체적 타당성을 고려하여「실지로 공사를 완공한 때까지」를 지체일수로 보고 원심판결을 파기한 사례 —대법원 1994. 3. 25. 선고 93 다 42887 판결[공사대금]

[당사자]

【원고, 피상고인】 주식회사 삼원건설
【피고, 상고인】 대한민국 소송대리인

피고는 1991.8.31. 원고의 이행지체를 원인으로 이 사건 공사도급계약을 해제할 수 있었고, 그 무렵 다른 업자에게 의뢰하여 나머지 공사를 하게 하였다면 1991. 9. 30.까지 위 공사를 완공할 수 있었음은 원심이 인정한 바와 같다.

그러나 을 제 12 호증의 1 내지 4, 을 제 13 호증의 1 내지 5, 을 제 14 호증의 1 내지 11, 을 제 15 호증의 1, 2, 3, 을 제 16 호증의 1 내지 4, 을 제 17 호증의 1 내지 4 의 각 기재에 의하면, 원고는 1991.8.6.에 같은 달 말일까지 완공하겠다면서 공정표까지 제출하였으나 약속한 1991.8.31.까지 준공을 하지 못한 이후에도, 원고는 다시 1991.9.6.경 같은 달 30.까지 완공하겠다고 약속하면서 공정표를 다시 제출하였고, 이 또한 지키지 못하자 다시 1991.11.13.경 기한의 연기를 구하면서 같은 달 30.까지는 완공하겠다고 공정표와 각서를 제출하였으며, 이것 역시 지키지 못하자 피고는 1991.12.3.경 원고에 대하여 부정당업자제재처분을 취하려고 하였고, 원고와 공동수급인으로 원고의 공사부분에 대한 이행보증인인 위 소외 회사에 보증시공을 요구하여, 위 소외 회사가 같은 달 25. 그 보증의 이행으로 공사에 착공하였으나, 원고는 보증시공에 의할 경우 부정당업자제재처분이 내려지는 등의 불이익이 크므로 위 소외 회사의 공사를 방해하여 완공하지 못하게 하였으며, 1992.1.16.경 원고 자신이 공사를 완공하겠다면서 각서를 다시 제출하여, 피고가 부정당업자제재처분을 하지 아니하기로 하였고, 원고가 결국 1992.2.28. 공사를 완공한 사실을 인정할 수 있는바,

원고가 피고에 대하여 위 1991.8.31. 이후에도 계속하여 나머지 공사를 완공하겠다고 약속을 하여 왔고 심지어 위 소외 회사의 보증이행으로 인한 공사를 방해하면서까지 자신이 스스로 나머지 공사를 완공하려고 한 것은, 원고가 부담할 지체상금의 금액면에서만 볼 때는 원고가 공사를 포기하고 다른 업자로 하여금 나머지 공사를 하게 하는 것이 지체일수가 줄어들어 유리하지만, 그렇게 되는 경우에는 원고는 부정당업자로서 제재를 받게 되어 앞으로 국가 또는 지방자치단체 등으로부터 공사도급을 받지 못하게 되는 불이익을 받게 되고(예산회계법 제 95 조, 동법시행령 제 130 조), 지체상금 이외에 계약보증금이 국고에 귀속되는 불이익(예산회계법 제 79 조 제 3 항)을 받게되므로, 지체일수가 많아지더라도 원고가 스스로 공사를 완공하는 것이 오히려 유리하다고 판단하였기 때문이라고 할 것이다.

그렇다면 공사의 완공이 늦어져 지체상금액이 증가하더라도 전체적으로 볼 때 자신에게 유리하여 준공기한의 연기를 계속 구하고 보증시공을 방해하면서까지 자신이 완공하려고 하였고, 결국 뒤늦게나마 스스로 공사를 완공한 <u>원고의 입장에서는, 이제 와서 지체상금액을 따짐에 있어, 피고가 원고 자신의 계약불이행을 이유로 위 도급계약을 해제하지 아니한 것을 탓하면서 계약을 해제하여 다른 업자로 하여금 공사를 완성하게 하였다면 지체일수가 줄어 든다는 주장은 할 수 없다고 보아야 할 것이고,</u>

<u>따라서 원고가 부담할 지체상금은 당초의 준공기한의 익일인 1991.4.6.부터 원고가 실지로 공사를 완공한 1992.2.28.까지 329 일 전부를 지체일수로 보고 계산하여야</u> 할 것이다.

따라서 원심이 피고가 적어도 위 1991.8.31.에 원고의 이행지체를 원인으로 위 공사도급계약을 해제하고 그 무렵 다른 업자에게 의뢰하여 같은 해 9.30.까지는 위 공사를 완공할 수 있었다는 이유로 지체일수를 당초 준공기한의 익일인 1991.4.6.부터 같은 해 9.30.까지의 178 일로 제한하여 계산하였음에는 지체상금에 관한 법리를 오해한 위법이 있다고 할 것이고, 이를 지적하는 논지도 이유 있다.

II. 지체상금의 구체적 산정례

A. 수급인으로부터 공사 타절·정산을 제의하는 통지를 수령한 2003. 8. 16. 이후에는 계약을 해제할 수 있었다고 보고, 지체상금의 종기를 원고가 그때부터 다른 업자에게 이 사건 공사를 의뢰하여 완공하는 데 필요한 기간인 224 일이 경과한 2004. 3. 26.로 본 사례 —대법원 2010. 1. 28. 선고 2009 다 41137 판결[손해배상(기)·공사대금]

제 3 장 공사계약의 해제 / 제 6 절 지체상금

<u>수급인이 완공기한 내에 공사를 완성하지 못한 채 공사를 중단하고 계약이 해제된 결과 완공이 지연된 경우에 있어서 지체상금은</u> 약정 준공일 다음날부터 발생하되, 그 종기는 수급인이 공사를 중단하거나 기타 해제사유가 있어 도급인이 공사도급계약을 해제할 수 있었을 때(실제로 해제한 때가 아니다)부터 도급인이 다른 업자에게 맡겨서 공사를 완성할 수 있었던 시점까지이고, 수급인이 책임질 수 없는 사유로 인하여 공사가 지연된 경우에는 그 기간만큼 공제되어야 한다(대법원 2006. 4. 28. 선고 2004 다 39511 판결 등 참조).

원심은 그 판시와 같은 사실을 인정한 다음, 원고로서는 <u>적어도 피고로부터 공사 타절 및 정산을 제의하는 통지를 수령한 2003. 8. 16. 이후에는 이 사건 계약을 해제할 수 있었다</u>고 할 것이므로, 지체상금의 종기를 원고가 그때부터 다른 업자에게 이 사건 공사를 의뢰하여 완공하는 데 필요한 기간인 224 일이 경과한 2004. 3. 26.로 봄이 상당하다고 보아 피고의 지체일수를 원래의 준공예정일인 2004. 1. 10.의 다음날부터 위 2004. 3. 26.까지의 76 일로 산정하여 그에 따른 지체상금을 인정하였다.

위 법리 및 기록에 비추어 살펴보면, 원심의 위와 같은 사실인정 및 판단은 정당한 것으로 수긍할 수 있다. 원심판결에 상고이유에서 주장하는 바와 같은 지체상금의 산정에 관한 법리 오해 등의 위법이 있다고 할 수 없다.

B. ① 공사비 지체이율을 '금전신탁 대출이자율'로 한다고 정한 경우, <u>그 이자율이 여러가지 있을 수 있다면 가장 최소 이자율을 적용할 수밖에 없고</u>; ② 이 경우 최소 이자율에 관한 입증책임은 지연배상금을 구하는 자에게 있어 —대법원 1994.09.30. 선고 94 다 32986 판결[지체상금등]

[당사자]

【원고, 피상고인】 청주방적 주식회사

【피고, 상고인】 주식회사 건영

1. 공사비 지체이율을 '금전신탁대출이자율'로 한다는 조항의 해석

원심과 같이 원고가 피고에게 기성고에 따른 공사비를 지급하지 않은 경우 피고가 그에 상당한 금원을 은행으로부터 대출 받는 경우에 해당하는 이자만큼을 원고가 배상금으로 지급하기로 약정하였다고 보는 것은 위 약정의 객관적 의미와 어긋나는 해석이라고 하지 않을 수 없고,

원심이 적법하게 확정한 바와 같이 '<u>시중은행의 금전신탁대출이자율</u>'이 공사비 지급 지체 당시 기업의 신용상태에 따라 여러가지가 있을 수 있다면, 원고가 피고에게 지급할 공사비

등에 대한 지체이율에 관하여는 그 당시 시중은행의 금전신탁대출이자율 중 가장 최소한의 이자율을 적용할 수밖에 없다할 것이고,

이와 같은 가장 최소한의 이자율이 구체적으로 어느 정도인지에 관한 입증책임은 위 약정상의 '시중은행의 금전신탁대출이자율'을 적용하여 공사비 지급 지체로 인한 배상금의 지급을 주장하는 당사자가 부담한다고 보아야 할 것이다.

2. 원심판결의 정당함

따라서 원심이 위 약정의 취지를 '원고가 피고에게 기성고에 따른 기성금을 지급하지 않은 경우 피고가 그에 상당한 금원을 은행으로부터 대출 받는 경우에 해당하는 이자만큼을 원고가 배상금으로 지급하기로 약정한 것'으로 단정한 것은 위 약정상의 문언의 의미를 잘못 해석하였거나 증거 없이 당사자의 약정과 저촉되는 사실을 인정하였다고 할 것이나,

원심은 피고에 대한 위 금전신탁대출이자율에 관하여 피고측으로부터 아무런 입증이 없다 하여, 원고가 가장 최소한의 기준금리로서 자인하고 있는 연 12%를 적용하여 이 사건 중도기성금 지급지체로 인한 배상금을 산정하였으므로 이는 결과에 있어서 정당하고, 달리 원심판결에 소론과 같은 이유불비, 이유모순 또는 심리미진의 위법이 있다고 할 수 없다. 논지는 이유가 없다.

C. [지체상금조항과 손해배상조항은 별개] ① 완공의 지체가 아니라 부실공사와 같은 불완전급부 등으로 인한 손해는 지체상금 조항이 아니라 일반 손해배상 조항에 의하여 별도로 그 배상을 청구할 수 있어; ② 이 경우 손해배상의 범위는 지체상금액을 초과할 수 있음
—대법원 2010. 1. 28. 선고 2009 다 41137 판결[손해배상(기)·공사대금]

1. 지체상금조항과 손해배상조항은 별개

채무불이행에 관한 손해배상액의 예정은 당사자의 합의로 행하여지는 것으로서, 그 내용이 어떠한가, 특히 어떠한 유형의 채무불이행에 관한 손해배상을 예정한 것인가는 무엇보다도 당해 약정의 해석에 의하여 정하여진다.

이 사건에서 위에서 본 바와 같은 계약조항의 문언 및 체계, 나아가 지체상금에 관한 제 27 조 중 앞서 인용한 부분을 제외한 나머지 부분이 거기서 정하는 지체상금지급의무가 발생하지 아니하는 경우로서도 공사 또는 착공의 지연, 지체 또는 중단과 같이 공사의 지연과 관련된 사유만을 지적하고 있는 점 등을 종합하여 보면,

위 일반조건 제 27 조의 지체상금약정은 수급인이 공사완성의 기한 내에 공사를 완성하지 못한 경우에 완공의 지체로 인한 손해배상책임에 관하여 손해배상액을 예정하였다고 해

석할 것이고, 수급인이 완공의 지체가 아니라 그 공사를 부실하게 한 것과 같은 불완전급부 등으로 인하여 발생한 손해는 그것이 그 부실공사 등과 상당인과관계가 있는 완공의 지체로 인하여 발생한 것이 아닌 한 위 지체상금약정에 의하여 처리되지 아니하고 도급인은 위 일반조건 제33조 제2항에 기하여 별도로 그 배상을 청구할 수 있다고 봄이 상당하다.

이 경우 손해배상의 범위는 민법 제393조 등과 같은 그 범위획정에 관한 일반법리에 의하여 정하여지고, 그것이 위 지체상금약정에 기하여 산정되는 지체상금액에 제한되어 이를 넘지 못한다고 볼 것이 아니다.

2. 원심판결의 위법함

그럼에도 불구하고 원고가 수급인인 피고의 부실시공 및 공사포기 등 계약조건의 위반으로 해제되었음을 이유로 그로 인하여 발생한 위에서 본 바와 같은 손해의 배상을 구하는 이 사건에서 원심이 이 사건 도급계약에서 수급인인 피고가 위 지체상금약정에 기한 지체상금액을 초과한 손해까지 배상하기로 약정하였다고 인정할 증거가 없으므로 그것을 넘는 손해의 배상을 구할 수 없다고 판단한 것에는 손해배상액의 예정에 관한 법리를 오해하여 판결 결과에 영향을 미친 위법이 있다. 이 점을 지적하는 상고취지는 이유 있다.

III. 지체상금의 재량 감액

A. 지체상금은 손해배상액의 예정이므로, 약정에 따라 산정한 지체상금액이 일반 사회인이 납득할 수 있는 범위를 넘어 부당하게 과다하다고 인정하는 때에는 법원은 이를 적당히 감액할 수 있어 —대법원 1999.10.12. 선고 99다14846 판결[계약보증금]

건물을 신축하기로 하는 도급계약은 그 건물의 준공이라는 일의 완성을 목적으로 하는 계약으로서 그 지체상금에 관한 약정은 수급인이 그와 같은 일의 완성을 지체한 데 대한 손해배상액의 예정이므로, 수급인이 약정된 기간 내에 그 일을 완성하여 도급인에게 인도하지 아니하여 지체상금을 지급할 의무가 있는 경우,

법원은 민법 제398조 제2항의 규정에 따라 계약 당사자의 지위, 계약의 목적과 내용, 지체상금을 예정한 동기, 실제의 손해와 그 지체상금액의 대비, 그 당시의 거래관행 및 경제상태 등 제반 사정을 참작하여 약정에 따라 산정한 지체상금액이 일반 사회인이 납득할 수 있는 범위를 넘어 부당하게 과다하다고 인정하는 경우에 이를 적당히 감액할 수 있는바 (대법원 1996. 5. 14. 선고 95다24975 판결, 1996. 4. 26. 선고 95다11436 판결, 1995. 9. 5. 선고 95다18376 판결 등 참조), 원심은 이 점에 대하여 아무런 판단도 하지 아니하였고, 이는 원심이 산정한 위 지체상금액이 부당하게 과다한 것은 아니라고 판단하여 감액을 하지 아니한 것으로 볼 수 있다.

III. 지체상금의 재량 감액

B. [감액이 인정된 사례] IMF 사태 등으로 인하여 발생한 지체상금 414,268,048 원을 180,000,000 원으로 감액한 사례 —대법원 2002.09.04. 선고 2001 다 1386 판결[공사대금]

【당사자】

> 【원고,상고인】 지원종합건설 주식회사
> 【피고,피상고인】 피고 1 외 6인

지체상금에 관한 약정은 수급인이 그와 같은 일의 완성을 지체한 데 대한 손해배상액의 예정이므로, 수급인이 약정된 기간 내에 그 일을 완성하여 도급인에게 인도하지 아니하여 지체상금을 지급할 의무가 있는 경우, 법원은 민법 제 398 조 제 2 항의 규정에 따라 <u>계약 당사자의 지위, 계약의 목적과 내용, 지체상금을 예정한 동기, 실제의 손해와 그 지체상금액의 대비, 그 당시의 거래관행 및 경제상태 등 제반 사정을 참작하여 약정에 따라 산정한 지체상금액이 일반 사회인이 납득할 수 있는 범위를 넘어 부당하게 과다하다고 인정하는 경우에 이를 적당히 감액할 수 있는 것이다</u> (대법원 1999. 10. 12. 선고 99 다 14846 판결 등 참조).

원심은, 이 사건 도급계약상의 조건이 피고들에 의하여 주도적으로 정해져서 공사대금의 변동이 어렵게 되어 있고, 공사규모에 비하여 공사기간이 비교적 단기인 점, 이 사건 공사기간 당시 이른바, IMF 사태로 인하여 수입자재의 가격이 폭등하여 수급인인 원고가 어려움을 겪었던 점 등의 제반 사정을 고려하여 <u>약정 지체상금 414,268,048 원은 그 수액이 지나치게 과다하여 부당하다고 하여 이를 금 180,000,000 원으로 감액하였는바</u>, 앞서 본 법리와 기록에 의하여 살펴보면, <u>원심의 인정과 판단은 정당한 것으로 수긍할 수 있고</u>...

C. [감액이 부정된 사례] 통상의 공사도급계약상의 지체상금률인 1/1000 보다 3 배나 높게 정한 약정 지체상금을 85% 감액한 원심의 판단에 대하여, 통상의 지체상금률보다 높은 지체상금률을 정한 구체적인 동기 내지 사정에 대한 심리가 미진하다는 이유로 파기한 사례 —대법원 2001. 1. 30. 선고 2000 다 56112 판결[공사대금]

【당사자】

원고	원고
원고승계참가인,피상고인	원고승계참가인 1 외 2인
피고,상고인	한맥중공업 주식회사

그러나 이 사건에서 보면,

제 3 장 공사계약의 해제 / 제 6 절 지체상금

① 피고는 현대우주항공의 서산 제 1 공장 신축공사를 도급받은 현대산업개발로부터 위 공사 중 조립동 및 가공동의 철골공사를 하도급받은 자로서 원고에게는 그 중 가공동의 철골설치공사만을 재하도급한 것으로, 원고가 그 공사완공을 지체할 경우에는 필연적으로 피고의 현대산업개발에 대한 공사완공의무 또한 지체될 수밖에 없는 관계에 있으며,

② 피고와 현대산업개발 사이의 공사하도급계약에 따라 피고가 부담하는 <u>지체상금률이 일반 공사계약의 경우와 같이 1/1000 로 약정되어 있기는 하지만</u> 그 하도급공사대금은 최초 공사도급계약분이 4,950,000,000 원, 추가계약분이 2,534,685,497 원, 합계 7,484,685,479 원으로 원고와 피고 사이의 재하도급 공사대금 총액의 10 배 이상이 되어 <u>원고의 공사완공의무 지체로 인하여 피고가 입게 되는 손해가 매우 크다는 사정을 알 수 있고,</u>

③ 또한 피고는 위 공장신축공사 중 철골설치공사를 전체공정의 약 70% 내지 80%까지 완료시킨 상태에서 때마침 불어닥친 강풍으로 인하여 이미 설치한 철골조가 모두 무너져 내리는 붕괴사고를 당하여 많은 손해를 입었음에도 재시공비용을 지급받지 않기로 하고 다시 공사를 하게 된 것이므로 약정 공사기간 내에 공사를 완공시켜 그 손해를 최소화할 필요가 있었고,

④ 그러한 필요로 인하여 피고는 종전에 설치한 철골조 역시 원고가 조립한 것으로 피고의 그와 같은 사정을 잘 알고 있을 뿐만 아니라 위 붕괴사고에 대하여도 일단의 책임이 있었던 원고와의 합의를 통해 재하도급계약에 있어서의 지체상금률을 일반 공사도급계약의 경우보다 크게 약정한 것으로 보이는바,

위와 같은 지체상금 약정의 동기 및 당시의 모든 사정 등을 고려한다면 약정 지체상금의 약 85% 정도를 감액한 원심의 조치는 너무 지나치다고 생각된다.

그러므로 <u>원심이 단순히 약정 지체상금률이 일반 공사계약의 경우에 비하여 높다는 사정만을 내세워 위와 같이 높은 지체상금률을 약정하게 된 구체적인 동기 내지 사정에 대하여 좀더 심리를 해 보지도 아니한 채 만연히 이 사건 지체상금의 약정이 과다하다고 단정하고 약정 지체상금의 약 85% 정도를 감액한 것은 결국 필요한 심리를 다하지 아니하였거나 손해배상액의 예정에 관한 법리를 오해하여 판결에 영향을 미친 위법을 저지른 것</u>이다. 따라서 이 점을 지적한 상고이유 역시 이유가 있다.

IV. 지체상금의 면책

A. 【해설】 수급인의 불귀책 또는 불가항력으로 인한 면책

IV. 지체상금의 면책

> **(1) 불귀책으로 인한 면책:** 수급인이 책임질 수 없는 사유로 인하여 공사가 지연된 경우에는 그 기간만큼 지체일수에서 제외된다. 여기서 수급인에게 책임지울 수 없는 사유란 <u>공사도급계약에서 예상하지 못하였던 사정이 발생하였고, 그 사정으로 인하여 일정한 기간 동안 예정된 공사를 진행할 수 없어 공사의 지연이 불가피하였음을 입증하여야</u> 하는 것이지, 단지 어떤 사유가 수급인의 귀책사유와 결합하여 공사기간이 연장될 가능성이 있다는 사정은 감액사유로 고려할 수 있을 뿐이다(대법원 2005. 11. 25. 선고 2003 다 60136 판결).
>
> **(2) 불가항력으로 인한 면책:** 불가항력을 이유로 지체상금 지급책임을 면하려면, 완공지연의 원인이 그 사업자의 지배영역 밖에서 발생한 사건으로서 그 사업자가 통상의 수단을 다했어도 이를 방지하는 것이 불가능하였음이 인정되어야 한다(대법원 2007.08.23. 선고 2005 다 59475 판결).

B. 유적 발굴조사로 인하여 입주가 지연된 사안에서, 그러한 사정이 이미 예정되어 있었는데도 사업주체가 이를 고려하지 않고 입주예정일을 정했다고 보아 면책을 인정하지 않은 사례 —대법원 2008.07.10. 선고 2008 다 15940 판결[지체상금]

[당사자]

> 【원고, 피상고인】 원고 1 외 338 인
>
> 【피고, 상고인】 성호건설 주식회사

1. 법리 (지체상금 면책 요건)

주택공급사업자가 입주지연이 불가항력이었음을 이유로 그로 인한 지체상금 지급책임을 면하려면 입주지연의 원인이 그 사업자의 지배영역 밖에서 발생한 사건으로서 그 사업자가 통상의 수단을 다하였어도 이를 예상하거나 방지하는 것이 불가능하였음이 인정되어야 한다(대법원 2007. 8. 23. 선고 2005 다 59475, 59482, 59499 판결 등 참조).

2. 원심판결의 정당함

원심은 그 채용 증거들을 종합하여, 경기문화재단이 2002. 4. 17.경 유적 발굴 조사기간을 조사 착수일로부터 90 일로 예정한 조사계획서를 제출하자 제 1 심 공동피고 에스제이종합건설 주식회사(이하 '에스제이종합건설'이라 한다)가 이 사건 분양계약을 체결한 사실 등 판시와 같은 사실을 인정한 다음,

그 인정 사실에 의하면, <u>이 사건 분양계약 체결 이전인 2002. 4. 3. 한국토지공사 토지박물관의 긴급 유적발견신고로 인하여 용인시에서 이 사건 아파트 신축공사에 대한 공사 중</u>

지명령을 내렸고, 에스제이종합건설이 이 사건 아파트의 건축설계변경허가를 받았으나 그 허가조건으로 사업부지 일대에 삼국시대에서 조선시대로 추정되는 다량의 자기편과 도기편이 발견됨에 따라 전문조사기관의 지표(시굴, 발굴) 조사 후 문화재청장의 지시에 따라 공사를 착공해야 한다는 조건이 부가되어 있었으며,

경기문화재단의 유적 발굴 조사기간은 이 사건 사업부지 일부를 조사대상으로 하여 정한 예상기간에 불과하여 이 사건 사업부지 중 나머지 부분을 대상으로 한 유적 발굴 조사도 당연히 예상되는데다가 유적 발굴 상황에 따라 정밀조사 등의 필요로 조사기간이 연장될 수 있는데도, 에스제이종합건설은 이러한 사정을 고려하지 않고 입주예정일을 정하여 분양한 것이고,

당초 예정한 유적 발굴 조사기간이 나머지 사업부지에 대한 발굴조사 및 정밀조사 등의 사정으로 연장됨에 따라 아파트 신축공사의 착공이 지연되고 입주도 지연된 것이어서 그 지연이 에스제이종합건설의 과실 없이 발생한 것이라거나 불가항력에 의한 것이라고도 볼 수 없다고 판단하여 피고의 면책항변을 배척하였는바... 원심의 판단은 옳은 것으로 수긍이 가고...

C. IMF 사태 및 그로 인한 자재수급의 차질, 천재지변에 준하는 정도가 아닌 '동절기의 이상 강우'는 감액사유가 될 수 있음은 별론으로 하고, 지체상금 면책사유인 <u>불가항력 아니라고 본 사례</u> —대법원 2002.09.04. 선고 <u>2001다1386</u> 판결[공사대금]

1. 원심의 판단

원심은, 이 사건 공사가 지연된 것은 피고들의 기성고 공사대금지급 지체, 동절기의 이상 강우로 인한 작업 불능, 이른바 IMF 사태로 인한 자재 수급의 차질, 피고들의 부당한 시공 요구와 간섭 등 원고에게 귀책사유가 없는 사유에 기인한 것이므로 지체상금지급의무가 없다는 원고의 면책 주장에 대하여

① 피고들이 이 사건 공사도급계약을 해지할 때까지 원고에게 지급한 돈이 기성고 상당액인 금 784,904,930 원의 약 77.5%(약정상 80%)인 금 608,643,830 원에 이르는 점, ② 이른바 IMF 사태로 인한 자재대금 폭등 등 이유로 원고의 요구에 따라 1998. 4. 10. 원고와 피고들 사이에 새로운 공사도급계약이 체결된 점, ③ 이 사건 공사와 같이 그 성격상 실외공사가 불가피한 공사에 관한 도급계약을 체결함에 있어서 수급인은 공사기간의 산정에 우천으로 인한 공사지연을 당연히 감안하였다고 보아야 하는 점, ④ 제1심 증인 이삼규가 원고가 자재구입시마다 피고측에 자재비 선지급을 요구하여 피고들이 11 차례 이상 자재비를 선지급하였다고 증언하고 있는 점 등에 비추어 볼 때... 이를 인정하기에 부족하며 달리 이를 인정할 증거가 없다고 하여, <u>원고의 위 주장을 배척하였다</u>...

2. IMF 사태, 전재지변에 준하는 정도가 아닌 동절기 이상 강우는 불가항력 아니야

천재지변이나 이에 준하는 경제사정의 급격한 변동 등 불가항력으로 인하여 목적물의 준공이 지연된 경우에는 수급인은 지체상금을 지급할 의무가 없다고 할 것이지만,

① 상고이유에서 주장하는 이른바, IMF 사태 및 그로 인한 자재 수급의 차질 등은 그와 같은 불가항력적인 사정이라고 볼 수 없고, ② 일반적으로 수급인이 공사도급계약상 공사기간을 약정함에 있어서는 통상 비가 와서 정상적으로 작업을 하지 못하는 것까지 감안하고 이를 계약에 반영하는 점에 비추어 볼 때 천재지변에 준하는 이례적인 강우가 아니라면 지체상금의 면책사유로 삼을 수 없다고 할 것인데,

기록에 의하여 살펴보면, 동절기의 이상 강우로 인하여 이 사건 공사가 어느 정도 지연되었을 것으로 보이지만, 그것이 공사기간 내에 공사 진행을 도저히 할 수 없는 천재지변에 준하는 불가항력적인 이상 강우라고 볼 만한 자료는 찾기 어려우므로, 그것을 가지고 지체상금의 감액사유로 삼을 수 있을지언정 지체상금의 면책사유로 삼을 수는 없다고 할 것이고, ③ 그 밖에 피고들의 부당한 시공요구 및 공사 수행의 간섭 등으로 인하여 이 사건 공사가 중단되거나 지연되었다는 원고의 주장에 대하여는 원심이 적법하게 배척한 증거들 외에는 기록상 이를 인정할 만한 자료를 찾아볼 수 없다.

따라서 이 사건 공사의 지연이 원고의 귀책사유에 기한 것이 아니므로 지체상금 지급의무가 발생하지 아니한다는 원고의 면책 항변을 배척한 원심의 사실인정과 판단은 결국, 정당한 것으로 수긍할 수 있고, 거기에 채증법칙 위반, 심리미진, 이유불비 또는 지체상금 지급의무의 발생에 대한 법리오해 등 판결에 영향을 미친 위법이 있다고 할 수 없다.

제 4 장

공동수급의 법률관계

제1절 개요
제2절 공동수급체와 발주자간 법률관계
제3절 공동수급체 대표자가 체결한 이행보증계약의 효력
제4절 공동수급체의 내부적 법률관계
제5절 공동수급인과 하수급인 사이의 법률관계

"공동이행방식의 공사도급계약에서도 도급인에 대한 권리를 공동수급체가 아닌 각 구성원이 출자지분 비율에 따라 직접 취득하는 것으로 약정한 경우에는 공사대금채권이 공동수급체 구성원 각자에게 그 지분비율에 따라 구분하여 개별 귀속된다. 이러한 약정은 명시적으로는 물론 묵시적으로도 이루어질 수 있다."

IV. 지체상금의 면책

제1절 개요

1. **【해설】 공동수급체 – 공동도급계약 – 공동수급협정서**

> (1) 건설공사를 공동으로 이행하기 위해 2인 이상의 수급인(업종을 불문한다)이 공동수급협정서를 작성하여 결성한 조직을 "공동수급체"라 하고, 발주자와 공동수급체가 체결하는 건설공사의 도급계약을 "공동도급계약"이라 한다. 공동도급계약을 체결할 때에는 공동수급체 구성원 전원이 계약서에 연명으로 서명·날인하여야 한다(공동도급운영규정 제8조 제1항).
>
> (2) 공동수급체의 구성원은 공동수급체의 대표자, 건설공사의 수행에 관한 각 구성원의 책임과 권리·의무 등 공동도급계약의 이행에 관한 사항을 기재한 공동수급협정서를 공동으로 작성하고, 연명으로 서명·날인하여 이를 발주자에게 제출하여야 한다(공동도급운영규정 제6조). 공동수급협정서는 계약이 체결되면 계약조건의 일부로 정할 수 있다(공동도급운영규정 제8조 제2항).
>
> 「공동도급운영규정」에 [별지 1] 공동이행방식 공동수급표준협정서, [별지 2] 분담이행방식 공동수급표준협정서 및 [별지 3] 주계약자관리방식 공동수급표준협정서가 첨부되어 있다.
>
> (3) 공동수급체의 구성원은 상호협의하여 "공동수급체의 대표자"를 선임하되, 주계약자관리방식의 경우에는 주계약자가 공동수급체의 대표자가 되어야 한다(공동도급운영규정 제5조 제1항). 공동수급체의 대표자는 발주자 및 제3자에 대하여 공동수급체를 대표하며 재산관리 및 대금청구 등의 권한을 가진다(같은 조 제2항).

2. **【해설】 「공동도급운영규정」(민간공사) vs. 「공동계약운용요령」(관급공사)**

> (1) 민간공사(발주자가 민간인 공사)의 공동수급/공동도급 계약관계에는 「건설공사 공동도급운영규정」(이하 공동도급운영규정)이 적용된다. 「공동도급운영규정」은 건설산업기본법 시행령 제40조에 근거한 국토교통부 고시이다. 공동도급운영규정은 관급공사에는 적용되지 않는다(규정 제15조).
>
> (2) 관급공사(발주자가 국가/지방자치단체인 공사)의 공동수급/공동도급 계약관계에는 a) 국가계약법 시행령 제72조에 근거한 기획재정부 계약예규 공동계약운용요령 또는 b) 지방계약법령에 근거를 둔 행정안전부 예규 지방자치단체 입찰 및 계약 집행기준 제7장 및 제8장이 적용된다.

제 4 장 공동수급의 법률관계 / 제 1 절 개요

(3) 관급공사에서는 입찰공고시 계약의 목적·성질상 공동계약에 의함이 곤란하다고 인정되는 경우를 제외하고는 가능한 한 공동계약이 가능하다는 뜻을 명시하여야 하나(공동계약운용요령 제 8 조 제 1 항), 민간공사에서는 발주자가 공동입찰 가능 여부를 자유롭게 정하여 입찰공고 할 수 있다.

조합원들은 공동입찰은 담합 가능성이 있다고 생각하여 개별입찰을 선호한다.

3. 【법령】 건설산업기본법 시행령 제 40 조(공동도급 등에 관한 지도)

국토교통부장관은 법 제 48 조 제 1 항에 따라 건설사업자 간의 상생협력관계를 유지하도록 하기 위하여 필요하다고 인정하는 경우에는 공동도급 등에 관하여 다음 각 호의 사항을 정하여 고시하고 그에 따른 지도를 할 수 있다. <개정 1999. 8. 6., 2008. 2. 29., 2010. 5. 27., 2013. 3. 23., 2020. 2. 18.> < 각호 생략 >

☞ 「공동도급운영규정」은 건설산업기본법 제 48 조 제 1 항 및 동 시행령 제 40 조에 따른 국토교통부장관의 행정지도로서 고시된 규정이므로 강행규정이 아니다.

4. 【해설】 공동수급의 3 가지 유형

공동수급은 공동수급체가 도급받은 건설공사를 이행하는 방식에 따라 ① 공동이행방식, ② 분담이행방식 및 ③ 주계약자관리방식으로 구분되며, 그 유형에 따라 법률관계도 달라진다(이하 공동도급운영규정 제 3 조). 발주자는 입찰공고시 공동도급계약의 이행방식, 공동수급체 구성원의 자격 및 구성원의 수, 최소 출자비율을 정할 수 있다(공동도급운영규정 제 4 조 제 1 항).

(1) 공동이행방식: 계약이행에 필요한 자금·인력 등을 공동수급체구성원이 공동으로 출자/파견하여 건설공사를 수행하고, 이에 따른 이익 또는 손실을 각 구성원의 출자비율에 따라 배당하거나 분담하는 방식이다. 재개발·재건축사업의 공동수급은 대부분 공동이행방식에 해당한다.

공동이행방식의 공동수급에 참여하는 각 구성원은 공동도급 공사를 이행하는 데 필요한 면허·허가·등록·신고 등의 자격요건을 모두 갖추어야 한다(공동도급운영규정 제 4 조 제 2 항 본문).

공동이행방식 공동수급체는 민법상 조합에 해당하므로, 기본적으로 민법의 조합에 관한 법리가 적용된다.

(2) 분담이행방식: 건설공사를 공동수급체 구성원별로 분담하여 수행하는 방식이다. 각 구성원은 자신이 분담한 공사를 이행하는 데 필요한 면허·허가·등록·신고 등의 자격요건만 갖추면 된다(공동도급운영규정 제 4 조 제 2 항 단서).

IV. 지체상금의 면책

> 분담이행방식은 '각 구성원별로 체결되는 여러 개의 개별 도급계약이 외형상 하나의 계약으로 체결된 것'으로 볼 수 있다. 대법원도 대체로 같은 입장으로 이해된다(예: 대법원 2013. 7. 11. 선고 2011 다 60759 판결). 따라서 분담이행방식의 공동수급체는 민법상 조합이 아니며, 분담의무 위반에 대한 손해배상책임도 개별적으로 부담한다 (대법원 2020. 6. 4. 선고 2018 다 300562 판결).
>
> (3) 주계약자관리방식은 공동수급체구성원중 주계약자를 선정하고, 주계약자가 전체 건설공사의 수행에 관하여 종합적인 계획·관리 및 조정을 하는 방식이다.
>
> 주계약자관리방식에서 a) 주계약자는 공동도급 공사를 이행하는 데 필요한 면허·허가·등록·신고 등의 자격요건을 모두 갖추어야 하나, b) '주계약자 이외의 구성원'은 자신이 분담한 공사를 이행하는 데 필요한 자격요건만 갖추면 된다(공동도급운영규정 제4조 제2항 단서).
>
> 주계약자관리방식은 분담이행방식을 기본으로 하므로, 그 법적 성격은 기본적으로 분담이행방식과 같으나, 주계약자의 지위는 공동이행방식에 가깝다. 주계약자관리방식 공동수급의 구체적 법률관계는 아래 각 해당 부분에서 자세히 보기로 한다.

5. [비교표] 공동도급 유형별 구성원과 대표자의 책임과 권리

표 7 공동도급 유형별 구성원과 대표자의 책임과 권리 (비교표)

	공동이행방식	분담이행방식	주계약자관리방식
시행 방식	① 출자비율에 따라 자금·인원·기재 등을 출연하여 전체공사를 공동시행함 ③ 이익분배, 손실부담도 출자비율에 따름	각 구성원이 분담내용에 따라 나누어 공동으로 공사를 시행함	주계약자가 전체공사를 계획·관리·조정함
공동수급체 대표자의 권한(운영규정 §5②③)	재산관리·대금청구(전체 공통) 주계약자관리방식에서는 전체공사의 계획·관리·조정업무도 수행함		
각종 보증금의 납부 (운영규정§13①)	각 구성원별 분할 납부		
	발주자는 대표자로 하여금 일괄하여 납부하게 할 수 있음		발주자는 주계약자로 하여금 일괄하여 납부하게 할 수 있음
보증금의 반환 (운영규정 §13②)	납부한 자에게 직접 반환		
계약이행책임 (운영규정 §9)	연대책임	자신이 분담한 부분에 대하여만 각자 책임	① 주계약자: a) 자신이 분담한 부분에 대한 책임 +

제 4 장 공동수급의 법률관계 / 제 1 절 개요

	공동이행방식	분담이행방식	주계약자관리방식
			b) 다른 구성원의 분담부분에 대한 연대책임 ② 그 외 구성원: 자신이 분담한 부분에 대하여만 각자 책임
대금지급 (운영규정 §11)	구성원 각자에게 지급	구성원 각자에게 지급	구성원 각자에게 지급
	단, 선금은 대표자에게 일괄지급함. cf. 관급공사는 공동이행방식도 선금을 구성원 각자에게 지급한다(공동계약운용요령 §11②단;「지방자치단체 입찰 및 계약 집행기준」 중 선금·대가 지급요령).	선금 예외 없음	단, 선금은 대표자에게 일괄지급
하도급 가부 (표준협정서 §7①)	다른 구성원의 동의 없이 하도급할 수 없음	자기 책임하에 분담부분의 일부를 하도급할 수 있음	주계약자의 동의 없이 하도급할 수 없음
하수급인에 대한 책임 (표준협정서 §7②)	하수급인·자재납품업자에 대하여 구성원 전원이 연대책임	분담내용에 따라 각자 책임	분담내용에 따라 각자 책임
공동비용 분담 (표준협정서 §10)	출자비율에 따라 분담	분담공사금액의 비율에 따라 분담	분담공사금액의 비율에 따라 분담. 단, 전체공사의 관리, 보증금등의 일괄납부에 소요되는 비용은 협의에 의하여 별도로 정할 수 있음.
제 3 자에 대한 손해배상책임	규정 없음	당해 구성원이 책임짐 (표준협약서 §14①)	당해 구성원이 책임짐(표준협약서 §15①)
하자담보책임 (운영규정 §12)	구성원 전원 연대책임	각 구성원이 자신이 분담 시공한 부분만 책임	① 주계약자: 전체 하자에 대하여 책임. ② 그 외 구성원: 자신이 분담 시공한 부분만 책임

제2절 공동수급체와 발주자간 법률관계

I. 개요

A. 공동도급운영규정의 주요 내용

1. 【해설】공동수급체의 계약이행책임

건설공사를 도급받은 공동수급체 구성원은 이행방식에 따라 다음과 같이 계약이행책임을 진다(이하 공동도급운영규정 제9조).

1. 공동이행방식: 공동수급체 구성원 전원이 연대하여 계약이행 및 안전·품질이행의 책임을 진다.

2. 분담이행방식: 공동수급체의 각 구성원은 자신이 분담한 부분에 대하여만 계약이행 및 안전·품질이행책임을 진다.

3. 주계약자관리방식: A) 주계약자는 자신이 분담한 부분에 대하여 계약이행 및 안전·품질이행책임을 지는 외에 다른 구성원의 계약이행 및 안전·품질이행책임에 대하여도 연대책임을 지고, B) 주계약자 이외의 구성원은 자신이 분담한 부분에 대하여만 계약이행 및 안전·품질이행 책임을 진다.

다만, 주계약자가 탈퇴한 후 공동도급운영규정 제7조 제4항에 따른 주계약자의 계약이행 및 안전·품질이행의무 대행이 이루어지지 않은 경우에는 주계약자 이외의 구성원은 자신의 분담부분에 대하여도 계약이행 및 안전·품질이행이 이루어지지 않은 것으로 본다.

2. 【해설】공동도급계약의 대가지급 및 청구 방법

공사대금 등은 공동이행방식 또는 주계약자관리방식의 경우 선금을 공동수급체의 대표자에게 지급하는 것을 제외하고는 구성원 각자에게 지급하는 것이 원칙이다(제11조 제2항). 기성대금은 공동도급의 유형과 무관하게 항상 각 구성원의 기성고에 따라 지급한다(제3항). 구체적 내용은 아래와 같다.

(1) 대금청구 방법: ① 공동수급체의 대표자는 선금·공사대금 등을 구성원 별로 구분 기재된 지급청구서를 발주자에게 제출하여야 한다.

다만, 공동수급체의 대표자가 파산 또는 해산, 부도 기타 부득이한 사유로 이를 행사할 수 없는 경우에는 공동수급체의 다른 모든 구성원의 연명으로 이를 제출할 수 있다. (공동도급운영규정 제11조 제1항.)

제4장 공동수급의 법률관계 / 제2절 공동수급체와 발주자간 법률관계

> **(2) 대금지급 방법:** 대금지급청구서는 위와 같이 대표자가 일괄 취합해서 제출하나, 발주자는 그 청구된 금액을 구성원 각자에게 지급하여야 한다(공동도급운영규정 제11조 제2항). 다만, 공동이행방식 또는 주계약자관리방식에서의 선금은 공동수급체의 대표자에게 일괄지급한다(같은 항 단서).
>
> [☞ 비교] 관급공사에서 선급 지급은 ① 공동이행방식에서는 구성원 각자에게, 주계약자관리방식에서는 대표자에게 지급한다(공동계약운용요령 제11조 제2항 단서 및 「지방자치단체 입찰 및 계약 집행기준」 중 제6장 선금·대가 지급요령).
>
> 기성대가는 공동수급의 유형과 관계 없이 언제나 각 구성원의 이행내용에 따라 지급한다. 이 경우 준공대가 지급 시에는 구성원별 총 지급금액이 준공당시 공동수급체구성원의 출자비율 또는 분담내용과 일치하여야 한다. (공동도급운영규정 제11조 제3항.)

3. 【해설】 공동수급체의 하자담보책임

> 공동수급체가 해산된 후 하자담보책임은 다음과 같이 이행한다(공동도급운영규정 제12조).
>
> (1) 공동이행방식: 전체 하자에 대하여 구성원 전원이 연대하여 책임진다. 상법 제57조(☞ 다수채무자간 연대책임)에 따르더라도 이들은 연대책임을 지는 것이 당연하다.
>
> (2) 분담이행방식: 각 구성원이 자신이 분담하여 시공한 부분에 대하여만 책임진다.
>
> (3) 주계약자관리방식: ① 주계약자는 전체 하자에 대하여 해당 부분의 시공한 구성원과 연대책임을 지고, ② 주계약자 외의 구성원은 자신이 분담하여 시공한 부분에 대하여만 책임진다.
>
> 위 내용은 계약이행책임과 동일하다.

B. 공동이행방식에서 공사대금채권의 법적 성격: 합유채권

1. 【해설】 분담이행방식 vs. 공동이행방식

> (1) 분담이행방식 공동도급계약에서 각 구성원이 가지는 공사대금채권은 개별채권이므로, 각 구성원은 발주자에게 각자 청구하여 추심할 수 있고, 각 구성원의 채권자 역시 그에 대하여 강제집행을 할 수 있다.
>
> (2) 공동이행방식 공동수급체가 가지는 공사대금채권은 합유채권임이 원칙이나, 개별취득의 약정이 있는 경우에는 각 구성원이 그 지분비율에 따라 공사대금채권을 개별취득한다. 자세한 내용은 아래와 같다.

2. 【해설】 합유관계의 구체적 내용

(1) 합유채권의 청구와 추심

조합의 재산은 모든 조합원의 합유合有(소유권 외의 재산은 준합유)로 된다(민법 제 704, 271, 278 조). 그런데 합유물의 처분·변경에는 합유자 전원의 동의가 있어야 하므로(민법 제 272 조), 조합의 채권은 합유채권(준합유)으로서 설령 금전과 같이 가분적 채권이라 하더라도 조합원 중 1 인이 임의로 청구할 수 없으며, 모든 조합원이 공동으로 해서만 청구할 수 있으며, 추심한 것도 모든 조합원의 합유재산이 된다(이상 대법원 2012. 5. 17. 선고 2009 다 105406 전원합의체 판결).

그러므로 공동수급체의 각 구성원은 자신의 지분에 해당하는 공사대금을 개별적으로 추심할 수 없는 것이 원칙이다.

(2) 합유채권에 대한 강제집행

그 결과 조합원 중 1 인에 대한 채권자는 그 채권으로써 해당 조합원을 집행채무자로 하여 합유재산인 조합채권에 대하여 강제집행을 할 수 없다(대법원 2012. 5. 17. 2009 다 105406 전원합의체 판결).

만일 이 점을 간과하고 강제집행이 개시되었다면, 공동수급체의 구성원 중 1 인은 보존행위로서 제 3 자이의의 소를 제기하고 강제집행정지신청을 할 수 있다(대법원 1997. 8. 26. 선고 97 다 4401 판결).

한편 만약 세무서장이 공동수급체 구성원의 부가세 체납을 이유로 조합재산인 공동수급체의 공사대금채권을 압류처분했다면 그 처분은 당연무효이고, 그 금액을 체납세액에 충당한 국가는 부당이득반환의무를 부담한다(대법원 2001. 2. 23. 선고 2000 다 68924 판결).

3. 【해설】 필수적 공동소송과 소송신탁

(1) 조합의 권리(채권)는 모든 조합원이 공동으로 해서만 청구할 수 있으므로, 소송으로 청구하는 경우에는 모든 조합원이 원고가 되어야 하는 필수적 공동소송이다(대법원 1994. 10. 25. 선고 93 다 54064 판결).

(2) 그러나, 조합의 업무집행조합원은 조합재산에 관한 소송에 관하여 조합원으로부터 임의적 소송신탁을 받아 <u>자기의 이름으로</u> 소송을 수행할 수 있으므로(대법원 1984. 2. 14.자 83 다카 1815 결정), 공동수급체의 대표자는 다른 모든 구성원으로부터 임의적 소송신탁을 받아 자기 단독 명의로 소송을 제기할 수 있다. 이 경우 원고가 된 업무집행조합원(공동수급체 대표자)은 상대방에 대하여 조합채권(예: 금전지급청구권, 소유권이전등기청구권 등) 전부를 자신에게 이행할 것을 청구할 수 있다.

C. 예외: 공동이행방식에서도 개별 취득의 약정이 있는 경우에는 개별채권임

1. 【해설】묵시적 개별 취득 약정

> 공동이행방식의 공사도급계약에서도 도급인에 대한 권리를 공동수급체가 아닌 각 구성원이 출자지분 비율에 따라 직접 취득하는 것으로 약정한 경우에는 공사대금채권이 공동수급체 구성원 각자에게 그 지분비율에 따라 구분하여 개별 귀속된다.
>
> <u>이러한 약정은</u> 명시적으로는 물론 묵시적으로도 이루어질 수 있다. 공사대금을 공동수급체 구성원별로 직접 지급받기로 하는 내용의 공동수급협정서를 제출하고 공동도급계약을 체결한 경우에는 위와 같은 묵시적 약정이 이루어진 것으로 본다. (이상 대법원 2013. 7. 11. 선고 2011다60759 판결.)
>
> 이는 <u>공동수급체 구성원들의 각 출자비율과 실제의 시공비율이 일치하지 않더라도 마찬가지이다</u>. 즉, 공동이행방식 도급계약에서 공동수급체 개별 구성원이 공사대금채권을 직접 취득하도록 하는 약정이 있었다면, ① 각 구성원들은 <u>실제 공사를 누가 어느 정도 수행했는지와 관계 없이</u> 각자 지분비율에 해당하는 공사대금채권을 취득하고, ② 이 경우 일부 구성원만이 공사를 수행했거나 일부 구성원이 자신의 지분비율을 넘어서 공사를 수행한 사정은 <u>구성원들 내부의 정산문제에 불과하다</u>(대법원 2013.02.28. 선고 2012다107532 판결).

2. 【해설】관급공사에 관한 판례의 원용 가능성

> 아래에서 보는 판례들에는 관급공사(발주자가 국가나 지방자치단체인 공사)에 관한 판례가 다수 포함되어 있으나, 민간공동도급에 적용되는 「공동도급운영규정」도 공동이행방식 또는 주계약자관리방식의 경우 선금을 공동수급체의 대표자에게 지급하는 것을 제외하고는 구성원 각자에게 공동도급 공사대금을 지급하도록 규정하고 있으므로(공동도급운영규정 제11조 참조), 관급공사에 관한 판례들은 민간공동도급에도 원용될 수 있다.

II. 합유채권의 법률관계 (판례)

A. ① 공동수급체 구성원 중 1인에 대한 채권자는 공동수급체의 준합유재산인 공사대금채권에 대해 강제집행할 수 없어; ② 만일 강제집행을 했다면, 그 구성원 중 1인은 보존행위로서 제3자이의의 소를 제기할 수 있음 —대법원 1997. 8. 26. 선고 97다4401 판결[제3자이의의소]

II. 합유채권의 법률관계 (판례)

【당사자】

【원고,피상고인】 대림산업 주식회사

【피고,상고인】 피고

☞ 공사도급인은 대한민국임

원고와 풍국건설 및 우성건설로 구성된 위 공동수급체는 단순히 그 구성원들 내부 사이의 조합이 아니라 대외적으로도 민법상의 조합에 해당한다고 할 것이므로 위 공동수급체가 이 사건 공사를 시공함으로 인하여 소외 대한민국에 대하여 가지는 이 사건 채권은 위 조합의 채권으로서 그 구성원인 위 3개사의 준합유에 속한다고 할 것인바, 조합의 구성원인 풍국건설에 대한 채권자인 피고가 이에 대하여 강제집행을 할 수는 없다고 할 것이니, 위 조합의 구성원 중의 1인인 원고는 보존행위로서 위 강제집행의 불허를 구하는 제3자이의의 소를 제기할 수 있다

B. ① 공동이행방식의 공동수급체는 민법상 조합이야; ② 따라서 세무서장이 공동수급체 구성원의 부가세 체납을 이유로 조합재산인 공동수급체의 공사대금채권을 압류처분한 것은 당연무효이고; ③ 그 금액을 체납세액에 충당한 국가는 공동수급체 구성원들에게 부당이득반환의무를 부담해 —대법원 2001. 2. 23. 선고 2000다68924 판결[부당이득금]

【당사자】

【원고,피상고인】 삼정건설 주식회사

【피고,상고인】 대한민국

위와 같은 공동수급체의 구성 경위와 그 약정내용 및 그 후의 경과 등을 종합하여 원심은, 원고 등 6개 회사가 공동협정서에 터잡아 그들 상호간에 금전 기타 재산 및 노무를 출자하여 이 사건 신축공사 관련사업을 공동으로 시행하기로 하는 내용의 약정을 함으로써 그들 사이에는 민법상 조합이 성립되었다고 판단하고서, 그 후 피고 산하 동대전세무서장이 그 조합의 구성원인 경성건설의 부가가치세 체납을 이유로 원고 등 6개 회사의 조합재산인 253,541,700원의 공사대금채권에 대하여 압류처분을 한 것은 체납자 아닌 제3자 소유의 재산을 대상으로 한 것으로서 그 처분의 내용이 법률상 실현될 수 없는 것이어서 당연무효이고,

따라서 피고가 무효인 이 사건 압류처분에 기하여 253,541,700원을 체납세액에 충당한 것은 법률상 원인 없이 그 금액 상당의 이익을 얻고 그로 인하여 원고 등 6개 회사에 그 상당의 손해를 입힌 것으로서 부당이득이 된다는 이유로 그 반환을 구하는 원고의 청구를 인용하였다.

기록과 앞서 본 법리에 비추어 살펴보면, 이러한 원심의 사실인정과 판단은 정당하고, 거기에 조합관계의 성립에 관하여 채증법칙을 위반하여 사실을 잘못 인정하거나 법리를 오해하는 등의 위법이 있다고 할 수 없다.

III. 개별 취득 약정이 있는 경우의 법률관계 (판례)

A. ① 공동이행방식의 공동수급체가 가지는 공사대금채권은 구성원 전원에게 합유적으로 귀속하는 조합채권임이 원칙이나; ② 공동수급체 구성원별로 청구된 금액에 따라 <u>구성원 각자가 각자 명의의 계좌로 공사대금을 지급받기로 약정한 '공동수급협정서'가 도급인(피고)에게 제출되어 공사도급계약이 체결되었다면, 공동수급체 각 구성원이 출자비율에 따라 공사대금채권을 직접 취득하도록 하는 약정이 있었다고 보아야</u>; ③ 출자비율과 실제 시공비율이 다르더라도 마찬가지임 —대법원 2012.05.17. 선고 2009 다 105406 전원합의체 판결 [공사대금]

【당사자】

원고, 피상고인	고려개발 주식회사 외 2 인
피 고	환경관리공단
피고보조참가인, 상고인	대한민국
피고보조참가인	근로복지공단

1. 법리

가. 공동수급체의 공사대금채권은 조합채권이 원칙

<u>공동이행방식의 공동수급체는 기본적으로 민법상의 조합의 성질을 가지는 것이므로</u>(대법원 2000. 12. 12. 선고 99 다 49620 판결 등 참조), 공동수급체가 공사를 시행함으로 인하여 도급인에 대하여 가지는 채권은 원칙적으로 공동수급체의 구성원에게 합유적으로 귀속하는 것이어서 특별한 사정이 없는 한 구성원 중 1 인이 임의로 도급인에 대하여 출자지분의 비율에 따른 급부를 청구할 수 없고, 구성원 중 1 인에 대한 채권으로써 그 구성원 개인을 집행채무자로 하여 공동수급체의 도급인에 대한 채권에 대하여 강제집행을 할 수 없다(대법원 1997. 8. 26. 선고 97 다 4401 판결, 대법원 2001. 2. 23. 선고 2000 다 68924 판결 등 참조).

나. 명시적/묵시적 약정에 의하여 개별채권으로 할 수 있음

그러나 <u>공동이행방식의 공동수급체와 도급인이 공사도급계약에서 발생한 채권과 관련하

III. 개별 취득 약정이 있는 경우의 법률관계 (판례)

여 공동수급체가 아닌 개별 구성원으로 하여금 그 지분비율에 따라 직접 도급인에 대하여 권리를 취득하게 하는 약정을 하는 경우와 같이 공사도급계약의 내용에 따라서는 공사도급계약과 관련하여 도급인에 대하여 가지는 채권이 공동수급체의 구성원 각자에게 그 지분비율에 따라 구분하여 귀속될 수도 있고(대법원 2002. 1. 11. 선고 2001 다 75332 판결 참조), 위와 같은 약정은 명시적으로는 물론 묵시적으로도 이루어질 수 있다.

다. 공동도급계약운용요령 제 11 조의 개정과 그 운용 관행

공동도급계약운용요령 제 11 조가 기성대가 등을 공동수급체 구성원 각자에게 구분하여 직접 지급하는 내용으로 개정되어 시행된 1996. 1. 8. 이후부터 체결된 공동도급계약에는 위와 같이 개정된 내용의 공동도급계약운용요령 제 11 조가 적용됨에 따라, 도급인은 공동이행방식의 공동수급체에 있어서도 기성대가 등을 구성원 각자에게 그 지분비율에 따라 구분하여 직접 지급할 것을 예정하고 있고, 공동수급체의 구성원들도 그들 상호 간의 계약인 공동수급협정을 체결하면서 위와 같이 개정된 공동도급계약운용요령 [별첨 1]의 공동수급표준협정서(공동이행방식) 제 8 조를 참고하여 기성대가 등을 구성원별로 별도 기재한 각자의 거래계좌로 직접 지급받기로 하는 약정 내용이 담긴 공동수급협정서를 작성하여 이를 도급인에게 제출하고 있다.

라. 판례 변경

그렇다면 공동이행방식의 공동수급체의 구성원들이 기성대가 등을 공동수급체의 구성원별로 직접 지급받기로 하는 공동수급협정은 특별한 사정이 없는 한 도급인에 대한 관계에서 공사대금채권을 공동수급체의 구성원 각자가 그 출자지분의 비율에 따라 구분하여 취득하기로 하는 구성원 상호 간의 합의라고 보는 것이 타당하고,

나아가 공동수급체의 대표자가 개정된 공동도급계약운용요령 제 11 조에 따라 공동수급체 구성원 각자에게 공사대금채권을 지급할 것을 예정하고 있는 도급인에게 위와 같은 공사대금채권의 구분 귀속에 관한 공동수급체 구성원들의 합의가 담긴 공동수급협정서를 입찰 참가 신청서류와 함께 제출하고 도급인이 별다른 이의를 유보하지 않은 채 이를 수령한 다음 공동도급계약을 체결하게 되면 공동수급체와 도급인 사이에서 공동수급체의 개별 구성원으로 하여금 공사대금채권에 관하여 그 출자지분의 비율에 따라 직접 도급인에 대하여 권리를 취득하게 하는 묵시적인 약정이 이루어졌다고 보는 것이 타당하다.

이는 공동도급계약운용요령과 공동수급협정서에서 공동이행방식의 공동수급체 대표자가 부도 등의 부득이한 사유로 신청서를 제출할 수 없는 경우 공동수급체의 다른 모든 구성원의 연명으로 이를 제출하게 할 수 있다고 규정하고 있거나, 공동수급체 구성원들의 각 출자비율과 실제의 시공비율이 일치하지 않더라도 달리 볼 것이 아니다.

제 4 장 공동수급의 법률관계 / 제 2 절 공동수급체와 발주자간 법률관계

이와 달리 기성대가 등을 공동수급체 구성원 각자에게 구분하여 직접 지급하는 내용으로 개정된 공동도급계약운용요령 제 11 조가 시행된 1996. 1. 8. 이후에 기성대가 등을 공동이행방식의 공동수급체 구성원별로 직접 지급받기로 하는 약정 내용이 기재된 공동수급협정서가 제출되어 체결된 공동도급계약에 관한 사안에서 공사대금채권이 공동수급체의 구성원들에게 합유적으로 귀속한다는 취지로 판시한 대법원 2000. 11. 24. 선고 2000 다 32482 판결 등은 모두 이 판결의 견해에 배치되는 범위 내에서 이를 변경하기로 한다.

2. 대법원의 판단 (파기환송)

가. 원심판결의 내용 (이 사건 공사대금채권을 조합채권으로 판단함)

원심판결 이유에 의하면, 원심은 그 판시와 같은 사정을 종합하여, 원고들 및 주식회사 비.제이종합건설(이하 '비제이건설'이라고 한다)이 구성한 공동이행방식의 이 사건 공동수급체가 민법상의 조합에 해당하고, 나아가 이 사건 공사대금채권이 이 사건 공동수급체의 구성원 전원에게 합유적으로 귀속하는 조합채권이라고 판단하였다.

나. 사실관계

그러나 원심이 확정한 사실관계 및 원심이 적법하게 채택한 증거에 의하면, 이 사건 공사도급계약에는 계약담당공무원이 공사대금에 관하여 공동수급체 대표자로부터 공동수급체 구성원별로 구분 기재된 신청이 있으면 신청된 금액을 공동수급체 구성원 각자에게 지급하도록 규정하고 있는 공동도급계약운용요령(회계예규 2200.04-136-11, 2004. 8. 16.) 제 11 조가 적용되고, 이 사건 공동수급체의 구성원별로 청구된 금액에 따라 구성원 각자가 각자 명의의 계좌로 공사대금을 지급받기로 약정한 내용이 담긴 공동수급협정서가 피고에게 제출되어 이 사건 공사도급계약이 체결되었음을 알 수 있는데,

다. 공사대금채권을 각 구성원이 직접 취득하기로 하는 묵시적 약정이 성립함

이러한 사실관계를 앞서 본 법리에 비추어 보면, 이 사건 공동수급체와 피고는 이 사건 공동수급체의 구성원 각자로 하여금 공사대금채권에 관하여 그 출자지분의 비율에 따라 직접 피고에 대하여 권리를 취득하게 하는 묵시적인 약정을 하였다고 보는 것이 타당하다(나아가 원심이 확정한 사실관계에 의하면, 이 사건에서는 위 공동도급계약운용요령 제 11 조가 이 사건 공사도급계약의 일부를 구성하는 공사입찰유의서 제 24 조에 의하여 이 사건 공사도급계약의 내용으로 편입되었으니, 이 사건 공동수급체와 피고 사이에 구성원 각자로 하여금 직접 피고에 대하여 공사대금채권을 취득하게 하는 명시적인 약정을 한 것으로 볼 수 있다). 따라서 비제이건설을 비롯한 이 사건 공동수급체의 구성원들은 피고에 대하여 각 지분비율에 따라 구성원 각자에게 구분하여 귀속하는 공사대금채권을 가진다고 할 것이다.

III. 개별 취득 약정이 있는 경우의 법률관계 (판례)

라. 원심판결의 위법함

그럼에도 이와 달리 원심은 이 사건 공사대금채권을 이 사건 공동수급체의 구성원 전원에게 합유적으로 귀속하는 조합채권으로 보아 피고보조참가인들의 각 채권압류를 무효라고 판단하였으니, 이러한 원심판결에는 <u>공동이행방식의 공동수급체에 있어 공사대금채권의 귀속에 관한 법리를 오해함</u>으로써 판결 결과에 영향을 미친 위법이 있다. 이 점을 지적하는 상고이유의 주장은 이유 있다.

☞ 같은 취지 판례: 대법원 2016. 8. 29. 선고 2015 다 5811 판결[약정금]

B. ① 공동이행방식의 도급계약에서, 공동수급체의 개별 구성원이 공사대금채권을 직접 취득하도록 하는 약정이 있는 경우, 개별 구성원들은 (실제 공사를 누가 어느 정도 수행했는지와 관계 없이) 각자 지분비율에 해당하는 공사대금채권을 취득해; ② 이 경우 일부 구성원만이 공사를 수행했거나 <u>일부 구성원이 자신의 지분비율을 넘어서 공사를 수행한 사정은 구성원들 내부의 정산문제일 뿐임</u> —대법원 2013.02.28. 선고 2012 다 107532 판결[제 3 자 이의]

【당사자】

【원고, 상고인】 성림건설 주식회사

【피고, 피상고인】 토방건설 주식회사

☞ 공사 도급인은 제주시

공동이행방식의 공동수급체와 도급인 사이의 공사도급계약에서 공동수급체의 개별 구성원으로 하여금 공사대금채권에 관하여 지분비율에 따라 직접 도급인에 대하여 권리를 취득하게 하는 약정이 이루어진 경우, 공사도급계약 자체에서 개별 구성원의 실제 공사 수행 여부나 정도를 지분비율에 의한 공사대금채권 취득의 조건으로 약정하거나 일부 구성원의 공사 미이행을 이유로 공동수급체로부터 탈퇴·제명하도록 하여 그 구성원으로서의 자격이 아예 상실되는 것으로 약정하는 등의 <u>특별한 사정이 없는 한, 개별 구성원들은 실제 공사를 누가 어느 정도 수행하였는지에 상관없이 도급인에 대한 관계에서 공사대금채권 중 각자의 지분비율에 해당하는 부분을 취득하고, 공사도급계약의 이행에 있어서의 실질적 기여비율에 따른 공사대금의 최종적 귀속 여부는 도급인과는 무관한 공동수급체 구성원들 내부의 정산문제일 뿐이라고 할 것이다.</u>

따라서 공동이행방식의 공동수급체와 도급인 사이에서 공동수급체의 개별 구성원으로 하여금 공사대금채권에 관하여 지분비율에 따라 직접 도급인에 대하여 권리를 취득하게 하는 약정이 이루어진 경우에 있어서는 <u>일부 구성원만이 실제로 공사를 수행하거나 일부 구</u>

제4장 공동수급의 법률관계 / 제2절 공동수급체와 발주자간 법률관계

성원이 그 공사대금채권에 관한 자신의 지분비율을 넘어서 수행하였다고 하더라도 이를 이유로 도급인에 대한 공사대금채권 자체가 그 실제의 공사비율에 따라 그에게 귀속한다고 할 수는 없다.

☞ 같은 취지 판례: 대법원 2016. 8. 29. 선고 2015다5811 판결[약정금]

C. [직접 취득의 특약이 없다고 본 사례] ① 도급계약에 공사계약일반조건, 공사계약특수조건, 공동수급협정서 등이 편입되어 있는데, a) 공사계약일반조건에는 공동수급체의 대표자가 사업시행자에게 기성대가를 청구하며, 사업시행자는 구성원 각자에게 지급하거나 대표자에게 지급하는 것으로 정해져 있고, b) 공동수급협정서에는 "공동수급체의 대표가 공동도급공사의 대가 등을 수령한 후 각 구성원의 계좌로 송금한다"고 규정되어 있다면, 공동수급체의 구성원 각자가 도급인에게 공사대금채권을 직접 취득하기로 특약한 것이라 할 수 없어; ③ 따라서 이 사건 도급계약은 공동수급체가 조합체로서 공사대금채권을 가짐 ―대법원 2013. 7. 11. 선고 2011다60759 판결[공사대금등]

【당사자】

【원고, 상고인】 석전건설 주식회사

【피고, 피상고인】 휴먼에듀 주식회사 외 1인

☞ 공사도급인은 휴먼에듀 주식회사임

1. 공동수급체 각 구성원이 출자비율에 따라 공사대금채권을 직접 취득하도록 하는 약정이 없었다고 본 사례

원심이 확정한 사실관계 및 원심이 적법하게 채택한 증거에 의하면, ① 이 사건 도급계약에는 공사계약일반조건, 공사계약특수조건, 공동수급협정서 등이 편입되어 있는데, ② 공사계약일반조건 제35조에는 공동수급체의 구성원은 구성원별로 구분 기재된 기성신청서를 공동수급체의 대표자 혹은 부득이한 사유가 있을 경우 공동수급체의 운영위원회에서 정한 대표자에게 제출하고, 그 대표자가 사업시행자에게 기성대가를 청구하며, 사업시행자는 이 사건 도급계약에서 달리 정하지 않는 한, 공사비 지급기일에 검사된 내용에 따라 기성대가를 확정하여 공동수급체 구성원 각자에게 지급하거나 대표자에게 지급하는 것으로 정해져 있고, ③ 공동수급협정서 제8조에는 공동수급체의 대표가 공동도급공사의 대가 등을 수령한 후 각 구성원의 계좌로 송금한다고 규정되어 있는 사실을 알 수 있다.

이러한 사실관계에 나타난 약정 내용에 의하면, 도급인인 피고 휴먼에듀 주식회사(이하 '휴먼에듀'라 한다)와 이 사건 공동수급체 사이에 체결된 이 사건 도급계약은 공동수급체가 조합체로서 공사대금채권을 가지는 것으로 약정하였다고 보일 뿐, 그 공사대금채권을 공동

수급체의 구성원 각자가 출자지분의 비율에 따라 도급인에게 직접 청구할 수 있는 권리를 취득하게 하는 특약을 한 것이라고는 할 수 없다.

2. 원발주자가 정부라도, 그 '하도급' 계약의 공동수급계약관계에는 '공동도급계약운용요령'이 적용되지 않음

그리고 상고이유에서 주장하는 기획재정부 회계예규(2200.04-136-19)인 '공동도급계약운용요령'이나 행정안전부예규인 '지방자치단체 공동계약 운용요령'에서 공동수급체의 공사대금채권이 그 구성원 각자에게 귀속되도록 하는 규정을 두고 있다고 하더라도, 이 사건 도급계약과 같이 정부나 지방자치단체가 도급인이 아닌 경우에도 그 공사의 원발주자가 정부나 지방자치단체라고 하여 위 각 예규가 당연히 적용된다고 할 수는 없는 것이므로 이를 계약내용에 편입하는 특약이 있어야 그 도급계약에 기한 법률관계에 적용될 수 있을 것인데,

기록을 살펴보아도 위 각 예규를 이 사건 도급계약에 명시적 또는 묵시적으로 편입시켰다고 볼 근거를 발견할 수 없다. 따라서 이 사건 도급계약에 위 각 예규가 적용됨을 전제로 한 상고이유 주장은 나아가 살펴볼 필요 없이 이유 없으므로 이 부분 상고이유 주장도 받아들일 수 없다.

IV. 지체상금

A. [분담이행방식] 분담이행방식에 의한 공동수급에서는 공사 지체를 직접 야기시킨 구성원만 그 분담 부분에 한하여 지체상금 납부의무를 부담한다 —대법원 1998. 10. 2. 선고 98다33888 판결[공사대금]

【당사자】

원고,피상고인	이○○
피고,상고인	인제군

기록과 위에 본 관계 법령의 규정 내용을 비추어 살펴보면, 공동수급인이 분담이행방식에 의한 계약을 체결한 경우에는, 이 사건과 같이 공사의 성질상 어느 구성원의 분담 부분 공사가 지체됨으로써 타 구성원의 분담 부분 공사도 지체될 수밖에 없는 경우라도, 특별한 사정이 없는 한, 공사 지체를 직접 야기시킨 구성원만 분담 부분에 한하여 지체상금의 납부의무를 부담한다고 해석함이 상당하다.

같은 취지의 원심의 판단은 정당한 것으로 수긍할 수 있고, 거기에 소론과 같은 공동도급 및 지체상금에 관한 법리를 오해하여 판결에 영향을 미친 위법이 없다.

> 지체상금 지급의무는 불법행위책임이므로 상법 제 57 조(다수채무자간 또는 채무자와 보증인의 연대)가 적용되지 않는다. 따라서 분담이행방식에서는 공사지체를 직접 야기한 구성원만 지체상금 납부의무를 부담하며, 다른 구성원은 이에 대하여 연대책임을 부담하지 않는다.

B. [공동이행방식] 공동수급인 중 하나인 원고가 자신이 맡은 공사를 준공기한 내에 하지 못해 지체상금을 부담하는 경우, 그 지체상금의 기준이 되는 계약금액은 원고가 맡은 부분에 해당하는 공사대금이 아니라 전체 공사대금임 ―대법원 1994. 3. 25. 선고 93 다 42887 판결[공사대금]

[당사자]

【원고, 피상고인】 주식회사 삼원건설

【피고, 상고인】 대한민국

1. 판단의 근거

이 사건 공사 중 원고 및 위 소외 회사가 각 책임지기로 한 부분이 특정되어 있기는 하나, 그 ① 공사이행에 관하여 상호연대보증을 하였으며 도급인인 피고의 입장에서 보면 ② 원고 및 위 소외 회사가 맡은 위 각 공사는 전체로서 지하차도 확장공사라는 하나의 시설공사를 이루고 있는 것이고, 또한 ③ 위 공사의 성질상 위 소외 회사가 맡은 포장공사는 원고가 맡은 나머지 공사를 완공한 후에 할 수 있는 공사이어서, 원고가 자신이 맡은 공사를 완공하지 못하는 경우는 위 소외 회사도 그가 맡은 포장공사를 준공기한 내에 하지 못하는 것이며, ④ 위 도급계약에서 정한 준공기한도 원고가 맡은 공사만의 준공기한이 아니라 위 소외 회사가 맡기로 한 포장공사까지 포함한 이 사건 공사 전체의 준공기한이므로,

2. 파기 환송

원고가 자신이 맡은 공사를 위 준공기한내에 하지 못함으로써 지체상금을 부담하는 경우 그 지체상금의 기준이 되는 계약금액은 원고가 맡은 부분에 해당하는 공사대금뿐만이 아니라 이 사건 공사의 전체 공사대금으로 보아야 할 것이다. 따라서 원심이 원고와 위 소외 회사가 이 사건 도급계약을 형식상으로는 공동수급인으로 체결하였지만 실질적으로는 각자 별개의 도급계약을 체결한 것으로 보고 원고의 이 사건 지체상금의 기준이 되는 계약금액을 원고가 하기로 한 공사에 관한 대금인 금 1,447,838,810 원으로 보았음에는 도급계약 및 지체상금에 관한 법리를 오해한 위법이 있다고 할 것이고, 이를 지적하는 논지는 이유 있다.

V. 공동도급계약의 보증

A. 【해설】 보증금/보증서의 납부와 반환

> (1) 공동도급계약의 입찰보증금·계약보증금·하자보증금 등 각종 보증금 또는 보증서는 공동수급체 구성원별로 공동수급협정서에서 정한 출자비율 또는 분담내용에 따라 분할하여 납부하여야 한다. 다만, 공동이행 방식과 주계약자관리방식인 경우에는 발주자는 공동수급체의 대표자 또는 주계약자로 하여금 일괄하여 보증금/보증서를 납부하게 할 수 있다. (공동도급운영규정 제13조 제1항.)
>
> (2) 보증금/보증서를 반환하는 경우에는 납부한 자에게 직접 반환하여야 한다. 다만, 공동수급체 구성원간의 합의가 있는 경우는 그에 따른다. (공동도급운영규정 제13조 제2항.)

B. ① 공동수급체 구성원이 개별적으로 출자비율에 따른 하자보수보증보험계약을 체결한 경우, 연대채무를 부담하는 다른 구성원의 면책행위에 의하여 보험금지급채무가 소멸하였다면, 면책행위를 한 다른 구성원은 보험계약자의 부담부분에 대하여 구상권을 행사할 수 있으므로 그 구상권의 범위에서 도급인의 보험금청구권을 대위행사할 수 있어 ─대법원 2015. 3. 26. 2012 다 25432 판결[보험금]

[당사자]

> 【원고, 피상고인】 일진건설산업 주식회사
>
> 【피고, 상고인】 서울보증보험 주식회사

1. 법리

가. 보증보험에 따른 보험금청구권의 발생 요건: '보험사고의 발생' 및 '손해의 발생'

보증보험이란 피보험자와 어떠한 법률관계를 맺은 보험계약자(주계약상의 채무자)의 채무불이행으로 피보험자(주계약상의 채권자)가 입게 될 손해의 전보를 보험자가 인수하는 것을 내용으로 하는 손해보험으로서, 보증보험계약에 따른 보험금청구권이 발생하기 위하여는 ① 보험계약자의 주계약상 채무불이행이라고 하는 보험사고의 발생과 ② 이에 근거한 피보험자의 재산상 손해의 발생이라는 두 가지 요건이 필요한데(대법원 1999. 6. 22. 선고 99 다 3693 판결 참조),

공동수급체 구성원이 개별적으로 출자비율에 따른 하자보수보증보험계약을 체결한 경우 피보험자인 도급인으로부터 하자보수를 요구받은 보험계약자가 그 이행기간 내에 의무를 이행하지 아니하면 그 때 보험사고와 이에 근거한 재산상 손해가 발생하여 보험자는 피보험자인 도급인에 대하여 보험금지급의무를 부담한다(대법원 2008. 6. 19. 선고 2005 다 37154 전원합의체 판결 참조).

나. 하자보수의무를 이행한 다른 공동수급체의 보험금청구권 대위

그리고 이러한 상태에서 연대채무를 부담하는 다른 공동수급체 구성원의 면책행위에 의하여 보험계약자의 주계약상의 채무가 소멸한 경우, 면책행위를 한 다른 공동수급체 구성원은 민법 제 425 조 제 1 항에 따라 자신과 연대하여 하자보수의무를 부담하는 보험계약자의 부담부분에 대하여 구상권을 행사할 수 있다.

보증보험은 형식적으로는 보험계약자의 채무불이행을 보험사고로 하는 보험계약이지만 실질적으로는 보증의 성격을 가지고 보증계약과 같은 효과를 목적으로 하는 것이므로 민법의 보증에 관한 규정이 준용될 뿐만 아니라(대법원 2012. 2. 23. 선고 2011 다 62144 판결 등 참조), 구상권의 범위 내에서 법률상 당연히 변제자에게 이전되는 채권자의 담보에 관한 권리에는 질권, 저당권이나 보증인에 대한 권리 등과 같이 전형적인 물적·인적 담보는 물론, 채권자와 채무자 사이에 채무의 이행을 확보하기 위한 특약이 있는 경우에 그 특약에 기하여 채권자가 가지는 권리도 포함되므로(대법원 1997. 11. 14. 선고 95 다 11009 판결 등 참조),

면책행위를 한 다른 공동수급체 구성원은 하자보수를 요구받은 보험계약자에게 구상권을 행사할 수 있는 범위에서 민법 제 481 조에 따라 채권자인 도급인의 담보에 관한 권리인 하자보수보증보험계약에 따른 보험금청구권을 대위행사할 수 있다고 보아야 한다.

2. 원심기록을 통해 알 수 있는 사실

원심판결 이유와 기록에 의하면,

① 상인인 원고와 주식회사 씨앤우방(이하 '씨앤우방'이라고 한다)이 공동이행방식의 공동수급체를 구성하여 에스에이치공사로부터 상도 4 구역 및 본동 4 구역 재개발 임대아파트 건설공사(이하 '이 사건 공사'라고 한다)를 도급받으면서(이하 '이 사건 도급계약'이라고 한다) 이 사건 공사로 인한 하자담보책임을 연대하여 부담하기로 약정한 사실,

② 피고는 씨앤우방이 이 사건 도급계약에 따라 에스에이치공사에 부담하는 하자보수의무에 관하여 공동수급협정서에 정한 출자비율(54%)에 따른 공사계약금액을 기준으로 보험가입금액을 정하여 하자보수보증보험계약(이하 '이 사건 보증보험계약'이라고 한다)을 체결한 사실,

③ 에스에이치공사는 이 사건 공사 완공 이후 씨앤우방에 하자보수를 요청하였으나 씨앤우방이 경영 악화 등으로 이를 이행하지 못하자 2009. 12. 초순경 원고에게 하자보수의무의 이행을 촉구하는 한편 피고에게 이 사건 보증보험계약에 따른 보험금을 청구한 사실,

④ 원고는 2010. 11. 중순경 1, 2, 3 년차 하자보수공사(이하 '이 사건 하자보수공사'라고 한다)를 완료한 사실 등을 알 수 있다.

3. 대법원의 판단 (상고기각)

원심은 이러한 사실관계를 기초로 하여, 씨앤우방이 에스에이치공사에 대한 하자보수의무를 이행하지 아니하여 이 사건 보증보험계약에 따라 에스에이치공사의 피고에 대한 보험금청구권이 발생하였고, 연대채무자인 원고가 에스에이치공사에 하자보수의무를 이행함으로써 씨앤우방에 대하여 그 부담부분에 관한 구상권을 행사할 수 있으며, 변제자대위의 법리에 따라 이 사건 하자보수공사와 관련하여 에스에이치공사가 가지고 있던 피고에 대한 위 보험금청구권을 행사할 수 있다고 판단하였다.

원심의 위와 같은 판단은 앞서 본 법리에 따른 것으로서, 거기에 상고이유 주장과 같이 이 사건 보증보험계약의 주계약 내용과 원고의 지위, 보증보험계약에 따른 보험금청구권 발생요건 등에 관한 법리를 오해하거나 필요한 심리를 다하지 아니한 위법이 없다.

C. ① 하자보수보증계약을 한 건설공제조합과 주계약(공동도급계약을 말함) 상 보증인은 채권자(도급인을 말함)에 대한 관계에서 공동보증인의 관계에 있어; ② 따라서 그들 중 어느 일방이 자기의 출재로 채무를 소멸하게 하였다면, 민법 제 448 조에 따라 상대방에 대해 구상권을 행사할 수 있어 —대법원 2008. 6. 19. 선고 2005 다 37154 전원합의체 판결[구상금]

【당사자】

【원고, 상고인】 주식회사 삼미건설
【피고, 피상고인】 건설공제조합

【참고조문】 민법

제 448 조(공동보증인간의 구상권) ① 수인의 보증인이 있는 경우에 어느 보증인이 자기의 부담부분을 넘은 변제를 한 때에는 제 444 조(부탁없는 보증인의 구상권)의 규정을 준용한다.

> **제 444 조(부탁없는 보증인의 구상권)** ① 주채무자의 부탁없이 보증인이 된 자가 변제 기타 자기의 출재로 주채무를 소멸하게 한 때에는 <u>주채무자는 그 당시에 이익을 받은 한도에서 배상하여야 한다.</u>

1. 법리

구 건설공제조합법(1996. 12. 30. 법률 제 5230 호로 제정된 건설산업기본법 부칙 제 2 조 제 1 호로 폐지)에 따라 <u>건설공제조합</u>(이하, '조합'이라고만 한다)<u>이 조합원으로부터 보증수수료를 받고 그 조합원이 다른 조합원 또는 제 3 자와 사이의 도급계약에 따라 부담하는 하자보수의무를 보증하기로 하는 내용의 이 사건 보증계약은</u>, 무엇보다 채무자의 신용을 보완함으로써 일반적인 보증계약과 같은 효과를 얻기 위하여 이루어지는 것으로서, 그 계약의 구조와 목적, 기능 등에 비추어 볼 때 그 실질은 의연 <u>보증의 성격을 가진다</u> 할 것이므로, 민법의 보증에 관한 규정, 특히 보증인의 구상권에 관한 민법 제 441 조 이하의 규정이 준용된다 할 것이다 (대법원 1997. 10. 10. 선고 95 다 46265 판결, 대법원 2004. 2. 13. 선고 2003 다 43858 판결 등 참조).

따라서 <u>조합과 주계약상 보증인은 채권자에 대한 관계에서 채무자의 채무이행에 관하여 공동보증인의 관계에 있다고 보아야 할 것이므로, 그들 중 어느 일방이 변제 기타 자기의 출재로 채무를 소멸하게 하였다면 그들 사이에 구상에 관한 특별한 약정이 없다 하더라도 민법 제 448 조에 의하여 상대방에 대하여 구상권을 행사할 수 있다고 할 것이다</u> (대법원 1997. 6. 27. 선고 97 다 14576 판결 등 참조).

이와 달리, 조합과 주계약상 보증인이 공동보증인의 관계에 있다고 보기 어렵고 따라서 그들 사이에 민법 제 448 조가 준용될 수 없으므로 주계약상 보증인이 조합을 상대로 구상권을 행사할 수 없다고 판시한 대법원 2001. 7. 27. 선고 2001 다 25887 판결은, 이 판결의 견해와 배치되는 범위 내에서 이를 변경하기로 한다.

2. 파기환송

그렇다면 원심이 이와 달리 이 사건 주계약상의 보증인인 원고와 이 사건 하자보수보증계약상의 보증인인 피고가 민법 제 448 조가 준용되는 공동보증인의 지위에 있지 아니하다는 이유로, <u>하자로 인한 손해배상채무를 변제한 원고의 구상금 청구를 배척한 데에는 민법 제 448 조의 공동보증인의 구상권에 관한 법리를 오해한 나머지 판결에 영향을 미친 위법이 있고</u>, 이 점을 지적하는 취지의 상고이유의 주장은 이유 있다.

I. 대표자가 체결한 보증계약의 효력이 공동수급체에 미친다고 본 사례

제3절 공동수급체 대표자가 체결한 이행보증계약의 효력

I. 대표자가 체결한 보증계약의 효력이 공동수급체에 미친다고 본 사례

A. ① '원고와 우정건설로 구성된 공동이행방식 공동수급체'의 대표자인 우정건설이 공사이행보증을 위하여 피고에게 공사이행보증신청을 하면서, <u>보증대상 계약인 주계약 내용을 "원고와 우정건설이 각 30 대 70 의 출자비율을 가지는 공동도급계약"</u>이라고 밝힌 사안에서; ② 우정건설은 공동수급체의 대표자 지위에서 보증계약을 체결하였으므로, <u>원고는 공동수급체의 조합원으로서 보증계약에 기한 구상금채무를 부담한다고 본 사례</u> —대법원 2013. 5. 23. 선고 2012 다 57590 판결[채무부존재확인]

【당사자】

원고, 상고인	동성산업 주식회사
피고, 피상고인	건설공제조합

1. 사실관계

원심판결 이유 및 적법하게 채택된 증거들에 의하면 다음과 같은 사실을 알 수 있다.

① 이 사건 도급계약에 적용되는 공동계약 운용요령은, a) 계약담당공무원은 공동수급체 구성원으로 하여금 입찰공고 내용에 명시된 공동계약의 이행방식에 따라 별첨 1(공동이행방식) 또는 별첨 2(분담이행방식)의 공동수급표준협정서를 '참고하여' 공동수급협정서를 작성하게 하여야 하고(제 5 조 제 1 항), 공동수급체 대표자로 하여금 위 공동수급협정서를 입찰참가 신청서류 제출시 함께 제출토록 하여 이를 보관하여야 한다(제 5 조 제 2 항)고 규정하고, b) <u>공동이행방식에 의한 공동계약일 경우 각종 보증금의 납부는 공동수급체 대표자 또는 구성원 중 1 인이 일괄 납부할 수 있다</u>(제 10 조 단서)고 규정하고 있는 한편,

피고의 보증규정 시행세칙(2006. 9. 12. 개정된 것)은 <u>공동이행방식으로 수급한 공사의 보증을 공동수급체 구성원 중 1 인 명의로 보증신청할 수 있고</u>(제 13 조 제 2 항), <u>그에 따른 1 인 명의의 보증신청에 대하여 심사한 결과 적격한 때에는 공동수급체의 구성원 중 1 인 명의로 보증서를 발급할 수 있다</u>(제 17 조 제 2 항)고 규정하고 있다.

② 대한주택공사는 2006. 8. 3. 이 사건 공사에 관한 긴급전자입찰을 공고하며, 입찰참가자격으로 공동 또는 분담이행방식의 공동도급을 허용하면서(입찰공고 2 항), 입찰참가자격 사전심사 제출서류로 위 공동계약 운용요령 제 5 조에 따라 공동수급협정서(전자조달시스템 ebid 에서 작성·전송한 후 출력한 공동수급협정서) 등을 제출하도록 하되(입찰공고 4 의 라

항), 공동수급협정서 작성·제출방법으로 공동수급체 구성원, 대표업체가 순차로 공동수급협정서를 작성한 후 이를 제출하도록 명시하였다{입찰공고 8의다(3)항}.

③ 원고와 우정건설 주식회사(이하 '우정건설'이라 한다)는 이 사건 공사를 공동으로 수행하여 그 이득을 분배할 목적으로 <u>우정건설을 대표자로 한 공동이행방식에 의한 공동수급체를 결성</u>한 후, 2006. 8. 4. 대한주택공사에 공동수급업체의 대표자, 구성원, 공동도급방법, 출자비율 등이 기재된 공동수급협정서를 함께 작성·전송하며(원고 아이디 A, 우정건설 아이디 B), 입찰에 참가하였다.

④ <u>원고와 우정건설이 공동수급체로서 낙찰자로 결정되자, 우정건설은 이 사건 공사의 이행보증을 위하여 2006. 9. 20. 피고에게 공사이행보증신청을 하면서, 보증대상 계약인 주계약내용을 원고와 우정건설이 각 30 대 70 의 출자비율을 가지는 공동도급계약이라고 밝혔다.</u> 이에 피고는 위 공사이행보증신청 명의인 우정건설 뿐만 아니라 공동수급체의 구성원인 피고를 관련조합원으로 보아 그 신용등급 등을 고려하여 보증심사를 한 후, 같은 날 '보증유형 :공동, 계약형태 : 공동이행, 구성원수 : 2, 출자비율 : 원고와 우정건설 각 30 대 70, 대표사 내지 구성원 포함 여부 : 대표사 아닌 구성원 원고, 대표사인 구성원 우정건설' 등이 명기된 특기사항을 작성하여 이 사건 보증계약을 체결하며, 위 보증규정 시행세칙 제17조 제2항, 제13조 제2항에 따라 계약자가 우정건설로 기재된 공사이행보증서를 발급해 주었다.

⑤ 대한주택공사는 2006. 9. 25. 원고와 우정건설로부터 위 공동계약운용요령 제10조 단서에 따라 위 우정건설만이 계약자로 된 공사이행보증서를 교부받고 공동수급체인 원고와 우정건설과 사이에 이 사건 공사에 관한 도급계약을 체결하였다. ⑥ 그 후 공사금액이 증액되자 원고와 우정건설은 같은 방식으로 피고로부터 발급받은 공사이행보증서를 대한주택공사에 교부하였다.

2. 대법원의 판단 (상고기각)

원심판결 이유를 위와 같은 사실관계에 비추어 살펴보면, <u>우정건설이 이 사건 공동수급체의 대표자 지위에서 이 사건 보증계약을 체결하였음을</u> 전제로 하여 <u>이 사건 보증계약이 이 사건 공동수급체에 대하여 효력이 있다고 보고 따라서 원고는 이 사건 공동수급체의 조합원으로서 이 사건 보증계약에 기한 구상금채무를 부담한다</u>고 판단한 원심판결은 위에서 본 법리에 따른 것으로서, 거기에 상고이유의 주장과 같이 논리와 경험의 법칙에 반하고 자유심증주의의 한계를 벗어나거나, 상법상 대리의 현명주의, 계약당사자의 확정 및 처분문서의 증명력 등에 관한 법리를 오해하여 판결에 영향을 미친 위법이 없다.

B. ① 공동수급체 대표자(대동이엔씨)가 체결한 보증계약은 공동수급체 전체에 미치므로, 보증사고가 발생하였는지 여부도 공동수급체 구성원 전부를 기준으로 판단해; ② 따라서 구성원 중 하나가 지급불능 상태에 빠졌어도 다른 구성원이 지급불능 상태에 빠지지 않았으면 보험금채권은 발생하지 않음(구성원 하나가 지급불능 상태에 빠졌어도 공동수급체는 지급불능 상태에 빠지지 않았으므로) —대법원 2010. 8. 19. 선고 2010 다 36599 판결[보험금지급]

【당사자】

【원고, 상고인】 주식회사 대평건설
【피고, 피상고인】 건설공제조합

1. 건설공제조합이 하는 하도급대금지급보증의 법적 성격

피고가 하는 하도급대금지급보증은 피고의 조합원이 하도급계약을 체결하는 경우 하수급인에게 부담하는 하도급대금지급채무를 보증하는 이른바 제 3 자(하수급인)를 위한 계약이므로 그 계약의 당사자는 피고와 그 조합원이라 할 것이다.

2. 원심이 인정한 사실

원심이 인정한 사실관계에 의하면, ① 주식회사 대동이엔씨(이하 '대동이엔씨'라 한다)와 일신건영 주식회사(이하 '일신건영'이라 한다)가 공동수급체를 구성하여 2007. 5. 25. 대한주택공사로부터 오산세교아파트 건설공사 6 공구의 토건공사를 도급받고 대동이엔씨를 위 공동수급체의 대표자로 하기로 약정한 다음 2007. 7. 20.경 그 중 토공사를 원고에게 하도급을 준 사실,

② 대동이엔씨는 2007. 7. 26. 피고와 사이에, 대동이엔씨의 원고에 대한 공사대금 지급을 보증하기 위하여 보증금액을 350,170,360 원(하도급금액 전액인 2,500,800,000 원을 기준으로 하도급거래 공정화에 관한 법률 제 13 조의 2 제 1 항 제 2 호에 의하여 계산)으로 하는 하도급대금지급보증계약(이하 '이 사건 보증계약'이라 한다)을 체결한 사실,

③ 이 사건 보증계약의 약관 제 1 조는 "피고는 계약자가 당좌거래정지 또는 파산으로 인하여 앞면 기재 계약의 하도급대금지급채무를 이행하지 못하게 된 경우 그 상대방에게 부담하는 채무를 이 보증서에 기재된 사항과 약관에 따라 지급하여 드립니다."라고 규정하고 있는 사실을 각 알 수 있다.

제 4 장 공동수급의 법률관계 / 제 3 절 공동수급체 대표자가 체결한 이행보증계약의 효력

3. 대법원의 판단 (상고기각)

가. 공동수급체 대표자인 대동이엔씨가 체결한 보증계약은 공동수급체 전체에 미침

사실관계가 위와 같다면 대동이엔씨와 일신건영의 공동수급체는 민법상 조합의 성질을 가지므로 특별한 사정이 없는 한 하도급채무에 대하여도 연대채무를 부담하고, 한편 그 대표자인 대동이엔씨는 공동수급체를 대표하여 보증계약을 체결할 수 있고, 대동이엔씨가 이 사건 보증계약을 체결할 당시 공동수급체를 대표한다는 표시를 하지 않고 자신의 명의로만 계약을 체결하였다고 하더라도 상행위인 이 사건 보증계약에는 상법 제48조가 유추적용되어 공동수급체 전체에 그 효력이 미치는 것이므로,

나. 따라서 보증사고 발생 여부도 구성원 전체를 기준으로 판단함

위 보증사고가 발생하였는지 여부는 공동수급체의 구성원으로서 하도급대금의 연대채무자인 대동이엔씨와 일신건영 전부를 기준으로 판단하여야 할 것이다.

원심이 같은 취지에서 대동이엔씨가 지급불능 상태에 빠졌다 하여도 위 공동수급체의 다른 구성원인 일신건영 역시 지급불능 상태에 빠졌다는 점에 관하여는 아무런 주장·입증이 없으므로 결국 공동수급체가 지급불능 상태에 빠졌다고 볼 수 없다고 판단한 것은 정당하고 거기에 상고이유가 주장하는 위법이 있다고 할 수 없다.

II. 공동수급체에 대한 효력을 부정한 사례

A. ① 피고와 유신건설이 작성한 공동수급협정(공동이행방식)에서 a) 공동수급체의 명칭을 유신건설, b) 대표자는 유신건설의 대표이사로 정하였고, 유신건설이 건설공제조합과 보증계약을 체결한 사안에서; ② 원고(공제조합)는 공동수급체의 대표자인 유신건설이 공동수급체를 위하여 보증계약을 체결했다고 주장하였으나; ③ 유신건설이 원고와 사이에 공사금액과 보증금액을 유신건설의 출자비율로 한정하여 보증계약을 체결한 점 등을 고려하여 유신건설이 자신의 출자비율 범위 내에서 보증계약을 체결했다고 보고, 다른 구성원에 대한 구상금 청구를 기각한 사례 —대법원 2004.08.20 선고 2004 다 25277 판결[구상금]

【당사자】

【원고,상고인】 전문건설공제조합
【피고,피상고인】 성욱토건 주식회사

II. 공동수급체에 대한 효력을 부정한 사례

1. 원심이 인정한 사실

원심은 그 채용 증거들을 종합하여, 그 판시와 같이 ① 피고와 소외 유신건설 주식회사(이하 '유신건설'이라고 한다)가 공동이행방식에 의하여 공동수급체를 구성하여 1997. 3. 28. 소외 주식회사 서광건설산업(이하 '서광건설'이라고 한다)으로부터 이 사건 공사를 하도급받은 사실,

② 당시 피고와 유신건설이 작성한 공동수급표준협정(공동이행방식)에 의하면, a) 공동수급체의 명칭은 유신건설, b) 대표자는 유신건설의 대표이사 김○○으로 정하고, c) 대표자는 발주자 및 제3자에 대하여 공동수급체를 대표하며 대금의 청구, 수령 및 공동수급체의 재산을 관리할 권한을 가지고, d) 공동수급체의 구성원은 발주자에 대한 계약상의 의무이행에 대하여 연대하여 책임을 지며, e) 구성원 중 일부가 파산 또는 해산하는 경우에는 잔존 구성원이 공동 연대하여 당해 계약을 이행하고, f) 구성원의 출자 및 손익배분비율은 유신건설 80%, 피고 20%로 정하기로 약정되어 있는 사실,

③ 유신건설은 이 사건 공사의 이행보증을 위하여 원고와 사이에 보증금액을 금 200,640,000원으로 하는 이 사건 보증계약을 체결하고 원고로부터 계약보증서를 발급받아 서광건설에게 교부한 사실,

④ 유신건설이 1997. 10. 2.경 부도가 나자 서광건설은 유신건설과의 계약을 해지하고, 원고에게 계약보증금을 청구하여 원고는 위 보증금채무 및 소송비용상환, 변호사비용 등으로 합계 금 322,722,715원을 지출하고, 그 중 금 8,099,530원만을 회수한 사실을 인정하였다.

2. 원심법원의 판단(유신건설이 자신의 출자비율 범위 내에서 보증계약을 체결했다고 봄)

원심은, 민법상 조합에 해당하는 위 공동수급체의 대표자인 유신건설이 공동수급체를 위하여 이 사건 보증계약을 체결하였으므로 피고는 그 조합원으로서 상법 제57조 제1항에 의하여 위 보증계약에 따른 구상채무에 대하여 연대채무를 부담한다는 원고의 주장에 대하여, 유신건설이 위 공동수급체를 위하여 그 대표자로서 이 사건 보증계약을 체결하였음을 인정할 증거가 없고,

오히려 그 채용 증거들에 의하여 인정되는 바와 같이 ① 피고가 위 하도급계약 체결 무렵 서광건설에게 보증서 대신 피고의 출자비율에 해당하는 공사금액에 대한 계약이행각서를 교부한 점, ② 유신건설이 원고와 사이에 공사금액과 보증금액을 위 하도급계약상의 약정 공사대금 중 유신건설의 출자비율에 따른 금액으로 한정하여 보증계약을 체결한 점, ③ 원고의 업무지침에 의하면, 공동수급인들이 출자비율에 따라 보증계약에 의한 책임을 나누어 질 수 있는 것으로 규정하고 있는 점 등에 의하면,

제4장 공동수급의 법률관계 / 제4절 공동수급체의 내부적 법률관계

　　유신건설은 자신의 출자비율에 따른 부분에 관하여 계약보증금을 지급하기로 하고 그에 갈음하여 보증서를 제출한 것으로서 공동수급체의 개별적인 구성원의 지위에서 그 출자비율에 의한 범위 내의 하도급공사에 관하여 보증계약을 체결하였다 할 것이어서 공동수급체 대표자의 자격으로 이 사건 보증계약을 체결하였음을 전제로 하는 원고의 주장은 이유가 없다고 판단하였다.

3. 원심판결의 정당함

　　원심이 인정한 사실관계에 비추어 보면 유신건설이 위 하도급공사대금 중 자신의 출자비율에 따른 금액에 대하여서만 이 사건 보증계약을 체결한 이상 위 보증계약에 의한 채무에 대하여 피고가 연대채무를 부담하지 않는다고 본 원심의 판단도 정당한 것으로 수긍이 가고, 거기에 상법 제48조 전단, 제57조 제1항에 관한 법리오해의 위법이 있다고 할 수 없다. 상고이유의 주장은 모두 받아들일 수 없다.

제4절 공동수급체의 내부적 법률관계

I. 출자의무와 공동경비분담의무

A. ① 공동수급체 구성원의 공동원가분담의무는 출자의무와 같아; ② 따라서 <u>일부 조합원(A)이 공동원가분담의무를 불이행하여 공동수급체의 대표사(원고)가 그(A)의 공동원가를 선지출했더라도, 다른 구성원들(피고, 벽산건설)은 공동수급협정에 따라 자신의 지분비율에 따른 개별적인 공동원가분담의무를 부담하는 것 외에, 따로 민법 제713조에 따라 A의 공동원가분담의무에 대해서까지 보충적 책임을 지지는 않음</u> —대법원 2015.02.12 선고 2014다33284 판결[원가분담금]

【당사자】

【원고, 상고인】　주식회사 대우건설

【피고, 피상고인】　주식회사 한화건설

【참고조문】 민법 제713조(무자력조합원의 채무와 타조합원의 변제책임)

조합원 중에 변제할 자력없는 자가 있는 때에는 그 변제할 수 없는 부분은 다른 조합원이 균분하여 변제할 책임이 있다.

원심은 그 판시와 같은 이유로 <u>원고가 이 사건 공사를 위한 공동원가를 선지출하였다고</u>

하더라도 이는 이 사건 협정에 따라 공동수급체의 대표사 지위에서 공사에 필요한 비용을 선지출한 것일 뿐, 이를 들어 원고가 이 사건 공동수급체에게 위 비용 상당의 돈을 대여하였다고 보기 어렵고, 이 사건 <u>공동수급체의 구성원의 공동원가분담의무는 구성원으로서의 출자의무에 다름없으므로</u>, 원고가 이 사건 협정에 따라 공동원가를 선지출한 경우 <u>다른 구성원인 피고나 벽산건설 주식회사는</u> 이 사건 협정에 따라 <u>원고에 대하여 그 지분비율에 따른 개별적인 공동원가분담의무를 부담할 뿐 민법 제 713 조에 따라 변제자력이 없는 다른 조합원의 공동원가분담의무에 대해서까지 보충적 책임을 지지 않는다고 판단하여, 원고가 공동원가를 선지출한 경우 이 사건 공동수급체에 대한 채권자 지위에 서게 됨을 전제로 하는 원고의 이 사건 청구를 기각하였다.</u>

기록에 비추어 살펴보면 원심의 위와 같은 사실인정과 판단은 정당하고, 거기에 상고이유의 주장과 같이 필요한 심리를 다하지 아니하거나 논리와 경험의 법칙에 반하여 사실을 인정하거나 계약의 해석, 민법 제 688 조 및 제 713 조의 적용에 관한 법리를 오해하는 등의 잘못이 없다.

B. [같은 취지 판례] ① 공동수급체의 내부관계는 그 구성원(원고·피고·신성건설)이 체결한 약정(공동수급협정)에 따르므로, 그 약정에 따라 피고와 신성건설은 대표사인 원고에 대하여 각자 그 지분비율에 따른 개별적인 공동원가 분담금 채무를 부담할 뿐이며, ② 이와 달리 위 공동원가 분담금채무가 조합 구성원들에게 합유적으로 귀속되는 조합채무로서 피고가 신성건설의 분담금에 대하여 연대책임을 부담한다는 취지의 원고 주장을 배척함 —대법원 2016. 6. 10. 선고 2013 다 31632 판결

【당사자】

원고,상고인	금호산업 주식회사
피고,피상고인	주식회사 서한

원심은, (1) 조합에 해당하는 이 사건 <u>공동수급체의 내부관계는 먼저 그 구성원인 원고, 피고, 신성건설 주식회사가 체결한 약정의 내용에 따라야 한다</u>고 전제한 다음, (2) 이 사건 협약서 등 채택증거를 종합하여 인정한 판시와 같은 사실을 기초로 하여, 약정에 따르면 <u>피고나 신성건설은 대표사인 원고에 대하여 그 지분비율에 따른 개별적인 공동원가 분담금 채무를 부담한다</u>고 판단하고, (3) 이와 달리 위 채무가 조합 구성원들에게 합유적으로 귀속되는 조합채무로서 민법 제 712 조, 상법 제 57 조 제 1 항에 의하여 <u>피고가 신성건설의 분담금에 대하여 연대책임을 부담한다는 취지의 원고의 주장을 배척</u>하였다.

원심판결 이유를 관련 법리와 기록에 비추어 살펴보면, <u>원심의 위와 같은 판단</u>에 상고이유 주장과 같이 조합의 내부관계와 조합규정의 적용범위, 처분문서의 해석 등에 관한 법리

를 오해하여 판결에 영향을 미친 위법이 있다고 할 수 없다.

II. 출자의무와 이익분배청구권 사이의 관계

A. ① 이익분배청구권과 출자의무는 별개의 권리·의무야; ② 따라서 출자의무를 이행하지 않더라도 공동수급체는 이익분배를 거부할 수 없고, 이익분배금에서 출자금을 공제할 수도 없어(다만, 민법 규정에 따라 공동수급체의 출자금채권과 구성원의 이익분배청구권을 상계할 수 있을 뿐임); ③ 그러나 공동수급체와 구성원 사이의 특약으로, 출자의무를 이행한 경우에 한하여 이익분배를 받을 수 있다고 약정하거나, 출자의무 불이행의 정도에 따라 이익분배금을 전부 또는 일부를 삭감하거나 공제하기로 약정할 수 있으며; ④ 그런 경우에는 두 채권이 상계적상에 있을 필요도 없고, 별도의 의사표시도 필요하지 않아; ⑤ 출자의무를 불이행한 구성원에 대하여 회생절차가 개시됐더라도, 회생절차 개시 전에 공제특약을 했다면 특약에 따른 공제의 법적 효과가 발생함 ―대법원 2018. 1. 24. 선고 2015 다 69990 판결[공사대금]

[당사자]

> 【원고, 피상고인 겸 상고인】 채무자 에스티엑스건설 주식회사의 법률상 관리인 대표이사 소외 1 의 소송수계인 에스티엑스건설 주식회사의 관리인 소외 2 의 소송수계인 에스티엑스건설 주식회사
>
> 【피고, 상고인 겸 피상고인】 현대건설 주식회사

1. 공동수급체 구성원의 출자의무와 이익분배청구권 사이의 관계

가. 이익분배청구권과 출자의무는 별개의 권리·의무

당사자들이 공동이행방식의 공동수급체를 구성하여 도급인으로부터 공사를 수급받는 경우 공동수급체는 원칙적으로 민법상 조합에 해당한다(대법원 2000. 12. 12. 선고 99 다 49620 판결, 대법원 2012. 5. 17. 선고 2009 다 105406 전원합의체 판결 등 참조). 건설공동수급체 구성원은 공동수급체에 출자의무를 지는 반면 공동수급체에 대한 이익분배청구권을 가지는데, 이익분배청구권과 출자의무는 별개의 권리·의무이다.

따라서 공동수급체의 구성원이 출자의무를 이행하지 않더라도, 공동수급체가 출자의무의 불이행을 이유로 이익분배 자체를 거부할 수도 없고, 그 구성원에게 지급할 이익분배금에서 출자금이나 그 연체이자를 당연히 공제할 수도 없다. 다만 구성원에 대한 공동수급체의 출자금 채권과 공동수급체에 대한 구성원의 이익분배청구권이 상계적상에 있으면 상계에 관한 민법 규정에 따라 두 채권을 대등액에서 상계할 수 있을 따름이다.

나. 출자의무 이행과 이익분배를 연계시키는 특약의 허용

한편 조합계약에도 계약자유의 원칙이 적용되므로, 당사자들은 자유로운 의사에 따라 조합계약의 내용을 정할 수 있다. 당사자들 사이에 내부적인 법률관계를 규율하기 위한 약정이 있으면, 그들 사이의 권리와 의무는 원칙적으로 그 약정에 따라 정해진다(대법원 2017. 1. 12. 선고 2014 다 11574, 11581 판결 참조). 공동수급체의 구성원들 사이에 '출자의무와 이익분배를 직접 연계시키는 특약'을 하는 것도 계약자유의 원칙상 허용된다.

따라서 구성원들이 출자의무를 먼저 이행한 경우에 한하여 이익분배를 받을 수 있다고 약정하거나 출자의무의 불이행 정도에 따라 이익분배금을 전부 또는 일부 삭감하기로 약정할 수도 있다. 나아가 금전을 출자하기로 한 구성원이 그 출자를 지연하는 경우 그 구성원이 지급받을 이익분배금에서 출자금과 그 연체이자를 '공제'하기로 하는 약정을 할 수도 있다. 이러한 약정이 있으면 공동수급체는 그 특약에 따라 출자의무를 불이행한 구성원에 대한 이익분배를 거부하거나 구성원에게 지급할 이익분배금에서 출자금과 그 연체이자를 공제할 수 있다(대법원 2006. 8. 25. 선고 2005 다 16959 판결 참조).

이러한 '공제'는 특별한 약정이 없는 한 당사자 쌍방의 채권이 서로 상계적상에 있는지 여부와 관계없이 가능하고 별도의 의사표시도 필요하지 않다. 이 점에서 상계적상에 있는 채권을 가진 채권자가 별도로 의사표시를 하여야 하는 상계(민법 제 493 조 제 1 항)와는 구별된다. 물론 상계의 경우에도 쌍방의 채무가 상계적상에 이르면 별도의 의사표시 없이도 상계된 것으로 한다는 특약을 할 수 있다. 그러나 공제 약정이 있으면 별도의 의사표시 없이도 당연히 공제되는 것이 원칙이다.

공동수급체의 구성원들 사이에 작성된 공동수급협정서 등 처분문서에 상계적상 여부나 상계의 의사표시와 관계없이 당연히 이익분배금에서 미지급 출자금 등을 공제할 수 있도록 기재하고 있고 그 처분문서의 진정성립이 인정된다면, 특별한 사정이 없는 한 그 처분문서에 기재되어 있는 문언대로 공제 약정이 있었던 것으로 보아야 한다(처분문서에 관한 대법원 2005. 5. 13. 선고 2004 다 67264, 67271 판결 등 참조).

또한 출자의무를 이행하지 않은 구성원에 대하여 회생절차가 개시되었더라도 그 개시 이전에 이익분배금에서 미지급 출자금을 공제하기로 하는 특약을 하였다면 특별한 사정이 없는 한 그에 따른 공제의 법적 효과가 발생함에는 아무런 영향이 없다.

2. 원고의 상고이유에 관한 판단

가. 원심이 인정한 사실 ('부산공사'에서는 공제 특약을 인정함)

원심판결 이유에 따르면 아래와 같은 사실을 알 수 있다.

제4장 공동수급의 법률관계 / 제4절 공동수급체의 내부적 법률관계

(1) 피고는 2010. 5.경 주식회사 케이씨씨건설, 신동아건설 주식회사를 포함한 11개 회사와 공동이행방식의 공동수급체를 결성하여 2010. 5. 10. 부산파이낸스센터피에프브이 주식회사로부터 '부산국제금융센터 복합개발사업 1단계 신축공사'(이하 '부산공사'라 한다)를 18,896,900,000원에 도급받았다. 원고(회생절차 개시와 종결 전후를 불문하고 모두 '원고'라 한다)는 2010. 8.경 신동아건설 주식회사를 승계하여 위 공동수급체에 참여하였다.

(2) 위 공동수급체의 운영에 관하여 공동수급체 사이에 작성된 공동수급 운영협약서는 제4장 제3조, 제7조 라항, 제8조 다, 라항에서 '공동수급체의 구성원이 공동분담금 지급을 지체한 경우 피고가 해당 구성원에게 지급할 기성금에서 미납 분담금을 선공제한다.'고 정하고 있다.

나. 원심판결의 정당함

위에서 본 사실을 비롯하여 원심판결에서 인정한 여러 사정에 따르면, 원고와 피고를 포함한 11개 회사는 공동이행방식의 공동수급체로서 민법상 조합에 해당하고, 그 구성원들은 공동수급 운영협약에 따라 공동분담금을 납부할 의무를 지고 이를 지체할 경우에 피고가 구성원에게 지급할 기성금에서 미납 분담금을 공제하기로 약정하고 있다.

원고의 피고에 대한 분담금 채무는 출자의무에 해당하고 원고의 피고에 대한 기성금 채권은 이익분배 청구권이라고 할 수 있는데, 별도의 상계 의사표시 없이 공제하기로 한 약정에 따라 피고는 원고에게 지급할 기성금에서 미납 분담금을 공제할 수 있다고 보아야 한다.

같은 취지의 원심 판단은 위에서 본 법리에 비추어 정당하고, 상고이유 주장과 같이 출자의무의 이행과 이익분배를 직접 연계시키는 특약에 관한 사실오인이나 공제에 관한 법리, 채무자 회생 및 파산에 관한 법률 제144조 제1항, 제145조 제1호에 관한 법리를 오해한 잘못이 없다.

3. 피고의 상고이유에 관한 판단

가. 원심이 인정한 사실 ('대구공사'에서는 공제 특약을 인정하지 않음)

원심판결 이유에 따르면 아래와 같은 사실 등을 알 수 있다.

(1) 피고는 2010. 12.경 원고, 코오롱건설 주식회사, 주식회사 한양 등과 공동이행방식의 공동수급체를 결성하여 2010. 12. 31. 희망세움 주식회사로부터 '대구경북과학기술원 학위과정시설 임대형 민자사업 건설공사'(이하 '대구공사'라 한다)를 356,480,080,000원에 도급받았다.

II. 출자의무와 이익분배청구권 사이의 관계

(2) 위 공사에 관하여 발주처와 공동수급체 사이에 작성된 공사도급계약서(이하 '대구공사 도급계약서'라 한다) 공사계약 특수조건은 ① 제 2 조 제 1 항 본문에서 "사업시행자는 대가 등을 지급함에 있어서는 공동수급체 구성원별로 구분 기재된 신청서를 공동수급체 대표자(피고)가 제출하도록 하여야 한다."라고 정하고, ② 제 2 조 제 2 항에서 "사업시행자는 제 1 항의 규정에 의한 신청이 있을 경우 공동수급체 구성원별 신청금액 전액을 피고에게 일괄 지급하고, 피고는 이를 10 일 내 각 공동수급체 구성원에게 지급한다. ③ 다만 공동수급체 구성원이 부도, 파산, 기업회생 개시신청 등이 있는 경우 또는 공사비 분담금의 지급을 정당한 사유 없이 2 회 이상 지체하는 경우 등 이 사건 공사를 수행하는 데 지장이 있다고 인정되는 경우 사업시행자는 해당 공동수급체 구성원에게 지급하여야 하는 기성을 피고에게 직접 지급하여야 한다."라고 정하고 있다.

(3) 또한 위 공동수급체의 운영에 관하여 공동수급체 사이에 작성된 공동수급표준협정서(이하 '대구공사 협정서'라 한다)는 제 9 조에서 구성원의 출자비율을 명시하고, 제 10 조에서 계약을 이행한 다음 이익 또는 손실이 발생하였을 경우에는 제 9 조에서 정한 비율에 따라 배당하거나 분담한다고 정하고 있다.

(4) 한편 대구공사 공동수급체 구성원의 회생절차 개시신청 등이 있는 경우 도급인이 그 구성원의 기성금을 대표자인 피고에게 지급하면 그 책임을 면한다는 취지의 약정 또는 계약의 이행 완료 이후에 이익 또는 손실이 발생하는 경우 이를 출자비율에 따라 분배하기로 하는 약정이 있을 뿐이고 공동수급체 구성원 상호 간의 이익분배를 출자의무이행과 연계하는 약정은 없다.

(5) 공동수급체 사이에 "대표사가 본 공사의 수행을 위하여 선집행하였거나 소요되어 청구한 자금을 (중략) 각 공동수급체가 지급하지 않을 경우, 대표사는 발주처로부터 일괄수령한 공사대금 미정산 금액 및 지연이자를 선공제한 후 해당 공동수급사에 잔여 금액만 입금 처리하며 공동수급사는 이에 동의한다."(제 4 장 제 8 조 나항)는 내용이 포함된 공동수급 운영협약서 초안이 작성된 적은 있지만, 위 초안은 유효하게 성립하지 않았다.

나. 원심판결의 정당함

이러한 사실을 비롯하여 원심판결 이유에서 알 수 있는 여러 사정에 비추어 보면, 피고가 대구공사에 관한 공동수급체의 대표자로서 도급인으로부터 기성대가를 받으면 이를 공동수급체 구성원별로 각각의 기성금을 지급할 의무가 있고, 위 기성금에서 미지급 출자금이나 분담금을 공제하는 것은 허용되지 않는다고 보아야 한다. 대구공사의 경우에는 위 2.에서 본 부산공사와는 달리 미지급 출자금이나 분담금을 공제하기로 하는 약정이 없기 때문이다. 따라서 피고는 원고에 대한 출자금이나 분담금 채권과 원고의 기성금 채권이 상계적상에 있을 때에 한하여 상계할 수 있을 뿐이고, 두 채권을 직접 연계시키는 특약이 없는 상태에서 출자금 등을 이행하지 않았다는 이유로 기성금 채권의 지급 자체를 거부할 수 없다. 같은 취지의 원심 판단은 위에서 본 법리에 비추어 정당하고...

☞ 같은 취지 판례: 대법원 2006. 8. 25. 선고 2005 다 16959 판결

III. 공동수급체의 변경, 탈퇴

A. 개요

1. 【해설】 공동수급 조건의 변경 금지 및 그 예외

> **(1) 공동수급 조건의 변경 금지:** 공동수급체는 건설공사를 도급받은 후 이행방식이나 구성원의 출자비율·분담내용을 변경하거나 공동수급체 구성원을 추가하여서는 안 된다. 다만, 다음 어느 하나에 해당하는 경우에는 그렇지 않다. (공동도급운영규정 제 7 조 제 3 항.)
>
> 　1. 계약내용이 변경됨에 따라 공동수급체 구성원이 연명으로 출자비율 또는 분담내용의 변경을 발주자에게 요청하여 동의를 얻은 경우
>
> 　2. 공동수급체 구성원중 일부가 파산, 해산, 부도 등의 사유로 당초 공동 수급협정서의 내용대로 계약을 이행할 수 없게 되어 당해 구성원을 제외한 공동수급체 구성원이 연명으로 출자비율 또는 분담내용의 변경을 발주자에게 요청하여 동의를 얻은 경우
>
> 　3. 공동수급체 구성원이 발주자의 요청으로 중도 탈퇴한 경우(아래 참조) 나머지 구성원(연대보증인 포함) 만으로 면허·허가·등록·신고 등의 자격요건을 갖추지 못하여 공동 수급체 구성원이 연명으로 구성원의 추가를 발주자에게 요청하여 동의를 얻은 경우
>
> **(2) 발주자의 계약불이행자에 대한 중도탈퇴 요청권:** 발주자는 공동수급체 구성원중 파산 또는 해산, 부도 기타 정당한 사유없이 계약을 이행하지 아니하는 구성원에 대하여는 중도탈퇴를 요청할 수 있으며, 이 경우 중도탈퇴의 요청을 받은 공동수급체의 구성원은 특별한 사유가 없는 한 이에 응해야 한다(공동도급운영규정 제 7 조 제 1 항).
>
> **(3) 주계약자가 중도탈퇴한 경우의 조치:** 주계약자관리방식에 있어서 주계약자가 발주자의 요청에 따라 중도탈퇴한 경우에는 A) 주계약자의 연대보증인 또는 공사이행보증기관이 주계약자의 의무를 이행하거나, B) 공동수급체의 연명 요청에 의한 발주자의 동의를 얻어 새로운 주계약자를 선정한다(공동도급운영규정 제 7 조 제 4 항).

III. 공동수급체의 변경, 탈퇴

2. 【해설】 중도탈퇴로 인한 시공자 변경 절차

(1) 경쟁입찰을 거쳐 'A + B 공동사업단'을 시공자로 선정하기로 하는 총회결의가 있은 후 A가 워크아웃을 신청하는 등 경영상태가 악화되자, 재건축조합이 다시 경쟁입찰을 거치지 않은 채 잔존 구성원 B를 단독 시공자로 하기로 한 총회결의는 경쟁입찰 원칙을 위반하여 무효라는 것이 판례이다(서울고등법원 2012. 5. 25. 선고 2011 나 33605 판결. 심리불속행 기각).

(2) 반면, 공동수급체 중 1개 업체가 자진 탈퇴한 후 잔존 구성원을 시공자로 하여 공사도급계약을 체결하는 경우에는 경쟁입찰 등 시공자 선정을 위한 절차를 다시 거칠 필요가 없다는 하급심결정이 있다(서울북부지방법원 2023. 2. 17.자 2022 카합 20250 결정).

B. 아래의 사실관계에서, 원고가 2010. 4. 9. 재시공 명령을 수용할 의사를 밝혔다 하더라도, 원고가 재시공명령을 거부한 기간, 수용의사를 밝힌 시기, 예정 공기 등에 비추어, 피고들로서는 원고가 도급계약상 의무를 이행할 의사가 확고한 것으로 받아들이기 어려웠을 것으로 보아, 원고를 공동수급체에서 탈퇴시킨 것은 정당하다고 본 사례 ―대법원 2017. 1. 12. 선고 2014 다 11574, 11581 판결[손해배상(기)·손해배상(기)]

[당사자]

【원고(반소피고), 상고인】 일신종합건설 주식회사

【피고, 피상고인】 대한민국

【피고(반소원고), 피상고인】 주식회사 대광건영

1. 사실관계

원심이 인정한 사실관계는 다음과 같다.

(1) 원고(반소피고, 이하 '원고'라 한다)는 2009. 5. 29. 피고(반소원고) 주식회사 대광건영(이하 '피고 대광건영'이라 한다)과 50:50 의 지분비율로 공동수급체를 구성하여 피고 대한민국(소관 조달청)으로부터 전남지방경찰청사 신축공사(이하 '이 사건 공사'라 한다)를 도급받으면서, 계약금액 2,150,000,000 원, 총공사부기금액(장기계속공사 등 연차공사에서 총괄계약금액을 의미한다) 16,475,431,000 원으로 정하고 공사계약일반조건과 공동수급표준협정서(공동이행방식)를 계약의 일부분으로 하였다(이하 '이 사건 공사도급계약'이라 한다).

원고와 피고 대광건영의 공동수급표준협정서는 공동수급체의 구성원이 파산, 해산, 부도 기타 정당한 이유 없이 계약을 이행하지 않아 공동수급체의 다른 구성원이 발주자의 동의

제4장 공동수급의 법률관계 / 제4절 공동수급체의 내부적 법률관계

를 얻어 탈퇴조치를 하는 경우 그 구성원은 탈퇴한다고 정하고 있다(제12조 제1항 제2호).

(2) 원고와 피고 대광건영은 이 사건 공사도급계약을 체결한 후 공동수급체 구성원 간의 구체적인 업무수행과 정산 방식 등을 정하기 위하여 공동도급운영협약(공동수급체를 구성하는 당사자 사이의 협약이기 때문에 원심판결에서는 '내부협약'이라고 하였다. 이하 '이 사건 운영협약'이라 한다)을 하였다.

이에 따르면, 대표사인 원고가 공사시공에 필요한 자금, 기술능력, 인원과 기자재 등을 동원하여 집행하고, 합의한 시행예산으로 책임시공하며, 실제 투입된 원가에 관계없이 합의한 정산방법을 기준으로 한 관리비를 피고 대광건영에 지급하기로 하였다(제2조, 제3조). 또한 원고는 관련 기관의 공동이행방식 공사수행 여부에 대한 점검에 대처할 수 있도록 건설기술자를 피고 대광건영 소속으로 입사시키고, 그 비용은 피고 대광건영이 먼저 투입하여 처리하고 원고에게 원가로 이체하며 이를 기성금 정산 시에 정산하기로 하였다(제4조).

(3) 책임감리업체 주식회사 유탑엔지니어링 건축사사무소(이하 '유탑'이라 한다)는 2009. 12. 22. 조달청에 콘크리트 품질을 확보하기 위하여 동절기 공사를 중지할 필요가 있다는 기술검토의견서를 제출하였다. 조달청은 2010. 1. 5. 원고와 유탑에 동절기 공사중지기간(2009. 12. 22.부터 2010. 2. 18.까지) 동안 공사와 감리용역을 중지할 것을 통보하였다.

그런데 원고는 2010. 1. 19. 책임감리업체인 유탑으로부터 사전에 검사·측정과 승인을 받지 않은 채 이 사건 공사를 하고 있던 건물의 주요구조부인 본관동 지하주차장 기초 부분에 콘크리트 타설공사를 하였다.

유탑은 2010. 1. 25.과 2010. 2. 1.경 원고에게 구조상의 안전문제를 들어 위 콘크리트 타설공사 부분을 철거하고 다시 시공할 것을 요구하였다가 원고로부터 거절당하자, 같은 달 25일 원고와 피고 대광건영에 2010. 3. 7.까지 재시공을 마치지 않을 경우 발주처인 피고 대한민국에 제재조치를 요구하고 공사를 전면중지하겠다고 통보하였다.

피고 대광건영은 2010. 3. 15.과 같은 달 25일 원고와 협의하였으나 원고가 재시공명령을 수용할 수 없다고 하였다. 피고 대광건영은 2010. 3. 26. 유탑에 단독으로 재시공을 하겠다고 통지하였으나, 원고는 2010. 4. 1. 피고 대광건영이 콘크리트 타설 부분을 철거하는 것을 막았다.

(4) 피고 대광건영은 2010. 4. 6. 조달청에 공동수급표준협정 제12조 제1항 제2호에 따라 원고를 공동수급체로부터 탈퇴시키는 것에 동의해 달라고 요청하였다.

원고는 2010. 4. 9. 피고 대광건영에 2010. 4. 12. 공동운영회의를 개최하여 재시공 문제

를 논의하자고 제안하고, 유탑에 재시공명령을 수용하겠다고 통지하였다. 피고 대광건영은 2010. 4. 15. 조달청에 공동운영회의 결과 원고로부터 탈퇴조치 동의 요청을 철회할 것만 요구받았다며 다시 공동수급체 탈퇴조치에 동의해 달라고 요청하였다.

조달청은 2010. 4. 16. 피고 대광건영의 공동수급체 탈퇴요청에 동의하고, 같은 달 21일 이 사건 공사에 관한 공사지분을 원고 0%, 피고 대광건영 100%로 변경하였다.

(5) 피고 대광건영은 2010. 5. 25.까지 단독으로 위 콘크리트 타설 부분의 철거공사를 마치고, 연속하여 철근 골조공사 등을 진행하여 2010. 6. 29. 건축공사(제1차)에 관한 준공검사(준공금액 2,150,000,000원)를 받았다.

2. 대법원의 판단 (피고들이 원고를 강제 탈퇴시킨 조치가 정당하다고 봄. 상고기각)

상고이유는 피고 대광건영이 조달청의 동의를 받아 공동수급표준협정 제12조 제1항 제2호에 따라 원고를 공동수급체에서 탈퇴시킨 조치가 정당하지 않다는 것이다.

원고는 피고들을 상대로 피고들과 유탑 등으로부터 콘크리트 타설공사를 실시할 수 있도록 사전에 동의를 받았거나 묵시적인 승인을 받았으므로 재시공명령은 위법하고 이를 기초로 한 피고들의 공동수급체 탈퇴 조치는 무효라고 주장하면서 원고가 공동수급체 구성원의 지위에 있음을 임시로 정하는 가처분을 신청하였다. 그러나 이 가처분신청은 2010. 7. 16. 제1심에서 기각 결정을, 2010. 11. 23. 항고심에서 항고기각 결정을, 2011. 1. 27. 대법원 2010마1960 사건에서 재항고기각 결정을 받았다.

원심은 피고들이 원고를 공동수급체에서 탈퇴시킨 것은 위 협정에 따라 적법하게 이루어진 것이고, 원고가 2010. 4. 9. 재시공명령을 수용할 의사를 밝혔다고 하더라도 원고가 재시공명령을 거부한 기간, 수용의사를 밝힌 시기, 예정 공기 등에 비추어, 피고들로서는 원고가 도급계약상 의무를 이행할 의사가 확고한 것으로 받아들이기는 어려웠을 것으로 보아 원고를 공동수급체에서 탈퇴시킨 것이 정당하다고 판단하였다.

원심의 이러한 판단에 상고이유의 주장과 같이 위 협정이나 재시공명령에 관한 법리를 오해한 잘못이 없다.

C. [고등법원판례] 경쟁입찰을 거쳐 '피고보조참가인과 금호건설의 공동사업단'을 시공자로 선정하기로 하는 총회결의가 있은 후 금호건설이 워크아웃을 신청하는 등 경영상태가 악화되자, 조합이 다시 경쟁입찰을 거치지 않은 채 임시총회를 열어 피고보조참가인을 단독 시공자로 하기로 결의한 것은 경쟁입찰 원칙을 위반한 것으로 무효 —서울고등법원 2012. 5. 25. 선고 2011나33605 판결[시공자선정결의무효확인] (심리불속행 상고기각)

제4장 공동수급의 법률관계 / 제4절 공동수급체의 내부적 법률관계

【당사자】

원고, 피항소인	A
원고보조참가인	B
피고, 항소인	C 재건축정비사업조합
피고보조참가인	D 주식회사

(이유 생략)

D. [비교 하급심판례] 공동수급체 중 1개 업체가 자진 탈퇴하여 잔존 구성원을 시공자로 하여 공사도급계약을 체결하는 경우에는 경쟁입찰 등 시공자 선정절차를 다시 거칠 필요 없어 ─서울북부지방법원 2023. 2. 17.자 2022 카합 20250 결정[임시총회결의효력정지가처분]

【당사자】

채권자	별지 1 채권자 목록 기재와 같다.
채무자	A 구역도시환경정비사업조합
보조참가인	B 주식회사

2인 조합에서 조합원 1인이 탈퇴하면 조합관계는 종료되지만 특별한 사정이 없는 한 조합이 해산되지 아니하고, 조합원의 합유에 속하였던 재산은 남은 조합원의 단독소유에 속하게 되어 기존의 공동사업은 청산절차를 거치지 않고 잔존자가 계속 유지할 수 있다(대법원 2013. 5. 23. 선고 2010 다 102816, 102823 판결 등 참조).

기록 및 심문 전체의 취지에 의하여 알 수 있는 다음과 같은 사정들, 즉 ① 채무자가 시행하는 정비사업의 시공자는 D 과 보조참가인을 구성원으로 하는 이 사건 사업단인 점, ② 이 사건 합의서에는 D 이 이 사건 사업단에서 탈퇴하고, 시공자 지위는 보조참가인을 잔존 구성원으로 하는 이 사건 사업단에 존속한다는 취지로 명시적으로 기재되어 있는 점, ③ 이 사건 합의서의 내용이 위와 같이 D 은 조합원으로서의 지위를 벗어나고, 잔존 구성원인 보조참가인이 동업사업을 계속 유지하는 것임이 분명한 이상 보조참가인이 D 에 지분정산금을 직접 지급하지 않는다는 사정만으로는 이 사건 사업단이 해산한 것으로 볼 수는 없는 점, ④ 설령 공동수급체의 구성원의 탈퇴를 시공자의 변경에 준하는 것으로 보더라도, 잔존 조합원을 구성원으로 하는 공동수급체의 시공자 지위를 유지할 것인지 여부에 대한 결의는 종전 시공자를 제 3 자로 변경하는 내용이 아니므로, 그 성질상 경쟁입찰 등의 절차를 거칠 필요가 없다고 봄이 타당한 점 등을 종합하면, 제 1 결의에 경쟁입찰 등의 절차를 거치지

않은 절차상 하자가 있다고 보기 어렵다. 채권자의 위 주장은 이유 없다.

제5절 공동수급인과 하수급인 사이의 법률관계

I. 비현명주의 (상법 제48조)

A. ① 조합대리에서도 그 법률행위가 조합에게 상행위가 되는 경우에는 조합을 위한 것임을 표시하지 않아도 조합원 전원에게 법률행위의 효력이 미쳐; ② 피고와 조인건설은 공동수급체로서 민법상 조합에 해당하고, 피고는 공사시행의 권한을 포괄적으로 조인건설에 위임하였으므로, 조인건설이 원고와 하도급계약을 체결하면서 조합을 위한 것임을 표시하지 않았어도, 하도급계약의 효력은 조합원 전원(피고와 조인건설)에 미친다고 본 사례 —대법원 2009.10.29 선고 2009다46750 판결[공사대금]

> 【당사자】
>
> 【원고, 상고인】 진성아트 주식회사
>
> 【피고, 피상고인】 주식회사 대우건설

1. 법리

가. 공동수급체의 연대책임(상법 제57조 제1항)

공동수급체는 기본적으로 민법상의 조합의 성질을 가지는 것이고(대법원 2000. 12. 12. 선고 99다49620 판결 등 참조), 조합채무가 특히 조합원 전원을 위하여 상행위가 되는 행위로 인하여 부담하게 된 것이라면 상법 제57조 제1항을 적용하여 조합원들의 연대책임을 인정함이 상당하다(대법원 1976. 12. 14. 선고 76다2212 판결 등 참조).

나. 조합대리에서 현명의 방법

한편, 민법 제114조 제1항은 "대리인이 그 권한 내에서 본인을 위한 것임을 표시한 의사표시는 직접 본인에게 대하여 효력이 생긴다."라고 규정하고 있으므로, 원칙적으로 대리행위는 본인을 위한 것임을 표시하여야 직접 본인에 대하여 효력이 생기는 것이고,

민법상 조합의 경우 법인격이 없어 조합 자체가 본인이 될 수 없으므로, 이른바 조합대리에 있어서는 본인에 해당하는 모든 조합원을 위한 것임을 표시하여야 하나, 반드시 조합원 전원의 성명을 제시할 필요는 없고, 상대방이 알 수 있을 정도로 조합을 표시하는 것으

로 충분하다고 할 것이다.

다. 현명하지 않은 조합대리와 조합원의 연대책임

그리고 상법 제 48 조는 "상행위의 대리인이 본인을 위한 것임을 표시하지 아니하여도 그 행위는 본인에 대하여 효력이 있다. 그러나 상대방이 본인을 위한 것임을 알지 못한 때에는 대리인에 대하여도 이행의 청구를 할 수 있다."고 규정하고 있으므로, 조합대리에 있어서도 그 법률행위가 조합에게 상행위가 되는 경우에는 조합을 위한 것임을 표시하지 않았다고 하더라도 그 법률행위의 효력은 본인인 조합원 전원에게 미친다고 보아야 할 것이다(대법원 2009. 1. 30. 선고 2008 다 79340 판결 참조).

2. 대법원의 판단 (파기환송)

가. 피고는 조인건설에게 공사시행을 위한 포괄적 권한을 위임하였음

위 법리와 인정 사실에 의하면 피고와 조인건설은 공동수급체로서 민법상 조합에 해당한다고 할 것인데, 피고는 이 사건 공사를 시행함에 있어 공사에는 실질적으로 관여함이 없이 자금의 관리 등만을 하였으며 이 사건 공사의 시행에 관한 일체의 권한을 포괄적으로 조인건설에게 위임하였던 것으로 보여지고, 이러한 포괄적 위임 속에는 이 사건 하도급계약 체결에 관한 대리권도 포함되어 있다고 보아야 할 것이다.

나. 본건 하도급계약은 비현명으로 체결되었어도 그 효력이 조합원 전원에게 미침

그리고 조인건설이 이 사건 하도급계약을 체결한 행위는 건설업 등을 영위하는 상인인 피고와 조인건설을 조합원으로 한 조합이 그 영업을 위하여 하는 행위로서 상법 제 47 조 제 1 항 소정의 보조적 상행위에 해당한다고 할 것이고,

따라서 조인건설이 원고와 이 사건 하도급계약을 체결함에 있어 조합을 위한 것임을 표시하지 아니하였다고 하더라도 상법 제 48 조에 따라 이 사건 하도급계약의 효력은 본인인 조합원 전원에게 미친다고 할 것이므로, 피고는 조합원으로서 이 사건 하도급계약에 따른 채무를 부담한다고 보아야 할 것이다.

다. 원심판결의 위법함

그럼에도 불구하고, 원심은 이와 달리 피고가 조인건설에게 공동수급체를 대표할 권한을 주었다거나 공동수급체를 대리하여 이 사건 하도급계약을 체결할 권한을 주었다고 볼 수 없다는 이유만으로 원고의 청구를 기각하고 말았으니, 이러한 원심판결에는 조합체의 업무집행자에 관한 법리 또는 조합대리에 관한 법리를 오해하였거나, 채증법칙에 위반하여 사실

I. 비현명주의 (상법 제48조)

을 오인함으로써 판결에 영향을 미친 위법이 있다고 할 것이다. 이 점에 관한 상고이유의 주장은 이유 있다.

B. ① 충일건설과 피고들이 공동이행방식으로 공동수급체를 구성하여 인천광역시 계양구로부터 계양구청사 건립공사를 도급받았고, 원고가 충일건설로부터 위 건립공사 중 기계설비공사를 하도급받은 후 충일건설로부터 받은 약속어음 중 일부가 지급거절된 사안에서; ② 충일건설은 공동수급체 대표자의 자격에서 원고와 하도급계약을 체결하였으므로, 공동수급체의 구성원인 피고들은 연대하여 약속어음 중 지급거절된 어음금 상당의 공사대금을 지급할 의무가 있다고 봄 ─ 대법원 2006.06.16 선고 2004 다 7019 판결[공사대금]

【당사자】

【원고, 상고인 겸 피상고인】 합자회사 화진건설
【피고, 피상고인 겸 상고인】 울트라건설 주식회사외 3

공동수급체는 기본적으로 민법상의 조합의 성질을 가지고(대법원 2000. 12. 12. 선고 99 다 49620 판결 참조), 조합채무가 특히 조합원 전원을 위하여 상행위가 되는 행위로 인하여 부담하게 된 것이라면 상법 제 57 조 제 1 항을 적용하여 조합원들의 연대책임을 인정함이 상당하다(대법원 1998. 3. 13. 선고 97 다 6919 판결 참조).

원심은 채택 증거에 의하여, ① 충일건설 주식회사(아래에서는 '충일건설'이라고 한다)와 피고들이 공동수급체를 구성하여 인천광역시 계양구로부터 계양구청사 건립공사를 도급받은 사실, ② 원고는 충일건설로부터 위 건립공사 중 기계설비공사를 하도급받은 사실을 인정한 다음,

충일건설은 공동수급체 대표자의 자격에서 공동수급체를 위하여 원고와의 사이에 위 하도급계약을 체결하였다고 봄이 상당하므로, 위 공동수급체의 구성원인 피고들은 연대하여 충일건설이 공사대금의 지급을 위하여 원고에게 발행한 약속어음 중 지급거절된 어음금 상당의 공사대금을 지급할 의무가 있...다고 판단하였다.

기록에 의하면, 원심의 위와 같은 판단은 위의 법리에 따른 것으로서 정당하여, 채증법칙 위반, 공동수급체 구성원의 지위 및 신의성실의 원칙에 관한 법리오해 등의 위법이 없다.

C. [위 판례의 원심판결] "충일건설은 공동수급체의 대표자의 자격에서 원고와 하도급계약을 체결하였으므로, 비록 충일건설과 피고들 사이에 미리 충일건설이 단독시공을 하기로 합의하였고, 하도급계약서에도 충일건설만이 하도급인으로 기재되어 있더라도, 공동수급체의 구성원인 피고 회사들은 상법 제 57 조 제 1 항에 의하여 하도급계약에 기한 책임을 연대하여 부담한다" ─ 대전고등법원 2003. 12. 18. 선고 2003 나 1388 판결[공사대금]

제4장 공동수급의 법률관계 / 제5절 공동수급인과 하수급인 사이의 법률관계

1. 기초사실

갑 제1호증의 1, 2, 갑 제4호증의 1 내지 4, 갑 제5호증, 갑 제15, 16, 17호증, 갑 제18호증의 1, 2 의 각 기재에 변론 전체의 취지를 종합하면, 다음과 같은 사실을 인정할 수 있고 반증이 없다.

가. 충일건설 주식회사(2001. 12. 22. 충일건설산업 주식회사에 합병됨, 이하 '충일건설'이라고 한다)와 피고들은 아래와 같은 내용의 공동수급표준협정(공동이행방식)을 체결하고 공동수급체를 구성하여, 1999. 5. 27. 인천광역시 계양구와 사이에 위 공동수급체가 계양구청사 건립공사를 총 공사대금 20,171,561,000원에 연대하여 시행하기로 하는 내용의 공사도급계약을 체결하였다.

(1) 공동수급체의 대표자는 충일건설로 하고, 대표자는 발주자 및 제3자에 대하여 공동수급체를 대표하며, 재산관리 및 대금 청구 등의 권한을 가진다(제3조).

(2) 공동수급체의 구성원은 발주기관에 대한 계약상의 의무이행에 대하여 연대하여 책임을 지고, 공동수급체의 하도급자 및 납품업자에 대하여도 공동연대로 책임을 진다(제6조).

(3) 공동수급체의 구성원은 다른 구성원의 동의를 받지 않고 분담 부분의 일부를 하도급할 수 없다(제7조).

나. 충일건설은 위 계양구청사 건립공사를 사실상 단독으로 시행하였는데, 단독 명의로 1999. 10. 29. 원고와 사이에 위 공사 중 기계설비공사 부분에 관한 하도급계약을 체결하면서, 2장의 하도급계약서를 작성하여 그 중 1장의 하도급계약서(갑 제4호증의 1, 이하 '대외용 계약서'라고 한다)에는 공사대금을 금 2,966,130,000원(부가가치세 포함, 이하 같다)으로 하되, 선급금은 금 250,000,000원으로, 기성금은 월 1회 현금 100%로 지급하는 것으로 내용을 기재하여 계양구청에 제출하였고, 나머지 하도급계약서(갑 제5호증, 이하 '대내용 계약서'라고 한다)에는 공사대금을 금 2,585,000,000원으로 하되, 선급금은 금 250,000,000원으로, 기성금은 월 1회 현금 40%, 어음 60%의 비율로 지급하는 것으로 내용을 기재하여 보관하면서 그들 사이에서는 대내용 계약서에 따라 공사대금을 지급하기로 하였다.

다. 원고는 위 하도급계약에 따라 기계설비공사를 시행하던 중, 충일건설의 부도 발생으로 2001. 7. 5.경 공사를 중단하였는데, 공사를 중단하기까지 충일건설로부터 선급금, 기성공사대금 등을 수령하고 발행한 공사대금 영수증 금액은 1999. 12. 27.자 금 300,000,000원의 영수증(갑 제18호증의 1), 2000. 2. 19.자 금 131,130,000원의 영수증(갑 제18호증의 2) 등을 비롯하여 합계 금 1,960,730,000원에 이른다.

라. 원고는 2001. 9. 21. 충일건설을 제외한 위 공동수급체의 나머지 구성원인 피고들과

사이에 원고가 중단된 위 기계설비공사 부분 중 잔여공사를 대금 624,270,000 원(전체공사대금 2,585,000,000 원 중 원고가 영수증을 발행한 금 1,960,730,000 원을 공제한 금액)에 시행하기로 하는 내용의 <u>하도급계약을 다시 체결하고, 위 기계설비공사를 재개하여 완료하</u><u>였다</u>.

2. 판단

갑 제 2 호증, 갑 제 3 호증의 1, 2, 3, 갑 제 6 호증의 2 내지 5 의 각 기재에 변론 전체의 취지를 종합하면, 충일건설과 피고들의 위 공동수급체는 조달청이 1999. 5. 11.경 실시한 공사입찰을 통하여 계양구청사 건립공사의 수급인으로 결정되었는데, <u>위 입찰시 원고 회사는</u> <u>위 공동수급체가 선정한 하도급예정자로서 부대입찰자에 포함</u>되어 있었고, 그 대표자인 충일건설과 구성원인 피고들은 조달청에 수급인으로 결정될 경우 <u>하도급예정자에 대하여 기성고에 따라 하도급 부분에 대한 대금을 지체없이 현금으로 지급하기로 하는 내용의 확약서까지 제출한 사실</u>,

그 후 충일건설과 원고의 하도급계약 후에도 피고들은 계양구청사 건립공사 중 기계설비공사를 원고가 시공하는 것에 대하여 동의한 사실을 인정할 수 있고 반증이 없는바,

이러한 사실관계에 비추어 보면, <u>충일건설은 위 공동수급체의 대표자의 자격에서 공동수급체를 위하여 원고와 사이에 위 하도급계약을 체결하였다고 봄이 상당하므로, 비록 피고들 주장과 같이 충일건설과 피고들 사이에 미리 충일건설이 단독시공을 하기로 합의한 바 있고 원고와 사이에 하도급계약서에도 충일건설만이 하도급인으로 기재되어 있다 하더라도</u>, 위 공동수급체의 구성원인 피고 회사들은 상법 제 57 조 제 1 항에 의하여 <u>위 하도급계약에 기한 책임을 연대하여 부담한다</u> 할 것이다.

II. 공동수급체 구성원의 연대책임/개별책임 문제

A. ① 공동이행방식 공동수급체의 조합채무가 구성원 전원을 위하여 상행위가 되는 행위로 부담한 경우에는 <u>연대책임이 원칙이나</u>; ② 공동수급체가 하도급계약을 체결할 때 <u>공동수급체가 아닌 개별 구성원으로 하여금 그 지분비율에 따라 직접 하수급인에게 채무를 부담하게 하는 약정을 한 경우에는, 개별 구성원의 하수급인에 대한 채무가 각 지분비율에 따라 구분하여 귀속돼</u> —대법원 2013. 3. 28. 선고 2011 다 97898 판결[공사대금]

【당사자】

【원고, 상고인】 삼지토건 주식회사

【피고, 피상고인】 영진종합건설 주식회사

제 4 장 공동수급의 법률관계 / 제 5 절 공동수급인과 하수급인 사이의 법률관계

1. 법리

공동이행방식의 공동수급체는 기본적으로 민법상의 조합의 성질을 가지고, 조합채무가 특히 조합원 전원을 위하여 상행위가 되는 행위로 부담하게 되었다면 상법 제 57 조 제 1 항에 따라 조합원들이 연대책임을 부담하는 것이 원칙이겠으나,

공동수급체가 하도급계약을 체결할 때 공동수급체가 아닌 개별 구성원으로 하여금 그 지분비율에 따라 직접 하수급인에 대하여 채무를 부담하게 하는 약정을 한 경우와 같이 하도급계약의 내용에 따라서는 공동수급체의 개별 구성원이 하수급인에게 부담하는 채무가 공동수급체의 구성원 각자에게 그 지분비율에 따라 구분하여 귀속될 수도 있다.

2. 원심판결의 정당함

원심판결 이유를 기록에 비추어 살펴보면, 원심이 그 채용 증거들을 종합하여 그 판시와 같은 사실을 인정한 다음, 이 사건 공동수급체 구성원인 피고와 소외 한울종합건설 주식회사가 원고와 하도급계약을 체결하면서 피고와 소외 회사의 지분비율에 따른 하도급공사대금을 명백히 구분하여 특정함으로써 각자의 하도급공사대금 지급채무를 각 구성원별로 부담하기로 약정하였다고 판단하여 원고의 청구를 기각한 조치는 정당한 것으로 수긍이 가고, 거기에 상법 제 57 조 제 1 항의 적용 범위와 수인의 상행위로 인한 연대책임, 공동수급업체의 조합채무 부담, 분할채무특약 등에 관한 법리오해의 잘못이 없다.

돈.되.법

제 5 장

사업시행 계획인가

제1절 사업시행계획 인가신청의 준비
제2절 임대주택·국민주택규모주택의 건설과 용적률
제3절 사업시행계획의 작성 및 인가
제4절 토지등소유자가 시행하는 재개발사업의 특례
제5절 사업시행계획인가의 부관 (기부채납 등)
제6절 국유재산·공유재산의 사용과 사용료
제7절 사업시행계획의 변경·폐지
제8절 사업시행계획 및 사업시행계획인가에 관한 소송

"재개발·재건축 물건은 정비구역 지정, 조합설립인가, 사업시행계획인가, 시공자 선정, 관리처분계획인가 등 주요 고비를 넘을 때마다 프리미엄이 치솟는다. 정비사업의 진행절차와 각 단계별 법적 요건들을 잘 알고 있으면, 각 단계별 주요 이벤트 성사 여부를 미리 예측하고 프리미엄이 치솟기 전에 먼저 고지를 선점할 수 있다. 그래서 재개발·재건축 투자에서는 법이 곧 돈이다."

제1절 사업시행계획 인가신청의 준비

I. 사업시행계획서 작성을 위한 사전심의

A. 개요

1. 【해설】개별법령에 따른 사전 심의

> (1) 정비사업을 시행하기 위해서는 도시정비법령만이 아니라 다른 개별법령에서 정하는 요건과 절차도 모두 갖추어야 한다. 따라서 정비사업시행자는 사업시행계획인가를 신청하기 전에 미리 다른 개별법령에서 정하고 있는 절차를 밟거나 이행하여 그 요건을 모두 충족하여야 한다.
>
> 도시교통정비촉진법에 따른 교통영향평가, 학교용지법에 따른 학교용지확보 및 교육환경법에 따른 교육환경평가, 환경영향평가법에 따른 환경영향평가, 자연재해대책법에 따른 재해영향평가, 문화재보호법에 따른 문화재심의 및 지표조사 검토, 지하안전법에 따른 지하안전평가 등이 그것이다
>
> 다만, 재정비촉진계획을 수립할 때에는 재정비촉진사업에 대하여 교통영향평가서 검토 및 환경영향평가를 받을 수 있는데, 이 경우 재정비촉진사업을 시행할 때에는 교통영향평가서의 검토와 환경영향평가를 받지 않는다(도시재정비법 제13조 제2항).
>
> (2) 또한 일정 규모 이상의 건축물을 건축하거나 대수선하기 위해서는 건축법에 따라 건축위원회의 심의를 거쳐야 하므로, 정비사업의 사업시행계획인가를 받기 위해서는 건축위원회 심의를 거쳐야 한다(건축법 제4조의 2).

2. 【해설】통합심의가 모든 정비사업으로 확대됨

> 정비구역 지정권자는 사업시행계획인가와 관련된 둘 이상의 심의가 필요한 경우 이를 통합하여 심의하여야 한다(법 제50조의 2). 통합심의는 원래 공공재개발·재건축사업에서 시행되던 제도였는데(구법 제101조의 7), 2024. 1. 19. 개정법(2023. 7. 18. 개정 법률 제195760호) 제50조의 2 신설로 모든 정비사업으로 확대 시행되었다. 이에 따라 구법 제101조의 7은 삭제되었다.
>
> 이 개정규정은 이 법 시행(2024. 1. 19.) 후 사업시행자가 통합심의를 신청하는 정비구역부터 적용한다(부칙 제4조).

3. 【해설】 통합심의제도 개요

(1) 통합심의 사항

통합심의 대상은 i) 건축심의 사항, ii) 경관심의 사항, iii) 교육환경평가, iv) 도시·군관리계획에 관한 사항(지방도시계획위원회 심의사항), v) 교통영향평가에 관한 사항, vi) 환경영향평가 등에 관한 사항, vii) 기타 국토교통부장관, 시·도지사 또는 시장·군수 등이 필요하다고 인정하여 통합심의에 부치는 사항이다(도시정비법 제50조의2 제1항).

재해영향평가 등에 관한 사항은 종전 공공재개발·재건축사업에서는 통합심의 대상에 포함되었으나(구법 제101조의7 제1항 제6호), 개정법 제50조의2에서는 제외되었다.

(2) 통합심의위원회의 구성·소집

통합심의위원회는 ① i) 건축위원회, ii) 경관위원회, iii) 교육환경보호위원회, iv) 지방도시계획위원회, v) 교통영향평가심의위원회, vi) 도시재정비위원회(재정비촉진지구 내에 있는 경우), vii) 환경영향평가협의회, viii) 기타 통합심의에 부쳐진 사항에 대하여 심의권한을 가진 관련 위원회에 속한 위원으로서 <u>해당 위원장의 추천을 받은 위원</u>, ② <u>정비구역 지정권자 소속 공무원</u> 및 ③ <u>사업시행계획 인가권자 소속 공무원</u>으로 구성된다(같은 조 제3항).

(3) 통합심의위원회의 개의정족수와 의결정족수

통합심의를 하는 경우 정비구역지정권자는 통합심의위원회 개최 7일 전까지 회의 안건과 심의에 참여할 위원을 확정하여야 한다(영 제46조의4 제1항).

통합심의위원회의 회의는 참여가 확정된 위원 과반수의 출석으로 개의하고, 출석위원 과반수의 찬성으로 의결한다(제2항). 개의할 때에는 통합심의 대상인 각 위원회 위원(통합심의 안건과 직접 관련이 없는 위원회 위원은 제외)이 각각 1명 이상 출석해야 한다(제3항).

(4) 당사자 및 관계자의 출석

통합심의위원회는 통합심의와 관련하여 필요하다고 인정하거나 정비구역지정권자가 요청하는 경우에는 당사자 또는 관계자를 출석하게 하여 의견을 듣거나 설명하게 할 수 있다(영 제46조의4 제4항).

(5) 통합심의의 효과

통합심의를 거친 경우에는 위 사항들에 대한 검토·심의·조사·협의·조정 또는 재정을 모두 거친 것으로 본다(법 제50조의2 제5항).

I. 사업시행계획서 작성을 위한 사전심의

4. 【해설】 정비계획 변경을 위한 도시계획위원회 심의도 통합심의 대상임

정비구역 지정권자는 사업시행계획인가 전에 정비계획의 변경(경미한 변경은 제외)이 필요한 경우 <u>정비계획 변경을 위한 지방도시계획위원회 심의를 사업시행계획인가와 관련된 심의와 함께 통합하여 심의할 수 있다</u>(법 제50조의3 제1항).

다만, 통합심의를 받기 위해서는 사업시행자는 「정비사업비의 조합원별 분담내역」과 「사업시행계획서의 작성 및 변경」을 하나의 총회(신탁업자가 사업시행자로 지정된 경우는 토지등소유자 전체회의를 말함)에서 의결하여야 한다(법 제50조의3 제2항 및 제45조 제1항 제8, 9호).

이 규정도 2024. 1. 19. 개정법(2023. 7. 18. 개정 법률 제195760호)에서 신설되었다.

5. 【해설】 사전심의를 위한 용역업체 선정

조합은 사전심의를 준비하기 위해 교통영향평가업체, 환경영향평가업체, 재해영향평가업체, 석면사전조사업체, 석면관리업체, 지하안전평가업체, 문화재지표조사업체 등 전문 용역업체를 선정한다.

이 단계에서 건설사업관리(CM) 업무가 본격화되므로 건설사업관리를 총괄하여 수행할 CM 용역업체(건설사업관리자)를 선정한다. 정비계획(경미한 사항 제외)을 변경해야 하는 경우에는 도시계획위원회의 심의를 거쳐야 하므로 도시계획 용역업체의 선정도 고려해 보아야 한다.

이들 용역업체를 선정하기 위해서는 「정비사업 계약업무 처리기준」 제6조 제1항에 따라 일반경쟁 입찰공고를 내야 한다. 공사분야를 한정해서 CM 용역업체 선정 입찰공고를 낼 수도 있다(예: 장위14구역주택재개발사업에서 실내건축 분야로 한정하여 CM 용역을 발주한 적이 있음).

6. 【해설】 CM 용역업체의 선정

(1) CM(Construction management)은 정비사업관리의 건설기술 부문에 해당하는 건설사업관리를 말한다. 「건설산업기본법」은 CM(건설사업관리)을 "건설공사에 관한 기획, 타당성 조사, 분석, 설계, 조달, 계약, 시공관리, 감리, 평가 또는 사후관리 등에 관한 관리를 수행하는 것"이라고 정의하고(건설산업기본법 제2조 제8호), 건설사업관리업무를 위탁받아 수행하는 자를 "건설사업관리자"(Construction manager)라고 칭한다. 건설사업관리자를 현장에서는 "CM(용역)업체"라 부른다.

(2) 건설산업기본법은 "건설사업관리자"의 신고·등록 등에 관하여 별도의 규정을 두고 있지 않다. 따라서 건설사업관리자가 하는 건설사업관리업무의 내용이 관계법령에 따

라 신고·등록 등을 해야 하는 업무인 경우에는 해당 법령에 따른 신고·등록 등을 하여야 한다(같은 법 제 26 조 제 2 항). 일반적으로 '종합', '설계·사업관리-일반', 또는 '설계·사업관리-건설사업관리' 분야로 건설엔지니어링업(구 '건설기술용역업') 등록을 한 업체를 선정한다(건설산업기본법 제 26 조 제 2 항; 건설기술진흥법 제 26 조 제 1 항 및 동 시행령 제 44 조 참조. 2021. 3. 16. 개정법(법률 제 17939 호)에서 "건설기술용역업"이 "건설엔지니어링업"으로 개명되었음).

(3) 현장에서는 "정비사업관리(PM/CM)", "건설사업관리(PM)" 등과 같이 PM 과 CM 을 구분하지 않고 입찰공고를 하는 경우가 많고, 'CM 용역'과 '정비사업 행정업무'를 일괄해서 발주하는 경우도 있는바, 이는 비효율적이고 비경제적인 운영방식이므로 시정하여야 한다. 입찰에 참여하는 업체 입장에서도 입찰공고에 첨부된 입찰지침서를 통해 업무범위를 확인하고 자세한 내용을 조합에 문의하여 무익한 입찰준비에 시간을 낭비하는 일이 없도록 하여야 한다.

또한 정비사업 관련 용역업체들은 너나 할 것 없이 "CM/PM" 이라는 명칭을 쓰고 있으므로 조합은 CM 용업업체 선정시 입찰업체의 실제 업무역량을 잘 파악한 후 선정해야 한다.

☞ PM 에 관하여는 돈.되.법 1 제 5 장 제 6 절 III.을 참조하세요.

(4) 국토교통부장관은 발주자가 건설사업관리자를 적정하게 선정할 수 있도록 하기 위하여 건설사업관리자의 신청이 있는 경우 그 건설사업관리자의 건설사업관리 실적·재무상태 등에 따라 건설사업관리능력을 평가하여 매년 8 월 31 일까지 정보통신망에 공시하므로(건설산업기본법 제 23 조의 2 제 1 항; 동 시행규칙 제 25 조의 4 제 2 항), 조합이 CM 용업업체를 선정할 때는 이 공시자료를 참고하면 된다.

국토교통부장관은 건설사업관리 능력평가 및 공시업무를 사단법인 한국건설관리협회('한국 CM 협회')에 위탁하여 처리한다(동 시행령 제 87 조 제 1 항 제 3 호; 국토교통부 고시 제 2008-785 호).

☞ 건설사업관리능력 공시 사이트: http://www.kiscon.net/pcm/pcm_info.asp

7. 【해설】 정비사업전문관리업 등록 문제

조합이 CM 용역업체에게 도시정비법 제 102 조 제 1 항 각호의 사항('정비업무')을 위탁하거나 자문을 받고자 하는 경우에는 시·도지사에게 정비사업전문관리업 등록을 한 업체를 선정하여야 한다(같은 조 및 건설산업기본법 제 26 조 제 2 항).

정비사업전문관리업자로 등록하지 않은 CM 업자가 '정비업무'를 처리하면 법 제 136 조 제 3 호 및 법 제 137 조 제 9 호 위반죄로 처벌 받을 수 있으므로 주의를 요한다.

정비사업전문관리업 등록현황은 각 시·도에서 확인할 수 있다.

B. [하급심판례] ① 이 사건 입찰에서 건설사업관리업체로 선정된 D가 정비사업전문관리업자(G)의 계열회사인 사실은 인정되나, 건설사업관리업체(CM사)의 업무는 도시정비법 제103조(정비사업전문관리업자의 업무제한 등)에서 병행수행을 금지하는 철거, 설계, 시공, 회계감사, 안전진단업무에 해당하지 않는다고 본 사례; ② 따라서 이 사건 낙찰자 선정과 D와 체결한 용역계약은 유효함; ② D와 C의 공동수급체를 낙찰자로 선정한 후 C하고만 건설사업관리업 용역계약을 체결한 것이 적법하다고 본 사례 —서울남부지방법원 2021. 5. 21. 선고 2020 가합 109800 판결[입찰무효확인등] (항소기각)

【당사자】

원고	주식회사 A
피고	B 재건축정비사업조합

1. 원고의 주장

1) D은 피고의 정비사업전문관리업체인 주식회사 G(이하 'G'라 한다)와 계열회사 관계에 있다. 그런데 이 사건 건설사업관리업체가 맡게 될 업무는 건설사업의 전 과정(계획, 조사, 설계, 시공, 시운전 등)에서 공사비, 공사기간, 품질, 안전이 확보되도록 하는 것으로 도시정비법 제 103 조에서 정비사업전문관리업자로 하여금 병행수행할 수 없도록 제한하는 업무 내용에 포함된다. 따라서 D은 이 사건 입찰에 참가할 자격이 없고, D이 포함되어 있는 이 사건 공동수급체가 낙찰자로 선정된 이 사건 입찰 절차는 무효이다.

2) 또한 이 사건 입찰 과정에서 원고가 55 개월을 기준으로 용역비를 제안하였다는 원고의 입찰제안서 내용이 경쟁업체인 이 사건 공동수급체에 유출되었는바, 이는 입찰참여규정 제 8 조의 공정한 경쟁의무를 위반한 것이어서 이 사건 입찰은 무효이다.

3) 피고는 이 사건 입찰에서 D과 C의 공동수급체를 낙찰자로 선정하였으므로 이 사건 공동수급체와 용역계약을 체결했어야 하는데 실제로는 C하고만 이 사건 용역계약을 체결하였다. 이는 도시정비법 등에서 정하는 계약체결 방식에 위배되는 것으로 이 사건 용역계약 자체도 무효이다.

2. D에 입찰참가자격이 없어 이 사건 입찰 절차가 무효로 되는지 여부

가. D이 G와 계열회사 관계에 있는지 여부

이 법원의 삼성세무서, 서초세무서에 대한 각 과세정보 제출명령결과 및 변론 전체의 취지에 의하면, G 의 발행주식총수는 200,000 주이고 이를 H 이 모두 보유하고 있는 사실, D 의 경우 발행주식총수는 20,000 주인데 H 의 배우자인 I 가 10,000 주를, H 의 자녀인 J 이 10,000 주를 각 보유하고 있는 사실이 인정된다.

이를 별지 관계법령의 내용에 비추어 보면, <u>D 과 G 는</u> 독점규제 및 공정거래에 관한 법률(이하 '공정거래법'이라 한다) 제 2 조 제 2·3 호, 같은 법 시행령 제 3 조 제 1 호에 따라 <u>H 과 그 배우자, 자녀가 발행주식총수를 전부 소유하고 있어 동일인이 사실상 그 사업내용을 지배하는 경우로서 계열회사 관계인 사실이 인정된다.</u>

따라서 <u>D 은 계열회사 관계에 있는 G 가 정비사업전문관리업자로 선정되어 있는 이 사건 정비사업과 관련하여, 도시정비법 제 103 조, 같은 법 시행령 제 83 조 제 1 항 제 1 호에 따라 정비사업전문관리업자와 동일하게 간주되고, 이 사건 정비사업에 관한 철거, 설계, 시공, 회계감사, 안전진단업무를 담당할 수 없게 된다.</u>

나. 건설사업관리업체의 업무가 병행수행 제한 대상에 포함되는지 여부

그런데 위 기초사실에 의하면, <u>이 사건 입찰에서 모집·공고하는 이 사건 건설사업관리업체의 업무 내용은 사업비 관리, 공정 관리, 설계 관리, 시공사 선정 지원, 대관업무 지원 등으로,</u> 그 구체적인 내용은 ① 각 사업단계별로 사업비를 절감할 수 있는 방안을 검토해주고, ② 전체적인 사업 계획을 수립하여 사업 진행 과정에서 사업 일정이 지연되지 않도록 관리해주며, ③ i) 작성된 설계도서의 내용이 그 자체로 합리적인지 여부, ii) 추후 설계변경 가능성과 이로 인해 사업이 지연되거나 과도한 추가 비용이 발생할 우려는 없는지, iii) 이를 방지하기 위하여 사전에 계약조건에 포함시켜야 할 내용, iv) 향후 시공될 공동주택의 품질을 보장하기 위하여 설계 및 시공자 선정 단계에서부터 확인해야 할 부분 <u>등을 검토한다는 것인데,</u> 이는 정비사업 전반에 대한 '관리' 업무를 수행하는 것일 뿐 도시정비법 제 103 조에서 <u>병행수행을 금지하는 철거, 설계, 시공, 회계감사, 안전진단업무에 해당한다고 볼 수 없다.</u>

따라서 이 사건 건설사업관리업체의 업무가 도시정비법 제 103 조의 병행수행 제한 대상에 포함된다는 것을 전제로, D 이 입찰참가자격이 없으므로 이 사건 입찰 절차가 무효가 된다는 원고의 주장은 더 나아가 살펴볼 필요 없이 이유 없다.

3. 이 사건 입찰 절차의 공정성이 훼손되었는지 여부

원고의 입찰제안서에 기재된 용역비 산정 내용이 경쟁업체에 유출되는 등 입찰절차의 공정성이 훼손되었는지에 관하여 살펴보건대, 갑 제 5, 6 호증, 을 제 2 호증의 각 기재에 변론 전체의 취지를 종합하여 인정되는 다음과 같은 사정들, 즉 ① 원고가 제안한 용역기간은 피고의 대의원회의에서 입찰참여업체들에 대해 사전 면담을 진행하는 과정에서 이미 공개되었던 점, ② 2020. 5. 30.자 총회에서 이 사건 건설사업관리업체를 선정하기 위한 최종 투표가 진행되기 전 원고는 용역기간을 '계약 체결일로부터 준공시까지'로 수정한 정식 제안서를 다시 제출하였던 점, ③ 이 사건 공동수급체에서 부정한 방법으로 원고의 입찰제안서 내용을 사전 입수하였다고 볼 정황이 없는 점 등에 비추어, 원고가 제출한 증거만으로는 이 사건 입찰 절차의 공정성이 훼손되었다고 인정하기에 부족하다. 따라서 원고의 이 부분 주장은 받아들이지 않는다.

4. 이 사건 용역계약이 무효인지 여부

앞서 든 증거 및 변론 전체의 취지에 의하여 인정되는 다음과 같은 사실 내지 사정들, 즉 ① 피고는 2020. 5. 30.자 총회에서 이 사건 건설사업관리업체 선정을 위한 투표를 진행하기 전에 조합원들에게 '컨소시엄으로 입찰에 참여한 C·D 은 금번 총회에서 선정되더라도 조합의 결정에 따라 C 과 단독으로 계약을 체결할 수 있다'는 사실을 사전에 고지하였던 점, ② 이 사건 입찰의 방법은 평가점수가 가장 높거나 입찰가격이 낮은 업체가 낙찰자로 당연 선정되는 것이 아니라 사업참여제안서의 내용, 입찰자들의 재무상태, 신인도 등 비가격적인 요소 등을 종합적으로 심사하여 조합원들의 투표에 따라 선정하도록 되어 있어, 공동수급체 중 한 업체와 계약을 체결한다고 해서 입찰자격이나 요건을 잠탈할 위험은 없어 보이는 점, ③ 피고는 처음부터 이 사건 공동수급체의 경우 C 만을 기준으로 배점표를 작성하였다고 주장하고 있는 점, ④ 달리 '정비사업 계약업무 처리기준' 등 관련 규정에 공동수급체를 낙찰자로 선정할 경우 반드시 그 명칭 그대로 계약을 체결해야 한다는 조항은 없는 점 등에 비추어, 원고가 제출한 증거만으로는 이 사건 용역계약이 계약체결 방식을 위반한 것으로서 무효에 해당한다고 보기 어렵다.

【해설과 비평】

> 시공자선정에서는 총회에서 공동수급체를 낙찰자로 선정한 후 그중 한 건설업자하고만 시공계약을 체결하는 것은 적법하다고 보기 어렵다. ☞ 제4장 제4절 III. 참조

II. 교통영향평가 (교통영향분석·개선대책 심의)

A. 【해설】 교통영향평가 대상사업

> (1) "교통영향평가"란 사업시행에 따라 발생하는 교통량·교통흐름의 변화 및 교통안전에 미치는 영향("교통영향")을 조사·예측·평가하고 그와 관련된 각종 문제점을 최소화할 수 있는 방안을 마련하는 것을 말한다(도시교통정비법 제2조 제5호).

교통영향평가에서 가장 문제가 되는 것은 주차대수이다. 주차대수를 늘리는 것은 고정된 분양수입에서 공사비만 증가시켜 단기적으로 사업성에 마이너스 요인이 된다고 보기 때문이다.

(2) 대상사업

① 부지면적 5 만㎡ 이상인 정비사업, 도시교통정비지역에서 건축 연면적 6 만㎡ 이상(교통권역 기준 9 만㎡ 이상)인 공동주택의 건축·대수선·리모델링·용도변경을 하려는 사업자는 교통영향평가를 실시해야 한다(도시교통정비법 제 15 조 제 1, 3 항; 동법 시행령 제 13 조의 2).

② 다만, 대통령령으로 정하는 범위(교통영향평가 대상면적의 50% 이상 100% 미만)에서 시·도조례로 대상사업의 범위를 확대할 수 있다(동법 제 15 조 제 4 항; 동 시행령 제 13 조의 2 제 7 항; 서울시 교통영향평가조례 제 3, 4 조).

③ 재정비촉진계획을 수립할 때 교통영향평가를 받은 경우에는 사업시행 단계에서 다시 교통영향평가를 받지 않는다(도시재정비법 제 13 조 제 2 항).

B. 【해설】 교통영향평가서의 제출 및 교통영향평가위원회의 심의

(1) 사업시행자는 사업시행계획인가 전에 승인관청에 환경영향평가서를 제출해야 하며(도시교통정비촉진법 제 16 조 제 1 항), 승인관청은 교통영향평가서를 검토할 때 승인관청 소속의 교통영향평가심의위원회의 심의를 거쳐야 한다(도시교통정비촉진법 제 17 조 제 1 항).

(2) 사업시행계획인가를 받지 않아도 되는 사업자('승인등을 받지 아니하여도 되는 사업자')는 교통영향평가대행자에게 작성을 대행하게 한 교통영향평가서에 대하여 대통령령으로 정하는 시기까지 사업자 소속의 교통영향평가심의위원회의 심의를 거쳐야 한다(동법 제 18 조 제 1 항; 영 제 13 조의 3 별표 1). '승인등을 받지 않아도 되는 사업자'는 시장·군수등이 사업시행자인 경우를 말한다(단, 시장·군수등이 조합 또는 토지등소유자와 공동시행하는 경우는 사업시행계획인가를 받아야 한다. 도시정비법 제 25 조 제 1, 2 항 및 제 50 조 제 1 항).

(3) 승인관청과 '승인등을 받지 않아도 되는 사업자'는 그 소속으로 교통영향평가심의위원회를 두어야 한다(도시교통정비촉진법 제 19 조 제 1 항).

C. 【해설】 검토결과의 통보 및 이의신청

(1) 승인관청은 교통영향평가서 접수일부터 3 개월(관계기관 협의기간 제외) 이내에 개선필요사항등을 사업자에게 통보한다(도시교통정비촉진법 제 16 조 제 4, 5 항).

> (2) 사업자는 통보받은 개선필요사항등에 대하여 이의가 있는 경우 30일 이내에 승인관청에 이의신청을 할 수 있으며, 승인관청은 다시 승인관청 소속의 교통영향평가 심의위원회의 심의를 거쳐 60일 이내에 그 결과를 통보하여야 한다(동법 제17조의 2 제1항; 동 시행령 제13조의5 제1항).

D. 【해설】 교통영향평가서의 변경

> 사업자가 개선필요사항등을 통보받은 후 a) 5년 이내에 사업을 착공하지 아니하거나, b) 사업·건축물의 규모가 30% 이상 증가하는 경우 등 대통령령으로 정하는 사유가 발생하여 개선필요사항등에 따라 사업계획을 시행하는 것이 부적합하게 된 경우에는 교통영향평가서의 내용을 변경하여 승인관청에 제출하여야 한다(도시교통정비촉진법 제21조 제1항; 동 시행령 제13조의8 제1항).

E. 【해설】 이행의무사항의 조사·확인 및 이행조치명령 등

> (1) 사업자는 대상사업을 시행할 때 교통영향평가 결과 해당 사업계획등에 반영된 이행의무사항을 이행하여야 하며, 승인관청은 사업장에 출입하여 이행의무사항의 이행 여부를 조사·확인할 수 있다(도시교통정비촉진법 제23조 제1, 2항).
>
> (2) 승인관청은 사업자가 이행의무사항을 이행하지 않은 사실이 확인되면 이행조치를 명할 수 있고, 그 조치명령을 이행하지 않아 교통에 중대한 영향을 미치는 것으로 판단하는 경우에는 이행이 완료될 때까지 공사중지를 명할 수 있다(동법 제24조).

III. 학교용지 확보 및 교육환경평가

A. 학교용지의 확보

1. 【해설】 300세대 규모 이상 개발사업시행자의 학교용지의 조성·개발·확보·공급의무

> 300세대(재건축사업과 소규모재건축사업의 경우는 기존 세대를 뺀 세대 수를 말함) 규모 이상의 개발사업시행자는 사업계획에 학교용지의 조성·개발에 관한 사항을 포함시켜야 한다(학교용지법 제3조 제1항). 사업시행자는 학교용지를 시·도에 공급하고, 시·도는 학교용지를 확보하여 시·도 교육비특별회계 소관 공유재산公有財産으로 하여야 한다(학교용지법 제4조 제1, 2항).
>
> 학교용지의 위치와 규모 등에 관하여는 국토계획법 제43조 제2항에 따른 도시계획시설규칙 제89조가 준용된다(학교용지법 제3조 제1항 제2문).

제 5 장 사업시행계획인가 / 제 1 절 사업시행계획 인가신청의 준비

2. 【법령】 도시계획시설규칙 제 89 조(학교의 결정기준)

① 학교의 결정기준은 다음 각 호와 같다. <개정 2011. 11. 1., 2012. 6. 28., 2012. 10. 31., 2013. 8. 30., 2021. 8. 27.>

  1. 통학권의 범위, 주변환경의 정비상태 등을 종합적으로 검토하여 건전한 교육목적 달성과 주민의 문화교육향상에 기여할 수 있는 중심시설이 되도록 할 것

  2. 지역 전체의 인구규모 및 취학률을 고려한 학생수를 추정하여 지역별 인구밀도에 따라 적절한 배치간격을 유지할 것

  3. 재해취약지역에는 설치를 가급적 억제하고 부득이 설치하는 경우에는 재해발생 가능성을 충분히 고려하여 설치할 것

  4. 위생·교육·보안상 지장을 초래하는 공장·쓰레기처리장·유흥업소·관람장과 소음·진동 등으로 교육활동에 장애가 되는 고속국도·철도 등에 근접한 지역에는 설치하지 아니할 것. 다만, 근로청소년의 교육을 위하여 산업체가 당해 산업체안에 부설학교를 설치하는 경우에는 그러하지 아니하다.

  5. 통학에 위험하거나 지장이 되는 요인이 없어야 하며, 교통이 빈번한 도로·철도 등이 관통하지 아니하는 곳에 설치할 것

  6. 일조·통풍 및 배수가 잘 되는 지역에 설치할 것

  7. 학교주변에는 녹지 등 차단공간을 둘 것

  8. 옥외체육장은 「고등학교 이하 각급 학교 설립·운영 규정」 제 5 조에 따라 설치하되, 원칙적으로 교사부지와 연접된 곳에 설치할 것

  9. 도서관·강당 등 일반주민들이 사용할 수 있는 시설을 설치하는 경우에는 관리상 또는 방화상 지장이 없도록 할 것

  10. 초등학교는 2 개의 근린주거구역단위에 1 개의 비율로, 중학교 및 고등학교는 3 개 근린주거구역단위에 1 개의 비율로 배치할 것. 다만, 초등학교는 관할 교육장이 필요하다고 인정하여 요청하는 경우에는 2 개의 근린주거구역단위에 1 개의 비율보다 낮은 비율로 설치할 수 있다.

  11. 초등학교는 학생들이 안전하고 편리하게 통학할 수 있도록 다른 공공시설의 이용관계를 고려하여야 하며, 통학거리는 1 천 5 백미터 이내로 할 것. 다만, 도시지역 외의 지역에 설치하는 초등학교중 학생수의 확보가 어려운 경우에는 학생수가 학년당 1 개 학급 이상을 유지할 수 있는 범위까지 통학거리를 확대할 수 있으나, 통학을 위한 교통수단의 이용가능성을 고려할 것

> 12. 제10호에 따른 학교배치 및 제11호에 따른 통학거리는 관할 교육장이 해당 지역의 인구밀도, 가구당 인구수, 진학률, 주거형태, 설치하려는 학교의 규모, 도로 및 통학여건 등을 고려하여 적절히 조정할 것
>
> 13. 대학은 당해 대학의 기능과 특성에 적합하도록 하여야 하며 대학의 배치에 관하여는 도시·군기본계획을 고려할 것
>
> 14. 초등학교·중학교 및 고등학교는 보행자전용도로·자전거전용도로·공원 및 녹지축과 연계하여 설치할 것
>
> 15. 재해 발생 시 「자연재해대책법」 등에 따라 대피소 기능을 하는 경우에는 주민의 일시적 체류를 위한 시설(식량저장시설, 냉난방시설, 위생시설, 환기시설 및 소방시설을 말한다. 이하 "주민일시체류시설"이라 한다)을 설치할 것
>
> 16. 빗물이용을 위한 시설의 설치를 고려하고, 물이 스며들지 않는 표면에서 유출되는 빗물을 최소화하도록 빗물이 땅에 잘 스며들 수 있는 구조로 하거나 식생도랑, 저류·침투조, 빗물정원 등의 빗물관리시설 설치를 고려할 것
>
> ② 제1항의 규정에 의한 근린주거구역의 범위는 이미 개발된 지역의 경우에는 개발현황에 따라 정하고, 새로이 개발되는 지역(재개발 또는 재건축되는 지역을 포함한다)의 경우에는 2천세대 내지 3천세대를 1개 근린주거구역으로 한다. 다만, 인접한 지역의 개발여건을 고려하여 필요한 경우에는 2천세대 미만인 지역을 근린주거구역으로 할 수 있다.

3. 【해설】 300세대 미만 개발사업의 경우

> 교육감은 300세대 미만의 개발사업에 대하여는 개발사업시행자에게 그 개발사업의 규모와 지역 여건을 고려하여 적절한 규모의 학교용지를 확보하도록 하되(학교용지법 제3조 제2항), 그 지역이 협소하여 학교용지를 확보할 수 없다고 판단되면 사업지와 인접한 곳에 학교용지를 확보하도록 할 수 있다(같은 항 단서).
>
> "적정한 규모의 학교용지"라 함은 초등학교 36학급, 중학교 24학급, 고등학교 24학급 미만인 학교(이하 "소규모 학교"라 한다)의 설립에 필요한 학교용지를 말한다(학교용지법 제3조 제2항; 시행령 제2조의2; 「고등학교 이하 각급 학교 설립·운영 규정」 제6조).

4. 【해설】 학교용지의 공급가액 (감정평가액)

> (1) 학교용지의 공급가액은 감정평가액으로 한다(학교용지법 제4조 제3항 제2호).

제 5 장 사업시행계획인가 / 제 1 절 사업시행계획 인가신청의 준비

> 다만, 국가·지방자치단체·공공기관·지방직영기업·지방공사·지방공단 등이 정비사업을 하는 경우에는 A) 2천세대 규모 이상은 i) 유치원·초등학교와 중학교는 학교용지 조성원가의 100분의 50, ii) 고등학교는 학교용지 조성원가의 100분의 70으로 하고, B) 2천세대 규모 미만인 경우에는 조성원가로 공급하여야 한다(같은 항 제1호).
>
> "학교용지 조성원가"란 관계 법률에서 용지 조성원가를 정하고 있는 경우에는 그 규정에 따르고, 용지 조성원가를 정하고 있지 않은 경우에는 택지개발촉진법 제18조 제3항에 따른 택지 조성원가 산정방식을 준용하여 산정한 가격을 말한다(같은 조 제6항).
>
> (2) 시·도가 학교용지를 확보하는 데에 드는 경비는 시·도의 일반회계와 학교용지부담금특별회계에서 2분의 1을, b) 시·도 교육비특별회계에서 2분의 1을 각각 부담한다(학교용지법 제4조 제4항).

5. 【해설】 시·도지사 및 교육감의 관여

> (1) 개발사업시행자가 학교용지를 개발하거나 확보하려는 때에는 교육감의 의견을 들어야 하고, 이 경우 교육감은 학교용지 매입비용의 1/2을 부담하는 시·도지사와 비용부담 등에 대하여 협의하여야 한다(학교용지법 제3조 제3항).
>
> (2) 학교용지의 조성·개발계획을 포함한 개발사업계획이 허가·인가 또는 승인되면 시·도지사, 시장 또는 군수는 지체 없이 그 학교용지에 대하여 도시·군관리계획을 입안하여야 한다(같은 조 제4항).
>
> ☞ 「서울시 학교시설 결정 방안 개선안」
>
> 학령인구가 지속적으로 감소함에 따라 학교시설 결정 이후 학교설치가 불필요해지거나 지방재정법 시행령 제41조 제4항에 따른 중앙투자심사를 통과하지 못해 도시계획시설결정이 취소됨으로 인하여 정비사업 진행이 지연되는 문제가 있어 왔다.
>
> 그런데 사업시행계획인가 단계에서 시장·군수등은 도시·군관리계획의 '입안의무'만 있으며, 도시·군관리계획의 결정 여부에 관하여는 실제로 학교시설을 설치할 때까지 재량권을 가지므로(국토계획법 제43조 제1항 및 학교용지법 제3조 제4항 참조), 서울시는 정비사업의 안정적 추진을 도모하기 위하여, 교육감의 학교시설 요청이 있을 때 바로 도시계획시설결정을 하지 않고 해당 부지를 공공공지로 관리하다가 중앙투자심사를 통과한 후에 학교시설결정을 한다는 내용의 「학교시설 결정 방안 개선안」을 2023. 10. 13.부터 시행하였다.

6. 【해설】 학교부담금

(1) 시·도지사는 100 세대 이상의 공동주택(「주택법」 제 2 조제 4 호에 따른 준주택 중 대통령령으로 정하는 규모의 오피스텔을 포함)을 건설하여 분양하는 재개발·재건축사업 및 소규모주택정비사업에서 세대수가 증가하는 경우에는 사업시행자에게 학교부담금을 부과·징수할 수 있다(학교용지법 제 5 조 제 1 항; 제 2 조 제 2 호 다목 및 너목). 소규모주택정비사업은 2020. 5. 19. 개정법(법률 제 17255 호)에서 추가되었다.

부담금은 분양가격의 0.8%이며(동법 제 5 조의 2 제 2 항), 납부기한은 고지일부터 30 일이다(동법 제 5 조 제 4 항).

구 학교용지법 제 5 조 제 1 항은 '수분양자'에게 부담금을 부과·징수할 수 있도록 규정하였으나, 이에 대하여는 위헌결정이 선고되었다(헌법재판소 2005. 3. 31.자 2003 헌가 20 전원합의체 결정). 이 규정은 위헌결정 선고 1 주일 전인 2005. 3. 24. 개정되었다.

(2) a) 주거환경개선사업의 경우 및 재개발·재건축사업 또는 소규모주택정비사업의 시행 결과 세대수가 증가하지 않는 경우에는 부담금이 부과되지 않으며(동법 제 5 조 제 1 항 단서 제 5 호), b) 사업시행자가 학교용지를 무상공급(기부채납)하는 경우에는 부담금이 면제된다(동법 제 5 조 제 5 항 제 1 호).

B. ① 법령규정의 문언만으로는 처분요건이 분명하지 않더라도 그에 관한 법원/헌법재판소의 분명한 판단이 있고, 행정청이 그 판단 내용에 따라 법령을 해석·적용하는 데 아무런 법률상 장애가 없는데도 사법적 판단과 어긋나게 행정처분을 한 것은 중대하고 명백한 하자야; ② 주택재개발사업의 시행으로 공동주택을 건설하는 경우에는 신규로 주택이 공급되어 학교시설 확보의 필요성을 유발하는 개발사업분만을 기준으로 학교용지부담금 부과대상을 정하여야; ③ 따라서 조합원분양분과 현금청산분까지 모두 제외한 나머지분에 대하여만 부담금을 부과할 수 있음; ④ 헌법불합치결정에서 개선입법시까지 당해 조항의 잠정적용을 명했어도, 행정청은 위헌인 부분까지 계속 적용할 의무 없어; ⑤ 헌법불합치결정에 따른 개선입법이 있기 전 현금청산분에 대하여 학교부담금을 부과한 처분을 당연무효로 본 사례 ―대법원 2017. 12. 28. 선고 2017 두 30122 판결[학교용지부담금부과처분무효확인]

구 학교용지법 제 5 조(부담금의 부과·징수)

① 시·도지사는 개발사업지역에서 단독주택을 건축하기 위한 토지를 개발하여 분양하거나 공동주택을 분양하는 자에게 부담금을 부과·징수할 수 있다. 다만, 다음 각 호의 어느 하나에 해당하는 개발사업분의 경우에는 그러하지 아니하다. <개정 2007. 12. 14.>

5. 「도시 및 주거환경정비법」 제 2 조 제 2 호 나목부터 라목까지의 규정에 따른 정비사업지역의 기존 거주자와 토지 및 건축물의 소유자에게 분양하는 경우

제 5 장 사업시행계획인가 / 제 1 절 사업시행계획 인가신청의 준비

【당사자】

【원고, 피상고인】 답십리제 16 구역주택재개발정비사업조합
【피고, 상고인】 서울특별시 동대문구청장

1. 중대하고 명백한 하자

행정처분이 당연무효라고 하기 위하여는 처분에 위법사유가 있다는 것만으로는 부족하고 그 하자가 법규의 중요한 부분을 위반한 중대한 것으로서 객관적으로 명백한 것이어야 한다.

특히 법령 규정의 문언만으로는 처분 요건의 의미가 분명하지 아니하여 그 해석에 다툼의 여지가 있었더라도 해당 법령 규정의 위헌 여부 및 그 범위, 그 법령이 정한 처분 요건의 구체적 의미 등에 관하여 법원이나 헌법재판소의 분명한 판단이 있고, 행정청이 그러한 판단내용에 따라 법령 규정을 해석·적용하는 데에 아무런 법률상 장애가 없는데도 합리적 근거 없이 사법적 판단과 어긋나게 행정처분을 하였다면 그 하자는 객관적으로 명백하다고 봄이 타당하다.

2. 관련규정

가. 구 학교용지법 제 5 조 제 1 항 단서 제 5 호

구 학교용지 확보 등에 관한 특례법(2015. 1. 20. 법률 제 13006 호로 개정되기 전의 것, 이하 '구 학교용지법'이라고 한다) 제 5 조 제 1 항 단서 제 5 호는 학교용지부담금(이하 '부담금'이라고 한다) 부과 대상의 예외로 "도시 및 주거환경정비법 제 2 조 제 2 호 (나)목부터 (라)목까지의 규정에 따른 정비사업지역의 기존 거주자와 토지 및 건축물의 소유자에게 분양하는 경우"(이하 조합원분양분이라고 한다)를 규정하고 있었다.

나. 헌법불합치결정에 의한 개정

그런데 헌법재판소는 2014. 4. 24. '주택재개발사업으로 건설된 주택 가운데 현금청산의 대상이 되어 제 3 자에게 일반분양하는 가구(이하 현금청산분이라고 한다)도 기존 소유자에게 귀속되어야 할 가구를 제 3 자에게 일반분양하는 것으로서 결과적으로 가구 수가 증가하지 않으므로 이에 대하여 부담금을 부과하는 것은 불합리하고, 따라서 현금청산분을 부담금 부과대상에서 제외하지 아니한 것은 평등원칙에 위배된다'는 이유로, "구 학교용지법 제 5 조 제 1 항 단서 제 5 호 중 도시 및 주거환경정비법 제 2 조 제 2 호 (나)목의 규정에 따른 '주택재개발사업'에 관한 부분(이하 이 사건 법률조항이라고 한다)은 헌법에 합치되지 아니한다.

위 법률 조항은 2014. 12. 31.을 시한으로 입법자가 개정할 때까지 계속 적용된다."라는 헌법불합치결정(이하 '이 사건 헌법불합치결정'이라고 한다)을 선고하였다(헌법재판소 2014. 4. 24. 선고 2013헌가28 전원재판부 결정).

그 후 이 사건 법률조항은 2015. 1. 20. "... 정비사업 시행 결과 해당 정비구역 내 가구수가 증가하지 아니하는 경우"로 개정되어 조합원분양분 외에 현금청산분도 부담금 부과대상에서 제외하였으나, 그 부칙(법률 제13006호, 2015. 1. 20.) 규정에 따라 개정조항은 2015. 1. 20.부터 적용된다.

3. 법리

가. 개발사업 시행자에게 학교용지부담금을 부과하는 취지

구 학교용지법은 학교용지의 조성·개발·공급과 관련 경비의 부담 등에 관한 특례를 규정하여 학교용지의 확보 등을 쉽게 하려는 법률이다(제1조). 이에 필요한 재정을 충당하기 위하여 부담금을 개발사업의 시행자에게 부과하는 것은 개발사업의 시행자가 위와 같은 학교시설 확보의 필요성을 유발하였기 때문이다.

따라서 주택재개발사업의 시행으로 공동주택을 건설하는 경우에도 신규로 주택이 공급되어 학교시설 확보의 필요성을 유발하는 개발사업분만을 기준으로 부담금의 부과 대상을 정함이 옳다.

나. 조합원분양분뿐 아니라 현금청산분에 대하여도 부담금을 부과할 수 없어

그런데 주택재개발사업에서 조합원분양분과 현금청산분은 모두 신규로 주택이 공급되는 것이 아니어서 학교시설 확보의 필요성을 유발하지 아니한다는 점에서 차이가 없다. 따라서 이 사건 법률조항에 근거하여 주택재개발사업자에 대하여 부담금을 부과할 때에 조합원분양분뿐만 아니라 현금청산분까지 제외한 후 그 나머지에 대한 부담금을 부과하여야 한다. 헌법재판소 역시 같은 취지에서 이 사건 법률조항의 위헌성을 확인한 것이고, 다만 기존에 조합원분양분을 부담금 부과 제외대상으로 정하는 부분에 한하여 잠정 적용을 명한 것이다.

위와 같이 이 사건 법률조항이 정한 처분 요건에 관하여 조합원분양분뿐만 아니라 현금청산분에 대하여도 부담금을 부과하여서는 아니 된다는 분명한 사법적 판단이 있었으므로, 행정청으로서는 이러한 판단에 따라 현금청산분에 대하여 부담금을 부과하여서는 아니 됨이 명백하다.

4. 대법원의 판단 (상고기각)

가. 헌법불합치결정에서 잠정적용을 명했어도 현금청산분에 대하여 부담금을 부과한 것은 중대하고 명백한 하자

수익적 처분의 근거 법령이 특정한 유형의 사람에 대한 지급 등 수익처분의 근거를 마련하고 있지 않다는 점이 위헌이라는 이유로 헌법불합치 결정이 있더라도, 행정청은 그와 관련한 개선입법이 있기 전에는 해당 유형의 사람에게 구체적인 수익적 처분을 할 수는 없을 것이다.

그러나 이와 달리, 법률상 정해진 처분 요건에 따라 부담금을 부과·징수하는 침익적 처분을 하는 경우에는, 어떠한 추가적 개선입법이 없더라도 행정청이 사법적 판단에 따라 위헌이라고 판명된 내용과 동일한 취지로 부담금 부과처분을 하여서는 안 된다는 점은 분명하다. 나아가 이러한 결론은 법질서의 통일성과 일관성을 확보하려는 법치주의의 당연한 귀결이므로, 행정청에 위헌적 내용의 법령을 계속 적용할 의무가 있다고 볼 수 없고, 행정청이 위와 같은 부담금 처분을 하지 않는 데에 어떠한 법률상 장애가 있다고 볼 수도 없다.

나. 원심판결의 정당함

원심은, 피고가 이 사건 헌법불합치결정 이후인 2014. 9. 29. 원고에 대하여 이 사건 법률조항에 근거하여 현금청산분까지 포함하여 부담금을 부과하는 이 사건 제4 처분을 한 사실을 인정한 다음,

이 사건 법률조항을 적용할 때에 '기존에 비하여 가구 수가 증가하지 않는 경우'에는 부담금을 부과하여서는 아니 된다는 점이 이 사건 헌법불합치결정으로써 명백히 밝혀졌고, 그 해석에 다툼의 여지가 없으므로, 위 처분의 하자가 중대하고 명백하여 당연무효라고 판단하였다.

앞서 본 법리에 비추어 보면 이러한 원심의 판단은 정당하고, 거기에 상고이유 주장과 같이 처분의 당연무효에 관한 법리를 오해하거나, 논리와 경험의 법칙에 반하여 자유심증주의의 한계를 벗어난 잘못이 없다.

C. 교육환경평가

1. **【해설】교육환경평가 대상 사업**

> 교육환경평가서 제출의무가 있는 개발사업의 범위는 학교용지 조성·개발의무가 있는 개발사업의 범위와 동일하다. 즉, ① 「300 세대(재건축사업과 소규모재건축사업의 경우는 기존 세대를 뺀 세대 수를 말함)규모 이상의 개발사업」의 시행자는 교육환경평가서를 관할 교육감에 제출하여 그 승인을 받아야 한다(교육환경법 제 6 조 제 1 항 제 3 호).
>
> 또한 ② 학교 또는 교육환경보호구역이 포함된 정비구역에서 정비사업을 시행하려는 자(같은 항 제 4 호), ③ 교육환경보호구역에서 a) <u>층수가 21 층 이상이거나</u> b) <u>연면적의 합계가 10 만 제곱미터 이상인 건축물을 건축하려는 자</u>(같은 항 제 5 호; 건축법 제 11 조 제 1 항 단서; 동 시행령 제 8 조 제 1 항)도 교육환경평가서 제출의무가 있다.
>
> "교육환경"은 학생의 보건·위생, 안전, 학습 등에 지장이 없도록 하기 위한 학교 및 학교 주변의 모든 요소를 말하며(교육환경법 제 2 조 제 1 호), 학교용지 예정지 또는 정비사업 예정지 등의 위치, 크기·외형, 지형·토양환경, 대기환경, 주변 유해환경, 공공시설을 포함한다(동법 제 6 조 제 2 항).

2. **【해설】교육환경보호위원회의 심의 등**

> (1) 교육감은 시·도 교육환경보호위원회의 심의를 거쳐 45 일 이내에 그 승인 여부를 결정하고 그 결과를 평가서 작성자에게 통보해야 한다(동법 제 6 조 제 3 항; 영 제 17 조 제 3 항). 교육환경평가서를 제출한 자는 위 통보를 받은 날부터 30 일 이내에 교육감에게 이의를 신청할 수 있다(동 시행령 제 18 조 제 1 항).
>
> (2) 사업시행자는 승인받은 교육환경평가서에 반영된 내용과 조치 결과를 이행하여야 하며, 교육감이 그 이행사항 등을 조사한 결과 교육환경에 나쁜 영향을 줄 수 있다고 판단되는 경우에는 재평가서("사후교육환경평가서")를 작성하여 제출하도록 명하여야 한다(동법 제 7 조 제 1, 4 항).

IV. 환경영향평가

A. 환경영향평가법에 따른 환경영향평가 대상 사업

1. **【해설】환경영향평가 대상사업 (30 만㎡ 이상)**

> (1) 사업면적이 <u>30 만㎡ 이상인 정비사업</u>(주거환경개선사업은 제외)은 환경영향평가 대상사업이다.

제 5 장 사업시행계획인가 / 제 1 절 사업시행계획 인가신청의 준비

> 정비구역 면적이 30 만㎡ 이상인 경우는 흔치 않다. 은마아파트 주택재건축정비구역이 243,552.6 ㎡(조합원 4,830 명), 개포 1 동주공아파트가 399,741.7 ㎡(조합원 5,236 명), 둔촌주공아파트가 626,232.5 ㎡(조합원 10,986 명)이다.
>
> (2) 대상사업의 확장: 다음의 어느 하나에 해당하는 정비사업은 그 사업 전체에 대하여 환경영향평가를 하여야 한다(환경영향평가법 시행령 별표 3 비고사항 4).
>
> ① a) 같은 사업자가 b) 동일 영향권역에서 c) 같은 종류의 사업을 하는 경우로서 d) 각 사업 규모의 합이 평가 대상규모에 이른 경우
>
> ② 사업의 승인등을 할 당시에 평가대상사업에 해당되나 평가 대상규모 미만이어서 환경영향평가를 하지 않은 사업이 a) 동일 영향권역에서 b) 사업계획의 변경으로 그 사업규모가 평가 대상규모에 이르거나, b) 그 사업규모와 신규로 승인등이 된 사업규모(사업자가 같은 경우만 해당한다)의 합이 평가 대상규모에 이른 경우
>
> (3) 재정비촉진계획을 수립할 때 환경영향평가를 받은 경우에는 사업시행 단계에서 다시 환경영향평가를 받지 않는다(도시재정비법 제 13 조 제 2 항).

2. 【별표 3】 환경영향평가 대상사업의 구체적인 종류, 범위 및 협의 요청시기

환경영향평가법 제 22 조 제 2 항, 동 시행령 제 31 조제 2 항 및 제 47 조제 2 항 관련 <개정 2022. 6. 14.>

구분	환경영향평가대상사업의 종류 및 범위	협의 요청시기
1. 도시의 개발사업	나. 「도시 및 주거환경정비법」 제2조 제2호에 따른 정비사업(주거환경개선사업은 제외한다) 중 사업면적이 30만제곱미터 이상인 사업	가) 지방자치단체가 시행하는 경우: 「도시 및 주거환경정비법」제50조 제9항에 따른 사업시행계획인가의 고시 전 나) 지방자치단체 외의 자가 시행하는 경우: 「도시 및 주거환경정비법」 제50조 제1항에 따른 사업시행계획인가 전

3. 【별표 3】 의 비고사항

> 4. 다음 각 목의 어느 하나에 해당하는 사업은 그 사업 전체에 대하여 환경영향평가를 하여야 한다. (단서 생략)
>
> 가. a) 같은 사업자가 b) 동일 영향권역에서 c) 같은 종류의 사업을 하는 경우로서 d) 각 사업 규모의 합이 평가 대상규모에 이른 경우
>
> 나. 사업의 승인등을 할 당시에 평가대상사업에 해당되나 평가 대상규모 미만이어서 환경영향평가를 하지 않은 사업이 a) 동일 영향권역에서 b) 사업계획의 변경으로

407

IV. 환경영향평가

> 그 사업규모가 평가 대상규모에 이르거나, c) 그 사업규모와 신규로 승인등이 된 사업규모(사업자가 같은 경우만 해당한다)의 합이 평가 대상규모에 이른 경우
>
> ☞ 동일 영향권역에서 종전 사업규모와 신규승인된 사업규모의 합이 평가대상규모에 이른 경우에는 종전 사업자와 신규승인된 사업자가 같은 경우에만 환경영향평가 대상이 된다(비고사항 제4호 나목 괄호 부분).
>
> ☞ 비고사항 제4호 나목의 괄호 부분("사업자가 같은 경우만 해당한다")은 2015. 12. 30. 개정령(대통령령 제26807호)에서 추가되었다(같은 날 시행). 그 전(2015. 12. 29.)까지는 종전 사업규모와 신규승인된 사업규모의 합이 평가대상규모에 이르면 사업자가 다르더라도 사업 전체에 대하여 환경영향평가를 실시하여야 했다.

4. 【해설】 전략환경영향평가와 환경영향평가

> "전략환경영향평가"는 행정기관이 환경에 영향을 미치는 행정계획을 수립할 때 환경적 측면에서 해당 계획의 적정성 및 입지타당성 등을 검토하는 것을 말한다. ① 도시재정비법에 따른 재정비촉진지구의 지정 및 재정비촉진계획의 수립(비도시지역에 한함)과 ② 정비기본계획 수립 및 정비구역 지정(사업면적이 30만㎡ 이상인 경우)은 전략환경영향평가 대상계획인 개발기본계획이다[같은 법 시행령 별표 3, 2-가-5), 6), 7), 8)]. 다만, 정비기본계획 수립은 '약식전략환경영향평가' 대상이다(환경영향평가법 제11조의2; 동 시행령 별표 2의 2).
>
> 사업시행계획인가 때에는 전략환경영향평가를 받지 않는다.
>
> 개발기본계획을 수립할 때에 전략환경영향평가서 초안 작성 및 주민등 의견수렴 절차를 거친 경우에는 사업시행계획인가 시 일정한 요건 하에 환경영향평가서 초안 작성 및 의견수렴 절차를 거치지 않아도 되는 특례가 인정된다(환경영향평가법 제25조 제5항).
>
> ☞ 전략환경영향평가에 관한 상세내용은 돈.되.법 1 제2장 제2절 V.를 참조하세요.

5. 【해설】 환경영향평가법 제2조(정의)

> 이 법에서 사용하는 용어의 뜻은 다음과 같다. <개정 2017.1.17, 2017.11.28, 2019.11.26>
>
> 1. "전략환경영향평가"란 환경에 영향을 미치는 계획을 수립할 때에 환경보전계획과의 부합 여부 확인 및 대안의 설정·분석 등을 통하여 환경적 측면에서 해당 계획의 적정성 및 입지의 타당성 등을 검토하여 국토의 지속가능한 발전을 도모하는 것을 말한다.

> 2. "환경영향평가"란 환경에 영향을 미치는 실시계획·시행계획 등의 허가·인가·승인·면허 또는 결정 등(이하 "승인등"이라 한다)을 할 때에 해당 사업이 환경에 미치는 영향을 미리 조사·예측·평가하여 해로운 환경영향을 피하거나 제거 또는 감소시킬 수 있는 방안을 마련하는 것을 말한다.

B. [구법 판례] ① 사업자가 동일한지를 불문하고 전체적으로 하나의 사업으로 보아 각 사업의 규모를 합산하여 환경영향평가 대상 여부를 결정해야 한다고 본 구법 판례; ② 환경영향평가 대상지역에 거주하는 신청인들의 원고적격을 인정하고; ③ 대규모 아파트단지를 조성하는 주택건설사업에 대한 사업계획승인처분의 집행을 정지할 긴급한 필요성을 인정한 사례 —서울고등법원 2006. 9. 11. 자 2006 루 122 결정[행정처분효력집행정지].

【해설】구법 판례

> (1) 이 판례는 환경영향평가법 시행령 [별표 3]의 비고 4. 나.항이 현재와 같이 개정되기 전 판례이다. 이후 2015. 12. 30. 개정령(대통령령 제26807 호)에서 비고사항 제 4 호 나목의 괄호 부분("사업자가 같은 경우만 해당한다")이 추가되었으므로(같은 날 시행), 2015. 12. 30. 이후부터는 종전 사업규모와 신규승인된 사업규모의 합이 평가대상규모에 이르더라도 사업자가 다른 경우에는 그 사업 전체에 대하여 환경영향평가를 하지 않아도 된다.
>
> (2) 이 집행정지결정에 대하여는 재항고가 제기되었으나, 그 후 1 심판결이 선고되어 집행정지결정에서 정한 시기("1 심판결 선고시")가 도래함으로써 집행정지결정의 효력이 소멸하였으므로, 그 취소를 구할 이익이 없어져 재항고가 각하되었다(대법원 2007.03.20. 자 2006 무 95 결정). 그 후 이 사건은 항소심에서 소취하로 종결되었다. 제 1 심법원에서는 이 사건 사업이 환경영향평가를 거쳐야 할 대상사업이 아니라는 이유로 각하판결을 선고하였으나, 그것은 재항고 각하사유와는 무관하다.

【당사자】

> 【신청인, 항고인】 신청인 1 외 518 인
>
> 【피신청인, 피항고인】 용인시장
>
> 【피신청인 보조참가인】 주식회사 일레븐건설외 2 인

【주 문】

> 1. 제 1 심결정을 취소한다.

IV. 환경영향평가

> 2. 피신청인이 보조참가인들에 대하여 한 [별지 2] 처분목록 기재 각 <u>주택건설사업계획승인처분은</u> 수원지방법원 2006 구합 2719 호 사건의 판결 선고시까지 그 <u>집행을 정지한다</u>.

1. 기초 사실

다음 사실은 당사자 사이에 다툼이 없거나, 기록에 의하여 소명된다.

가. 피신청인은 보조참가인들에게 주택법 제 16 조의 규정에 의하여 [별지 2] 처분목록 기재와 같은 각 주택건설사업계획승인을 하였다(이하, 위 각 주택건설사업을 '이 사건 사업'이라 하고, 그 각 사업계획승인처분을 '이 사건 처분'이라고 한다). 이 사건 사업지는 모두 용인시 ○○구 △△동에 있는 □□산의 북동쪽 경사면에 위치한다.

나. 그 외에, 피신청인은 아래 표와 같이 이 사건 처분 전에도 이 사건 사업지 인접지역에서 주택건설사업계획승인을 한 바 있고, 현재 주택건설사업계획승인 절차가 진행중인 것도 있다.

사업주체	승인일	사업지 위치(용인시 ○○구 △△동)	면적(㎡)	세대수	비고(시공사, 구역명)
(주)풍산건설	2004. 1. 2.	(지번 1 생략) 외 26필지	55,946	816	경남기업, 경남아너스빌
(주)새한기업	2004. 10. 5.	(지번 2 생략) 외 18필지	35,210	476	벽산건설, 새한벽산
디에스디부림(주)	2005. 11. 22.	(지번 3 생략) 외 59필지	43,231	500	GS건설, 부림2차
(주)일레븐건설	미승인	(지번 4 생략) 외	68,105	750	GS건설, △△자이3차
〃	〃	(지번 5 생략) 외	112,374	1,086	GS건설, △△자이5차

다. 보조참가인들과 위 풍산건설, 새한기업, 디에스디부림 등은 1999 년경부터 '△△신도시개발위원회'라는 협의체를 구성하여 이 사건 사업지 일원인 △△지구의 도시기반시설사업을 공동으로 시행하기로 협약하였다. 위 협약의 내용은 이 사건 처분에서 사업승인조건으로도 반영되었다.

라. 한편, 신청인들은 이 사건 사업지의 북쪽으로 대략 100 여 m 떨어진 용인시 ○○구 △△동 (지번 6 생략) 지상 (명칭 1 생략) 아파트 및 같은 동 (지번 7 생략) 지상 (명칭 2 생략) 아파트의 거주자 내지 소유자들이다. 이 사건 사업지와 신청인들 아파트 사이에는 탄천의 지류인 △△천과 왕복 4~6 차선 정도의 도로가 있고, 그 외 특별한 시설이나 장애물은 없다.

2. 신청인들의 법률상 이익(원고적격)

(가) 행정처분의 직접 상대방이 아닌 제3자라 하더라도 당해 행정처분으로 인하여 법률상 보호되는 이익을 침해당한 경우에는 그 처분에 대한 취소소송을 제기하여 그 당부의 판단을 받을 자격이 있고, 여기에서의 '법률상 보호되는 이익'이란 '당해 처분의 근거 법규 및 관련 법규에 의하여 보호되는 개별적·직접적·구체적 이익'을 뜻한다(대법원 2006. 3. 16. 선고 2006두330 전원합의체 판결 등 참조). 그리고 여기에서의 '근거 법규 및 관련 법규'에는 행정처분에 관한 실체규정은 물론 절차규정도 포함된다.

그런데 이 사건 처분의 근거 법규 또는 관련 법규가 되는 주택법 및 환경영향평가법, 같은 법 시행령의 각 관련 규정의 내용을 종합하면, 일정규모 이상의 대지조성을 수반하는 주택건설사업 시행으로 인하여 직접적이고 중대한 환경피해를 입으리라고 예상되는 환경영향평가 대상지역 안의 주민들이 전과 비교하여 수인한도를 넘는 환경침해를 받지 아니하고 쾌적한 환경에서 생활할 수 있는 개별적 이익까지도 보호하려는 데에 이들 법규의 취지가 있다고 판단된다. 그러므로 위 주민들이 주택건설사업계획승인처분 등과 관련하여 갖고 있는 위와 같은 환경상의 이익은 주민 개개인에게 개별적으로 부여되는 직접적·구체적 이익으로서, 그들에 대하여는 특단의 사정이 없는 한 환경상의 이익에 대한 침해 또는 침해우려가 있는 것으로 사실상 추정되고, 따라서 <u>위 주민들은 위 처분의 취소를 구할 원고적격이 있다</u>.

(나) 그런데 이 사건에서 신청인들이 이 사건 사업지와 극히 인접한, 즉 그로부터 대략 100여 m 떨어진 아파트 단지의 주민들임은 앞서 본 바와 같다. 그리고 2001. 10.경 이 사건 사업지 일원의 △△취락지구 개발계획에 따른 사전환경성검토 당시에도 각 평가항목별로 환경성검토 대상지역을 다음과 같이 – 즉, 기상: 인근 지역의 기상관측소, 동·식물: 사업지구를 중심으로 약 0.5 ㎞ 이내 지역, 토지이용: 사업지구 및 용인시, 대기질: 사업지구 및 사업지구를 중심으로 약 1 ㎞ 이내 지역, 수질: 사업지구 인근 하천, 폐기물: 사업지구 및 용인시, 소음·진동: 사업지구를 중심으로 이격거리 300m 지역, 위락·경관: 사업지구 및 주변지역 – 설정하였다(소갑 32).

그렇다면 신청인들은 이 사건 사업에 관한 환경영향평가 대상지역 범위 안의 주민들에 해당한다(피신청인도 이 점에 대하여는 특별히 다투지 않고 있다).

(다) 결국, <u>이 사건 사업의 환경영향평가 대상지역에 거주하는 신청인들은 환경영향평가 관련 법령에 의하여 법률상 보호되는 이익을 가지고 있고, 이 사건 처분의 취소소송을 제기할 원고적격도 있다</u>.

3. 이 사건 처분의 적법 여부

　주택건설사업계획승인인 이 사건 처분을 함에 있어서 환경영향평가법에 의한 환경영향평가를 실시하여야 함은 위에서 보았는바, 피신청인이 이 사건 처분 당시 그와 같은 환경영향평가 절차를 거치지 않았다는 점은 당사자 사이에 다툼이 없으므로, 이 사건 처분은 절차상 위법함을 면할 수 없다(앞서 본 바와 같이 환경정책기본법에 의한 사전환경성검토를 마쳤다는 것만으로 환경영향평가를 대체하거나 생략할 수도 없다).

4. 집행정지의 필요성

　이 사건 사업은 용인시 △△동의 □□산 일대에서 산림을 개간하여 대지로 만들고 아파트단지를 조성하는 대규모 사업으로서, '개발'이라는 명분과 이익을 추구하되, 다른 한편으로는 '환경의 침해'를 수반하는 사업이며, 이 사건 처분은 이런 양면성의 개발사업을 승인(허용)하는 처분이다.

　그리고 이 결정은, 비록 본안소송에 관한 최종적인 판단은 아니라고 할지라도, 위에서 본 바와 같이 '이 사건 사업이 환경영향평가 대상사업·규모에 해당하고, 따라서 그 평가를 거치지 않은 채 이루어진 이 사건 처분이 위법하다'는 전제 위에 서 있다. 그럼에도, 만약 행정처분의 외형적인 효력에 의하여 이 사건 사업이 상당기간 그대로 진행되고 만다면, 나중에 위 처분이 취소된다 하더라도 원래의 상태대로 회복하기가 어려울 것이다(이 점은 위에서 본 이 사건 사업의 성격과 규모에 비추어 충분히 인정된다). 그리고 <u>그와 같은 손해는, 행정처분의 집행정지로 인하여 사업이 중단됨으로 인한 보조참가인 측의 손해보다 훨씬 크고 중요하며 거의 영구적이다</u>.

　따라서 이 사건 처분의 집행으로 인하여 생길 회복하기 어려운 손해를 예방하기 위하여는, 이 사건 처분의 집행을 본안인 이 사건 처분의 취소소송(수원지방법원 2006 구합 2719 호) 판결 선고시까지 잠정적으로 정지할 긴급한 필요가 있다고 인정된다(특별히 그 정지로 인하여 공공복리에 중대한 영향을 미칠 우려가 있다고 볼 자료도 없다).

C. 조례에 따른 환경영향평가 대상 사업

1. 【해설】 조례에 의한 대상사업 확대

> (1) 특별시·광역시·도·특별자치도 및 인구 50 만 이상의 시(이하 "시·도")는 대통령령으로 정하는 범위에서 시·도조례로 대상사업의 범위를 확대할 수 있다(법 제 42 조 제 1 항). 다만, 인구 50 만 이상의 시는 그 지역을 관할하는 도가 환경영향평가의 실시에 관한 조례를 정하지 않은 경우에만 할 수 있다(같은 조 제 2 항).

> (2) 서울시 환경영향평가조례가 규정하는 대상사업 중 정비사업과 관련된 것은 아래 두 가지이다(조례 제 4 조 별표 1).
>
> ① 사업면적이 9 만㎡ 이상 30 만㎡ 미만인 정비사업(주거환경개선사업은 제외. 별표 1 제 1 호 너목)
>
> ② 연면적의 합계가 10 만㎡ 이상인 건축물(별표 1 제 1 호 자목)
>
> 위 규모에 해당하더라도 소규모 환경영향평가 대상사업에 해당하는 경우에는 '조례에 의한 환경영향평가 대상사업'에 포함되지 않는다(법 제 42 조 제 1 항).
>
> ☞ 소규모 환경영향평가에 관하여는 아래 참조

2. 【해설】 '연면적의 합계가 10 만㎡ 이상인 건축물'에 관한 경과규정

> (1) "연면적의 합계가 10 만㎡ 이상인 건축물"에 대하여는 "건축허가가 의제되는 건축으로서 주택(단독주택, 공동주택)은 제외한다"는 단서규정이 있었다가 2019. 1. 3. 개정시 삭제되었다(서울특별시조례 제 6984 호). 이 개정규정은 경과조치 없이 공포 후 6 개월이 경과한 날부터 시행되었다(시행일: 2019. 7. 3.[1] 동 개정조례 부칙 단서).
>
> (2) 그런데 2020. 3. 26. 개정조례에서 위 개정조례 부칙을 전부개정하여 "별표 1 제 1 호 자목의 개정규정 시행일('19. 7. 3.) 전에 승인등을 신청하는 경우는 종전의 규정을 적용한다"는 경과조치를 신설하여 즉시 시행하였다.
>
> (3) 정리하면,
>
> ① 2020. 3. 26.부터는 2019. 7. 3. 이후에 사업시행계획인가를 신청하는 정비사업은 사업면적이 9 만㎡ 미만이라도 건축물 연면적 합계가 10 만㎡ 이상이면 서울시조례에 의한 환경영향평가 대상사업이다.
>
> ② 2019. 7. 3.부터 2020. 3. 25.까지는 2019. 7. 3. 전에 사업시행계획인가를 신청한 정비사업을 포함하여 연면적 합계가 10 만㎡ 이상이면 모두 서울시조례에 의한 환경영향평가 대상사업이었다.
>
> ③ 2019. 7. 2.까지는 사업면적이 9 만㎡ 이상 30 만㎡ 미만인 정비사업만 대상사업이었다(연면적 무관. 구조례 별표 1 제 1 호 자목 단서에 의한 적용 제외).

---

[1] 서울시 조례는 법령과 달리 시행일을 초일(공포일)을 산입하여 계산하고 있다.

3. 【조례】 서울특별시 환경영향평가조례 제4조(환경영향평가 대상사업)

① 환경영향평가를 실시하여야 하는 대상사업(이하 "대상사업"이라 한다)의 범위는 별표 1과 같다. <개정 2019.1.3>

4. 【별표 1】 환경영향평가 대상사업의 범위와 평가서 제출시기 및 협의요청시기

서울특별시 환경영향평가조례 제4조 및 제13조 관련 <개정 2022. 4. 28.>

구 분	대상사업의 범위	평가서제출시기 및 협의요청시기
1. 도시의 개발	나. 「도시 및 주거환경정비법」 제2조제2호에 따른 정비사업(주거환경개선사업은 제외한다) 중 사업면적이 9만㎡ 이상 30만㎡ 미만인 것	○ 「도시 및 주거환경정비법」 제50조에 따른 사업시행계획인가 전, 지방자치단체가 시행하는 경우에는 사업시행계획인가의 고시 전
	자. 「건축법」 제2조제1항제2호에 따른 건축물의 건축으로서 연면적의 합계가 10만㎡ 이상인 것	○ 「건축법」 제11조제1항에 따른 건축허가 전

D. 환경영향평가의 절차

1. 【해설】 사전절차(1): 환경영향평가항목등의 결정 및 환경영향평가서 초안 작성

사업시행자는 환경영향평가를 실시하기 전에 평가준비서를 작성하여 승인기관의 장(시장·군수등, 이하 '승인기관장'이라 함)에게 환경영향평가항목등(환경영향평가 대상지역, 환경보전방안의 대안, 평가 항목·범위·방법 등)을 정하여 줄 것을 요청 한 후(환경영향평가법 제24조 제2항), 결정된 환경영향평가항목등에 따라 환경영향평가서 초안을 작성한다(동법 제25조 제1항).

2. 【해설】 사전절차(2): 환경영향평가서 초안에 대한 공람·공고 및 의견제출

환경영향평가서 초안이 제출되면 사업시행자는 아래와 같이 주민 등의 의견수렴 절차를 진행하여야 한다(동법 제25조 제1, 2항 및 제12, 13조). 다만, 주민에 대한 공고 및 공람은 대상사업의 사업지역을 관할하는 시장·군수·구청장(자치구의 구청장을 말함)이 하여야 한다(동법 제25조 제2항 단서).

① **주민에 대한 공고·공람**: 주관 시장·군수·구청장은 천재지변 등 특별한 사유가 없으면 환경영향평가서 초안이 접수된 날부터 10일 이내에 법정사항을 일간신문과 지역신문에 각각 1회 이상 공고하고, 20일 이상 60일 이내의 범위에서 환경영향평가

대상지역의 주민 등이 공람할 수 있게 하여야 한다. 공휴일 및 토요일은 공람기간에 산입하지 않는다. (이상 동법 시행령 제36조 제1항.)

② **주민의 의견제출:** 주민은 환경영향평가서 초안의 공람기간이 시작된 날부터 공람기간이 끝난 후 7일 이내에 주관 시장·군수·구청장 또는 관계 시장·군수·구청장에게 해당 사업의 시행으로 예상되는 환경영향, 환경보전방안 및 공청회 개최 요구 등에 대한 의견을 제출할 수 있고, 주관 시장·군수·구청장은 제출/통보받은 의견 및 공청회 개최 여부를 공람기간이 끝난 날부터 14일 이내에 사업자에게 통지하여야 한다(영 제38조 제1, 3항).

의견 수렴 결과 및 반영 여부는 환경영향평가서의 협의 요청(아래 참조) 전에 해당 시장·군수·구청장 또는 승인기관장등이 운영하는 정보통신망 및 환경영향평가 정보지원시스템에 14일 이상 그 내용을 게시해야 한다(영 제43조).

3. **【해설】 사전절차(3): 설명회 또는 공청회 개최**

(1) 설명회 (동 시행령 제39조)

사업자는 환경영향평가서 초안의 <u>공람기간 내에 설명회를 개최</u>해야 한다. 사업이 둘 이상의 시·군·구에 걸치는 경우에는 각각의 시·군·구에서 설명회를 개최하여야 하나, 사업자가 각각의 시장·군수·구청장과 협의한 경우에는 하나의 시·군·구에서 개최할 수 있다. 사업자는 설명회 개최 7일 전까지 일간신문과 지역신문에 각각 1회 이상 공고하여야 한다(주민 공고시 이를 포함시킨 경우에는 다시 공고할 필요 없음).

(2) 공청회 (동 시행령 제40조)

사업자는 a) 공청회 개최가 필요하다는 의견을 제출한 주민이 30명 이상이거나, b) 공청회 개최가 필요하다는 의견을 제출한 주민이 5명 이상이고, 그 5명 이상이 환경영향평가서 초안에 대한 의견을 제출한 주민 총수의 50퍼센트 이상인 경우에는 공청회를 개최하여야 한다. 사업자는 위 요건에 해당하지 않더라도 공람기간이 끝난 후 관계 전문가 및 주민의 의견을 폭넓게 수렴할 필요가 있다고 인정하는 경우에는 공청회를 개최할 수 있다.

사업자는 공청회를 개최하려는 경우에는 개최 14일 전까지 일간신문과 지역신문에 각각 1회 이상 공고하여야 하며, 공청회가 끝난 후 7일 이내에 공청회 개최 결과를 주관 시장·군수·구청장 및 관계 시장·군수·구청장에게 통지해야 한다.

(3) 설명회 또는 공청회의 생략 (영 제41조)

다음의 경우에는 설명회나 공청회를 개최하지 않을 수 있다(제1항).

1. 설명회가 주민 등의 개최 방해 등의 사유로 개최되지 못하거나 개최되었더라도 정상적으로 진행되지 못한 경우

2. 공청회가 주민 등의 개최 방해 등의 사유로 2회 이상 개최되지 못하거나 개최되었더라도 정상적으로 진행되지 못한 경우

설명회 또는 공청회를 생략한 경우 사업자는 ① 설명회를 생략한 경우에는 일간신문과 지역신문에 설명회를 생략하게 된 사유 및 설명자료 열람방법 등을 각각 1회 이상 공고하고, 해당 시·군·구의 정보통신망 및 환경영향평가 정보지원시스템에 설명회를 생략하게 된 사유 및 설명자료 등을 게시하여야 하며, ② 공청회를 생략한 경우에는 공청회를 생략하게 된 사유, 의견제출 시기 및 방법, 설명자료 열람방법 등을 일간신문과 지역신문에 각각 1회 이상 공고해야 한다. ③ 사업자는 그 밖의 방법으로도 주민 등의 의견을 듣기 위하여 성실히 노력하여야 한다(제2항).

4. 【해설】 환경영향평가서 초안 작성 및 주민의견 수렴절차의 생략

(1) 정비기본계획을 수립할 때에 전략환경영향평가서 초안 작성 및 주민등 의견수렴 절차를 거친 경우로서 <u>다음의 요건에 모두 해당하는 경우</u>에는 <u>협의기관의 장과의 협의를 거쳐</u> 환경영향평가서 초안 작성 및 의견수렴 절차를 거치지 않을 수 있다(환경영향평가법 제25조 제5항).

1. 전략환경영향평가서의 협의 내용(법 제18조)을 통보받은 날부터 <u>3년이 지나지 않은 경우</u>

2. 위 협의 내용보다 사업규모가 <u>30퍼센트 이상 증가되지 않은 경우</u>

3. 위 협의 내용보다 사업규모가 환경영향평가 대상사업의 30㎡ 이상 증가하지 않은 경우

사업자는 위 요건 모두에 해당됨을 증명하는 서류를 작성하여 시장·군수등을 거쳐 협의기관의 장에게 협의를 요청하여야 하고, 협의기관의 장은 협의를 요청받은 날부터 30일 이내에 사업자에게 협의 결과를 통보하여야 한다(영 제44조).

(2) 한편 사업자가 환경영향평가서 초안에 대하여 다른 법령에 따라 주민 등의 의견을 20일 이상 수렴하는 등 위 절차에 준하여 수렴한 경우에는 주민등 의견수렴 절차를 다시 반복하지 않아도 된다(동법 제25조 제3항).

5. 【해설】 환경영향평가서 작성 및 협의요청

(1) 사업자는 위 절차를 모두 진행한 뒤 사업시행계획인가를 받기 전에 미리 환경영향평가서를 작성해야 한다. 환경영향평가서 작성은 제1종 환경영향평가업자에게 대

행시킬 수 있다(동법 제 53 조 제 1 항, 제 54 조 제 1 항; 서울시 환경영향평가조례 제 10 조 제 1 항). 대행계약을 체결할 때에는 대상사업의 수립·시행과 관련되는 계약(예: 정비업자용역계약, 시공계약 등)과 분리하여 체결해야 한다(같은 조 제 5 항 제 4 호).

(2) 사업자는 환경영향평가서를 승인기관장에게 제출하여(승인기관장 5 부, 협의기관장 10 부) 협의를 요청하여야 하고, 승인기관장은 사업시행계획에 대한 승인을 하기 전에 환경부장관에게 협의를 요청하여야 한다(동법 제 27 조 제 1, 2 항; 동 시행령 제 47 조).

6. 【해설】 환경영향평가서의 검토 및 협의내용의 통보

환경부장관은 주민의견 수렴 절차 등의 이행 여부 및 환경영향평가서의 내용 등을 검토한 후 협의요청을 받은 날부터 45 일(협의기관의 장이 부득이한 사유로 그 기간을 연장한 경우에는 60 일) 이내에 승인기관장등에게 협의 내용을 통보하여야 한다. 이 경우 사업자가 환경영향평가서를 보완하는 데 걸린 기간, 전문위원회 검토를 거치는 데 걸린 기간(최장 45 일로 한정), 공휴일 및 토요일 위 기간에 산입하지 않는다. (동법 제 29 조; 영 제 50 조.)

7. 【해설】 주민등의 의견 재수렴

사업자는 의견수렴 절차를 거친 후 제 29 조에 따라 협의 내용을 통보받기 전까지 환경영향평가 대상사업의 변경 등 대통령령으로 정하는 중요한 사항을 변경하려는 경우에는 제 24 조 및 제 25 조에 따라 환경영향평가서 초안을 다시 작성하여 주민 등의 의견을 재수렴하여야 한다(동법 제 26 조; 영 제 45 조).

8. 【해설】 약식절차에 따른 환경영향평가의 특례

(1) 약식 환경영향평가 대상사업: [a] 대상사업의 규모가 별표 3 에 따른 최소 환경영향평가 대상 규모의 200 퍼센트(= 60 만㎡) 이하인 사업으로서 환경에 미치는 영향이 크지 않고, [b] 사업지역에 생태·자연도 1 등급 권역(자연환경보전법 제 34 조) 등 환경적·생태적으로 보전가치가 높은 지역이 포함되지 않은 사업의 경우는 약식절차에 따라 환경영향평가를 실시한다(동법 제 51 조 제 1 항; 동 시행령 제 64 조).

사업시행자는 환경영향평가를 실시 하기 전 승인기관의 장에게 환경영향평가항목등을 결정하여 줄 것을 요청할 때(법 제 24 조 제 2 항) 약식절차에 따라 환경영향평가를 실시할 수 있는지 여부를 결정하여 줄 것을 함께 요청할 수 있으며(법 제 51 조 제 3 항), 승인기관의 장은 환경영향평가협의회의 심의를 거쳐 약식절차에 의한 환경영향평가 실시 여부를 결정하여 사업자에게 통보한다(같은 조 제 4 항).

> 환경영향평가 대상인 정비사업은 대부분 약식절차 대상사업에 해당한다.
>
> **(2) 약식 환경영향평가의 절차:** 약식 환경영향평가 실시를 통보받은 사업시행자는 약식평가서를 작성하여 의견수렴(동법 제 25 조)과 협의요청(법 제 27 조)을 함께 할 수 있다(동법 제 51 조 제 1 항; 영 제 64 조).
>
> 사업자는 의견수렴 절차와 협의절차를 마친 후 제출된 의견과 협의내용 등이 포함된 환경영향평가서를 다시 작성하여 승인기관의 장에게 제출하여야 한다. 다만, 제출된 의견과 협의내용이 다른 경우에는 승인기관의 장을 거쳐 환경부장관의 의견을 들어야 하며(동법 제 52 조 제 2 항), 이 경우 환경부장관은 환경영향평가협의회의 심의를 거쳐 승인기관의 장과 사업자에게 그 의견을 통보하여야 한다(동법 제 52 조 제 3 항).

9. 【해설】 서울시조례에 따른 환경영향평가의 절차

> 사업자는 승인기관의 장에게 평가서를 제출하고, 평가서를 받은 승인기관의 장은 평가서에 대한 의견을 첨부하여 평가서를 받은 날부터 5 일 이내에 시장에게 평가서를 제출하고 협의를 요청하여야 한다(서울시 환경영향평가조례 제 13 조 제 1, 3 항).
>
> 시장은 평가서의 검토가 완료된 때에는 그 결과(제 14 조 제 1 항에 따른 검토·보완 요청내용을 포함한다. 이하 "협의내용"이라 한다)를 제 13 조제 2 항에 따라 평가서를 접수한 날부터 28 일 이내에 승인기관장등에게 통보하여야 한다(서울시조례 제 15 조 제 1 항).
>
> 시장이 평가서를 검토함에는 환경영향평가심의위원회의 심의를 거쳐야 한다. 다만, 정비사업의 경우는 건축위원회에서 건축심의와 통합하여 심의할 수 있다(조례 제 14 조 제 2 항. 2022. 4. 28. 개정).
>
> 환경영향평가심의위원회는 시장이 설치·운영하고, 위원장 및 부위원장 1 명을 포함하여 45 명 이상 60 명 이하로 구성하되, 위원장은 기후환경본부장이 되고, 부위원장은 공무원이 아닌 위원 중에서 호선한다(조례 제 22 조 제 1, 2, 3 항).

E. 소규모 환경영향평가

1. 【해설】 소규모 환경영향평가 대상사업 및 절차 【법제처 유권해석】

> (1) 환경영향평가 대상사업의 종류 및 범위에 해당하지 않는 개발사업으로서 환경영향평가법 시행령 [별표 4]에 열거된 사업은 '소규모 환경영향평가 대상사업'이다(동법 제 43 조 제 1 항; 영 제 59 조).

제 5 장 사업시행계획인가 / 제 1 절 사업시행계획 인가신청의 준비

> (2) 시행령 [별표 4]에는 '도시정비법에 따른 정비사업'이 명시되어 있지 않아 정비사업도 소규모 환경영향평가 대상사업인지가 문제되었는바, 이에 대하여 법제처는 다음과 같이 해석했다(법제처 21-0734, 2022. 1. 27.):
>
> 「[별표 4] 비고 제 3 호가목에서 "다른 법령에 따라 승인등을 받은 것으로 의제되는 사업으로서 같은 별표의 표에 따른 소규모 환경영향평가 대상사업에 해당하는 사업은 소규모 환경영향평가를 해야 하는 사업으로 본다"고 규정하므로, 정비사업의 사업구역 지정·고시로 지구단위계획 결정·고시가 의제되는 경우는 [별표 4] 제 1 호 가목 5)이 규정하는 '지구단위계획에 따라 시행하는 사업'에 해당한다.」
>
> (3) 따라서 「도시지역에서 시행하는 사업계획 면적 6 만㎡ 이상 30 만㎡ 미만인 정비사업의 시행을 위한 정비구역의 지정·고시에 따라 지구단위계획이 결정·고시된 것으로 보는 경우」는 소규모 환경영향평가 대상이다.
>
> (4) 소규모 환경영향평가서의 작성, 협의요청, 검토 등의 절차는 동법 제 44 조 이하 및 동 시행령 제 60 ~ 63 조에서 규정하고 있다.

2. [별표 4] 소규모 환경영향평가 대상사업의 종류, 범위 및 협의 요청시기 [환경영향평가법 시행령 제 59 조 및 제 61 조 제 2 항 관련] <개정 2023. 12. 19.> ()

구분	소규모 환경영향평가 대상사업의 종류·규모	협의 요청시기
1. 「국토의 계획 및 이용에 관한 법률」 적용지역	가. 「국토의 계획 및 이용에 관한 법률」 제6조 제1호에 따른 도시지역의 경우 사업계획 면적이 6만제곱미터(녹지지역의 경우 1만제곱미터) 이상인 다음의 어느 하나에 해당하는 사업 1)~ 4) 생략 5) 「국토의 계획 및 이용에 관한 법률」 제2조제5호의 지구단위계획에 따라 시행하는 사업	사업의 허가·인가·승인·면허·결정 또는 지정 등(이하 이 표에서 "승인등"이라 한다) 전

[비고]

> 3. 다음 각 목의 어느 하나에 해당하는 사업은 소규모 환경영향평가를 하여야 하는 사업으로 본다. 이 경우 협의시기는 의제하려는 주된 사업 또는 소규모 환경영향평가 대상사업의 승인등을 받기 전으로 한다.
>
>   가. 다른 법령에 따라 승인등을 받은 것으로 의제되는 사업으로서 위 표에 따른 소규모 환경영향평가대상사업에 해당하는 사업

V. 문화유산보호 조치

A. 역사문화환경 보존지역에서의 정비사업 시행

1. 【해설】 2024. 5. 17.부터 달라지는 것들

(1) 문화재청은 2024. 5. 17.부터 국가유산청으로 명칭 변경되었다(2024. 2. 13. 개정 정부조직법 제 36 조).

(2) 문화재보호법은 「문화유산의 보존 및 활용에 관한 법률」(법률 제 19590 호. 약칭: 문화유산법)로 명칭변경되고, "문화재"는 모두 "문화유산"으로 개명되었다(예: 유형문화재 → 유형문화유산, 지정문화재 → 지정문화유산 등등).

(3) 매장문화재법(「매장문화재 보호 및 조사에 관한 법률」)은 「매장유산 보호 및 조사에 관한 법률」(법률 제 19587 호. 약칭: 매장유산법)로 명칭 변경되고, "매장문화재"는 "매장유산"으로 개명되었다.

(4) 한편 2024. 2. 13. 법률 제 20284 호로 「국가유산영향진단법」이 제정되어 2025. 2. 14.부터 시행된다.

2. 【해설】 국가유산청장의 허가

역사문화환경 보존지역에서 정비사업을 시행하려면 <u>국가유산청장의 허가</u>를 받아야 하고, 허가사항을 착수 또는 완료한 때에는 국가유산청장에게 그 사실과 경위를 신고하여야 한다(문화유산법 제 40 조 제 3 항 및 제 35 조 제 1 항 제 2 호; 동 시행령 제 21 조의 2 제 2 항 제 1 호 각목).

역사문화환경 보존지역은 시·도지사가 국가유산청장과 협의하여 해당 지정문화유산의 외곽경계로부터 500 미터 안에서 조례로 정한다(동법 제 13 조 제 1, 3 항). 서울시 문화재보호조례는 a) <u>국가지정문화유산 외곽경계로부터 100m 이내</u>, b) <u>지정문화유산 등 외곽경계로부터 50m 이내</u>를 역사문화환경 보존지역으로 정하고 있다(보호구역이 지정되어 있는 경우에는 보호구역의 외곽경계를 기준으로 한다. 서울시 조례 제 19 조 제 1 항).

3. 【법령】 문화유산법 제 2 조(정의)

③ 이 법에서 "지정문화유산"이란 다음 각 호의 것을 말한다. <개정 2014. 1. 28., 2019. 11. 26., 2023. 8. 8., 2024. 2. 13.>

제 5 장 사업시행계획인가 / 제 1 절 사업시행계획 인가신청의 준비

> 1. 국가지정문화유산: 국가유산청장이 제 23 조부터 제 26 조까지의 규정에 따라 지정한 문화유산
> 2. 시·도지정문화유산: 특별시장·광역시장·특별자치시장·도지사 또는 특별자치도지사(이하 "시·도지사"라 한다)가 제 70 조제 1 항에 따라 지정한 문화유산
> 3. 문화유산자료: 제 1 호나 제 2 호에 따라 지정되지 아니한 문화유산 중 시·도지사가 제 70 조제 2 항에 따라 지정한 문화유산
>
> ④ 이 법에서 "등록문화유산"이란 지정문화유산이 아닌 문화유산 중에서 다음 각 호의 것을 말한다. <개정 2018. 12. 24., 2019. 11. 26., 2023. 8. 8., 2024. 2. 13.>
>
> 1. 국가등록문화유산: 국가유산청장이 제 53 조에 따라 등록한 문화유산
> 2. 시·도등록문화유산: 시·도지사가 제 70 조제 3 항에 따라 등록한 문화유산
>
> ⑤ 이 법에서 "보호구역"이란 지상에 고정되어 있는 유형물이나 일정한 지역이 문화유산으로 지정된 경우에 해당 지정문화유산의 점유 면적을 제외한 지역으로서 그 지정문화유산을 보호하기 위하여 지정된 구역을 말한다. <개정 2019. 11. 26., 2023. 8. 8.>
>
> ⑦ 이 법에서 "역사문화환경"이란 문화유산 주변의 자연경관이나 역사적·문화적인 가치가 뛰어난 공간으로서 문화유산과 함께 보호할 필요성이 있는 주변 환경을 말한다. <개정 2019. 11. 26., 2023. 8. 8.>

4. **【법령】문화유산법 제 40 조(신고 사항)**

> ③ 역사문화환경 보존지역에서 건설공사를 시행하는 자는 해당 역사문화환경 보존지역에서 제 35 조 제 1 항 제 2 호에 따라 허가(변경허가를 포함한다)를 받고 허가받은 사항을 착수 또는 완료한 경우에는 대통령령으로 정하는 바에 따라 그 사실과 경위를 국가유산청장에게 신고하여야 한다. 다만, 제 35 조제 1 항 단서에 따라 허가를 받고 그 행위를 착수하거나 완료한 경우에는 특별자치시장, 특별자치도지사, 시장·군수 또는 구청장에게 신고하여야 한다. <개정 2014. 1. 28., 2024. 2. 13.>

B. 지표조사 및 지표조사에 따른 문화유산 보존 조치

1. **【해설】지표조사 (3 만㎡ 이상 정비사업)**

> (1) 사업면적이 3 만㎡ 이상인 정비사업(주거환경개선사업 포함)의 시행자는 해당 건설공사 지역에 국가유산이 매장·분포되어 있는지를 확인하기 위하여 사업시행계획

V. 문화유산보호 조치

서 작성 완료 전에 <u>지표조사를 하여야</u> 한다(매장유산법 제 6 조; 동 시행령 제 4 조 제 1 항 제 1 호; 동 시행규칙 제 3 조 및 별표 1 제 1 호 나목).

과거에 매장유산이 출토/발견된 지역, 지방자치단체의 조례로 정하는 구역에서 시행되는 정비사업 등 일정한 경우에는 사업면적이 3 만㎡ 미만인 경우에도 지방자치단체 장이 필요하다고 인정하는 때에는 지표조사를 하여야 한다(동 시행령 제 4 조 제 1 항 제 4 호).

'유물/유구 등을 포함하고 있는 지층이 이미 훼손된 지역에서 시행하는 건설공사' 등 지표조사를 하지 않고 건설공사를 시행할 수 있는 일정한 예외가 허용된다(동 시행령 제 4 조 제 6 항).

(2) 지표조사는 국가유산청장에게 등록한 '매장유산 조사기관'이 건설공사 시행자의 요청을 받아 수행한다(매장유산법 제 7 조 제 1 항). 건설공사 시행자는 지표조사를 마친 후 지방지치단체의 장 및 국가유산청장에게 지표조사보고서를 제출하여야 한다(같은 조 제 2 항).

지표조사의 방법, 절차 및 지표조사 보고서 등에 관한 세부적인 사항은 「지표조사의 방법 및 절차 등에 관한 규정」에 상세히 규정되어 있다.

2. 【해설】국가유산 보존조치와 결과 보고

지표조사 보고서를 받은 국가유산청장은 국가유산 보존조치가 필요한 경우에는 정비사업 시행자에게 국가유산 보존에 필요한 조치를 명하고 시장·군수등에게도 이를 통보한다(동법 제 9 조 제 1, 3 항; 영 제 7 조 제 4 항).

이 경우 사업시행자는 통보받은 보존조치를 하고 시장·군수등과 국가유산청장에게 결과보고서를 제출하여 조치 결과를 보고하여야 한다(동법 제 9 조 제 2 항). 보존조치의 종류별 결과보고서 작성요령은 시행규칙 제 5 조 제 2 항 각호에 규정되어 있다.

정비사업 시행자는 보존조치를 완료하기 전에는 공사를 시행할 수 없으며, 이를 위반한 경우 시장·군수등은 공사의 중지를 명하여야 한다(동법 제 10 조 제 1, 2 항).

3. 【해설】국가유산 보존조치의 종류와 내용

국가유산 보존조치에는 다음과 같이 4 가지가 있다(영 제 7 조 제 1 항; 시행규칙 제 5 조 제 1 항).

① 현상보존: 국가유산의 전부 또는 일부를 현지에 현재 상태대로 보존하는 것을 말한다.

② <u>건설공사 시 매장유산 관련 전문가의 참관조사</u>: 매장유산 관련 전문가(영 제 4 조 제 2 항 참조)가 건설공사의 시작 시점부터 그 현장에 참관하여 매장유산의 출토 여부를 직접 확인하는 것을 말한다.

③ <u>매장유산 발굴조사</u>: i) 매장유산 유존지역 면적 전체(<u>정밀발굴조사</u>)에 대하여 매장유산을 발굴하여 조사하거나, ii) 유존지역 면적의 10% 이하의 범위에서 매장유산을 발굴하여 조사하거나[<u>시굴(試掘)조사</u>], iii) 유존지역 면적의 2% 이하의 범위에서 정밀발굴조사 또는 시굴조사의 실시 여부를 결정하기 위하여 발굴허가를 받지 않고 매장유산의 종류·분포 등을 표본적으로 조사하는 것(<u>표본조사</u>)을 말한다.

④ <u>매장유산 발견 시 신고</u>

4. 【해설】 매장유산 유존지역의 보호

(1) 지표조사보고서에 매장유산이 존재하는 것으로 표시된 지역은 '매장유산 유존지역'이 된다.

(2) 매장유산 유존지역에서 정비사업을 시행하기 위해서는 미리 국가유산청장과 협의하여야 하며(매장유산법 제 8 조 제 1 항), 이 경우 국가유산청장은 매장유산의 보호를 위하여 필요하다고 인정하면 사업계획 변경 등 필요한 조치를 명할 수 있다(법 제 8 조 제 1, 2 항; 영 제 6 조 제 1, 2 항).

(3) 매장유산 유존지역에서 정비사업의 사업시행계획 인가신청을 받은 시장·군수등은 미리 그 보호방안을 검토하여야 하고, 필요하다고 인정하면 사업시행계획을 인가하지 않을 수 있다(동법 제 8 조 제 3 항).

5. 【해설】 매장유산 유존지역의 발굴허가

(1) 매장유산 유존지역은 발굴할 수 없다. 다만, 매장유산을 훼손할 우려가 커서 부득이 매장유산을 발굴할 필요가 있는 경우 등 일정한 경우에 한하여 국가유산청장의 허가를 얻어 발굴할 수 있다. (동법 제 11 조 제 1 항; 영 제 8 조 제 2 항 등.)

(2) 발굴허가를 받은 자는 허가일부터 1 년 이내에 국가유산청장에게 착수신고서를 제출하고 발굴에 착수하여야 하며, 이후 발굴이 완료되면 완료일부터 20 일 이내에 출토된 유물의 현황 및 조사의견 등을 국가유산청장에게 보고하고(동법 시행령 제 13 조) 국가유산청장에게 발굴조사 완료신고서를 제출하여야 한다(동법 제 12 조의 2 제 3 항; 시행규칙 제 7 조의 2 제 2 항 및 별지 제 4 호 서식).

(3) 발굴조사 완료신고서를 제출하지 않으면 500 만원 이하의 과태료가 부과된다(동법 제 38 조 제 1 항 제 1 호).

VI. 기타

A. 재해영향평가

1. 【해설】 2018. 10. 25. 개정법으로 새로운 재해영향평가 제도를 도입함

> 2018. 10. 25. 개정 구 자연재해대책법(2017. 10. 24. 개정 법률 제 14912 호)은 '사전재해영향성검토'의 대체 개념으로 '재해영향성검토'와 '재해영향평가'를 도입하였다.
>
> 종전의 '사전재해영향성검토' 제도는 행정계획 수립 단계인지 또는 개발사업의 인·허가 단계인지를 구분하지 않고 일정규모 이상의 개발사업(면적 5 천㎡이상, 길이 2km 이상)에 대해 일률적으로 사전재해영향성검토를 실시하도록 하여 사업의 단계 및 규모 등과 관계없이 동일한 협의기준을 적용하는 문제점이 지적되어 왔는데, 2018. 10. 25. 개정법에서 사업의 단계 및 규모 등에 따라 협의기준을 달리 할 수 있도록 하여 그 문제점을 보완하였다.
>
> 이후 2019. 1. 16. 개정된 「재해영향평가등의 협의 실무지침」(행정안전부고시 제 2019-5 호)은 재해영향평가 대상 개발사업(면적 5 천㎡이상, 길이 2km 이상) 중 「면적 5 천㎡이상 5 만㎡ 미만, 길이 2km 이상 10km 미만」의 개발사업은 '소규모 재해영향평가' 대상 사업으로 하였다(실무지침 3.3.1).

2. 【해설】 새로운 재해영향평가 제도의 주요 내용

> 2018. 10. 25. 개정법 및 2019. 1. 16. 개정 「재해영향평가등의 협의 실무지침」에서 달라진 주요내용은 아래와 같다.
>
> (1) 재해영향평가등의 협의 종류 및 범위: ① 행정계획의 수립·확정 단계에서는 재해영향성검토를, ② 개발사업의 인·허가 단계에서는 규모에 따라 '소규모 재해영향평가' 또는 '재해영향평가'로 구분하여 실시하되, a) 면적 5 만㎡이상, 길이 10km 이상의 개발사업은 재해영향평가를, b) 면적 5 천㎡이상 5 만㎡ 미만, 길이 2km 이상 10km 미만의 개발사업은 소규모 재해영향평가를 받도록 하였다(실무지침 3.3.1). '소규모 재해영향평가'는 실험·예측 항목 중 일부를 축소(공학적 검토 단순화 등) 시행한다(실무지침 3.1).
>
> '재해영향성검토'와 '재해영향평가'를 합하여 '재해영향평가등'이라 칭한다.
>
> (2) 재해영향평가등의 협의 기간: ① 재해영향성검토와 소규모 재해영향평가 협의기간은 30 일, ② 재해영향평가 협의기간은 45 일로 구분하였다(실무지침 3.3.3).

제 5 장 사업시행계획인가 / 제 1 절 사업시행계획 인가신청의 준비

> (3) 재해영향평가심의위원회 운영: ① 재해영향성검토와 소규모 재해영향평가는 서면심의를 원칙으로 하고, ② 재해영향평가는 소집회의를 원칙으로 운영하도록 하였다(실무지침 3.4.1).

3. 【해설】 정비사업에서의 재해영향평가 협의 및 재협의

> (1) 정비사업에서 재해영향평가등의 협의는 <u>재개발사업에 한하여 사업시행계획을 인가하기 전</u>에 하면 된다. 정비계획 수립단계에서는 재해영향평가등의 협의를 하지 않아도 된다[영 제 6 조 제 1 항 별표 1 의 1. 및 2. 가. 14) 참조].
>
> (2) 그러나 다른 법령에 따라 승인 등을 받은 것으로 의제되는 사업으로서 개발사업의 대상 규모(부지면적)가 재해영향평가 협의를 하여야 하는 개발사업의 범위에 해당하는 경우에는 재해영향평가 협의를 하여야 한다[영 제 6 조 제 1 항 별표 1 의 2. 비고 4].
>
> 예를 들어, 재건축사업의 사업시행계획의 인가를 받으면 주택법 제 15 조에 따른 주택건설사업계획의 승인을 받은 것으로 보고(도시정비법 제 57 조 제 1 항 제 1 호), 사업부지 면적이 5 만㎡ 이상인 주택건설사업은 사업계획의 승인을 받기 전에 재해영향평가등의 협의를 하여야 하므로[영 제 6 조 제 1 항 별표 1 의 2. 가. 15)], <u>주택건설사업부지 면적이 5 천㎡ 이상인 재건축사업은 (소규모)재해영향평가 대상사업</u>이다.
>
> (3) 재해영향평가 협의를 완료한 사업시행계획이 변경되는 경우에는 그 변경인가를 하기 전에 행정안전부장관과 재해영향평가 협의를 다시 하여야 한다(경미한 변경 제외. 법 제 5 조의 2 제 1 항).

B. 지하안전평가

1. 【경과조치】 2018. 1. 1. 이후 최초로 사업시행계획인가를 신청하는 경우부터 적용

> 지하안전법은 2016. 1. 7. 제정되어 2018. 1. 1.부터 시행되었다. 지하안전평가(최초 시행 당시는 '지하안전영향평가')와 소규모 지하안전평가는 2018. 1. 1. 이후 최초로 사업시행계획인가를 신청하는 경우부터 적용한다(부칙 제 2 조).

2. 【해설】 지하안전평가 대상사업

> (1) 지하안전평가 대상사업: <u>굴착깊이가 20m 이상</u>인 굴착공사를 수반하는 정비사업(주거환경정비사업 포함)은 지하안전평가 대상이다(지하안전법 제 14 조; 동 시행령 제 13, 14 조 및 별표 1 제 1 호 사목).

공사 지역 내 굴착깊이가 다른 경우에는 <u>최대 굴착깊이</u>를 말하며, 굴착깊이를 산정할 때 <u>집수정(물저장고)</u>, <u>엘리베이터 피트</u> 및 <u>정화조 등의 굴착부분은 제외</u>한다(동 시행령 제 13 조 제 1 호).

(2) 소규모 지하안전평가 대상사업: 굴착깊이가 '<u>10m 이상 20m 미만</u>'인 경우는 '<u>소규모 지하안전평가</u>' 대상이다(지하안전법 제 23 조 제 1 항; 동 시행령 제 23 조).

소규모 지하안전평가의 평가항목 및 방법은 시행령 별표 6 과 같고, 소규모지하안전평가서의 작성방법은 별표 7 과 같다(동 시행령 제 25 조 제 1, 3 항).

3. 【해설】지하안전평가서 제출 및 국토교통부장관에 대한 협의 요청

(1) 지하안전평가는 사업시행자가 지하안전평가서를 승인관청인 시장·군수등에게 제출하면, 시장·군수등이 사업시행계획을 인가하기 전에 국토교통부장관에게 협의를 요청하는 방식으로 이루어진다(동법 제 15 조 제 1 항). 국토교통부장관은 협의를 요청받은 날부터 30 일(부득이한 사유로 협의기간을 연장한 경우에는 50 일) 이내에 승인기관장등에게 협의 내용을 통보하여야 한다(동법 제 16 조 제 4 항; 동 시행령 제 17 조 제 4 항).

지하안전평가는 전국의 정비사업장을 모두 국토교통부장관이 담당하므로 진행속도가 여의치 않다.

☞ 「지하안전관리 업무지침」(국토교통부고시)에 지하안전평가서의 검토 기준·방법·보완·조정에 관한 상세한 내용이 규정되어 있다.

(2) 협의요청의 시기: 시장·군수등은 사업시행계획인가 전에 국토교통부장관에게 협의 요청을 하여야 한다(동 시행령 별표 1 제 1 호 사목.)

지하안전평가는 건축계획이 확정된 후에 해야 하므로 건축심의 이후에 이루어진다.

4. 【해설】사업계획변경에 따른 재협의

(1) 사업계획을 변경하는 경우에는 지하안전확보방안을 마련하여 미리 승인기관장의 검토를 받아야 한다(동법 제 18 조 제 3 항).

(2) 이 경우 승인기관장은 사업계획의 변경내용이 ① <u>굴착깊이가 3m 이상 깊어지는 경우</u>, ② '소규모 지하안전평가 대상사업'이 '지하안전평가 대상사업'에 해당하게 되는 경우, ③ <u>굴착면적이 30% 이상 증가하는 경우</u> 및 ④ 흙막이·차수(遮水) 공법이 협의한 사업계획등에 반영된 공법과 달라지는 경우에는 국토교통부장관에게 재협의를 요청하여야 한다(같은 조 제 4 항; 영 제 20 조 제 2 항 제 1, 2, 3 호).

5. 【해설】 착공후 지하안전조사

> 사업시행자는 착공 후 그 사업이 지하안전에 미치는 영향을 조사하고('착공후지하안전조사'), 착공후지하안전조사서와 지하안전을 위하여 조치가 필요한 사실 및 조치 내용을 국토교통부장관 및 승인기관장에게 통보하여야 한다(동법 제 20 조 제 1, 2 항).

C. 도시계획위원회 심의 및 경관심의

1. 【해설】 지방도시계획위원회 심의

> 지방도시계획위원회 심의는 정비구역 지정·변경 단계에서 이미 거쳤으나, 정비구역 지정 후에 정비계획을 변경하는 경우에는 다시 지방도시계획위원회 심의를 거쳐야 한다(도시정비법 제 16 조 제 1 항). 다만, '경미한 사항'을 변경하는 경우에는 심의를 거치지 않아도 된다(같은 항 단서).
>
> ☞ 정비계획의 "경미한 사항"의 변경은 도시정비법 시행령 제 13 조 제 4 항 각호에 규정되어 있다. 자세한 내용은 돈.되.법 1 제 2 장 제 2 절 III.을 참조하세요.

2. 【해설】 경관심의의 시점

> 경관법에 따른 경관심의는 정비구역 지정 및 변경 단계에서 이미 거쳤으나(도시정비법 제 16 조 제 1 항; 경관법 시행령 제 19 조 제 1 항 및 별표 1. 라.항), 경관심의를 받은 후 ① 정비구역 면적이 30% 이상 증감하거나, ② 광장·공원·녹지·유원지·공공공지 등 공간시설 면적이 10% 이상 감소하거나, ③ 건축물의 최고높이가 상향되거나 용적률이 증가하는 경우에는 경관심의를 다시 거쳐야 한다(경관법 시행령 제 19 조 제 2 항). ☞ 경관심의에 관한 자세한 내용은 돈.되.법 1 제 2 장 제 2 절 V.를 참조하세요.

VII. 건축심의

A. 건축위원회의 설치·운영

1. 【해설】 건축위원회의 구성: 중앙건축위원회, 지방건축위원회('시 위원회'와 '구 위원회')

> (1) 건축위원회는 국토교통부장관, 시·도지사 및 시장·군수·구청장이 설치한다(건축법 제 4 조 제 1 항). 국토교통부에 두는 건축위원회를 "중앙건축위원회", 시·도 및 시·군·구(자치구를 말함)에 두는 건축위원회를 "지방건축위원회"라 한다(건축법 시행령 제 5 조의 5 제 1 항).

(2) 서울시에서는 서울시에 두는 지방건축위원회를 "시 위원회", 각 자치구에 두는 지방건축위원회를 "구 위원회"라 하고, 이 둘을 합하여 "위원회"라고 부른다(서울시건축조례 제5조 제1, 2항 및 제5조의2 제1항). 서울시·구 위원회 회의는 위원장 및 위원장이 부위원장과 협의하여 매 회의마다 지정하는 18명 내외의 위원으로 구성한다(구는 실정에 따라 탄력적으로 구성).

(3) 시 위원회는 150인 이내의 비상임위원 Pool 제로 운영되며, 매 회의때마다 운영위원장(주택건축본부장), 부위원장(주택기획관) 및 외부위원(학계, 산업계 등 건축·도시계획 관련 전문가 15명 이상 및 시민대표(시의원) 1명)을 지정하여 구성한다.

(4) 구 위원회는 위원장(도시관리분야 국장), 내부위원 1명(건축 관련 과장) 및 외부위원(학계, 산업계 등 건축·도시계획 관련 전문가 15명 이상 및 필요시 시민대표(구의원) 1명)으로 구성한다. [이상 서울시건축조례 제9조 제2항 전단; 서울시 건축위원회 운영기준 제4조 제1항 제1호 및 제2항 제1호.]

2. 【해설】 전문위원회와 소위원회

(1) 중앙건축위원회에는 건축분쟁전문위원회를 두고, 지방건축위원회에는 건축민원전문위원회를 두고, 중앙건축위원회와 지방건축위원회에 분야별 전문위원회를 둔다(건축법 제4조 제2항).

전문위원회는 건축위원회가 정하는 사항에 대하여 심의하며, 전문위원회의 심의를 거친 사항은 건축위원회의 심의를 거친 것으로 본다(건축법 제4조 제3, 4항).

(2) 위원회는 위원회의 심의를 효율적으로 수행하기 위하여 필요한 경우에는 소위원회를 설치·운영하여 자문할 수 있다(서울시건축조례 제6조 제1항). 소위원회는 5명 이상의 위원으로 구성하고, 위원장은 위원 중에서 호선하며. 위원회의 회의 및 운영에 관한 규정들은 소위원회에 모두 준용된다(같은 조 제2, 3항).

B. 사업시행계획인가와 건축심의

1. 【해설】 사업시행계획 인가신청 전 건축심의

사업시행계획인가를 받으면 건축법 제11조에 따른 건축허가를 받은 것으로 의제되는바(법 제57조 제1항 제3호), 이러한 의제를 받기 위해서는 사업시행계획인가를 신청할 때 건축법령이 정하는 관계서류를 함께 제출하여야 한다(같은 조 제3항).

서울시건축조례는 A) 서울시 건축위원회 심의사항으로 a) 연면적의 합계가 10만제곱미터 이상이거나 21층 이상 건축물의 건축에 관한 사항(조례 제7조 제1항 제1호 다목)과 b) '법적상한용적률'을 확정하기 위한 건축물의 건축에 관한 사항 등을 규

제 5 장 사업시행계획인가 / 제 1 절 사업시행계획 인가신청의 준비

정하고(같은 호 라목), B) 자치구 건축위원회 심의사항으로 공동주택 20 세대 이상, 오피스텔 20 실 이상 등을 규정하며(제 2 호 다목), 위와 같은 건축물을 건축하고자 하는 자는 건축허가를 신청하기 전에 미리 위원회에 심의를 신청할 수 있도록 하고 있다(조례 제 7 조 제 3 항).

정비사업의 사업시행계획은 대부분 위 A)에 해당하므로, 정비사업시행자는 사업시행계획인가를 신청하기 전에 미리 서울시 건축위원회에 건축심의를 신청하여야 한다.

2. 【해설】건축심의신청을 위한 토지등소유자 동의요건 (서울시 건축조례 제 7 조 제 3 항)

원래 토지소유자가 아닌 자가 건축심의를 신청하기 위해서는 토지면적 2/3 이상에 해당하는 토지소유자의 동의서를 제출하여야 한다.

그러나 정비사업의 시행자가 건축심의를 신청하는 때에는 사업시행계획인가 신청 동의요건을 갖추면 건축심의를 신청할 수 있다.

토지등소유자 방식(법 제 25 조 제 1 항 제 2 호에 따라 토지등소유자가 시행하는 재개발사업)에서도 사업시행계획인가 신청을 위한 동의요건을 갖추면, 따로 토지면적 2/3 이상에 해당하는 토지소유자의 동의서를 제출하지 않고 건축심의를 신청할 수 있다. 다만, 토지등소유자 방식에서는 사업시행계획인가를 받기 전 토지등소유자는 사업시행자가 아니므로, 여기의 '사업시행자'에 포함되는지 해석상 논란이 있었으나, 2021. 1. 7. 개정조례에서 토지등소유자 방식을 명시하여 논란을 해소하였다.

(이상 서울시 건축조례 제 7 조 제 3 항 참조.)

☞ 사업시행계획인가 신청의 동의요건은 아래 제 6 장 제 3 절 I. 참조.

3. 【조례】서울시 건축조례 제 7 조(기능 및 절차 등)

③ 제 1 항에 따른 건축물을 건축하고자 하는 자는 법 제 11 조에 따른 건축허가를 신청하기 전에 별지 제 2 호서식에 따라 위원회에 심의를 신청할 수 있다. 다만, 토지소유자가 아닌 자(「도시 및 주거환경정비법」에 따른 정비사업의 시행자와 토지등소유자 방식으로서 사업시행계획인가 신청 동의요건을 갖춘 경우를 제외하며, 동의방법은 같은 법 제 36 조의 규정을 준용한다)가 신청하는 경우에는 토지면적 3 분의 2 이상에 해당하는 토지소유자의 동의서를 제출하여야 한다. <개정 2018.7.19., 2021.1.7.>

C. 심의대상 건축물

VII. 건축심의

1. **【법령】건축법 제 4 조의 2(건축위원회의 건축 심의 등)**

> ① 대통령령으로 정하는 건축물을 건축하거나 대수선하려는 자는 국토교통부령으로 정하는 바에 따라 시·도지사 또는 시장·군수·구청장에게 제 4 조에 따른 건축위원회(이하 "건축위원회"라 한다)의 심의를 신청하여야 한다. <개정 2017. 1. 17.>
>
> ② 제 1 항에 따라 심의 신청을 받은 시·도지사 또는 시장·군수·구청장은 대통령령으로 정하는 바에 따라 건축위원회에 심의 안건을 상정하고, 심의 결과를 국토교통부령으로 정하는 바에 따라 심의를 신청한 자에게 통보하여야 한다.

2. **【법령】건축법 시행령 제 5 조의 7(지방건축위원회의 심의)**

> ① 법 제 4 조의 2 제 1 항에서 "대통령령으로 정하는 건축물"이란 제 5 조의 5 제 1 항 제 4 호, 제 7 호 및 제 8 호에 따른 심의 대상 건축물을 말한다. <개정 2018. 9. 4., 2021. 5. 4.>
>
> ☞ 건축법 시행령 제 5 조의 5 제 1 항 제 4, 7, 8 호
>
> ① 법 제 4 조제 1 항에 따라 특별시·광역시·특별자치시·도·특별자치도(이하 "시·도"라 한다) 및 시·군·구(자치구를 말한다. 이하 같다)에 두는 건축위원회(이하 "지방건축위원회"라 한다)는 다음 각 호의 사항에 대한 심의등을 한다. <개정 2013. 11. 20., 2014. 10. 14., 2014. 11. 11., 2014. 11. 28., 2020. 4. 21.>
>
> 　4. 다중이용 건축물 및 특수구조 건축물의 구조안전에 관한 사항
>
> 　7. 다른 법령에서 지방건축위원회의 심의를 받도록 한 경우 해당 법령에서 규정한 심의사항
>
> 　8. 특별시장·광역시장·특별자치시장·도지사 또는 특별자치도지사(이하 "시·도지사"라 한다) 및 시장·군수·구청장이 도시 및 건축 환경의 체계적인 관리를 위하여 필요하다고 인정하여 지정·공고한 지역에서 건축조례로 정하는 건축물의 건축 등에 관한 것으로서 시·도지사 및 시장·군수·구청장이 지방건축위원회의 심의가 필요하다고 인정한 사항. 이 경우 심의 사항은 시·도지사 및 시장·군수·구청장이 건축 계획, 구조 및 설비 등에 대해 심의 기준을 정하여 공고한 사항으로 한정한다.
>
> ② 시·도지사 또는 시장·군수·구청장은 법 제 4 조의 2 제 1 항에 따라 건축물을 건축하거나 대수선하려는 자가 지방건축위원회의 심의를 신청한 경우에는 법 제 4 조의 2 제 2 항에 따라 심의 신청 접수일부터 30 일 이내에 해당 지방건축위원회에 심의 안건을 상정하여야 한다.

제 5 장 사업시행계획인가 / 제 1 절 사업시행계획 인가신청의 준비

3. 【법령】 건축법 시행령 제 2 조(정의)

17. "다중이용 건축물"이란 다음 각 목의 어느 하나에 해당하는 건축물을 말한다.

　가. 다음의 어느 하나에 해당하는 용도로 쓰는 바닥면적의 합계가 5천제곱미터 이상인 건축물

　　1) 문화 및 집회시설(동물원 및 식물원은 제외한다)

　　2) 종교시설

　　3) 판매시설

　　4) 운수시설 중 여객용 시설

　　5) 의료시설 중 종합병원

　　6) 숙박시설 중 관광숙박시설

　나. 16층 이상인 건축물

4. 【조례】 서울시 건축조례 제 7 조(기능 및 절차 등)

① 영 제5조의5 제1항에 따른 위원회의 심의사항은 다음 각 호와 같이 구분한다. <개정 ... 2021.9.30>

1. 시 위원회 심의사항

☞ '시 위원회'는 서울특별시에 두는 건축위원회를 말한다(서울시건축조례에서 '시'는 서울특별시를 말함).

　나. 법 제5조에 따른 건축법령의 적용 완화 여부 및 적용 범위에 관한 사항(허가권자가 시장인 경우를 말한다)

　다. 영 제5조의5 제1항제8호에 따른 심의대상건축물은 다중이용건축물, 시가지·특화경관지구 내의 건축물, 분양을 목적으로 하는 건축물로 다음과 같다.

　　1) 연면적의 합계가 10만제곱미터 이상이거나 21층 이상 건축물의 건축에 관한 사항

　　2) 시 또는 시가 설립한 공사가 시행하는 건축물의 건축에 관한 사항

　　3) 다중이용건축물 및 특수구조건축물의 구조안전에 관한 사항으로 1), 2) 중 어느 하나에 해당하는 경우

라. 「도시 및 주거환경정비법」 제54조 제3항 제7호에 따라 법적상한용적률을 확정하기 위한 건축물의 건축에 관한 사항

사. 다목에 따른 건축물 중 다음의 어느 하나에 해당하는 사항

   1) 깊이 10미터 이상 또는 지하 2층 이상 굴착공사, 높이 5미터 이상 옹벽을 설치하는 공사의 설계에 관한 사항

   2) 굴착영향 범위 내 석축·옹벽 등이 위치하는 지하 2층 미만 굴착공사로서 석축·옹벽 등의 높이와 굴착 깊이의 합이 10미터 이상인 공사의 설계에 관한 사항

   3) 굴착 깊이의 2배 범위 내(경사지의 경우 수평투영거리) 노후건축물(RC조 등의 경우 30년경과, 조적조 등의 경우 20년 경과된 건축물)이 있거나 높이 2미터 이상 옹벽·석축이 있는 공사의 설계에 관한 사항

   4) 그 밖에 토질상태, 지하수위, 굴착계획 등 해당 대지의 현장여건에 따라 허가권자가 굴토 심의가 필요하다고 판단하는 공사의 설계에 관한 사항

2. 구 위원회 심의사항

☞ '구 위원회'는 서울특별시 자치구에 두는 건축위원회를 말한다.

나. 법 제5조에 따른 건축법령의 적용 완화 여부 및 적용 범위에 관한 사항(허가권자가 구청장인 경우를 말한다)

다. 영 제5조의5 제1항제4호, 제6호 및 시가지·특화경관지구 내의 건축물(다만, 시가지·특화경관지구 내의 이면도로에 접하는 건축물로서 허가권자가 미관에 영향이 없다고 판단되는 건축물은 제외한다)로서 제1호 다목 및 라목에 해당되지 아니하는 건축에 관한 사항. 다만, 분양대상건축물의 경우에는 다음과 같은 건축물의 건축을 대상으로 한다.

   1) 건축물의 연면적 합계 3천제곱미터 이상

   2) 공동주택 20세대[도시형생활주택(원룸형) 30세대] 이상

   3) 오피스텔 20실 이상

☞ 구 위원회의 심의대상은 위 사항들 외에 「서울시 건축위원회 심의기준」 [별표 1] '자치구 건축위원회 심의(자문)대상'에 열거되어 있다(심의기준 제7조 제2항).

D. 초고층 건축물 등의 안전영향평가

제 5 장 사업시행계획인가 / 제 1 절 사업시행계획 인가신청의 준비

1. **【해설】 개요 (안전영향평가 대상 건축물)**

> 건축물 안전영향평가는 건축허가 전 기본 설계단계에서 대형 건축물의 구조안전과 인접 대지의 안전에 미치는 영향을 검토, 평가하는 절차로서(건축법 제 13 조의 2) 2016. 2. 3. 개정 건축법에서 신설되어 2016. 8. 4.부터 시행되었다.
>
> 안전영향평가 대상 건축물은 ① 초고층 건축물(= 50 층 이상이거나 높이가 200m 이상인 건축물)과 ② 16 층 이상이면서 연면적이 10 만㎡ 이상인 건축물이다(건축법 제 13 조의 2 제 1 항; 동시행령 제 2 조 제 15 호, 제 10 조의 3 제 1 항).

2. **【해설】 안전영향평가의 절차**

> (1) 사업시행자는 건축허가(사업시행계획인가)를 신청하기 전에 허가권자에게 건축물 안전영향평가를 의뢰하여야 하고(건축법 시행령 제 10 조의 3 제 2 항), 허가권자는 건축허가를 하기 전에 안전영향평가기관에 안전영향평가를 의뢰하여 실시한다(영 제 13 조의 2 제 1 항). 안전영향평가기관은 국토안전관리원, 한국건설기술연구원, 한국토지주택공사 및 한국부동산원이다(「건축물 안전영향평가 세부기준」 제 2 조).
>
> (2) 평가기관은 평가항목을 검토한 후 의뢰받은 날부터 30 일(부득이한 경우 20 일 범위에서 한 차례 연장 가능) 이내에 안전영향평가 결과를 허가권자에게 제출하여야 한다(건축법 시행령 제 10 조의 3 제 4 항). 설계사의 보완 기간 및 공휴일·토요일은 위 평가기간에 포함되지 않는다(같은 조 제 5 항).
>
> (3) 안전영향평가의 평가항목은 아래와 같다[건축물 안전영향평가 세부기준 제 4 조 별표 2. 국토교통부고시 제 2021-1382 호, 2021. 12. 23.]
>
>   A) 구조분야 평가항목: 설계기준 및 하중의 적정성, 재료 및 공법의 적정성, 하중 저항시스템의 해석 및 설계 적정성, 구조안전성, 풍동실험의 적정성
>
>   B) 지반분야 평가항목: 지반조사 및 지내력 산정결과의 적정성, 흙막이설계의 적정성, 인접 대지 지반안전성
>
> 건축물 안전영향평가의 구체적인 방법, 실시요령, 평가비용 및 각종 서식을 담은 「건축물안전영향평가 업무메뉴얼」을 한국건설기술연구원 홈페이지에서 다운받을 수 있다.
>
> (4) 평가기관으로부터 안전영향평가 결과를 제출받은 허가권자는 건축위원회 심의를 거쳐 그 내용을 확정한 후 심의 결과 및 안전영향평가 내용을 지방자치단체 공보에 즉시 게시하여야 한다(건축법 제 13 조의 2 제 6 항). 건축위원회의 심의를 받아야 하는 건축물은 건축위원회 심의를 받을 때 안전영향평가 결과를 포함하여 심의할 수 있다(영 제 13 조의 2 제 3 항 단서).

VII. 건축심의

(5) 건축주(사업시행자)는 건축허가(사업시행계획인가) 신청 시 제출해야 하는 도서에 안전영향평가 결과를 반영하여야 한다(건축법 제13조의2 제4항). 다만, 건축물의 계획상 반영이 곤란하다고 판단되는 경우에는 허가권자에게 건축위원회의 재심의를 요청할 수 있다(같은 항 단서).

(6) 안전영향평가를 실시해야 하는 건축물이 다른 법률에 따라 구조안전과 인접 대지의 안전에 미치는 영향 등을 평가 받은 경우에는 안전영향평가의 해당 항목을 평가 받은 것으로 본다(영 제13조의2 제7항).

E. 지방건축위원회의 회의 및 운영

1. 【해설】 서울시·구 건축위원회의 운영절차

(1) 지방건축위원회의 위원장은 ① 회의 개최 10일 전까지 회의 안건과 심의에 참여할 위원을 확정하고, ② 회의 개최 7일 전까지 회의에 부치는 안건을 각 위원에게 알려야 한다. 다만, 대외적으로 기밀 유지가 필요한 사항이나 그 밖에 부득이한 사유가 있는 경우에는 알리지 않는다. ③ 지방건축위원회의 위원장은 심의에 참여할 위원을 확정하면 심의를 신청한 자에게 위원 명단을 알려야 한다. (이상 건축법 시행령 제5조의5 제6항 제2호 다, 라목; 서울시건축조례 제9조 제2항 후단 및 제6, 7항.)

(2) 서울시 위원회 본위원회는 매월 2회(두 번째, 네 번째 화요일) 개최하는 것을 원칙으로 하고(서울특별시 건축위원회 운영기준 제5조 제1항 제1호), 소위원회는 수요일, 전문위원회는 금요일에 개최하는 것을 원칙으로 한다(같은 항 제2호).

(3) 건축허가·대수선 관련 심의사항은 심의 신청 접수일부터 30일 이내에 위원회를 개최하여 심의 안건을 상정하여야 한다(시행령 제5조의7 제2항; 서울시건축조례 제9조 제8항).

2. 【해설】 지방건축위원회의 심의 절차

(1) 지방건축위원회의 회의는 구성위원(위원장 포함) 과반수의 출석으로 개의하고, 출석위원 과반수 찬성으로 심의를 의결한다(건축법 시행령 제5조의5 제6항 제2호 바목; 서울시건축조례 제9조 제2항 후단).

(2) 지방건축위원회의 위원장은 필요하다고 인정하는 경우에는 관계 전문가를 출석하게 하여 발언하게 하거나 관계기관·단체에 자료를 요구할 수 있으며(사목), 건축주·설계자 및 심의등을 신청한 자가 희망하는 경우에는 회의에 참여하여 설명할 수 하여야 한다(건축법 시행령 제5조의5 제6항 제2호 아목).

제 5 장 사업시행계획인가 / 제 1 절 사업시행계획 인가신청의 준비

> (3) 기타 지방건축위원회 심의 절차 및 방법 등에 관하여는 「건축위원회 심의기준」 [국토교통부고시 제 2021-89 호, 2021. 2. 10., 일부개정]과 「서울특별시 건축위원회 운영기준」(2019. 4. 18. 서울특별시 공고)에 상세히 규정되어 있다(아래 참조). 기타 사항은 위원회의 의결을 거쳐 위원장이 정할 수 있다(서울시건축조례 제 14 조).
>
> ☞ 서울시 홈페이지「분야별 정보 > 주택 > 주택건축 > 건축과 공간문화 > 건축위원회 심의」에서 건축위원회 심의 관련 각종 서식과 기준·지침·매뉴얼(서울특별시 건축물 심의기준, 서울특별시 건축위원회 운영기준, 굴토전문위원회 심의메뉴얼, 경관심의 운영지침 등), 위원 명단, 기타 관련 정보를 볼 수 있다.

3. 【해설】위원회 제척·기피

> 위원이 ① 해당 안건에 대하여 자문, 연구, 용역(하도급 포함), 감정 또는 조사를 한 경우 임원 또는 직원으로 재직하고 있거나 ② 최근 3 년 내에 재직하였던 기업 등이 해당 안건에 관하여 자문, 연구, 용역(하도급을 포함한다), 감정 또는 조사를 한 경우에는 위원회의 심의·의결에서 제척된다(서울시 건축조례 제 5 조의 2 제 1 항 제 3, 5 호).
>
> 당사자는 위원에게 공정한 심의·의결을 기대하기 어려운 사정이 있는 경우에는 위원회에 기피 신청을 할 수 있고, 위원회는 의결로 이를 결정한다(기피 신청 대상인 위원은 그 의결에 참여하지 못한다. 제 2 항).

4. 【해설】회의록의 공개

> 심의를 신청한 자는 심의 결과를 통보한 날부터 6 개월까지 회의록의 공개를 요청할 수 있고, 이 경우 시·도지사 또는 시장·군수·구청장은 회의록의 열람 또는 사본을 제공하는 방법으로 이를 공개하여야 한다. 다만, 이름, 주민등록번호, 직위 및 주소 등 특정인임을 식별할 수 있는 정보는 공개하지 않는다. (이상 건축법 제 4 조의 3, 동 시행령 제 5 조의 8.)

F. 건축위원회의 심의 의결 및 이의신청

1. 【해설】심의의결의 내용

> 국토교통부장관이 고시한 「건축위원회 심의기준」은 심의결과를 원안의결, 조건부의결, 재검토의결, 부결 등 4 가지로 구분하고 있으나, 서울시는 아래와 같이 7 가지 유형으로 세분하여 운영하고 있다(「서울특별시 건축위원회 운영기준」제 8 조).

표 8 건축위원회 심의의결의 내용

종 류	내 용	후속절차 진행 가부
원안의결	심의신청 계획안을 위원회에서 수정 없이 원안대로 의결	○
조건부의결	상정 안건에 별도의 내용을 부가하거나 제외하는 등의 일부 조건을 부여하여 건축사가 반영하도록 하는 의결. 심의지적사항이 기본계획을 유지하는 경미한 변경으로 신청자가 수용하는 조건으로 의결하는 것임.	○
재심의결	심의지적사항에 따라 재계획이 필요한 경우 상정 안건을 다시 검토 보완하여 추후 위원회에서 다시 심의토록 의결(중대한 경우 소위원회 자문 선행)	불가
부결(반려)	상정 안건이 건축법령 등에 위반되거나 심의요건이 불충분하여 부결시키기로 의결	불가
보완의결	심의지적사항에 대하여 신청자의 검토(의견)가 필요하거나 제출된 자료 외에 별도의 도면 등이 필요한 경우. 이 경우는 심의횟수에 포함되지 않음.	불가
보류의결	심의 중 타부서 협의 등이 필요하여 심의진행을 차기위원회로 이월하는 경우. 이 경우는 심의횟수에 포함되지 않음.	불가
조건부(보고) 의결	사업 및 인허가 절차는 진행하되 조건의 반영여부에 대하여 위원회에서 확인할 필요가 있는 경우	○

2. 【해설】 이의신청 (서울시 건축위원회 운영기준 제 9 조)

(1) 위원회의 심의의결에 대하여 이의가 있는 건축주 등 이해관계자는 통지를 받은 날로부터 30 일 이내에 이의를 신청할 수 있다. 이의신청 대상은 다음과 같다: ① 조건을 이행할 경우 과도한 기간과 비용이 수반되는 경우, ② 타 위원회의 심의결과와 상반되는 경우, ③ 설계자의 설계의도와 전혀 상이하여 사업추진이 어렵다는 객관적 조건이 제시된 경우.

(2) 이의신청을 받은 경우 15 일 이내에 소위원회를 구성하여 심의를 하여야 하며, 7 일 이내에 결과를 통보하여야 한다. 다만, 다음 사항에 대한 이의신청은 심의(소위원회 상정)하지 않을 수 있다: ① 법령상 명백한 경우, ② 사업성 위주로 계획되어 도시미관 증진에 불합리하다고 인정한 경우(디자인 모방 등), ③ 기본계획의 변경을 이행하지 않으면 공공성 확보가 불가한 경우.

제2절 임대주택·국민주택규모주택의 건설과 용적률

I. 정비사업과 용적률

A. 용적률의 개념

1. **【해설】 용적률의 규율 체계**

> 우리나라의 용적률 규율 체계는 ① 국토계획법령 및 그 위임에 따른 시·군조례에 의한 규제(직접규제)와 ② 그 외 개별법률의 건축제한에 의한 규제(간접규제)로 양분해 볼 수 있다.
>
> **(1) 국토계획법령 및 시·군조례에 의한 직접 규제:** ① 국토계획법에서 각 용도지역(도시지역·관리지역·농림지역·자연환경보전지역) 별로 용적률의 최대한도를 정하고, 그 범위 내에서 시행령으로 정하는 기준에 따라 각 시·도·군의 조례로 정하도록 한 뒤(국토계획법 제78조 제1항), ② 동 시행령에서 세분된 용도지역(제1종일반주거지역, 제2종일반주거지역 등등) 별로 조례로 정할 수 있는 용적률 상한의 범위(상한과 하한)를 정하고(영 제85조 제1항), ③ 그 범위 내에서 각 시·군 도시·군계획조례에서 세분된 용도지역별로 용적률의 상한을 정하고 있다(예: 서울시 도시계획조례 제55조 제1항).
>
> **(2) 개별법률의 건축제한에 의한 간접 규제:** 건축 관계 개별 법률에서 층수제한, 높이제한, 기타 건축제한 등을 받는 경우에는 그 제한 내용에 따라 용적률 상한이 더 낮아진다. 다음과 같은 것들이 있다(도시정비법 제54조 제3항 1~7호).
>
> ① 국토계획법 제76조에 따른 <u>층수제한</u>
>
> ② 건축법 제60조에 따른 <u>높이제한</u>
>
> ③ 건축법 제61조에 따른 일조 등의 확보를 위한 <u>높이제한</u>
>
> ④ 공항시설법 제34조에 따른 장애물 제한표면구역 내 <u>높이제한</u>
>
> ⑤ 군사기지법 제10조에 따른 비행안전구역 내 <u>높이제한</u>
>
> ⑥ 「문화유산법」 제12조에 따른 건설공사시 문화재보호를 위한 <u>건축제한</u>
>
> ⑦ 위 ①~⑥ 외에 시장·군수등이 건축 관계 법률의 건축제한으로 용적률의 완화가 불가능하다고 근거를 제시하고, 지방도시계획위원회 또는 건축위원회가 심의를 거쳐 용적률 완화가 불가능하다고 인정한 경우(서울시 건축조례 제7조 제1항 제1호 라목 참조)

(3) 결론: 개별 대지의 용적률 상한은 위 (1)과 (2)의 규제를 모두 받아 결정되므로, 결국 개별 토지의 용적률 상한은 국토계획법령과 그에 따른 시·군 조례 및 개별 법령의 건축제한을 받아 최종 결정된다.

2. 【도표】 개별법령의 건축제한을 받기 전 주거지역 용적률 상한

표 9 개별법령의 건축제한을 받기 전 주거지역 용적률 상한

용도지역	① 용적률의 최대한도	② 용적률 상한 허용범위 (국토계획법 시행령 §85①)	③ 서울시 용적률 상한 (서울시 도시계획조례 §55①)
제1종 전용주거지역	500% 이하	50% ~ 100%	100%
제2종 전용주거지역		50% ~ 150%	120%
제1종 일반주거지역		100% ~ 200%	150%
제2종 일반주거지역		100% ~ 250%	200%
제3종 일반주거지역		100% ~ 300%	250%
준주거지역		200% ~ 500%	400%

3. 【법령】 국토계획법 제 78 조(용도지역에서의 용적률)

① 제 36 조에 따라 지정된 용도지역에서 용적률의 최대한도는 관할 구역의 면적과 인구 규모, 용도지역의 특성 등을 고려하여 다음 각 호의 범위에서 대통령령으로 정하는 기준에 따라 특별시·광역시·특별자치시·특별자치도·시 또는 군의 조례로 정한다. <개정 2011. 4. 14., 2013. 7. 16., 2021. 1. 12.>

  1. 도시지역

    가. 주거지역: 500 퍼센트 이하
    나. 상업지역: 1 천 500 퍼센트 이하
    다. 공업지역: 400 퍼센트 이하
    라. 녹지지역: 100 퍼센트 이하 (이하 생략)

4. 【조례】 서울시 도시계획조례 제 55 조(용도지역안에서의 용적률)

① 법 제 78 조제 1 항·제 2 항 및 영 제 85 조제 1 항에 따라 용도지역별 용적률은 다음 각 호의 비율 이하로 한다. <개정 2008. 7. 30., 2016. 7. 14.>

  1. 제 1 종전용주거지역 : 100 퍼센트
  2. 제 2 종전용주거지역 : 120 퍼센트
  3. 제 1 종일반주거지역 : 150 퍼센트

제 5 장 사업시행계획인가 / 제 2 절 임대주택·국민주택규모주택의 건설과 용적률

> 4. 제 2 종일반주거지역 : 200 퍼센트
> 5. 제 3 종일반주거지역 : 250 퍼센트
> 6. 준주거지역 : 400 퍼센트

5. 【법령】건축법 시행령 제 119 조(면적 등의 산정방법)

> ① 법 제 84 조에 따라 건축물의 면적·높이 및 층수 등은 다음 각 호의 방법에 따라 산정한다. <개정 2021. 11. 2.>
>
> 4. 연면적: 하나의 건축물 각 층의 바닥면적의 합계로 하되, 용적률을 산정할 때에는 다음 각 목에 해당하는 면적은 제외한다.
>
> 　가. 지하층의 면적
>
> 　나. 지상층의 주차용(해당 건축물의 부속용도인 경우만 해당한다)으로 쓰는 면적
>
> 　다.삭제 <2012. 12. 12.> 라.삭제 <2012. 12. 12.>
>
> 　마. 제 34 조제 3 항 및 제 4 항에 따라 초고층 건축물과 준초고층 건축물에 설치하는 피난안전구역의 면적
>
> 　바. 제 40 조 제 4 항 제 2 호에 따라 건축물의 경사지붕 아래에 설치하는 대피공간의 면적 [☞ 11 층 이상인 건축물로서 11 층 이상인 층의 바닥면적의 합계가 1 만㎡ 이상인 건축물의 지붕을 경사지붕으로 하는 경우 경사지붕 아래 옥상에 설치하는 대피공간을 말한다]

6. 【해설】"법적상한용적률"이란?

> (1) "법적상한용적률"은 앞서 본 용적률 규율 체계 중 조례에 의한 제한을 제외하고 법률에 의한 제한(국토계획법 제 78 조 및 개별법률의 건축제한에 의한 제한)에 의해서만 결정되는 상한용적률을 말한다(법 제 11 조 제 1 항 및 제 54 조 제 1, 2 항 참조).
>
> (2) 개별법률에 의한 건축제한은 그 내용과 범위가 일률적으로 확정되어 있는 것이 아니므로 개별대지의 법적상한용적률은 건축위원회 심의를 통해 구체적으로 확정된다(도시정비법 제 54 조 제 1 항, 서울시 건축조례 제 7 조 제 1 항 제 1 호 라목 참조).
>
> (3) 과밀억제권역에서 시행하는 재개발사업 및 재건축사업(주거지역과 준공업지역으로 한정)에서는 법적상한용적률까지 건축할 수 있으며(법 제 54 조 제 1 항 제 1 호; 영 제 47 조의 2), 이 경우 "초과용적률"(= 법적상한용적률 – 정비계획에서 정해진 용적률)의 50%(서울 기준)에 해당하는 면적에 주거전용면적 국민주택규모 주택을 건설하

여야 한다(법 제 54 조 제 4 항; 서울시 도시정비조례 제 30 조 제 1 항). ☞ 자세한 내용은 아래 II. 참조

B. 정비계획 및 국토계획법에 의한 건폐율·용적률 완화

1. 【해설】 정비계획에 의한 지구단위계획 결정 간주 및 그에 따른 건폐율·용적률 완화

지구단위계획구역에서는 '대통령령(국토계획법 시행령 제 46 조)으로 정하는 범위'에서 '지구단위계획으로 정하는 바에 따라' 용도지역·용도지구에서의 건축물의 건축제한, 건폐율·용적률 등에 관한 규정(국토계획법 제 76, 77, 78 조) 등을 완화하여 적용할 수 있다(국토계획법 제 52 조 제 3 항).

그런데 정비구역이 지정·고시된 때에는 해당 정비구역 및 정비계획 중 국토계획법이 정하는 지구단위계획에 해당하는 사항은 지구단위계획구역 및 지구단위계획으로 결정·고시된 것으로 간주되고(도시정비법 제 17 조 제 1 항), 국토계획법 제 52 조 제 3 항은 정비계획에 준용되므로(도시정비법 제 17 조 제 3 항), 정비구역에서는 국토계획법 시행령 제 46 조가 정하는 범위에서 '정비계획으로 정하는 바에 따라' 건폐율과 용적률 등을 완화하여 적용할 수 있다.

정비계획에 이런 내용이 포함되어 있는 경우에는 그 내용을 사업시행계획에 포함시켜야 한다.

2. 【법령】 전부개정 도시정비법 제 17 조(정비구역 지정·고시의 효력 등)

① 제 16 조 제 2 항 전단에 따라 정비구역의 지정·고시가 있는 경우 해당 정비구역 및 정비계획 중 「국토의 계획 및 이용에 관한 법률」 제 52 조 제 1 항 각 호의 어느 하나에 해당하는 사항은 같은 법 제 50 조에 따라 지구단위계획구역 및 지구단위계획으로 결정·고시된 것으로 본다. <개정 2018. 6. 12.>

② 「국토의 계획 및 이용에 관한 법률」에 따른 지구단위계획구역에 대하여 제 9 조 제 1 항 각 호의 사항을 모두 포함한 지구단위계획을 결정·고시(변경 결정·고시하는 경우를 포함한다)하는 경우 해당 지구단위계획구역은 정비구역으로 지정·고시된 것으로 본다.

③ 정비계획을 통한 토지의 효율적 활용을 위하여 「국토의 계획 및 이용에 관한 법률」 제 52 조 제 3 항에 따른 건폐율·용적률 등의 완화규정은 제 9 조 제 1 항에 따른 정비계획에 준용한다. 이 경우 "지구단위계획구역"은 "정비구역"으로, "지구단위계획"은 "정비계획"으로 본다.

④ 제 3 항에도 불구하고 용적률이 완화되는 경우로서 사업시행자가 정비구역에 있는 대지의 가액 일부에 해당하는 금액을 현금으로 납부한 경우에는 대통령령으로 정하는 공공시설 또는 기반시설(이하 이 항에서 "공공시설등"이라 한다)의 부지를 제공하거나 공공시설등을 설치하여 제공한 것으로 본다.

⑤ 제 4 항에 따른 현금납부 및 부과 방법 등에 필요한 사항은 대통령령으로 정한다.

3. 【법령】 국토계획법 제 52 조(지구단위계획의 내용)

③ 지구단위계획구역에서는 제 76 조부터 제 78 조까지의 규정과 건축법 제 42 조·제 43 조·제 44 조·제 60 조 및 제 61 조, 「주차장법」 제 19 조 및 제 19 조의 2 를 대통령령으로 정하는 범위에서 지구단위계획으로 정하는 바에 따라 완화하여 적용할 수 있다.

☞ 국토계획법 제 76 조(용도지역 및 용도지구에서의 건축물의 건축 제한 등)
☞ 국토계획법 제 77 조(용도지역의 건폐율)
☞ 국토계획법 제 78 조(용도지역에서의 용적률)

4. 【해설】 '공공시설 부지 제공' 등에 의한 건폐율·용적률 완화 및 '현금납부'에 의한 대체

(1) 국토계획법 시행령 제 46 조 제 1 항은 지구단위계획구역에서의 용적률 등의 완화 적용 사유로 「공공시설 또는 기반시설('공공시설등')의 부지 제공」, 「공공시설 등의 설치·제공」 등을 규정하고 있다. 즉, 사업시행자가 공공시설 등을 설치하여 제공하거나 공공시설등의 부지를 제공하는 경우에는 용적률 등을 완화받을 수 있다.

(2) 그런데 이 규정을 적용함에 있어 「사업시행자가 정비구역에 있는 대지의 가액 일부에 해당하는 금액을 현금으로 납부한 경우」에는 그 가액에 해당하는 만큼 공공시설등의 부지를 제공하거나 공공시설등을 설치하여 제공한 것으로 간주하여 용적률 등을 완화받을 수 있다(도시정비법 제 17 조 제 4 항).

도시정비법 제 17 조 제 4 항은 2016. 7. 28. 구 도시정비법(2016. 1. 27. 개정 법률 제 13912 호) 제 4 조 제 10 항으로 신설된 규정으로서 2016. 7. 28. 이후 관리처분계획의 인가신청을 한 사업장에서 적용된다(부칙 제 8 조).

(3) 용적률 완화를 위한 현금납부 방법 등에 관하여는 시행령 제 14 조에서 상세히 규정하고 있는데, 그 주요내용은 아래와 같다(영 제 14 조 제 2 ~ 5 항).

① 사업시행자가 위 규정에 따라 현금납부를 하려는 경우에는 토지등소유자 과반수의 동의를 받아야 하며, 현금으로 납부하는 토지의 기부면적은 전체 기부면적의 1/2 을 넘을 수 없다.

Ⅰ. 정비사업과 용적률

② 현금납부액은 시장·군수등이 지정한 둘 이상의 감정평가법인등이 평가한 금액을 산술평균하여 산정하며, 산정기준일은 사업시행계획인가 고시일(현금납부에 관한 정비계획이 반영된 최초의 사업시행계획인가 고시일을 말함)로 한다. 다만, 사업시행계획인가 고시일부터 3년이 되는 날까지 관리처분계획인가를 신청하지 않은 경우에는 그 3년이 되는 날의 다음 날을 기준으로 다시 산정한다.

③ 사업시행자는 착공일부터 준공검사일까지 현금납부액을 납부하여야 한다.

5. 【법령】 국토계획법 시행령 제46조(도시지역 내 지구단위계획구역에서의 건폐율 등의 완화적용)

① 지구단위계획구역(도시지역 내에 지정하는 경우로 한정한다. 이하 이 조에서 같다)에서 건축물을 건축하려는 자가 그 대지의 일부를 법 제52조의2 제1항 각 호의 시설(이하 이 조 및 제46조의2에서 "공공시설등"이라 한다)의 부지로 제공하거나 공공시설등을 설치하여 제공하는 경우…에는 법 제52조제3항에 따라 그 건축물에 대하여 지구단위계획으로 다음 각 호의 구분에 따라 건폐율·용적률 및 높이제한을 완화하여 적용할 수 있다. 이 경우 제공받은 공공시설등은 국유재산 또는 공유재산으로 관리한다. <개정 2005. 9. 8., 2006. 3. 23., 2008. 9. 25., 2011. 3. 9., 2012. 1. 6., 2012. 4. 10., 2019. 3. 19., 2021. 7. 6.>

  1. 공공시설등의 부지를 제공하는 경우에는 다음 각 목의 비율까지 건폐율·용적률 및 높이제한을 완화하여 적용할 수 있다. 다만, 지구단위계획구역 안의 일부 토지를 공공시설등의 부지로 제공하는 자가 해당 지구단위계획구역 안의 다른 대지에서 건축물을 건축하는 경우에는 나목의 비율까지 그 용적률만 완화하여 적용할 수 있다.

    가. 완화할 수 있는 건폐율 = 해당 용도지역에 적용되는 건폐율 × [1 + 공공시설등의 부지로 제공하는 면적(공공시설등의 부지를 제공하는 자가 법 제65조 제2항에 따라 용도가 폐지되는 공공시설을 무상으로 양수받은 경우에는 그 양수받은 부지면적을 빼고 산정한다. 이하 이 조에서 같다) ÷ 원래의 대지면적] 이내

    나. 완화할 수 있는 용적률 = 해당 용도지역에 적용되는 용적률 + [1.5 × (공공시설등의 부지로 제공하는 면적 × 공공시설등 제공 부지의 용적률) ÷ 공공시설등의 부지 제공 후의 대지면적] 이내

    다. 완화할 수 있는 높이 = 「건축법」 제60조에 따라 제한된 높이 × (1 + 공공시설등의 부지로 제공하는 면적 ÷ 원래의 대지면적) 이내

  2. 공공시설등을 설치하여 제공(그 부지의 제공은 제외한다)하는 경우에는 공공시설등을 설치하는 데에 드는 비용에 상응하는 가액(價額)의 부지를 제공한 것으로 보아 제1호에 따른 비율까지 건폐율·용적률 및 높이제한을 완화하여 적용할 수 있다.

제 5 장 사업시행계획인가 / 제 2 절 임대주택·국민주택규모주택의 건설과 용적률

이 경우 공공시설등 설치비용 및 이에 상응하는 부지 가액의 산정 방법 등은 시·도 또는 대도시의 도시·군계획조례로 정한다.

  3. 공공시설등을 설치하여 그 부지와 함께 제공하는 경우에는 제 1 호 및 제 2 호에 따라 완화할 수 있는 건폐율·용적률 및 높이를 합산한 비율까지 완화하여 적용할 수 있다.

(이하 생략)

6. 【법령】「지구단위계획수립지침」

[시행 2018. 12. 21.] [국토교통부훈령 제 1131 호, 2018. 12. 21., 일부개정]

제 1 장 총 칙

제 2 절 지구단위계획의 성격

1-2-1. 지구단위계획은 당해 지구단위계획구역의 토지이용을 합리화하고 그 기능을 증진시키며 경관·미관을 개선하고 양호한 환경을 확보하며, 당해 구역을 체계적·계획적으로 개발·관리하기 위하여 건축물 그 밖의 시설의 용도·종류 및 규모 등에 대한 제한을 완화하거나 건폐율 또는 용적률을 완화하여 수립하는 계획이다.

3-2-2. 도시지역내 지구단위계획구역에서 대지(이 경우 사업부지 및 이와 인접한 공공시설 부지를 포함한다) 면적의 일부가 공공시설 또는 기반시설 중 학교와 해당 시·도 또는 대도시의 도시·군계획조례로 정하는 기반시설(이하 공공시설등이라 한다)의 부지로 제공(기부채납하거나 공공시설로 귀속되는 경우에 한한다)되는 것으로 계획되는 경우에는 당해 대지의 건축물의 건폐율·용적률·높이를 각각 완화하여 지구단위계획을 수립할 수 있다.

다만, 제 1 종일반주거지역에서 제 2 종일반주거지역으로 변경되는 것과 같이 토지이용도를 높이는 방향으로 용도지역이 변경되는 경우로서 기존의 용도지역 또는 용도지구의 용적률을 적용하지 아니하는 경우 다음 제 2 항을 적용하지 아니한다.

  (1) 건폐율 = (해당 용도지역에 적용되는 건폐율) × [1 + (공공시설등의 부지로 제공하는 면적) / (당초의 대지면적)] 이내

  (2) 용적률 = (해당 용도지역에 적용되는 용적률) × [1 + 1.5 × 가중치 × (공공시설등의 부지로 제공하는 면적) / (공공시설등의 부지 제공후 대지면적)] 이내

  ☞ 용도지역이 종상향되는 경우에는 용적률 완화가 적용되지 않는다.

  (3) 높이 = (건축법 제 60 조에 따라 제한된 높이)×[1+(공공시설등의 부지로 제공하는 면적)/(원래의 대지면적)] 이내

I. 정비사업과 용적률

> (4) 건폐율·용적률은 당초의 대지면적에서 제공대지면적을 공제한 나머지 대지면적을 기준으로 하여 계산한다. (이하 생략)
>
> 3-2-2-3. 3-2-2..의 규정을 적용함에 있어 사업부지와 공공시설등의 부지의 용적률이 다를 경우에는 공공시설등의 부지의 용적률과 사업부지의 용적률 비율("가중치"라 한다)을 감안하여 용적률 완화 범위를 정할 수 있다.
>
> 예) 가중치의 산정 및 적용은 다음과 같다.
>
> | 사업부지(상업지역) 용적률 800% | 공공시설등의 제공부지 (상업지역) 용적률 800% 면적 200㎡ | 공공시설 제공부지 (주거지역) 용적률 200% 면적 100㎡ |
> |---|---|---|
>
> 1. 공공시설등의 제공부지의 평균용적률(용적률 적용이 다른 부지 면적으로 가중평균한 용적률) 산정
>
> 공공시설등의 제공부지의 평균용적률 = (800% × 200 ㎡ + 200% × 100 ㎡) / (200 ㎡ + 100 ㎡) = 600%
>
> 2. 가중치 산정
>
> 가중치 = (공공시설등의 제공부지의 평균용적률 / 사업부지 용적률) = 600% / 800% = 3/4 = 0.75

7. ★ 투자 Tip – 용적률·건폐율과 사업성

> (1) '정비계획 상의 용적률'은 사업 초기에 사업성을 판단하는 중요한 지표가 된다. 용적률이 높을수록 일반분양분이 많아지고 그만큼 조합원 분담금이 줄어들기 때문이다.
>
> (2) 그러나 정비사업의 사업성은 '정비계획 상 용적률' 외에도 여러 가지 변수들의 함수로 결정된다는 것을 항상 염두에 두어야 한다. 예를 들어,
>
> ① 정비계획에서 정해진 용적률은 이후 도시계획위원회의 심의를 거쳐 용적률 인센티브를 받아 증가할 수 있다.
>
> ② 용적률이 같아도, 종전 건축물의 용적률이 낮으면 일반분양이 가능한 신축아파트가 많아지므로 사업성이 높아진다. 따라서 저층아파트가 고층아파트보다, 저밀도 아파트가 고밀도 아파트보다 사업성이 좋다.
>
> ③ 종전 건축물에 대형평수가 많으면 조합원 수가 적어 일반분양분이 많아지므로 사업성이 좋아진다.
>
> ④ 도로·학교·공원 등 기부채납해야 하는 기반시설의 규모, 임대주택 비율, 종상향 가능성 등도 살펴보아야 한다.

⑤ 일반분양이 시작되면 분양시점의 부동산시장 상황이 새로운 변수로 등장한다.

(3) 건폐율은 주거 쾌적성의 척도가 되는 지표이며(건폐율이 낮을수록 동간거리가 멀어지므로 쾌적성이 높아진다), 사업성과는 별반 관련이 없다. <u>아파트단지의 건폐율은 보통 20% ~ 30%</u>이며, 건폐율이 20% 미만이면 쾌적한 단지라고 할 수 있다.

C. 【해설】세입자 손실보상 확대에 의한 용적률 완화 (법 제 66 조 제 1 항)

(1) 다음 중 하나에 해당하는 경우에는 해당 정비구역에 적용되는 용적률의 100 분의 125 이하의 범위에서 대통령령으로 정하는 바에 따라 시·도·군조례 용적률을 완화하여 정할 수 있다(법 제 66 조 제 1 항).

  1. 영 제 54 조가 정하는 손실보상 기준 이상으로 세입자에게 주거이전비를 지급하거나 영업보상을 하는 경우

  2. 법령에 따른 손실보상에 더하여 임대주택을 추가로 건설하거나 임대상가를 건설하는 등 추가적인 세입자 손실보상 대책을 수립하여 시행하는 경우

이 규정에 따른 용적률 완화를 조례에 규정한 지방자치단체는 아직 없는 것으로 보인다.

(2) 사업시행자가 법 제 66 조 제 1 항에 따라 완화된 용적률을 적용받으려는 경우에는 사업시행계획인가 신청 전에 정비구역 내 세입자 현황과 세입자에 대한 손실보상 계획을 시장·군수등에게 제출하고 사전협의해야 하며, 시장·군수등으로부터 용적률을 완화받을 수 있다는 통보를 받은 경우에는 사업시행계획서에 세입자에 대한 손실보상 계획을 포함시켜야 한다(영 제 55 조 제 1, 2 항).

(3) 이 규정에 따라 용적률을 완화받는 경우에는 임대주택 또는 국민주택규모주택 건설의무가 부가되지 않는다.

D. 【해설】용적률 완화와 정비계획 변경

(1) 용적률은 정비계획의 필수적으로 포함되는 사항이므로 용적률을 완화받기 위해서는 정비계획을 변경해야 하며(법 제 9 조 제 1 항 제 5 호). 정비계획을 변경하기 위해서는 주민에 대한 서면통보, 주민설명회, 주민공람 및 지방의회 의견청취 절차를 거쳐야 한다(법 제 15 조 제 1, 2 항).

(2) 그러나 ① <u>용적률을 10% 미만의 범위에서 확대하는 경우</u> 및 ② <u>세입자 손실보상 확대로 용적률을 완화받는 경우</u>(법 제 66 조 제 1 항)는 '경미한 사항의 변경'에 해당하므로, 주민에 대한 서면통보, 주민설명회, 주민공람 및 지방의회 의견청취 등의 절차

를 거치지 않아도 된다(법 제15조 제3항; 영 제13조 제4항 제9호). ②의 경우는 완화 범위가 10%를 초과해도 경미한 변경에 해당한다.

II. 용적률 인센티브에 따른 국민주택규모 건설의무

A. 주택규모별 건설비율 및 임대주택 건설비율

1. **【해설】** 사업유형별 국민주택규모 주택 건설비율 **(재개발사업 80% 이상)**

"국민주택규모"란 주거전용면적이 85 ㎡ 이하인 주택을 말한다. 다만, 도시지역이 아닌 비수도권의 읍·면 지역의 경우는 100 ㎡ 이하인 주택을 말한다(수도권은 읍·면 지역도 85 ㎡ 이하임. 이상 주택법 제2조 제6호).

국토교통부장관은 정비사업으로 건설하는 주택 중 국민주택규모 주택의 비율을 전체 세대수의 90% 이하에서 대통령령으로 정하는 범위에서 정하여 고시할 수 있다. 정비계획 입안권자는 그 비율을 정비계획에 반영하여야 한다(법 제10조 제1항 제1호). 「정비사업의 임대주택 및 주택규모별 건설비율」(2022. 12. 11. 국토교통부고시 제2022-720호. 이하 '고시')이 정하는 국민주택규모 주택 건설비율은 아래와 같다.

(1) 주거환경개선사업은 전체 세대수(임대주택 포함)의 90% 이상을 85 ㎡ 이하 규모로 건설하여야 한다(고시 제3조 제1항).

(2) 재개발사업은 전체 세대수(법 제54조 제1항에 따라 정비계획으로 정한 용적률을 초과하여 건축함으로써 증가된 세대수는 제외)의 80% 이상을 85 ㎡ 이하 규모로 건설하여야 한다(고시 제4조 제1항). 시·도지사는 필요한 경우 80% 이하의 건설비율을 별도로 정하여 공보에 고시할 수 있다(같은 조 제2항).

(3) 과밀억제권역에서 시행하는 재건축사업에서는 전체 세대수의 60% 이상을 85 ㎡ 이하 규모로 건설하여야 한다(고시 제5조 제1항. 예외 있음). 과밀억제권 밖에서 시행하는 재건축사업에서는 국민주택규모 주택 건설의무가 없다

2. **【해설】** 사업유형별 임대주택 건설비율 **(재개발사업 20%)**

국토교통부장관은 정비사업으로 건설하는 주택 중 임대주택(민간임대주택 + 공공임대주택)의 비율을 전체 세대수 또는 연면적의 30% 이하에서 대통령령으로 정하는 범위에서 정하여 고시할 수 있다. 정비계획 입안권자는 그 비율을 정비계획에 반영하여야 한다. (법 제10조 제1항 제2호.)

> 「정비사업의 임대주택 및 주택규모별 건설비율」이 정하고 있는 임대주택 건설비율은 아래와 같다.
>
> (1) 주거환경개선사업의 경우 임대주택은 시·도지사가 전체 세대수의 30% 이하에서 정하여 고시하는 기준에 따라 건설하여야 한다(고시 제 3 조 제 2 항).
>
> (2) 재개발사업에서는 전체 세대수 또는 전체 연면적(법 제 54 조 제 1 항에 따라 정비계획으로 정한 용적률을 초과하여 건축함으로써 증가된 세대수/연면적은 제외)의 20%를 임대주택으로 건설하여야 한다(고시 제 4 조 제 3 항 전단). 종전 15%에서 20%로 상향되었다.
>
> 또한 전체 임대주택 세대수(법 제 54 조제 4 항에 따라 공급되는 임대주택은 제외)의 30 퍼센트 이상 또는 건설하는 주택 전체 세대수의 5 퍼센트 이상을 주거전용면적 40 ㎡ 이하 규모의 임대주택(법 제 54 조제 4 항에 따라 공급되는 임대주택은 제외)으로 건설하여야 한다(같은 항 후단).
>
> 재개발사업의 임대주택 건설비율에는 여러 가지 특례조항이 있다(아래 참조).
>
> 임대주택 건설비율은 최대 30%까지 상향될 수 있다(같은 조 제 7 항).
>
> ☞ 2022. 12. 11. 개정고시에서 임대주택 건설비율의 기준이 "전체 세대수에 대한 비율"에서 "전체 세대수 또는 전체 연면적에 대한 비율"로 변경되었다.
>
> (3) 재건축사업에는 임대주택 건설의무가 없다. 다만, 아래에서 보는 용적률 인센티브를 받는 경우 그에 따른 임대주택 건설의무가 있을 뿐이다. ☞ 자세한 내용은 아래 참조.

3. 【해설】 재개발사업 임대주택 건설비율의 완화 또는 강화 (고시 제 4 조 제 4 ~ 7 항)

> 재개발사업에서는 전체 세대수 또는 전체 연면적의 20%를 임대주택으로 건설하여야 하는 것이 원칙이나, 이에 관하여는 다음과 같은 특례조항들이 있다.
>
> **(1) 임대주택을 건설하지 않아도 되는 경우:** a) 전체 세대수가 200 세대 미만인 경우, b) 7 층 이하의 층수제한을 받게 되는 경우, d) 제 1 종 일반주거지역에서 용도지역을 변경하지 않고 개발계획을 수립하는 경우 등에는 임대주택을 건설하지 않을 수 있다(고시 제 4 조 제 4 항).
>
> **(2) 임대주택 건설비율이 완화되는 경우**
>
> ① 정비구역에서 학교용지를 확보하여야 하는 경우에는 임대주택 세대수를 50 퍼센트 범위 내에서 차감할 수 있다(같은 조 제 5 항).

II. 용적률 인센티브에 따른 국민주택규모 건설의무

② 시·도지사가 임대주택 건설비율을 다음 각 호의 범위에서 공보에 고시한 경우에는 그 고시된 비율에 따른다(같은 조 제6항).

1. 서울특별시: 전체 세대수 또는 전체 연면적의 10 퍼센트 이상 20 퍼센트 이하 [단, 상업지역은 5%까지 완화하여 정할 수 있음]

2. 인천광역시 및 경기도: 전체 세대수 또는 전체 연면적의 5 퍼센트 이상 20 퍼센트 이하 [단, 상업지역은 2.5%까지 완화하여 정할 수 있음]

3. 그 외 지역: 전체 세대수 또는 전체 연면적의 5 퍼센트 이상 12 퍼센트 이하 [단, 상업지역은 0%까지 완화하여 정할 수 있음]

☞ 2022. 12. 11. 개정사항: 임대주택 비율의 기준이 "전체 세대수"에서 "전체 세대수 또는 전체 연면적"으로 변경되었다.

(3) 임대주택 건설비율이 강화되는 경우: 시장·군수가 정비계획을 수립할 때 주택수급 안정이 필요한 경우 등에는 10%의 범위에서 임대주택 비율을 높일 수 있다(같은 조 제7항. 2020. 9. 24. 개정에서 5%에서 10%로 상향폭이 상향됨). 서울·인천·경기도 지역의 경우 시·도지사는 임대주택 건설비율 20%까지 정하여 고시할 수 있으므로, 결국 서울·인천·경기도에서 임대주택 건설비율은 최대 30%까지 상향될 수 있다.

4. 【해설】 상업지역의 특례 [도시정비형 재개발사업(구 도시환경정비사업) 문제]

(1) 2018. 2. 8. 전(임대주택 건설의무 없었음): 전부개정 전 구 도시정비법에서 '도시환경정비사업'은 '주택재개발사업'이 아니었으므로, 도시환경정비사업에는 임대주택 건설의무가 없었다(구 시행령 제13조의 3은 도시환경정비사업에 관하여는 임대주택 건설의무를 별도로 규정하지 않았음).

(2) 2018. 2. 9. ~ 2020. 9. 23.(전부개정법 특례조항에 의한 면제): 전부개정법에서는 주택재개발사업과 도시환경정비사업이 '재개발사업'으로 통합되어 재개발사업에 관한 임대주택 건설비율이 구 도시환경정비사업에도 적용되게 되었다. 그러나 전부개정법 시행령은 "해당 정비구역이 상업지역인 경우는 제외한다"는 특례조항을 넣어(영 제9조 제2항 괄호 부분) 주로 상업지역에서 시행되는 도시정비형 재개발사업(구 도시환경정비사업)에는 임대주택 건설비율이 적용되지 않도록 하였다.

(3) 2020. 9. 24. 이후

① 기존 특례조항 삭제: 2020. 9. 24. 개정령(2020. 6. 23. 개정 대통령령 제30797호)에서 위 특례조항을 삭제하여 도시정비형 재개발사업에서도 재개발사업의 임대주택 건설비율이 적용되도록 하였다.

제 5 장 사업시행계획인가 / 제 2 절 임대주택·국민주택규모주택의 건설과 용적률

> ☞ 경과규정: 다만, 2020. 9. 24. 전에 사업시행계획인가를 받았거나 신청한 재개발사업의 경우는 종전의 규정에 따르도록 하였다(부칙 제 3 조). 즉, 상업지역에서 시행되는 재개발사업으로서 2020. 9. 24. 전에 사업시행계획인가를 받았거나 신청한 사업은 임대주택 건설의무가 없다.
>
> ② 새 특례조항에 의한 임대주택 건설비율 완화: 그런데 같은날 개정·시행된 「정비사업의 임대주택 및 주택규모별 건설비율」(2020. 7. 22. 개정 국토교통부고시 제 2020-528 호) 제 4 조 제 6 항은 「상업지역의 임대주택 건설비율에 대해서는 시·도지사가 지역별로 5%(서울), 2.5%(인천·경기도) 또는 0%(그 외 지역)까지 완화」하여 고시할 수 있도록 하는 단서조항을 신설하여 개정령 시행일에 맞추어 2020. 9. 24.부터 시행되었다. 이로써 전부개정법에서 도시정비형 재개발사업에 관한 임대주택 건설비율 문제가 일단락되었다.

5. 【해설】 2020. 9. 24. 개정 고시에서 달라진 것 (정리)

> (1) 임대주택 건설의무의 상업지역으로의 확대: 주거지역에만 적용되던 재개발사업의 임대주택 건설비율이 상업지역에까지 확대 적용되었다(영 제 9 조 제 1 항 제 2 호). 2018. 2. 9.부터 2020. 9. 23.까지는 전부개정법의 특례조항에 따라 상업지역에서 시행하는 재개발사업에는 임대주택 건설의무가 없었다.
>
> (2) 임대주택 건설비율 상향(15%→20%): 재개발사업의 임대주택 건설비율을 전체 세대수의 15%에서 20%로 상향 조정하였다(고시 제 4 조 제 3 항).
>
> (3) 시·도지사가 정할 수 있는 비율 상한선 확대: 시·도지사가 별도로 정하여 고시할 수 있는 서울·인천·경기도 지역의 임대주택 건설비율 상한선을 전체 세대수의 20%로 상향 확대함(고시 제 4 조 제 6 항 제 1, 2, 3 호). 위 (2)항에 따른 조치임.
>
> * 서울특별시: 10 ~ 20% (← 종전: 10 ~ 15%)
>
> * 인천·경기도: 5 ~ 20% (← 종전: 5 ~ 15%)
>
> * 그 외 지역: 종전과 같음(5 ~ 12%)
>
> (4) 상업지역에서 시·도지사가 정할 수 있는 비율 하한선 하향: 상업지역에서 시·도지사가 정하여 고시할 수 있는 임대주택 건설비율 하한선을 대폭 하향시킴(고시 제 4 조 제 6 항 단서)
>
> * 서울특별시: 5%까지 완화할 수 있음
>
> * 인천·경기도: 2.5%까지 완화할 수 있음
>
> * 그 외 지역: 0%까지 완화할 수 있음

II. 용적률 인센티브에 따른 국민주택규모 건설의무

(5) 정비계획 수립시 임대주택 건설비율 상향 조정: 시장·군수가 정비계획을 수립할 때 주택수급안정이 필요한 경우 등에는 10%의 범위에서 임대주택 비율을 높일 수 있다(같은 조 제 7 항. 2020. 9. 24. 개정에서 5%에서 10%로 상향폭이 상향됨).

서울·인천·경기도 지역의 경우 시·도지사는 임대주택 건설비율 20%까지 정하여 고시할 수 있으므로, 결국 서울·인천·경기도에서 임대주택 건설비율은 30%까지 상향될 수 있다.

(6) 2022. 12. 11. 개정사항: 임대주택 건설비율(고시 제 4 조 제 3, 6 항)의 기준을 "전체 세대수에 대한 비율"에서 "전체 세대수 또는 전체 연면적에 대한 비율"로 변경함.

6. 【국토교통부고시】 「정비사업의 임대주택 및 주택규모별 건설비율」

[시행 2022. 12. 11.] [국토교통부고시 제 2022-720 호, 2022. 12. 11., 일부개정]

국토교통부(주택정비과), 044-201-3393

제 4 조(재개발사업의 임대주택 및 주택규모별 건설비율)

① 재개발사업의 사업시행자는 건설하는 주택 전체 세대수의 80 퍼센트 이상을 85 제곱미터 이하 규모의 주택으로 건설하여야 한다. 다만, 주택단지 전체를 평균 5 층 이하로 건설하는 경우에는 그러하지 아니하다.

② 제 1 항에도 불구하고 시·도지사는 필요한 경우 제 1 항에 따른 주택규모별 건설비율 이하의 건설비율을 별도로 정하여 공보에 고시할 수 있다.

③ 재개발사업의 사업시행자는 Ⓐ 건설하는 주택 전체 세대수[「도시 및 주거환경정비법」(이하 "법"이라 한다) 제 54 조 제 1 항에 따라 정비계획으로 정한 용적률을 초과하여 건축함으로써 증가된 세대수는 제외한다]의 20 퍼센트(법 제 54 조제 4 항에 따라 공급되는 임대주택은 제외한다)를 임대주택으로 건설하여야 하며, Ⓑ 전체 임대주택 세대수(법 제 54 조제 4 항에 따라 공급되는 임대주택은 제외한다)의 30 퍼센트 이상 또는 건설하는 주택 전체 세대수의 5 퍼센트 이상을 주거전용면적 40 제곱미터 이하 규모의 임대주택(법 제 54 조제 4 항에 따라 공급되는 임대주택은 제외한다)으로 건설하여야 한다.

☞ 2020. 9. 24. 개정고시(2020. 7. 22. 국토교통부고시 제 2020-528 호)에서 재개발사업의 임대주택 의무건설 비율이 15%에서 20%로 상향됨.

④ 제 3 항에도 불구하고 다음 각 호의 어느 하나에 해당하는 경우 재개발사업의 사업시행자는 임대주택을 건설하지 아니할 수 있다.

　1. 건설하는 주택 전체 세대수가 200 세대 미만인 경우

2. 도시·군관리계획 상 자연경관지구 및 최고고도지구 내에서 7층 이하의 층수제한을 받게 되는 경우

3. 일반주거지역 안에서 자연경관·역사문화경관 보호 및 한옥 보존 등을 위하여 7층 이하로 개발계획을 수립한 경우

4. 「항공법」 및 「군사기지 및 군사시설 보호법」의 고도제한에 따라 7층 이하의 층수제한을 받게 되는 경우

5. 제1종 일반주거지역에서 용도지역을 변경하지 않고 개발계획을 수립하는 경우

⑤ 제3항에도 불구하고 정비구역에서 학교용지를 확보하여야 하는 경우에는 시·도지사가 정하는 바에 따라 임대주택 세대수를 50퍼센트 범위 내에서 차감하여 조정할 수 있다.

⑥ 제3항에도 불구하고 시·도지사가 임대주택 건설비율을 다음 각 호의 범위에서 공보에 고시한 경우에는 고시된 기준에 따른다. 다만, 「국토의 계획 및 이용에 관한 법률 시행령」 제30조 제1항 제2호에 따른 상업지역에서의 임대주택 건설비율에 대해서는 시·도지사가 지역의 세입자 수와 주택 수급 여건 등을 고려하여 제1호의 지역은 5퍼센트까지, 제2호의 지역은 2.5퍼센트까지, 제3호의 지역에 대해서는 0퍼센트까지 완화하여 정할 수 있다.

1. 「수도권정비계획법」 제2조제1호에 따른 수도권 중 서울특별시: 건설하는 주택 전체 세대수 또는 전체 연면적의 10퍼센트 이상 20퍼센트 이하 [☞ 상업지역은 5%까지 완화]

2. 「수도권정비계획법」 제2조제1호에 따른 수도권 중 인천광역시 및 경기도: 건설하는 주택 전체 세대수 또는 전체 연면적의 5퍼센트 이상 20퍼센트 이하 [☞ 상업지역은 2.5%까지 완화]

3. 제1호 및 제2호 외의 지역: 건설하는 주택 전체 세대수 또는 전체 연면적의 5퍼센트 이상 12퍼센트 이하 [☞ 상업지역은 0%까지 완화]

☞ 2022. 12. 11. 개정사항: 제6항 각호에서 "전체 세대수"가 "전체 세대수 또는 전체 연면적"으로 변경됨.

⑦ 시장·군수가 정비계획을 수립할 때 관할 구역에서 시행된 재개발사업으로 건설하는 주택 전체 세대수에서 「도시 및 주거환경정비법 시행령」 별표 3 제2호가목(1)에 해당하는 세입자가 입주하는 임대주택 세대수가 차지하는 비율이 시·도지사가 정하여 고시한 임대주택 비율보다 높은 경우 또는 관할 구역의 특성상 주택수급안정

II. 용적률 인센티브에 따른 국민주택규모 건설의무

이 필요한 경우에는 <u>다음 산식에 따라 산정한 임대주택 비율 이하의 범위에서 임대주택 비율을 높일 수 있다.</u>

해당 시·도지사가 고시한 임대주택 비율 + (건설하는 주택 전체 세대수 × 10/100)

☞ "시행령 별표 3 제 2 호가목(1)에 해당하는 세입자"는 "기준일 3 개월 전부터 해당 재개발사업을 위한 정비구역 또는 다른 재개발사업을 위한 정비구역에 거주하는 세입자"를 말한다.

☞ 2020. 9. 24. 개정에서 상향폭이 <u>5%에서 10%로 상향됨</u>

제 5 조(재건축사업의 임대주택 및 주택규모별 건설비율)

① 「수도권정비계획법」 제 6 조제 1 항제 1 호에 따른 과밀억제권역에서 시행하는 재건축사업의 사업시행자는 건설하는 주택 전체 세대수의 60 퍼센트 이상을 85 제곱미터 이하 규모의 주택으로 건설하여야 한다.

② 제 1 항에도 불구하고 다음 각 호를 충족하는 경우에는 제 1 항을 적용하지 아니한다.

  1. 조합원에게 분양하는 주택의 주거전용면적의 합이 종전 주택(재건축하기 전의 주택을 말한다)의 주거전용면적의 합보다 작거나 30 퍼센트의 범위에서 클 것

  2. 조합원 이외의 자에게 분양하는 주택을 모두 85 제곱미터 이하 규모로 건설할 것

부칙 <제 2020-528 호, 2020. 7. 22.>

제 1 조 (시행일) 이 고시는 <u>9 월 24 일부터 시행한다.</u>

제 2 조(재개발사업의 임대주택 건설비율의 적용대상 및 상한 등에 관한 경과조치) <u>이 고시 시행 전에 법 제 50 조제 1 항 본문에 따라 사업시행계획인가를 받았거나 신청한 재개발사업의 경우에는</u> 제 4 조제 3 항, 제 6 항 및 제 7 항의 개정규정에도 불구하고 종전의 규정에 따른다.

B. 용적률 인센티브에 따른 국민주택규모 건설비율 (재개발·재건축 공통)

1. 【해설】 용적률 인센티브에 따른 국민주택규모 건설비율

(1) 과밀억제권역에서 시행하는 재개발사업 및 재건축사업(용도지역은 주거지역과 준공업지역으로 한정하며, 재정비촉진지구에서 시행하는 재개발·재건축사업을 제외함)에서는 지방도시계획위원회의 심의를 거쳐 정비계획에서 정해진 용적률을 초과하여

국토계획법 및 관계법률이 정한 "법적상한용적률"까지 건축할 수 있는바(법 제54조 제1항 제1호; 영 제47조의 2),

용도지역에 준공업지역이 추가된 것은 2024. 1. 19. 개정법(2023. 7. 18. 개정 법률 제19560호)에서이다.

(2) 이 경우 "초과용적률"(= 법적상한용적률 – 정비계획에서 정해진 용적률)의 시·도 조례로 정하는 비율(서울의 재건축·재개발사업은 50%)에 해당하는 면적에 국민주택규모 주택을 건설하여야 한다(법 제54조 제4항; 서울시 도시정비조례 제30조 제1항).

2021. 4. 13. 개정법(법률 제18046호. 시행일: 2021. 7. 14.) 전에는 '60㎡ 이하의 소형주택'을 건설하도록 하였으나, 2021. 4. 13. 개정법에서 '국민주택규모 주택'을 건설하는 것으로 바뀌었다.

2. 【해설】 재건축사업과 임대주택

앞서 본 것처럼 재건축사업에는 임대주택 건설의무가 없다. 그런데 용적률 인센티브를 받아 건설한 국민주택규모 주택은 토지주택공사등이 인수하여 임대주택으로 활용하므로(자세한 내용은 아래 참조), 용적률 인센티브를 받는 경우에는 재건축사업에서도 임대주택 건설의무가 있게 된다.

3. 【법령】 전부개정 도시정비법 제54조(재건축사업 등의 용적률 완화 및 국민주택규모 주택 건설비율)

① 사업시행자는 다음 각 호의 어느 하나에 해당하는 정비사업(「도시재정비 촉진을 위한 특별법」 제2조제1호에 따른 재정비촉진지구에서 시행되는 재개발사업 및 재건축사업은 제외한다. 이하 이 조에서 같다)을 시행하는 경우 정비계획(이 법에 따라 정비계획으로 의제되는 계획을 포함한다. 이하 이 조에서 같다)으로 정하여진 용적률에도 불구하고 지방도시계획위원회의 심의를 거쳐 「국토의 계획 및 이용에 관한 법률」 제78조 및 관계 법률에 따른 용적률의 상한(이하 이 조에서 "법적상한용적률"이라 한다)까지 건축할 수 있다. <개정 2023. 7. 18.>

1. 「수도권정비계획법」 제6조제1항제1호에 따른 과밀억제권역(이하 "과밀억제권역"이라 한다)에서 시행하는 재개발사업 및 재건축사업(「국토의 계획 및 이용에 관한 법률」 제78조에 따른 주거지역 및 대통령령으로 정하는 공업지역으로 한정한다. 이하 이 조에서 같다)

☞ 「대통령령으로 정하는 공업지역」은 준공업지역을 말한다(영 제47조의 2). 용도지역에 이것이 추가된 것은 2024. 1. 19. 개정법(2023. 7. 18. 개정 법률 제19560호)에서이다.

2. 제1호 외의 경우 시·도조례로 정하는 지역에서 시행하는 재개발사업 및 재건축사업

☞ 인천과 경기도 조례가 정하는 지역은 성장관리권역이다(인천조례 제22조 제1항; 경기도조례 제27조 제1항). 서울시조례에는 아직 규정이 없다.

② 제1항에 따라 사업시행자가 정비계획으로 정하여진 용적률을 초과하여 건축하려는 경우에는 「국토의 계획 및 이용에 관한 법률」 제78조에 따라 특별시·광역시·특별자치시·특별자치도·시 또는 군의 조례로 정한 용적률 제한 및 정비계획으로 정한 허용세대수의 제한을 받지 아니한다.

③ 제1항의 관계 법률에 따른 용적률의 상한은 다음 각 호의 어느 하나에 해당하여 건축행위가 제한되는 경우 건축이 가능한 용적률을 말한다. <개정 2023. 3. 21., 2023. 8. 8., 2024. 2. 6.>

1. 「국토의 계획 및 이용에 관한 법률」 제76조에 따른 건축물의 층수제한

2. 「건축법」 제60조에 따른 높이제한

3. 「건축법」 제61조에 따른 일조 등의 확보를 위한 건축물의 높이제한

4. 「공항시설법」 제34조에 따른 장애물 제한표면구역 내 건축물의 높이제한

5. 「군사기지 및 군사시설 보호법」 제10조에 따른 비행안전구역 내 건축물의 높이제한

6. 「문화유산의 보존 및 활용에 관한 법률」 제12조에 따른 건설공사 시 문화유산 보호를 위한 건축제한 [시행일: 2024. 5. 17.]

6의 2. 「자연유산의 보존 및 활용에 관한 법률」 제9조에 따른 건설공사 시 천연기념물등의 보호를 위한 건축제한 [시행일: 2024. 5. 17.]

☞ 제6호와 제6호의 2는 2024. 5. 17.부터 시행되며, 그 전까지는 "6. 「문화재보호법」 제12조에 따른 건설공사 시 문화재 보호를 위한 건축제한"이다.

7. 그 밖에 시장·군수등이 건축 관계 법률의 건축제한으로 용적률의 완화가 불가능하다고 근거를 제시하고, 지방도시계획위원회 또는 「건축법」 제4조에 따라 시·도에 두는 건축위원회가 심의를 거쳐 용적률 완화가 불가능하다고 인정한 경우

제 5 장 사업시행계획인가 / 제 2 절 임대주택·국민주택규모주택의 건설과 용적률

☞ 법 제 54 조 제 3 항 제 7 호에 따라 법적상한용적률을 확정하기 위한 건축물의 건축에 관한 사항은 '서울시 건축위원회' 심의사항이다(서울시 건축조례 제 7 조 제 1 항 제 1 호 라목).

④ 사업시행자는 법적상한용적률에서 정비계획으로 정하여진 용적률을 뺀 용적률(이하 "초과용적률"이라 한다)의 다음 각 호에 따른 비율에 해당하는 면적에 국민주택규모 주택을 건설하여야 한다. 다만, 제 24 조제 4 항, 제 26 조제 1 항제 1 호 및 제 27 조 제 1 항제 1 호에 따른 정비사업을 시행하는 경우에는 그러하지 아니하다. <개정 2021.4.13.>

☞ 2021. 4. 13. 개정(법률 제 18046 호) 전에는 "주거전용면적 60 제곱미터 이하의 소형주택"을 건설하여야 했으나, 동 개정법에서 "국민주택규모 주택"을 건설하는 것으로 변경되었다.

  1. 과밀억제권역에서 시행하는 재건축사업은 초과용적률의 100 분의 30 이상 100 분의 50 이하로서 시·도조례로 정하는 비율

  2. 과밀억제권역에서 시행하는 재개발사업은 초과용적률의 100 분의 50 이상 100 분의 75 이하로서 시·도조례로 정하는 비율

  3. 과밀억제권역 외의 지역에서 시행하는 재건축사업은 초과용적률의 100 분의 50 이하로서 시·도조례로 정하는 비율

  4. 과밀억제권역 외의 지역에서 시행하는 재개발사업은 초과용적률의 100 분의 75 이하로서 시·도조례로 정하는 비율

4. 【조례】서울시 도시정비조례 제 30 조(국민주택규모 주택 건설비율 등)

① 법 제 54 조 제 4 항 제 1 호 및 제 2 호에서 "시·도조례로 정하는 비율"은 법적상한용적률에서 정비계획으로 정해진 용적률을 뺀 용적률의 100 분의 50 을 말한다.

☞ 즉, 서울시내에서 시행되는 재건축사업 및 재개발사업에서는 '초과용적률'(= 법적상한 용적률 – 정비계획에서 정한 용적률)의 50%에 해당하는 면적에 국민주택규모 주택을 건설하여야 한다.

C. 역세권 등에 대한 용적률 완화와 국민주택규모 건설의무 (법 제 66 조 제 2, 3 항)

1. 【해설】역세권 등에서의 용적률 완화 (법 제 66 조 제 2 항; 영 제 55 조)

(1) 용적률 완화의 요건: 아래의 요건을 모두 갖추어야 한다(해당 조례는 아직 없음).

II. 용적률 인센티브에 따른 국민주택규모 건설의무

> 1. 해당 정비구역 총 면적의 1/2 이상이 다음 어느 하나에 해당하는 지역에 위치할 것
>
> 　　가. 철도(철도건설법 제2조 제1호) 또는 도시철도(도시철도법 제2조 제2호)의 승강장 경계로부터 시·도도례로 정하는 거리 이내에 위치한 지역
>
> 　　나. 세 개 이상의 대중교통 정류장이 인접해 있거나 고속버스·시외버스 터미널, 간선도로의 교차지 등 양호한 기반시설을 갖추고 있어 대중교통 이용이 용이한 지역으로서 시·도조례로 정하는 요건을 모두 갖춘 지역
>
> 　2. 해당 정비구역에서 시행하는 정비사업이 a) 과밀억제권역에서 시행하는 재개발·재건축사업(주거지역 및 준공업지역으로 한정함)이거나, b) 그 외 시·도조례로 정하는 지역에서 시행하는 재개발·재건축사업일 것.
>
> **(2) 용적률 완화의 방법·정도:** A) <u>지방도시계획위원회 심의를 거쳐 법적상한용적률의 120%까지 완화</u>하거나, B) <u>용도지역의 변경(종상향)을 통하여</u> 용적률을 완화하여 정비계획을 수립/변경한 후 <u>변경된 용도지역의 법적상한용적률까지</u> 완화할 수 있다.
>
> **(3) 적용 제외:** 천재지변 그 밖의 불가피한 사유로 긴급하게 정비사업을 시행하는 경우(제24조제4항, 제26조제1항제1호 및 제27조제1항제1호)는 적용 제외.
>
> **(4) 2024. 1. 19.부터 시행:** 이 규정은 2023. 7. 18. 개정법(법률 제19560호)에서 신설되어 2024. 1. 19.부터 시행되었다(부칙 제1조).

2. 【해설】 국민주택규모 주택 건설·공급의무 (법 제66조 제3항)

> 위와 같이 역세권 등에서 용적률을 완화받은 경우 사업시행자는 추가용적률(= 완화된 용적률 − 정비계획으로 정해진 용적률)의 75% 이하로서 아래와 같이 시·도조례로 정하는 비율에 해당하는 면적에 국민주택규모 주택을 건설하여 인수자에게 공급하여야 한다(법 제66조 제3항; 영 제55조 제4항). ☞ 서울시 조례 없음.
>
> 　1. 과밀억제권역에서 시행하는 재건축사업: 추가용적률의 30% ~ 75%의 범위에서 시·도조례로 정하는 비율
>
> 　2. 과밀억제권역에서 시행하는 재개발사업: 추가용적률의 50% ~ 75%의 범위에서 시·도조례로 정하는 비율
>
> 　3. 과밀억제권역 외의 지역에서 시행하는 재건축사업: 추가용적률의 50% 이하에서 시·도조례로 정하는 비율
>
> 　4. 과밀억제권역 외의 지역에서 시행하는 재개발사업: 추가용적률의 75% 이하에서 시·도조례로 정하는 비율

제 5 장 사업시행계획인가 / 제 2 절 임대주택·국민주택규모주택의 건설과 용적률

III. 임대주택과 국민주택규모 주택의 인수

A. 【해설】재개발임대주택의 인수

> (1) 재개발사업의 시행자는 재개발사업으로 건설된 임대주택('재개발임대주택')을 직접 임대분양하여 임대사업을 운영할 수도 있으나, 국토교통부장관, 시·도지사, 시장·군수·구청장 또는 토지주택공사등에게 재개발임대주택의 인수를 요청할 수도 있다. 조합이 요청하면 반드시 이를 인수하여야 한다(법 제 79 조 제 5 항). 다만, 시·도지사 또는 시장, 군수, 구청장이 예산·관리인력의 부족 등 부득이한 사정으로 인수하기 어려운 경우에는 국토교통부장관에게 토지주택공사등을 인수자로 지정할 것을 요청할 수 있다 (영 제 68 조 제 1 항 후단).
>
> (2) 재개발임대주택의 인수가격은 「공공주택 특별법 시행령」제 54 조 제 5 항에 따라 정해진 분양전환가격의 산정기준 중 건축비에 부속토지의 가격을 합한 금액으로 한다. 부속토지의 가격은 사업시행계획인가 고시일을 기준으로 감정평가법인등 둘 이상이 평가한 금액을 산술평균한 금액으로 한다.
>
> ∗ 재개발임대주택의 인수가격 = 분양전환가격 산정기준 중 건축비 + 부속토지 가격
>
> 다만, 인수자는 조합과 협의하여 건축비 및 부속토지의 가격에 가산할 항목을 정할 수 있다. (이상 영 제 68 조 제 2 항.)
>
> (3) 그 외에 재개발임대주택의 인수계약 체결을 위한 사전협의, 인수대금 지급방법 등 필요한 사항은 인수자가 따로 정하는 바에 따른다(영 제 68 조 제 3 항).

B. 임대주택의 임차인 자격

1. 【해설】임대주택의 공급조건 (임차인 자격 등)

> (1) 정비사업의 시행으로 건설된 임대주택의 임차인자격, 임차인선정방법, 임대보증금·임대료 등 임대조건에 관한 기준 및 무주택 세대주에게 우선 분양전환하도록 하는 기준 등에 관하여는 영 제 69 조 제 1 항 [별표 3]에 규정된 범위에서 사업시행자가 시장·군수등의 승인을 받아 따로 정할 수 있다(법 제 79 조 제 6 항; 영 제 69 조 제 1 항. ☞ 아래 법령 참조).
>
> (2) 다만, 재개발임대주택으로서 최초 임차인이 아닌 임차인 선정기준은 아래의 범위에서 인수자가 따로 정한다(법 제 79 조 제 6 항 단서; 영 제 69 조 제 2 항).

III. 임대주택과 국민주택규모 주택의 인수

1. 임차인의 자격은 무주택 기간과 해당 정비사업이 위치한 지역에 거주한 기간이 각각 1년 이상인 범위에서 오래된 순으로 한다. 다만, 시·도지사가 임대주택을 인수한 경우에는 거주지역, 거주기간 등 임차인의 자격을 별도로 정할 수 있다.

2. 임대보증금과 임대료는 정비사업이 위치한 지역의 시세의 100 분의 90 이하의 범위로 할 것

3. 임대주택의 계약방법 등에 관한 사항은 「공공주택 특별법」에서 정하는 바에 따를 것

4. 관리비 등 주택의 관리에 관한 사항은 「공동주택관리법」에서 정하는 바에 따를 것

(3) 시장·군수등은 사업시행자가 요청하거나 임차인 선정을 위하여 필요한 경우 국토교통부장관에게 임차인 자격 해당 여부에 관하여 주택전산망에 따른 전산검색을 요청할 수 있다(영 제 69 조 제 3 항).

2. [별표 3] 임대주택의 공급조건 등(임대주택의 임차인 자격)

도시정비법 시행령 제 69 조 제 1 항 관련 <개정 2021. 7. 13.>

2. 재개발사업

　가. 임대주택은 다음의 어느 하나에 해당하는 자로서 입주를 희망하는 자에게 공급한다.

　　1) 기준일 3 개월 전부터 해당 재개발사업을 위한 정비구역 또는 다른 재개발사업을 위한 정비구역에 거주하는 세입자

☞ 공공재개발사업의 경우 공공시행자를 지정한 날 또는 공공재개발사업을 추진하기 위해 정비구역을 지정·변경한 날 중 빠른 날을 말한다(별표 3 의 1. 가. 1)).

　　2) 기준일 현재 해당 재개발사업을 위한 정비구역에 주택이 건설될 토지 또는 철거예정인 건축물을 소유한 자로서 주택분양에 관한 권리를 포기한 자

　　3) 별표 2 제 3 호 라목의 순위에 해당하는 자

☞ "도시·군계획시설사업으로 주거지를 상실하여 이주하게 되는 자로서 시장·군수등이 인정하는 자"를 말한다.

　　4) 시·도조례로 정하는 자

☞ 서울시 도시정비조례 제 46 조(재개발사업의 임대주택 공급대상자 등)

① 영 제69조제1항 별표 3 제2호 가목 4)에서 "시·도조례로 정하는 자"란 다음 각 호의 어느 하나에 해당하는 자를 말한다. <개정 2021.9.30>

    1. A) 해당 정비구역에 거주하는 세입자로서 세대별 주민등록표에 등재된 날을 기준으로 영 제13조에 따른 정비구역의 지정을 위한 공람공고일(1996년 6월 30일 이전 지정된 정비구역은 사업계획결정고시일, 사업시행방식전환의 경우에는 전환을 위한 공람공고일을 말한다. 다만, 공공재개발사업의 경우 공공시행자를 지정한 날 또는 공공재개발사업을 추진하기 위해 정비구역을 지정하거나 변경한 날 중 빠른 날을 말한다. 이하 이 조에서 "기준일"이라 한다) 3개월 전(「국민기초생활 보장법」 제2조제2호에 따른 수급자는 사업시행계획인가 신청일 전)부터 사업시행계획인가로 인하여 이주하는 날(법 제81조제3항에 따라 건축물을 철거하는 경우 구청장의 허가를 받아 이주하는 날)까지 계속하여 거주하고 있는 무주택세대주(다만, 신발생무허가건축물에 거주하는 세입자는 제외한다) 및 B) 해당 정비구역에 거주하는 토지등소유자로서 최소분양주택가액의 4분의 1보다 권리가액이 적은 자 중 해당 정비사업으로 인해 무주택자가 되는 세대주

    2. 해당 정비구역의 주택을 공급받을 자격을 가진 분양대상 토지등소유자로서 분양신청을 포기한 자(철거되는 주택 이외의 다른 주택을 소유하지 않은 자로 한정한다)

    3. 소속 대학의 장(총장 또는 학장)의 추천에 따라 선정된 저소득가구의 대학생(제8조제1항제2호에 따라 임대주택을 계획한 해당구역으로 한정한다)

    4. 해당 정비구역 이외의 재개발구역 안의 세입자로서 제1호 또는 토지등소유자로서 제2호에 해당하는 입주자격을 가진 자

    5. 해당 정비구역에 인접하여 시행하는 도시계획사업(법·영·시행규칙 및 이 조례에 따른 정비사업을 제외한다)으로 철거되는 주택의 소유자 또는 무주택세대주로서 구청장이 추천하여 시장이 선정한 자

    6. 그 밖에 규칙으로 정하는 자

나. 주택의 규모 및 규모별 입주자선정방법, 공급절차 등에 관하여는 시·도조례로 정하는 바에 따른다.

다. 공급절차 등: 입주자모집공고 내용 및 절차, 공급신청·계약조건·임대보증금 및 임대료 등 주택공급에 관하여는 민간임대주택에 관한 특별법령, 공공주택 특별법령 및 주택법령의 관련 규정에 따른다.

C. 용적률 인센티브로 건설한 국민주택규모 주택의 인수 및 활용

III. 임대주택과 국민주택규모 주택의 인수

1. 【해설】 용적률 인센티브를 받아 건설한 국민주택규모 주택은 임대주택으로 활용됨

(1) 국민주택규모 주택의 인수

사업시행자는 법 제54조에 따라 과밀억제권역에서 용적률 인센티브를 받아 건설한 국민주택규모 주택을 국토교통부장관, 시·도지사, 시장, 군수, 구청장 또는 토지주택공사등("인수자")에게 공급하여야 한다(법 제55조 제1항).

시·도지사, 시장·군수·구청장 순으로 우선하여 인수할 수 있다. 다만, 시·도지사 및 시장·군수·구청장이 국민주택규모 주택을 인수할 수 없는 경우에는 시·도지사는 국토교통부장관에게 인수자 지정을 요청해야 하며(영 제48조 제2항), 이 경우 국토교통부장관은 30일 이내에 인수자를 지정하여 시·도지사에게 통보해야 한다(같은 조 제3항).

(2) 인수자에게 공급할 주택의 선정(공개추첨)

용적률 인센티브를 받아 시행하는 재개발·재건축사업에서 의무건설비율(서울의 경우 초과용적률의 50%에 해당하는 면적)을 초과하여 국민주택규모 주택을 건설한 경우, 건설한 국민주택규모 주택 중 인수자에게 공급할 국민주택규모 주택의 선정은 공개추첨의 방법으로 하여야 한다(영 제48조 제1항).

(3) 인수한 주택의 활용

인수자는 인수한 국민주택규모 주택을 장기공공임대주택으로 활용하여야 한다(예외 있음. 법 제55조 제4항).

"장기공공임대주택"은 공공임대주택으로서 임대의무기간이 20년 이상인 것을 말하고(영 제48조 제4항), "공공임대주택"은 국가/지방자치단체의 재정이나 주택도시기금을 지원받아 건설·매입·임차하여 공급하는 영구임대주택, 국민임대주택, 통합공공임대주택, 장기전세주택, 분양전환공공임대주택, 기존주택등매입임대주택, 기존주택전세임대주택 등을 말한다(공공주택특별법 제2조 제1호 가목; 동 시행령 제2조제1항 1~7호).

(4) 임차인 자격 및 입주자 선정

서울시가 인수한 장기공공임대주택의 임차인 자격 및 입주자 선정에 관한 사항은 「서울특별시 공공주택 건설 및 공급 등에 관한 조례 시행규칙」에서 정할 수 있다(서울시도시정비조례 제30조 제2항).

2. 【해설】 공급가격 (원칙과 예외)

(1) 공급가격: 국민주택규모 주택의 공급가격은 공공주택특별법령에 따라 국토교통부장관이 고시하는 공공건설임대주택의 표준건축비로 하며, 부속토지는 인수자에게 기부채납한 것으로 본다(법 제 55 조 제 2 항).

* 용적률 인센티브를 받아 건설한 국민주택규모 주택의 인수가격 = 공공건설 임대주택 표준건축비

재개발임대주택의 인수가격과 달리 부속토지 가격이 포함되지 않으므로, 사실상 무상양도나 다름없다.

(2) 부속토지를 유상으로 인수해야 하는 경우: 그러나 토지등소유자의 부담 완화 등 대통령령이 정하는 요건에 해당하는 경우에는 인수된 국민주택규모 주택을 장기공공임대주택이 아닌 임대주택으로 활용할 수 있는바(법 제 55 조 제 4 항 단서), 이 경우 임대주택의 인수자는 부속토지를 유상으로 인수하여야 한다(법 제 55 조 제 5 항; 영 제 48 조 제 6 항).

"대통령령으로 정하는 요건에 해당하는 경우"란 다음 각 호의 어느 하나에 해당하는 경우를 말한다(영 제 48 조 제 5 항).

　1. 아래 가목의 가액을 나목의 가액으로 나눈 값이 0.8 미만인 경우. 이 경우 가목 및 나목의 가액은 사업시행계획인가 고시일을 기준으로 산정하되 구체적인 산정방법은 국토교통부장관이 정하여 고시한다. ☞ 「소형주택의 활용기준 산정방법」(국토교통부고시 제 2020-1182 호)

　　　가. 정비사업 후 대지 및 건축물의 총 가액에서 총사업비를 제외한 가액

　　　나. 정비사업 전 토지 및 건축물의 총 가액

　2. 시·도지사가 정비구역의 입지, 토지등소유자의 조합설립 동의율, 정비사업비의 증가규모, 사업기간 등을 고려하여 토지등소유자의 부담이 지나치게 높다고 인정하는 경우

(3) 부속토지를 유상으로 인수하는 경우 그 인수가격은 ① 임대의무기간이 10 년 이상인 경우 감정평가액의 30%, ② 임대의무기간이 10 년 미만인 경우 감정평가액의 50%이다(영 제 48 조 제 6 항 제 1, 2 호). 여기서 감정평가액은 시장·군수등이 지정하는 둘 이상의 감정평가법인등이 평가한 금액을 산술평균한 금액을 말한다.

　☞ 임대사업자는 임대사업자 등록일 등 대통령령으로 정하는 시점부터 임대의무기간 동안 민간임대주택을 계속 임대하여야 하며, 그 기간이 지나지 않으면 이를 양도할 수 없다(민간임대주택법 제 43 조 제 1 항).

III. 임대주택과 국민주택규모 주택의 인수

3. 【해설】 국민주택규모 주택의 인수에 관한 사항을 사업시행계획서에 미리 반영해야 함

> 사업시행자는 용적률 인센티브를 받아 건설하는 국민주택규모 주택의 인수에 관한 사항을 사업시행계획인가 신청 전에 미리 인수자와 협의하여 사업시행계획서에 반영하여야 한다(법 제55조 제3항).

4. 【법령】「공공건설임대주택 표준건축비」[2023. 2. 1. 국토교통부고시 제2023-64호]

[시행 2023. 2. 1.]

1. 공공건설임대주택 표준건축비 (단위: 천원/㎡)

구분 (주거전용면적 기준)		건축비 상한가격 (주택공급면적에 적용)
5층 ~ 20층 이하 생략		
21층 이상	40㎡ 이하	1,162.6
	40㎡ 초과 ~ 50㎡ 이하	1,173.8
	50㎡ 초과 ~ 60㎡ 이하	1,139.2
	60㎡ 초과	1,138.4

* 주택공급면적이라 함은 「주택공급에 관한 규칙」 제21조제5항에 따른 공급면적 중 그 밖의 공용면적을 제외한 면적을 말하며 표준건축비에는 부가가치세가 포함되었음

2. 개정된 표준건축비 적용시점

<u>2023년 개정안 고시 이후 최초로 입주자모집공고의 승인을 신청하는 분</u>(국가·지방자치단체·한국토지주택공사 또는 지방공사인 경우에는 입주자모집공고를 말함) 또는 분양전환에 관한 승인을 신청하는 분(공공건설임대주택의 분양전환가격을 산정하는 경우를 말함)<u>부터 적용</u>한다.

3. 재검토기한

국토교통부장관은 「행정규제기본법」 제8조 및 「훈령·예규 등의 발령 및 관리에 관한 규정」에 따라 이 고시에 대하여 2023년 7월 1일을 기준으로 <u>3년이 되는 시점(매 3년째의 6월 30일까지를 말한다)마다 그 타당성을 검토</u>하여 개선 등의 조치를 하여야 한다.

D. 역세권 등에 대한 용적률 완화를 받아 건설한 국민주택규모 주택의 인수

제 5 장 사업시행계획인가 / 제 2 절 임대주택·국민주택규모주택의 건설과 용적률

1. 【해설】 법 제 55 조의 준용 (원칙)

> 역세권 등에서 용적률을 완화받은 사업시행자가 건설한 국민주택규모 주택의 공급 및 인수방법에 관하여는 제 55 조가 준용된다(법 제 66 조 제 3 항 제 2 문). 법 제 55 조는 앞서 본 '용적률 인센티브로 건설한 국민주택규모 주택의 인수 및 활용'에 관한 규정이다.

2. 【해설】 일부는 공공주택특별법 제 48 조에 따라 분양할 수 있음 (특례)

> (1) 인수자는 사업시행자로부터 공급받은 주택 중 '20% 이상의 범위에서 시·도조례로 정하는 비율'에 해당하는 주택은 공공주택특별법 제 48 조에 따라 분양할 수 있다.
> ☞ 해당 시·도조례 없음
>
> (2) 분양주택의 공급가격: 이 경우 공급가격(인수자에게 공급하는 가격)은 ① 건축물은 「분양가상한제 적용주택의 기본형건축비 및 가산비용」(국토교통부고시 제 2023-535 호)에 정해진 건축비로 하며, ② 부속토지의 가격은 감정평가액의 50%이다(법 제 66 조 제 4 항; 영 제 55 조 제 6 항).
>
> (3) 분양방법: 인수자는 해당 주택을 ① 지분적립형 분양주택, ② 이익공유형 분양주택 또는 ③ 토지임대부 분양주택(사업주체가 공공주택특별법 제 4 조에 따른 공공주택사업자인 경우로 한정) 중 하나로 분양해야 한다(영 제 55 조 제 6 항).
>
> ☞ "지분적립형 분양주택"이란 공공주택사업자(공공주택특별법 제 4 조)가 직접 건설하거나 매매 등으로 취득하여 공급하는 공공분양주택으로서 주택을 공급받은 자가 20 년 이상 30 년 이하의 범위에서 대통령령으로 정하는 기간 동안 공공주택사업자와 주택의 소유권을 공유하면서 소유 지분을 적립하여 취득하는 주택을 말한다(공공주택특별법 제 2 조 제 1 호의 4).
>
> ☞ "이익공유형 분양주택"이란 공공주택사업자가 직접 건설하거나 매매 등으로 취득하여 공급하는 공공분양주택으로서 주택을 공급받은 자가 해당 주택을 처분하려는 경우 공공주택사업자가 환매하되 공공주택사업자와 처분 손익을 공유하는 것을 조건으로 분양하는 주택을 말한다(공공주택특별법 제 2 조 제 1 호의 5).
>
> ☞ "토지임대부 분양주택"이란 토지의 소유권은 사업계획승인을 받아 토지임대부 분양주택 건설사업을 시행하는 자가 가지고, 건축물 및 복리시설 등에 대한 소유권은 주택을 분양받은 자가 가지는 주택을 말한다(주택법 제 2 조 제 9 호).

IV. 공공지원민간임대주택의 건설·공급

A. 정비사업에서 '공공지원민간임대주택'이 생기는 경우

1. 【해설】「공공지원민간임대 연계형 정비사업」(재개발·재건축)

> (1) "공공지원민간임대주택"이란?: 공공지원민간임대주택 은 용적률을 완화받거나 공공지원을 받아 건설하는 민간임대주택을 임대사업자가 10년 이상(임대의무기간) 임대할 목적으로 취득하여「민간임대주택법」이 정하는 임대료 및 임차인의 자격 제한을 받아 임대하는 주택을 말한다(민간임대주택법 제2조 제4호). 임대사업자는 이를 10년간 임대한 후 분양한다.
>
> 공공지원민간임대주택의 임대의무기간은 2020. 8. 18. 개정법(법률 제17482호)에서 8년에서 10년으로 연장되었다(민간임대주택법 제2조 제4호). 개정규정에 따른 임대의무기간의 연장은 2020. 8. 18. 이후 등록하는 민간임대주택부터 적용된다(동 부칙 제6조 제1항).
>
> 2015. 12. 29. 구 민간임대주택법(2015. 8. 28. 개정 법률 제13499호)에서 도입된 "기업형임대주택"(이른바 '뉴스테이 New stay')의 변형이다.
>
> (2) 공공지원민간임대 연계형 정비사업: 정비사업에서 발생하는 일반분양 주택의 일부를 '공공지원민간임대주택'으로 임대사업자에게 시세보다 저렴하게 일괄 매도, 공급하여 청년·신혼부부, 무주택자, 원주민 등에게 임대하도록 하는 사업을「정비사업 연계형 공공지원민간임대주택 사업」이라 하고, 공공지원민간임대주택을 건설·공급하는 조건으로 용적률을 완화받아 시행하는 정비사업을 공공지원민간임대 연계형 정비사업 이라 한다.
>
> '공공지원민간임대 연계형 정비사업'의 시행자는 민간임대주택법 제21조 제2호 또는 용도지역 변경 등을 통해 용적률을 완화 받고, 일반분양분 주택의 일부를 시세보다 저렴하게 임대사업자에게 공급한다.
>
> 공공지원민간임대 연계형 정비사업은 재개발·재건축 모두에서 할 수 있다.

2. 【법령】민간임대주택법 제2조(정의)

> 이 법에서 사용하는 용어의 뜻은 다음과 같다. <개정 2016. 1. 19., 2017. 1. 17., 2018. 1. 16., 2018. 3. 13., 2020. 8. 18., 2021. 3. 16.>
>
> 4. "공공지원민간임대주택"이란 임대사업자가 a) 다음 각 목의 어느 하나에 해당하는 민간임대주택을 b) 10년 이상 임대할 목적으로 취득하여 c) 이 법에 따른 임대료 및 임차인의 자격 제한 등을 받아 임대하는 민간임대주택을 말한다.

가. 나. (생략)

다. 제21조 제2호에 따라 용적률을 완화 받거나 「국토의 계획 및 이용에 관한 법률」 제30조에 따라 용도지역 변경을 통하여 용적률을 완화 받아 건설하는 민간임대주택

☞ 민간임대주택법 제21조 제2호

「주택법」 제15조에 따른 사업계획승인권자 또는 「건축법」 제11조에 따른 허가권자(이하 "승인권자등"이라 한다)는 임대사업자가 공공지원민간임대주택을 건설하기 위하여 「주택법」 제15조에 따른 사업계획승인을 신청하거나 「건축법」 제11조에 따른 건축허가를 신청하는 경우에 관계 법령에도 불구하고 다음 각 호에 따라 완화된 기준을 적용할 수 있다.

다만, 공공지원민간임대주택과 공공지원민간임대주택이 아닌 시설을 같은 건축물로 건축하는 경우 전체 연면적 대비 공공지원민간임대주택 연면적의 비율이 50퍼센트 이상의 범위에서 대통령령으로 정하는 비율 이상인 경우에 한정한다. <개정 2016. 1. 19., 2018. 1. 16.> [☞ "대통령령으로 정하는 비율"은 50%임(민간임대주택법 시행령 제17조 제1항)]

2. 「국토의 계획 및 이용에 관한 법률」 제52조에 따라 지구단위계획에서 정한 용적률 또는 같은 법 제78조에 따라 조례로 정한 용적률에도 불구하고 같은 조 및 관계 법령에 따른 용적률의 상한까지 완화

라. (생략)

마. 그 밖에 국토교통부령으로 정하는 공공지원을 받아 건설 또는 매입하는 민간임대주택

☞ 민간임대주택법 시행규칙 제1조의2(공공지원민간임대주택)

「민간임대주택에 관한 특별법」(이하 "법"이라 한다) 제2조 제4호 마목에서 "국토교통부령으로 정하는 공공지원"이란 다음 각 호의 어느 하나에 해당하는 지원을 말한다. <개정 2019. 10. 29.>

1. 「도시 및 주거환경정비법」 제9조 제1항 제10호의 사항이 포함된 정비계획에 따라 민간임대주택을 공급하는 사업에 대하여 지원하는 「주택도시기금법」에 따른 주택도시기금(이하 "주택도시기금"이라 한다)의 출자·융자 또는 같은 법에 따른 주택도시보증공사의 보증으로서 국토교통부장관이 정하여 고시하는 출자·융자 또는 보증

IV. 공공지원민간임대주택의 건설·공급

> 2. 「빈집 및 소규모주택 정비에 관한 특례법」 제 49 조 제 1 항에 따른 용적률의 완화
>
> 3. 「주택도시기금법」 제 9 조에 따른 주택도시기금의 융자로서 다음 각 호의 어느 하나에 해당하는 융자
>
> 다. 「빈집 및 소규모주택 정비에 관한 특례법」 제 2 조 제 1 항 제 3 호 가목[☞ 자율주택정비사업] 또는 나목[☞ 가로주택정비사업] 사업에 대한 융자로서 국토교통부장관이 정하여 고시하는 요건에 해당하는 융자
>
> [본조신설 2018. 7. 17.]

3. 【법령】 전부개정 도시정비법 제 9 조(정비계획의 내용)

> ① 정비계획에는 다음 각 호의 사항이 포함되어야 한다. <개정 2018.1.16, 2021.4.13, 2022.6.10>
>
> 10. 정비사업을 통하여 공공지원민간임대주택을 공급하거나 같은 조 제 11 호에 따른 주택임대관리업자(이하 "주택임대관리업자"라 한다)에게 임대할 목적으로 주택을 위탁하려는 경우에는 다음 각 목의 사항. (이하 생략)

4. 【법령】 소규모주택정비법 제 49 조(임대주택 건설에 따른 특례)

> ① 사업시행자는 빈집정비사업 또는 소규모주택정비사업의 시행으로 다음 각 호와 같이 임대주택을 건설하는 경우 「국토의 계획 및 이용에 관한 법률」 제 78 조에 따라 시·군조례로 정한 용적률에도 불구하고 다음 각 호에 따른 용적률의 상한까지 건축할 수 있다. <개정 2018. 1. 16., 2019. 4. 23., 2020. 8. 18., 2021. 7. 20., 2021. 10. 19., 2022. 2. 3., 2023. 4. 18.>
>
> 1. 공공임대주택 또는 공공지원민간임대주택을 임대주택 비율이 100 분의 20 이상의 범위에서 시·도조례로 정하는 비율 이상이 되도록 건설하는 경우: 「국토의 계획 및 이용에 관한 법률」 제 78 조 및 관계 법령에 따른 용적률의 상한(이하 "법적상한용적률"이라 한다)
>
> ☞ 시·도조례가 정하는 비율은 20%이다(예: 서울시 소규모주택정비조례 제 50 조 제 1 항).
>
> 2. 공공임대주택을 임대주택 비율이 100 분의 10 이상 100 분의 20 미만이 되도록 건설하는 경우: 임대주택 비율에 비례하여 시·도조례로 정하는 방법에 따라 산정된 용적률의 상한

② 사업시행자가 공공임대주택을 임대주택 비율이 100 분의 10 이상이 되도록 건설하고 제 1 항에 따라 용적률을 완화받은 경우 그 공공임대주택을 국토교통부장관, 시·도지사, 시장·군수등, 토지주택공사등 또는 주택도시기금이 총지분의 100 분의 50을 초과하여 출자한 「부동산투자회사법」에 따른 부동산투자회사(이하 이 조에서 "인수자"라 한다)에 공급하여야 한다. <신설 2019. 4. 23., 2020. 8. 18., 2022. 2. 3., 2023. 4. 18.>

③ <u>사업시행자는</u> 다음 각 호의 어느 하나에 해당하는 경우 건축설계가 확정되기 전에 미리 세대면적, 세대수 등 임대주택에 관한 사항을 인수자와 협의한 후 이를 <u>사업시행계획서에 반영하여야</u> 한다. <신설 2019. 4. 23., 2022. 2. 3.>

  1. 공공임대주택을 건설하는 경우

  2. 제 2 항에 따라 공공임대주택을 공급하는 경우

④ 제 2 항에 따른 <u>공공임대주택의 인수가격은 건축비와 부속토지의 가격을 합한 금액을 기초로 산정하되</u>, 사업여건 등을 고려하여 사업시행자와 인수자 간 협의로써 조정할 수 있다. <신설 2019. 4. 23., 2020. 6. 9., 2022. 2. 3.>

⑤ 제 2 항에 따른 공공임대주택의 공급 방법·절차, 제 4 항에 따른 건축비의 산정 및 부속토지의 가격 등에 관한 사항은 대통령령으로 정한다. <신설 2019. 4. 23., 2022. 2. 3.>

⑥ 시장·군수등은 사업시행자가 제 51 조제 1 항에 따른 임대주택을 다세대주택이나 다가구주택으로 건설하는 경우 주차장 설치기준에 관하여 「주택법」 제 35 조에도 불구하고 대통령령으로 정하는 기준을 적용할 수 있다. <개정 2019. 4. 23., 2022. 2. 3.>

5. 【해설】 공공재개발사업에서의 '공공지원민간임대주택' 공급 의무

공공지원민간임대주택은 공공재개발사업에서도 발생한다. 공공재개발사업을 시행하는 경우에는 건설·공급되는 주택의 전체 세대수/연면적 중 <u>토지등소유자 분양분</u>(지분형주택은 제외)을 제외한 나머지 주택의 세대수/연면적의 50% 이상을 지분형주택, 공공임대주택 또는 공공지원민간임대주택으로 건설·공급하여야 한다(법 제 2 조 제 2 호 나목 2)).

"지분형주택"은 사업시행자가 토지주택공사등인 경우 분양대상자와 사업시행자가 공동소유하는 방식의 주택을 말한다(법 제 80 조 제 1 항).

☞ "공공임대주택"은 위 III. 참조

IV. 공공지원민간임대주택의 건설·공급

> ☞ 「공공재개발사업의 공공지원민간임대주택 등 건설비율」에 관한 상세한 내용은 돈.되.법 1 제 3 장 제 3 절 I.을 참조하세요.

B. 「공공지원민간임대 연계형 정비사업」의 시행을 위한 준비 (정비구역 공모·선정)

1. 【해설】 정비구역의 추천·공모·선정

(1) 정비사업을 공공지원민간임대 연계형으로 시행하기 위해서는 먼저 지원대상 정비구역으로 선정되어야 한다. 정비사업 연계형 공공지원민간임대주택 사업을 정비구역 공모 및 선정 방법은 「공공지원민간임대주택 등에 관한 업무처리지침」(국토교통부 고시 제 2020-385 호, 2020. 5. 13., 일부개정. 이하 '업무처리지침') 제 4 장에 규정되어 있다.

(2) 국토교통부장관은 우선협상대상자(향후 우선협상대상자로 선정될 자를 말함. 아래 참조)가 설립하는 부동산투자회사, 집합투자기구 또는 투자회사에 대한 원활한 기금·보증지원을 위해 관할 지방자치단체를 대상으로 정비구역 공모를 실시할 수 있다(선정기준 제 15 조 제 1 항). 공모는 해당 정비구역의 관할 시·도지사가 추천하는 정비구역을 대상으로 하며, 추천기준은 국토교통부장관이 정한다. 국토교통부장관은 추천기준 및 해당 정비구역에 대한 현장실사 등을 통해 지원대상 정비구역을 선정한다.

다만, 공모를 거치지 않고 지원대상 정비구역을 선정할 수 있는 일정한 예외가 인정된다. (이상 업무처리지침 제 69 조 제 1, 2, 3 항.)

(3) 공모에 따라 선정된 정비구역의 우선협상대상자는 자신이 설립하는 부동산투자회사에 대한 기금의 출자·융자 및 부동산투자회사·집합투자기구·투자회사 등에 대한 보증을 주택도시보증공사에게 신청할 수 있다(업무처리지침 제 68 조).

2. 【해설】 정비계획 변경 및 사업시행계획서 작성

지원대상 정비구역으로 선정되면 공공지원민간임대주택의 건설·공급에 관한 내용이 포함되도록 정비계획을 변경하고(도시정비법 제 9 조 제 1 항 제 10 호), 이후 사업시행자는 사업시행계획서에 공공지원민간임대주택 건설계획을 포함시켜야 한다(도시정비법 제 52 조 제 1 항 제 8 호).

C. 임대사업자 선정

제 5 장 사업시행계획인가 / 제 2 절 임대주택·국민주택규모주택의 건설과 용적률

1. 【해설】 임대사업자 선정방법 개요

(1) 정비사업에서 공공지원민간임대주택이 건설되는 경우 해당 공공지원민간임대주택을 공급할 임대사업자(민간임대주택법 제 2 조 제 7 호 참조)의 선정은 국토교통부장관이 정하는 경쟁입찰 또는 수의계약의 방법으로 하여야 한다.

다만, 수의계약은 A) 2 회 이상 경쟁입찰이 유찰된 경우와 B) 국가가 출자·설립한 법인 등 대통령령으로 정한 자에게 매각하는 경우에만 할 수 있다. (이상 도시정비법 제 30 조 제 1 항.)

(2) '국가가 출자·설립한 법인 등 대통령령으로 정한 자'는 a) 국가/지방자치단체(1 호), b) 한국토지주택공사(2 호), c) 주택사업을 목적으로 설립된 지방공사(3 호. 예: 서울주택도시공사), d) 공공기관 중 대통령령으로 정하는 기관(4 호. 예: 주택도시보증공사) 또는 e) 위 1~4 호 중 어느 하나에 해당하는 자가 총지분의 50%를 초과하여 출자·설립한 법인이 단독 또는 공동으로 총지분의 50%를 초과하여 출자한 「부동산투자회사」를 말한다(도시정비법 시행령 제 24 조의 2; 부동산투자회사법 제 2 조 제 1 호).

(3) 공공재개발사업에서 건설하는 공공지원민간임대주택의 임대사업자 선정방법도 이와 같다(공공재개발사업에서 건설되는 공공지원민간임대주택의 임대사업자 선정에 관하여 단독입찰 업체와의 수의계약을 허용하는 의안이 2020 년에 발의된 적이 있었으나 불발로 끝났다).

2. 【해설】 「정비사업 연계 임대사업자 선정기준」(국토교통부고시 제 2023-353 호)

임대사업자의 선정은 정비사업시행자가 하며, ① 「정비사업 연계 임대사업자 선정기준」(이하 '선정기준')에 따라 진행하고(처리지침 제 67 조), ② 선정기준이 정하지 않은 사항은 정관, 규약 또는 시행규정(이하 "정관 등")이 정하는 바에 따르고, ③ 정관 등으로 정하지 않은 구체적인 방법 및 절차는 대의원회 또는 주민대표회의(이하 "대의원회 등"이라 한다)의 의결에 따르고, ④ 대의원회 등을 두지 않은 경우에는 조합총회 또는 토지등소유자 전체회의(이하 "총회 등"이라 한다)의 의결에 따른다. (선정기준 제 3 조.)

3. 【해설】 입찰

(1) 입찰공고: 사업시행자는 제안서 제출마감일의 전일부터 기산하여 30 일 전에 입찰공고를 하여야 한다. 이 경우 입찰 공고 이후에 현장설명회를 실시할 수 있다. (선정기준 제 6 조 제 1 항.)

IV. 공공지원민간임대주택의 건설·공급

(2) 입찰보증금: 사업시행자는 입찰에 참가하려는 자에게 입찰보증금을 내도록 할 수 있다. 입찰보증금은 제안 매입총액의 1/2000 이내의 범위에서 사업시행자가 정할 수 있다. 입찰보증금의 납부방법, 입찰보증금의 귀속·반환 등 그 밖에 필요한 사항은 사업시행자가 정한다. (선정기준 제 6 조의 2.)

(3) 재공고입찰(제 7 조): 입찰공고에 2 이상의 유효한 입찰자가 없는 경우 재공고입찰에 부쳐야 한다. 재입찰공고는 제안서 제출 마감일의 전일부터 기산하여 15 일 전에 할 수 있다. 재공고입찰에서는 <u>1 이상의 유효한 입찰자가 있으면 입찰이 성립된 것</u>으로 본다. 사업시행자가 입찰공고에서 입찰참가조건으로 현장설명회 참석의무를 적시한 경우, <u>현장설명회 참석 업체가 1 이하이면 즉시 재공고입찰을 실시할 수 있다.</u>

(4) 입찰제안서의 평가(제 8 조): 사업시행자는 제안서의 평가를 국토교통부장관이 지정한 금융전문지원기관(제 13 조)에게 대행하게 할 수 있다.

4. 【해설】우선협상대상자의 선정 (선정기준 제 9 조)

(1) 제 1 항: 사업시행자는 우선협상대상자를 선정하기 위해 총회 등에서 조합원 또는 토지등소유자(이하 "조합원 등")를 대상으로 투표를 실시하여야 하며, 이 경우 조합원 등에게 제안서 평가결과와 제안가격의 범위를 총회 등 개최 7 일 전에 공개하여야 한다.

(2) 제 2 항: 총회 등은 조합원 등 총수의 10% 이상이 직접 출석하여야 하며, 대리인이 출석한 때에는 직접 출석한 것으로 본다.

(3) 제 3 항: 투표에서 최다득표자가 출석조합원 등의 과반수 표를 얻지 못한 경우에는 최다득표자에 대한 찬반투표를 통해 출석조합원 등의 과반수 찬성을 얻어야 한다. 여기의 '출석 조합원 등'에는 서면으로 의결권을 행사하는 경우를 포함한다. (제 3 항.)

(4) 제 4 항: 사업시행자는 득표수에 따른 차순위 협상대상자를 정하고, 우선협상대상자와 가격협상이 성립되지 않는 경우 <u>차순위 협상대상자와 순차적으로 가격협상을 하여야</u> 한다.

(5) 제 5 항: 사업시행자는 재공고 입찰결과 유일한 입찰자가 있는 경우 이상의 절차를 거쳐 해당 입찰자를 우선협상대상자로 선정할 수 있다.

(6) 제 6 항: 사업시행자가 시장·군수, 주택공사 등인 경우에는 사업시행자가 직접 입찰을 실시하거나 주민대표회의가 입찰을 실시하여 선정한 자를 사업시행자에게 추천하는 방법으로 우선협상대상자를 선정할 수 있다. 이 경우 주민대표회의에서의 투표방법은 제 1 항에 따라 토지등소유자 전체를 대상으로 실시한다.

5. 【해설】 가격협상 및 업무협약 체결 (선정기준 제 10 조)

사업시행자와 우선협상대상자는 공공지원민간임대주택의 공급을 목적으로 매각할 토지, 공동주택, 지분 등의 가격에 대해 협상하고, 협상이 성립되면 업무협약을 체결하여야 한다(제 1, 4 항). 협상절차는 제 2, 3 항의 규정에 따라 진행하여야 한다.

6. 【해설】 매매예약 체결 (선정기준 제 10 조의 2)

사업시행자는 정비구역 공모에 따라 지원구역으로 선정된 이후 최초 사업시행계획인가 시점(일정한 요건 하에 '사업시행계획변경인가 시점' 또는 '최초 관리처분계획인가 시점')의 인근 공동주택 등의 시세조사를 한국부동산원에 의뢰하여야 한다(제 1, 2 항).

한국부동산원은 시세조사를 지체없이 수행하여 그 결과를 사업시행자에게 통보하여야 한다(제 5 항).

사업시행자와 우선협상대상자등은 위 시세조사를 기준으로 최초 사업시행계획인가(또는 사업시행계획변경인가) 고시 후 6 개월 이내에 매매예약을 체결하여야 한다(제 6 항).

7. 【해설】 임대사업자 선정 (선정기준 제 12 조)

(1) 사업시행자는 매매예약을 체결한 후 대의원회 등 또는 총회 등의 의결을 통해 매매예약의 상대방인 우선협상대상자를 임대사업자로 지정하여야 한다. 다만, 우선협상대상자가 부동산투자회사, 집합투자기구 또는 투자회사의 설립을 통해 임대사업을 하려는 경우에는 부동산투자회사, 집합투자기구 또는 투자회사를 설립한 이후에 그 부동산투자회사, 집합투자기구 또는 투자회사를 임대사업자로 지정하여야 한다. (제 1 항.)

(2) 임대사업자는 매매예약 체결 이후 최초로 신청한 관리처분계획인가 고시일로부터 6 개월 이내에 매매계약을 체결하여야 한다. 이 경우 매매가격 등은 매매예약 시 체결한 내용과 동일하게 반영하여야 한다. (제 3 항.)

8. 【해설】 기타 (각종 심사의 지원 및 비용부담)

(1) 사업시행자, 우선협상대상자(우선협상대상자가 되려는 자를 포함한다) 및 임대사업자는 필요한 경우 한국부동산원에 a) 매도의향 가격 범위의 적정성, b) 용적률 수준 등의 적정성, c) 제안 매매가격 범위의 적정성, d) 비례율 범위 및 추정분담금 수준의 적정성, e) 매수의향 가격의 적정성, f) 기타 공공지원민간임대주택 공급과 관련된 사항에 대한 심사를 의뢰할 수 있다(제 14 조 제 1 항).

> (2) 임대사업자 선정을 위한 비용은 사업시행자가 부담한다. 다만, 임대사업자 또는 우선협상대상자가 되려는 자와 사업시행자 사이에 비용부담에 대한 협의가 있는 경우에는 그 협의된 내용에 따른다. (제16조.)

제3절 사업시행계획의 작성 및 인가

I. 사업시행계획서의 작성과 총회결의

A. 개요

1. 【해설】 명칭 연혁

> 2003. 7. 1. 도시정비법 시행 전 재건축사업은 주택법(구 주택건설촉진법)에 의한 '<u>사업계획승인</u>'을 받았고, 재개발사업은 구 도시재개발법에 의한 '사업시행인가'를 받았다. 도시정비법 시행 이후에는 재개발·재건축 모두 도시정비법에 따른 '<u>사업시행인가</u>'를 받았다(구법 제28조 제1항).
>
> 전부개정법에서는 "사업시행인가"를 "<u>사업시행계획인가</u>"로 명칭 변경하였다(법 제50조 제1항).
>
> 주택법에 의한 사업계획승인(재건축)과 도시재개발법에 의한 사업시행인가(재개발)는 도시정비법에 의하여 인가된 사업시행계획으로 본다(제정 도시정비법 부칙 제12조).

2. 【해설】 사업시행계획서의 작성

> (1) 사업시행계획서는 정비계획에 따라 작성하여야 하고, 법 제52조, 영 제47조 및 각 시·도조례(서울시조례 제26, 27조)가 정하는 사항을 포함하여야 한다.
>
> (2) 사업시행자는 정비기반시설의 설치 및 용도폐지 기반시설의 무상양도 등에 관하여 미리 관할 시장·군수등과 협의를 거쳐 협의된 내용으로 사업시행계획서를 작성하여야 하며(법 제96조), 사업시행계획서에는 ① 정비사업의 시행으로 용도가 폐지되는 정비기반시설의 조서·도면 및 ② 그 정비기반시설에 대한 둘 이상의 감정평가법인등의 감정평가서와 ③ 새로 설치할 정비기반시설의 조서·도면 및 ④ 그 설치비용 계산서가 포함되어야 한다(영 제47조 제2항 제11호; 서울시조례 제26조 제1항).
>
> (3) 재개발사업을 환지의 방법으로 시행하는 경우(법 제23조 제2항)에는 사업시행계획서에 그에 관한 내용을 포함시켜야 하며, 그 부분은 도시개발법령 및 「도시개발업무지침」[국토교통부훈령 제1531호. 시행 2022. 6. 22.]에 따라 작성한다.

제 5 장 사업시행계획인가 / 제 3 절 사업시행계획의 작성 및 인가

> (4) 법 제 66 조[☞ 세입자 손실보상 확대에 의한 용적률 완화]에 따라 완화된 용적률을 적용받으려는 경우에는 사업시행계획인가 신청 전에 미리 정비구역 내 세입자 현황, 세입자에 대한 손실보상 계획을 시장·군수등에게 제출하고 사전협의하여야 하고, 그 후 협의된 내용에 따라 정비계획을 변경하고, 사업시행계획서를 작성할 때 시장·군수등에게 제출한 「세입자에 대한 손실보상계획」을 포함시켜야 한다(영 제 55 조 제 1, 2 항).

B. 총회의결

1. 【해설】 의결정족수와 의사정족수

> (1) 의결정족수: 사업시행계획의 작성·변경은 총회의결사항이다(경미한 변경은 제외. 법 제 45 조 제 1 항 제 9 호). 조합원 과반수 찬성(출석 조합원의 과반수가 아님)으로 의결한다(법 제 45 조 제 4 항 본문). 반드시 총회에서 의결하여야 하며 토지등소유자의 동의서로 대체할 수 없다.
>
> ☞ 동의요건/의결정족수 개정연혁은 아래 도표 10 참조
>
> (2) 의사정족수(직접출석 요건): 사업시행계획을 의결하는 총회에는 조합원 20% 이상이 직접 출석하여야 한다(법 제 45 조 제 7 항 단서). 대리인을 통하여 의결권을 행사하는 경우에는 직접 출석한 것으로 본다(같은 조 제 7 항).
>
> (3) 대의원회 대행 불가: 사업시행계획의 작성·변경에 대한 총회의결은 대의원회가 대행할 수 없다(법 제 46 조 제 4 항; 영 제 43 조 제 7 호).

2. 【해설】 정족수 충족 여부 판단의 기준시점은 '인가신청 시'

> 사업시행계획에 대한 총회결의는 사업시행계획인가를 신청하기 전에 거쳐야 한다(법 제 50 조 제 5 항). 따라서 적법한 총회결의를 거쳤는지 여부를 판단하는 기준시점은 '인가 시'가 아니고 인가신청 시'이다. 토지등소유자의 동의를 받도록 한 구법에서도 '신청 전'에 동의를 받도록 규정하였으므로 동의요건 충족 여부 판단의 기준시점은 '신청시'였다(대법원 2015. 6. 11. 선고 2013 두 15262 판결 참조).
>
> ☞ 조합설립 동의율 판단의 기준시점도 '설립인가 신청일'이다.
>
> 구법에서 추진위원회승인신청, 조합설립인가신청 및 사업시행인가신청 시 토지등소유자의 동의자 수 산정은 모두 그 신청일을 기준으로 하여야 한다는 법제처 유권해석이 있었다(법제처 법령해석례 2010. 4. 30. 안건번호 10-0059).

I. 사업시행계획서의 작성과 총회결의

3. 【해설】지정개발자가 시행하는 경우 정족수

지정개발자가 정비사업을 시행하는 경우에는 a) 사업시행계획인가를 신청하기 전에 b) 토지등소유자의 과반수의 동의 및 c) 토지면적의 2분의 1 이상의 토지소유자의 동의를 받아야 한다(경미한 사항 변경 제외. 법 제50조 제7항). 다만, 천재지변 등 그 밖의 불가피한 사유로 지정개발자가 시행하는 경우에는 토지등소유자의 동의를 받지 않아도 된다(같은 조 제8항).

"지정개발자"는 토지등소유자, 민간투자법에 따른 민관합동법인 또는 신탁업자로서 대통령령으로 정하는 요건을 갖춘 자를 말한다(법 제27조 제1항).

☞ 지정개발자에 의한 정비사업 시행에 관한 자세한 내용은 돈.되.법 1 제3장 제2절 V.를 참조하세요.

4. 【법령】전부개정 도시정비법 제50조(사업시행계획인가)

⑤ 사업시행자(시장·군수등 또는 토지주택공사등은 제외한다)는 사업시행계획인가를 신청하기 전에 미리 총회의 의결을 거쳐야 하며, 인가받은 사항을 변경하거나 정비사업을 중지 또는 폐지하려는 경우에도 또한 같다.

다만, 제1항 단서에 따른 경미한 사항의 변경은 총회의 의결을 필요로 하지 아니한다. <개정 2021.3.16>

⑦ 지정개발자가 정비사업을 시행하려는 경우에는 사업시행계획인가를 신청하기 전에 a) 토지등소유자의 과반수의 동의 및 b) 토지면적의 2분의 1 이상의 토지소유자의 동의를 받아야 한다. 다만, 제1항 단서에 따른 경미한 사항의 변경인 경우에는 토지등소유자의 동의를 필요로 하지 아니한다. <개정 2021.3.16>

⑧ 제26조 제1항 제1호 및 제27조 제1항 제1호에 따른 사업시행자는 제7항에도 불구하고 토지등소유자의 동의를 필요로 하지 아니한다. <개정 2021.3.16>

5. 【법령】전부개정 도시정비법 제45조(총회의 의결)

① 다음 각 호의 사항은 총회의 의결을 거쳐야 한다. < 개정 2019.4.23, 2020.4.7, 2021.3.16, 2022.6.10 >

9. 제52조에 따른 사업시행계획서의 작성 및 변경(제50조제1항 본문에 따른 정비사업의 중지 또는 폐지에 관한 사항을 포함하며, 같은 항 단서에 따른 경미한 변경은 제외한다)

④ 제1항 제9호 및 제10호의 경우에는 조합원 과반수의 찬성으로 의결한다.

제 5 장 사업시행계획인가 / 제 3 절 사업시행계획의 작성 및 인가

> 다만, 정비사업비가 100 분의 10(생산자물가상승률분, 제 73 조에 따른 손실보상 금액은 제외한다) 이상 늘어나는 경우에는 조합원 3 분의 2 이상의 찬성으로 의결하여야 한다.
> ⑦ 총회의 의결은 ... 창립총회, 시공자 선정 취소를 위한 총회, 사업시행계획서의 작성 및 변경, 관리처분계획의 수립 및 변경을 의결하는 총회 등 대통령령으로 정하는 총회의 경우에는 조합원의 100 분의 20 이상이 직접 출석하여야 한다. <개정 2021. 8. 10., 2023. 7. 18.>

6. 【해설】 사전통지 문제

> (1) 사업시행계획을 의결하는 총회 소집시에는 사전통지에 관한 규정이 없다. 관리처분계획의 수립·변경을 의결하기 위한 총회를 소집할 때에는 총회 개최일부터 1 개월 전에 관리처분계획의 내용 중 일정 사항을 모든 조합원에게 문서로 통지하도록 한 것(법 제 74 조 제 5 항)과 대비된다.
>
> (2) 그러나 소집통지에 포함될 회의목적사항은 회의참석에 관한 구성원들의 의사결정이나 준비를 가능하게 할 정도의 내용은 포함되어야 하므로, 사업시행계획의 중요내용과 그에 따른 정비사업비 추산액 정도는 반드시 포함되어야 한다.
>
> (3) 소집통지에 포함될 회의목적사항은 회의참석에 관한 구성원들의 의사결정이나 준비를 가능하게 할 정도면 충분하고, 달리 법령이나 정관에 특별한 규정이 없는 한, 상정될 안건의 구체적 내용이나 그에 관한 판단자료까지 반드시 소집통지에 포함해야 하는 것은 아니다(대법원 2014. 2. 13. 선고 2011 두 21652 판결. 관리처분계획에 관한 판례).
>
> 따라서 총회 회의자료에 사업시행계획 중 일부에 관한 구체적인 내용이 포함되어 있지 않았더라도 그 사항들이 사업시행계획안으로 상정되지 않았다고 할 수 없으며, 그러한 소집통지가 위법하다고 할 수도 없다(서울행정법원 2015. 12. 18. 선고 2015 구합 54001 판결).

C. [정족수 개정연혁 비교] 사업시행계획서 작성·변경의 동의요건/의결정족수 개정연혁 비교표

표 10 사업시행계획서 작성·변경의 동의요건/의결정족수 개정연혁 (비교표)

	2003. 7. 1. 도시정비법	2005. 3. 18. 개정법 (법률 제 7392 호)	2009. 2. 6. 개정법 (법률 제 9444 호)	2012. 2. 1. 개정법 (법률 제 11293 호)	2018. 2. 9. 전부개정법
의결정족수	➤ a) 토지면적 2/3 이상 및	정관등이 정하는 바에 따라 토지등소유자(재건축은	➤ 총회의결사항으로 처음 규정함 (구법 §24③xi-	➤ 의결정족수는 전과 같으나(조합원 과반수	전과 같음 (법 §45④)

I. 사업시행계획서의 작성과 총회결의

	2003. 7. 1. 도시정비법	2005. 3. 18. 개정법 (법률 제 7392 호)	2009. 2. 6. 개정법 (법률 제 9444 호)	2012. 2. 1. 개정법 (법률 제 11293 호)	2018. 2. 9. 전부개정법
정족수 또는 동의요건	토지등소유자 4/5 이상 동의(구법 §28④) ➤ 총회의결사항 아님	조합원)의 동의를 받아야 함(구법 §28④)	2 신설) ➤ 의결정족수: 조합원 과반수 동의(구법 §28⑤)	동의), 정족수를 구법 §24⑥에서 규정함(전부개정법 §45④과 동일한 내용임) ➤ 단 정비사업비가 10/100 이상 늘어나는 경우는 조합원 2/3 이상 동의(구법 §24⑥ 단서)	
의사정족수	해당 없음	해당 없음	정관으로 정함 (구법 §24⑤)	조합원 20/100 이상이 직접 출석하여야 함(구법 §24⑤. 현행과 동일).	전과 같음 (법 §45⑥)

D. ① 총회 회의자료에 사업시행계획 중 일부에 관한 구체적인 내용이 포함되어 있지 않았더라도, 그 사항들이 사업시행계획안으로 상정되지 않았다고 할 수 없어; ② 법령이나 정관에 특별한 규정이 없는 한, 소집통지에 상정될 안건의 구체적 내용이나 그에 관한 판단자료까지 반드시 포함해야 하는 것 아니야(②는 대법원판례임) —서울행정법원 2015. 12. 18. 선고 2015 구합 54001 판결[사업시행계획무효확인]

갑 제 4 호증의 기재에 의하면, 이 사건 사업시행계획 수립을 위한 2013. 4. 20.자 조합총회 회의자료에 원고들이 주장하는 사항들 중 일부에 관한 구체적인 내용이 포함되어 있지 않은 사실은 인정되나, 그러한 사실만으로 원고들이 주장하는 사항들이 이 사건 사업시행계획의 안으로 상정되지 않았다고 할 수 없다.

오히려, 갑 제 4 호증의 기재에 의하면, 조합총회 회의자료에 토지이용계획, 정비기반시설 및 공동이용시설의 설치계획, 임대주택 및 소형주택의 건설계획, 건축물의 높이 및 용적률 등에 관한 건축계획, 정비사업의 종류·명칭 및 시행기간, 정비구역의 위치 및 면적, 설계도서(조감도, 설계개요, 단지계획도, 평면도 등), 자금계획, 정비사업의 시행으로 용도폐지되는 정비기반 시설 등에 관한 내용 등이 포함되어 있고, 관련서류는 시민의 열람편의를 위하여 중랑구청 주택과에 비치하여 열람케 하고 있다는 취지의 기재가 있다.

제 5 장 사업시행계획인가 / 제 3 절 사업시행계획의 작성 및 인가

한편, 원고들의 주장을 '위 각 사항들을 누락한 채 회의자료를 배포하여 소집통지를 하였으므로 소집통지에 하자가 있다'는 취지로 이해하더라도, 일반적으로 회의체를 소집함에 있어서 그 소집통지에 포함될 회의의 목적사항은 구성원들의 회의참석에 관한 의사결정이나 준비를 가능하게 할 정도이면 충분하고, 달리 법령이나 정관 등에서 특별한 규정을 두고 있지 않은 한, 상정될 안건의 구체적 내용이나 그에 관한 판단자료까지 반드시 소집통지에 포함해야 하는 것은 아니라 할 것인데(대법원 2014. 2. 13. 선고 2011 두 21652 판결 등 참조), 도시정비법이나 그 시행령에 원고들이 주장하는 사항들을 조합원에게 통지하도록 하는 내용의 명문의 규정을 두고 있지 않고, 달리 정관에 그러한 규정이 있다는 점에 대한 주장·증명이 없으므로, 원고들의 주장은 이유 없다.

E. 사업시행인가를 위한 동의정족수는 인가신청 시를 기준으로 판단해 —대법원 2015. 6. 11. 선고 2013 두 15262 판결[사업시행인가무효확인]

【당사자】

[원고, 상고인] 원고

[피고, 피상고인] 서울특별시 마포구청장

[피고보조참가인] 주식회사 아이플랜파트너스

원심은 제 1 심판결을 인용한 판시와 같은 이유로, 이 사건 사업시행인가 당시 동의율은 79.1%[동의자 수 53 인 ÷ 토지 등 소유자 수 67 인(피고가 인정한 66 인 + 1 인)]로서, 도시정비법 제 28 조 제 7 항에서 정한 법정동의율을 넘는다는 취지로 판단하였다.

도시정비법상 사업시행인가를 위한 동의정족수는 그 인가신청 시를 기준으로 판단하여야 하는데(대법원 2014. 4. 24. 선고 2012 두 21437 판결 참조), 이 사건 인가신청 시를 기준으로 한 동의율을 살펴보면, 토지 등 소유자의 수는 67 인, 동의자 수는 52 인(원심이 인정한 53 인 중 이 사건 인가신청 후에 동의서를 제출한 소외 2 1 인을 제외한다)이고, 동의율은 77.61%(52 인/67 인)로서 법정동의율인 토지 등 소유자의 4 분의 3 이상을 충족한다.

F. 존치/리모델링 건축물이 포함된 사업시행계획

1. 【해설】 존치/리모델링 건축물이 포함된 사업시행계획인가의 특례

> 사업시행자는 일부 건축물의 존치 또는 리모델링(주택법 제 2 조 제 25 호에 따른 리모델링과 건축법 제 2 조 제 1 항 제 10 호에 따른 리모델링을 모두 포함함)에 관한 내용이 포함된 사업시행계획의 인가를 신청할 수 있다(법 제 58 조 제 1 항).

> 이 경우 시장·군수등은 존치/리모델링하는 건축물 및 건축물이 있는 토지가 주택법 또는 건축법이 정한 기준에 적합하지 않더라도 아래 기준에 따라 사업시행계획을 인가할 수 있다(법 제58조 제2항; 영 제50조).
>
> 1. 건축법 제44조에 따른 「대지와 도로의 관계」는 존치/리모델링되는 건축물의 출입에 지장이 없다고 인정되는 경우 적용하지 않을 수 있다.
>
> 2. 건축법 제46조에 따른 '건축선의 지정'은 존치/리모델링되는 건축물에 대해서는 적용하지 않을 수 있다.
>
> 3. 건축법 제61조에 따른 일조 등의 확보를 위한 건축물의 높이 제한은 리모델링되는 건축물에 대해서는 적용하지 않을 수 있다.
>
> 4. 존치/리모델링되는 건축물은 도로로 분리되어 있어도 제2조 제12호에 정의된 '하나의 주택단지'에 있는 것으로 본다.
>
> 5. 주택법 제35조에 따른 부대시설·복리시설 설치기준은 존치/리모델링되는 건축물을 포함하여 적용할 수 있다.

2. 【해설】해당 건축물 소유자의 동의

> **(1) 소유자 동의요건**
>
> 일부 건축물을 존치 또는 리모델링하는 내용이 포함된 사업시행계획서를 작성하려는 경우에는 해당 건축물 소유자의 동의를 받아야 한다(법 제58조 제3항).
>
> 해당 건축물이 집합건물인 경우에는 a) 구분소유자의 3분의 2 이상의 동의와 b) 해당 건축물 연면적의 3분의 2 이상 구분소유자의 동의를 받아야 한다.
>
> **(2) 동의가 필요 없는 경우**
>
> 정비계획에서 존치 또는 리모델링하는 것으로 계획된 경우에는 소유자의 동의가 필요 없다(법 제58조 제3항 단서). 다만, 이 경우에도 조합설립인가를 위한 '다수요건'과 '면적요건' 충족 여부의 기준이 되는 토지등소유자 수에는 포함된다(법 제35조 제2, 3항 참조).
>
> ☞ 제58조 제3항 단서(정비계획에서 존치/리모델링이 계획된 경우 소유자 동의를 받지 않아도 되는 예외)는 전부개정법에서 추가되었으며, 전부개정법 시행(2018. 2. 9.) 이후 최초로 사업시행계획인가를 신청하는 경우부터 적용한다(법률 제14567호 부칙 제14조).

G. 소규모주택정비사업의 특례

제 5 장 사업시행계획인가 / 제 3 절 사업시행계획의 작성 및 인가

> 가로주택정비사업, 소규모재건축사업 및 소규모재개발사업의 사업시행계획에 관하여는 아래와 같은 특례규정이 있다(자율주택정비사업은 해당 없음).
>
> (1) 사업시행자(사업시행자가 시장·군수등인 경우는 제외)는 사업시행계획서를 작성하기 전에 사업시행에 따른 건축물의 높이·층수·용적률 등 대통령령으로 정하는 사항에 대하여 지방건축위원회의 심의를 거쳐야 한다(소규모주택정비법 제 26 조 제 1 항).
>
> (2) 사업시행자(시장·군수등 또는 토지주택공사등은 제외한다)는 지방건축위원회의 심의를 신청하기 전에 다음의 어느 하나에 해당하는 동의 또는 의결을 거쳐야 한다 (동법 제 26 조 제 2 항 제 1, 2, 3 호).
>
>   1. 사업시행자가 토지등소유자인 경우에는 주민합의서에서 정하는 토지등소유자의 동의
>
>   2. 사업시행자가 조합인 경우에는 조합총회(시장·군수등 또는 토지주택공사등과 공동으로 사업을 시행하는 경우에는 조합원 과반수 동의로 조합총회 의결을 갈음할 수 있다)에서 조합원 과반수 찬성으로 의결. 다만, 정비사업비가 10/100(생산자물가상승률분 및 손실보상 금액은 제외) 이상 늘어나는 경우에는 조합원 2/3 이상의 찬성으로 의결
>
>   3. 사업시행자가 지정개발자인 경우에는 토지등소유자의 과반수 동의 및 토지면적 1/2 이상의 토지소유자 동의
>
> (3) 사업시행계획서에「분양설계 등 관리처분계획」이 포함된다(동법 제 30 조 제 1 항 제 10 호). 따라서 가로주택정비사업·소규모재건축사업·소규모재개발사업의 사업시행자는 건축심의를 통과하면 지방건축위원회의 심의 결과를 통지받은 날부터 90 일 이내에 (사업시행계획서를 작성하기 전에) 분양통지 및 분양공고를 한 후 분양신청을 받고(동법 제 28 조 제 1 항), 분양신청 내용에 따라 관리처분계획을 수립하고 사업시행계획서를 작성하여야 한다.

H. 리모델링의 사업계획승인 또는 행위허가

1. **【해설】행위허가와 사업계획승인**

> 리모델링사업에서는 사업시행계획인가가 행위허가와 사업계획승인으로 대체된다. ① 세대수가 증가하지 않거나 증가하는 세대수가 30 세대 미만인 경우에는 행위허가(리모델링 허가)만 받고, ③ 30 세대 이상이 증가하는 경우에는 사업계획승인도 받아야 한다(주택법 제 15 조 제 1 항; 영 제 27 조 제 1 항 제 2 호).

I. 사업시행계획서의 작성과 총회결의

> 세대수가 증가하는 리모델링을 하는 경우에는 사업계획승인 또는 행위허가를 받기 전에 권리변동·비용분담 등에 대한 계획('권리변동계획')을 수립하여야 한다(주택법 제67조).
>
> 사업계획승인을 받아야 하는 경우에는 사업계획승인신청서에 리모델링행위허가에 필요한 서류(규칙 제28조 제2항)를 함께 제출함으로써 사업계획승인과 행위허가를 동시에 받을 수 있다(주택법 제15조 제2항, 동 시행령 제27조 제6항 제1호 카목, 시행규칙 제12조 제4항 제7호).

2. 【법령】 주택법 제66조(리모델링의 허가 등)

> ① 공동주택(부대시설과 복리시설을 포함한다)의 입주자·사용자 또는 관리주체가 공동주택을 리모델링하려고 하는 경우에는 허가와 관련된 면적, 세대수 또는 입주자 등의 동의 비율에 관하여 대통령령으로 정하는 기준 및 절차 등에 따라 시장·군수·구청장의 허가를 받아야 한다.
>
> ☞ 주택법 제66조에서 "입주자"는 주택의 소유자 또는 그 소유자를 대리하는 배우자 및 직계존비속"을 말하고(주택법 제2조 제27호 나목), "사용자"와 "관리주체"는 공동주택관리법 제2조의 정의에 따른다(주택법 제2조 28, 29호).
>
> ☞ 공동주택관리법 제2조(정의)
>
> 6. "사용자"란 공동주택을 임차하여 사용하는 사람(임대주택의 임차인은 제외한다) 등을 말한다.
>
> 10. "관리주체"란 공동주택을 관리하는 다음 각 목의 자를 말한다.
>
>   가. 제6조제1항에 따른 자치관리기구의 대표자인 공동주택의 관리사무소장
>
>   나. 제13조제1항에 따라 관리업무를 인계하기 전의 사업주체
>
>   다. 주택관리업자
>
>   라. 임대사업자
>
>   마. 「민간임대주택에 관한 특별법」 제2조제11호에 따른 주택임대관리업자(시설물 유지·보수·개량 및 그 밖의 주택관리 업무를 수행하는 경우에 한정한다)
>
> ② 제1항에도 불구하고 대통령령으로 정하는 기준 및 절차 등에 따라 리모델링 결의를 한 리모델링주택조합이나 소유자 전원의 동의를 받은 입주자대표회의(「공동주택관리법」 제2조제1항제8호에 따른 입주자대표회의를 말하며, 이하 "입주자대표회의"라 한다)가 시장·군수·구청장의 허가를 받아 리모델링을 할 수 있다. <개정 2020.1.23>

제 5 장 사업시행계획인가 / 제 3 절 사업시행계획의 작성 및 인가

3. 【법령】 주택법 시행령 제 75 조(리모델링의 허가 기준 등)

① 법 제 66 조 제 1 항 및 제 2 항에 따른 리모델링 허가기준은 별표 4와 같다.

③ 법 제 66 조 제 2 항에 따라 리모델링에 동의한 소유자는 리모델링주택조합 또는 입주자대표회의가 제 2 항에 따라 시장·군수·구청장에게 허가신청서를 제출하기 전까지 서면으로 동의를 철회할 수 있다.

4. [별표] 공동주택 리모델링의 허가기준(제 75 조제 1 항 관련) <개정 2017. 2. 13.>

표 11 공동주택 리모델링 허가기준 [별표 4]

구분	세부기준

1. 동의비율	가. 입주자·사용자 또는 관리주체의 경우
	공사기간, 공사방법 등이 적혀 있는 동의서에 입주자 전체의 동의를 받아야 한다.
	나. 리모델링주택조합의 경우
	다음의 사항이 적혀 있는 결의서에 주택단지 전체를 리모델링하는 경우에는 A) 주택단지 전체 구분소유자 및 의결권의 각 75퍼센트 이상의 동의와 B) 각 동별 구분소유자 및 의결권의 각 50퍼센트 이상의 동의를 받아야 하며(리모델링을 하지 않는 별동의 건축물로 입주자 공유가 아닌 복리시설 등의 소유자는 권리변동이 없는 경우에 한정하여 동의비율 산정에서 제외한다), 동을 리모델링하는 경우에는 그 동의 구분소유자 및 의결권의 각 75퍼센트 이상의 동의를 받아야 한다.
	  1) 리모델링 설계의 개요
	  2) 공사비
	  3) 조합원의 비용분담 명세
	다. 입주자대표회의 경우
	다음의 사항이 적혀 있는 결의서에 주택단지의 소유자 전원의 동의를 받아야 한다.
	  1) 리모델링 설계의 개요
	  2) 공사비
	  3) 소유자의 비용분담 명세

2. 허용행위	가. 공동주택
	  1) 리모델링은 주택단지별 또는 동별로 한다.
	  2) 복리시설을 분양하기 위한 것이 아니어야 한다. 다만, 1층을 필로티 구조로 전용하여 세대의 일부 또는 전부를 부대시설 및 복리시설 등으로 이용하는 경우에는 그렇지 않다.
	  3) 2)에 따라 1층을 필로티 구조로 전용하는 경우 제13조에 따른 수직증축 허용범위를 초과하여 증축하는 것이 아니어야 한다.
	  4) 내력벽의 철거에 의하여 세대를 합치는 행위가 아니어야 한다.

I. 사업시행계획서의 작성과 총회결의

구분	세부기준
	나. 입주자 공유가 아닌 복리시설 등 　　1) 사용검사를 받은 후 10년 이상 지난 복리시설로서 공동주택과 동시에 리모델링하는 경우로서 시장·군수·구청장이 구조안전에 지장이 없다고 인정하는 경우로 한정한다. 　　2) 증축은 기존건축물 연면적 합계의 10분의 1 이내여야 하고, 증축 범위는 「건축법 시행령」 제6조제2항제2호나목에 따른다. 다만, 주택과 주택 외의 시설이 동일 건축물로 건축된 경우는 주택의 증축 면적비율의 범위 안에서 증축할 수 있다.

5. 【법령】 주택법 제 67 조(권리변동계획의 수립)

세대수가 증가되는 리모델링을 하는 경우에는 기존 주택의 <u>권리변동</u>, 비용분담 등 <u>대통령령으로 정하는 사항</u>에 대한 계획(이하 "<u>권리변동계획</u>"이라 한다)을 수립하여 사업계획승인 또는 행위허가를 받아야 한다.

☞ 영 제 77 조(권리변동계획의 내용) ① 법 제 67 조에서 "기존 주택의 권리변동, 비용분담 등 <u>대통령령으로 정하는 사항</u>"이란 다음 각 호의 사항을 말한다.

1. 리모델링 전후의 대지 및 건축물의 권리변동 명세

2. 조합원의 비용분담

3. 사업비

4. 조합원 외의 자에 대한 분양계획

5. 그 밖에 리모델링과 관련된 권리 등에 대하여 해당 시·도 또는 시·군의 조례로 정하는 사항

6. 【법령】 주택법 제 15 조(사업계획의 승인)

① <u>대통령령으로 정하는 호수 이상의 주택건설사업</u>을 시행하려는 자…는 (중략) 사업계획승인을 받아야 한다.

☞ 영 제 27 조(사업계획의 승인) ① 법 제 15 조제 1 항 각 호 외의 부분 본문에서 "대통령령으로 정하는 호수"란 다음 각 호의 구분에 따른 호수 및 세대수를 말한다. <개정 2018. 2. 9.>

　2. 공동주택: <u>30 세대</u>(리모델링의 경우에는 증가하는 세대수를 기준으로 한다).

제 5 장 사업시행계획인가 / 제 3 절 사업시행계획의 작성 및 인가

7. 【해설】대지사용권 문제

집합건물의 각 공유자의 지분은 전유부분의 면적 비율에 따르는 것이 원칙이나(집합건물법 제 12 조), 리모델링에 의하여 전유부분의 면적이 늘거나 줄어드는 경우에는 대지사용권은 변하지 않는 것으로 본다. 다만, 세대수 증가를 수반하는 리모델링의 경우에는 「권리변동계획」에 따른다(단, 집합건물 규약에서 달리 정한 경우에는 그 규약에 따름. 주택법 제 76 조 제 1 ~ 3 항).

8. 【법령】주택법 제 76 조(공동주택 리모델링에 따른 특례)

① 공동주택의 소유자가 리모델링에 의하여 전유부분(「집합건물의 소유 및 관리에 관한 법률」 제 2 조제 3 호에 따른 전유부분을 말한다. 이하 이 조에서 같다)의 면적이 늘거나 줄어드는 경우에는 「집합건물의 소유 및 관리에 관한 법률」 제 12 조 및 제 20 조제 1 항에도 불구하고 대지사용권은 변하지 아니하는 것으로 본다.

다만, 세대수 증가를 수반하는 리모델링의 경우에는 권리변동계획에 따른다.

☞ 집합건물법 제 12 조(공유자의 지분권) ① 각 공유자의 지분은 그가 가지는 전유부분의 면적 비율에 따른다.

② 공동주택의 소유자가 리모델링에 의하여 일부 공용부분(「집합건물의 소유 및 관리에 관한 법률」 제 2 조제 4 호에 따른 공용부분을 말한다. 이하 이 조에서 같다)의 면적을 전유부분의 면적으로 변경한 경우에는 「집합건물의 소유 및 관리에 관한 법률」 제 12 조에도 불구하고 그 소유자의 나머지 공용부분의 면적은 변하지 아니하는 것으로 본다.

③ 제 1 항의 대지사용권 및 제 2 항의 공용부분의 면적에 관하여는 제 1 항과 제 2 항에도 불구하고 소유자가 「집합건물의 소유 및 관리에 관한 법률」 제 28 조에 따른 규약으로 달리 정한 경우에는 그 규약에 따른다.

II. 정비사업비가 10% 이상 늘어나는 경우 (조합원 2/3 이상 찬성)

A. 개요

1. 【해설】특별 의결정족수 (조합원 2/3 이상의 찬성)

정비사업비가 10% 이상 늘어나는 경우에는 조합원 2/3 이상의 찬성으로 의결하여야 한다(법 제 45 조 제 4 항 단서).

II. 정비사업비가 10% 이상 늘어나는 경우 (조합원 2/3 이상 찬성)

> 정비사업비 증가율을 계산할 때에는 전과 후의 정비사업비 추산액의 전체 액수를 단순 비교하는 것으로 충분하며(건축연면적 당 정비사업비로 환산하여 비교하는 것이 아님. 서울고등법원 2019. 9. 20. 선고 2019누40514 판결), 생산자물가상승률분과 현금청산대상자에 대한 손실보상금액('현금청산금액)은 증가액에 포함시키지 않는다(법 제45조 제4항 단서 괄호 부분).

2. 【해설】 '10% 범위에서의 변경'은 경미한 변경, '10% 이상 증액'은 실질적 변경?

> 정비사업비가 10% 늘어나는 경우 조합원 2/3 이상의 동의를 받도록 한 규정은 2012. 2. 1. 개정 법률 제11293호에서 신설된 규정이다(구법 제24조 제6항). 이 규정은 대법원이 오랜 판례를 통해 확립한 「일반 총회의결의 내용 또는 사업시행계획·관리처분계획의 내용이나 그 변경이 정관 또는 조합설립사항의 실질적 변경을 가져오는 경우에는 정관변경에 관한 규정을 유추적용하여 조합원 2/3 이상의 동의에 의한 총회의결을 거쳐야 한다」는 법리(아래 참조)를 정비사업비에 관하여 '실질적 변경 여부'의 판단기준을 10%로 설정하여 입법화한 것이다.
>
> 그런데 정비사업비를 10% 범위에서 변경하는 것을 경미한 변경으로 보아 총회의결을 받지 않아도 되도록 한 것(☞ 아래 제4절 I. B. 정관규정에 따라 총회의결을 받는 경우는 별론)과 비교해 보면(정비사업비의 10% 이하 증액은 2003. 7. 1. 최초 시행 시 시행령에서부터 경미한 변경이었음. 구령 제38조 제1호), 정비사업비의 10% 이상 증액을 실질적 변경으로 보아 특별 의결정족수를 요구한 것은 매우 기이한 입법이다.

3. 【해설】 정관 또는 조합설립사항의 실질적 변경을 가져오는 경우

> 정비사업비가 10% 이상 증가된 경우가 아니라도, 사업시행계획의 내용이나 그 변경이 정관 또는 조합설립사항의 실질적 변경을 가져오는 경우에는, 정관변경에 관한 규정(법 제40조 제3항, 구법 제20조 제3항)을 유추적용하여 조합원 2/3 이상의 동의에 의한 총회의결을 거쳐야 한다는 것이 오랜 판례를 통해 확립된 법리이다(대법원 2012. 8. 23. 선고 2010두13463 판결 등).
>
> 재건축동의서 상 신축건물의 설계개요에는 「신축아파트의 규모 지하 1층, 지상 20-29층 55개동, 세대수 총 6,372세대, 용적률 299.99%」등으로 기재되어 있었는데, 사업시행계획을 수립할 당시 용적률이 약 20.8% 감소하고, 세대수도 1,230여 세대가 줄어들고, 신축아파트의 규모 등도 변경되었다면 당초의 재건축결의의 내용을 실질적으로 변경하는 것이다(대법원 2012. 8. 23. 선고 2010두13463 판결).
>
> 따라서 이런 내용의 사업시행계획을 수립하기 위해서는 조합원 2/3 이상의 동의를 얻어야 하며, 이러한 변경을 조합원 2/3 미만의 동의로 가결할 수 있도록 한 정관규정은 무효이(같은 판례).

제 5 장 사업시행계획인가 / 제 3 절 사업시행계획의 작성 및 인가

> ☞ 「조합설립인가사항의 실질적변경을 가져오는 결의」에 관한 상세한 내용은 돈.되. 법 2 제 4 장 제 8 절을 참조하세요.

4. 【해설】 '실질적 변경' 여부를 판단하는 비교 대상

(1) 정비사업비가 조합원들의 이해관계에 중대한 영향을 미칠 정도로 실질적으로 변경되었는지(또는 10% 이상 늘어났는지) 여부를 판단하는 비교대상이 되는 정비사업비는 그 <u>직전의 정비사업비</u>이다. 구체적으로 아래와 같다.

① 사업시행계획 수립시에는 a) 조합설립동의서에 기재된 철거비와 신축비 합계액과 b) 사업시행계획안에 기재된 정비사업비를 비교한다.

② 사업시행계획 변경시에는 a) 사업시행계획서에 기재된 정비사업비와 b) 사업시행변경계획안에 기재된 정비사업비를 비교한다.

③ 관리처분계획 수립시에는, ① '조합설립동의서 상의 개산액'과 '관리처분계획안의 정비사업비'를 직접 비교하지 않고, ② a) 먼저 '조합설립동의서에 기재된 철거비와 신축비 합계액'과 '사업시행계획서 상의 정비사업비'를 비교하여 실질적 변경 여부를 판단한 다음, b) 다시 '사업시행계획서에 기재된 정비사업비'와 '관리처분계획안에서 의결한 정비사업비'를 비교하여 실질적 변경 여부를 판단한다(대법원 2014. 6. 12. 선고 2012 두 28520 판결).

(2) <u>2010 년도 창립총회에서 개략적인 정비사업비 총액을 정한 이후 2017 년도 정기총회에 이르기까지 각 연도별 예산안 및 각종 정비사업비에 대한 안건만을 의결하다가 2018 년도 정기총회에서 정비사업비 총액을 의결한 경우에는</u>, a) '2010 년도 창립총회에서 의결한 전체 정비사업비 추산액'과 b) '2018 년도 정기총회에서 의결한 전체 정비사업비 추산액'을 직접 비교하여 판단한다(서울고등법원 2019. 9. 20. 선고 2019 누 40514 판결).

B. ① 사업시행계획 중 '<u>조합의 비용부담</u>'이나 '<u>시공자·설계자의 선정 및 계약서에 포함될 내용</u>'에 관한 사항이 재건축결의 당시와 비교할 때 실질적으로 변경된 경우에는, 비록 정관변경 절차가 아니라도 특별다수(조합원의 3 분의 2 이상)의 동의를 얻어야 해; ② <u>그러한 변경을 조합원 2/3 미만의 동의로 가결할 수 있도록 한 정관규정은 무효임</u> ─대법원 2012. 8. 23. 선고 2010 두 13463 판결[관리처분계획취소]

☞ 재건축동의서 상 신축건물의 설계개요에는 「신축아파트의 규모 지하 1 층, 지상 20-29 층 55 개동, 세대수 총 6,372 세대, 용적률 299.99%」 등으로 기재되어 있었는데, 사업시행계획을 수립할 당시 <u>용적률이 약 20.8% 감소</u>하고, <u>세대수도 1,230 여 세대가 줄어들고, 신축아파트의 규모 등도 변경</u>되었다면 당초의 재건축결의의 내용을 <u>실질적으로 변경하는</u>

것이라고 인정한 사례

☞ 판결이유는 <u>돈</u>.<u>되</u>.<u>법</u> 2 제 4 장 제 8 절 IV.를 참조하세요.

C. ① 관리처분계획상의 정비사업비가 조합원들의 이해관계에 중대한 영향을 미칠 정도로 실질적으로 변경되었는지 여부를 판단하는 방법: a) 먼저 '사업시행계획 시의 정비사업비'와 '조합설립동의서에 기재된 건축물 철거 및 신축비용 개산액'을 비교하여 실질적 변경 여부를 판단하고, b) 다음으로 '관리처분계획안에서 의결한 정비사업비'가 '사업시행계획 시의 정비사업비'와 비교하여 실질적 변경 여부를 판단함['조합설립동의서 상의 개산액'과 '관리처분계획안의 정비사업비'를 직접 비교하지 않음]; ② <u>a) 사업시행계획상 사업비는 6 개월 전의 조합설립동의서에 기재된 사업비보다 26.1% 증가하여 실질적으로 변경되었으나, 당시 2/3 동의를 받지 못한 하자는 취소사유에 불과하고 관리처분에 승계되지 않으며</u>; b) 관리처분계획상의 사업비는 3 년 전 사업시행계획보다 13.8% 증가하여 (3 년 간 물가상승률을 고려하면) 실질적 변경이 아니어서 조합원 2/3 이상의 동의가 필요 없다고 한 사례 — 대법원 2014. 6. 12. 선고 2012 두 28520 판결[관리처분총회결의등무효확인]

☞ 판결이유는 <u>돈</u>.<u>되</u>.<u>법</u> 2 제 4 장 제 8 절 III.을 참조하세요.

III. 사업시행계획의 인가신청 및 인가

A. 개요

1. 【해설】 인가신청서 및 첨부서류

> (1) 사업시행계획인가 신청서는 시행규칙 별지 제 8 호서식을 사용하며, 아래 서류들을 첨부하여야 한다(법 제 50 조 제 1 항; 시행규칙 제 10 조 제 1 항, 제 2 항 제 1 호)
>
> ① 정관등: a) 조합 정관, b) 사업시행자인 토지등소유자가 자치적으로 정한 규약, c) 시장·군수등, 토지주택공사등 또는 신탁업자가 작성한 시행규정(법 제 53 조)을 말한다(법 제 2 조 제 11 호).
>
> ② 총회의결서 사본: 토지등소유자가 재개발사업을 시행하는 경우와 지정개발자가 사업시행자인 경우에는 토지등소유자의 동의서 및 토지등소유자의 명부를 첨부한다.
>
> ③ 사업시행계획서(법 제 52 조)
>
> ④ 관련 인·허가등을 의제받으려는 경우에는 해당 법률에서 정하는 관계 서류(법 제 57 조 제 3 항)

제 5 장 사업시행계획인가 / 제 3 절 사업시행계획의 작성 및 인가

⑤ 수용 또는 사용할 토지 또는 건축물의 명세 및 소유권 외의 권리의 명세서(재건축사업의 경우는 천재지변, 그 밖의 불가피한 사유로 긴급하게 정비사업을 시행하는 경우로 한정함)

(2) 사업시행계획 변경·중지 또는 폐지인가 신청서에는 ① 관련 인·허가등을 의제 받으려는 경우 해당 법률에서 정하는 관계 서류(법 제 57 조 제 3 항)와 ② 변경·중지 또는 폐지의 사유 및 내용을 설명하는 서류를 첨부한다(시행규칙 제 10 조 제 2 항 제 2 호).

(3) 사업시행계획의 인가신청은 사업시행자(사업시행자가 둘 이상인 경우에는 그 대표자)가 한다(규칙 제 10 조 제 1 항).

2. 【해설】 의제받는 인·허가에 필요한 관련서류

사업시행자가 사업시행계획인가를 받으면 주택법에 따른 사업계획승인, 공공주택특별법에 따른 주택건설사업계획승인, 건축법에 따른 건축허가 등 관련 인·허가를 받은 것으로 간주되는데(도시정비법 제 57 조 제 1 항), 이와 같이 인·허가등의 의제를 받으려는 경우에는 사업시행계획인가를 신청하는 때에 해당 인·허가를 받기 위해 필요한 관계서류를 함께 제출하여야 한다(같은 조 제 3 항).

B. 사업시행계획의 공람

1. 【해설】 공람과 통지

(1) 시장·군수등은 사업시행계획인가를 하려는 경우에는 관계 서류의 사본을 14 일 이상 일반인이 공람할 수 있게 하여야 하며(법 제 56 조 제 1 항), 그 요지와 공람장소를 해당 지방자치단체의 공보등에 공고하고, 토지등소유자에게 공고내용을 통지하여야 한다(영 제 49 조). 토지등소유자에 대한 개별통지는 공람과 별도로 해야 하는 절차이다(대법원 2014. 2. 27. 선고 2011 두 25173 판결 참조).

시장·군수등이 사업시행자로서 사업시행계획서를 작성하려는 경우도 마찬가지이다.

(2) 사업시행계획인가신청서와 관계서를 일반의 공람에 제공하는 주체는 사업시행자가 아니고 인가권자인 시장·군수등이다. 즉, 시장·군수등이 사업시행계획인가 신청서를 접수한 후 이를 인가하려는 경우에는 인가 처분을 하기 전에 공람 절차를 진행하여야 한다. 적법한 공람절차의 진행 없이 한 사업시행계획인가 처분은 위법하다.

2. 【해설】 공람절차에서의 의견제출

> 토지등소유자 또는 조합원, 그 밖에 정비사업과 관련하여 이해관계를 가지는 자는 공람기간 이내에 시장·군수등에게 서면으로 의견을 제출할 수 있으며, 시장·군수등은 제출된 의견을 심사하여 채택할 필요가 있다고 인정하는 때에는 이를 채택하고, 그러하지 않은 경우에는 의견을 제출한 자에게 그 사유를 알려주어야 한다(법 제56조 제1, 2항).

C. 사업시행계획변경인가를 하기 전에 공람·공고·통지 절차를 거치지 않은 하자는 중대하고 명백한 하자가 아니라고 본 사례 ―서울고등법원 2017. 5. 26. 선고 2016누82081 판결[수용재결취소등]

【당사자】

원고	별지 1 '원고들 명단' 기재와 같다.
피고,항소인	1.서울특별시 지방토지수용위원회
피고,피항소인검피고 1.의보조참가인	2. A구역주택재개발정비사업조합

마포구청장이 2011. 6. 17. 피고 조합에게 사업시행계획변경인가를 하기 전에 위 공람, 공고 및 통지절차를 이행하지 않은 사실은 당사자 사이에 다툼이 없다.

그러나 ① 피고 조합의 조합원총회가 2011. 6. 8. 사업시행계획변경을 조합원 과반수의 동의로 의결한 점, ② 이 사건 주택재개발사업과 관련하여 이해관계를 가지는 자는 위 공람기간 내에 마포구청장에게 의견을 제출할 수 있으나, 마포구청장이 위 의견을 반드시 따라야 하는 것은 아니고 이를 채택하지 않을 수 있는 점 등을 종합하여 볼 때, 위 공람, 공고 및 통지절차를 이행하지 않았다는 사정만으로 위 사업시행계획변경인가에 중대하고 명백한 하자가 있다고 할 수 없다.

D. 사업시행계획인가와 관리처분계획인가의 시기 조정

> 도시정비법 제75조는 사업시행계획인가 및 관리처분계획인가의 시기조정에 관하여 규정하며 시기조정의 구체적 사유를 시·도조례에 위임하고 있다.
>
> 서울시조례와 부산시조례는 사업시행계획인가의 시기조정사유와 관리처분계획인가의 시기조정사유를 동일하게 규정하고 있다. 경기도조례는 관리처분계획인가의 시기조정 사유만 규정하고 사업시행계획인가의 시기조정에 관한 규정은 없다(경기도조례 제27조). 인천시조례는 2024. 5. 1. 현재까지 시기조정에 관한 규정이 없다.

제 5 장 사업시행계획인가 / 제 3 절 사업시행계획의 작성 및 인가

1. 【해설】 개요

(1) 특별시장·광역시장 또는 도지사는 정비사업의 시행으로 정비구역 주변 지역에 주택이 현저하게 부족하거나 주택시장이 불안정하게 되는 등 시·도조례로 정하는 사유가 발생하는 경우에는 시·도 주거정책심의위원회(주거기본법 제 9 조 참조)의 심의를 거쳐 사업시행계획인가 또는 관리처분계획인가의 시기를 조정하도록 해당 시장, 군수 또는 구청장에게 요청할 수 있다.

이 경우 요청을 받은 시장, 군수 또는 구청장은 특별한 사유가 없으면 그 요청에 따라야 하며, 사업시행계획인가 또는 관리처분계획인가의 조정 시기는 인가를 신청한 날부터 1년을 넘을 수 없다. (이상 법 제 75 조 제 1 항.)

(2) 특별자치시장 및 특별자치도지사는 자신이 직접 사업시행계획인가 또는 관리처분계획인가의 시기를 조정할 수 있다(같은 조 제 2 항).

(3) 시행계획인가 또는 관리처분계획인가의 시기 조정의 방법 및 절차 등에 필요한 사항은 시·도조례로 정한다(같은 조 제 3 항).

2. 【해설】 시기조정사유 (심의대상구역 → 주거정책심의회 심의 → 조정대상구역)

(1) 시기조정사유 (심의대상구역)

서울시 도시정비조례가 규정하는 시기조정사유는 아래와 같다(서울시조례 제 49 조 제 1 항. 서울시 조례는 사업시행계획인가 조정사유와 관리처분계획인가 조정사유를 동일하게 규정하고 있다).

① 정비구역의 기존 주택 수가 자치구 주택 재고 수의 1 퍼센트를 초과하는 경우(제 1 호). "주택재고량"이란 시장이 통계청 인구주택총조사를 기준으로 매 분기까지 주택공급과 주택멸실을 고려하여 작성한 주택의 재고량을 말한다(조례 제 48 조 제 2 호).

② 정비구역의 기존 주택 수가 2,000 호를 초과하는 경우(제 2 호).

③ 정비구역의 기존 주택 수가 500 호를 초과하고, 같은 법정동에 있는 1 개 이상의 다른 정비구역(다음 각 목 중 하나에 해당)의 기존 주택 수를 더한 합계가 2,000 호를 초과하는 경우(제 3 호).

　가. 해당구역의 인가 신청일을 기준으로 최근 6 개월 이내 관리처분계획인가를 신청하였거나, 관리처분계획인가를 받은 구역

　나. 조정대상구역 중 이주가 완료되지 않은 구역

위 ①, ②, ③의 시기조정사유 중 어느 하나에 해당하는 구역을 "심의대상구역"이라 한다(서울시조례 제 49 조 제 1 항).

(2) 시기조정의 절차 및 방법 (조정대상구역)

심의대상구역의 사업시행자가 사업시행계획인가 또는 관리처분계획인가를 신청하는 경우 구청장은 시기조정자료와 검토의견을 작성하여 시장에게 심의를 신청하여야 하고, 시장은 주거정책심의회의 심의를 거쳐 조정여부 및 조정기간 등을 결정한다(서울시조례 제 51 조 제 1, 2 항).

이 과정을 거쳐 시기조정 대상으로 확정된 정비구역을 "조정대상구역"이라 한다(서울시조례 제 48 조 제 3 호).

시장은 그 결정사항을 심의신청일로부터 60 일 이내 구청장에게 서면으로 통보하며, 구청장은 특별한 사유가 없으면 결정사항에 따라야 한다(서울시조례 제 51 조 제 3 항). 그러나 사업시행계획인가 조정기간 중이라도 사업시행자는 공공지원자와 협의하여 시공자를 선정할 수 있다(제 5 항). 구청장은 결정된 조정기간이 경과되면 인가를 할 수 있다(제 4 항).

(3) 심의대상구역 중 다음 각 호의 어느 하나에 해당하는 경우 조정대상구역으로 정할 수 있다(서울시조례 제 49 조 제 2 항).

    1. 주변지역의 주택 멸실량이 공급량을 30 퍼센트를 초과하는 경우

    2. 주변지역의 주택 멸실량이 공급량을 2,000 호를 초과하는 경우

    3. 그 밖에 주택시장 불안정 등을 고려하여 주거정책심의회에서 인가 시기의 조정이 필요하다고 인정하는 경우

☞ "주변지역"이란 사업시행구역이 위치한 자치구와 행정경계를 접하는 자치구를 말한다(조례 제 48 조 제 1 호).

3. 【해설】 법정동과 행정동

(1) "법정동"은 일제강점기 이래 사용되어 온 명칭(해방 후 町→洞)으로서 지방자치법 제 7 조 제 1 항에 의하여 우리나라 읍·면·동 명칭 체계에서 정식 동명으로 자리매김한 명칭이다. 법정동은 부동산 지번의 기준이 된다. 지번주소에도 법정동을 쓰고, 도로명주소에 병기하는 동명칭도 법정동을 쓴다.

(2) "행정동"은 행정 능률과 주민의 편의를 위하여 그 지방자치단체의 조례로 정하는 바에 따라 ① 하나의 동을 2 개 이상의 동으로 운영하거나, ② 2 개 이상의 동을 하나의 동으로 운영하는 행정운영 상의 동을 말한다(지방자치법 제 7 조 제 4 항). ①의 예로 서초동(법정동)은 4 개의 행정동(서초 1·2·3·4 동)으로 운영되고, ②의 예로 강남

구 포이동은 독립된 법정동이나, 행정적으로는 개포 4 동(행정동)에 속한다. 행정동은 주민행정의 기준이 되며, 주민센터는 행정동에 설치된다(지방자치법 제 9 조 제 1 항).

4. 【해설】 시기조정자료의 제출 (서울시조례 제 50 조)

구청장은 해당 자치구의 주택공급, 멸실 현황 및 예측, 정비사업 추진현황 및 계획(제 49 조 제 1 항 제 3 호에 따른 심의대상구역 해당 여부를 포함한다), 전세가격 동향 등을 매월 말일까지 작성하여 시장에게 제출하여야 하며(조례 제 50 조 제 1 항), 시장은 구청장이 제출한 시기조정자료 등을 기초로 자치구별 주택 재고량을 매 분기별 공고하여야 한다(같은 조 제 2 항). 구청장은 정비구역의 사업시행계획인가 또는 관리처분계획인가 신청 이전이라도 시기조정자료를 사업시행자에게 요청할 수 있다(같은 조 제 3 항).

"시기조정자료"란 해당 구역의 현황 및 추진상황, 예상 이주시기 및 이주가구, 주택의 멸실 및 공급량을 말한다(조례 제 48 조 제 4 호).

5. 【자치법규】 경기도 도시정비조례 제 27 조(관리처분계획의 인가 시기 조정)

☞ 경기도 조례는 관리처분계획인가의 시기조정사유만을 규정하고 사업시행인가의 시기조정사유는 규정하지 않고 있다.

① 법 제 75 조제 1 항에 따라 "조례로 정하는 사유가 발생한 경우"란 다음 각 호의 어느 하나에 해당하는 경우로서 시장·군수가 관리처분계획 인가 시기 조정이 필요하다고 인정하는 경우를 말한다. [단서삭제 2020.07.15.] <개정 2020.07.15.>

  1. 정비구역의 기존 주택 수(순환용주택 이주 대상은 제외한다. 이하 이 조에서 같다)가 2,000 호를 초과하는 경우

  2. 정비구역의 기존 주택 수가 1,000 호를 초과하고, 다음 각 목의 어느 하나에 해당하는 경우

    가. 해당 시·군 주택 수의 1 퍼센트를 초과하는 경우

    나. 해당 시·군의 다른 정비구역(이 조례 시행 후 관리처분계획 인가 신청일 전 3 개월 이내 관리처분계획 인가를 신청하였거나 인가된 정비구역을 말한다)의 기존 주택 수를 더한 합계가 3,000 호를 초과하는 경우

② 사업시행계획인가된 정비구역을 관할하는 지역의 시장·군수는 해당 시·군의 주택 공급, 멸실 현황, 정비사업 추진 현황 등을 분기별로 작성하여 도지사에게 제출하여야 한다.

III. 사업시행계획의 인가신청 및 인가

> ③ 제1항에 따라 심의 대상에 해당하는 경우 시장·군수는 해당 정비구역의 관리처분계획 인가 신청에 대하여 경기도 주거정책심의위원회 심의에 필요한 다음 각 호의 사항과 검토의견을 작성하여 도지사에게 제출하여야 한다. [전문개정 2020.07.15.]
>
>   1. 정비구역 주변지역의 주택거래 동향, 주택보급률, 임대주택 현황 등 주택시장 현황 자료
>
>   2. 정비사업의 진행으로 인하여 예상되는 주택멸실 및 이주자 현황, 향후 시기 조정에 따른 주택수급 계획
>
> ④ 도지사는 제3항에 따른 자료를 받은 경우, 「주거기본법」 제9조에 따른 주거정책심의위원회의 심의를 거쳐 자료를 받은 날로부터 60일 이내에 시장·군수에게 그 결과를 통보하고, 시장·군수는 특별한 사유가 없으면 통보한 사항에 따라야 한다. <개정 2020.07.15.>

6. **【조례】 부산시 도시정비조례 제53조(사업시행계획인가 및 관리처분계획의 인가 시기 조정)**

> ① 법 제75조 제1항에서 "특별시·광역시 또는 도의 조례로 정하는 사유"란 다음 각 호의 어느 하나에 해당하는 경우를 말한다.
>
>   1. 정비사업의 시행으로 인하여 정비구역 주변 지역(사업시행구역이 위치한 구·군과 행정경계를 접하는 구·군을 말한다. 이하 이 조에서 같다)에 현저한 주택 부족이나 주택시장의 불안정이 예상되는 경우
>
>   2. 정비사업이 특정시기에 집중되어 주택이 일시에 멸실되고 전세난 등 주택 수급이 어려워 질 것이 예상되는 경우

E. 사업시행계획의 인가

1. 【해설】 사업시행계획 인가의 통보 및 고시

> (1) 시장·군수등은 사업시행계획서 제출일부터 <u>60일 이내</u>에 인가 여부를 결정한다(법 제50조 제4항). 사업시행계획을 인가한 때에는 사업시행자에게 그 사실을 통보하여야 하며(사업시행계획인가서를 교부함), 그 내용을 해당 지방자치단체의 공보에 고시하고(법 제50조 제4, 9항), 고시한 내용을 해당 지방자치단체의 인터넷 홈페이지에 실어야 한다(시행규칙 제10조 제4항).
>
> 사업시행계획인가 고시문에는 아래 사항들이 포함되어야 한다(규칙 제10조 제3항).
>
>   가. 정비사업의 종류 및 명칭

나. 정비구역의 위치 및 면적

다. 사업시행자의 성명 및 주소(법인인 경우에는 법인의 명칭 및 주된 사무소의 소재지와 대표자의 성명 및 주소를 말한다)

라. 정비사업의 시행기간

마. 사업시행계획인가일

바. <u>수용 또는 사용할 토지 또는 건축물의 명세 및 소유권 외의 권리의 명세</u>(해당하는 사업을 시행하는 경우로 한정한다)

사. 건축물의 대지면적·건폐율·용적률·높이·용도 등 건축계획에 관한 사항

아. 주택의 규모 등 주택건설계획

자. 정비기반시설 및 토지 등의 귀속에 관한 사항(법 제97조)

(2) 정비계획에는 정비사업시행 예정시기가 포함되어 있는바(법 제9조 제1항 제9호), 정비사업시행 예정시기는 사업시행계획인가 <u>고시일</u>을 의미한다(정비계획 수립지침 4-3-4).

2. **【해설】 종이공보에 고시하지 않고 홈페이지에만 게재한 사업시행계획인가의 효력**

(1) 사업시행인가의 고시문을 해당 지방자치단체의 시보(종이공보)에 게재하지 않고, 홈페이지 알림마당의 '고시/공고'란에만 게재한 경우 사업시행계획인가 처분의 효력 여부가 문제된 적이 있다.

(2) 제1심에서는 그것이 절차상 하자에 해당하지만 사업인가처분 자체를 무효로 볼 정도로 중대·명백한 하자가 아니라고 보았으나(의정부지방법원 2018. 7. 5. 선고 2017구합12426 판결), 항소심에서는 공보에의 고시는 사업시행계획인가 처분의 성립이나 효력발생요건이 아니라고 보았다(서울고등법원 2019. 1. 9. 선고 2018누60184 판결).

(3) 위 항소심판결은 "사업시행인가나 관리처분계획인가는 공보에 고시함으로써 성립한다"거나, "사업시행인가나 관리처분계획인가는 공보에 고시한 날 또는 그로부터 ○일 후에 효력이 발생한다"는 조항을 두고 있지 않다는 점을 근거로 들었다.

그러나 이는 타당하다고 보기 어렵다.

공보에의 고시가 사업시행계획인가의 효력요건인지 여부를 직접 다룬 대법원 판례는 없으나, 도시정비법은 사업시행인가를 기준일로 삼을 때 항상 그 "사업시행계획인가의 고시가 있은 날"을 기준일로 규정하고(예: 법 제98조 제5, 6항), 사업시행계획인가의 효력발생 시점이 고시일이라는 것을 당연히 전제한 수많은 판례들이 있다(예를

들어 행정재산인 공원부지가 정비사업의 시행으로 용도폐지되는 시점을 당연하게 사업시행계획인가 고시일로 인정한 사례. 대법원 2015. 2. 26. 선고 2012두6612 판결).

(4) 요컨대, 공보에의 고시를 법적 의무로 규정하고 있는 이상(법 제50조 제4, 9항) 공보게재는 사업시행계획인가 처분의 효력발생요건이라고 보는 것이 타당하다. 다만, 위 사건의 제1심판결이 판시한 것처럼, 사업시행인가의 고시문을 종이공보에 게재하지 않고 홈페이지 알림마당의 '고시/공고'란에만 게재한 경우 그 하자는 사업시행계획인가 처분을 무효로 할 정도로 중대하고 명백한 하자로 볼 수 없다.

IV. 관련 인·허가의 의제

A. 개요

1. 【해설】 사업인정 및 관련 인·허가 등의 의제

(1) 사업시행계획인가 고시가 있은 때에는 토지보상법에 따른 사업인정 및 그 고시가 있은 것으로 본다(법 제65조 제2항). 따라서 사업시행계획인가가 고시됨으로써 정비사업은 공익사업이 되고, 정비사업의 시행자는 도시정비법이 준용하는 토지보상법 규정에 따라 토지등을 수용하거나 사용할 수 있다(토지보상법 제4조, 제19조 제1항, 20조 제1항).

(2) 사업시행계획인가를 받으면 정비사업의 시행에 필요한 주택법 상의 사업계획승인, 건축허가 등 개별법령에서 규정하고 있는 각종 인·허가 등을 받은 것으로 간주되고, 사업시행계획인가가 고시되면 해당 인·허가등의 고시·공고 등이 있은 것으로 본다(법 제57조 제1항). 따라서 정비사업시행자는 사업시행계획인가만 받으면 개별법령에서 규정하고 있는 인·허가등을 별도로 받지 않고 정비사업을 시행할 수 있다.

(3) 위와 같이 인·허가등을 받은 것으로 보는 경우에는 해당 인·허가등의 대가로 부과되는 수수료와 해당 국·공유지의 사용 또는 점용에 따른 사용료 또는 점용료를 면제한다(법 제57조 제7항).

2. 【해설】 관련 인·허가 등을 위한 심사: '관계서류의 제출'과 '관계 기관장과의 협의'

(1) 관계서류의 제출: 관련 인·허가 등의 의제 규정은 관련 인·허가등을 위한 심사까지 배제하는 것은 아니다(대법원 2011. 1. 20. 선고 2010두14954 전원합의체 판결). 따라서 사업시행자가 위 규정에 따라 인·허가등의 의제를 받으려는 경우에는 사업시행계획인가를 신청할 때 각 해당 법률에서 정하는 인·허가에 필요한 관계서류를 함께 제출하여야 한다(법 제57조 제3항).

(2) 관계 기관장과의 협의: 시장·군수등은 사업시행계획인가를 하거나 사업시행계획서를 작성하려는 경우 의제되는 인·허가등에 해당하는 사항이 있는 때에는 미리 관계 행정기관의 장과 협의하여야 한다.

협의를 요청받은 관계 행정기관의 장은 요청받은 날부터 30일 이내에 의견을 제출하여야 하며, 30일 이내에 의견을 제출하지 않으면 협의된 것으로 본다. (이상 같은 조 제4항.)

시장·군수등은 사업시행계획인가(시장·군수등이 사업시행계획서를 작성한 경우 포함)를 하려는 경우 정비구역부터 200미터 이내에 교육시설이 설치되어 있는 때에는 해당 지방자치단체의 교육감 또는 교육장과 협의하여야 하며, 인가받은 사항을 변경하는 경우도 마찬가지이다(같은 조 제5항).

사업시행계획인가를 하는 시장·군수등은 위와 같은 협의 절차를 거치는 외에 의제되는 인·허가 등의 개별 근거법령에서 정한 행정절차(예: 국토계획법 제28조 등에서 정한 도시·군관리계획 입안을 위한 주민 의견청취 절차 등)를 별도로 거칠 필요는 없다(대법원 2018. 11. 29. 선고 2016두38792 판결).

(3) 예외: 시장·군수등은 천재지변이나 그 밖의 불가피한 사유로 긴급히 정비사업을 시행할 필요가 있다고 인정하는 때에는 관계 행정기관의 장 및 교육감 또는 교육장과 협의를 마치기 전에 사업시행계획인가를 할 수 있다. 이 경우에는 협의를 마칠 때까지 인·허가등을 받은 것으로 의제되지 않는다.

3. 【해설】 의제된 인·허가 등에 하자가 있는 경우

사업시행계획 인가권자가 관계 행정기관의 장과 미리 협의한 사항에 한하여 인허가 등이 의제될 뿐이고, 그 각호에 열거된 모든 인허가 등에 관하여 일괄하여 사전협의를 거칠 것을 인가처분의 요건으로 하고 있지는 않다.

따라서 인·허가 의제 대상이 되는 처분에 하자가 있는 경우, 그것은 해당 인·허가 의제의 효과가 발생하지 않는 사유가 될 수 있을 뿐, 사업시행계획인가 처분 자체의 위법사유가 될 수는 없다. (이상 대법원 2017. 9. 12. 선고 2017두45131 판결 참조.)

그러므로 사업시행계획인가 처분에 따라 의제된 인·허가의 위법을 다투고자 하는 경우에는 사업시행계획 인가처분의 취소를 구할 것이 아니라, 의제된 개별 인·허가의 취소를 구하여야 한다(대법원 2018. 11. 29. 선고 2016두38792 판결).

IV. 관련 인·허가의 의제

4. 【법령】 전부개정 도시정비법 제 57 조(인・허가등의 의제 등)

① 사업시행자가 사업시행계획인가를 받은 때(시장·군수등이 직접 정비사업을 시행하는 경우에는 사업시행계획서를 작성한 때를 말한다. 이하 이 조에서 같다)에는 다음 각 호의 인가·허가·결정·승인·신고·등록·협의·동의·심사·지정 또는 해제(이하 "인·허가등"이라 한다)가 있은 것으로 보며, 제 50 조제 9 항에 따른 사업시행계획인가의 고시가 있은 때에는 다음 각 호의 관계 법률에 따른 인·허가등의 고시·공고 등이 있은 것으로 본다. <개정 2020.3.31, 2020.6.9, 2021.3.16, 2021.7.20, 2021.11.30, 2022.6.10>

1. 「주택법」 제 15 조에 따른 사업계획의 승인

2. 「공공주택 특별법」 제 35 조에 따른 주택건설사업계획의 승인

3. 「건축법」 제 11 조에 따른 건축허가, 같은 법 제 20 조에 따른 가설건축물의 건축허가 또는 축조신고 및 같은 법 제 29 조에 따른 건축협의

4. 「도로법」 제 36 조에 따른 도로관리청이 아닌 자에 대한 도로공사 시행의 허가 및 같은 법 제 61 조에 따른 도로의 점용 허가

5. 「사방사업법」 제 20 조에 따른 사방지의 지정해제

6. 「농지법」 제 34 조에 따른 농지전용의 허가・협의 및 같은 법 제 35 조에 따른 농지전용신고

7. 「산지관리법」 제 14 조・제 15 조에 따른 산지전용허가 및 산지전용신고, 같은 법 제 15 조의 2 에 따른 산지일시사용허가・신고와 「산림자원의 조성 및 관리에 관한 법률」 제 36 조제 1 항・제 4 항에 따른 입목벌채등의 허가・신고 및 「산림보호법」 제 9 조제 1 항 및 같은 조 제 2 항제 1 호에 따른 산림보호구역에서의 행위의 허가. 다만, 「산림자원의 조성 및 관리에 관한 법률」에 따른 채종림・시험림과 「산림보호법」에 따른 산림유전자원보호구역의 경우는 제외한다.

8. 「하천법」 제 30 조에 따른 하천공사 시행의 허가 및 하천공사실시계획의 인가, 같은 법 제 33 조에 따른 하천의 점용허가 및 같은 법 제 50 조에 따른 하천수의 사용허가

9. 「수도법」 제 17 조에 따른 일반수도사업의 인가 및 같은 법 제 52 조 또는 제 54 조에 따른 전용상수도 또는 전용공업용수도 설치의 인가

10. 「하수도법」 제 16 조에 따른 공공하수도 사업의 허가 및 같은 법 제 34 조제 2 항에 따른 개인하수처리시설의 설치신고

11. 「공간정보의 구축 및 관리 등에 관한 법률」 제 15 조제 4 항에 따른 지도등의 간행 심사

12. 「유통산업발전법」 제 8 조에 따른 대규모점포등의 등록

13. 「국유재산법」 제 30 조에 따른 사용허가(재개발사업으로 한정한다)

14. 「공유재산 및 물품 관리법」 제 20 조에 따른 사용·수익허가(재개발사업으로 한정한다)

15. 「공간정보의 구축 및 관리 등에 관한 법률」 제 86 조제 1 항에 따른 사업의 착수·변경의 신고

16. 「국토의 계획 및 이용에 관한 법률」 제 86 조에 따른 도시·군계획시설 사업시행자의 지정 및 같은 법 제 88 조에 따른 실시계획의 인가

17. 「전기안전관리법」 제 8 조에 따른 자가용전기설비의 공사계획의 인가 및 신고

18. 「소방시설 설치 및 관리에 관한 법률」 제 6 조제 1 항에 따른 건축허가등의 동의, 「위험물안전관리법」 제 6 조제 1 항에 따른 제조소등의 설치의 허가(제조소등은 공장건축물 또는 그 부속시설과 관계있는 것으로 한정한다)

19. 「도시공원 및 녹지 등에 관한 법률」 제 16 조의 2 에 따른 공원조성계획의 결정

☞ 제 19 호는 2022. 6. 10. 개정 법률 제 18941 호에서 신설되었다(시행일: 2022. 12. 11.)

② 사업시행자가 공장이 포함된 구역에 대하여 재개발사업의 사업시행계획인가를 받은 때에는 제 1 항에 따른 인·허가등 외에 다음 각 호의 인·허가등이 있은 것으로 보며, 제 50 조제 9 항에 따른 사업시행계획인가를 고시한 때에는 다음 각 호의 관계 법률에 따른 인·허가 등의 고시·공고 등이 있은 것으로 본다. <개정 2021. 3. 16.>

1. 「산업집적활성화 및 공장설립에 관한 법률」 제 13 조에 따른 공장설립등의 승인 및 같은 법 제 15 조에 따른 공장설립등의 완료신고

2. 「폐기물관리법」 제 29 조제 2 항에 따른 폐기물처리시설의 설치승인 또는 설치신고(변경승인 또는 변경신고를 포함한다)

3. 「대기환경보전법」 제 23 조, 「물환경보전법」 제 33 조 및 「소음·진동관리법」 제 8 조에 따른 배출시설설치의 허가 및 신고

4. 「총포·도검·화약류 등의 안전관리에 관한 법률」 제 25 조제 1 항에 따른 화약류저장소 설치의 허가

IV. 관련 인·허가의 의제

B. 주택건설사업계획 승인권자가 도시·군관리계획 결정권자와 협의를 거쳐 <u>주택건설사업계획을 승인하면 도시·군관리계획결정이 이루어진 것으로 의제되는 경우, 이러한 협의 절차와 별도로 국토계획법 제 28 조 등에서 정한 도시·군관리계획 입안을 위한 주민 의견청취 절차를 거칠 필요는 없어</u> —대법원 2018. 11. 29. 선고 2016 두 38792 판결[임대주택건설사업계획승인처분취소]

【당사자】

【원고, 상고인】 원고
【피고, 피상고인】 거제시장
【피고보조참가인】 소동임대주택조합

구 주택법 제 17 조 제 1 항에 인허가 의제 규정을 둔 입법 취지는, 주택건설사업을 시행하는 데 필요한 각종 인허가 사항과 관련하여 주택건설사업계획 승인권자로 그 창구를 단일화하고 절차를 간소화함으로써 각종 인허가에 드는 비용과 시간을 절감하여 주택의 건설·공급을 활성화하려는 데에 있다. 이러한 인허가 의제 규정의 입법 취지를 고려하면, <u>주택건설사업계획 승인권자가 구 주택법 제 17 조 제 3 항에 따라 도시·군관리계획 결정권자와 협의를 거쳐 관계 주택건설사업계획을 승인하면 같은 조 제 1 항 제 5 호에 따라 도시·군관리계획결정이 이루어진 것으로 의제되고, 이러한 협의 절차와 별도로 국토계획법 제 28 조 등에서 정한 도시·군관리계획 입안을 위한 주민 의견청취 절차를 거칠 필요는 없다</u>고 보아야 한다(대법원 1992. 11. 10. 선고 92 누 1162 판결 참조).

C. [같은 판례] ① <u>인·허가 의제 대상이 되는 처분에 하자가 있는 경우, 그것은 해당 인·허가 의제의 효과가 발생하지 않는 사유가 될 수 있을 뿐, 주택건설사업계획 승인처분 자체의 위법사유가 될 수는 없어</u>; ② 따라서 주택건설사업계획 승인처분에 따라 의제된 인·허가의 위법을 다투고자 하는 경우에는 <u>주택건설사업계획 승인처분의 취소를 구할 것이 아니라 의제된 인·허가의 취소를 구하여야 함</u> —대법원 2018. 11. 29. 선고 2016 두 38792 판결[임대주택건설사업계획승인처분취소]

【당사자】

【원고, 상고인】 원고
【피고, 피상고인】 거제시장
【피고보조참가인】 소동임대주택조합

구 주택법 제 17 조 제 1 항에 의하면, 주택건설사업계획 승인권자가 관계 행정청의 장과 미리 협의한 사항에 한하여 그 승인처분을 할 때에 인허가 등이 의제될 뿐이고, 그 각호에 열거된 모든 인허가 등에 관하여 일괄하여 사전협의를 거칠 것을 주택건설사업계획 승인처분의 요건으로 규정하고 있지 않다.

따라서 인허가 의제 대상이 되는 처분에 어떤 하자가 있다고 하더라도, 그로써 해당 인허가 의제의 효과가 발생하지 않을 여지가 있게 될 뿐이고, 그러한 사정이 주택건설사업계획 승인처분 자체의 위법사유가 될 수는 없다(대법원 2017. 9. 12. 선고 2017두45131 판결 참조). 또한 의제된 인허가는 통상적인 인허가와 동일한 효력을 가지므로, 적어도 '부분 인허가 의제'가 허용되는 경우에는 그 효력을 제거하기 위한 법적 수단으로 의제된 인허가의 취소나 철회가 허용될 수 있고(대법원 2018. 7. 12. 선고 2017두48734 판결 참조), 이러한 직권 취소·철회가 가능한 이상 그 의제된 인허가에 대한 쟁송취소 역시 허용된다.

따라서 주택건설사업계획 승인처분에 따라 의제된 인허가가 위법함을 다투고자 하는 이해관계인은, 주택건설사업계획 승인처분의 취소를 구할 것이 아니라 의제된 인허가의 취소를 구하여야 하며, 의제된 인허가는 주택건설사업계획 승인처분과 별도로 항고소송의 대상이 되는 처분에 해당한다.

제4절 토지등소유자가 시행하는 재개발사업의 특례

I. 토지등소유자가 시행하는 재개발사업의 사업시행계획

A. 개요

1. 【해설】'토지등소유자의 3/4 이상' 및 '토지면적 1/2 이상'의 토지소유자의 동의

> (1) 토지등소유자가 20인 미만인 재개발사업은 토지등소유자가 직접 시행할 수 있는 바(법 제25조 제1항 제2호), 이 경우 사업을 시행할 토지등소유자는 a) 사업시행계획인가를 신청하기 전에 b) 토지등소유자의 3/4 이상 및 c) 토지면적 1/2 이상의 토지소유자의 동의를 받아야 한다(법 제50조 제6항).
>
> 토지등소유자 회의를 개최할 필요는 없으며 동의서만 받으면 된다.
>
> 구법의 도시환경정비사업에서는 '토지등소유자 3/4 이상 동의'만 받으면 됐었는데(아래 참조), 전부개정법에서 「토지면적 1/2 이상 토지소유자의 동의」 요건이 추가되었다.
>
> (2) 경과규정: 이 개정내용은 2018. 2. 9. 이후 최초로 사업시행계획인가를 신청하는 경우부터 적용한다(법률 제14567호 부칙 제10조 제2항). 따라서 2018. 2. 8.까지

I. 토지등소유자가 시행하는 재개발사업의 사업시행계획

'토지등소유자 3/4 이상의 동의'를 받아 최초 사업시행계획인가를 신청한 사업장에서는 다시 「토지면적 1/2 이상의 토지소유자의 동의」를 받지 않아도 된다.

(3) 정족수 충족 여부 판단의 기준시점: 동의정족수 충족 여부는 사업시행계획인가 신청 시를 기준으로 판단한다(대법원 2015. 6. 11. 선고 2013두15262 판결).

2. 【해설】 구 도시환경정비사업의 특례

구법에는 당초 도시환경정비사업의 사업시행인가에 관하여 별도 규정이 없다가, 2009. 2. 6. 개정법(법률 제9444호)에서 사업시행인가신청을 총회의결사항으로 처음 규정하면서(구법 §24③xi-2 신설 및 §28⑤ 개정), 제28조 제7항으로 "도시환경정비사업을 토지등소유자가 시행하고자 하는 경우에는 사업시행인가를 신청하기 전에 … <u>토지등소유자의 4분의 3 이상의 동의를 얻어야 한다</u>"는 특례규정을 신설하였다.

이후 「사업시행인가를 신청하기 전에 <u>정관등이 정하는 바에 따라 토지등소유자의 동의를 얻도록 한 개정 전 규정</u>」(위 제28조 제7항 신설 전 사업시행인가신청의 동의요건에 관한 일반조항인 구법 제28조 제5항) 중 토지등소유자가 도시환경정비사업을 시행하는 경우에 관한 부분에 대하여 위헌결정이 선고되었다(헌법재판소 2012. 4. 24. 선고 2010헌바1. 아래 참조).

3. 【해설】 동의서와 동의의 방법

(1) 표준동의서: 동의서는 서울시 도시정비조례 시행규칙 별지 제20호 서식의 표준동의서를 사용한다(법 제27조에 따라 지정개발자를 사업시행자로 지정한 경우도 같은 동의서를 사용한다). ☞ 서울시 표준동의서는 이 책 부록 2로 첨부되어 있다.

(2) 동의의 방법에 관하여는 법 제36조 제1항이 적용된다(같은 항 제10호). 따라서 서면동의서에 토지등소유자가 성명을 적고[자필기재를 말함] ② 지장을 날인하는 방법으로 하며, ③ 주민등록증, 여권 등 신원을 확인할 수 있는 신분증명서의 사본을 첨부하여야 한다(조합설립동의서 작성 방법과 같음).

4. 【해설】 "이후 사업시행계획이 변경되는 것에 동의한다"는 문구의 효력

(1) 서울시 표준동의서에는 "본인은 … 사업시행자가 작성한 사업시행계획서(추후 사업계획에 따라 변경될 수 있음)을 충분히 숙지하고 동의합니다"라는 동의문구가 기재되어 있다.

이와 같이 <u>동의서에 "이후 사업시행계획이 변경되는 것에 동의한다"는 취지의 기재가 있는 경우에는 추후 사업시행계획 변경에 대하여 사업시행자에게 위임한 것으로 볼 수 있다</u>는 것이 대법원판례이다(대법원 2018. 7. 26. 선고 2017두33978 판결). 따라서 이런 경우 사업시행계획의 내용이 동의 이후 변경되었다 하더라도 동의의 효력이 당연히 상실되는 것이 아니다(대법원 2014.02.27. 선고 2011두25173 판결).

(2) 다만 동의 이후 사업시행계획이 변경된 경우 사업시행자로서는 토지등소유자들에게 변경된 사업시행계획의 내용과 함께 기존 동의를 철회할 수 있음을 고지할 신의칙상 의무가 있다. 따라서 동의서 징구 당시 예정했던 정비사업비용보다 사업시행계획의 정비사업비용이 증액되었음에도 사업시행계획인가 신청을 하기 전에 토지등소유자에게 변경된 사업시행계획의 내용과 함께 기존 동의를 철회할 수 있음을 고지하지 않은 것은 위법하나, 그 하자는 사업시행계획인가를 무효로 할 만한 중대·명백한 하자가 아니다(대법원 2014. 2. 27. 선고 2011두25173 판결. 사업시행계획상 정비사업비용이 당초 동의서를 받을 당시 예정했던 것보다 약 23% 증액된 사안임).

(3) 이 판례는 조합이 사업시행인가를 신청하기 전에 토지등소유자의 동의를 받도록 한 구법 제28조 제4항(2009. 2. 6. 법률 제9444호로 개정되기 전의 것)이 적용된 사안인바, 2009. 2. 6. 개정법률 이후 조합이 사업시행계획 인가를 신청하기 위해서는 미리 총회의결을 거쳐야 하므로, 이 판례는 토지등소유자가 시행하는 재개발사업에 원용될 수 있다.

5. 【해설】 인가받은 사업시행계획의 변경

인가받은 사항을 변경하려는 경우에는 규약으로 정하는 바에 따라 토지등소유자의 과반수의 동의를 받는 것으로 족하다. 한편 경미한 사항의 변경인 경우에는 토지등소유자의 동의가 필요 없다. (법 제50조 제6항 단서.)

☞ '토지등소유자 방식 재개발사업'에서 사업시행계획 변경에 관한 자세한 내용은 아래 제5장 제5절 I. 참조

6. 【해설】 「도시정비형 재개발사업의 시행지구 분할·변경」은 경미한 사항의 변경임

정비구역의 지정은 기존 정비구역을 분할·통합 또는 결합하는 방법으로도 할 수 있고(법 제18조 제1항), 도시정비형 재개발사업은 동일 구역 안에서 시행지구를 분할하여 시행할 수 있다.

그런데 도시정비형 재개발구역 내에서 건축물의 주용도·건폐율·용적률·높이에 관한 계획의 변경을 수반하지 않는 시행지구 분할계획은 경미한 사항의 변경에 해당하므로(서울시조례 제11조 제1항 제6호), 「도시정비형 재개발구역 내 시행지구 분할계획」을 내용으로 하는 정비계획 변경은 주민에 대한 서면통보, 주민설명회, 주민공람 및 지방의회의 의견청취 절차를 거치지 않고 구청장이 처리할 수 있다(법 제15조 제3항; 서울시조례 제11조 제2항 제6호).

I. 토지등소유자가 시행하는 재개발사업의 사업시행계획

> 인접한 정비구역 또는 시행지구의 상호경계조정을 위한 정비구역 또는 지구 범위의 변경도 경미한 사항의 변경이다(서울시조례 제11조 제1항 제4호).

7. 【해설】 도시정비형 재개발사업의 건축계획

> '도시정비형 재개발사업'(서울시조례 제3조 제2호)의 경우 정비구역의 특성과 도심부 기능회복을 위하여 복합용도건축계획을 원칙으로 하고, 주변의 건축물, 문화재 또는 자연 지형물이 있는 경우에는 주변 경관에 미치는 영향을 최소화할 수 있도록 계획한다(서울시조례 제8조 제2항 제5호).
>
> "복합용도건축물(mixed-use building)"은 하나의 건축물에 주거, 업무, 상업, 문화 등 3개 이상의 용도를 수용한 건축물을 말한다.

B. ① 사업시행계획 내용이 확정되기 전에 작성된 동의서도 적법함(구체적 사업시행계획 작성에 관하여 조합에 위임한다는 취지가 포함됐다고 볼 수 있으므로); ② 동의 후 사업시행계획이 변경된 경우, 조합은 변경된 사업시행계획 내용과 함께 기존 동의를 철회할 수 있음을 조합원들에게 고지할 신의칙상 의무가 있으나; ③ 그 고지를 하지 않은 것은 중대·명백한 하자 아니야 (따라서 이 사건 사업시행계획은 당연무효 아님) —대법원 2014.02.27. 선고 2011두25173 판결[사업시행인가무효확인]

【당사자】

[원고, 피상고인 겸 상고인]	원고 1 외 2인
[원고보조참가인]	원고보조참가인
[피고, 피상고인]	서울특별시 서대문구청장
[피고, 상고인]	홍은제12구역주택재개발정비사업조합

1. 법리 (사업시행계획의 내용이 확정되기 전에 작성된 동의서의 효력)

가. 그 동의서에는 구체적 사업시행계획의 작성을 조합에 위임한다는 취지가 포함되었음

이와 같은 관련 법령의 규정 내용 및 그 취지에 의하면, 구 도시정비법은 사업시행계획에 대한 동의의 시기에 관하여 인가 신청을 하기 전에 미리 하도록 규정하고 있을 뿐이고, 동의의 방법과 정족수에 관하여는 정관 등에 의한 자치법적 규율에 맡기고 있으므로 사업시행계획의 내용이 확정되기 이전에 동의서가 작성되었다면 구체적인 사업시행계획의 작성에 관하여 조합에 위임한다는 취지가 포함되었다고 볼 수 있으므로 이러한 사정만으로 그 동의서가 위법하다고 볼 수 없다.

나. 동의 후 사업시행계획이 변경되더라도 동의는 유효해

도시정비법 제 28 조 제 6 항에 의하여 사업시행계획 동의에 준용되는 도시정비법 제 17조 및 도시정비법 시행령 제 28 조 제 1 항 제 5 호의 규정 취지에 비추어, 사업시행계획에 대한 동의 이후 사업시행계획 내용의 변경 유무에 관계 없이 동의 철회를 인정하고 있는 점 등에 비추어 보면, 사업시행계획의 내용이 동의 이후 변경되었다고 하더라도 그 동의의 효력이 당연히 상실된다고 볼 수 없다(대법원 2014. 1. 16. 선고 2011 두 12801 판결 참조).

다. 그 경우 조합은 변경된 내용과 함께 기존 동의를 철회할 수 있음을 고지할 의무 있음

다만 조합설립과 달리 사업시행계획에 있어서는 인가 신청 이전에 창립총회와 같이 변경된 사업시행계획에 대한 의사를 확인할 수 있는 절차가 규정되어 있지 아니한 점을 고려하여 보면, 동의 이후 사업시행계획이 변경된 경우 조합으로서는 조합원들에게 변경된 사업시행계획의 내용과 함께 기존 동의를 철회할 수 있음을 고지할 신의칙상 의무가 있다고 봄이 타당하다.

2. 원심이 인정한 사실

원심판결 이유 및 원심이 적법하게 채택하여 조사한 증거 등에 의하면,

① 추진위원회 또는 피고 조합은 조합 창립총회를 전후한 2007. 6.경부터 2007. 9.경까지 사이에 토지등소유자로부터 조합설립동의서를 받으면서 사업시행계획동의서(전체 토지등소유자 357 명 중 223 명, 동의율 62.3%)도 같이 받은 사실,

② 피고 조합은 2007. 7. 10. 창립총회에서 사업시행계획(안)을 안건으로 상정하였는데, 당시 사업시행계획(안)은 정비계획 중 일부를 그대로 옮긴 것으로서 건폐율, 용적율, 동 세대수 및 평형별 세대 분포 등 사업시행계획에 포함될 사항이 정해지지 아니하였던 사실,

③ 피고 조합은 동의서를 받은 날로부터 1 년이 경과한 2008. 12. 18. 이 사건 사업시행계획에 대한 인가신청을 하였는데, 이 사건 사업시행계획에는 당초 토지등소유자로부터 동의서를 받을 당시 예정했던 것보다 약 23% 증액된 금액이 정비사업비용으로 기재된 사실,

④ 피고 조합은 이 사건 사업시행계획 신청하는 과정에서 별도로 토지등소유자로부터 동의서를 받지 아니한 사실을 알 수 있다.

I. 토지등소유자가 시행하는 재개발사업의 사업시행계획

3. 대법원의 판단 (파기환송)

가. 사업시행계획의 변경을 통지하지 않은 절차상 위법이 있음

이러한 사실관계를 앞서 본 법리에 비추어 보면, 동의서 징구 당시 예정하였던 정비사업비용보다 이 사건 사업시행계획의 정비사업비용이 증액되었으므로 피고 조합이 사업시행계획인가 신청을 하기 이전에 <u>토지등소유자에게 변경된 사업시행계획의 내용과 함께 기존 동의를 철회할 수 있음을 고지할 신의칙상 의무가 있는데도 이를 하지 아니한 절차상 위법이 있다</u>고 보아야 한다.

나. 중대·명백한 하자는 아님

앞서 본 법리에 비추어 보면, ① 사업시행계획 동의 이후 그 내용이 당초 동의 당시 예정했던 것과 달라진 경우 동의의 효력에 관하여 도시정비법이 아무런 규정을 두고 있지 아니할 뿐 아니라 그 효력에 관한 대법원 판결도 없어서 이러한 경우 동의가 효력을 상실하는지 여부가 명확하지 아니하였고, 이러한 경우 조합이 그 변경 내용을 토지등소유자에게 고지해야 하는지 여부에 대한 법리도 선언되지 아니하였던 점, ② 이 사건에 있어서 사업시행계획 동의서 이외에 창립총회에서 전체 조합원 중 과반수 이상이 사업시행계획(안)에 찬성했고[원심은 창립총회에서 사업시행계획(안)에 대하여 전체 조합원 357명 중 과반수에 미치지 못하는 106명만 찬성하였다고 보았으나 이는 서면 결의자만을 찬성자로 오해한 것으로 보인다], <u>조합설립동의서에도 이후 사업시행계획이 변경되는 것에 동의한다는 취지가 기재되어 있는 점</u> 등에 비추어,

이와 같은 추가적인 토지등소유자의 의사에 의하여 사업시행계획 변경에 대하여 조합에 대하여 위임했다고 볼 여지도 있는 점 등에 비추어 보면 이 사건 사업시행계획에 있어서 <u>정비사업비용이 증가한 내용과 이에 따라 기존 동의를 철회할 수 있음을 고지하지 아니한 하자가 중대·명백하다고 볼 수 없다.</u>

다. 중대·명백한 하자로 본 원심판결을 파기함

그런데 <u>원심은</u> 이와 달리, 이 사건 사업시행계획에 대한 동의서 작성 당시 사업시행계획의 내용이 정해지지 아니하였으므로 사업시행계획에는 동의가 흠결되어 위법함을 전제로 하여, 동의서 징구 당시에 비하여 정비사업비용이 23% 정도 증액되어 토지등소유자가 쉽게 예상할 수 있었던 범위를 넘어선 점, 피고 조합도 이 사건 사업시행계획에 대해 별도로 토지등소유자 과반수의 동의를 받아야 함을 명백히 인식하고 있었던 것으로 보이는 점 등을 들어, <u>이러한 동의 흠결의 하자는 중대·명백하므로, 피고 조합의 이 사건 사업시행계획은 무효라고 판단하였다. 따라서 원심판결에는 사업시행계획 동의의 효력 및 행정처분 하자의</u>

제 5 장 사업시행계획인가 / 제 4 절 토지등소유자가 시행하는 재개발사업의 특례

중대·명백성에 대한 법리 등을 오해하여 판결 결과에 영향을 미친 위법이 있다.

C. [같은 취지 판례] ① 사업시행계획의 내용이 확정되기 전에 동의서가 작성되었다면, 구체적인 사업시행계획의 작성에 관하여 조합에 위임한다는 취지가 포함되었다고 볼 수 있어; ② 조합이 사업시행계획인가를 받기 전에 조합원들에게 변경된 사업시행계획의 내용과 함께 기존 동의를 철회할 수 있음을 고지하지 않은 흠이 있더라도, 이는 사업시행계획을 무효로 할 중대·명백한 하자 아니야 ─대법원 2018. 7. 26. 선고 2017 두 33978 판결[손실보상금증액]

【당사자】

> 【원고, 상고인】 원고 1 외 2 인
>
> 【피고, 피상고인】 대연 2 구역주택재개발정비사업조합

최초 사업시행계획인가 당시 사업시행계획에는 당초 조합설립동의서를 받을 당시 예정하였던 것보다 정비사업비용이 증액되었고, 건축물 설계 개요가 변경되었다고 하더라도, 사업시행계획의 내용이 확정되기 이전에 동의서가 작성되었다면 구체적인 사업시행계획의 작성에 관하여 조합에 위임한다는 취지가 포함되었다고 볼 수 있으므로, 동의서 작성 이후 사업시행계획이 변경되었다는 사정만으로 사업시행계획동의서 및 최초 사업시행계획이 위법하다고 볼 수 없다.

한편 동의 이후 사업시행계획이 변경된 경우 조합으로서는 조합원들에게 변경된 사업시행계획의 내용과 함께 기존 동의를 철회할 수 있음을 고지할 신의칙상 의무가 있으나, 이 사건에서는 조합설립동의서에 이후 사업시행계획이 변경되는 것에 동의한다는 취지의 기재가 있어 사업시행계획 변경에 대하여 피고에 대하여 위임했다고 볼 여지가 있으므로, 피고가 최초 사업시행계획인가를 받기에 앞서 조합원들에게 변경된 사업시행계획의 내용과 함께 기존 동의를 철회할 수 있음을 고지하지 않은 흠이 인정된다고 하더라도, 이러한 흠이 중대·명백하여 최초 사업시행계획이 무효라고 할 것은 아니다(대법원 2014. 2. 27. 선고 2011 두 25173 판결 참조).

D. ["사업시행인가 신청 전에 미리 정관등이 정하는 바에 따라 토지등소유자 동의를 얻어야 한다"고 규정한 구법(2009. 2. 6. 개정전 법률)이 적용된 사례] 창립총회에서 「사업시행인가 신청을 위한 동의는 조합설립동의서 또는 총회결의로 갈음하기로 하고 그에 따라 사업계획안에 대해 토지등소유자의 동의의사를 묻는 안건」을 상정하여 의결을 거쳤으나, 이후 사업시행계획인가 신청 전에 토지등소유자들로부터 별도의 서면동의를 받지 않은 사안에서, 그러한 하자는 무효사유는 아니라고 봄(이 사건 사업시행인가 처분 당시 사업시행계획에 대해 창립총회 결의와 별개의 서면 동의절차를 받아야 한다는 점이 객관적으로 명백했

다고 할 수 없으므로)—대법원 2014. 2. 13. 선고 2011 두 21652 판결[조합설립인가처분무효확인]

【당사자】

【원고, 상고인】	원고
【제 3 자 소송참가인, 상고인】	제 3 자 소송참가인 1 외 2 인
【피고, 피상고인】	서울특별시 성동구청장
【피고 겸 서울특별시 성동구청장의 보조참가인】	왕십리뉴타운제 1 구역주택재개발정비사업조합

1. 구 도시정비법 제 28 조는 제 4 항의 의미

이러한 도시정비법령의 규정 형식과 내용, 사업시행계획 수립이 조합원들의 이해관계에 미치는 영향 등에 비추어 보면, 구 도시정비법 제 28 조 제 4 항에서 정관 등이 정하는 바에 따라 토지등소유자의 동의를 얻도록 한 것은 사업시행계획에 대한 인가신청에 앞서 조합설립동의서나 창립총회 결의 등과는 별도로 서면 동의 방식을 통한 토지등소유자의 동의를 받도록 하되, 다만 그 구체적인 동의율 등에 관하여는 정관 등의 규정에 의한다는 취지로 새길 것이다.

2. 원심판결에 의하여 알 수 있는 사실

원심판결 이유에 의하면,

① 피고 조합은 2006. 4. 29. 개최된 창립총회에서 제 1 호 안건으로 '조합정관 결의의 건'을, 제 6 호 안건으로 '사업계획 결의의 건'을 상정하여 위 각 안건에 대한 토지등소유자의 의결을 거친 사실,

② 위 각 안건의 내용은 피고 조합의 정관 제 21 조 제 2 항에 따라 구 도시정비법 제 28 조 제 4 항의 규정에 의한 사업시행인가 신청을 위한 동의는 조합설립동의서 또는 총회 결의로 갈음하기로 하고(제 1 호 안건), 그에 따라 창립총회에 회부된 사업계획안에 대하여 토지등소유자의 동의 의사를 묻는 내용(제 6 호 안건)인 사실,

③ 피고 조합은 위 창립총회 결의를 거친 후 사업시행계획을 수립하여 인가를 받음에 있어서 토지등소유자들로부터 별도의 서면 동의를 거치지 않은 사실을 알 수 있다.

3. 위 창립총회 결의 후 사업시행계획에 대해 토지등소유자의 별도 서면동의를 받지 않은 하자는 중대하나, 명백하다고 할 수 없어 무효사유는 아님

이러한 사실을 위 법리에 비추어 살펴보면, 이 사건 사업시행계획 및 그 인가처분은 구 도시정비법에 정한 사업시행계획에 대한 토지등소유자의 서면 동의 요건을 충족하지 못하는 것으로서 위법할 뿐만 아니라 그 하자가 중대하다고 볼 것이다.

그러나 ① 구 도시정비법 제28조 제4항의 '정관 등이 정하는 바에 따라' 부분의 문언적 의미가 명확한 것이 아니어서 동의 방식 자체에 대하여도 정관에 위임한 것으로 해석될 여지가 있는 점, ② 위 조항 이외에 창립총회 등과는 별개의 서면 동의절차를 거쳐야 한다는 명문의 규정이 없고, 이에 관한 명시적인 판례나 확립된 선례도 존재하지 않았던 것으로 보이는 점, ③ 이 사건 사업시행인가처분 이후 개정된 도시정비법(2009. 2. 6. 법률 제9444호로 개정된 것) 제28조 제5항에서는 사업시행인가 신청 전 토지등소유자의 동의 요건을 서면 동의가 아닌 조합원총회의 의결로 완화하기도 한 점 등에 비추어 보면,

이 사건 사업시행인가처분 당시 사업시행계획에 대하여 창립총회의 결의 등과는 별개의 서면 동의절차를 거쳐야 한다는 점이 객관적으로 명백하였다고 할 수 없으므로, 이 사건 사업시행계획 및 그에 따른 인가처분이 당연무효라고 볼 수는 없다.

E. [하급심판례] 서울시조례의 표준동의서로 받은 '정비사업시행계획 동의서'가 적법하다고 본 사례 ―서울행정법원 2010. 10. 21. 선고 2009구합31656[도시환경정비사업시행인가취소]

【당사자】

원고	A1 ~ A3
피고	서울특별시 종로구청장
피고보조참가인	D 주식회사

먼저, ① 이 사건 사업구역 임시총회에서 이 사건 사업시행인가 신청에 관한 동의를 의결한 사실은 앞서 살펴본 바와 같고, ② 을나 8호증의 1 내지 6, 을나 10호증의 1 내지 31의 각 기재에 변론 전체의 취지를 더하여 보면, 참가인은 위 임시총회를 소집하면서 이 사건 규약(안), 사업시행계획서(안), 건축개요 및 설계도서(안)을 첨부하여 토지등소유자에게 송달한 사실, ③ 이 사건 정비사업시행계획동의서에는 "본인은 참가인이 작성한 사업시행계획서를 충분히 숙지하고 사업시행계획서와 같이 도시환경정비사업을 하기로 도시정비법 제28조 제4항 규정에 따라 동의함"이라고 기재되어 있는 사실, ④ 참가인이 이 사건 사업시행인가 신청 당시 제출한 사업시행계획서에는 신축 건축물의 높이 및 용적율 등에 관한 건

축계획, 사업에 소요되는 비용과 분양수입금의 개략적인 내용이 기재된 자금계획, 비용분담에 관한 내용이 포함된 규약 등이 포함되어 있는 사실이 인정되는바,

위 인정사실에 의하면 이 사건 사업시행인가 신청에 대한 동의 당시 이 사건 사업의 설계의 개요와 건축물의 철거 및 신축에 소요되는 비용의 개략적인 금액 등은 제시되어 있었고, 토지등소유자들은 이미 작성된 사업시행계획서를 통하여 위와 같은 사항 등을 숙지한 상태에서 사업시행에 대한 동의서를 작성한 것으로 보인다.

한편, 구 도시정비법 시행규칙 제9조 제1항 제2호, 서울특별시 도시 및 주거환경정비조례 시행규칙(2010. 3. 11. 규칙 제3740호로 개정되기 전의 것) 제11조 제2항은 사업시행인가에 관한 동의는 서울특별시 도시 및 주거환경정비조례 시행규칙 제11조 제2항에서 정하는 동의서(이하 '표준동의서')에 동의를 받는 방법에 의하도록 하고 있으며, 앞서 본 각 증거에 의하면 이 사건 사업시행 동의도 위와 같은 표준동의서에 의한 것임을 알 수 있다.

또한 구 도시정비법 및 같은 법 시행령과 이 사건 규약 등에서 사업진행으로 부담하게 될 비용의 산정방식 뿐 아니라, 분양받은 대지 및 건축물의 가격과 종전 토지 및 건축물 가격의 평가방법과 평가기준시점, 청산금의 부담시기와 납부방법 등을 구체적으로 규정하고 있고(구 도시정비법 제48조 제1항 제3 내지 5호, 구 도시정비법 시행령 제57조 제1항 제1호, 제2항 제1호, 제3, 4항, 이 사건 규약 제7조, 제16조, 제19조 등), 그러한 내용을 담은 이 사건 규약도 동시에 사업시행인가결의의 대상으로 한 점 등에 비추어 보면, 이 부분 표준동의서의 기재 내용이 이 사건 사업비용의 분담기준을 구체적으로 정하지 않은 것이어서 위법하다고 볼 수 없다.

따라서 이 사건 사업시행에 대한 동의가 비용분담의 구체적인 내용 등 사업의 본질적인 사항에 대하여 고지되지 않은 상태에서 이루어진 것이어서 위법하다는 원고들의 주장은 이유 없다.

F. 도시환경정비사업을 토지등소유자가 시행하는 경우 사업시행인가 신청에 필요한 동의정족수를 정관등에 정하도록 한 것은 법률유보 위반(위헌) ―헌재 2012. 4. 24. 2010헌바1 결정

[주문]

> 구 '도시 및 주거환경정비법'(2007. 12. 21. 법률 제8785호로 개정되고, 2009. 2. 6. 법률 제9444호로 개정되기 전의 것) 제28조 제5항 본문의 "사업시행자" 중 제8조 제3항에 따라 도시환경정비사업을 토지등소유자가 시행하는 경우 "정관 등이 정하는 바에 따라" 부분은 헌법에 위반된다.

[심판대상조항] 구 도시정비법 제28조(사업시행인가) (2007. 12. 21. 법률 제8785호로

제 5 장 사업시행계획인가 / 제 4 절 토지등소유자가 시행하는 재개발사업의 특례

개정되고, 2009. 2. 6. 법률 제 9444 호로 개정되기 전의 것)

> ⑤ 사업시행자(시장·군수 또는 주택공사 등을 제외한다)는 사업시행인가를 신청(인가 받은 내용을 변경하거나 정비사업을 중지 또는 폐지하고자 하는 경우를 포함한다)하기 전에 미리 정관 등이 정하는 바에 따라 토지등소유자(주택재건축사업인 경우에는 조합원을 말하며, 이하 이 항에서 같다)의 동의를 얻어야 한다.

헌법재판소는 이 사건 동의요건조항과 동일한 내용을 규정한 구 도시정비법(2005. 3. 18. 법률 제 7392 호로 개정되고, 2007. 12. 21. 법률 제 8785 호로 개정되기 전의 것) 제 28 조 제 4 항 본문의 "사업시행자" 부분 중 제 8 조 제 3 항에 따라 도시환경정비사업을 토지등소유자가 시행하는 경우에 관한 부분은 법률유보원칙에 반하여 위헌이라는 결정을 한 바 있다(헌재 2011. 8. 30. 2009 헌바 128 등, 공보 179, 1258 참조). 그 이유의 요지는 다음과 같다.

「도시정비법상 조합이 사업을 시행하는 경우에는 토지등소유자로부터 조합설립의 동의를 받는 등 관계 법령에서 정한 요건과 절차를 갖추어 관할 행정청으로부터 조합설립인가를 받음으로써 사업시행자의 지위를 얻게 되는 반면, 토지등소유자가 사업을 시행하는 경우에는 이 사건 동의요건조항에 의해 자치규약이 정하는 바에 따라 토지등소유자의 동의를 얻어 사업시행인가를 신청하는 단계에서 사업시행자가 구체적으로 드러나고 관할 행정청으로부터 사업시행인가를 받음으로써 사업시행자의 지위를 얻게 된다(도시정비법 제 28 조 제 1 항, 같은 법 시행령 제 41 조 제 2 항 제 3 호, 같은 법 시행규칙 제 9 조 제 1 항).

그런데 도시정비법상의 사업시행자는 정비구역 내에서 독점적·배타적인 사업시행권을 가지는 사업주체일 뿐 아니라 관할 행정청의 감독 아래 정비구역 안에서 정비사업을 시행하는 목적 범위 내에서 법령이 정하는 바에 따라 일정한 행정작용을 행하는 행정주체로서의 지위를 갖는다.

따라서 토지등소유자가 도시환경정비사업을 시행하는 경우 사업시행인가 신청시 필요한 토지등소유자의 동의는 개발사업의 주체 및 정비구역 내 토지등소유자를 상대로 수용권을 행사하고 각종 행정처분을 발할 수 있는 행정주체로서의 지위를 가지는 사업시행자를 지정하는 문제로서 그 동의요건을 정하는 것은 토지등소유자의 재산권에 중대한 영향을 미치고, 이해관계인 사이의 충돌을 조정하는 중요한 역할을 담당한다.

그렇다면 사업시행인가 신청시 요구되는 토지등소유자의 동의정족수를 정하는 것은 국민의 권리와 의무의 형성에 관한 기본적이고 본질적인 사항으로 법률유보 내지 의회유보의 원칙이 지켜져야 할 영역이다.

사업시행자를 지정한다는 면에서 같은 성격을 가지는 조합설립인가에 대해서는 조합설

립인가 신청시 필요한 동의정족수에 관해 도시정비법에서 명문으로 규정(제16조 제1항)하고 있는 점을 보아도 <u>토지등소유자가 사업시행인가를 신청하기 위해 얻어야 하는 동의정족수는 자치규약에 정할 것이 아니라 입법자가 스스로 결정하여야 할 사항</u>이라 할 것이다.

입법자는 2009. 2. 6. 법률 제9444호에 의하여 도시정비법 제28조 제7항을 신설하여 도시환경정비사업을 토지등소유자가 시행하고자 하는 경우 사업시행인가 신청 전에 얻어야 하는 토지등소유자의 동의정족수를 법률에 명문으로 규정하였는바, 이는 이 사건 동의요건조항이 토지등소유자 사업시행방식에 대하여 동의정족수를 법률에 규정하지 않고 자치규약에 정하도록 한 데 대한 반성적 고려가 포함된 것이라고 보인다.

따라서 <u>사업시행인가 신청에 필요한 동의정족수를 자치규약에 정하도록 한 이 사건 동의요건조항은 법률유보 내지 의회유보원칙에 위배된다.</u>」

G. 도시환경정비사업조합(피고)이 주택공사(원고)를 공동사업시행자에서 제외하는 내용의 총회결의를 한 후 원고에게 이 사건 약정을 해지한다는 통보('이 사건 해지통보')를 하고 사업시행자를 '피고 및 원고'에서 '피고'로 변경하는 내용의 사업시행계획(변경)의 인가를 받은 경우, 이 사건 해지통보의 무효 확인 청구 및 원고가 공동사업시행자의 지위에 있음에 관한 확인 청구는 확인의 이익이 없다고 본 사례 ─대법원 2023. 12. 21. 선고 2023다275424 판결

【당사자】

원고, 피상고인	서울주택도시공사
피고, 상고인	M 도시환경정비사업조합

【주문】

원심판결 중 피고 패소부분을 파기하고, 이 부분에 관한 원고의 항소를 기각한다.

1. 원심기록에 의하여 알 수 있는 사실

원심판결 이유 및 기록에 따르면, ① 원고는 2016. 6. 3. 피고와 <u>이 사건 약정</u>을 체결하였고, 그에 따라 <u>서울특별시 강동구청장은</u> 2016. 10. 26. <u>이 사건 사업의 시행자를 '피고 및 원고 공동시행'으로 변경하는 사업시행계획(변경)인가·고시를 한 후</u> 2019. 1. 30. 이 사건 사업에 대한 관리처분계획인가를 한 사실, ② 원·피고 사이에 이 사건 약정의 이행 및 수수료 산정 등에 관한 분쟁이 발생함에 따라, <u>피고는 2021. 5. 6. 조합원 정기총회를 거쳐 2021. 5. 12. 원고에게 이 사건 약정을 해지한다는 통보를 한 사실</u>(이하 '이 사건 해지통보'라 한다), ③ 서울특별시 강동구청장은 2022. 10. 6. <u>이 사건 사업의 시행자를 '피고 및 원고'에서 '피고</u>

'로 변경하는 내용의 사업시행계획(변경)을 인가한 후 2022. 10. 12. 이를 고시한 사실(이하 '이 사건 변경인가처분'이라 한다), ④ 원고는 2023. 1. 4. 서울특별시 강동구청장을 상대로 이 사건 변경인가처분의 취소 등을 구하는 소송을 제기하여 현재 소송 계속 중인 사실(서울행정법원 2023 구합 50561 호), ⑤ 원고는 이 사건 소로써 피고에 대하여, ㉮ 이 사건 해지통보의 무효 확인 청구, ㉯ 원고가 이 사건 약정상 공동사업시행자의 지위에 있음에 관한 확인 청구를 하였는데, 제 1 심은 확인의 이익을 부정하여 이 사건 소를 모두 각하하였으나, 원심은 ㉮부분에 관하여 확인의 이익을 긍정한 후 원고의 청구를 인용하되 ㉯부분에 관하여는 확인의 이익을 부정하여 피고의 항소를 기각하였고, 이에 피고가 원심의 ㉮부분에 대한 판단에 관하여 상고한 사실을 알 수 있다.

2. 대법원의 판단 (파기자판)

앞서 본 사실관계를 위 법리에 비추어 보면, 이 사건 해지통보의 무효 확인 청구 부분에 관하여 확인의 이익을 긍정한 원심의 판단은 다음과 같은 이유에서 수긍하기 어렵다.

... 즉, 구 도시정비법 제 8 조 제 3 항 및 제 28 조 제 1 항에 따르면, 원고가 이 사건 공동사업시행자의 지위를 가지는 것은 피고와 이 사건 약정을 체결하였기 때문이 아니라 이를 전제로 하여 위 각 규정에 따른 사업시행인가를 받았기 때문이므로, 피고가 그 이후에 조합원 정기총회를 거쳐 이 사건 해지통보를 하였더라도, 그에 따라 이 사건 변경인가처분이 내려진 이상, 원고가 관할 행정청을 상대로 피고의 총회 결의의 하자 내지 그에 따른 피고의 원고에 대한 이 사건 해지통보의 하자를 이유로 하여 사업시행자를 피고에 한정하는 내용으로 하는 이 사건 변경인가처분에 대해 항고소송의 방법으로 불복할 수 있음은 별론으로 하고, 이 사건 변경인가처분에 이르는 절차적 요건 중 하나인 조합원 정기총회의 결의에 따른 집행행위에 불과한 이 사건 해지통보의 무효확인을 구하는 것은 서 특별한 사정이 없는 한 허용되지 아니한다.

... 원고의 피고에 대한 권리 또는 법률상 지위는 구 도시정비법상 공동사업시행자의 지위에서 비롯된 것이므로 위 권리 또는 법률상 지위에 현존하는 불안·위험을 제거하기 위해서는 공법상 소송으로 해결하는 것이 원칙이고, 이와 별개로 이 사건 약정에 따른 법률관계를 확정하거나 이로 인한 권리·의무의 존부 등을 명확히 할 필요가 있더라도, 이 사건 약정에 따른 이행청구나 손해배상청구 등을 할 여지가 있음은 별론으로 하더라도 이 사건 해지통보의 무효 확인을 구하는 것은 불안 제거에 별다른 실효성이 없고 소송경제에 비추어 유효·적절한 수단으로 볼 수 없어 분쟁의 종국적인 해결 방법이 아니므로 확인의 이익이 있다고 보기 어렵다.

II. 자치규약의 제정

A. 개요

1. 【해설】 사업시행계획인가 신청 전에 규약을 제정해야 함

> 토지등소유자가 직접 재개발사업을 시행하는 경우에는 사업시행자인 토지등소유자가 자치적으로 정한 규약, 즉 '자치규약'이 정관을 대체하는 자치규정이 된다(법 제 2 조 제 11 호 나목 참조). 따라서 토지등소유자가 사업시행계획인가를 받기 위해서는 먼저 자치규약을 작성한 후 사업시행계획서에 자치규약을 첨부하여 제출하여야 한다(법 제 50 조 제 1 항).

2. 【해설】 자치규약의 동의요건

> 자치규약을 제정하기 위해 필요한 토지등소유자 동의요건이 문제된다.
>
> **(1) 구법 판례:** 토지등소유자가 시행하는 재개발사업에서 자치규약의 제정은 조합 설립시 정관 제정과 유사하므로, 조합설립인가 요건을 유추적용하여 토지등소유자 3/4 이상의 동의를 요한다고 본 대법원 판례가 있다(대법원 2011. 6. 30. 선고 2010 두 1347 판결). 같은 취지의 하급심판결들도 많이 있다.
>
> 위 대법원판례는 2009. 2. 6. 법률 제 94444 호로 개정되기 전의 구 도시정비법이 적용된 사안으로서 재개발조합의 설립 동의요건에 「토지면적 1/2 이상 토지소유자의 동의」가 추가되기 전의 판례이다.
>
> **(2) 전부개정법의 해석:** 그 후 재개발조합 설립 동의요건이 「토지등소유자의 4 분의 3 이상 및 토지면적의 2 분의 1 이상의 토지소유자의 동의」로 변경되었고 전부개정법도 그와 같으므로(전부개정법 제 35 조 제 2 항), 위 대법원판례에 따른 규약제정 동의정족수는 「토지등소유자의 4 분의 3 이상 및 토지면적의 2 분의 1 이상의 토지소유자의 동의」로 변경되었다고 보아야 한다.
>
> 전부개정법에서 토지등소유자가 시행하는 재개발사업의 사업시행계획인가 신청을 위한 토지등소유자 동의요건도 「토지등소유자의 4 분의 3 이상 및 토지면적의 2 분의 1 이상의 토지소유자의 동의」이다(법 제 50 조 제 6 항 본문).
>
> 따라서 전부개정법에서 자치규약 제정을 위한 토지등소유자 동의요건은 「토지등소유자 3/4 이상의 동의 및 토지면적 1/2 이상 토지소유자의 동의」라고 보는 것이 타당하다.
>
> 사단법인의 정관변경에 관한 민법 제 42 조 제 1 항을 유추적용하여 최소한 토지등소유자 3 분의 2 이상의 동의를 요한다고 보는 견해가 있으나(서울행정법원 2010. 10.

제 5 장 사업시행계획인가 / 제 4 절 토지등소유자가 시행하는 재개발사업의 특례

> 21. 선고 2009 구합 31656 판결), 도시정비법의 관련 규정들을 둔 채 일반 사단법인의 정관변경에 관한 민법규정을 유추적용하는 것은 타당하지 않다(같은 취지: 대법원 2011. 6. 30. 선고 2010 두 238 판결).

B. [구법 판례] 구 도시환경정비사업에서 자치규약 제정을 위한 동의정족수를 '토지등소유자의 4 분의 3 이상의 동의'(조합설립 동의정족수의 유추적용)로 본 사례 ―대법원 2011. 6. 30. 선고 2010 두 1347 판결[도시환경정비사업시행인가처분취소]

【당사자】

원고, 상고인	미진통상 주식회사
원고보조참가인, 상고인	A, B, C
피고, 피상고인	서울특별시 종로구청장
피고보조참가인	인크레스코 주식회사

도시정비법 제 28 조 제 5 항은 사업시행자가 사업시행인가를 신청함에 있어 '정관 등'이 정하는 바에 따라 토지등소유자의 동의를 얻도록 규정하고, 도시정비법 제 2 조 제 11 호는 '정관등'에 토지등소유자가 자치적으로 정하여 운영하는 규약도 포함되는 것으로 규정하고, 도시정비법 제 30 조 제 9 호, 구 도시정비법 시행령(2009. 8. 11. 대통령령 21679 호로 개정되기 전의 것) 제 41 조 제 2 항 제 13 호는 사업을 시행하는 토지등소유자가 위와 같은 규약을 작성하여 사업시행계획서에 포함시키도록 규정하고 있다. 따라서 <u>토지등소유자가 사업시행자가 되는 도시환경정비사업의 경우 도시정비법 제 28 조에 따라 사업시행인가신청을 하려면 먼저 규약을 작성하고 그 규약에서 정한 바에 따라 사업시행인가신청에 관한 토지등소유자의 동의를 얻어야 한다.</u>

그런데, 도시정비법은 위와 같은 규약의 작성에 관한 토지등소유자의 의사결정방법에 관하여 규정하고 있지 않다. 하지만, 규약의 작성은 사업시행인가를 신청하는 토지등소유자에게 시행자로서의 지위를 인정하기 위한 것이라는 점에서 <u>조합이 도시환경정비사업을 시행하는 경우의 조합의 설립과 유사하므로, 조합설립에 관한 동의정족수 규정인 도시정비법 제 16 조 제 1 항을 유추하여 위 조항에서 정하는 일정 비율 이상의 토지등소유자의 동의를 요하는 것으로 봄이 상당하고</u>, 그와 같은 동의를 얻어 작성된 규약에서 정한 바에 따라 사업시행인가신청에 관한 토지등소유자의 동의를 얻어야 한다고 볼 것이다.

☞ 같은 취지: 대법원 2011. 6. 30. 선고 2010 두 238 판결

III. 토지등소유자 수 산정에 관한 특례

A. 개요

1. 【해설】 특례 1 (영 제 33 조 제 1 항 제 1 호 다목 단서)

> ☞ 「토지등소유자가 20 인 미만으로서 토지등소유자가 시행하는 재개발사업에서 토지등소유자 수 산정 특례」에 관한 상세한 내용은 돈.되.법 1 제 6 장 제 2 절 VIII.을 참조하세요.
>
> (1) 토지등소유자가 20 인 미만으로서 토지등소유자가 재개발사업을 시행하는 경우(법 제 25 조 제 1 항 제 2 호), 정비구역 지정 후 토지등소유자가 사업시행을 목적으로 취득한 토지/건축물에 대해서는, a) 정비구역 지정 당시의 소유자(= 종전 소유자)를 토지등소유자의 수에 포함시키되, b) 그 동의 여부는 이를 취득한 토지등소유자(사업시행자)의 의사에 따른다(영 제 33 조 제 1 항 제 1 호 다목 단서).
>
> 정비구역 지정 후 '토지등소유자 방식'으로 재개발사업을 시행하려는 자가 토지등을 새로 취득하는 방법으로 토지등소유자 동의요건을 충족할 수 있게 한 것이다. 이 규정은 구 도시정비법의 도시환경정비사업에 관한 규정과 같은 내용이다(구법 시행령 제 28 조 제 1 항 제 1 호 다목 단서 참조).
>
> (2) 위 규정은 정비구역 지정 당시 토지등소유자가 아니었던 자가 '토지등소유자 방식'으로 재개발사업을 시행하기 위해 정비구역 지정 후에 토지등을 취득하는 경우에도 적용된다(서울행정법원 2020. 11. 13. 선고 2018 구합 6768 판결). 따라서 정비구역 지정 당시 토지등소유자가 아니었던 자도 정비구역 지정 후에 토지등을 취득하는 방법으로 동의요건을 충족하여 사업시행자가 될 수 있다(사업시행계획인가를 받음으로써 사업시행자가 되는 것임).
>
> (3) 공고문서는 그 문서에서 효력발생 시기를 구체적으로 밝히고 있지 않은 이상 고시/공고 등이 있은 날부터 5 일이 경과한 때에 효력이 발생하므로(행정업무규정 제 6 조 제 3 항), '정비구역 지정 후에 취득했는지 여부'는 「고시일로부터 5 일이 지난 다음 날」 이후에 취득했는지 여부로 판단한다(예: 6 월 7 일에 정비구역 지정고시가 있으면 6 월 13 일 이후에 취득하여야 특례 적용을 받을 수 있음. 서울행정법원 2020. 11. 13. 선고 2018 구합 6768 판결).
>
> 사업시행계획인가 고시문에 기재된 "서울시보 게재일자가 문서시행일입니다"는 문구는 사업시행인가서의 시행일에 관한 문구일 뿐, '효력 발생시기'에 관한 기재가 아니다(서울고등법원 2021. 9. 16. 선고 2020 누 68457 판결).

2. 【해설】 특례 2 (법 제 36 조의 2)

(1) '토지등소유자 방식의 재개발사업'에서 ① 정비계획 변경을 제안하거나 ② 사업시행계획인가를 신청할 때, 법이 정한 산정기준일' 이후 1 명의 토지등소유자로부터 토지등을 양수하여 여러 명이 소유하게 된 경우에는 그 여러 명을 대표하는 1 명을 토지등소유자로 보고 토지등소유자 동의 충족 여부를 판정한다(법 제 36 조의 2 제 2 항).

'특례 2'는 「조합설립인가 후 1 명의 토지등소유자로부터 토지/건축물의 소유권/지상권을 양수하여 여러 명이 소유하게 된 때에는 그 여러 명을 대표하는 1 명을 조합원으로 본다」고 규정한 법 제 39 조 제 1 항 제 3 호를 수정하여('조합설립인가 후' → '산정기준일 이후') 토지등소유자 방식의 재개발사업에 도입한 조항이다.

(2) 구체적 내용은 아래와 같다.

① 정비계획의 변경을 제안하는 경우(토지등소유자가 3 분의 2 이상 동의) 정비구역 지정·고시일(= 산정기준일) 이후 1 명의 토지등소유자로부터 토지등을 양수하여 여러 명의 소유하게 된 때에는 그 여러 명을 대표하는 1 명을 토지등소유자로 본다(법 제 36 조의 2 제 1 항 제 1 호).

② 토지등소유자가 사업시행계획인가를 신청하는 경우(토지등소유자 3/4 이상 및 토지면적 1/2 이상의 토지소유자 동의) 사업시행계획인가를 신청하기 직전의 정비구역 변경지정·고시일(= 산정기준일) 이후 1 명의 토지등소유자로부터 토지등을 양수하여 여러 명의 소유하게 된 때에는 그 여러 명을 대표하는 1 명을 토지등소유자로 본다(법 제 36 조의 2 제 1 항 제 2 호). 다만, a) 정비구역 변경지정이 없거나 b) 정비구역 지정·고시 후에 정비사업을 목적으로 취득한 토지/건축물에 대해서는 정비구역 지정·고시일을 기준으로 한다(제 2 호 단서).

(3) 시행일 및 경과조치: 법 제 36 조의 2 는 2022. 6. 10. 법률 제 18941 호로 신설되어 2022. 12. 11.부터 시행되었으며, 시행일 이후 최초로 정비계획의 변경을 제안하거나 사업시행계획인가를 신청하는 경우부터 적용한다(부칙 제 1, 3 조).

3. 【해설】 사업시행과 관련하여 신탁이 이루어진 경우 위탁자를 토지등소유자로 봄

부동산신탁에서 수탁자 앞으로 소유권이전등기를 마치면 대내외적으로 소유권이 수탁자에게 완전히 이전되므로(대법원 2021. 11. 11. 선고 2020 다 278170 판결), 수탁자를 토지등소유자로 보는 것이 원칙이다.

그런데 구 도시환경정비사업을 시행하는 경우 사업을 시행하는 대토지 소유자가 토지등을 매수하는 과정에서 매수자금을 금융기관 대출로 조달하기 위해 해당 토지등

III. 토지등소유자 수 산정에 관한 특례

> 에 처분신탁 또는 담보신탁을 설정하는 경우가 많았는바, 대법원은 이와 같이 <u>구 도시환경정비사업의 시행을 위하여 또는 그 사업 시행과 관련하여 신탁이 이루어진 경우</u> 영 제33조(구 시행령 제28조) 제1항 제1호 다목 단서(= 위 특례 1)의 입법취지를 유추하여 <u>위탁자를 토지등소유자로 본다</u>는 법리를 확립하였다(대법원 2015. 6. 11. 선고 2013두15262 판결).
>
> 이 경우 위탁자가 수인인 때에는 영 제33조 제1항에 따라 토지등소유자 수를 산정한다.
>
> ☞ 신탁재산의 토지등소유자에 관한 상세한 내용은 돈.되.법 1 제6장 제1절 IV.를 참조하세요.

B. [특례 1에 관한 하급심판례] ① 영 제33조(구 시행령 제28조) 제1항 제1호 다목 단서는 정비구역 지정 당시 토지등소유자가 아니었던 자가 '토지등소유자 방식'으로 재개발사업을 시행하기 위해 정비구역 지정 후에 토지등을 취득하는 경우에도 적용돼; ② 정비구역 지정일은 고시/공고 후 5일이 지난 날을 의미해; ③ <u>정비구역 지정고시 당일에 취득하여 '정비구역 지정 후' 취득한 것이 아니라고 본 사례</u> ─서울행정법원 2020. 11. 13. 선고 2018구합6768 판결[사업시행인가취소] (항소기각)

【당사자】

원고, 항소인	A, B, C
피고, 피항소인	서울특별시 성북구청장
피고보조참가인	D 주식회사

나아가 정비구역의 지정권자가 정비구역을 지정하고자 하는 경우에는 당해 정비계획을 포함한 지정 내용을 당해 지방자치단체의 공보에 고시하여야 한다[구 도시정비법(2007. 12. 21. 법률 제8785호로 개정되기 전의 것) 제4조 제3항]. 이 사건 정비구역이 서울특별시장의 2007. 6. 7.자 고시에 의하여 지정된 사실은 앞서 본 바와 같다.

그런데 고시□공고 등 행정기관이 일정한 사항을 일반에 알리기 위한 <u>공고문서의 경우에는 그 문서에 특별한 규정이 있는 경우를 제외하고는 그 고시 또는 공고가 있은 후 5일이 경과한 날부터 효력을 발생하는바</u>[구 사무관리규정(2011. 12. 21. 대통령령 제23383호로 전부개정되기 전의 것) 제8조 제2항], 위 2007. 6. 7.자 고시에는 그 효력에 관한 특별한 규정이 없으므로, <u>고시일인 2007. 6. 7.로부터 5일이 경과한 2007.6. 13.에서야 그 효력이 발생하나, 앞서 본 바와 같이 F는 2007. 6. 7. 토지 또는 건축물의 소유권을 취득하였으므로, HE가 이 사건 정비구역 지정의 효력발생일 이후에 토지 또는 건축물의 소유권을 취득한 것은 아니라고 봄이 타당하다.</u>

C. [위 사건의 항소심판결] ① a) 공문서는 결재권자의 결재가 있음으로써 성립하고, b) 수신자에게 발신함으로써 시행되며, c) 시행된 문서가 수신자에게 도달함으로써 그 효력을 발생하되, d) 공고문서의 경우에는 해당 공고문서에 특별한 규정이 있는 경우를 제외하고는 공고일로부터 5일이 경과한 날부터 효력을 발생해; ② 고시에 기재된 "서울시보 게재일자가 문서시행일입니다"는 문구는 시행일에 관한 기재일 뿐, '효력 발생일에 관한 특별한 규정' 아니야 —서울고등법원 2021. 9. 16. 선고 2020누68457 판결[사업시행인가취소]

1. 원고들의 주장 요지

서울특별시장의 2007. 6. 7.자 이 사건 정비구역 지정 고시에는 "서울시보 게재일자가 문서시행일입니다. 참고하시기 바랍니다."라는 문구가 기재되어 있으므로, 위 고시는 그 게재일자인 2007. 6. 7.에 효력이 발생한 것으로 보아야 한다. 따라서 F는 이 사건 정비구역이 지정·고시된 2007. 6. 7. 이후에 이 사건 정비구역 내 부동산을 취득하였으므로, 구 도시정비법 시행령 제28조 제1항 제1호 (다)목 단서에 정한 '토지등소유자'에 해당하지 않고, 결국 F를 위 단서 조항에 따라 108명의 토지등소유자로 산정할 수 없다.

2. 판단 (항소기각)

위와 같은 공문서의 성립, 시행 및 효력 발생에 관한 구 사무관리규정의 내용과 체계를 두루 종합하여 보면, 구 사무관리규정상 공문서의 성립과 시행 그리고 효력 발생은 구분되는 것으로서, ① 공문서는 당해 문서에 대한 서명에 의한 결재권자의 결재가 있음으로써 성립하고, ② 그와 같이 성립한 문서를 수신자에게 발신함으로써 시행되며, ③ 시행된 문서가 수신자에게 도달함으로써 그 효력을 발생하되, 관보 등에 게재되는 공고문서의 경우에는 불특정 다수인이 수신자임을 감안하여 해당 공고문서에 특별한 규정이 있는 경우를 제외하고는 공고일로부터 5일이 경과한 날부터 효력을 발생하는 것이다.

따라서 앞서 살펴본 공문서의 성립, 시행 및 효력 발생에 관한 의미를 고려하여 볼 때, 위 고시에 기재된 "서울시보 게재일자가 문서시행일입니다."는 문구는 '이 사건 정비구역 지정에 관한 공고문서가 시보에 게재됨으로써 시행되었다'는 취지로 이해될 뿐, 위 문구가 구 사무관리규정 제8조 제2항 단서에 정한 '효력 발생일에 관한 특별한 규정'에 해당한다고 볼 수 없다. 따라서 이와 다른 전제에 선 원고들의 주장은 받아들이지 아니한다.

D. ① 도시환경정비사업의 '시행을 위하여' 또는 '그 사업시행과 관련하여' 부동산에 관하여 담보신탁 또는 처분신탁 등이 이루어진 경우 토지등소유자는 위탁자야; ② 참가인이 정비구역 내 토지를 매수하여 참가인 명의로 소유권이전등기를 마친 후 신한은행 앞으로 신탁·이전한 경우, 도시환경정비사업의 시행자 자격 및 동의권자는 신한은행(수탁자)이 아니고 참

가인(위탁자)이라고 본 사례 ―대법원 2015.06.11. 선고 2013 두 15262 판결[사업시행인가무효확인]

☞ 판결이유는 돈.되.법 1 제 6 장 제 1 절 IV.를 참조하세요.

제 5 절 사업시행계획인가의 부관 (기부채납 등)

I. 수익적 행정처분과 부관

A. 개요

1. 【해설】수익적 행정처분과 부관

> 사업시행계획의 인가는 수익적 행정처분으로서 행정청의 재량행위에 속하므로, 인가관청은 법령에 특별히 근거규정이 없더라도 공익상 필요 등에 의하여 필요한 범위 내에서 그 부관으로서 여러가지 조건이나 부담을 부과할 수 있다(대법원 2007. 7. 12. 선고 2007 두 6663 판결).
>
> 다만, 그러한 부담은 비례원칙, 평등원칙 및 부당결부금지 원칙에 위반되지 않아야만 적법하다(대법원 1997. 3. 14. 선고 96 누 16698 판결; 대법원 1997. 3. 11. 선고 96 다 49650 판결). 도시정비법 제 51 조 제 1 항도 "시장·군수등은 … 사업시행계획을 인가하는 경우 사업시행자가 제출하는 사업시행계획에 해당 정비사업과 직접적으로 관련이 없거나 과도한 정비기반시설의 기부채납을 요구하여서는 아니 된다"고 규정하여 이런 원칙을 확인해 주고 있다.

2. 【해설】부관에 대한 행정소송

> 부관 그 자체만을 행정쟁송의 대상으로 하는 것은 허용되지 않는 것이 원칙이지만, 사업시행계획인가에 붙인 부관이 일정한 의무를 부과하는 내용인 경우에는 해당 사업시행계획인가처분과 별도로 그 부담에 대해서만 행정심판이나 행정소송을 제기할 수 있다(대법원 1992. 1. 21. 선고 91 누 1264 판결).

3. 【해설】도시정비형 재개발사업에서 「보류지의 적격세입자 우선분양」부관

> 도시정비형 재개발사업에서 상가 또는 공동주택의 분양을 원하는 세입자가 있는 정비구역에서 구청장이 사업시행계획인가를 하는 때에는 '보류지를 제 3 자에 우선하여 '적격세입자'에게 분양하도록' 하는 부관을 붙일 수 있으며(서울시조례 제 27 조 제 2

항 제 1 호), 이 경우 사업시행자는 분양공고 내용에 이를 포함시켜야 한다 (같은 항 제 3 호).

'적격세입자'란 A) 해당 정비구역에 거주하는 세입자로서 주민등록에 등재된 날을 기준으로 기준일('기준일'은 원칙적으로 정비구역 지정을 위한 공람공고일을 말한다) 3개월 전부터 사업시행계획인가로 인하여 이주하는 날까지 계속하여 거주하고 있는 무주택세대주와 B) 해당 정비구역에 거주하는 토지등소유자로서 최소분양주택가액의 1/4 보다 권리가액이 적은 자 중 해당 정비사업으로 인해 무주택자가 되는 세대주를 말한다(서울시조례 제 46 조 제 1 항 제 1 호).

☞ 이에 관한 자세한 내용은 위 제 5 장 제 2 절 III. 참조

B. ① 주택재건축사업시행의 인가는 수익적 행정처분으로서 재량행위임; ② 따라서 시장·군수는 법령에 근거가 없더라도 공익상 필요에 의하여 여러 조건들을 부과할 수 있어; ③ 정비사업 시행에 따른 도로신설로 운동로가 차단되어 주민불편 해소 및 교통사고 예방을 위해 사업시행인가의 조건으로 언더페스 설치의무를 부과한 사안에서, 그 운동로를 연접 아파트 단지 주민들도 함께 이용한다는 사정만으로 그 부담이 부당결부금지원칙에 위반되지 않는다고 본 사례 —대법원 2007. 7. 12. 선고 2007 두 6663 판결[사업시행인가처분일부취소]

【당사자】

[원고, 피상고인 겸 상고인] 미주아파트주택재건축정비사업조합
[피고, 상고인 겸 피상고인] 서울특별시 서초구청장

1. 법리 (사업시행의 인가는 재량행위)

주택재건축사업시행의 인가는 상대방에게 권리나 이익을 부여하는 효과를 가진 이른바 수익적 행정처분으로서 법령에 행정처분의 요건에 관하여 일의적으로 규정되어 있지 아니한 이상 행정청의 재량행위에 속하므로, 피고로서는 법령상의 제한에 근거한 것이 아니라 하더라도 공익상 필요 등에 의하여 필요한 범위 내에서 여러 조건(부담)을 부과할 수 있다 할 것이다.

2. 원심이 인정한 사실

원심은, 그 채용 증거들을 종합하여

① 서울특별시의 반포아파트지구개발기본계획에 의하여 신설예정인 폭 25m 도로는 이 사건 아파트의 서쪽을 통과하여 북쪽에 있는 주공 2 단지아파트를 관통한 다음 올림픽도로

I. 수익적 행정처분과 부관

에 연결되는데, 원고는 2005. 1. 18. 주공 2 단지조합과 사이에 위 도로의 개설에 필요한 모든 시설물(도로, 반포천 교량, 방음시설 등)의 설치에 관한 비용을 주공 2 단지조합이 부담하기로 합의하고, 이에 따라 합의서 및 이행각서를 작성한 사실,

② 이 사건 아파트와 주공 2 단지아파트의 주민들은 남쪽의 운동로를 통하여 위 도로의 서쪽에 위치한 반포유수지 내의 축구장, 농구장 등의 체육시설을 이용하거나 산책을 하고 있는 사실,

③ 한편 위 도로의 개설로 인하여 위 운동로가 차단되므로 도로횡단으로 인한 교통사고를 예방하고, 위 운동로를 통하여 반포유수지에 통행하기 위해서는 위 도로의 교량 밑으로 간이도로를 만들 필요가 있고, 이에 따라 피고는 이 사건 사업시행인가시 운동로의 언더패스(다리 밑을 지나는 도로) 방안이 필요하다는 인가조건 5 번을 부가한 사실 등 판시와 같은 사실을 인정한 다음,

3. 원심판단의 정당함

① 이 사건 아파트와 주공 2 단지아파트 주민들은 위 운동로를 통하여 반포유수지의 운동시설을 이용하거나 산책을 할 수 있는데, 폭 25m 도로의 신설로 위 운동로가 차단되어 <u>이 사건 아파트 주민들을 비롯한 인근 주민들의 불편을 해소하고 교통사고를 예방하기 위해서는 위 운동로의 언더패스 방안이 필요한 점</u>, ② <u>위 운동로의 언더패스의 설치가 이 사건 아파트 주민의 편익과 이 사건 아파트의 가치증진에 기여하게 될 것으로 예상되는 점</u> 등을 종합하면,

<u>연접하고 있는 주공 2 단지아파트 주민들도 위 운동로를 함께 이용하게 된다는 사정만으로는 원고에게 위 운동로의 언더패스 설치의무를 부담시키는 인가조건 5 번이 부당결부금지의 원칙을 위반하거나 재량권의 범위를 일탈하여 위법하다고 보기 어렵다</u>고 판단하였는바,

앞서 본 법리와 기록에 비추어 살펴보면, 위와 같은 <u>원심의 사실인정과 판단은 옳은 것으로 수긍이 가고</u>, 거기에 재량권의 일탈·남용에 관한 법리오해 등의 위법이 있다고 할 수 없다.

C. ① 기속행위나 기속적 재량행위에는 부관을 붙일 수 없고, 가사 부관을 붙였다 하더라도 무효야; ② 건축허가는 기속행위 내지 기속재량행위이므로(공익상 필요가 없음에도 관계법령에서 정한 제한사유 외의 사유를 들어 건축허가를 거부할 수 없으므로), <u>건축허가에 붙인 부담이나 부관은 무효임</u> —대법원 1995. 6. 13. 선고 94 다 56883 판결[소유권이전등기말소]

제 5 장 사업시행계획인가 / 제 5 절 사업시행계획인가의 부관 (기부채납 등)

【당사자】

【원고, 상고인】 주식회사 보목건설

【피고, 피상고인】 시흥시

1. 기속행위/기속재량행위에 붙인 부관은 무효

일반적으로 기속행위나 기속적 재량행위에는 부관을 붙일 수 없고 가사 부관을 붙였다 하더라도 무효이며(대법원 1988.4.27. 선고 87 누 1106 판결; 1990.10.10. 선고 89 누 4673 판결; 1993.7.27. 선고 92 누 13998 판결 등 참조), 건축법 소정의 건축허가권자는 건축허가신청이 건축법, 도시계획법 등 관계법규에서 정하는 어떠한 제한에 배치되지 않는 이상 당연히 같은 법조 소정의 건축허가를 하여야 하므로, 법률상의 근거없이 그 신청이 관계법규에서 정한 제한에 배치되는지의 여부에 대한 심사를 거부할 수 없고, 심사결과 그 신청이 법정요건에 합치하는 경우에는 특별한 사정이 없는 한 이를 허가하여야 하며, 공익상 필요가 없음에도 불구하고 요건을 갖춘 자에 대한 허가를 관계법령에서 정하는 제한사유 이외의 사유를 들어 거부할 수는 없다(대법원 1989.6.27. 선고 88 누 7767 판결; 1992.12.11. 선고 92 누 3038 판결 등 참조) 고 하는 것이 이 법원의 확립된 견해인바,

2. 건축허가는 기속(재량)행위이므로 건축허가에 붙인 부담/부관은 무효

이 사건 허가조건 제 20 항은 부관을 붙일 수 없는 기속행위 내지 기속적 재량행위인 건축허가에 붙인 부담이거나 또는 법령상 아무런 근거가 없는 부관이어서 무효라고 할 것이고, 따라서 원심이 그 판시이유에서 위 허가조건이 무효가 아니라고 판단한 데에는 건축허가의 성질 및 부관의 가능성에 관한 법리를 오해한 위법이 있다고 할 것이다.

D. ① 부관 그 자체만을 독립된 쟁송의 대상으로 할 수 없는 것이 원칙이나; ② 부관 중에서도 행정행위에 부수하여 일정한 의무를 부과하는 행정청의 의사표시인 부담인 경우에는 부담 그 자체로서 행정쟁송의 대상이 될 수 있어 —대법원 1992. 1. 21. 선고 91 누 1264 판결[수토대금부과처분취소]

행정행위의 부관은 행정행위의 일반적인 효력이나 효과를 제한하기 위하여 의사표시의 주된 내용에 부가되는 종된 의사표시이지 그 자체로서 직접 법적 효과를 발생하는 독립된 처분이 아니므로 현행 행정쟁송제도 아래서는 부관 그 자체만을 독립된 쟁송의 대상으로 할 수 없는 것이 원칙이나(당원 1985. 6.25. 선고 84 누 579 판결 참조),

행정행위의 부관 중에서도 행정행위에 부수하여 그 행정행위의 상대방에게 일정한 의무를 부과하는 행정청의 의사표시인 부담인 경우에는 다른 부관과는 달리 행정행위의 불가분

적인 요소가 아니고 그 존속이 본체인 행정행위의 존재를 전제로 하는 것일 뿐이므로 <u>부담 그 자체로서 행정쟁송의 대상이 될 수 있다</u>고 할 것이다.

II. 부관의 한계와 허용범위

A. [주택건설사업에 관한 판례] ① 수익적 행정행위에는 법령에 근거규정이 없어도 부관을 붙일 수 있으나, 그러한 <u>부담은 비례원칙, 부당결부금지 원칙에 위반되지 않아야만 적법해</u>; ② 인천시장이 원고에게 주택사업계획승인을 하게 됨을 기화로 <u>그 주택사업과 아무런 관련이 없는 토지 2,791㎡를 기부채납하도록 하는 부관을 붙인 것은 부당결부금지에 위반되어 위법하나</u>; ③ 그 하자가 중대·명백하지 않아 당연무효라고는 볼 수 없고; ④ 이미 제소기간이 경과되어 확정된 부관의 효력을 더이상 다툴 수 없게 되었으므로, 피고 소속 공무원이 원고가 위 부담을 이행하지 않는다는 이유로 위 사업계획승인에 의하여 건축된 아파트의 사용검사승인을 거부한 바 있더라도, 이는 민법 제 108 조가 정하는 강박행위가 아니라고 봄 ─대법원 1997. 3. 11. 선고 96 다 49650 판결[소유권이전등기말소].

【당사자】

원고,상고인	○○○
피고,피상고인	인천광역시 계양구

【사건개요】

원고가 부관 미이행을 이유로 피고로부터 사용검사를 거부당하여 수분양자들이 소유권이전등기 지연으로 손해배상을 요구하며 분양대금채권을 가압류할 태세를 보이는 등 피해가 확대되자, 부관에 따라 해당 토지에 관하여 피고와 증여계약을 체결하고 소유권이전등기를 마친 후, 민법 제 108 조에 따라 증여의 의사표시를 취소하고 소유권이전등기의 말소를 청구했으나 기각된 사건임.

<u>수익적 행정행위에 있어서는 법령에 특별한 근거규정이 없다고 하더라도 그 부관으로서 부담을 붙일 수 있으나, 그러한 부담은 비례의 원칙, 부당결부금지의 원칙에 위반되지 않아야만 적법하다</u>고 할 것이다. 기록에 의하면, 원고의 이 사건 토지 중 2,791㎡는 자동차전용도로로 도시계획시설결정이 된 광 1 류 6 호선에 편입된 토지이므로, 그 위에 도로개설을 하기 위하여는 소유자인 원고에게 보상금을 지급하고 소유권을 취득하여야 할 것임에도 불구하고, 소외 <u>인천시장은 원고에게 주택사업계획승인을 하게 됨을 기화로 그 주택사업과는 아무런 관련이 없는 토지인 위 2,791㎡를 기부채납하도록 하는 부관을 위 주택사업계획승인에 붙인 사실이 인정되므로, 위 부관은 부당결부금지의 원칙에 위반되어 위법하다</u>고 할 것이다.

그러나 기록에 의하면, 이 사건에서 인천시장이 승인한 원고의 주택사업계획은 금 109,300,000,000 원의 사업비를 들여 아파트 1,744 세대를 건축하는 상당히 큰 규모의 사업임에 반하여, 원고가 기부채납한 위 2,791 ㎡의 토지가액은 그 100 분의 1 상당인 금 1,241,995,000 원에 불과한 데다가, 원고가 그 동안 위 부관에 대하여 아무런 이의를 제기하지 아니하다가 인천시장이 업무착오로 위 2,791 ㎡의 토지에 대하여 보상협조요청서를 보내자 그 때서야 비로소 위 부관의 하자를 들고 나온 사실이 인정되는바, 이러한 사정에 비추어 볼 때 위 부관이 그 하자가 중대하고 명백하여 당연무효라고는 볼 수 없다 할 것이다.

그렇다면 원고로서는 이미 제소기간이 경과되어 확정된 위 부관의 효력을 더 이상 다툴 수 없게 되었다고 할 것이므로, 피고 소속 공무원이 원고가 위 부담을 이행하지 않는다는 이유로 위 사업계획승인에 의하여 건축된 아파트에 대한 사용 검사승인을 거부한 바 있다고 하더라도, 그와 같은 행위가 민법 제 108 조가 정하는 강박행위가 된다고는 볼 수 없다 할 것이다. 그러므로 같은 취지로 판단한 원심 판결에 논하는 바와 같은 법리오해의 위법이 있다고 볼 수 없다.

B. [같은 판례] 불공정한 법률행위(민법 제 104 조)는 반대급부가 있는 행위에 관한 것이므로, 기부채납과 같은 일방적 급부행위(증여계약)는 불공정한 법률행위가 될 수 없어 —대법원 1997. 3. 11. 선고 96 다 49650 판결[소유권이전등기말소]

민법 제 104 조가 규정하는 현저히 공정을 잃은 법률행위라 함은 자기의 급부에 비하여 현저하게 균형을 잃은 반대급부를 하게 하여 부당한 재산적 이익을 얻는 행위를 의미하는 것이므로, 기부행위와 같이 아무런 대가관계 없이 당사자 일방이 상대방에게 일방적인 급부를 하는 법률행위는 그 공정성 여부를 논의할 수 있는 성질의 법률행위가 아니라 할 것이다 (당원 1993. 3. 23. 선고 92 다 52238 판결, 1993. 7. 16. 선고 92 다 41528, 41535 판결, 1993. 10. 26. 선고 93 다 6409 판결 등 참조).

그러므로 이 사건 증여계약이 불공정한 법률행위로서 무효라는 취지의 논지는 모두 이유가 없다.

C. ① 법령상 지방자치단체에게 진입도로 설치의무가 있지 않은 이상, 주택건설사업계획 승인을 하면서 사업주체인 원고에게 주택단지 진입도로 등 간선시설을 설치하고 그 부지 소유권을 기부채납할 것을 조건으로 붙인 것은 위법한 부관 아니야; ② 주택건설사업 시행에 따라 기존 통행로가 폐쇄되는 데 따른 보완조치로서 기존 통행로를 대체하는 통행로 부지 일부를 기부채납할 것을 조건으로 주택건설사업계획 승인을 한 것은 위법하지 않음; ③ 따라서 원고가 부관에 따른 진입도로 등의 설치 및 기부채납의무를 이행하지 않아 피고가 완공된 아파트에 대한 사용검사를 거부한 것은 적법함(승인된 사업계획의 내용에 부적합하므로) —대법원 1997. 3. 14. 선고 96 누 16698 판결[사용검사신청반려처분취소]

II. 부관의 한계와 허용범위

【당사자】

원고, 상고인	공항지역주택조합
피고, 피상고인	서울특별시 강서구청장

1. 법리

주택건설촉진법 제 33 조에 의한 주택건설사업계획의 승인은 상대방에게 권리나 이익을 부여하는 효과를 수반하는 이른바 수익적 행정처분으로서 법령에 행정처분의 요건에 관하여 일의적으로 규정되어 있지 아니한 이상 행정청의 재량행위에 속한다 할 것이고(당원 1996. 10. 11. 선고 95누9020 판결 참조), 재량행위에 있어서는 법령상의 근거가 없다고 하더라도 부관을 붙일 수 있는데(당원 1982. 12. 28. 선고 80다731, 732 판결, 1991. 10. 11. 선고 90누8688 판결 등 참조), 그 부관의 내용은 적법하고 이행가능하여야 하며 비례의 원칙 및 평등의 원칙에 적합하고 행정처분의 본질적 효력을 해하지 아니하는 한도의 것이어야 하는바(당원 1992. 4. 28. 선고 91누4300 판결, 1996. 4. 26. 선고 95누17762 판결 등 참조)…

2. 대법원의 판단 (상고기각)

가. 이 사건 부관은 적법함

이 사건 주택건설사업이 65세대의 아파트를 건축하는 사업이고 진입도로의 길이는 60m에 불과하여 법령상 진입도로의 설치의무가 지방자치단체에게 있지 아니한 이상, 사업주체인 원고에게 주택단지의 진입도로 등 간선시설을 설치하고 그 부지 소유권 등을 기부채납할 것을 조건으로 하여 주택건설사업계획의 승인을 하였다 하더라도 다른 특별한 사정이 없다면 이를 원고에게 필요한 범위를 넘어 과중한 부담을 지우는 것으로서 형평의 원칙 등에 위배되는 위법한 부관이라고 할 수는 없다 할 것이고, 또한 주택건설사업 시행에 따라 인근 주민들이 공로에 이르기 위하여 이용하여 왔던 기존의 통행로가 폐쇄되는 데 따른 보완조치로서 기존의 통행로를 대체하는 통행로 부지 일부를 기부채납할 것을 조건으로 주택건설사업계획의 승인을 하였다 하더라도 그 역시 형평의 원칙 등에 위배되는 위법한 부관이라고 할 수는 없다 할 것이다.

나. 부관에 따른 기부채납의무를 이행하지 않아 사용검사를 거부한 것은 정당함

따라서 위와 같이 적법한 부관이 붙은 주택건설사업계획의 승인을 받은 원고가 사용검사일 전까지 그 부관에 따른 진입도로 등의 설치 및 기부채납의무를 이행하지 아니한 경우에는 승인된 사업계획의 내용에 부적합하여 주택건설촉진법 제 33 조의 2 제 1 항에 의한 사

제 5 장 사업시행계획인가 / 제 5 절 사업시행계획인가의 부관 (기부채납 등)

용검사를 받을 수 없고, 또한 위 아파트 중 비상계단의 계단폭과 계단참의 너비가 법정기준에 미달하도록 시공된 채 시정되지 아니하고 있는 이상 그 점에서도 역시 승인된 사업계획의 내용에 부적합하여 사용검사를 받을 수 없는 것이니, 위와 같은 사유들을 들어 위 아파트에 대한 사용검사를 거부한 피고의 이 사건 처분은 적법하다 할 것이다.

같은 취지의 원심의 위와 같은 판단은 정당하고, 거기에 소론과 같은 법리오해의 위법이 있다 할 수 없다. 논지는 이유 없다.

D. 재건축조합에게 파출소를 신축하여 경찰청에 기부채납할 것을 사업시행인가의 조건으로 정한 것은 위법하지 않음 —대법원 2007. 7. 12. 선고 2007 두 6663 판결[사업시행인가처분일부취소]

【당사자】

[원고, 피상고인 겸 상고인] 미주아파트주택재건축정비사업조합

[피고, 상고인 겸 피상고인] 서울특별시 서초구청장

1. 원심이 인정한 사실

원심은, 그 채용 증거들을 종합하여 ① 파출소(서래지구대)는 서울 서초구 반포동 16-2 지상에 건립되어 있는데, 서울특별시의 반포아파트지구개발기본계획 및 원고의 사업계획상 위 토지 내에서 50m 북쪽으로 이전하여 설치하도록 되어 있는 사실, ② 위 파출소는 당초 이 사건 사업구역의 동쪽 경계선을 따라 3/4 지점에 위치하고 있어 이를 존치할 경우 직사각형 모양의 이 사건 사업구역의 토지 형상이 일그러지게 되는 사실을 인정한 다음,

2. 원심판결의 정당함

국토의 계획 및 이용에 관한 법률 제 65 조 제 2 항, 제 99 조는 '개발행위허가를 받은 자가 행정청이 아닌 경우 개발행위허가를 받은 자가 새로이 설치한 공공시설은 그 시설을 관리할 관리청에 무상으로 귀속되고, 도시계획시설사업에 의하여 새로이 공공시설을 설치하는 경우에도 마찬가지'라고 규정하고 있는바,

① 반포아파트지구개발기본계획상 위 파출소의 이전이 예정되어 있고, ② 원고가 위 파출소의 이전에 관한 계획을 포함시켜 이 사건 사업계획을 작성하여 피고로부터 인가를 받았으며, ③ 나아가 위 파출소의 이전으로 이 사건 사업시행에 있어서 토지의 이용효율이 증대될 것으로 보이므로, 원고에게 파출소를 신축하여 관리청인 경찰청에 기부채납할 것을 정한 인가조건 19 번이 위법하다고 볼 수 없다고 판단하였는바, 관계 법령과 기록에 비추어

II. 부관의 한계와 허용범위

살펴보면, 위와 같은 원심의 사실인정과 판단은 옳은 것으로 수긍이 가고, 거기에 상고이유의 주장과 같은 채증법칙 위배나 재량권의 일탈·남용에 관한 법리오해 등의 위법이 있다고 할 수 없다.

E. 재건축사업으로 필요하게 된 공공하수도 공사비용을 조합이 부담하도록 정한 인가조건이 위법하지 않다고 본 사례 —대법원 2007. 7. 12. 선고 2007두6663 판결[사업시행인가처분일부취소]

【당사자】

[원고, 피상고인 겸 상고인] 미주아파트주택재건축정비사업조합
[피고, 상고인 겸 피상고인] 서울특별시 서초구청장

1. 원심이 인정한 사실

원심은, 그 채용 증거들을 종합하여

① 이 사건 아파트의 동쪽 경계와 잠원초등학교 사이에 있는 서울 서초구 반포동 117-15 도로 5,087.5㎡(폭 15m)의 지하에는 하수관(D = 450 ~ 750㎜)이 매설되어 있고, 맨홀이 설치되어 있는 사실,

② 원고가 위 도로 중 서쪽의 1/2 을 이 사건 사업구역으로 편입시켰는데, 위 하수관 및 맨홀은 주공 2 단지조합의 사업구역인 나머지 동쪽의 1/2 에 위치한 사실,

③ 그런데 위 하수관으로 유입되는 하수는 대부분 이 사건 사업시행으로 완공되는 아파트로부터 유입될 것으로 예상되고 있는 사실,

④ 한편 반포유수지로 유입하는 하수관거(4 련 × 3m × 3m)는 이 사건 아파트의 남쪽 경계에 위치한 서울 서초구 반포동 117-19 도로 2,120.7 ㎡에 매설되어 있는데, 원고는 위 도로 부지를 포함하여 건축계획을 수립하였고, 그 결과 위 하수관거를 원고의 사업부지 밖으로 이설하여야 하는 사실,

⑤ 위 하수관거가 주공 2 단지조합의 사업구역 남쪽에서 잠원초등학교 부지 남쪽을 거쳐 이 사건 사업구역의 남쪽을 따라 이어져 있는 사실,

⑥ 이 사건 사업구역과 접하는 하수관거의 길이는 200m 에 미치지 못하나 위 하수관거가 접하는 잠원초등학교 부지 남쪽 중간 부분에서 이 사건 아파트 남쪽 경계를 따라 유수지에 이르는 거리가 약 200m 인 사실,

제 5 장 사업시행계획인가 / 제 5 절 사업시행계획인가의 부관 (기부채납 등)

⑦ 피고가 주공 2 단지조합에 대하여 그 사업구역의 남쪽에 접하는 하수관거 이외에 잠원초등학교 부지 중 남쪽 절반 정도까지 위 하수관거를 이설, 확관할 것을 사업시행인가의 조건으로 부가한 사실,

⑧ 이 사건 변론종결일 무렵 원고와 주공 2 단지조합 사이에, 당초 원고가 이설하기로 되어 있는 잠원초등학교 부지 남쪽 중간 부분에서 원고의 사업구역에 접하는 지점까지의 하수관거를 주공 2 단지조합이 이설하도록 하는 합의가 성립된 사실 등 판시와 같은 사실을 인정한 다음,

2. 재건축사업으로 인하여 필요하게 된 공공하수도에 관한 공사비를 부담하도록 정한 부관은 적법함 (상고기각)

① 원고의 재건축사업으로 인하여 증대될 하수의 원활한 처리를 위하여 이 사건 아파트의 동쪽 경계에 접하고 있는 기존 하수관의 확대개량 및 맨홀의 설치가 필요하고, ② 원고의 건축계획에 저촉된 이 사건 아파트의 남쪽의 하수관거를 이설할 필요가 있게 되었고, ③ 그 이설 부분도 현재 당초 인가조건 11 번보다 사실상 축소되어 원고의 사업구역에 한정되어 있다고 할 것이므로,

원고에게 하수도법 제 32 조 제 2 항, 서울특별시 하수도사용조례 제 26 조 제 1 항에 의하여 공공하수도에 영향을 미치는 재건축사업으로 인하여 필요하게 된 공공하수도에 관한 공사에 요하는 비용을 부담하도록 정한 인가조건 11 번이 관계 법령에 위반된다거나 재량권의 범위를 일탈하여 위법하다고 볼 수 없다고 판단하였는바,

관계 법령과 기록에 비추어 살펴보면, 위와 같은 원심의 사실인정과 판단은 옳은 것으로 수긍이 가고, 거기에 상고이유의 주장과 같은 채증법칙 위배나 재량권의 일탈·남용에 관한 법리오해 등의 위법이 있다고 할 수 없다.

III. '부관의 효력'과 '부관에 따른 사법상 법률행위의 효력'은 별개임

A. ① '행정처분에 붙인 부관의 효력'과 '그 부담의 이행으로 한 사법상 법률행위의 효력'은 별개임[A) 부관이 무효라도 사법상 법률행위는 당연히 무효로 되지 않고; B) 부관이 제소기간 도과로 불가쟁력이 생겼어도, 사법상 법률행위의 효력은 사회질서/강행규정 위반 여부를 따져 별도로 무효 여부를 판단할 수 있다]; ② 따라서 '부관이 무효이므로 그 부관의 이행으로 체결한 매매계약도 무효라는 원고의 주장'은 그 부관의 무효 여부를 따져볼 필요도 없이 이유 없으나; ③ 이 사건 매매계약은 강행규정(용도폐지 정비기반시설의 무상양도 조항) 위반으로 무효임 —대법원 2009. 6. 25. 선고 2006 다 18174 판결[채무부존재확인]

III. '부관의 효력'과 '부관에 따른 사법상 법률행위의 효력'은 별개임

【당사자】

【원고, 상고인】 원고 재건축주택조합

【피고, 피상고인】 서울특별시

1. 법리('부관의 효력'과 '부관에 기한 법률행위의 효력'은 별개임)

행정처분에 부담인 부관을 붙인 경우 그 부관의 무효화에 의하여 본체인 행정처분 자체의 효력에도 영향이 있게 될 수는 있지만, 그 처분을 받은 사람이 그 부담의 이행으로서 사법상 매매 등의 법률행위를 한 경우에는 그 부관은 특별한 사정이 없는 한 그 법률행위를 하게 된 동기 내지 연유로 작용하였을 뿐이므로 이는 그 법률행위의 취소사유가 될 수 있음은 별론으로 하고 그 법률행위 자체를 당연히 무효화하는 것은 아니며(대법원 1995. 6. 13. 선고 94다56883 판결, 대법원 1998. 12. 22. 선고 98다51305 판결 참조),

행정처분에 붙은 부담인 부관이 제소기간의 도과로 확정되어 이미 불가쟁력이 생겼다면 그 하자가 중대하고 명백하여 당연 무효로 보아야 할 경우 이외에는 누구나 그 효력을 부인할 수 없을 것이지만, 그 부담의 이행으로서 하게 된 사법상 매매 등의 법률행위는 그 부담을 붙인 행정처분과는 어디까지나 별개의 법률행위이므로 그 부담의 불가쟁력의 문제와는 별도로 그 법률행위가 사회질서 위반이나 강행규정에 위반되는지 여부 등을 따져보아 그 법률행위의 유효 여부를 판단하여야 한다.

2. 대법원의 판단 (파기환송)

가. '부관이 무효이므로 매매계약이 무효'라는 원고 주장'은 그 자체로 이유 없음

앞에서 본 법리에 비추어 볼 때, 강서구청장이 이 사건 주택건설사업계획 승인을 하면서 원고로 하여금 이 사건 각 토지를 매수하도록 붙인 부관이 무효라거나 그 부관이 사후적으로 그 효력을 상실하였음을 전제로 하여, 원고가 그 부관의 이행을 위하여 체결한 이 사건 각 토지에 대한 이 사건 매매계약도 무효로 보아야 한다는 취지의 원고의 주장은 그 부관의 효력 유무를 따져볼 필요 없이 받아들일 수 없으므로, 같은 취지에서 원고의 주장을 배척한 원심의 판단은 정당하고, 상고이유에서 주장하는 바와 같은 행정행위 부관의 재량권 일탈·남용에 관한 법리오해 등의 위법이 없다.

나. 이 사건 매매계약은 강행규정 위반으로 무효임 (파기환송)

... 위 법리와 앞에서 본 사실관계에 비추어 살펴보면, 구 도시정비법 시행 후에 원고와 피고 사이에 체결된 이 사건 매매계약에 적용되는 법률 조항은 구 도시정비법 제65조 제

제 5 장 사업시행계획인가 / 제 5 절 사업시행계획인가의 부관 (기부채납 등)

2 항 후단인바, 이 사건 각 토지 중 원고가 새로이 설치한 도로·공원의 설치비용에 상당하는 도로·공원 부분을 원고가 피고로부터 유상으로 매수하는 내용의 이 사건 매매계약은 강행규정인 구 도시정비법 제 65 조 제 2 항 후단에 위반하여 무효이고, 기록상 이 사건 각 토지 중 위와 같이 무효로 되는 부분을 특정할 수 있다고 볼 만한 아무런 자료가 없는 이상 이 사건에서는 이 사건 매매계약의 일부만을 무효로 할 수도 없다.

이와 달리 판단한 원심판결에는 구 도시정비법 제 65 조 제 2 항 내지 제 4 항의 해석·적용 및 매매계약의 유효요건에 관한 법리 등을 오해한 나머지 판결에 영향을 미친 위법이 있다. 이 점을 지적하는 상고이유의 주장은 이유 있다.

B. 건축허가조건이 무효라도, 그 조건의 이행으로 기부채납한 증여행위는 무효로 되지 않아
(부관의 무효를 단순히 동기의 착오로 봄) —대법원 1995. 6. 13. 선고 94 다 56883 판결[소유권이전등기말소]

【당사자】

【원고, 상고인】 주식회사 보목건설
【피고, 피상고인】 시흥시

1. 건축허가는 기속(재량)행위이므로 건축허가에 붙인 부담/부관은 무효

이 사건 허가조건 제 20 항은 부관을 붙일 수 없는 기속행위 내지 기속적 재량행위인 건축허가에 붙인 부담이거나 또는 법령상 아무런 근거가 없는 부관이어서 무효라고 할 것이고, 따라서 원심이 그 판시이유에서 위 허가조건이 무효가 아니라고 판단한 데에는 건축허가의 성질 및 부관의 가능성에 관한 법리를 오해한 위법이 있다고 할 것이다.

2. 부관의 무효는 동기의 착오에 불과하므로 증여(기부채납)는 무효로 되지 않아

그러나. 한편, 이 사건 허가조건이 무효라고 하더라도 그 부관 및 본체인 건축허가 자체의 효력이 문제됨은 별론으로 하고, 원고가 그 소유인 이 사건 토지지분을 피고에게 기부채납함에 있어 위 허가조건은 증여의사표시를 하게 된 하나의 동기 내지 연유에 불과한 것이고, 기록에 의하면, 원고는 이 사건 건축허가를 받은 토지의 일부를 반드시 허가관청에 기부채납하여야 한다는 법령상의 근거규정이 없음에도 불구하고 위 허가조건 제 20 항의 내용에 따라 이 사건 토지지분을 기부채납하여야만 위 소외인들이 시공한 건축물의 준공검사가 나오는 것으로 믿고 이 사건 증여계약을 체결하여 피고 시 앞으로 이 사건 토지지분에 관하여 소유권이전등기를 경료하여 주었다는 것이므로 이는 일종의 동기의 착오라고 할 것이고, 그 허가조건상의 하자가 원고의 증여의사표시 자체에 직접 영향을 미치는 것은 아니라

III. '부관의 효력'과 '부관에 따른 사법상 법률행위의 효력'은 별개임

할 것이므로, 따라서 이를 이유로 하여 피고 명의의 소유권이전등기의 말소를 청구할 수는 없다고 할 것이다.

그렇다면, 이 사건 허가조건에 따른 원고의 증여계약 역시 당연무효임을 전제로 한 원고의 주장은 결국 그 이유 없음에 돌아가고, 따라서 원심이 원고의 이 사건 청구를 배척한 조치는 결과에 있어 정당하므로 논지는 모두 받아들일 수 없다.

C. 행정처분에 붙인 부관이 무효라도, 그 처분을 받은 사람이 그 부관에 의한 부담의 이행으로 한 증여가 (취소사유가 될 수 있음은 별론으로 하고) 당연히 무효로 되지는 않아 —대법원 1998. 12. 22. 선고 98다51305 판결[소유권이전등기말소]

【당사자】

【원고,상고인】 원고

【피고,피상고인】 서울특별시

기속행위 내지 기속적 재량행위 행정처분에 부담인 부관을 붙인 경우 일반적으로 그 부관은 무효라 할 것이고 그 부관의 무효화에 의하여 본체인 행정처분 자체의 효력에도 영향이 있게 될 수는 있지만, 그러한 사유는 그 처분을 받은 사람이 그 부담의 이행으로서의 증여의 의사표시를 하게 된 동기 내지 연유로 작용하였을 뿐이므로 취소사유가 될 수 있음은 별론으로 하여도 그 의사표시 자체를 당연히 무효화하는 것은 아니다(대법원 1995. 6. 13. 선고 94다56883 판결 참조).

원심이 위의 판례 취지와 같은 견해에서 이 사건 원고가 토지형질변경허가 처분의 부관으로서 이행하였던 도로 편입 토지의 기부의 의사표시가 당연 무효로 되지는 않는다고 보아, 피고에 대한 이 사건 소유권이전등기의 말소등기절차이행 청구를 배척한 판단은 정당하고, 거기에 상고이유로 주장하는 바와 같은 사실오인이나 법리오해 등의 위법사유는 없다.

제6절 국유재산·공유재산의 사용과 사용료

I. 도로점용허가 의제 및 점용료 면제

1. 【해설】 도로점용 허가 의제 및 도로점용료 면제 (재개발·재건축 공통)

> 정비사업의 시행자가 사업시행계획인가를 받은 때에는 도로점용허가를 받은 것으로 의제되며, 이 경우 도로점용료는 면제된다(법 제57조 제1항 제4호, 제7항). 이 규정은 재개발·재건축 모두에 적용된다.

2. 【법령】 전부개정 도시정비법 제57조 제1항(인·허가등의 의제 등)

> ① 사업시행자가 사업시행계획인가를 받은 때(시장·군수등이 직접 정비사업을 시행하는 경우에는 사업시행계획서를 작성한 때를 말한다. 이하 이 조에서 같다)에는 다음 각 호의 인가·허가·결정·승인·신고·등록·협의·동의·심사·지정 또는 해제(이하 "인·허가등"이라 한다)가 있는 것으로 보며, 제50조제7항에 따른 사업시행계획인가의 고시가 있은 때에는 다음 각 호의 관계 법률에 따른 인·허가등의 고시·공고 등이 있은 것으로 본다. <개정 2020. 6. 9., 2021. 3. 16., 2022.6.10>
>
>   4. 「도로법」 제36조에 따른 도로관리청이 아닌 자에 대한 도로공사 시행의 허가 및 같은 법 제61조에 따른 도로의 점용 허가
>
>   13. 「국유재산법」 제30조에 따른 사용허가(재개발사업으로 한정한다)
>
>   14. 「공유재산 및 물품 관리법」 제20조에 따른 사용·수익허가(재개발사업으로 한정한다)
>
> ⑦ 제1항이나 제2항에 따라 인·허가등을 받은 것으로 보는 경우에는 관계 법률 또는 시·도조례에 따라 a) 해당 인·허가등의 대가로 부과되는 수수료와 b) 해당 국·공유지의 사용 또는 점용에 따른 사용료 또는 점용료를 면제한다.

II. 행정재산의 사용허가 의제 및 사용료 면제 (재개발사업 한정)

A. 【기본기】 국·공유재산의 종류 및 종류별 사용방법

1. 【해설】 국·공유재산의 구분과 종류 (국유재산법 제6조, 공유재산법 제5조)

> 국유재산은 그 용도에 따라 행정재산과 일반재산으로 구분한다.

II. 행정재산의 사용허가 의제 및 사용료 면제 (재개발사업 한정)

(1) "행정재산"의 종류는 다음과 같다. <개정 2012. 12. 18.>

  1. 공용재산: 국가가 직접 사무용·사업용 또는 공무원의 주거용(직무 수행을 위하여 필요한 경우로 한정)으로 사용하거나 사용하기로 결정한 재산

  2. 공공용재산: 국가가 직접 공공용으로 사용하거나 사용하기로 결정한 재산

  3. 기업용재산: 정부기업이 직접 사무용·사업용 또는 그 기업에 종사하는 직원의 주거용(직무 수행을 위하여 필요한 경우로 한정)으로 사용하거나 사용하기로 결정한 재산

  4. 보존용재산: 법령이나 그 밖의 필요에 따라 국가가 보존하는 재산

(2) "일반재산"이란 행정재산 외의 모든 국유재산을 말한다.

(3) 공유재산의 구분도 위와 같다.

2. 【법령】 국유재산법 제30조(사용허가) / 공유재산법 제20조(사용허가)

① 중앙관서의 장은 다음 각 호의 범위에서만 행정재산의 사용허가를 할 수 있다. <개정 2011. 3. 30.>

  1. 공용·공공용·기업용 재산: 그 용도나 목적에 장애가 되지 아니하는 범위

  2. 보존용재산: 보존목적의 수행에 필요한 범위

3. 【법령】 국유재산법 제32조(사용료) / 공유재산법 제22조(사용료)

① 행정재산을 사용허가한 때에는 대통령령으로 정하는 요율(料率)과 산출방법에 따라 매년 사용료를 징수한다. 다만, 연간 사용료가 대통령령으로 정하는 금액 이하인 경우에는 사용허가기간의 사용료를 일시에 통합 징수할 수 있다. <개정 2016. 3. 2.>

(이하 생략)

4. 【법령】 국유재산법 제41조(처분 등) / 공유재산법 제28조(관리·처분)

① 일반재산은 대부 또는 처분할 수 있다. <개정 2011. 3. 30.>

☞ "대부계약"이란 일반재산을 국가 외의 자가 일정 기간 유상이나 무상으로 사용·수익할 수 있도록 체결하는 계약을 말한다(국유재산법 제2조 제8호).

☞ 일반재산의 대부의 제한, 대부료, 대부료의 감면 및 대부계약의 해제나 해지 등에 관하여는 행정재산의 사용허가에 관한 규정들이 준용된다(국유재산법 제47조 제1항).

제 5 장 사업시행계획인가 / 제 6 절 국유재산 공유재산의 사용과 사용료

5. 【법령】국유재산법 제 72 조(변상금의 징수)

> ① 중앙관서의 장등은 무단점유자에 대하여 대통령령으로 정하는 바에 따라 그 재산에 대한 사용료나 대부료의 100 분의 120 에 상당하는 변상금을 징수한다. (단서 생략) <개정 2011. 3. 30., 2011. 4. 12., 2012. 12. 18., 2020. 6. 9.>
>
> ☞ "변상금"이란 사용허가나 대부계약 없이 국유재산을 사용·수익하거나 점유한 자 ("무단점유자")에게 부과하는 금액을 말한다(국유재산법 제 2 조 제 9 호).
>
> ② 제 1 항의 변상금은 무단점유를 하게 된 경위(經緯), 무단점유지의 용도 및 해당 무단점유자의 경제적 사정 등을 고려하여 대통령령으로 정하는 바에 따라 5 년의 범위에서 징수를 미루거나 나누어 내게 할 수 있다. <개정 2009. 5. 27.>
>
> ③ 제 1 항에 따라 변상금을 징수하는 경우에는 제 33 조에 따른 사용료와 제 47 조에 따른 대부료의 조정을 하지 아니한다.

B. 행정재산의 사용허가 의제 및 사용료 면제 (재개발사업 한정)

1. 【해설】행정재산의 사용허가 의제 및 사용료 면제 (재개발사업 한정)

> 재개발사업에서 사업시행자가 사업시행계획인가를 받은 때에는 행정재산의 사용허가를 받은 것으로 보며, 그에 대한 사용료·점용료도 면제된다(법 제 57 조 제 1 항 제 13 호, 제 7 항; 구법 제 32 조 제 1 항 제 12 호).
>
> 위 규정은 행정재산에만 적용되므로, 일반재산에 대하여는 대부계약을 체결하고 대부료를 납부하여야 한다(국유재산법 제 41 조, 제 47 조). 다만, 도로부지·공원부지 등 정비사업의 시행으로 공용폐지가 되는 정비기반시설은 법 제 97 조(정비기반시설 및 토지등의 귀속) 제 7 항에 따라 2018. 2. 9.부터 대부료가 면제된다.

2. 【경과규정】2012. 8. 2. 전에는 사용료·점용료가 면제되지 않았음

> (1) 사업시행계획인가에 의하여 다른 법률에 따른 인·허가 등을 받은 것으로 보는 경우 수수료뿐 아니라 사용료·점용료도 면제하도록 한 것은 2012. 8. 2. 개정법(2012. 2. 1. 개정 법률 제 11293 호)에서 개정된 내용이다. 그 전에는 수수료 면제 조항만 있었고 사용료·점용료 면제 조항은 없었다.
>
> (2) 이 개정규정은 개정법 시행(2012. 8. 2.) 후 최초로 사업시행인가를 신청하는 분부터 적용된다(동법 부칙 제 7 조).

II. 행정재산의 사용허가 의제 및 사용료 면제 (재개발사업 한정)

3. 【해설】재건축사업에서 국·공유재산 사용방법 (2018. 2. 9. 전과 동일함)

(1) 행정재산의 사용허가 의제 및 사용료 면제 규정은 재개발사업에만 적용되며 재건축사업에는 적용되지 않는다. 따라서 재건축사업에서 행정재산인 국·공유지를 점유·사용하려는 경우에는 국유재산법에 따라 사용허가를 받고 사용료를 납부하여야 한다(국유재산법 제 30 조, 제 32 조).

(2) 일반재산의 경우는 국유재산법에 따라 대부계약을 체결하고 대부료를 납부하여야 한다. 다만, 정비사업의 시행으로 공용폐지가 되는 정비기반시설은 법 제 97 조(정비기반시설 및 토지등의 귀속) 제 7 항에 따라 2018. 2. 9.부터 대부료가 면제된다.

(3) 재건축조합이 이러한 절차를 밟지 않고 국유재산을 무단점유·사용하면 사용료나 대부료의 120%에 상당하는 변상금이 부과된다(국유재산법 제 72 조).

C. 도시환경정비사업 시행자(조합, 원고)에게 "사업시행자에게 무상양도되지 않는 구역 내 국·공유지는 착공신고 전까지 매입하고 착공신고시 관련서류를 제출할 것"이라는 부관을 붙여 사업시행인가를 했는데, 원고가 착공신고서를 제출할 때까지 국유지를 매수하지 않고 계속 사용하자 피고가 착공신고일 이후 사용분에 대해 변상금 부과처분을 한 것은 위법한 처분임 (이 부관은 사업시행인가의 효력 발생을 저지하는 '조건으로서의 부관'이 아니라 원고에게 이 사건 국유토지를 유상으로 매수하도록 하는 작위의무를 부과하는 '부담으로서의 부관'이므로, 원고는 사업시행인가를 받은 때 국유지에 대한 사용·수익 허가를 받은 것으로 간주되기 때문임, 따라서 원고의 사용은 변상금 부과대상인 '권한 없는 점용'이 아님) —대법원 2008. 11. 27. 선고 2007 두 24289 판결[변상금부과처분취소]

【당사자】

[원고, 상고인] 용산공원남측도시환경정비사업조합

[피고, 피상고인] 국방시설본부장

1. 원심이 인정한 사실

원심판결 이유에 의하면 원심은,

① 원고가 2003. 6. 17. 서울 용산구 용산동 5 가 19 일대 536 필지 합계 49,508.30 ㎡(이하 '이 사건 정비사업구역'이라 한다)에서 도시환경정비사업(이하 '이 사건 사업'이라 한다)을 시행하기 위하여 설립된 도시환경정비사업조합인 사실,

② 이 사건 정비사업구역 내에는 관리청인 국방부장관으로부터 국유재산법 제 21 조에 의하여 위임을 받아 피고가 관리하고 있던 이 사건 국유토지가 있는데, 서울특별시 용산구

청장은 2003. 11. 28. 도시정비법 제 28 조에 의하여 이 사건 사업의 시행을 인가하면서 "사업시행자에게 무상양도되지 않는 구역 내 국·공유지는 착공신고 전까지 매입하고 착공신고 시 관련 서류를 제출할 것"이라는 부관(이하 '이 사건 부관'이라 한다)을 붙인 사실,

③ 피고는 원고가 2005. 3. 16. 이 사건 사업시행을 위한 관리처분계획인가를 받고 2005. 3. 21. 착공신고서를 제출할 때까지 이 사건 국유토지를 매수하지 아니하자 2006. 7. 25. 원고에 대하여 2005. 3. 21.부터 2006. 3. 20.까지 이 사건 국유토지를 무단으로 점유·사용하고 있다는 이유로 국유재산법 제 51 조에 따라 변상금 522,748,680 원의 부과처분을 한 사실을 인정한 다음,

2. 원심의 판단

다음과 같은 이유로 원고의 주장, 즉 이 사건 사업시행인가로서 이 사건 국유토지에 관해서 국유재산법 제 24 조의 규정에 의한 사용·수익허가가 있은 것으로 볼 수 있다는 주장을 배척하고, 원고가 이 사건 국유토지를 무단으로 점유·사용하고 있음을 이유로 한 이 사건 변상금부과처분은 적법하다고 하였다. 즉, 이 사건 부관은 이 사건 사업시행인가 효력발생의 정지조건이므로 그 부관이 당연무효이거나 위법함을 이유로 취소되지 아니하는 한 원고가 이 사건 국유토지를 매입하기 전까지는 이 사건 국유토지에 대해서는 이 사건 사업시행인가의 효력과 관리처분계획인가고시의 효력이 발생하지 아니하였다는 것이다.

3. 대법원의 판단 (파기환송)

그러나 위 인정 사실에 의하면, 이 사건 부관은 이 사건 정비사업구역 내 전체 토지 중 이 사건 토지에 관해서만 사업시행인가의 효력 발생을 저지하는 조건으로서의 부관이 아니라 원고에게 이 사건 국유토지를 유상으로 매수하도록 하는 작위의무를 부과하는 부담으로서의 부관이라고 봄이 상당하다. 그러므로 원고는 2003. 11. 28. 서울특별시 용산구청장으로부터 이 사건 사업시행인가를 받은 때에 도시정비법 제 32 조 제 1 항 제 12 호에 의하여 이 사건 국유토지에 관하여 국유재산법 제 24 조의 규정에 의한 사용·수익허가를 받은 것으로 보아야 할 것이다.

그렇다면 이 사건 사업시행인가 이후 원고의 이 사건 국유토지의 점용은 변상금 부과대상이 되는 권한 없는 점용이라고 할 수 없다. 따라서 이 사건 변상금 부과처분이 적법하다고 한 원심의 판단에는 도시정비법상의 사업시행인가의 효력에 관한 법리를 오해한 위법이 있고, 이러한 위법은 판결에 영향을 미쳤음이 분명하다.

III. 국유·공유재산의 처분, 임대, 무상양여

A. 개요

1. **【해설】** 정비사업시행자 또는 점유자·사용자(연고권자)에 대한 우선 매각/임대

> **(1) 사업시행자/연고권자에 대한 우선 매각/임대**
>
> 정비구역의 국유·공유재산은 정비사업 외의 목적으로 매각 또는 양도할 수 없으며, 사업시행자 또는 연고권자에게 다른 사람에 우선하여 수의계약으로 매각 또는 임대할 수 있다(법 제 98 조 제 3, 4 항). 우선 매각/임대 대상이 되는 국유·공유재산은 사업시행계획인가의 고시일부터 종전의 용도가 폐지된 것으로 본다(같은 조 제 5 항).
>
> 사업시행계획서에 국유·공유재산의 처분에 관한 내용이 포함되어 있는 때에는 시장·군수등은 미리 관리청과 협의하여야 한다(같은 조 제 1 항).
>
> 연고권자는 해당 국·공유지를 점유·사용하고 있는 건축물의 소유자를 말한다. 다만, <u>조합정관에 따라 조합원 자격이 인정되지 않은 경우와 신발생무허가건축물의 소유자는 제외</u>한다. 연고권자에 대한 매각면적은 200 ㎡를 초과할 수 없다. 연고권자는 관리처분계획인가신청을 하는 때까지 관리청과 매매계약을 체결해야 한다. (서울시 도시정비조례 제 55 조 제 1, 3 항.)
>
> 매각금액은 사업시행계획인가의 고시일을 기준으로 평가한 금액(주거환경개선사업의 경우는 평가금액의 80%)으로 한다(예외 있음. 법 제 98 조 제 6 항).
>
> 연고권자가 매매대금을 지급하고 소유권이전등기를 마치면, 해당 부지 면적은 정관이 정하는 바에 따라 조합원별 권리가액에 합산된다
>
> ☞ <u>국·공유지 점유·사용 연고권자가 해당 국·공유지를 우선 매수하기 위해서는 관리처분계획인가신청 시까지 매매계약을 체결해야 하므로</u>, 사업시행자는 측량 결과 국·공유지를 점유하는 것으로 확인된 건축물 소유자에 대하여 분양신청 시 「국·공유지 매수 신청 위임장」 또는 「국·공유지 매수 포기각서」를 제출하도록(제출기간 내 서류를 제출하지 않는 경우 국·공유지 매수를 포기한 것으로 간주) 안내해야 한다. 연고권자가 포기한 국·공유지는 조합이 매수한다.
>
> **(2) 사업시행자에 대한 무상양여**
>
> 한편 ① 주거환경개선구역과 ② 국가 또는 지방자치단체가 도시영세민을 이주시켜 형성된 낙후지역으로서 대통령령이 정하는 재개발구역의 국·공유지는 사업시행자에게 무상으로 양여된다. 다만, 재개발구역의 경우는 무상양여 대상에서 국유지는 제외되

고, 공유지도 시장·군수등 또는 토지주택공사등이 단독으로 사업시행자가 되는 경우에만 사업시행자에게 무상양여된다. (법 제 101 조 제 1 항; 영 제 80 조 제 2 항.)

2. 【해설】임대주택 건설을 위한 국·공유재산의 임대 (법 제 99 조, 구법 제 67 조)

지방자치단체 또는 토지주택공사등은 주거환경개선구역 및 재개발구역에서 임대주택을 건설하는 경우 국·공유지 관리청과 협의하여 정한 기간 동안 국·공유지를 임대할 수 있다(제 1 항).

임대료는 국유재산법 또는 공유재산법에서 정하며(제 3 항), 임대기간이 종료되는 때에는 임대한 국·공유지 관리청에 기부하거나, 원상으로 회복하여 반환하거나, 국·공유지 관리청으로부터 매입하여야 한다(제 2 항).

3. 【법령】전부개정 도시정비법 제 98 조(국유·공유 재산의 처분 등) [구법 제 66 조]

① 시장·군수등은 제 50 조 및 제 52 조에 따라 인가하려는 사업시행계획 또는 직접 작성하는 사업시행계획서에 국유·공유재산의 처분에 관한 내용이 포함되어 있는 때에는 미리 관리청과 협의하여야 한다. 이 경우 관리청이 불분명한 재산 중 도로·하천·구거(도랑) 등은 국토교통부장관을, 하천은 환경부장관을, 그 외의 재산은 기획재정부장관을 관리청으로 본다. <개정 2020. 12. 31., 2021. 1. 5.> [하천 부분 시행일 : 2022. 1. 1.]

② 제 1 항에 따라 협의를 받은 관리청은 20 일 이내에 의견을 제시하여야 한다.

③ 정비구역의 국유·공유재산은 정비사업 외의 목적으로 매각되거나 양도될 수 없다.

④ 정비구역의 국유·공유재산은 「국유재산법」 제 9 조 또는 「공유재산 및 물품 관리법」 제 10 조에 따른 국유재산종합계획 또는 공유재산관리계획과 「국유재산법」 제 43 조 및 「공유재산 및 물품 관리법」 제 29 조에 따른 계약의 방법에도 불구하고 사업시행자 또는 점유자 및 사용자에게 다른 사람에 우선하여 수의계약으로 매각 또는 임대될 수 있다.

⑤ 제 4 항에 따라 다른 사람에 우선하여 매각 또는 임대될 수 있는 국유·공유재산은 「국유재산법」, 「공유재산 및 물품 관리법」 및 그 밖에 국·공유지의 관리와 처분에 관한 관계 법령에도 불구하고 사업시행계획인가의 고시가 있은 날부터 종전의 용도가 폐지된 것으로 본다.

⑥ 제 4 항에 따라 정비사업을 목적으로 우선하여 매각하는 국·공유지는 사업시행계획인가의 고시가 있은 날을 기준으로 평가하며, 주거환경개선사업의 경우 매각가격은 평가금액의 100 분의 80 으로 한다.

III. 국유 공유재산의 처분, 임대, 무상양여

> 다만, 사업시행계획인가의 고시가 있은 날부터 3년 이내에 매매계약을 체결하지 아니한 국·공유지는 「국유재산법」 또는 「공유재산 및 물품 관리법」에서 정한다.

4. 【조례】 서울시 도시정비조례 제55조(국·공유지의 점유·사용 연고권 인정기준 등)

> ① 법 제98조제4항에 따라 정비구역의 국·공유지를 점유·사용하고 있는 건축물 소유자(조합 정관에 따라 조합원 자격이 인정되지 않은 경우와 신발생무허가건축물을 제외한다)에게 우선 매각하는 기준은 다음 각 호와 같다. 이 경우 매각면적은 200 제곱미터를 초과할 수 없다.
>   1. 점유·사용인정 면적은 건축물이 담장 등으로 경계가 구분되어 실제사용하고 있는 면적으로 하고, 경계의 구분이 어려운 경우에는 처마 끝 수직선을 경계로 한다.
>   2. 건축물이 사유지와 국·공유지를 점유·사용하고 있는 경우에 매각면적은 구역 내 사유지면적과 국·공유지 면적을 포함하여야 한다.
>
> ② 제1항에 따른 점유·사용 면적의 산정은 「공간정보의 구축 및 관리 등에 관한 법률」에 따른 지적측량성과에 따른다.
>
> ③ 국·공유지를 점유·사용하고 있는 자로서 제1항에 따라 우선 매수하고자 하는 자는 관리처분계획인가신청을 하는 때까지 해당 국·공유지의 관리청과 매매계약을 체결하여야 한다.

5. 【법령】 전부개정 도시정비법 제101조 (국·공유지의 무상양여 등) (구법 제68조)

> ① 다음 각 호의 어느 하나에 해당하는 구역에서 국가 또는 지방자치단체가 소유하는 토지는 제50조제9항에 따른 사업시행계획인가의 고시가 있은 날부터 종전의 용도가 폐지된 것으로 보며, 「국유재산법」, 「공유재산 및 물품 관리법」 및 그 밖에 국·공유지의 관리 및 처분에 관하여 규정한 관계 법령에도 불구하고 해당 사업시행자에게 무상으로 양여된다. <개정 2021. 3. 16.>
>
> 다만, 「국유재산법」 제6조제2항에 따른 행정재산 또는 「공유재산 및 물품 관리법」 제5조제2항에 따른 행정재산과 국가 또는 지방자치단체가 양도계약을 체결하여 정비구역지정 고시일 현재 대금의 일부를 수령한 토지에 대하여는 그러하지 아니하다.
>
>   1. 주거환경개선구역
>   2. 국가 또는 지방자치단체가 도시영세민을 이주시켜 형성된 낙후지역으로서 대통령령으로 정하는 재개발구역(이 항 각 호 외의 부분 본문에도 불구하고 A) 무상양여

대상에서 국유지는 제외하고, B) 공유지는 시장·군수등 또는 토지주택공사등이 단독으로 사업시행자가 되는 경우로 한정한다)

☞ 영 제80조(국·공유지의 무상양여 등)

② 법 제101조 제1항 제2호에서 "대통령령으로 정하는 재개발구역"이란 제79조 제2항의 지역을 대상으로 한 재개발구역을 말한다.

☞ 전부개정 도시정비법 시행령 제79조(보조 및 융자 등)

② 법 제95조제1항제2호에서 "대통령령으로 정하는 지역"이란 정비구역 지정(변경지정을 포함한다) 당시 다음 각 호의 요건에 모두 해당하는 지역을 말한다.

  1. 「공익사업을 위한 토지 등의 취득 및 보상에 관한 법률」 제4조에 따른 공익사업의 시행으로 다른 지역으로 이주하게 된 자가 집단으로 정착한 지역으로서 이주 당시 300세대 이상의 주택을 건설하여 정착한 지역

  2. 정비구역 전체 건축물 중 준공 후 20년이 지난 건축물의 비율이 100분의 50 이상인 지역

② 제1항 각 호에 해당하는 구역에서 국가 또는 지방자치단체가 소유하는 토지는 제16조 제2항 전단에 따른 정비구역지정의 고시가 있은 날부터 정비사업 외의 목적으로 양도되거나 매각될 수 없다. <개정 2018. 6. 12.>

③ 제1항에 따라 무상양여된 토지의 사용수익 또는 처분으로 발생한 수입은 주거환경개선사업 또는 재개발사업 외의 용도로 사용할 수 없다.

④ 시장·군수등은 제1항에 따른 무상양여의 대상이 되는 국·공유지를 소유 또는 관리하고 있는 국가 또는 지방자치단체와 협의를 하여야 한다.

⑤ 사업시행자에게 양여된 토지의 관리처분에 필요한 사항은 국토교통부장관의 승인을 받아 해당 시·도조례 또는 토지주택공사등의 시행규정으로 정한다.

B. 재개발구역 내 시유지 연고권자인 조합원이 매수한 시유지 매각대금의 분납금을 조합(원고)이 대납한 사안에서, 원고는 재개발 아파트의 준공검사를 마치고 수분양자들에게 이전등기를 마치기 위해 위 조합원의 분납금을 변제할 이해관계가 있으므로, 원고는 대위변제할 이해관계 있는 제3자로서 조합원에게 구상권을 가진다고 본 사례 ─대법원 2010. 3. 25. 선고 2009다29137 판결[분양대금등]

【당사자】

【원고, 피상고인】 봉천 제4-2구역 주택재개발조합

【피고, 상고인】 피고

(이유 생략)

제7절 사업시행계획의 변경·폐지

I. 사업시행계획의 변경절차

A. 개요

1. 【해설】 개요

> (1) 사업시행계획서의 변경은 총회 의결사항이고(대의원회 대행 불가), 시장·군수등의 인가를 받아야 한다(법 제45조 제1항 제9호, 제4항; 제50조 제1항 본문).
>
> 변경인가를 한 시장·군수등은 사업시행자에게 그 사실을 통보하여야 하며, 변경인가의 내용을 해당 지방자치단체의 공보에 고시하고(법 제50조 제4, 9항), 고시한 내용을 해당 지방자치단체의 인터넷 홈페이지에 실어야 한다(규칙 제10조 제4항).
>
> (2) 사업시행계획서 변경을 위한 조합총회의 <u>의결정족수</u>(조합원 과반수 찬성), <u>특별의결정족수</u>(정비사업비가 10% 이상 늘어나는 경우 조합원 2/3 이상 찬성) 및 <u>의사정족수</u>(조합원 20% 이상 직접 출석)는 <u>사업시행계획서를 처음 작성하는 경우와 모두 동일하다</u>(법 제45조 제4항 및 제7항 단서).
>
> (3) 사업시행계획변경신청서는 사업시행계획인가신청서와 동일한 서식(규칙 별지 제8호 서식)을 사용하나, 첨부서류로는 변경·중지 또는 폐지의 사유 및 내용을 설명하는 서류만 첨부하면 된다(규칙 제10조 제1항 및 제2항 제2호). 다만, 인·허가등의 의제를 받으려는 경우에는 해당 법률에서 정하는 관계서류를 함께 제출하여야 한다(같은 호 가목 및 법 제57조 제3항).

2. 【해설】 공람 및 의견청취

> 법 제56조 제1항은 사업시행계획을 인가하는 경우에만 공람과 의견청취 절차를 규정하고 있다. 그러나 같은 항 단서에서 '경미한 사항의 변경'에 관하여만 예외를 인정하고 있으므로, 경미한 사항 외의 사업시행계획 변경 시는 공람 및 의견청취 절차를 거쳐야 한다고 보는 것이 타당하다.

제 5 장 사업시행계획인가 / 제 7 절 사업시행계획의 변경·폐지

> 따라서 시장·군수등은 사업시행계획의 변경인가를 하기 전에 관계서류 사본을 14 일 이상 일반인이 공람할 수 있게 하고(법 제 56 조 제 1 항), 그 요지와 공람장소를 공보에 공고하고 토지등소유자에게 공고내용을 통지하여야 한다(영 제 49 조).

3. 【해설】 관계 행정기관장과의 협의

> 도시정비법 제 57 조 제 4 항은 사업시행계획변경의 경우에는 관계 행정기관장과의 협의 절차를 명시하고 있지 않으나, 변경되는 내용에 의제되는 인·허가등에 해당하는 사항이 있는 때에는 미리 관계 행정기관의 장과 협의하여야 한다.
>
> 정비구역부터 200m 이내에 교육시설이 설치되어 있는 때에는 해당 지방자치단체의 교육감 또는 교육장과 협의하여야 한다(같은 조 제 5 항. 이 경우는 변경의 경우도 협의의무가 명시되어 있다). 한편 사업시행변경계획에 정비기반시설의 귀속 및 양도에 관한 사항이 포함된 경우에는 변경인가를 하기 전에 미리 그 관리청의 의견을 들어야 한다(법 제 97 조 제 4 항).

B. 경미한 사항의 변경

1. 【해설】 영 제 46 조 (예시적 규정)

> (1) 법 제 50 조 제 1 항 단서에서 "대통령령으로 정하는 경미한 사항을 변경하려는 때"란 다음 각 호의 어느 하나에 해당하는 때를 말한다(영 제 46 조).
>
>   1. 정비사업비를 10% 범위에서 변경하거나 관리처분계획의 인가에 따라 변경하는 때. 다만, 주택도시기금(주택도시기금법)으로부터 자금을 지원받아 국민주택을 건설하는 사업인 경우(주택법 제 2 조 제 5 호)에는 주택도시기금의 지원금액이 증가되지 않는 경우만 해당한다.
>
>   한편 사업시행계획인가의 변경에 따라 관리처분계획을 변경하는 것은 관리처분계획의 경미한 변경에 해당한다(영 제 61 조 제 2 호).
>
>   2. 건축물이 아닌 부대시설·복리시설의 설치규모를 확대하는 때(위치가 변경되는 경우는 제외)
>
>   3. 대지면적을 10% 범위에서 변경하는 때
>
>   4. 세대수와 세대당 주거전용면적을 변경하지 않고 세대당 주거전용면적의 10 퍼센트의 범위에서 세대 내부구조의 위치 또는 면적을 변경하는 때
>
>   5. 내장재료 또는 외장재료를 변경하는 때

> 6. 사업시행계획인가의 조건으로 부과된 사항의 이행에 따라 변경하는 때
>
> 7. 건축물의 설계와 용도별 위치를 변경하지 않는 범위에서 건축물의 배치 및 주택단지 안의 도로선형을 변경하는 때
>
> 8. 「건축법 시행령」제12조제3항 각 호의 어느 하나에 해당하는 사항을 변경하는 때
>
> 9. 사업시행자의 명칭 또는 사무소 소재지를 변경하는 때
>
> 10. 정비구역 또는 정비계획의 변경에 따라 사업시행계획서를 변경하는 때
>
> 11. 조합설립변경 인가에 따라 사업시행계획서를 변경하는 때
>
> 12. 그 밖에 시·도조례로 정하는 사항을 변경하는 때. 서울시조례가 정하는 것으로 사업시행자의 대표자, 토지 또는 건축물 등에 관한 권리자 및 그 권리의 명세 등이 있다(조례 제25조).
>
> (2) '경미한 사항'은 시행령 제46조에 규정되어 있는바, 대법원은 이 규정을 제한적 열거규정이 아니라 예시적 규정이라고 보고 있다(대법원 2012.5.24. 선고 2009두22140 판결. 관리처분계획에 관한 판례임).

2. 【해설】 경미한 사항의 변경 절차

> (1) '경미한 사항'의 변경은 시장·군수등의 인가를 받을 필요가 없으며 신고만 하면 된다(법 제50조 제1항 단서; 영 제46조). 공람·의견청취 절차를 거칠 필요가 없고(법 제56조 제1항 단서), 공보에의 고시도 필요하지 않다(법 제50조 제9항 단서). 신고서 양식도 따로 없다.
>
> (2) '경미한 사항'의 변경은 법률이 정하는 총회의결사항이 아니다(법 제45조 제1항 제9호). 그러나 경미한 사항의 변경이라도 법령이나 정관에서 총회결의 사항으로 규정한 때에는 신고에 앞서 총회결의를 거쳐야 하며, 정관이 정한 정족수에 미달한 경우에는 총회결의가 무효로 될 수 있다(대법원 2014. 5. 29. 선고 2011두33051 판결).
>
> ☞ 이에 관한 상세한 내용은 돈.되.법 4 제3장 제9절 I.을 참조하세요.
>
> (3) 표준정관은 사업시행계획의 경미한 사항을 변경할 경우에도 조합원의 '5분의 1 이상'의 동의를 얻도록 규정하고 있으므로(표준정관 제36조), 이 규정을 그대로 사용하는 조합에서는 경미한 사항의 변경도 조합원 1/5 이상의 동의를 얻어야. 다만, 그 경우에도 총회의결사항은 아니므로 이사회의 심의·결정은 거치지 않아도 된다. 이 조항은 삭제하는 것이 좋다.

3. 【해설】 경미한 사항 변경에 대한 신고의 수리

(1) 사업시행계획의 경미한 사항 변경에 대한 신고는 수리를 요하는 신고이다(법 제 50 조 제 2, 3 항 참조). 따라서 그 수리 또는 수리거부는 항고소송의 대상이 되는 행정처분이다(서울고등법원 2017. 6. 21. 선고 2016 누 82500 판결. 조합설립인가사항 변경에 관한 판례임).

(2) 시장·군수등은 신고를 받은 날부터 20 일 이내에 신고수리 여부를 신고인에게 통지하여야 하며, 20 일 이내에 신고수리 여부 또는 처리기간의 연장을 신고인에게 통지하지 않으면 그 기간(민원 처리 관련 법령에 따라 처리기간이 연장 또는 재연장된 경우에는 해당 처리기간을 말한다)이 끝난 날의 다음 날에 신고를 수리한 것으로 본다(법 제 50 조 제 3 항).

(3) 현장에서는 경미한 사항의 변경이라도 분쟁의 빌미를 만들지 않기 위해 변경인가를 받는 경우가 많다. 이와 같이 행정청이 신고사항을 신고수리가 아닌 변경인가 형식으로 처분한 경우에도, 그 처분의 적법 여부는 신고수리에 필요한 절차/요건을 구비하였는지 여부에 따라 판단한다(대법원 2013. 10. 24. 선고 2012 두 12853 판결. 조합설립인가사항 변경에 관한 판례임).

C. 도시정비형 재개발사업의 특례

1. 【해설】 '토지등소유자 방식 재개발사업'에서의 사업시행계획 변경

(1) 토지등소유자가 법 제 25 조제 1 항제 2 호에 따라 재개발사업을 시행하는 경우 인가받은 사업시행계획을 변경하려는 때에는 규약으로 정하는 바에 따라 토지등소유자의 과반수 동의를 받아 시장·군수등의 인가를 받아야 한다(법 제 50 조 제 6 항 단서). 정비사업비를 10% 이상 증액하는 사업시행계획변경도 규약으로 정하는 바에 따라 토지등소유자의 과반수 동의를 받으면 된다.

☞ 자치규약 제정을 위한 동의요건은 위 제 5 장 제 3 절 III. B. 참조

(2) 경미한 사항을 변경하는 경우에는 토지등소유자의 동의가 필요 없으며 시장·군수등에게 신고만 하면 된다(법 제 50 조 제 1 항 단서 및 제 6 항 단서 후단).

2. 【해설】 동의의 방법 (규약에 따름)

사업시행계획을 변경하는 경우에는 '규약으로 정하는 바에 따라' 토지등소유자의 과반수 동의를 받으면 되며, 법 제 36 조 제 1 항이 규정하는 동의서 작성 방식은 적용되지 않는다(서울행정법원 2020. 11. 13. 선고 2018 구합 6768 판결. 항소기각 후 심

리불속행 기각). 이 판례는 규약에서 총회 의결사항 중 하나로 '사업시행인가의 변경에 관한 사항'을 규정하고 있는 경우 총회의결을 거치는 방법으로 토지등소유자 과반수 동의를 갈음할 수 있다고 본 사례이다.

☞ 같은 취지: 서울행정법원 2018. 8. 24. 선고 2017 구합 61041 판결

3. 【해설】 토지등소유자 방식 재개발사업에서의 사업시행자 변경

(1) 도시정비형 재개발사업은 1인 또는 수인의 대지주가 SPC(특수목적회사)를 설립하거나, 금융기관 등과 공동출자하여 조세특례제한법 제 104 조의 31 이 규정하는 PFV(프로젝트금융투자회사)를 설립해서 시행하는 것이 일반적이다. PFV는 막대한 소득공제 혜택을 받으므로 중대형 사업장에서는 PFV 방식이 주로 이용된다.

이 경우 대지주가 설립한 SPC/PFV 가 사업시행자가 되기 위해서는 종전 사업시행자인 토지등소유자로부터 토지등을 양도받아 토지등소유자가 되어야 한다.

☞ PFV 에 대한 세제혜택은 법인세법 제 51 조의 2 제 1 항 제 9 호로 규정되어 있다가 2021. 1. 1. 자로 삭제되고(법률 제 17652 호) 같은 내용이 조세특례제한법 제 104 조의 31 로 규정되었다. 당초 조특법 규정은 2022. 12. 31. 이전에 끝나는 사업연도까지만 혜택을 주는 한시조항이었는데 이후 2025. 12. 31.까지로 연장되었다.

(2) SPC 또는 PFV 로 사업시행자를 변경하기 위해서는 새로 사업시행계획인가를 받을 필요가 없으며 사업시행계획의 변경인가를 받으면 된다. 토지등소유자 방식 재개발사업에서 사업시행자는 사업시행계획의 한 내용에 불과하기 때문이다. 사업시행자 변경은 '경미한 사항의 변경'이 아니므로 반드시 변경인가를 받아야 한다.

이와 관련하여, 행정청에서 사업시행자변경을 경미한 변경인 '사업시행자의 대표자' 변경(서울시조례 제 25 조 제 2 호)으로 오인한 나머지(토지등소유자 방식 재개발사업의 시행자를 '전체 토지등소유자'라 생각하고, 사업시행자로 지정된 토지등소유자를 '사업시행자의 대표자'로 오해한 것이다), 사업시행자 변경인가를 하면서 그 실질을 '경미한 사항의 변경신고 수리'로 보고 공보에 고시하는 절차를 밟지 않거나, 고시문에 '사업시행자 변경'이라 기재하지 않고 '사업시행자 대표자 변경'으로 기재하여 고시하는 경우가 종종 있었다(법 제 50 조 제 9 항 단서 참조). 그런 경우에는 사업시행자 변경인가의 효력 유무가 문제될 수 있으므로 행정청의 주의를 요한다.

(3) 사업시행자가 변경되면 종전 사업시행자의 권리·의무는 새로운 사업시행자에게 승계된다(법 제 129 조).

4. 【법령】 전부개정 도시정비법 제 50 조(사업시행계획인가)

> ⑥ 토지등소유자가 제 25 조 제 1 항 제 2 호에 따라 재개발사업을 시행하려는 경우에는 사업시행계획인가를 신청하기 전에 사업시행계획서에 대하여 a) 토지등소유자의 4 분의 3 이상 및 b) 토지면적의 2 분의 1 이상의 토지소유자의 동의를 받아야 한다. 다만, 인가받은 사항을 변경하려는 경우에는 규약으로 정하는 바에 따라 토지등소유자의 과반수의 동의를 받아야 하며, 제 1 항 단서에 따른 경미한 사항의 변경인 경우에는 토지등소유자의 동의를 필요로 하지 아니한다. <개정 2021.3.16>

II. 사업시행계획의 폐지

A. 개요

1. 【해설】 사업시행계획 폐지의 절차 (변경절차와 동일함)

> (1) 현금청산대상자 대거 발생, 공사비 상승, 주택분양시장 불황 등으로 사업성이 확보되지 않는 경우 현금청산대상자들을 다시 조합원으로 끌어들이고 사업성을 강화한 새로운 사업시행계획으로 새롭게 사업을 진행할 목적으로 사업시행계획을 폐지하는 경우가 종종 있다.
>
> (2) 사업시행계획의 폐지 절차는 사업시행계획의 변경절차와 동일하다. 즉, ① 사업시행계획 폐지 안건에 대하여 조합총회의 의결을 받은 후 ② 시장·군수등에게 폐지의 사유 및 내용을 설명하는 서류를 첨부한 폐지신청서를 제출하여 폐지인가를 받아야 하고(폐지신청서는 인가신청서와 동일한 서식을 사용한다), ③ 폐지인가를 한 시장·군수등은 그 내용을 해당 지방자치단체의 공보에 고시하고, 고시한 내용을 해당 지방자치단체의 인터넷 홈페이지에 실어야 한다(법 제 50 조 제 1, 5, 9 항; 규칙 제 10 조 제 1, 2, 3, 4 항).

2. 【해설】 사업시행계획 폐지의 효과 (소급효 없음)

> 사업시행계획의 폐지는 소급효가 없고 장래에 향하여만 효력이 있다. 따라서 사업시행계획을 폐지하더라도, 그 전에 현금청산대상자가 된 토지등소유자가 당연히 조합원 지위를 회복하는 것이 아니다.
>
> 또한 "현금청산대상자는 사업시행계획 폐지 시 조합원 자격이 회복된다" 라는 조항을 신설하는 정관변경 결의도 무효이다. 조합이 새로운 사업시행계획을 수립하면서 현금청산대상자들에게 새로운 분양신청 및 조합 재가입의 기회를 부여하는 것은 허용되

> 지만, 현금청산대상자들이 그 기회를 활용해 분양신청을 함으로써 조합에 재가입할지 여부는 각자 개별적으로 결정할 몫이지, 조합이 일방적으로 현금청산대상자들이 조합원 지위를 회복하는 것으로 결정할 수는 없기 때문이다(대법원 2021. 2. 10. 선고 2020두48031 판결).

B. 사업시행계획이 시행기간 만료나 폐지로 실효되더라도 이는 장래에 향하여 효력이 있을 뿐이야 (따라서 분양신청을 하지 않은 토지등소유자의 조합원 지위가 자동적으로 회복되지 않음) —대법원 2021. 2. 10. 선고 2020두48031 판결[총회결의무효]

【당사자】

> 원고,피상고인 별지 1 원고 명단 기재와 같다.
> 원고보조참가인 별지 2 원고보조참가인 명단 기재와 같다.
> 피고,상고인   작전현대아파트구역주택재개발정비사업조합

주택재개발정비사업조합의 조합원이 분양신청절차에서 분양신청을 하지 않으면 분양신청기간 종료일 다음 날에 현금청산대상자가 되고 조합원의 지위를 상실한다(대법원 2011. 7. 28. 선고 2008다91364 판결 등 참조). 그 후 그 분양신청절차의 근거가 된 사업시행계획이 사업시행기간 만료나 폐지 등으로 실효된다고 하더라도 이는 장래에 향하여 효력이 발생할 뿐이므로(대법원 2016. 12. 1. 선고 2016두34905 판결 참조) 그 이전에 발생한 조합관계 탈퇴라는 법적 효과가 소급적으로 소멸하거나 이미 상실된 조합원의 지위가 자동적으로 회복된다고 볼 수는 없다.

C. [같은 판례] "분양신청기간 내에 분양신청을 하지 않은 자(현금청산대상자)는 사업시행인가 폐지 시 조합원 자격이 회복된다"는 내용의 정관변경결의는 무효야 (따라서 정관변경 인가를 받았어도 이들은 여전히 조합원자격 없음) —대법원 2021. 2. 10. 선고 2020두48031 판결[총회결의무효]

> 원고,피상고인 별지 1 원고 명단 기재와 같다.
> 원고보조참가인 별지 2 원고보조참가인 명단 기재와 같다.
> 피고,상고인   작전현대아파트구역주택재개발정비사업조합

2018. 1. 27. 개최된 피고의 정기총회에서 피고의 정관 제9조 제6항에 "사업시행인가에 따라 행하여진 분양신청절차에서 분양신청기간 내에 분양신청을 하지 않은 자(현금청산대상자)는 사업시행인가 폐지 시 조합원 자격이 회복된다(단, 조합원 변경신고 수리일부터 회복되는 것으로 간주한다)."라는 조항(이하 '이 사건 정관조항'이라고 한다)을 신설하는 등의 정

제 5 장 사업시행계획인가 / 제 7 절 사업시행계획의 변경·폐지

관변경결의(이하 '이 사건 정관변경결의'라고 한다)를 하였고, 2018. 2. 20. 계양구청장으로부터 정관변경인가를 받았다...

조합이 새로운 사업시행계획을 수립하면서 현금청산대상자들에게 새로운 분양신청 및 조합 재가입의 기회를 부여하는 것은 단체 자치적 결정으로서 허용되지만, 그 기회를 활용하여 분양신청을 함으로써 조합에 재가입할지 여부는 현금청산대상자들이 개별적으로 결정할 몫이지, 현금청산대상자들의 의사와 무관하게 조합이 일방적으로 현금청산대상자들이 조합원의 지위를 회복하는 것으로 결정하는 것은 현금청산사유가 발생하면 150 일 이내에 현금청산을 하도록 규정한 도시정비법 제 47 조 제 1 항의 입법 취지에도 반하고, 현금청산대상자들의 의사와 이익에도 배치되므로 허용되지 않는다고 보아야 한다.

따라서 이 사건 정관변경결의 및 그에 따른 이 사건 정관조항은 무효이고, 1 차 분양신청절차에서 분양신청을 하지 않았던 현금청산대상자 330 명은 이 사건 총회결의 당시에 피고의 조합원 자격이 없었다고 보아야 한다. 이 점에 관한 원심의 판단은 타당하다.

III. 사업시행기간 도과 문제

A. 【해설】 사업시행기간 도과와 사업시행계획변경

> 정비사업에서 수용/사용의 재결신청은 사업시행기간 내에 해야 하므로(법 제 65 조 제 3 항), 사업시행기간은 수용/사용 재결신청의 종기로서 의미를 가진다.
>
> 그러나 사업시행기간은 사업시행계획의 유효기간이 아니므로, 사업시행기간이 지났어도 사업시행계획이 무효로 되지는 않으며, 사업시행기간을 연장하는 사업시행계획변경을 하여 사업을 계속 진행할 수 있다(아래 판례 참조).
>
> 사업시행기간만을 연장하는 사업시행계획변경은 새로운 사업시행계획이 아니다. 따라서 새로운 사업시행계획의 작성 및 인가신청에 필요한 요건·절차·서류를 모두 갖출 필요가 없으며 사업시행계획변경의 요건만 갖추면 된다.
>
> 그러나 사업시행계획의 변경신청(시행기간 연장신청)을 하지 않은 채 시행기간이 도과하면 시장·군수등이 실효공고를 하거나 법 제 113 조 제 1 항에 따라 사업시행계획인가를 취소한 사례가 있으므로, 사업시행자는 반드시 시행기간이 지나기 전에 변경신청을 하도록 해야 한다.

B. ① 사업시행기간이 도과했더라도, 그 기간 내에 이루어진 토지수용 등 사업시행의 법적 효과가 소급하여 무효로 되지는 않아; ② 사업시행기간이 도과된 후에 사업시행계획 변경인

III. 사업시행기간 도과 문제

가를 받은 하자가 있더라도 사업시행변경계획은 당연무효 아님 —대법원 2016. 12. 1. 선고 2016 두 34905 판결[사업시행계획무효확인]

【당사자】

[원고, 상고인 겸 피상고인] 원고 1 외 1 인

[원고보조참가인] 원고보조참가인

[피고, 피상고인 겸 상고인] 아현제 4 구역주택재개발정비사업조합

1. 원심판결의 내용

원심은 제 1 심판결 이유를 인용하는 등의 판시와 같은 이유를 들어, (1) 제 3 차 사업시행변경계획에서 정한 사업시행기간이 도과되었다 하더라도 그로 인하여 위 사업시행계획 자체가 무효로 되었다고 볼 수 없고, (2) 피고가 위 사업시행기간이 도과된 후에 제 3 차 사업시행변경계획의 일부를 변경하는 내용의 제 4 차 사업시행변경계획을 수립하여 관할관청의 인가를 받은 것에 하자가 있다 하더라도 제 4 차 사업시행변경계획이 당연무효는 아니라고 판단하였다.

2. 대법원의 판단 (상고기각)

도시 및 주거환경정비법에 따라 설립된 정비사업조합에 의하여 수립된 사업시행계획에서 정한 사업시행기간이 도과하였다 하더라도, 유효하게 수립된 사업시행계획 및 그에 기초하여 사업시행기간 내에 이루어진 토지의 매수·수용을 비롯한 사업시행의 법적 효과가 소급하여 그 효력을 상실하여 무효로 된다고 할 수 없다.

이에 비추어 원심판결 이유를 원심 판시 관련 법리 등에 비추어 살펴보면, 원심판결 이유에 일부 적절하지 아니한 부분이 있다 하더라도, 제 4 차 사업시행변경계획이 당연무효가 아니라고 판단하고 또한 그 당연무효를 주장하기 위한 전제에서 제 3 차 사업시행변경계획의 무효 확인을 청구하는 원고의 이 사건 청구를 받아들이지 아니한 원심의 결론은 수긍할 수 있고, 거기에 상고이유 주장과 같이 사업시행계획의 실효 및 당연무효 등에 관한 법리를 오해하여 판결에 영향을 미친 위법이 없다.

☞ 같은 취지: 대법원 2016. 12. 15. 선고 2015 두 51354 판결[사업시행계획등무효확인]

C. [고등법원판례] 사업시행계획에서 정한 사업시행기간의 법적 의미를 자세히 설시한 판례
—서울고등법원 2016. 5. 27. 선고 2015 누 51059 판결[사업시행계획인가처분무효]

제 5 장 사업시행계획인가 / 제 7 절 사업시행계획의 변경·폐지

【당사자】

원고,피항소인겸항소인	별지 원고 명단 기재와 같다.
피고,항소인	1. A 구역주택재개발정비사업조합
피고,피항소인	2. 서울특별시 마포구청장

살피건대, 다음 사정들을 종합하여 보면, 제 1 차 사업시행계획에서 정한 사업시행기간 (2007. 9. 3.부터 48 개월)의 경과로 이 사건 제 5 차 사업시행계획이 실효되었다고 볼 수 없다.

① 도시정비법 제 30 조 및 같은 법 시행령 제 41 조 제 2 항은 사업시행계획서에 포함시켜야 하는 사항을 규정하고 있는데, "사업시행기간"은 도시정비법 제 30 조 제 1 호 내지 제 8 호에 규정된 사항들과는 달리 제 9 호의 위임에 따라 도시정비법 시행령 제 41 조 제 2 항 제 1 호에 규정되어 있고 시·도 조례로 정하는 사항에 해당한다. 위와 같이 도시정비법 제 30 조에서 "사업시행기간"을 필요적 기재사항으로 직접 규정하지 않고 대통령령에 위임하고 있는 점, 또한 "사업시행기간"은 시·도 조례가 정하는 사항이므로 지역에 따라서는 사업시행계획서에 포함시키지 않을 수도 있는 점, 도시정비법 시행령 제 41 조 제 2 항 제 1 호에서 "사업시행기간"을 '정비사업의 종류·명칭'과 병렬적으로 규정하고 있는 점 등에 비추어 "사업시행기간"은 사업시행계획의 본질적이고 중요한 요소라고 보기 어렵다.

② 도시정비법 제 40 조 제 1 항 및 제 3 항은, 정비구역 안에서 정비사업의 시행을 위해 토지 또는 건축물의 소유권을 수용할 때는 공익사업을 위한 토지 등의 취득 및 보상에 관한 법률 제 23 조 및 제 28 조 제 1 항의 규정에 불구하고 사업시행인가를 할 때 정한 사업시행기간 이내에 재결 신청을 행하여야 한다고 규정하고 있다. 따라서 도시정비법에 의한 정비사업에 있어 "사업시행기간"은 주로 수용재결신청의 종기로서 의미가 있다.

③ 사업시행계획은 조합의 설립, 사업시행계획의 수립 및 인가, 관리처분계획의 수립 및 인가 등의 단계를 거쳐 순차적으로 이루어지는 정비사업 진행절차의 일환으로서 수용절차뿐만 아니라 분양공고 및 분양신청 절차, 관리처분계획의 수립 및 인가와 같은 여러 후속행위들이 뒤따른다. 그런데 사업시행계획에서 정한 사업시행기간이 도과하였다고 하여 그 이후부터는 사업시행계획이 실효되고 사업시행기간을 연장하는 사업시행변경계획을 수립할 수도 없다고 한다면 사업시행계획의 존속을 전제로 한 후속행위들까지 모두 무효가 됨으로써 정비사업의 계속 추진이 어려울 뿐만 아니라 다수 이해관계인들의 권리관계에 큰 혼란을 초래하게 될 것이 명백하다. 이는 사업의 시행을 원하는 조합원들의 의사에 반할 뿐만 아니라 조합원 과반수의 동의로 조합원 총회의 의결을 거친 후 관할관청의 인가가 있어야 비로소 사업을 폐지할 수 있도록 한 도시정비법 제 24 조 제 3 항 제 9 호의 2, 제 6 항 본문,

제28조 제1항, 제5항의 규정에도 반한다.

④ 따라서 사업시행계획에 있어서 사업시행기간은 사업시행자가 당해 사업시행계획에 따라 장차 진행할 수 있는 수용재결신청의 예정기간으로서의 의미가 있는 사업시행계획의 한 내용일 뿐, 여기에서 더 나아가 사업시행계획 자체의 유효기간을 의미한다고까지 볼 법령상·해석상 근거는 없다.

제8절 사업시행계획 및 사업시행계획인가에 관한 소송

I. 사업시행계획과 사업시행계획인가의 관계

A. 개요

1. 【해설】 사업시행계획인가는 사업시행계획(기본행위)의 효력을 완성하는 보충행위

> '사업시행계획의 인가'는 사업시행계획의 법률적 효력을 완성하는 보충행위이며, 사업시행계획은 인가를 받아야 비로소 효력을 발생하고 독립된 행정처분이 된다.
>
> 사업시행계획인가 처분이 있기 전에는 사업시행계획은 독립된 행정처분이 아니므로 항고소송(취소/무효확인소송)의 대상이 될 수 없으며, 그 사업시행계획을 의결한 총회결의에 대하여 무효확인을 구할 수 있을 뿐이다.
> ☞ 이에 관한 자세한 내용은 아래 제5장 제6절 VI. 참조.

2. 【해설】 '사업시행계획'과 '사업시행계획의 인가'는 별개의 행정처분

> '사업시행계획'(기본행위)과 '사업시행계획의 인가'(보충행위)는 서로 독립한 별개의 행정처분이므로, 이 둘 중 하나의 하자와 효력은 서로 다른 것의 효력에 영향을 미치지 않는다(이하 대법원 2010. 12. 9. 선고 2009두4913 판결; 대법원 2014.02.27. 선고 2011두25173 판결 등 참조).
>
> 구체적으로 보면,
>
> ① 기본행위 자체는 적법하고 보충행위인 인가처분에만 하자가 있는 경우에는 인가처분 자체에 대하여만 취소/무효확인을 구할 수 있으며, 인가처분의 하자를 이유로 곧바로 사업시행계획의 취소/무효확인을 구할 수 없다. 이 경우 인가처분이 무효이거나 법원의 확정판결로 취소되면 사업시행계획도 (그 유효요건인 인가의 흠결이 있게 되므로) 함께 효력을 상실한다.

② 기본행위에만 흠(총회결의 하자 등)이 있고 인가처분 자체에는 흠이 없다면, 기본행위(사업시행계획)의 무효확인/취소를 구할 수 있을 뿐, 기본행위의 흠을 이유로 그에 대한 인가처분의 무효확인/취소를 구할 수 없다. 이 경우 기본행위가 무효이거나 법원의 확정판결로 취소되면, 보충행위인 인가처분도 당연히 효력을 발생할 수 없고, 그 결과 사업인정 등 법이 정하는 사업시행계획인가의 효력은 발생하지 않는다.

3. 【해설】 사업시행계획(기본행위)의 하자: 절차상 하자와 내용상 하자

(1) 사업시행계획 자체의 하자에는 절차상 하자(사업시행계획안에 대한 결의절차의 하자)와 내용상 하자가 있는바, 실제 소송에서는 절차상 하자를 다투는 경우가 대부분이다.

절차상 하자의 예로는 총회소집절차의 하자, 소집통지의 하자, 의사정족수 또는 의결정족수 위반, 조합원의 비용부담을 실질적으로 변경하는 내용의 사업시행계획의 특별의결정족수(조합원 2/3 이상 찬성) 위반, 의사절차의 하자(사업비 증액사유를 조합원에게 제대로 설명하지 않은 하자 등), 투표절차의 하자 등이 있다.

(2) 내용상 하자로는 사업시행계획의 내용이 법령·조례·정관 또는 정비계획에 위반된 경우를 들 수 있다. 그러나 사업시행계획은 사업시행자에게 광범위한 계획재량이 인정될 뿐 아니라, 법령·조례·정비계획의 준수는 이미 건축심의 등 사전심의 단계에서 확보되었고, 정관 위반은 대부분 절차상 하자에 관한 것이므로, 사업시행계획의 내용상 하자를 다투는 소송은 많지 않다.

관리처분계획의 무효확인/취소를 구하는 소송에서는 관리처분계획의 '내용상 하자'를 다투는 소송이 주를 이루고 있는 점과 대비된다.

☞ 이에 관하여는 돈.되.법 4 제3장 제10절 III.을 참조하세요.

4. 【해설】 사업시행계획인가(보충행위)의 하자

사업시행계획인가 자체의 하자로는 사업시행계획인가 신청시 필수 제출서류의 미비를 간과하고 인가처분을 한 하자, 공람·통지 절차를 위반한 하자 등을 들 수 있다.

"정비구역 내 토지등소유자들에게 관리처분총회결의 무효확인의 소가 제기되었으니 관리처분계획에 대한 인가를 보류하겠다고 하였음에도 변경인가처분을 하였으니 이는 신뢰보호의 원칙 또는 신의성실의 원칙에 반하여 위법하다"는 주장을 인가처분 자체의 하자에 관한 주장으로 본 판례가 있는바(대법원 2010. 12. 9. 선고 2009두4913 판결), 이 판례는 사업시행계획인가처분을 다투는 소송에도 원용될 수 있다.

I. 사업시행계획과 사업시행계획인가의 관계

5. 【해설】하자의 불승계

> 조합설립인가와 사업시행계획은 서로 독립한 별개의 행정처분이므로, 조합설립인가처분의 하자는 사업시행계획에 승계되지 않는다. 따라서 조합설립인가처분이 무효로 확인되었거나 취소되지 않는 한, 조합설립인가처분에 하자가 있다는 이유를 들어 사업시행계획의 효력을 다툴 수 없다.
>
> 조합설립인가처분이 무효로 확인되었거나 취소된 경우에는 그와 함께 사업시행계획도 소급적으로 효력을 상실하므로 사업시행계획의 무효확인을 구할 수 있다.

6. 【해설】사업시행계획의 취소/무효확인의 효과

> (1) 당초 사업시행계획이 무효임이 확인되거나 취소되면, 그것이 유효하게 존재하는 것을 전제로 이루어진 분양신청 절차, 분양신청을 하지 않은 조합원에 대한 수용절차, 관리처분계획의 수립 및 인가 등 <u>일련의 후속행위 역시 모두 소급하여 효력을 상실한다, 따라서 조합은 사업시행계획을 새로 수립하여 인가를 받은 후 다시 분양신청을 받아야</u> 한다. (이상 대법원 2013. 11. 28. 선고 2011두30199 판결.)
>
> (2) 사업시행계획이 유효함을 전제로 이루어진 협의취득도 무효로 되는지에 관한 논의가 있으나, 협의취득도 효력을 상실한다고 보는 것이 타당하다.
>
> ☞ 이에 관한 판례는 돈.되.법 2 제2장 제2절 II.를 참조하세요.

7. 【비교】조합설립인가처분은 설권처분임

> (1) <u>조합설립인가 처분은</u> 단순히 조합설립행위를 보충하는 행위가 아니라, 도시정비법에 따른 재개발·재건축사업을 시행할 권한을 갖는 행정주체(사업시행자)로서의 지위를 부여하는 <mark>설권적 처분</mark>이다. 조합설립인가 처분이 있기 전에는 '사업시행자로서의 조합', '공법인으로서의 조합'은 존재하지 않는다.
>
> (2) 반면, 일단 시장·군수등의 인가처분을 받고 설립등기를 하면 공법인으로서 조합이 성립하고(법 제38조 제2항), 비록 조합설립행위에 하자가 있더라도 그 하자로 인해 조합설립인가 처분이 취소되거나 무효로 되지 않는 한, 공법인으로서 조합이 성립하여 사업시행자의 지위를 갖게 되고 토지등소유자는 그 조합원이 된다.
>
> (3) 따라서 조합설립행위 자체는 독립된 행정처분이 아니며, 조합설립인가만이 행정처분으로서 사업시행자로서의 지위를 부여하는 설권처분이다. 그러므로 조합설립행위에 하자가 있는 경우에는(예: 조합설립 동의요건 미달, 창립총회결의 하자 등) 그 하자를 이유로 조합설립인가처분의 무효확인 또는 취소를 구할 수 있다.
>
> ☞ 설권처분에 관한 상세한 내용은 돈.되.법 2 제1장 제1절 VII.을 참조하세요.

B. 사업시행계획의 인가는 사업시행계획의 법률상 효력을 완성시키는 보충행위야 —대법원 2010. 12. 9. 선고 2009 두 4913 판결[대흥 1 구역주택재개발사업시행인가처분취소등]

【당사자】

【원고, 상고인】 원고 1 외 1 인

【피고, 피상고인】 대전광역시 중구청장

【피고보조참가인】 대흥 1 구역주택재개발정비사업조합

도시 및 주거환경정비법(이하 '도시정비법'이라 한다)에 기초하여 주택재개발정비사업조합이 수립한 사업시행계획은 그것이 인가·고시를 통해 확정되면 이해관계인에 대한 구속적 행정계획으로서 독립된 행정처분에 해당하므로(대법원 2009. 11. 2.자 2009 마 596 결정 참조), 사업시행계획을 인가하는 행정청의 행위는 주택재개발정비사업조합의 사업시행계획에 대한 법률상의 효력을 완성시키는 보충행위에 해당한다(대법원 2008. 1. 10. 선고 2007 두 16691 판결 참조).

II. 사업시행계획의 흠을 이유로 인가처분의 효력을 다툴 수 없음 (판례)

A. ① 사업시행계획인가 처분 자체에 흠이 있으면 그 인가처분의 무효/취소를 주장할 수 있으나; ② 인가처분에 흠이 없다면, 기본행위(사업시행계획 작성)에 흠이 있더라도 기본행위의 무효를 내세워 바로 그에 대한 인가처분의 무효확인/취소를 구할 수 없어; ③ 따라서 사업시행인가/변경인가 처분의 기본행위의 하자를 이유로 인가처분의 무효확인/취소를 구하는 것은 그 당부를 판단할 필요 없이 주장 자체로 이유 없음 —대법원 2010. 12. 9. 선고 2009 두 4913 판결[대흥 1 구역주택재개발사업시행인가처분취소등]

【당사자】

【원고, 상고인】 원고 1 외 1 인

【피고, 피상고인】 대전광역시 중구청장

【피고보조참가인】 대흥 1 구역주택재개발정비사업조합

1. 법리

따라서 ① 기본행위가 적법·유효하고 보충행위인 인가처분 자체에만 흠이 있다면 그 인가처분의 무효나 취소를 주장할 수 있다고 할 것이지만, ② 인가처분에 흠이 없다면 기본행위에 흠이 있다 하더라도 따로 그 기본행위의 흠을 다투는 것은 별론으로 하고 기본행위의

II. 사업시행계획의 흠을 이유로 인가처분의 효력을 다툴 수 없음 (판례)

무효를 내세워 바로 그에 대한 인가처분의 무효확인 또는 취소를 구할 수 없다(대법원 2001. 12. 11. 선고 2001두7541 판결 참조).

2. 원심판결의 내용

원심은, 이 사건 사업시행인가처분 및 변경인가처분에 당연무효이거나 취소되어야 하는 위법 사유가 있다는 원고들의 주장 가운데,

첫째로 참가인이 토지 등 소유자들로부터 조합설립에 대한 동의를 받을 당시 동의서에 기재되었던 '건축물의 철거 및 신축비용 개산액' 보다 많은 금액으로 사업비를 산정하여 사업시행계획을 수립하였으므로 이 사건 사업시행인가 신청과 변경인가 신청을 함에 있어 구 도시정비법 제16조 제1항에 따른 토지 등 소유자 5분의 4 이상의 동의를 얻어야 함에도 피고는 이를 간과한 채 이 사건 사업시행인가처분 및 변경인가처분을 하였다는 주장에 대해서는, 조합이 사업시행계획서를 작성하여 사업시행인가를 받기 위해서는 구 도시정비법 제28조 제4항에 따라 정관에서 정한 토지 등 소유자의 동의를 받으면 되는 것이고 같은 법 제16조 제1항이 규정한 동의요건이 필요한 것은 아니라는 이유로 이를 배척하였고...

3. 대법원의 판단 (상고기각)

앞서 본 법리에 비추어 살펴보면, 원고들이 주장하는 위 사유는 모두 이 사건 사업시행인가처분 및 변경인가처분의 기본행위의 흠을 다투는 내용이어서 그에 대한 보충행위인 인가처분의 무효확인 또는 취소를 구하는 사유가 되지 못하므로, 굳이 그 당부에 관해 판단할 필요 없이 바로 이를 배척하여야 할 터인데도 원심이 그 당부에 까지 나아가 판단한 것은 적절하지 아니하다 할 것이나, 위 주장을 배척한 결론은 정당하고 거기에 상고이유로 주장하는 판단유탈의 위법이 있다고는 할 수 없다. 원고들의 이 점에 관한 상고이유는 모두 이유 없다.

☞ 같은 취지 판례: 대법원 2014.02.27. 선고 2011두25173 판결[사업시행인가무효확인]

B. 조합설립동의를 받기 위한 사업계획서에는 19평형과 25평형대 아파트의 건축계획이 포함되어 있었으나, 그 후 '저 평형대'가 모두 36평형 이상의 '고 평형대'로 변경된 내용의 사업시행계획서를 작성한 사안에서, 이러한 사업계획 변경은 조합설립동의사항의 변경에 해당함에도 그 동의요건을 갖추지 못한 하자는 기본행위인 사업시행계획의 하자에 불과하여 인가처분의 취소사유가 될 수 없다고 본 사례—대법원 2010. 12. 9. 선고 2010두1248 판결[사업시행인가처분취소]

【당사자】

[원고(선정당사자), 피상고인] 원고 1 외 69인

[피고, 상고인] 부산광역시 부산진구청장

[피고보조참가인, 상고인] 범천 1-1 구역 도시환경정비사업조합

1. 법리

구「도시 및 주거환경정비법」(2007. 12. 21. 법률 제 8785 호로 개정되기 전의 것, 이하 '도정법'이라 한다)에 기초하여 도시환경정비사업조합이 수립한 사업시행계획은 그것이 인가·고시를 통해 확정되면 이해관계인에 대한 구속적 행정계획으로서 독립된 행정처분에 해당하므로(대법원 2009. 11. 2.자 2009 마 596 결정 참조), 사업시행계획을 인가하는 행정청의 행위는 도시환경정비사업조합의 사업시행계획에 대한 법률상의 효력을 완성시키는 보충행위에 해당한다(대법원 2008. 1. 10. 선고 2007 두 16691 판결 참조).

따라서 기본행위가 적법·유효하고 보충행위인 인가처분 자체에만 하자가 있다면 그 인가처분의 무효나 취소를 주장할 수 있다고 할 것이지만, 인가처분에 하자가 없다면 기본행위에 하자가 있다 하더라도 따로 그 기본행위의 하자를 다투는 것은 별론으로 하고 기본행위의 무효를 내세워 바로 그에 대한 인가처분의 취소 또는 무효확인을 구할 수 없다(대법원 2001. 12. 11. 선고 2001 두 7541 판결 등 참조).

2. 원심판결의 내용

원심은, 이 사건 사업시행인가처분에 취소되어야 하는 위법 사유가 있다는 원고들의 주장 가운데, 피고보조참가인(이하 '참가인'이라고만 한다)이 원고들로부터 조합설립동의를 받기 위한 사업계획서에는 19 평형과 25 평형대 아파트의 건축계획이 포함되어 있었으나, 그 후 참가인이 이 사건 사업시행인가 신청을 함에 있어서는 위와 같은 저 평형대가 모두 36 평형 이상의 고 평형대로 변경된 내용의 사업시행계획서를 작성하였는바,

이러한 사업계획의 변경은 조합설립 동의내용을 변경하는 것에 해당하므로 참가인은 도정법 제 16 조 제 1 항에 따라 토지 등 소유자의 5 분의 4 이상의 동의를 얻어 조합설립변경인가를 받아야 함에도 이러한 절차를 거치지 않았고, 피고가 위와 같은 하자를 간과한 채 이 사건 사업시행인가처분을 하였다는 주장을 받아들여, 이 사건 사업시행인가처분이 위법하다는 취지로 판단하였다.

3. 대법원의 판단 (파기환송)

그러나 원심판결 이유를 앞서 본 법리에 비추어 살펴보면, 원고들의 위와 같은 주장을 포함하여 원심판결에 나타난 <u>원고들의 주장들은 모두 도정법상 각종 동의요건의 불비를 문제 삼아 이 사건 사업시행인가처분의 기본행위인 사업시행계획의 하자를 다투는 것이어서, 그에 대한 인가처분의 취소를 구하는 사유가 되지 못한다</u> 할 것이다.

<u>원심법원으로서는</u> 원고들의 주장에 대하여 <u>참가인을 새로운 피고로 하여 이 사건 사업시행계획 자체의 취소를 구하는 소송으로의 경정 여부에 대한 석명권을 적절하게 행사하여 적법한 소송형태를 갖추도록 하였어야</u> 할 것이다. 원심판결에는 보충적 행정행위인 사업시행인가처분에 관한 법리를 오해하여 판결결과에 영향을 미친 위법이 있다.

☞ 같은 취지 판례: 대법원 2008. 1. 10. 선고 2007두16691 판결

III. 토지등소유자가 시행하는 재개발사업의 특례 (구 도시환경정비사업)

A. 설권처분

1. 【해설】 구 도시환경정비사업의 사업시행인가처분은 설권처분

> (1) 조합을 설립하지 않고 토지등소유자가 직접 시행하는 구 도시환경정비사업에서 사업시행인가는 사업시행계획에 대한 단순한 보충행위가 아니라 토지등소유자들에게 행정주체(사업시행자)로서의 지위를 부여하는 '설권처분'이다(대법원 2013.06.13. 선고 2011두19994 판결). (구법에서는 사업시행계획인가를 '사업시행인가'라 칭했음.)
>
> (2) 따라서 도시환경정비사업을 시행하려는 토지등소유자들은 사업시행인가를 받기 전에는 행정주체로서의 사업시행자 지위를 갖지 못하며(사업시행 예정자에 불과함), 이러한 자가 작성한 사업시행계획은 독립된 행정처분이 될 수 없으며 인가처분의 요건 중 하나에 불과하다. 즉, <u>도시환경정비사업에서 사업시행계획은 사업시행인가가 난 후에도 독립된 행정처분이 아니다</u>(대법원 2013.06.13. 선고 2011두19994 판결).
>
> (3) 그러므로 구 <u>도시환경정비사업에서는</u> <u>사업시행계획 자체에 하자가 있는 경우에도, 그 하자를 이유로 사업시행인가 처분의 취소나 무효확인을 구할 수 있을 뿐</u>, 사업시행계획 자체의 무효확인/취소를 구할 수 없다.

2. 【해설】 전부개정법에서 토지등소유자가 시행하는 재개발사업도 마찬가지임

> 전부개정 도시정비법은 '도시환경정비사업'을 재개발사업으로 통합하면서 '토지등소유자가 20명 미만인 재개발사업은 토지등소유자가 시행할 수 있다'는 규정을 추가하였

> 으므로(법 제 25 조 제 1 항 제 2 호), 위 법리는 전부개정법에서「법 제 25 조 제 1 항 제 2 호에 따라 토지등소유자가 시행하는 토지등소유자 20 인 미만의 재개발사업」에 도 적용된다.
>
> ☞ 토지등소유자가 시행하는 재개발사업에 관한 상세한 내용은 돈.되.법 1 제 3 장 제 2 절 II.를 참조하세요.

B. 토지등소유자들이 조합을 설립하지 않고 직접 시행하는 도시환경정비사업에서, 사업시행인 가처분은 사업시행계획에 대한 단순한 보충행위가 아니라 토지등소유자들에게 행정주체(사 업시행자)로서의 지위를 부여하는 '설권적 처분'이야 ─대법원 2013.06.13. 선고 2011 두 19994 판결[관리처분계획취소]

【당사자】

> [원고, 상고인]원고
>
> [피고, 피상고인]서울특별시 종로구청장 외 1 인

1. 토지등소유자가 직접 시행하는 도시환경정비사업에서 사업시행인가처분의 성격

구 도시 및 주거환경정비법(2012. 2. 1. 법률 제 11293 호로 개정되기 전의 것, 이하 '구 도시정비법'이라 한다) 제 8 조 제 3 항, 제 28 조 제 1 항에 의하면, 토지 등 소유자들이 그 사 업을 위한 조합을 따로 설립하지 아니하고 직접 도시환경정비사업을 시행하고자 하는 경우 에는 사업시행계획서에 정관 등과 그 밖에 국토해양부령이 정하는 서류를 첨부하여 시장·군 수에게 제출하고 사업시행인가를 받아야 하고, 이러한 절차를 거쳐 사업시행인가를 받은 토 지 등 소유자들은 관할 행정청의 감독 아래 정비구역 안에서 구 도시정비법상의 도시환경 정비사업을 시행하는 목적 범위 내에서 법령이 정하는 바에 따라 일정한 행정작용을 행하 는 행정주체로서의 지위를 가진다.

그렇다면 토지 등 소유자들이 직접 시행하는 도시환경정비사업에서 토지 등 소유자에 대한 사업시행인가처분은 단순히 사업시행계획에 대한 보충행위로서의 성질을 가지는 것이 아니라 구 도시정비법상 정비사업을 시행할 수 있는 권한을 가지는 행정주체로서의 지위를 부여하는 일종의 설권적 처분의 성격을 가진다고 할 것이다.

2. 원심판결의 위법함

원심은 이와 달리 토지 등 소유자들이 직접 시행하는 도시환경정비사업에서 사업시행인 가처분이 사업시행계획에 대한 보충행위에 해당한다고 전제한 다음, 기본행위의 무효를 이

IV. 조합원 지위를 상실한 토지등소유자의 소의 이익 (원고적격)

유로 그에 대한 인가처분의 무효확인을 구할 수 없다는 법리에 따라, 원고가 피고 서울특별시 종로구청장을 상대로 이 사건 사업시행인가처분의 무효확인을 구할 법률상 이익이 없다고 판단하였다.

이러한 <u>원심판단은</u> 토지 등 소유자들이 직접 시행하는 <u>도시환경정비사업에서 사업시행인가처분의 법적 성격에 관한 법리를 오해한 잘못이 있다</u>.

C. [같은 판례] ① 도시환경정비사업을 직접 시행하려는 토지등소유자들이 작성한 사업시행계획은 인가처분의 요건 중 하나에 불과하고, 항고소송의 대상이 되는 독립된 행정처분이 아니야; ② 사업시행계획인가처분의 무효확인과 사업시행계획의 무효확인을 모두 구한 사안에서 사업시행계획 무효확인청구 부분을 각하한 사례 —대법원 2013.06.13. 선고 2011두19994 판결[관리처분계획취소]

【당사자】

【원고, 상고인】	원고
【피고, 피상고인】	1. 서울특별시 종로구청장 외 1인
	2. 지엘피에프브이원 주식회사

피고 지엘피에프브이원 주식회사에 대한 이 사건 소 중 사업시행계획 무효확인청구 부분의 적법 여부에 관하여 직권으로 판단한다.

앞서 본 법리에 의하면 <u>도시환경정비사업을 직접 시행하려는 토지 등 소유자들은 시장·군수로부터 사업시행인가를 받기 전에는 행정주체로서의 지위를 가지지 못한다. 따라서 그가 작성한 사업시행계획은 인가처분의 요건 중 하나에 불과하고 항고소송의 대상이 되는 독립된 행정처분에 해당하지 아니한다고 할 것이다.</u>

그럼에도 원심이 이 부분 소를 적법한 것으로 보아 본안판단에 나아간 것은 토지 등 소유자들이 직접 시행하는 도시환경정비사업에서 사업시행계획의 법적 성격에 관한 법리를 오해하여 판결에 영향을 미친 위법이 있다.

IV. 조합원 지위를 상실한 토지등소유자의 소의 이익 (원고적격)

A. 개요

제 5 장 사업시행계획인가 / 제 8 절 사업시행계획 및 사업시행계획인가에 관한 소송

1. 【해설】 현금청산대상자도 사업시행계획의 무효확인/취소를 구할 수 있음

(1) 분양신청을 하지 않았거나 철회하여 조합원의 지위를 상실한 토지등소유자도 사업시행계획의 무효확인 또는 취소를 구할 법률상 이익이 있다(재개발·재건축 공통).

그 이유는, 당초 사업시행계획이 무효임이 확인되거나 취소되면 그것이 유효하게 존재하는 것을 전제로 이루어진 분양신청 절차, 분양신청을 하지 않은 조합원에 대한 수용절차, 관리처분계획의 수립 및 인가 등 일련의 후속행위 역시 모두 소급하여 효력을 상실하게 되므로(대법원 2013. 11. 28. 선고 2011두30199 판결), 조합은 사업시행계획을 새로 수립하여 인가를 받은 후 다시 분양신청을 받아야 하는데, 그때 현금청산대상자도 다시 분양신청을 하여 조합원지위를 유지할 수 있기 때문이다(대법원 2014.02.27. 선고 2011두25173 판결).

(2) 이 경우 해당 토지등소유자가 '현금청산자로서의 지위를 유지하겠다'는 의사를 조합에 분명히 밝힌 사실이 있더라도 사업시행계획의 무효확인/취소를 구할 법률상 이익이 있다(서울고등법원 2020. 8. 19. 선고 2020누36498 판결).

(3) 마찬가지 이유로 재건축사업에서 조합설립에 동의하지 않은 토지등소유자도 사업시행계획의 무효확인 또는 취소를 구할 법률상 이익이 있다(서울행정법원 2021. 6. 11. 선고 2020구합61119 판결(확정)).

그러나 재건축사업에서 건축물 또는 토지만 소유한 자는 분양신청을 할 수 없으므로 사업시행계획의 효력을 다툴 법률상 이익이 없다.

2. 【해설】 매도청구소송이 확정된 경우 (소의 이익 있음)

이미 매도청구소송에서 패소판결을 받아 확정된 후에도 조합설립인가 또는 사업시행계획(인가)의 무효확인을 구할 소의 이익이 있는지가 문제되는바, 그 경우에도 조합설립인가 또는 사업시행계획(인가)이 무효로 확인되는 때에는 그 후속행위인 매도청구 또는 그 확정판결에 따른 소유권취득행위가 소급적으로 무효로 될 수 있으므로 소의 이익이 인정된다(서울고등법원 2023. 11. 24. 선고 2022누44240 판결 참조).

3. 【해설】 사업시행계획 폐지 후 새로 수립된 사업시행계획 (소의 이익 있음)

마찬가지로 최초 사업시행계획이 폐지인가를 받아 실효된 후 새 사업시행계획이 수립·인가되었다면, 최초 사업시행계획에 따른 분양신청기간 내에 분양신청을 하지 않아 현금청산대상자가 된 토지등소유자도 새 사업시행계획의 취소를 구할 법률상 이익이 있다(대법원 2021. 2. 10. 선고 2020두48031 판결).

IV. 조합원 지위를 상실한 토지등소유자의 소의 이익 (원고적격)

> 이 경우 사업시행자는 수용재결을 신청할 수 있는 권한을 다시 부여받게 되므로, <u>현금청산대상자들인 원고들은 자신들 소유의 토지등이 수용되지 않도록 하거나 수용재결의 시점을 늦추기 위하여 새로운 사업시행계획의 취소를 구할 법률상 이익이 있다</u>

4. 【해설】 현금청산대상자가 사업시행변경계획의 효력을 다툴 법률상 이익이 있는지

> **(1) 법률상 이익 없음(원칙):** 현금청산대상자가 최초 사업시행계획의 효력은 다투지 않고 그 이후에 성립한 사업시행변경계획의 효력만을 다투는 경우에는 소의 이익이 부정된다. 왜냐하면 그는 이미 현금청산대상자로 되어 최초 사업시행계획인가 고시일을 기준으로 손실보상을 받게 되었고, 그러한 지위는 사업시행계획의 변경으로 달라질 수 없기 때문이다.
>
> **(2) 법률상 이익이 있는 경우:** 기존 사업시행계획의 주요내용을 실질적으로 변경하는 내용의 사업시행계획변경이 이루어진 경우에도 현금청산대상자는 새로운 사업시행변경계획의 무효확인/취소를 구할 법률상 이익이 있다고 보아야 한다. 그런 경우에도 사업시행자는 분양신청 절차를 다시 거칠 수 있기 때문이다(법 제72조 제4항).
>
> ☞ 분양신청 종료후 재분양신청에 관하여는 돈.되.법 4 제2장 제3절을 참조하세요.

5. 【해설】 토지등 소유권을 이미 상실한 자는 소의 이익 없음

> (1) 이미 부동산의 소유권을 상실하여 토지등소유자의 지위에 있지 않은 자는 사업시행계획인가 및 이후 변경인가의 적법 여부를 다툴 법률상 이익이 없다(서울행정법원 2020. 11. 13. 선고 2018구합6768 판결).
>
> (2) 종전 자산을 조합에 매도함으로써 조합원 지위를 확정적으로 상실한 토지등소유자는 사업시행계획인가의 취소를 구할 법률상 이익이 없다(부산고등법원 2010. 6. 9. 선고 2008누6349 판결).

6. [비교] 관리처분계획의 효력을 다투는 소송에서 현금청산대상자는 원고적격 없음

> (1) 사업시행계획의 효력을 다투는 소송과 달리 관리처분계획의 무효확인이나 취소를 구할 법률상 이익은 조합원에게만 인정되며, 이미 조합원지위를 상실한 현금청산대상자에게는 원고적격이 없다(대법원 2013. 10. 31. 선고 2012두19007 판결).
>
> (2) 조합원 지위의 상실이 확정되는 시점은 아래와 같다.
>
> ① 재개발사업에서는 현금청산대상자가 되어 수용재결이 확정된 시점에 토지등의 소유권과 함께 조합원 지위를 상실한다. 따라서 ① <u>수용재결이 확정된 원고는 관리처분계획의 취소를 구할 법률상 이익 없으나</u>, ② <u>수용재결이 확정되지 않은 토지등소유</u>

자는 아직 조합원 지위를 가지고 있으므로 관리처분계획 중 자신에 대한 부분의 취소를 구할 법률상 이익이 있다(그 수용재결이 취소되어 해당 부동산에 관한 소유권을 회복할 가능성이 있으므로. 대법원 2011. 1. 27. 선고 2008두14340 판결).

② 재건축사업에서는 분양신청 기간 내에 분양신청을 하지 않으면 곧바로 조합원 지위를 상실한다. 따라서 재건축사업에서 분양신청 기간 내에 분양신청을 하지 않은 토지등소유자는 관리처분계획의 취소나 무효확인을 구할 법률상 이익이 없다. 아직 매도청구소송이 제기되지 않았어도 마찬가지이다.

(3) 비조합원이 '사업시행계획이 무효이므로 관리처분계획도 무효'라고 주장하며 관리처분계획의 무효확인을 구한 경우, 심리 결과 ① 사업시행계획에 중대하고 명백한 하자가 있음이 밝혀지면 후속 처분인 관리처분계획도 무효로 되므로 원고의 청구를 인용하고(이 한도 내에서 비조합원도 관리처분계획의 무효확인을 구할 법률상 이익이 있음), ② 사업시행계획이 무효로 인정되지 않으면 소를 각하한다.

7. [비교] 소규모주택정비사업에서 현금청산대상자는 사업시행계획의 효력을 다툴 수 없음

(1) 가로주택정비사업, 소규모재건축사업, 소규모재개발사업에서는 사업시행자가 건축심의 결과를 통지받은 후 사업시행계획 인가신청을 하기 전에 분양신청을 받으므로(소규모주택정비법 제28조), 사업시행계획에 분양설계 등 관리처분계획이 포함된다(동법 제30조 제1항 제10호). 따라서 분양신청을 하지 않은 토지등소유자는 사업시행계획 인가 전에 확정적으로 조합원 지위를 상실하며, 그 후 사업시행계획이 취소되거나 무효임이 확인되더라도 사업시행자는 다시 분양신청 절차를 밟지 않는다.

(2) 그러므로 가로주택정비사업, 소규모재건축사업 및 소규모재개발사업에서는 분양신청을 하지 아니하 현금청산대상자가 된 토지등소유자는 사업시행계획의 무효확인 또는 취소를 구할 법률상 이익이 없다. 이는 재개발·재건축사업에서 현금청산대상자가 관리처분계획의 취소나 무효확인을 구할 법률상 이익이 없는 것과 같다.

B. ① 주택재개발사업에 대한 사업시행계획에 당연무효인 하자가 있는 경우에는 재개발사업조합은 사업시행계획을 새로이 수립하여 인가를 받은 후 다시 분양신청을 받아 관리처분계획을 수립하여야; ② 따라서 분양신청을 하지 않았거나 철회하여 조합원의 지위를 상실한 토지등소유자도 사업시행계획의 무효확인 또는 취소를 구할 법률상 이익 있어 —대법원 2014.02.27. 선고 2011두25173 판결[사업시행인가무효확인]

【당사자】

[원고, 피상고인 겸 상고인] 원고 1 외 2인

IV. 조합원 지위를 상실한 토지등소유자의 소의 이익 (원고적격)

[원고보조참가인] 원고보조참가인

[피고, 피상고인] 서울특별시 서대문구청장

[피고, 상고인] 홍은제12구역주택재개발정비사업조합

주택재개발사업에 대한 사업시행계획에 당연무효인 하자가 있는 경우에는 재개발사업조합은 사업시행계획을 새로이 수립하여 관할관청에게서 인가를 받은 후 다시 분양신청을 받아 관리처분계획을 수립하여야 한다.

따라서 분양신청기간 내에 분양신청을 하지 않거나 분양신청을 철회함으로 인해 구 도시정비법 제47조 및 조합 정관 규정에 의하여 조합원의 지위를 상실한 토지 등 소유자도 그때 분양신청을 함으로써 건축물 등을 분양받을 수 있으므로 사업시행계획의 무효확인 또는 취소를 구할 법률상 이익이 있다(대법원 2011. 12. 8. 선고 2008두18342 판결 참조).

위 법리에 따르면, 원고들이 이 사건 사업시행인가 이후 분양신청기간 내에 분양신청을 하지 않아 조합원의 지위를 상실하였다고 하더라도 원고들에게는 이 사건 사업시행계획의 효력을 다툴 법률상 이익이 있다. 따라서 원고들에게 원고적격이 있음을 전제로 한 원심판결은 정당하고, 거기에 원고적격에 관한 법리 등을 오해하여 판결에 영향을 미친 위법이 없다.

C. [고등법원판례] ① 조합에게 아파트를 매도한 토지등소유자(원고 41, 81)는 사업시행계획의 취소나 무효확인을 구할 이익이 없으나; ② 여타 조합원은 이 사건 관리처분계획 내지 사업시행계획의 취소/무효확인을 구할 이익 있어(사업시행계획이 취소되거나, 사업시행계획의 중대·명백한 하자로 인하여 관리처분계획이 취소되면 조합은 하자가 없는 사업시행계획을 작성한 후 다시 분양신청을 받아야 하고, 원고들은 그때 분양신청을 해 아파트를 분양받을 수 있으므로) —부산고등법원 2010. 6. 9. 선고 2008누6349 판결[관리처분계획취소]

【당사자】

【원고, 항소인】 원고 1 외 98인

【피고, 피항소인】 화명주공아파트재건축조합

1. 조합에게 아파트를 매도한 원고 41, 81은 사업시행계획의 취소를 구할 이익 없음

먼저 원고 41, 81에 대하여 보건대, 을 26호증의 3, 을 31호증의 1, 2, 을 34호증의 1 내지 6의 각 기재에 변론 전체의 취지를 종합하면, ① 원고 41은 2009. 7. 10. 피고 조합에게, 자신 소유의 아파트(동호수 1 생략)를 매도하면서 현금청산을 신청하고, 현금청산 이후 어떠한 이의도 제기하지 않겠다는 내용의 현금청산신청서를 작성하여 교부한 사실, ② 원

제 5 장 사업시행계획인가 / 제 8 절 사업시행계획 및 사업시행계획인가에 관한 소송

고 81은 2008. 11. 18. 피고 조합에게 자신 소유의 아파트(동호수 2 생략)를 매도하면서 이 사건 관리처분계획에 대하여 어떠한 이의도 제기하지 않기로 약정한 사실, 피고 조합은 2008. 11. 말경 위 (동호수 2 생략)에 관하여 그 앞으로 소유권이전등기를 마친 사실 등을 인정할 수 있다.

위 인정사실에 의하면, ① 원고 41은 이 사건 재건축사업에 더 이상 참여하지 않을 의사로 현금청산을 신청한 것으로 보이므로 이 사건 관리처분계획의 취소나 이 사건 사업시행계획의 무효를 구할 이익이 없다고 판단할 수 있고, ② 원고 81은 조합원의 지위를 상실하였으므로(개정정관 제 11 조 제 1 항 참조) 조합원의 지위에 있음을 전제로 이 사건 관리처분계획 내지 이 사건 사업시행계획의 취소나 무효 확인을 구할 이익이 없다.

2. 나머지 원고들은 사업시행계획인가의 취소를 구할 이익 있음

다음으로 원고 41, 81을 제외한 나머지 원고들(이하 편의상 '원고들'이라 한다)에 대하여 보건대, 원고들 주장과 같이 피고 조합이 이 사건 사업시행계획을 재건축결의와 다른 내용으로 작성하였고, 그러한 경우 그 사업시행계획에 관하여 집합건물의 소유 및 관리에 관한 법률(이하 '집합건물법'이라 한다) 내지 도시정비법 소정의 동의를 조합원들로부터 받아야 함에도 불구하고 이를 받지 못한 경우 그 사업시행계획의 작성에는 소정의 의결정족수를 충족하지 못한 하자가 있는 것이므로, 그와 같은 사업시행계획을 근거로 이루어진 분양 공고와 분양 안내 자체도 하자가 있는 것이 되고, 나아가 위와 같은 하자가 중대하고 명백하면 이 사건 관리처분계획절차에 승계될 수 있을 것이다.

이러한 경우 원고들에게 분양신청을 하지 않은 것에 대하여 책임을 물을 수 없고, 원고들이 이 사건 사업시행계획이나 관리처분계획에 관하여 위와 같은 하자를 들어 취소 판결을 받는다면 피고 조합은 위와 같은 하자가 없는 사업시행계획 등을 작성한 후 다시 분양신청을 받아야 할 것이고, 원고들은 그 때 분양신청을 함으로써 아파트 등을 분양받을 수도 있을 것이다.

따라서 이 사건 사업시행계획이나 관리처분계획의 위법 여부에 관계없이 원고들이 현금청산대상자에 불과함을 전제로 하는 피고 조합의 본안 전 항변은 이유 없다.

D. [고등법원판례] 분양신청을 하지 않아 조합원 지위를 상실한 원고들이 현금청산자로서의 지위를 유지하겠다는 의사를 분명히 밝혔어도 사업시행계획인가의 취소/무효확인을 구할 법률상 이익이 있다고 본 사례 (사업시행계획이 취소되면 수용재결절차가 소급하여 무효로 되고, 향후 새로운 수용재결절차에서 결정되는 수용보상금의 산정기준일이 달라짐으로써 수용보상금이 증액되는 방향으로 변경될 수도 있으므로) ─서울고등법원 2020. 8. 19. 선고 2020누36498 판결[총회결의무효]

IV. 조합원 지위를 상실한 토지등소유자의 소의 이익 (원고적격)

【당사자】

> **【원고, 피항소인】** 별지와 같음
>
> **【원고보조참가인】** 별지와 같음
>
> **【피고, 항소인】** 작전현대아파트구역 주택재개발정비사업조합

앞서 본 사실에 변론 전체의 취지를 더하여 알 수 있는 다음과 같은 사정들을 위 법리에 비추어 살피건대, 이 사건 사업시행계획이 무효로 확인되거나, 취소되어 소급적으로 무효로 되면 이를 기초로 이루어진 관리처분계획의 수립 및 그에 대한 인가와 수용절차 등 일련의 후속 행위 역시 소급하여 효력을 상실하게 되고(대법원 2013. 11. 28. 선고 2011두30199 판결 참조), 피고로서는 새로 이 사건 사업에 대한 사업시행계획을 수립하여 인가를 받아 이 사건 사업을 진행하여야 하는데,

비록 원고들이 현금청산자로서의 지위를 유지하겠다는 의사를 분명히 밝혔다고 하더라도, 위와 같은 경우 수용재결절차가 소급하여 무효로 되고, 향후 새로운 수용재결절차에서 결정되는 수용보상금의 산정 기준일이 달라짐으로써 원고들이 지급받을 수 있는 수용보상금이 증액되는 방향으로 변경될 수도 있을 뿐만 아니라, 주거이전비나 원고들이 의무 없이 이주한 기간 동안의 사용이익이 증가되어 원고들은 이를 피고에게 청구할 수도 있게 되는 바, 이는 처분의 근거법률인 도시정비법령 및 이를 통해 준용되는 토지보상법에 의하여 보호되는 개별적·구체적인 이익이라고 할 것이므로, 원고들에게는 이 사건 사업시행계획의 무효 확인이나 취소를 구할 법률상 이익이 인정된다. 따라서 피고의 본안전 항변은 이유 없다.

E. 최초 사업시행계획이 폐지인가를 받아 실효된 후 새 사업시행계획이 수립·인가되었다면, 최초 사업시행계획에 따른 분양신청기간 내에 분양신청을 하지 않은 현금청산대상자도 새 사업시행계획의 취소를 구할 법률상 이익 있어 —대법원 2021. 2. 10. 선고 2020두48031 판결[총회결의무효]

원심은, 피고의 최초 사업시행계획은 2017. 7. 21. 계양구청장의 폐지인가를 받음으로써 실효되었고, 그 후 피고가 새로 이 사건 사업시행계획을 수립하여 계양구청장의 인가·고시를 받음으로써 도시정비법 제40조 제1항, 제2항에 의하여 「공익사업을 위한 토지 등의 취득 및 보상에 관한 법률」에 의한 사업인정·고시가 이루어진 것으로 의제되어 수용재결을 신청할 수 있는 권한을 다시 부여받게 되므로, 현금청산대상자들인 원고들은 자신들 소유의 토지 등이 수용되지 않도록 하거나 수용재결의 시점을 늦추기 위하여 이 사건 사업시행계획의 취소를 구할 법률상 이익이 있다고 판단하였다.

원심판결 이유를 관련 규정과 법리에 비추어 살펴보면, 이러한 원심판단은 정당하고, 거

제 5 장 사업시행계획인가 / 제 8 절 사업시행계획 및 사업시행계획인가에 관한 소송

기에 취소소송의 원고적격 등에 관한 법리를 오해한 잘못이 없다.

V. 제소기간

A. 개요

1. 【해설】 사업시행계획(인가) 취소소송의 제소기간 기산일

> (1) 사업시행계획 또는 사업시행계획인가처분에 대한 취소소송은 (그 처분에 중대하고 명백한 하자가 있어 무효로 되지 않는 한) 처분이 있은 날부터 1 년, 처분이 있음을 안 날부터 90 일 내에 제기하여야 한다.
>
> (2) 그런데 사업시행계획인가는 지방자치단체의 공보에 고시하여야 하고(법 제 50 조 제 9 항), 공고문서는 그 고시가 있는 날부터 5 일이 지난 때에 효력이 발생하므로(아래 규정 참조), 사업시행계획인가에 대한 취소소송은 인가고시일부터 5 일이 경과한 다음날부터 제소기간을 기산한다. 예를 들어 사업시행계획에 대한 인가가 2018. 4. 17. 이루어지고 그에 대한 인가고시가 2018. 4. 20. 이루어졌다면, 인가고시일부터(초일불산입) 5 일이 경과한 다음날인 2018. 4. 26.부터 90 일 내에 제기해야 한다(대구지방법원 2020. 12. 9. 선고 2019 구합 22585 판결 참조).
>
> (3) '사업시행계획'에 대한 취소소송의 제소기간도 그 사업시행계획에 대한 인가고시 후 5 일이 경과한 뒤부터 기산한다(대구지방법원 2020. 12. 9. 선고 2019 구합 22585 판결).

2. 【해설】 「행정 효율과 협업 촉진에 관한 규정」 제 6 조(문서의 성립 및 효력 발생)

> [대통령령 제 31380 호, 2021. 1. 5.]
>
> ① 문서는 결재권자가 해당 문서에 서명(전자이미지서명, 전자문자서명 및 행정전자서명을 포함한다. 이하 같다)의 방식으로 결재함으로써 성립한다.
>
> ② 문서는 수신자에게 도달(전자문서의 경우는 수신자가 관리하거나 지정한 전자적 시스템 등에 입력되는 것을 말한다)됨으로써 효력을 발생한다.
>
> ③ 제 2 항에도 불구하고 공고문서는 그 문서에서 효력발생 시기를 구체적으로 밝히고 있지 않으면 그 고시 또는 공고 등이 있은 날부터 5 일이 경과한 때에 효력이 발생한다.

B. ① 사업시행인가처분은 인가 및 고시가 있은 후 5일이 지난 날부터 효력을 발생해; ② 따라서 취소소송의 제소기간은 그때부터 기산됨 —대법원 2010. 12. 9. 선고 2009두4913 판결[대흥1구역주택재개발사업시행인가처분취소등]

통상 고시 또는 공고에 의하여 행정처분을 하는 경우에는 그 처분의 상대방이 불특정 다수인이고, 그 처분의 효력이 불특정 다수인에게 일률적으로 적용되는 것이므로, 그 행정처분에 이해관계를 갖는 자는 고시 또는 공고가 효력을 발생하는 날에 그 행정처분이 있음을 알았다고 보아야 한다(대법원 2001. 7. 27. 선고 99두9490 판결, 대법원 2007. 6. 14. 선고 2004두619 판결 등 참조).

이 사건 사업시행인가처분은 사무관리규정 제8조 제2항에 의하여 인가 및 고시가 있은 후 5일이 경과한 날부터 효력이 발생한다고 할 것이고, 따라서 위 법리에 의하면 이해관계인은 특별한 사정이 없는 한 그 때 처분이 있음을 알았다고 할 것이므로, 그 취소를 구하는 소의 제소기간은 그 때부터 기산된다.

기록에 의하면, 원고들이 이 사건 사업시행인가 고시일인 2006. 12. 28.로부터 5일이 경과하고, 그로부터 기산하여 90일이 지난 후임이 명백한 2008. 1. 28. 이 사건 사업시행인가처분의 취소를 구하는 소를 제기하였으므로, 이 부분 소는 제소기간을 도과하여 부적법하다.

C. [하급심판례] '사업시행계획'에 대한 취소소송의 제소기간도 그 사업시행계획에 대한 인가고시 후 5일이 경과한 뒤부터 기산해 —대구지방법원 2020. 12. 9. 선고 2019구합22585 판결[조합설립인가무효확인등]

【당사자】

원고 별지 1 원고 목록 기재와 같다.
피고 1. 대구광역시 중구청장
2. A지구 주택재개발정비사업조합

관계 법령 및 관련 법리에 비추어 이 사건에서 보건대, 앞서 본 것과 같이 이 사건 사업시행계획에 대한 인가는 2018. 4. 17., 인가의 고시는 2018. 4. 20. 이루어졌으므로, 원고들은 인가고시가 있은 때로부터 5일이 경과한 2018. 4. 26.경에는 이 사건 사업시행계획이 있었음을 알았다고 할 것이다. 그런데 원고들은 그로부터 90일이 지났음이 역수상 명백한 2019. 5. 22. 이 사건 사업시행계획의 취소를 구하는 소를 제기하였으므로, 이 사건 사업시행계획 취소청구 부분은 제소기간을 도과하여 부적법하다. 따라서 피고 조합의 주장은 이유 있다.

D. [하자 승계 문제] ① 재개발사업 시행인가는 토지수용법에 따른 '사업인정'이야; ② 따라서 사업시행인가처분이 당연무효라고 볼만한 특별한 사정이 없는 한, 사업시행인가처분의 제소기간이 지난 후의 수용재결 단계에서는 사업시행인가처분의 위법을 이유로 수용재결의 취소를 구할 수 없어 —대법원 1993. 3. 9. 선고 92누16287 판결[토지수용재결처분취소등]

【당사자】

원고,상고인	원고 소송대리인 변호사 우수영
피고,피상고인	중앙토지수용위원회 외 1인 피고들 소송대리인 변호사 이석조

도시재개발법 제39조 제2항에 의하면 재개발사업 시행인가는 토지수용법 제14조의 규정에 의한 사업인정으로 보도록 규정되어 있는바, 이와 같은 재개발사업의 시행인가는 행정처분의 성격을 띠는 것으로서 독립하여 행정쟁송의 대상이 되므로, 이것이 당연무효가 아닌 한 이 처분이 위법하다고 주장하는 사람은 이 행정처분을 대상으로 하여 그 취소를 구하여야 할 것이고, 이 선행처분을 다투지 아니하고 그 쟁송기간이 지난 후의 수용재결단계에서는 그 재개발사업 시행인가가 당연무효라고 볼만한 특별한 사정이 없는 한 그 위법을 이유로 재결의 취소를 구할 수는 없다 고 할 것이고(당원 1990.1.25. 선고 89누2936 판결; 1991.11.26. 선고 90누9971 판결; 1992.3.13. 선고 91누4324 판결 각 참조), 재개발사업의 시행과정에 위법사유가 있다고 주장하는 경우도 같다고 할 것이다.

기록에 의하면 이 사건 재개발사업의 시행인가나 그 시행에 당연무효라고 볼만한 사정이 있다고 인정되지 아니하므로, 원심이 위와 같은 견해에 터잡아 이 사건 재개발사업의 시행에 위법사유가 있다는 이유로 이 사건 수용재결처분의 취소를 구하는 원고의 청구를 배척한 조처는 옳고, 거기에 심리미진, 채증법칙위배나 도시재개발법이나 토지수용법등의 법리를 오해한 위법이 있다고 할 수 없다. 따라서 논지는 이유가 없다.

VI. 총회결의의 하자를 다투는 방법 (사업시행계획인가를 전후로 달라짐)

A. 개요

1. 【해설】 사업시행계획에 대한 총회결의의 하자를 다투는 방법

(1) 앞서 본 것처럼 사업시행계획은 그에 대한 인가·고시가 있은 후에 비로소 구속적 행정계획으로서 독립된 행정처분이 된다(대법원 2009. 11. 2. 자 2009마596 결정). 즉, 사업시행계획인가 전에는 사업시행계획은 독립된 행정처분이 아니므로 항고소송(취소/무효확인소송)의 대상이 될 수 없으며, 그 사업시행계획을 의결한 총회결의에

VI. 총회결의의 하자를 다투는 방법 (사업시행계획인가를 전후로 달라짐)

대하여 무효확인을 구할 수 있을 뿐이다. 이것은 행정소송법 제 3 조 제 2 호가 규정하는 당사자소송이므로 행정법원의 관할에 속한다.

[비교] ① 관리처분계획의 수립/변경에 관한 조합총회결의에 대한 무효확인소송도 당사자소송이다. 그러나, ② 정관변경(대법원 2019. 1. 31. 선고 2018 다 227520 판결), 시공자선정/변경(대법원 2017. 5. 30. 선고 2014 다 61340 판결), 조합임원선임/해임(대법원 2009. 9. 24. 선고 2009 마 168, 2009 마 169 판결)에 관한 조합총회결의 및 창립총회결의(대법원 2017. 8. 29. 선고 2014 다 19462 판결)에 대한 무효확인소송은 민사소송이다.

(2) 사업시행계획에 대한 인가가 있은 후에는 사업시행계획은 구속적 행정계획으로서 독립된 행정처분이 되므로, 항고소송으로 사업시행계획의 무효확인이나 취소를 구할 수 있을 뿐, 총회결의만을 따로 떼어 그 효력을 다투는 소송을 제기할 수 없다.

2. 【법령】 행정소송법 제 3 조(행정소송의 종류)

행정소송은 다음의 네가지로 구분한다. <개정 1988. 8. 5.>

  1. 항고소송: 행정청의 처분등이나 부작위에 대하여 제기하는 소송

  2. 당사자소송: 행정청의 처분등을 원인으로 하는 법률관계에 관한 소송 그 밖에 공법상의 법률관계에 관한 소송으로서 그 법률관계의 한쪽 당사자를 피고로 하는 소송 (이하 생략)

B. ① 사업시행계획은 인가·고시를 통해 확정되면 구속적 행정계획으로서 독립된 행정처분이 되고, 사업시행계획안에 대한 조합총회결의는 행정처분에 이르는 절차요건 중 하나에 불과해; ③ 따라서 인가·고시로 사업시행계획이 확정된 후에는 항고소송으로 사업시행계획의 취소/무효확인을 구할 수 있을 뿐, 총회결의만을 대상으로 그 효력을 다투는 확인의 소를 제기할 수 없어; ④ 인가 후 사업시행계획에 관한 총회결의의 효력을 다투기 위해서는 a) 사업시행계획의 취소/무효확인을 구하는 항고소송을 제기해야 하고; b) 그 효력정지를 구하기 위해서는 가처분이 아닌 행정소송법상 집행정지신청을 하여야 해 ―대법원 2009. 11. 2. 자 2009 마 596 결정[가처분이의]

【당사자】

[재항고인] 재항고인 재건축정비사업조합
[상 대 방] 상대방 1 외 3 인

제 5 장 사업시행계획인가 / 제 8 절 사업시행계획 및 사업시행계획인가에 관한 소송

1. 법리

도시정비법에 따른 주택재건축정비사업조합은 관할 행정청의 감독 아래 도시정비법상 주택재건축사업을 시행하는 공법인으로서, 그 목적 범위 내에서 법령이 정하는 바에 따라 일정한 행정작용을 행하는 행정주체의 지위를 가진다 할 것인데,

채무자 조합이 이러한 행정주체의 지위에서 도시정비법에 기초하여 수립한 이 사건 사업시행계획은 인가·고시를 통해 확정되면 이해관계인에 대한 구속적 행정계획으로서 독립된 행정처분에 해당하고,

이와 같은 사업시행계획안에 대한 조합 총회결의는 그 행정처분에 이르는 절차적 요건 중 하나에 불과한 것으로서, 그 계획이 확정된 후에는 항고소송의 방법으로 계획의 취소 또는 무효확인을 구할 수 있을 뿐, 절차적 요건에 불과한 총회결의 부분만을 대상으로 그 효력 유무를 다투는 확인의 소를 제기하는 것은 허용되지 아니하고(대법원 2008. 1. 10. 선고 2007두16691 판결, 대법원 2009. 9. 17. 선고 2007다2428 전원합의체 판결 등 참조),

한편 이러한 항고소송의 대상이 되는 행정처분의 효력이나 집행 혹은 절차속행 등의 정지를 구하는 신청은 행정소송법상 집행정지신청의 방법으로서만 가능할 뿐 민사소송법상 가처분의 방법으로는 허용될 수 없다(대법원 1992. 7. 6.자 92마54 결정 등 참조).

2. 원심판결의 위법함

그렇다면 이미 관할 구청장의 인가 등에 의해 확정된 이 사건 사업시행계획에 관한 이 사건 총회결의의 효력을 다투기 위해서는 사업시행계획의 취소나 무효확인을 구하는 항고소송만이 가능하다 할 것이고,

나아가 본안소송에 앞서 잠정처분으로 그 효력의 정지를 구하기 위해서는 행정소송법상 집행정지신청의 방법에 의해야 할 것인바, 이와 달리 이 사건 총회결의의 효력을 그 내용상 하자를 이유로 별도의 본안소송으로 다툴 수 있음을 전제로 이 사건 결의 및 사업시행인가 등에 따른 후속절차의 진행에 대하여 민사소송법상 가처분의 방법으로 그 정지를 구할 수 있다고 본 원심결정에는 도시정비법상 사업시행계획 및 인가 등 처분의 효력과 그 집행정지절차에 관한 법리를 오해한 위법이 있다 할 것이다.

C. ① 조합총회 결의에 자격 없는 자가 참여한 흠이 있더라도, 그 의사진행 경과, 자격 없는 자를 제외하고도 의결정족수를 충족하는 점 등 여러 사정에 비추어 총회결의 결과에 영향을 미치지 않았다고 인정되면 그 총회결의는 적법해; ② 총회결의에 조합원 자격이 없는 현금청산대상자 136명이 참여하였으나, 그들을 제외하고도 조합원 총수 477명 중 436명

VI. 총회결의의 하자를 다투는 방법 (사업시행계획인가를 전후로 달라짐)

이 참석하였고, 그중 434명(재적조합원의 약 90%, 참석조합원의 약 99%)의 찬성으로 총회결의가 이루어져 사업시행계획 수립을 위한 의결정족수를 넉넉히 충족해 <u>총회결의가 적법하다고 본 사례</u> —대법원 2021. 2. 10. 선고 2020두48031 판결[총회결의무효]

【당사자】

【원고, 피상고인】 별지 1 원고 명단 기재와 같다

【원고보조참가인】 별지 2 원고보조참가인 명단 기재와 같다

【피고, 상고인】 작전현대아파트구역주택재개발정비사업조합

1. 원심기록에 의하여 알 수 있는 사정

원심판결 이유와 기록에 의하면, 다음과 같은 사정을 알 수 있다.

(1) 피고는 2009. 6. 23. 인천 계양구 (주소 생략) 일대 63,813.30 ㎡에서 주택재개발사업(이하 '<u>이 사건 사업</u>'이라고 한다)을 시행하기 위하여 인천광역시 계양구청장으로부터 인가를 받아 설립된 주택재개발정비사업조합이고, 원고들은 이 사건 사업구역 내 부동산의 소유자들이다.

(2) 피고는 최초 사업시행계획을 수립하여 2011. 1. 25. 계양구청장으로부터 인가를 받은 다음, <u>분양신청기간을 2011. 4. 4.부터 같은 해 5. 23.까지로 정하여 분양신청절차를 진행하였으나</u>(이하 '1차 분양신청절차'라고 한다), 분양신청기간 내에 전체 토지 등 소유자 807명 중 477명이 분양신청을 하였고, <u>원고들을 비롯한 330명은 분양신청을 하지 않았다</u>. 이에 피고는 조합원 총수를 807명에서 477명으로 변경하는 신고를 하였고, 계양구청장은 2011. 8. 2. 이를 수리하였다.

(3) 피고는 총회의 결의를 거쳐 2017. 7. 21. 계양구청장에게 <u>최초 사업시행계획의 폐지인가</u>를 신청하였고, 계양구청장은 2017. 9. 13. 이를 인가하였다.

(4) <u>2018. 1. 27. 개최된 피고의 정기총회</u>에서 피고의 정관 제9조 제6항에 "사업시행인가에 따라 행하여진 분양신청절차에서 분양신청기간 내에 분양신청을 하지 않은 자(현금청산대상자)는 사업시행인가 폐지 시 조합원 자격이 회복된다(단, 조합원 변경신고 수리일부터 회복되는 것으로 간주한다)."라는 조항(이하 '이 사건 정관조항'이라고 한다)을 신설하는 등의 정관변경결의(이하 '이 사건 정관변경결의'라고 한다)를 하였고, 2018. 2. 20. 계양구청장으로부터 정관변경인가를 받았다.

(5) <u>그 후 피고는 원고들을 비롯하여 최초 분양신청절차에서 분양신청을 하지 않음으로써 조합관계에서 탈퇴한 토지 등 소유자들이 이 사건 정관조항에 따라 다시 조합원의 지위

를 회복하였음을 전제로 조합원 총수를 477명에서 799명으로 변경하는 신고를 하였고, 계양구청장은 2018. 3. 12. 이를 수리하였다.

(6) 위 799명에게 소집통지를 한 다음 2018. 4. 14. 개최된 피고의 임시총회(이하 '이 사건 총회'라고 한다)에서 참석인원 572명 중 570명의 찬성으로 의결함으로써(이하 '이 사건 총회결의'라고 한다) 새로운 사업시행계획을 수립하였고(이하 '이 사건 사업시행계획'이라고 한다), 계양구청장은 2018. 9. 19. 이를 인가하였다.

(7) 피고는 이 사건 사업시행계획에 근거하여 다시 분양신청기간을 2019. 1. 5.부터 같은 해 2. 26.까지로 정하여 분양신청절차를 진행하였으나, 원고들은 분양신청을 하지 않았다.

(8) 원고들은 이 사건 정관변경결의 무효확인 및 이 사건 사업시행계획의 취소를 구하는 이 사건 소를 제기하였는데, 제1심법원은 2020. 1. 10. 원고들의 청구를 모두 인용하는 판결을 선고하였다. 이에 피고가 불복하여 항소하였으나, 2020. 4. 11. 개최된 피고의 정기총회에서 이 사건 정관조항을 "사업시행인가에 따라 행하여진 분양신청절차에서 분양신청기간 내에 분양신청을 하지 않은 자(현금청산대상자)는 사업시행인가 폐지 시 조합원 자격이 회복될 수 있다(단, 조합원 변경신고 수리일부터 회복되는 것으로 간주한다)."라고 변경하는 등의 정관변경결의를 하고 2020. 4. 24. 계양구청장으로부터 정관변경인가를 받은 다음, 항소심 계속 중인 2020. 5. 11. 제1심판결 중 이 사건 정관변경결의 무효확인 부분에 대한 항소를 취하함에 따라 이 부분은 그대로 확정되었다…

이 사건 총회결의에 피고의 조합원이 아닌 현금청산대상자들이 참여한 흠이 있어 이 사건 사업시행계획이 위법하다고 주장하고 있으므로, 이 사건 사업시행계획의 취소를 구하는 이 사건 소는 적법하다.

2. 이 사건 총회결의의 하자로 사업시행계획이 위법한지 여부

가. 원심의 판단

원심은, 1차 분양신청절차에서 분양신청을 하지 않았던 현금청산대상자 330명은 이 사건 총회결의 당시에 피고의 조합원 자격이 없었고, 조합원 자격이 없었던 현금청산대상자 330명에게 총회소집통지가 이루어져 그중 136명이 이 사건 총회결의에 참여하였으므로, 이 사건 총회결의는 중대한 하자가 있어 무효라고 보아야 하고, 따라서 이 사건 총회결의를 통해 수립된 이 사건 사업시행계획은 위법하므로 취소되어야 한다고 판단하였다.

VI. 총회결의의 하자를 다투는 방법 (사업시행계획인가를 전후로 달라짐)

나. 대법원의 판단: 현금청산대상자 일부가 총회결의에 참여했다는 점만으로 사업시행계획을 취소할 정도의 위법사유가 있다고 단정할 수 없음

그러나 관련 법리에 아래와 같은 사정을 종합하여 보면, 조합원 자격이 없는 현금청산대상자들이 이 사건 총회결의에 일부 참여하였다는 점만으로 이 사건 총회결의가 무효라거나 이 사건 총회결의를 통해 수립된 이 사건 사업시행계획에 이를 취소하여야 할 정도의 위법사유가 있다고 단정하기는 어렵다.

(1) 조합의 총회는 조합의 최고의사결정기관이고, 사업시행계획의 수립·변경은 총회의 결의사항이므로, 총회는 상위법령 및 정관에 위배되지 않는 범위 내에서 사업시행계획을 수립·변경할 자율성과 형성의 재량을 가진다. 따라서 사업시행계획을 수립·변경하는 총회결의가 상위법령 및 정관에서 정한 절차와 의결정족수를 갖추었고 그 총회결의의 내용이 상위법령 및 정관에 위배되지 않는다면 총회결의의 효력을 쉽게 부정하여서는 아니 된다(대법원 2018. 3. 13. 선고 2016두35281 판결 참조).

(2) 조합의 총회에 소집공고 등 절차상 흠이 있다 하더라도 조합원들의 총회 참여에 실질적인 지장이 없었다면 그와 같은 절차상 흠은 경미한 것이어서 그것만으로 총회결의가 위법하다고 볼 것은 아니다(대법원 2020. 6. 25. 선고 2018두34732 판결 등 참조). 따라서 총회소집통지를 조합원들뿐만 아니라 조합원 자격 없는 현금청산대상자들에게도 하였다는 사정만으로 이 사건 총회결의가 위법하다고 볼 수는 없다.

(3) 조합 총회의 결의에 자격 없는 자가 참여한 흠이 있다 하더라도 그 의사진행의 경과, 자격 없는 자의 표결을 제외하더라도 그 결의에 필요한 의결정족수를 충족하는 점 등 여러 가지 사정에 비추어 그와 같은 흠이 총회결의의 결과에 영향을 미치지 않았다고 인정되는 때에는 그 총회결의가 위법하다고 볼 것은 아니다(대법원 1997. 5. 30. 선고 96다23375 판결 등 참조). 이 사건 총회결의에 조합원 자격이 없는 현금청산대상자 136명이 참여하였으나, 그들을 제외하더라도 조합원 총수 477명 중 436명이 참석하였고, 그중 434명(재적조합원의 약 90%, 참석조합원의 약 99%)의 찬성으로 이 사건 총회결의가 이루어져 사업시행계획 수립을 위한 의결정족수를 넉넉히 충족한다.

(4) 정비사업비는 사업시행계획서에 필수적으로 기재하여야 할 사항이지만(도시정비법 제30조 제8호의2), 사업시행계획 수립 단계에서 정비사업비는 정비사업의 규모를 반영하는 개략적인 추산액에 불과하다. 사업시행계획 수립 후 분양신청절차를 진행하여야 사업에 참여하는 조합원 및 현금청산대상자의 수가 비로소 확정되므로, 사업시행계획 수립 단계에서는 현금청산대상자에게 지급하여야 하는 현금청산금의 전체 규모를 정확하게 파악하기 어렵다. 또한 현금청산금을 다소 과소 계상하여 그에 따라 이후 현금청산금의 규모가 늘어난다고 하더라도 그만큼 일반분양분과 분양수익이 늘어나게 되므로, 사업시행계획 수립 단

계에서 제시하는 조합원의 수 또는 현금청산금의 규모가 비례율 및 조합원의 부담금에 직접적인 영향을 미친다거나 조합원들의 주된 관심사항이라고 보기도 어렵다(이런 이유에서 도시정비법 제 46 조 제 1 항도 사업시행계획 인가·고시 후에 진행하는 분양신청절차에서도 개략적인 부담금내역을 통지하도록 규정하고 있을 뿐이다). 따라서 이 사건 사업시행계획에 현금청산대상자에게 지급하여야 하는 토지매입비 등 정비사업비가 현저히 불합리하게 과소 계상되어 조합원들의 의사결정에 영향을 미쳤다고 보기는 어렵다.

(5) 그 밖에 조합원 자격이 없는 현금청산대상자들이 이 사건 총회결의에 일부 참여하게 됨에 따라 이 사건 사업시행계획 수립에 관한 이 사건 총회결의의 결과에 어떤 실질적인 영향을 미쳤다고 볼 만한 특별한 사정이 없다.

다. 원심판결의 위법함 (파기환송)

그런데도 원심은, 그 판시와 같은 이유를 들어 이 사건 총회결의에는 중대한 하자가 있어 무효이고, 이 사건 총회결의를 통해 수립된 이 사건 사업시행계획은 위법하다고 판단하였다. 이러한 원심판단에는 조합 총회의 사업시행계획 수립 등에 관한 법리를 오해하여 판결에 영향을 미친 잘못이 있다. 이를 지적하는 피고의 상고이유 주장은 이유 있다.

VII. 사업시행계획의 변경인가가 난 경우 소의 이익 문제

A. 개요

1. 【해설】일반원칙(기존 처분을 변경하는 처분이 있는 경우 종전처분의 소의 이익 여부)

> 기존의 행정처분을 변경하는 내용의 행정처분이 뒤따르는 경우, 종전처분이 여전히 항고소송의 대상이 되는지 여부는 아래와 같이 결정된다. (이하 대법원 2015. 11. 19. 선고 2015 두 295 전원합의체 판결.)
>
> ① 후속 변경처분이 종전처분을 완전히 대체하는 것이거나, 그 주요 부분을 실질적으로 변경하는 내용인 경우에는 특별한 사정이 없는 한 종전처분은 그 효력을 상실하고 후속처분만이 항고소송의 대상이 된다.
>
> ② 후속처분의 내용이 종전처분의 유효를 전제로 그 내용 중 일부만을 추가·철회·변경하는 것이고 그 추가·철회·변경된 부분이 그 내용과 성질상 종전처분의 나머지 부분과 불가분적 관계에 있지 않은 경우에는, 후속처분에도 불구하고 종전처분이 여전히 항고소송의 대상이 된다.

VII. 사업시행계획의 변경인가가 난 경우 소의 이익 문제

> 변경처분으로 추가·철회·변경된 부분이 종전처분의 나머지 부분과 불가분적 관계에 있는 경우에는 (설령 후속 변경처분의 내용이 종전처분의 주요 부분을 실질적으로 변경하는 내용이 아니라도) 변경처분만이 항고소송의 대상이 되며, 종전처분은 항고소송의 대상이 아니다.

2. 【해설】 변경인가가 났어도 종전 사업시행계획은 여전히 소의 이익이 있는 것이 원칙

> 사업시행계획의 변경인가가 났어도 종전에 인가받은 사업시행계획 중 변경되지 않은 부분은 여전히 효력을 유지함이 원칙이다(대법원 2014. 5. 16. 선고 2011두28509 판결). 따라서 종전에 인가받은 사업시행계획 중 변경되지 않은 부분에 대하여는 여전히 그 무효확인/취소를 구할 법률상 이익이 있다.

3. 【해설】 후속 사업시행변경계획도 별도로 무효확인/취소를 구할 법률상 이익이 있음

> (1) 당초 사업시행계획이 법원의 판결로 무효임이 확인되거나 취소된 경우에는 이에 터잡아 이루어진 사업시행변경계획도 그 효력을 잃는 것이 원칙이다. 또한 당초 사업시행계획인가 후 여러 차례 변경인가가 있었는데 그 중 어느 한 변경계획이 무효/취소로 되면 그 '후행 변경인가처분'은 무효로 된다(대법원 2014. 5. 29. 선고 2011다46128,2013다69057 판결. 조합설립변경인가에 관한 판례임).
>
> 따라서 후속 변경계획에 대하여는 선행 사업시행(변경)계획과 별도로 무효확인/취소를 구할 필요가 없는 것이 원칙이다.
>
> (2) 그러나 사업시행계획의 무효/취소를 주장하는 소송당사자는 '최초 사업시행계획(또는 선행 사업시행변경계획)의 하자'가 인정되지 않거나 소의 이익이 부정될 수 있다는 불안한 생각에(아래 참조) 선행 사업시행(변경)계획과 후행 사업시행변경계획 모두에 대하여 무효확인/취소를 구하는 경우가 많으며, 이 경우 법원은 둘 모두에 대하여 소의 이익을 인정해 주고 있다. 다만, 경미한 사항의 변경계획은 선행 사업시행계획의 무효/취소로 함께 무효로 됨이 명백하므로 소의 이익이 부정될 수 있다.

4. 【해설】 당초 사업시행계획이 과거의 법률관계가 되어 소의 이익이 없는 경우

> (1) 당초 사업시행계획의 흠(예: 정족수 미달)을 바로 잡기 위하여 당초 사업시행계획과 동일한 요건, 절차를 거쳐 새로운 사업시행계획을 수립하여 시장·군수로부터 인가받은 경우에는 당초(종전) 사업시행계획은 과거의 법률관계에 불과하여 무효확인 또는 취소를 구할 법률상 이익이 없다.
>
> (2) 당초 사업시행계획의 주요 부분을 실질적으로 변경하는 내용으로 새로운 사업시행계획을 수립하여 시장·군수의 인가를 받음으로써 새로운 사업시행계획이 당초 사업

시행계획을 대체하였다고 평가할 수 있는 경우에도 당초(종전) 사업시행계획은 과거의 법률관계에 불과하여 무효확인 또는 취소를 구할 법률상 이익이 없다(대법원 2014. 5. 16. 선고 2011두28509 판결). 이는「기존 행정처분을 변경하는 내용의 행정처분이 뒤따르는 경우, 종전처분을 완전히 대체하는 것이거나 그 주요 부분을 실질적으로 변경하는 내용인 경우에는 종전처분은 그 효력을 상실하고 후속처분만이 항고소송의 대상이 된다」는 법리(대법원 2015. 11. 19. 선고 2015두295 전원합의체 판결)에 근거한 것이다.

이런 경우에는 원심 변론종결 후 상고심에 이르러 비로소 위와 같은 사업시행계획의 변경인가가 났어도 당초 사업시행계획에 대한 무효확인/취소 청구소송은 소의 이익이 없어 각하된다.

(3) 후속 사업시행변경계획이 종전 사업시행계획의 주요 부분을 실질적으로 변경하는 내용이 아니라도, 후속 사업시행변경계획에서 추가·철회·변경된 부분이 종전 사업시행계획의 나머지 부분과 불가분적 관계에 있는 경우에는 후속 사업시행변경계획만이 항고소송의 대상이 되며, 종전 사업시행계획은 더이상 무효확인/취소를 구할 법률상 이익이 없다.

(4) 위 (1), (2), (3)의 경우 당초 사업시행계획은 변경인가 시점 이후 장래를 향하여 효력을 잃을 뿐이며, 소급적으로 무효로 되는 것은 아니다. 따라서 그런 경우에도 종전자산의 평가기준일인 '사업시행인가 고시일'은 '최초 사업시행계획 인가 고시일'이다(대법원 2015. 11. 26. 선고 2014두15528 판결).

5. 【해설】 새 사업시행계획이 당초 사업시행계획을 대체했는지 여부의 판단 기준

새로운 사업시행계획이 당초 사업시행계획의 주요 부분을 실질적으로 변경하는 내용이어서 당초 사업시행계획을 대체했는지 여부는, a) 사업시행계획 중 변경된 내용, b) 변경의 원인 및 그 정도, c) 당초 사업시행계획과 변경 사업시행계획 사이의 기간, d) 당초 사업시행계획의 유효를 전제로 이루어진 후속행위의 내용 및 그 진행 정도 등을 종합적으로 고려하여 판단한다(대법원 2014. 5. 16. 선고 2011두28509 판결).

구체적으로는 용적률·건폐율, 연면적, 최고층수, 신축 주택의 동수/세대수, 평형별 분포, 형별(같은 평형 내 type-A, type-B 등) 세대수, 주차대수, 부대시설·복리시설 위치, 사업비 등의 실질적 변경 여부가 중요 고려사유가 된다. 이것들은 모두 조합원이 분양신청 여부를 결정하고 사업시행자가 분양설계를 하는 데 영향을 주는 것들이다.

결국 조합원이 분양신청 여부를 결정하고 사업시행자가 분양설계를 하는 데 영향을 주는 중요 변수들이 실질적으로 변경되었는지 여부가 관건이라고 할 수 있다. 사업비가 22.5% 증액되었으나, 동수·세대수·형별 세대수 등에 변동이 없어 주요부분을 실질

VII. 사업시행계획의 변경인가가 난 경우 소의 이익 문제

적으로 변경하는 새로운 사업시행계획이 아니라고 본 사례가 있다(대법원 2014. 2. 27. 선고 2011두25173 판결).

한편 공동주택의 경우와 달리 부대·복리시설은 면적, 점포수보다 위치가 더 중요한 변수가 된다(부대·복리시설의 면적, 점포수 등은 사업시행계획의 주요 부분이 아니라고 본 하급심판례: 서울행정법원 2021. 1. 22. 선고 2019구합72410 판결. 아래 VIII. 참조).

6. 【해설】 이 법리는 사업시행계획<u>인가</u>와 <u>변경인가</u> 사이에서도 적용됨

이상의 법리는 사업시행계획<u>인가</u>와 <u>변경인가</u> 사이에서도 적용된다.

예를 들어, 용적율·건폐율·건축면적·건축연면적, 주택의 규모, 신축세대수, 사업비 등 종전 사업시행인가의 주요내용을 변경하는 내용의 사업시행변경인가 처분이 났다면, 종전 사업시행인가처분은 사업시행변경인가 처분에 흡수되어 존재하지 않게 되었으므로, 종전 사업시행인가 처분의 취소를 구하는 부분의 소는 권리보호의 이익이 없어 부적법하다(서울고등법원 2010. 12. 22. 선고 2009누34336 판결. 심리불속행 기각).

7. 【해설】 새 사업시행변경계획에 대해 총회의결을 받을 때 종전 사업시행계획에 따른 분양신청을 하지 않아 현금청산대상자가 된 토지등소유자를 조합원으로 취급할지 여부

종전 사업시행계획에 대한 무효확인/취소소송이 진행되는 중에 그 흠을 바로잡기 위해 다시 사업시행계획서를 작성하여 총회의결을 받는 경우 종전 사업시행계획에 따른 분양신청을 하지 않아 현금청산대상자가 된 토지등소유자를 조합원으로 취급할 것인지가 문제된다.

종전의 조합설립인가처분에 대한 무효확인/취소소송이 진행되는 중에 새로운 조합설립변경인가처분을 받기 위해 토지등소유자로부터 동의를 받는 경우 종전 설립인가처분의 후속행위로 이루어진 협의취득에 의하여 소유권을 상실한 사람은 동의 대상에 포함되지 않는다고 본 대법원 판례가 있다(대법원 2014. 5. 29. 선고 2013두18773 판결). ☞ 이에 관하여는 돈.되.법 2 제2장 제2절 II, III 을 참조하세요.

그러나 종전 사업시행계획의 흠을 바로잡기 위해 새로 총회의결을 받으면서 종전사업시행계획에 따른 분양신청을 하지 않아 현금청산대상자가 된 토지등소유자를 동의 대상에서 제외시키는 것은 타당하지 않다고 본다. 이들을 제외한 채 총회의결을 받아 수립한 사업시행변경계획은 새로운 사업시행계획으로서 효력을 갖기 위해 필요한 절차적 요건을 모두 갖추었다고 보기 어렵다.

8. 【해설】 새 사업시행계획이 당초 사업시행계획을 대체했어도 소의 이익이 있는 경우

(1) 당초 사업시행계획을 실질적으로 변경하는 새로운 사업시행계획의 변경인가가 났어도, 당초 사업시행계획 인가처분이 유효함을 전제로 분양신청 절차, 분양신청을 하지 않은 조합원에 대한 수용절차, 관리처분계획의 수립·인가 등 후속행위가 있었다면, 당초 사업시행계획의 무효확인/취소를 구할 법률상 이익이 있다. 이런 경우 당초 사업시행계획이 무효로 확인되거나 취소되면 그것이 유효하게 존재하는 것을 전제로 이루어진 위와 같은 일련의 후속 행위 역시 소급하여 효력을 잃기 때문이다.

(2) 반면, 당초 사업시행계획인가에 따른 수용절차 등의 후속행위가 없었거나, 후속행위가 있었더라도 그에 대한 변경 내지 대체 절차가 이루어짐으로 인하여 당초 사업시행계획이 현재 조합원들의 권리·의무에 영향을 미치지 않고 있다면, 당초 사업시행계획은 이미 효력을 상실한 과거의 법률관계에 불과하여 더이상 그 취소를 구할 법률상 이익이 없다. (이상 대법원 2013. 11. 28. 선고 2011두30199 판결.)

B. [일반행정 판례] 기존의 행정처분을 변경하는 내용의 행정처분이 뒤따르는 경우, 종전처분이 여전히 항고소송의 대상이 되는지 여부: ① 후속 변경처분이 종전처분을 완전히 대체하거나, 그 주요부분을 실질적으로 변경하는 내용인 경우, 종전처분은 그 효력을 상실하고 후속처분만이 항고소송의 대상이 돼; ② 후속처분의 내용이 종전처분의 유효를 전제로 그 내용 중 일부만을 추가·철회·변경하는 것이고, 그 추가·철회·변경된 부분이 종전처분의 나머지 부분과 불가분적 관계에 있지 않은 경우에는, 종전처분이 여전히 항고소송의 대상이 돼 —대법원 2015. 11. 19. 선고 2015두295 전원합의체 판결[영업시간제한등처분취소]

【당사자】

원고, 피상고인	롯데쇼핑 주식회사 외 5인
피고, 상고인	서울특별시 동대문구청장 외 1인

1. 법리

기존의 행정처분을 변경하는 내용의 행정처분이 뒤따르는 경우, ① 종전처분을 완전히 대체하는 것이거나 그 주요 부분을 실질적으로 변경하는 내용인 경우에는 특별한 사정이 없는 한 종전처분은 그 효력을 상실하고 후속처분만이 항고소송의 대상이 되지만(대법원 2012. 10. 11. 선고 2010두12224 판결 등 참조), ② 후속처분의 내용이 종전처분의 유효를 전제로 그 내용 중 일부만을 추가·철회·변경하는 것이고 그 추가·철회·변경된 부분이 그 내용과 성질상 나머지 부분과 불가분적인 것이 아닌 경우에는, 후속처분에도 불구하고 종전처분이 여전히 항고소송의 대상이 된다고 보아야 한다.

VII. 사업시행계획의 변경인가가 난 경우 소의 이익 문제

따라서 종전처분을 변경하는 내용의 후속처분이 있는 경우 법원으로서는, 후속처분의 내용이 종전처분 전체를 대체하거나 그 주요 부분을 실질적으로 변경하는 것인지, 후속처분에서 추가·철회·변경된 부분의 내용과 성질상 그 나머지 부분과 가분적인지 등을 살펴 항고소송의 대상이 되는 행정처분을 확정하여야 한다.

2. 원심기록에 의하여 알 수 있는 사실

원심판결 이유 및 기록에 의하면, ① 피고 동대문구청장은 2012. 11. 14. 원고 롯데쇼핑 주식회사, 주식회사 에브리데이리테일, 주식회사 이마트, 홈플러스 주식회사, 홈플러스스토어즈 주식회사(변경 전 상호: 홈플러스테스코 주식회사, 이하 같다)에 대하여 그들이 운영하는 서울특별시 동대문구 내 대형마트 및 준대규모점포의 영업제한 시간을 오전 0시부터 오전 8시까지로 정하고(이하 '영업시간 제한 부분'이라 한다) 매월 둘째 주와 넷째 주 일요일을 의무휴업일로 지정하는(이하 '의무휴업일 지정 부분'이라 한다) 내용의 처분을 한 사실, ② 위 처분의 취소를 구하는 소송이 이 사건 원심에 계속 중이던 2014. 8. 25. 위 피고는 위 원고들을 상대로 영업시간 제한 부분의 시간을 '오전 0시부터 오전 10시'까지로 변경하되, 의무휴업일은 종전과 동일하게 유지하는 내용의 처분(이하 '2014. 8. 25.자 처분'이라 한다)을 한 사실을 알 수 있다.

3. 대법원의 판단 (상고기각)

이러한 사실관계를 앞서 본 법리에 비추어 보면, 2014. 8. 25.자 처분은 종전처분 전체를 대체하거나 그 주요 부분을 실질적으로 변경하는 내용이 아니라, 의무휴업일 지정 부분을 그대로 유지한 채 영업시간 제한 부분만을 일부 변경하는 것으로서, 2014. 8. 25.자 처분에 따라 추가된 영업시간 제한 부분은 그 성질상 종전처분과 가분적인 것으로 여겨진다. 따라서 2014. 8. 25.자 처분으로 종전처분이 소멸하였다고 볼 수는 없고, 종전처분과 그 유효를 전제로 한 2014. 8. 25.자 처분이 병존하면서 위 원고들에 대한 규제 내용을 형성한다고 할 것이다.

그러므로 이와 다른 전제에서 2014. 8. 25.자 처분에 따라 종전처분이 소멸하여 그 효력을 다툴 법률상 이익이 없게 되었다는 취지의 피고 동대문구청장의 이 부분 상고이유 주장은 이유 없다.

C. ① 사업시행계획이 변경됐더라도, 종전에 인가받은 사업시행계획 중 변경되지 않은 부분은 여전히 그 효력을 유지함이 원칙이나, 당초 사업시행계획의 주요 부분을 실질적으로 변경하여 새로운 사업시행계획이 당초 사업시행계획을 대체한 경우에는, 당초 사업시행계획은 그 효력을 상실해; ② 새로운 사업시행계획이 당초 사업시행계획을 대체했는지 여부를 판단하는 기준 —대법원 2014. 5. 16. 선고 2011두28509 판결[조합설립부존재확인등]

【당사자】

원고,피상고인	별지 원고 명단 기재와 같다.
피고,상고인	A구역주택재개발정비사업조합

1. 법리

가. 사업시행계획이 변경되어도 종전 사업시행계획 중 변경되지 않은 부분은 효력을 유지함이 원칙

이러한 관계 법령의 내용, 형식 및 취지 등에 비추어 보면, 인가받은 사업시행계획의 내용 중 경미한 사항을 변경하여 이를 신고한 경우는 물론, 그 밖의 사항을 변경하여 그 인가를 받은 경우에도 종전에 인가받은 사업시행계획 중 변경되지 아니한 부분은 여전히 존재하여 그 효력을 유지함이 원칙이지만,

나. 종전 사업시행계획이 효력을 상실하는 경우

주택재개발정비사업조합이 당초 사업시행계획의 흠을 바로 잡기 위하여 당초 사업시행계획과 동일한 요건, 절차를 거쳐 새로운 사업시행계획을 수립하여 시장·군수로부터 인가받은 경우 또는 당초 사업시행계획의 주요 부분을 실질적으로 변경하는 내용으로 새로운 사업시행계획을 수립하여 시장·군수의 인가를 받음으로써 새로운 사업시행계획이 당초 사업시행계획을 대체하였다고 평가할 수 있는 경우에는 그 효력을 상실한다.

다. 새로운 사업시행계획이 당초 사업시행계획을 대체했는지 여부를 판단하는 기준

그리고 당초 사업시행계획의 주요 부분을 실질적으로 변경하는 내용의 새로운 사업시행계획을 수립하여 당초 사업시행계획을 대체하였는지 여부는, 사업시행계획 중 변경된 내용, 변경의 원인 및 그 정도, 당초 사업시행계획과 변경 사업시행계획 사이의 기간, 당초 사업시행계획의 유효를 전제로 이루어진 후속행위의 내용 및 그 진행 정도 등을 종합적으로 고려하여 판단하여야 할 것이다(대법원 2014. 2. 27. 선고 2011두25173 판결 참조).

2. 원심 변론종결 이후 새로운 사업시행계획 변경인가로 종전 사업시행계획이 효력을 상실했다고 볼 여지가 생겨서 그 점을 새로 따져 보기 위해 파기환송한 사례

기록에 의하면 피고는 원심 변론종결 이후인 2012. 3. 8. 총회 결의를 거쳐서 사업시행계획을 변경한 다음 부산광역시 동래구청장으로부터 2012. 5. 9.자로 변경 인가를 받은 사실, 변경 인가된 사업시행계획은 이 사건 사업시행계획에 비하여 세대수가 1,863 세대에서

VII. 사업시행계획의 변경인가가 난 경우 소의 이익 문제

2,058 세대로 증가하고, 평형별 분포도 대형 평수가 감소하고 중소형 평수가 증가하였는데, 피고는 이와 같이 변경된 사업시행계획을 기초로 조합원들에 대한 분양신청절차를 새롭게 진행한 정황이 보인다.

위 법리에 비추어 보면 변경 인가된 사업시행계획은 이 사건 사업시행계획의 주요 부분을 실질적으로 변경하는 새로운 사업시행계획으로 볼 가능성이 크고, 특별한 사정이 없는 한, 이 사건 사업시행계획은 그 효력을 상실한 과거의 법률관계에 불과하여 더 이상 그 무효확인을 구할 법률상 이익이 없게 되었다고 볼 여지가 있다.

그렇다면 이 사건 사업시행계획의 무효확인을 구할 법률상 이익이 있는지 여부를 새롭게 따져보아야 할 필요가 생겼으므로, 사건을 원심법원에 환송하여 다시 심리·판단하도록 함이 타당하다.

D. [장래효] ① 사업시행계획의 주요부분이 실질적으로 변경되어 최초 사업시행계획이 효력을 상실하더라도 장래를 향하여 실효될 뿐, 그 이전에 이루어진 종전자산가격 평가에는 영향이 없어; ② 따라서 종전자산의 평가기준일인 '사업시행인가 고시일'은 '최초 사업시행계획인가 고시일'을 의미해 ―대법원 2015. 11. 26. 선고 2014 두 15528 판결[관리처분총회결의무효확인]

최초 사업시행계획의 주요 부분에 해당하는 공동주택의 면적, 세대수 및 세대별 면적 등이 실질적으로 변경되어 최초 사업시행계획이 효력을 상실한다고 하더라도, 이는 사업시행계획 변경시점을 기준으로 최초 사업시행계획이 장래를 향하여 실효되었다는 의미일 뿐, 그 이전에 이루어진 종전자산가격 평가에 어떠한 영향을 미친다고 볼 수 없는 점 등에 비추어 보면, 비교적 장기간에 걸쳐서 진행되는 정비사업의 특성에 비추어 보더라도 구 도시정비법 제 48 조 제 1 항 제 4 호가 정한 '사업시행인가 고시일'이란 문언 그대로 '최초 사업시행계획인가 고시일'을 의미하는 것으로 봄이 타당하다.

☞ 같은 취지: 대법원 2016. 2. 18. 선고 2015 두 2048 판결[사업시행계획변경취소등]

E. ① 당초 사업시행계획을 실질적으로 변경하는 새로운 사업시행계획의 변경인가가 났어도, 당초 사업시행계획 인가처분이 유효함을 전제로 분양신청, 수용절차, 관리처분계획 수립·인가 등 후속행위가 있었다면, 당초 사업시행계획의 무효확인/취소를 구할 법률상 이익 있어; ② 반면, 당초 사업시행계획인가에 따른 수용절차 등의 후속행위가 없었거나, 후속행위가 있었더라도 그에 대한 변경 내지 대체 절차가 이루어짐으로 인하여 당초 사업시행계획이 현재 조합원들의 권리·의무에 영향을 미치지 않고 있다면, 당초 사업시행계획은 이미 효력을 상실한 과거의 법률관계에 불과하여 더이상 그 취소를 구할 수 없어 ―대법원 2013. 11. 28. 선고 2011 두 30199 판결[관리처분계획취소]

【당사자】

【원고, 피상고인】 별지 원고 명단 기재와 같다.

【피고, 상고인】 대연2구역주택재개발정비사업조합

1. 법리

당초 관리처분계획의 경미한 사항을 변경하는 경우와는 달리 당초 관리처분계획의 주요 부분을 실질적으로 변경하는 내용으로 새로운 관리처분계획을 수립하여 시장·군수의 인가를 받은 경우에 당초 관리처분계획은 달리 특별한 사정이 없는 한 그 효력을 상실한다고 할 것이다(대법원 2011. 2. 10. 선고 2010두19799 판결, 대법원 2012. 3. 22. 선고 2011두6400 전원합의체 판결 등 참조).

한편 사업시행계획의 경우 그 인가처분의 유효를 전제로 분양공고 및 분양신청 절차, 분양신청을 하지 아니한 조합원에 대한 수용절차, 관리처분계획의 수립 및 그에 대한 인가 등 후속 행위가 있었다면, 당초 사업시행계획이 무효로 확인되거나 취소될 경우 그것이 유효하게 존재하는 것을 전제로 이루어진 위와 같은 일련의 후속 행위 역시 소급하여 효력을 상실하게 되므로,

당초 사업시행계획을 실질적으로 변경하는 내용으로 새로운 사업시행계획이 수립되어 시장·군수로부터 인가를 받았다는 사정만으로 일률적으로 당초 사업시행계획의 무효확인을 구할 소의 이익이 소멸된다고 볼 수는 없고, 위와 같은 후속 행위로 토지 등 소유자의 권리·의무에 영향을 미칠 정도의 공법상의 법률관계를 형성시키는 외관이 만들어졌는지 또는 존속되고 있는지 등을 개별적으로 따져 보아야 할 것이다.

2. 원심기록에 의하여 알 수 있는 사실

원심판결 이유 및 기록에 의하면,

① 원심에서 이 사건 사업시행계획에 중대·명백한 하자가 있어 무효이고 그에 따른 이 사건 관리처분계획도 무효라는 취지의 판결이 선고된 직후, 2011. 11. 26. 피고의 임시총회에서 이 사건 재개발정비사업의 연면적, 용적률, 건폐율, 최고층수, 건물동수, 주차대수, 계획세대수 등이 변경된 사업시행계획을 수립하는 내용의 결의를 하고, 피고의 신청에 따라 부산광역시 남구청장은 2012. 10. 19. 사업시행계획 변경인가처분을 한 사실,

② 그 후 피고는 2012. 10. 25.부터 변경된 사업시행계획에 따라 조합원들을 상대로 분양절차를 새롭게 진행한 다음 2013. 1. 26. 관리처분총회를 개최하여 분양신청을 하지 아니한

VII. 사업시행계획의 변경인가가 난 경우 소의 이익 문제

조합원을 제외한 994 명 중 918 명의 찬성으로 <u>사업규모, 사업비 추산액 등을 변경하는 내용의 관리처분계획을 수립하는 내용의 결의를 한 사실</u>,

③ 피고의 신청에 따라 부산광역시 남구청장은 <u>2013. 4. 4. 관리처분계획 변경인가처분을</u> 한 사실을 알 수 있고,

④ <u>피고는 상고심에 이르러</u> 위와 같은 사업시행계획 및 관리처분계획에 대한 변경인가로 인하여 이 사건 <u>사업시행계획 및 관리처분계획의 무효확인 또는 취소를 구할 법률상 이익이 없게 되었다고 주장하면서, 이를 뒷받침하는 관련 자료를 제출</u>하였다.

3. 대법원의 판단 (파기환송)

위 법리에 비추어 보면, 변경인가된 관리처분계획이 이 사건 관리처분계획의 주요 부분을 실질적으로 변경하는 내용으로서 새로운 관리처분계획에 해당한다면, 이 사건 관리처분계획은 이미 효력을 상실한 과거의 법률관계에 불과하여 더 이상 그 취소를 구할 법률상 이익이 없고,

이 사건 사업시행계획도 주요 부분이 실질적으로 변경되었으며, <u>수용절차 등 후속 행위가 없었거나 후속 행위가 있었더라도 이에 대한 변경 내지 대체 절차가 이루어짐으로 인하여 이 사건 사업시행계획이 현재 조합원들의 권리·의무에 영향을 미치고 있지 않다면 역시 그 무효확인을 구할 법률상 이익이 없다</u> 할 것이므로, 이에 따라 이 사건 소가 모두 부적법하게 되었다고 볼 여지가 있다.

그렇다면 이 사건은 과연 피고의 주장과 같이 <u>이 사건 사업시행계획 및 관리처분계획이 더 이상 그 무효확인 또는 취소를 구할 법률상 이익이 없게 되었는지 여부 등을 새롭게 따져보아야 할 필요가 있으므로</u>, 사건을 원심법원에 환송하여 다시 심리·판단하도록 함이 타당하다.

F. [변경<u>인</u>가처분에 위 법리를 적용한 고등법원 판례] 용적율·건폐율·건축면적·건축연면적, 주택의 규모, 신축세대수, <u>사업비 등 종전 사업시행인가의 주요내용을 변경하는 내용의 사업시행변경인가 처분이 났다면</u>, <u>종전 사업시행인가 처분의 취소를 구하는 부분의 소는 권리보호의 이익이 없어 부적법해</u> (종전 사업시행인가처분은 사업시행변경인가 처분에 흡수되어 존재하지 않게 되었으므로) —서울고등법원 2010. 12. 22. 선고 2009 누 34336 판결[사업시행인가처분취소] (심리불속행 기각)

【당사자】

원고(선정당사자),피항소인	A

제5장 사업시행계획인가 / 제8절 사업시행계획 및 사업시행계획인가에 관한 소송

피고,항소인	구리시장
피고보조참가인,항소인	B주택재개발정비사업조합

1. 이 사건 사업시행변경인가처분

"라. 피고보조참가인(이하 '참가인'이라 한다)은 주택재개발사업의 수익성을 높이고 조합원의 분담금을 최소화하기 위하여 2010. 4. 7. 총회를 개최하여 당시 조합원 300 명(창립총회시는 301 명) 중 195 명의 동의로, ① 기존의 용적율 225.9%를 229.52%로, ② 건축연면적 74,723.877m²를 76,089.347m²로, ③ 주택의 규모 및 층수 6 개동 지하 2 층, 지상 15 층 ~22 층을 7 개동 지하 2 층, 지상 16 층~22 층으로, ④ 신축세대수 488 세대를 512 세대로 각 상향 조정하고, ⑤ 총 사업비 127,820,000,000 원을 101,574,000,000 원으로 감액하는 사업시행계획 변경을 결의한 후 2010. 4. 23. 피고에게 사업시행계획변경인가신청을 하였고,

피고는 2010. 5. 31. 당초 사업시행인가된 건축계획, 자금계획, 토지이용계획, 정비기반시설 및 공동이용시설의 설치계획, 세입자의 주거대책, 임대주택의 건설계획 등을 변경하는 내용의 이 사건 사업시행변경인가처분을 하였다."

2. 이 사건 사업시행인가처분에 대한 취소청구 부분은 권리보호이익이 없어 부적법함

위 인정사실에 의하여 인정되는, 이 사건 사업시행인가처분의 변경 경위, 내용, 절차 등에 비추어 이 사건 사업시행변경인가처분은 당초의 사업시행인가처분 내용 중 특정·분리 가능한 일부 경미한 사항을 변경하는 정도에 불과한 것이 아니라, 건축계획, 자금계획, 토지이용계획, 정비기반시설 및 공동이용시설의 설치계획, 세입자의 주거대책, 임대주택의 건설계획의 변경 등의 사유로 용적율, 건폐율, 건축면적, 건축연면적, 주택의 규모, 신축세대수, 사업비 등 이 사건 사업시행인가의 주요내용을 변경한 것으로서 실질적으로 새로운 사업시행인가에 해당한다고 보아야 할 것이고(대법원 2010. 12. 9. 선고 2009 두 4913 판결 참조), 따라서 이 사건 사업시행인가처분이 이 사건 사업시행변경인가처분에 흡수되어 존재하지 않게 되었으므로, 원고가 이 사건 사업시행인가처분의 취소를 구하는 부분의 소는 권리보호의 이익이 없어 부적법하다.

VIII. 주요부분을 실질적으로 변경하는 내용이 아니라고 본 사례

A. 정비구역의 위치·면적, 정비사업기간, 사업시행인가일, 건축계획에 관한 사항, 주택건설계획 등 다른 내용의 변동이 없이 정비사업비만을 233,730,285,000 원에서 245, 198,100,150 원으로 약 4.9% 증액하는 내용의 변경인가처분이 이루어진 경우 당초 사업시행인가처분의

VIII. 주요부분을 실질적으로 변경하는 내용이 아니라고 본 사례

취소를 구할 이익이 있다고 본 사례 —대법원 2010. 12. 9. 선고 2009두4913 판결[대흥1구역주택재개발사업시행인가처분취소등]

【당사자】

[원고, 상고인] 원고 1 외 1인

[피고, 피상고인] 대전광역시 중구청장

[피고보조참가인] 대흥1구역주택재개발정비사업조합

(이유 생략)

B. ① 사업비용이 22.5% 증액되었으나, 당초 사업시행계획의 주요부분을 실질적으로 변경하는 새로운 사업시행계획이 아니라고 본 사례(정비사업비용 외 다른 사항에 관하여는 대지면적·지하면적·이주대책 세대수 등이 일부 변경되었을 뿐 건축될 주택의 동수·세대수·형별 세대수 등은 전과 동일하므로); ② 따라서 당초 사업시행계획에 대한 무효확인청구는 여전히 소의 이익이 있음 —대법원 2014.02.27. 선고 2011두25173 판결[사업시행인가무효확인]

【당사자】

[원고, 피상고인 겸 상고인] 원고 1 외 2인

[원고보조참가인] 원고보조참가인

[피고, 피상고인] 서울특별시 서대문구청장

[피고, 상고인] 홍은제12구역주택재개발정비사업조합

원심은, ① 변경된 사업시행계획에 있어서, 사업비용은 이 사건 사업시행계획에 비하여 22.5% 증액되었으나, 정비사업비용 이외의 다른 사항에 관하여는 대지면적·지하면적·이주대책 세대수 등이 일부 변경되었을 뿐 건축될 주택의 동수·세대수·형별 세대수 등은 전과 동일한 점, ② 피고 조합이 사업시행계획을 변경한 것은 기존의 사업시행계획을 완전히 철회하고 새로이 사업시행계획을 세우기 위한 것이 아니라, 임대주택공급 및 주거이전비 지급대상자 증가에 따른 변경과 근린생활시설 부분을 변경하여 향후 분양업무에 대한 효율성을 높이기 위한 것으로 보이는 점 등을 들어,

2010. 12. 28. 인가된 사업시행계획의 변경이 2009. 6. 8. 인가된 이 사건 사업시행계획을 대체하여 실질적으로 새로운 사업시행계획을 수립한 것이라고 볼 수 없으므로 이 사건 사업시행계획이 효력을 상실하여 그 무효확인을 구할 소의 이익이 없다고 볼 수는 없다는 취

제5장 사업시행계획인가 / 제8절 사업시행계획 및 사업시행계획인가에 관한 소송

지로 판단하였다.

앞서 든 법리에 비추어 보면, 원심의 이러한 판단은 정당하고 거기에 사업시행계획의 변경으로 당초 사업시행계획의 효력이 상실하는지에 관한 법리나 소의 이익에 관한 법리 등을 오해하여 판결에 영향을 미친 위법이 없다.

C. [하급심판례] 근린생활시설의 건축연면적이 3,096.60 ㎡에서 5,500.55 ㎡로, 호수가 38개에서 52개로 상당한 정도로 변동이 되었으나, 근린생활시설은 동일한 면적과 형태로 공급되는 공동주택과 달리 주변상권이 수시로 변하고 그에 따라 업종구성, 점포의 면적, 점포수를 탄력적으로 조정할 필요가 있어 면적과 호수는 변동이 내포되어 있다는 등의 이유로, 그러한 변동은 당초 사업시행계획의 주요 부분을 실질적으로 변경하는 내용이 아니라고 본 사례 ─서울행정법원 2021. 1. 22. 선고 2019 구합 72410 판결[관리처분계획취소] (항소기각)

【당사자】

원고	A ~ D
원고보조참가인	E ~ Q
피고	1. R 지구 주택재개발정비사업조합
	2. 서울특별시 송파구청장

위와 같은 관리처분변경계획은 사업시행계획의 변경에 따른 것인바, 당초 사업시행계획의 주요 부분을 실질적으로 변경하는 내용의 새로운 사업시행계획을 수립하여 당초 사업시행계획을 대체하였는지 여부는, 사업시행계획 중 변경된 내용, 변경의 원인 및 그 정도, 당초 사업시행계획과 변경 사업시행계획 사이의 기간, 당초 사업시행계획의 유효를 전제로 이루어진 후속행위의 내용 및 그 진행 정도 등을 종합적으로 고려하여 판단하여야 할 것이다(대법원 2014. 2. 27. 선고 2011 두 25173 판결 참조).

① 정비사업비의 증액은 10%에 불과하고, 건폐율, 용적율, 건축면적 및 연면적의 변경은 미미한 정도이며, 건축할 세대수는 동일한 점, ② 임대주택의 전용면적 및 세대수 등의 대폭변경이 있었으나 이는 조합원들의 이해와는 무관한 점, ③ 조합원 분양분과 관련하여 전용면적의 변경이 있으나 그 정도도 미미한 점, ④ 공동주택의 경우에는 조합원 분양분 및 일반 분양분 세대수가 다소 변경되었으나, 그 정도가 중하지 않고, 조합원의 분양신청 의사 등을 반영한 것으로 보이는 점, ⑤ 근린생활시설의 경우에는 건축연면적이 3,096.60 ㎡에서 5,500.55 ㎡로, 호수가 38개(그 중 조합원 23, 일반분양 13)에서 52개(조합원 23개, 일반 29개)로 상당한 정도로 변동이 되었으나, 위와 같은 호수의 증가는 일반분양의 확대(13개

→ 29 개)를 통한 분양의 효율 및 활성화를 기한 것이고, 조합원들에게 선택의 폭을 넓게 부여한 것으로 보여 이를 중대한 변경으로 보기 어려운 것으로 해석될 여지가 있는 점,

⑥ 호수의 단위 당 면적이 84.48 ㎡(3,096.60 ㎡ ÷ 38)에서 105.77 ㎡(5,500.55 ㎡ ÷ 52)로 약 29% 증가하였으나, a) 근린생활시설은 동일한 면적과 형태로 공급되는 공동주택과 달리 주변상권이 수시로 변하고 그에 따라 업종구성, 점포의 면적, 점포수를 탄력적으로 조정할 필요가 있어 면적과 호수는 변동이 내포되어 있고, b) 근린생활시설의 구획과 면적은 용이하게 변경이 가능한 것이며, c) 최초 사업시행계획 수립 당시에도 이는 변경될 수 있음을 명확히 하였으며, d) 실제로 일반분양의 결과나 수분양자들의 입점계획 등을 반영하여 상가의 구획과 면적이 변경되는 것이 드물지 않으며, e) 위 29%는 분양신청자들의 예측 가능한 범위 내에 있는 것으로 보이는 점(최초 사업시행계획에는 종후 자산에 대한 감정평가가 이루어지기 전이므로 확정적인 분양가가 제시되지 않았고, 상가분양가의 일부 변동은 고려사항으로 보기 어렵고, 분양신청 통지 당시의 분담금 추산액에 변동이 있다 하더라도, 이는 추산액으로서 그 자체로 변동을 예정하고 있다) 등을 종합하여 보면,

이 사건 사업시행변경계획이 당초 사업시행계획의 주요 부분을 실질적으로 변경하는 내용으로 보기에 부족하고…

IX. 사정판결 문제

A. 【법령】 행정소송법 제 28 조(사정판결)

> ① 원고의 청구가 이유있다고 인정하는 경우에도 처분등을 취소하는 것이 현저히 공공복리에 적합하지 아니하다고 인정하는 때에는 법원은 원고의 청구를 기각할 수 있다. 이 경우 법원은 그 판결의 주문에서 그 처분등이 위법함을 명시하여야 한다.
>
> ② 법원이 제 1 항의 규정에 의한 판결을 함에 있어서는 미리 원고가 그로 인하여 입게 될 손해의 정도와 배상방법 그 밖의 사정을 조사하여야 한다.
>
> ③ 원고는 피고인 행정청이 속하는 국가 또는 공공단체를 상대로 손해배상, 제해시설의 설치 그 밖에 적당한 구제방법의 청구를 당해 취소소송등이 계속된 법원에 병합하여 제기할 수 있다.

B. [사정판결을 한 사례] 사정판결을 할 필요가 있다고 인정하는 때에는 당사자의 분명한 주장이 없는 경우에도 직권으로 사정판결을 할 수 있어 —대법원 1995. 7. 28. 선고 95 누 4629 판결[주택개량재개발조합설립및사업시행인가처분무효확인]

【당사자】

【원고, 상고인】 원고 1 외 3인

【피고, 피상고인】 서울특별시 성북구청장

1. 법리

행정소송법 제26조, 제28조 제1항 전단의 각 규정에 비추어 보면, 법원은 행정소송에 있어서 행정처분이 위법하여 원고의 청구가 이유 있다고 인정하는 경우에도 그 처분 등을 취소하는 것이 현저히 공공복리에 적합하지 아니하다고 인정하는 때에는 원고의 청구를 기각하는 사정판결을 할 수 있고, 이러한 사정판결을 할 필요가 있다고 인정하는 때에는 당사자의 명백한 주장이 없는 경우에도 일건 기록에 나타난 사실을 기초로 하여 직권으로 사정판결을 할 수 있다 할 것이다(대법원 1992.2.14. 선고 90누9032 판결 참조).

2. 사정판결의 필요성을 긍정한 사례

가. 법정 동의요건 미달로 인한 취소사유

원심은 … 위 토지소유자 13명과 건축물소유자 17명은 모두 유효하게 그 동의를 철회한 것으로 보아야 하는 이상, 이 사건 처분 당시 이 사건 재개발지구 안의 위 토지소유자 중 306명, 위 건축물소유자 중 308명만이 동의자로 집계될 수 있어 각 3분의 2에 미달됨이 계산상 명백하다 할 것이므로, 재개발조합설립 및 사업시행인가에 필요한 동의의 법정요건을 갖춘 것으로 보고서 한 피고의 이 사건 처분은 위법하여 취소사유에는 해당한다고 판단하였다.

나. 사정판결의 필요성

나아가 원심은 직권으로, 거시 증거에 의하여, ① … 원심 변론종결 당시에는 위 재개발사업이 상당한 정도 진척된 사실을 인정한 다음, 위 인정사실과 더불어, ② … 이 사건 처분 당시에는 비록 토지 및 건축물소유자 총수의 각 3분의 2 이상의 동의를 얻지 못하였으나 그 후 3분의 2 이상에 해당하는 토지 및 건축물의 소유자가 위와 같이 사업의 시행에 이의하지 않고 사업의 속행을 바라고 있어 그 사업의 시행을 위한 재개발조합의 설립 및 사업시행인가가 새로이 행하여질 경우 90% 이상의 토지 및 건축물의 소유자가 이에 동의할 것으로 충분히 예상되므로 ③ 만약 이 사건 처분을 위법하다고 하여 취소하고 새로운 절차를 밟게 할 경우에는 불필요한 절차를 반복하게 함으로써 주택개량재개발사업의 신속한 진행을 지연시키게 되어 위와 같이 재개발사업의 속행을 바라고 있는 약 90%의 토지 또는 건축물소유자들에게 상대적으로 커다란 경제적 손실을 초래케 할 가능성이 높은 반면,

원고들이 이 사건 처분으로 이렇다 할 손해를 입었다고 볼 만한 사정도 엿보이지 않을 뿐만 아니라, ④ 위와 같은 위법사유를 시정하고 위 재개발조합의 설립 및 사업시행인가처분이 있게 될 경우 원고들을 비롯하여 이 사건 재개발지구안에 토지 또는 건축물을 소유하는 자들은 법이 정한 절차에 따라 재개발사업이 시행되어 관리처분계획의 인가 및 공사완료에 따른 조치 등의 과정을 거쳐 동등한 지위에서 그에 따른 정당한 법적 권리를 갖게 되어 있는 점 등을 고려한다면,

이 사건 처분이 앞서 본 바와 같이 애당초 토지 및 건축물 소유자 총수의 3 분의 2 이상의 동의를 얻지 못하여 위법한 것이라고 하더라도 이를 이유로 <u>이 사건 처분을 취소하는 것은 오히려 현저히 공공복리에 적합하지 아니하다고 인정</u>하여 원고들의 예비적 청구를 기각하고 행정소송법 제 28 조 제 1 항 후단을 적용하여 주문에서 그 처분이 위법함을 명시하였다.

관계증거 및 기록과 앞서 본 법리에 비추어 살펴보면 원심의 위와 같은 사실인정과 판단은 옳다고 여겨지고 거기에 상고이유로 주장하는 심리미진과. 상고이유의 주장은 모두 이유가 없다.

C. [사정판결의 필요성을 부정한 사례] 동의자가 미동의자에 비하여 많다거나 재개발사업을 시행하지 못하게 됨으로써 사업시행에 동의한 사람들이 생활상의 고통을 받는다는 사정만으로는 사정판결을 할 사유가 될 수 없어 —대법원 2001. 6. 15. 선고 99 두 5566 판결[주택개량재개발조합설립및사업시행인가처분취소]

【당사자】

> 【원고,피상고인】 원고 1 외 13 인
> 【피고,상고인】 서울특별시 용산구청장
> 【피고보조참가인】 용산 제 2 구역주택재개발조합

기록에 의하여 살펴보면, 원심이 재개발사업이 시행될 경우 재개발구역 내 토지 등 소유자의 권리에 미치는 영향의 중대성에 비추어 볼 때 <u>재개발사업에 동의한 자가 동의하지 아니한 자에 비하여 많다거나 재개발사업을 시행하지 못하게 됨으로써 사업시행에 동의한 사람들이 생활상의 고통을 받는다는 사정만으로는</u> 이 사건 재개발조합설립 및 사업시행인가처분을 취소하는 것이 현저히 공공복리에 적합하지 아니하다고 할 수 없다고 보아 <u>사정판결의 필요성에 대한 피고의 주장을 배척한 조치는 옳고</u>, 거기에 상고이유의 주장과 같은 법리오해의 위법이 없다. 이 점에 관한 상고이유의 주장 역시 받아들일 수 없다.

I. 사업시행계획 (인가, 변경·중지, 폐지인가) 신청서
II. 사업시행계획인가 동의서 (토지등소유자가 시행하는 재개발사업 등)

■ 도시 및 주거환경정비법 시행규칙[별지 제8호서식]

사업시행계획 (인가, 변경·중지·폐지인가)신청서
[□재개발사업, □재건축사업, □주거환경개선사업]

※ 색상이 어두운 란은 신청인이 적지 않습니다. (3쪽 중 제1쪽)

접수번호			접수일		처리기간	60일	
신청인	사업시행자 명칭				사업시행자 지정 근거 및 일자		
	대표자	성명			생년월일		
		주소			전화번호		
	주된 사무소 소재지				전화번호		
시행 구역	구역명칭				시행면적		㎡
	위 치				건축물	(무허가)	동 동
	거주가구 및 인구		가구 (인)		도시계획		지역 지구
	지목별	지목			국·공유지 관리청별	관리청	
		면적(㎡) (필지수)				면적(㎡) (필지수)	
동의 내역		토지면적		토지 소유자수		건축물 소유자수	
	대상면적		㎡	대상 소유자수	인	대상 소유자수	인
	동의면적 (동의율)	(	㎡ %)	동의자수 (동의율)	인 (%)	동의자수 (동의율)	인 (%)
정비사업 전문관리업자	명 칭				대표자		
	주된 사무소 소재지				전화번호		
사업 시행 계획	시행기간	사업시행계획인가일 ~ 일			사업비		원
	부지 명칭		대지면적	㎡	주용도		
	건축면적	㎡	건축연면적	㎡	지하면적		㎡
	건폐율	%	용적률	%	최고높이		m
	층수 (지상/지하)		주차장	대 ㎡			

210mm×297mm[백상지(80g/㎡) 또는 중질지(80g/㎡)]

	공급구분	주택형태	동수	세대수	주택규모별 세대수 (전용면적기준)		
주택	계						
	분양						
	임대						

	용도폐지 정비기반시설		새로 설치할 정비기반시설				
정비기반시설	종류	규모	종류	규모	시행자	비용부담자 및 부담내용	

철거 또는 이전요구 대상	건축물	철거	이전	공작물	철거	이전
		동	동		개소	개소

개수대상 건축물	동	임시거주계획	

수용 또는 사용대상	토지	필지수	면적	권리자수
			m²	
	건축물	동수	연면적	권리자수
			m²	

세입자 대책	대상 세대수	임대주택 공급세대	주거이전비 지급세대	비대책 세대

일괄처리사항	주택건설사업자등록 ( )	주택건설사업계획승인 ( )	건축허가 ( )
	가설건축물건축허가 ( )	가설건축물축조신고 ( )	도로공사시행허가 ( )
	도로점용허가 ( )	사방지지정해제 ( )	농지전용허가·협의·신고 ( )
	농지전용신고 ( )	보전임지전용허가·협의 ( )	보안림안에서 행위허가 ( )
	입목벌채등의허가·신고 ( )	하천공사시행허가 ( )	하천공사실시계획인가 ( )

(3쪽 중 제3쪽)

일괄처리사항	하천점용허가 ( )	일반수도사업인가 ( )	전용상수도·전용공업수도 설치인가 ( )
	공공하수도사업허가 ( )	측량성과 사용의 심사 ( )	대규모점포의 등록 ( )
	국유지사용수익허가 ( )	공유지대부·사용허가 ( )	사업착수·변경 또는 완료 신고 ( )
	공장설립승인·신고 ( )	자가용전기설비공사계획의 인가·신고 ( )	폐기물처리시설설치(변경) 승인·신고 ( )
	오수처리시설·단독정화조 설치신고 ( )	소방동의·제조소등의 설치허가 ( )	대기·수질·소음 진동배출 시설 허가·신고 ( )
	화약류저장소설치의 허가 ( )		

이 신청서 및 첨부서류에 기재한 내용과 같이 「도시 및 주거환경정비법」 제50조제1항 및 같은 법 시행규칙 제10조에 따라 사업시행계획(인가, 변경·중지·폐지인가)를 신청합니다.

년 월 일

신청인 대표 (서명 또는 인)

특별자치시장·특별자치도지사
시장·군수·구청장 귀하

| 신청인 제출서류 | 1. 사업시행계획인가: 다음 각 목의 서류
가. 「도시 및 주거환경정비법」(이하 "법"이라 합니다) 제2조제11호에 따른 정관등
나. 총회의결서 사본. 다만, 법 제25조제1항제2호에 따라 토지등소유자가 재개발사업을 시행하려는 경우 또는 법 제27조에 따라 지정개발자를 사업시행자로 지정한 경우에는 토지등소유자의 동의서 및 토지등소유자의 명부를 첨부합니다.
다. 법 제52조에 따른 사업시행계획서
라. 법 제57조제3항에 따라 제출하여야 하는 서류
마. 법 제63조에 따른 수용 또는 사용할 토지 또는 건축물의 명세 및 소유권 외의 권리의 명세서 (재건축사업의 경우에는 법 제26조제1항제1호 및 제27조제1항제1호에 해당하는 사업을 시행하는 경우로 한정합니다.)
2. 변경·중지·폐지인가: 다음 각 목의 서류
가. 법 제2조제11호에 따른 정관등
나. 법 제63조에 따른 수용 또는 사용할 토지 또는 건축물의 명세 및 소유권 외의 권리의 명세서 (재건축사업의 경우에는 법 제26조제1항제1호 및 제27조제1항제1호에 해당하는 사업을 시행하는 경우로 한정합니다.)
다. 변경·중지 또는 폐지의 사유 및 내용을 설명하는 서류 | 수수료 없음 |

이 신청서는 다음과 같이 처리됩니다.

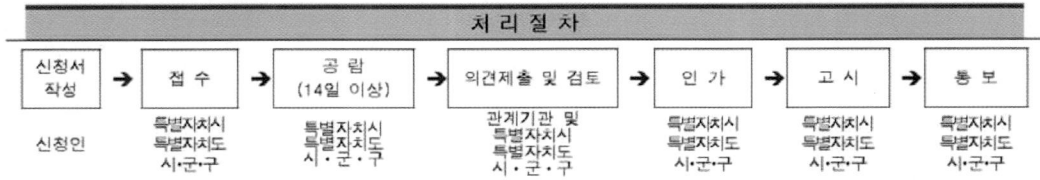

처리절차

신청서 작성 (신청인) → 접수 (특별자치시·특별자치도·시·군·구) → 공람 (14일 이상) (특별자치시·특별자치도·시·군·구) → 의견제출 및 검토 (관계기관 및 특별자치시·특별자치도·시·군·구) → 인가 (특별자치시·특별자치도·시·군·구) → 고시 (특별자치시·특별자치도·시·군·구) → 통보 (특별자치시·특별자치도·시·군·구)

210mm×297mm[백상지(80g/㎡) 또는 중질지(80g/㎡)]

[별지 제20호서식]

사업시행계획인가 동의서

동의자	성 명		생년월일	
	주 소	(전화)		

권리내역	토 지	소 재 지(공유여부)		면 적(㎡)
		(계 필지)		
			( )	
			( )	
			( )	
	건축물	소 재 지(허가유무)		동 수
			( )	
			( )	
			( )	
	지상권 (건축물 외 수목 또는 공작물의 소유목적)	설정토지		지상권의 내용

본인은 「도시 및 주거환경정비법」 제50조제4항 및 제5항에 따라 사업시행자가 작성한 사업시행계획서(추후 사업계획에 따라 변경될 수 있음)을 충분히 숙지하고 동의합니다.

년 월 일

위 동의자 : (자필로 이름을 써넣음) 지장날인

( )구역 ( ) 정비사업 사업시행자 귀하

제출서류	1. 동의자 신분증명서 사본 1부.